Zugänge – Entfaltungen – Perspektiven

D1874200

Autoren: Günter Böhm, Rosemarie Bering-Staschewski, Wolfgang Dietrich, Hans Freudenberg, Martin Gädeke, Reinhard Kirste

RELIGION IM SEKUNDARBEREICH II

Georg-Büchner-Gymnasium
Freie Lernmittel
880001343
Eigentum des Landes Hessen

Schroedel Schulbuchverlag

ISBN 3-507-**70274**-6

© 1979 Schroedel Schulbuchverlag GmbH, Hannover

Alle Rechte vorbehalten. Dieses Werk sowie einzelne Teile desselben sind urheberrechtlich geschützt. Jede Verwertung in anderen als den gesetzlich zugelassenen Fällen ist ohne vorherige schriftliche Zustimmung des Verlages nicht zulässig.

Druck A 10 9 8 7 / Jahr 1990 89 88 87

Alle Drucke der Serie A sind im Unterricht parallel verwendbar.
Die letzte Zahl bezeichnet das Jahr dieses Druckes.

Bei der Auswahl der Bilder war Kunibert Bering behilflich.
Gesamtherstellung: Konkordia Druck GmbH, Bühl/Baden

Einführung

Zur Zielsetzung

Das hier vorgelegte Arbeitsbuch ist für die Kurse im Religionsunterricht der Sekundarstufe II bestimmt.
Es will auf der Grundlage von Materialien und Bearbeitungsimpulsen eine sachgemäße Erschließung wesentlicher Gegenstände des Faches ermöglichen, dabei jedoch die für ein offenes Lernen unabdingbare Selbständigkeit der Erarbeitung berücksichtigen. Die Autoren haben versucht, auf folgende Weise dieser Zielsetzung gerecht zu werden:

- in der Auswahl von 5 Themenbeispielen, die grundlegende Inhaltsbereiche des Faches erschließen;
- in einer bestimmten Strukturierung dieser Themenbeispiele, die der methodischen Einübung besonderes Gewicht zumißt und einen mannigfaltigen Gebrauch der vorgelegten Materialien und Bearbeitungsansätze gewährleistet.

Zum Verständnis der Themenbeispiele

Der Auswahl der 5 Themenbeispiele lag die Absicht zugrunde, für jeweils einen wesentlichen Schwerpunkt des christlichen Glaubens, z. B. die Frage nach Gott oder die Gestalt und Botschaft Jesu, Zugänge zu erschließen, die Orientierung über den Sachverhalt und ein zunehmend selbständiges Urteil ermöglichen.
Diese inhaltlichen Schwerpunkte sind zugleich als einander ergänzende Aspekte zu sehen.
Es entspricht dem Selbstverständnis der Theologie als der Bezugswissenschaft des Religionsunterrichts wie auch der Zielsetzung des RU, daß die Behandlung dieser Schwerpunkte sowohl die biblischen Zeugnisse als auch die kirchengeschichtlichen Aspekte hinreichend gründlich einbeziehen muß; sie hat ferner den Dialog mit Weltanschauungen ebenso zu berücksichtigen wie die persönlichen Anfragen des Schülers und den gesellschaftlichen Kontext. Über die Aufschlüsselung von Problemfeldern hinaus sollte nach Möglichkeit dabei auch der jeweilige Praxisbezug der Gegenstände deutlich werden.
Die Fülle der Gegenstände macht exemplarische Behandlung unerläßlich. Der Aufriß der 5 Themenbeispiele will an repräsentativen Gegenständen Einsichten über größere fachliche Zusammenhänge vermitteln und dem Schüler ein selbständiges Urteil ermöglichen. Hinsichtlich der Reihenfolge der Behandlung der Themenbeispiele sind Lehrer und Kursgruppe frei. Dabei ist allerdings zu berücksichtigen, daß der Christuskurs als grundlegende Einheit anzusehen ist.

Zur Struktur der Themenbeispiele

Die einzelnen Themenbeispiele sind parallel aufgebaut. Sie bestehen jeweils aus drei Teilen:

Zugänge,
Entfaltung,
Perspektiven.

Die im ersten Teil vorgestellten Texte und Arbeitsanweisungen ermöglichen eine problemorientierte Annäherung an das jeweilige Themenbeispiel. Damit soll zugleich der Rahmen geschaffen werden, innerhalb dessen eine konkrete Kursplanung unter Mitbeteiligung der Schüler stattfinden kann. Es entspricht der Aufgabe dieses Abschnitts, daß die Arbeitsweise vorrangig auf Orientierung angelegt ist.
Es hängt von den methodischen Entscheidungen des Lehrers und der Kursgruppe ab, ob gegebenenfalls *ein* zentraler Text zur Grundlage eines Problemgesprächs dienen soll oder ob gegensätzliche Positionen erarbeitet werden, die eine Problemerörterung vorbereiten können. Eine vollständige Behandlung aller in diesem Teil enthaltenen Materialien dürfte in der Regel nicht erforderlich sein.
Im zweiten Teil werden an einem repräsentativen Gegenstand die thematischen Grundstrukturen entfaltet, die zu einem angemessenen Verständnis des betreffenden Inhalts führen sollen. Es geht zum einen um die Vermittlung eines hinreichenden Sachwissens, zum anderen um Hinführung zu einem möglichst selbständigen Zugang zu der Problematik, um kritisches Verstehen zu gewährleisten. Daher wird eine linear aufgebaute Lernsequenz vorgestellt, die jedoch keine vorgefertigten Lösungen enthält, sondern zu eigenen Folgerungen anregen soll.
Der dritte Teil eröffnet Perspektiven, die teils ergänzende Aspekte, teils alternative Ansätze enthalten. Dadurch kann bei der Kursarbeit den besonderen Bedürfnissen und Interessen der Lerngruppe Rechnung getragen werden. Je nach dem Umfang der

verfügbaren Stunden kann durch Rückgriff auf diese Materialien das Thema breiter entfaltet werden.
Die Einbeziehung von *Bildern* und *Graphiken* dient nicht in erster Linie der Illustration, sondern soll die erschließende Funktion dieser Medien im Zusammenhang mit den Texten nutzen.
Die *Arbeitsanweisungen* sind als Angebote insbesondere für die selbständige Erarbeitung durch die Schüler gedacht; demselben Zweck entsprechen die *Angaben zu weiterführender Literatur,* die gegebenenfalls auch als Grundlage von Referaten verwendet werden können. Teilweise wurde auf Arbeitsanweisungen verzichtet, wenn aus den Texten selbst entsprechende Fragestellungen zu entnehmen sind oder wenn die Überschriften Bearbeitungsimpulse enthalten.
Das *Register* soll dem Benutzer des Bandes helfen, Personen und Begriffe zu erschließen und Querverbindungen zu ziehen.

Benutzte Bibelausgaben:

U. Wilckens, Das Neue Testament übersetzt und kommentiert, Furche, Hamburg, Benziger, Köln, Theologischer Verlag Zürich 1974, 4. Aufl.

J. Zink, Das Neue Testament (überarbeitet), Kreuz Verlag, Stuttgart/Berlin 1965 (folgende)

M. Luther, Die Bibel oder die ganze Heilige Schrift des Alten und Neuen Testaments, (revidierter Text), Württ. Bibelanstalt, Stuttgart 1978

H. Menge, Die Heilige Schrift, Altes und Neues Testament, Württ. Bibelanstalt, Stuttgart 1951, 12. Aufl.

Die Heilige Schrift des Alten und des Neuen Testaments, 1907 bis 1931 im Auftrag der Kirchensynode übersetzt, Hrsg. Kirchenrat des Kantons Zürich, Verlag der Zürcher Bibel, Zürich 1942.

Zur Verwendung

Die Umsetzung der Themenbeispiele in Einzelkurse kann in vielfältiger Weise erfolgen, wobei
Jahrgangsstufe
Kursart
Vorkenntnisse
sachliches Interesse bei den Kursbeteiligten
Anzahl der zur Verfügung stehenden Stunden
entsprechend zu berücksichtigen sind.
Dabei ergeben sich bestimmte Strukturmuster für die Arbeit mit dem Band:

1.

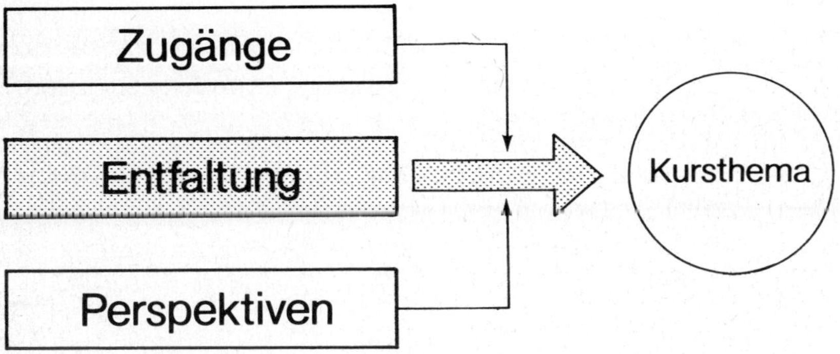

Vorbereitung des Kursthemas durch die ,,*Zugänge*"

Orientierung an der ,,*Entfaltung*"

Ergänzung durch die ,,*Perspektiven*"

2.

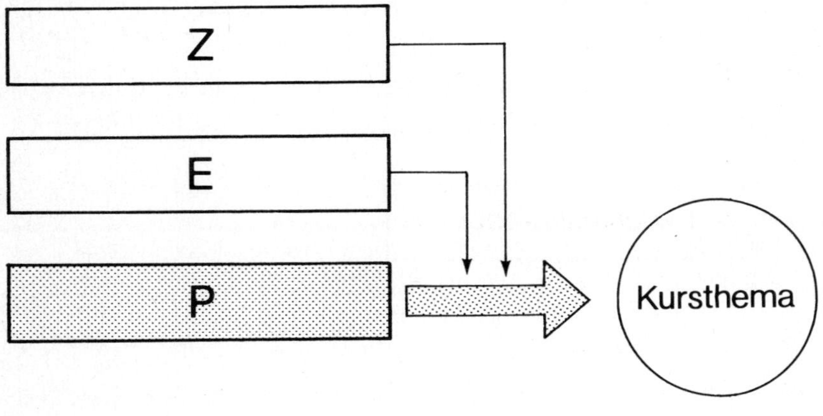

Orientierung an den ,,*Perspektiven*"

Erweiterung durch ,,*Zugänge*" und ,,*Entfaltung*"

Beispiel
Kursthema: ,,Der christliche Glaube und der Atheismus";
Ansatz bei ,,Religionskritik" (S. 272 ff.)
Weiterführung über ,,Gott glauben und denken" (S. 265 ff.)

3.

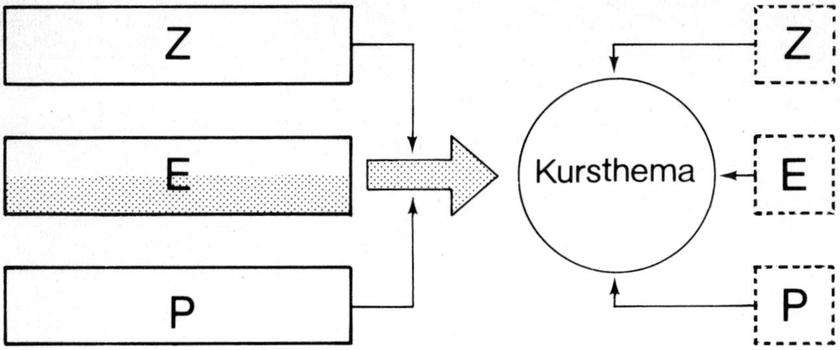

Beispiel

Kursthema „Ursprung und Aktualität der Reichs-Gottes-Verkündigung Jesu“; Ansatz bei „Die Botschaft Jesu“ (S. 34 ff.)

Erweiterung durch „Ursprung und Selbstverständnis der Kirche an Hand von Architekturbeispielen“ (S. 165 ff.)

„Christliche Existenz in der Spannung zwischen Gegenwart und Zukunft des Reiches Gottes“ (S. 218 ff.)

4.

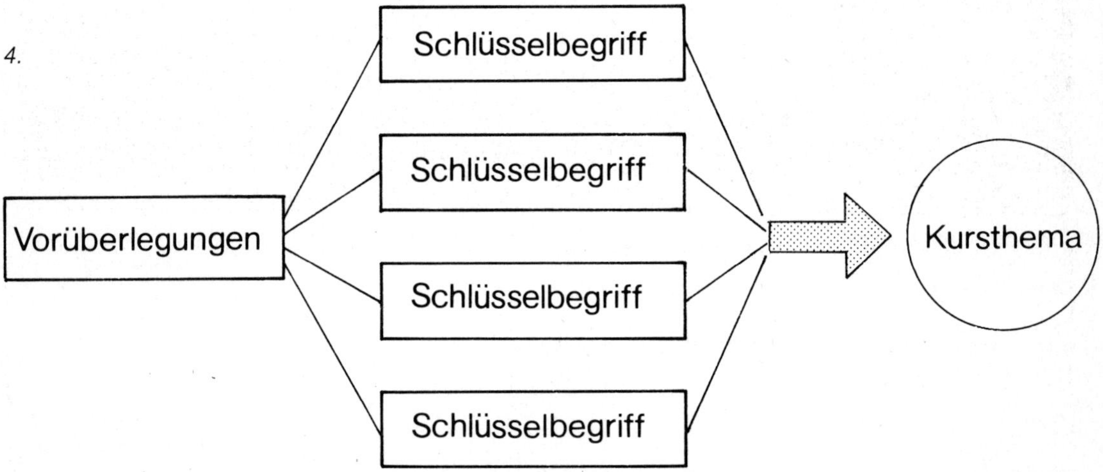

Vorüberlegungen zu einem bestimmten Thema (z. B. „Menschenbilder und christliche Anthropologie“), *Ermittlung* von zugehörigen Schlüsselbegriffen mit Hilfe des Registers (z. B. Leben, Tod, Angst, Schöpfung, Hoffnung, Anthropologie), *Strukturierung* des Kursthemas (z. B. „Christliche Existenz angesichts des Todes“).

JESUS DER CHRISTUS

Begegnung und Deutung

1

Erfahrungen mit Jesus

Zugänge

Welcher Jesus?

1

„Ein Leichnam", so schrieb der evangelische Theologieprofessor Rudolf Bultmann (Marburg), 81, über Jesus Christus, „kann nicht wieder lebendig werden und aus dem Grabe steigen".
Jesus ist zwar auferstanden und seinen Jüngern erschienen, schrieb der evangelische Theologieprofessor Hans Graß (Marburg), 57, aber „wie die Kamera, so hätte auch das Tonbandgerät hier nichts aufgezeichnet".
Ob die Auferstehung Jesu „ein die Naturgesetze durchbrechendes Geschehen" war, vermag der evangelische Theologieprofessor Wolfhart Pannenberg (Mainz), 37, nicht zu sagen: Daß hier „viel vorsichtiger geurteilt werden muß" als es im allgemeinen geschehe, lehre die moderne Physik.
Allsonntäglich sprechen diese geistlichen Gelehrten, die zu den führenden Köpfen ihres Faches zählen, aus Überzeugung das Glaubensbekenntnis: „Ich glaube an Jesus Christus ... am dritten Tage wieder auferstanden von den Toten ..." Doch sie glauben nicht das, was die meisten Christen glauben, die sonntags unter evangelischen oder katholischen Kanzeln sitzen.
Für die schlichten Gläubigen ist der auferstandene Jesus mit zwei Jüngern von Jerusalem nach Emmaus gewandert, hat er gebratenen Fisch gegessen und den Seinen die Wunden gezeigt, die von den Nägeln des Kreuzes und dem Lanzenstich eines Soldaten geblieben waren, hat er Reden gehalten und ist er wohl auch vor den Augen der Jünger aufgefahren gen Himmel. Denn so steht es in der Heiligen Schrift.
Im Glaubensbekenntnis steht manches, was gar mancher nicht mehr glaubt und, wie Theologieprofessoren lehren, auch gar nicht mehr glauben soll und kann („geboren von der Jungfrau Maria" zum Beispiel). Warum kein anderes Glaubensbekenntnis, das *jeder* Glaubende ohne Zwar und Aber sprechen kann? Der Theologieprofessor Barnikol hat diese Frage gestellt und hat wissen wollen, ob „die Gemeinden und die Diener am Wort heute nicht den evangelischen Mut" dazu haben müßten. Er bekam keine Antwort.
Glaubwürdig ist eine Kirche nicht, wenn in ihr buchstäblich alles fragwürdig ist und bleibt. Glaubwürdig aber ist eine Kirche, in der man zwar alles fragen darf, in der man aber nicht alles antworten kann.
„Nicht wir sind es", so tröstete der Marburger Hans Graß am Schluß seines Auferstehungs-Buches die Leser, „die die Kirche erhalten in den Stürmen der Zeit und in den oft noch gefährlicheren Ruhezeiten, wo alles so gut geht und glatt zu gehen scheint, wo die Christlichkeit mal wieder zur bürgerlichen Selbstverständlichkeit geworden ist und wo wir gerade deshalb in Gefahr stehen, träge zu werden im Glauben und einzuschlafen. Sondern er erhält die Kirche."
Er: Jesus.
Welcher Jesus?

(Werner Harenberg)

- *Was haben Sie bei der Lektüre des Artikels empfunden? Wie wirkt das nebenstehende Foto vom „Christival 76" in Essen auf Sie?*
- *Diskutieren Sie die Einzelaussagen des Textes! Ziehen Sie dazu die unten (Nr. 9, S. 13; 59, S. 271) abgedruckten Glaubensbekenntnisse heran! Vgl. Sie auch Text 57, S. 67f.*

Deutung

2

Selbst wenn die gleichzeitige Generation nichts anderes hinterlassen hätte als die Worte: „Wir haben geglaubt daß der Gott anno so und so sich gezeigt hat in der geringen Gestalt eines Knechts, unter uns gelebt und gelehrt hat, und alsdann gestorben ist“ – das ist mehr als genug. Das gleichzeitige Geschlecht hat getan was nötig war; denn diese kleine Anzeige, dies weltgeschichtliche N. B. (Nebenbei) reicht zu, um Veranlassung zu werden für den Späteren; und der umständlichste Bericht kann doch in alle Ewigkeit kein Mehr für den Späteren werden.

(Sören Kierkegaard)

3

Die Frage nach dem historischen Jesus ist die Frage nach Jesus, wie er wirklich war, also im Grunde die Frage nach Jesus selbst. Wie verhält sich Jesus zum Christus des Glaubens? Haben wir in den neutestamentlichen Zeugnissen, vorab in den Evangelien, eine echte Bezeugung oder eine Verfälschung der Geschichte Jesu, seiner Gestalt und Botschaft, vor uns? Besteht ein Zusammenhang zwischen dem Jesus, wie ihn die Urgemeinde nach Ostern als ihren Herrn verkündigt und verehrt, und dem Jesus, der predigend und heilend durch das Land gezogen ist, zwischen der Verkündigung von Jesus und der Verkündigung Jesu? Anders ausgedrückt: Hat der Glaube an Jesus Anhalt an Jesus selbst, oder geht er nur auf den Glauben und das Zeugnis der ersten Gemeinde zurück? . . .

Jesus Christus ist jetzt nicht mehr ein Phantom, nicht mehr ein schemenhaftes Fabelwesen, halb Mensch, halb Gott, sondern ein wirklicher geschichtlicher Mensch, der das ganze Geschick eines Menschen in dieser Welt auf sich genommen hat. . . . Es ist wie das Leben irgendeines Menschen, wie das Leben irgendeines Herrn Meyer, Schulze oder Lehmann, zwischen Geburt und Tod gespannt. In einem solchen Menschenleben hat Gott sich offenbart.

Aber ist Jesus nicht „Gottes Sohn" gewesen? . . . Immer wieder kann man es erleben, wie in Diskussionen über Glaubensfragen Theologen oder Nichttheologen, Gläubige oder Nichtgläubige mit einemmal alles bis dahin Gesagte beiseiteschieben und einen kurz und bündig auf den Kopf zu fragen: „Glauben Sie nun, daß Jesus Gottes Sohn ist, oder nicht?"

(Heinz Zahrnt)

Ich habe keine anderen Hände als die Eueren.
Kruzifix in St. Ludgeri, Münster.
Das Kreuz verlor bei einem Bombentreffer 1944 beide Arme.

4

Jesus ist für mich der ewige Bruder, nicht nur der Menschenbruder, sondern mein *jüdischer Bruder.* Ich spüre seine brüderliche Hand, die mich faßt, damit ich ihm nachfolge. Es ist *nicht* die Hand des Messias, diese mit Wundmalen gezeichnete Hand. Es ist bestimmt *keine göttliche*, sondern eine *menschliche* Hand, in deren Linien das tiefste Leid eingegraben ist. Das unterscheidet mich, den Juden, vom Christen, und doch ist es dieselbe Hand, von der wir uns angerührt wissen. Es ist die Hand eines großen Glaubenszeugen in Israel. Sein Glaube, sein bedingungsloser Glaube, das schlechthinnige Vertrauen auf Gott, den Vater, die Bereitschaft, sich ganz unter den Willen Gottes zu demütigen, das ist die Haltung, die uns in Jesus vorgelebt wird und die uns — Juden und Christen — verbinden kann: Der Glaube Jesu einigt uns, . . . aber der Glaube an Jesus trennt uns.

(Schalom Ben-Chorin)

5

Sucht im Umgang miteinander dem zu entsprechen,
was in Christus Jesus (zur Geltung gekommen ist):
6 Er, der in göttlichem Dasein lebte,
hat es nicht wie eine Beute angesehen,
Gott gleich zu sein,
7 sondern hat sich dessen entblößt,
um in ein Sklavendasein einzutreten,
so wie es die Menschen leben, ihnen gleich.
8 Unter den Bedingungen menschlichen Lebens
war er zu finden
und hat sich selbst erniedrigt,
gehorsam bis zum Tode, zum Tode am Kreuz.
9 Darum hat Gott ihn zur höchsten Höhe erhoben
und ihm den Namen verliehen,
der über alle Namen Macht hat;
10 Und wo der Name Jesu ausgerufen wird,
da SOLLEN SICH DIE KNIE BEUGEN
aller himmlichen, irdischen und unterirdischen Mächte,
11 UND JEDER MUND IN DAS BEKENNTNIS EINSTIMMEN:
Jesus Christus ist der Herr,
Gott, dem Vater, zum Preis.

(Philipper 2,5—11; Wilckens)

Interpretation

6

Wir besitzen keinen einzigen Jesusspruch und keine einzige Jesusgeschichte, die nicht — und seien sie noch so unanfechtbar echt — zugleich das Bekenntnis der glaubenden Gemeinde enthalten oder mindestens darin eingebettet sind. Das macht die Suche nach den bloßen Fakten der Geschichte schwierig und weithin aussichtslos . . .
Würden wir unkritisch alles Überlieferte im üblichen Sinn als historischen Bericht hinnehmen, so würden wir die Evangelien einer ihnen fremden Betrachtung unterwerfen und ihnen ein Verständnis der Geschichte Jesu aufzwingen, das ihnen gerade nicht eignet. Aber auch das andere gilt: Würden wir die Überlieferung kritisch auf das reduzieren wollen, was mit keinerlei historischen Gründen sich mehr bezweifeln läßt, wir behielten am Ende nur einen Torso zurück, der wieder mit der in den Evangelien bezeugten Geschichte kaum noch etwas gemein hat . . .
Niemand wird meinen dürfen, den hier genannten Schwierigkeiten mit einer Gewaltlösung, gleichsam mit einem Schlag auf den gordischen Knoten, entrinnen zu können. Ohne den Prozeß der Kritik und Gegenkritik gibt es auch auf diesem Felde keine Erkenntnis geschichtlicher Wahrheit; er lehrt uns schärfer zu prüfen, bessere Gründe zu finden, in bloßer Tradition nicht zu verharren, aber auch einer zügellosen Kritik nicht zu erliegen . . . Echter Glaube ist gewiß nicht von [dem] Fortgang [der Forschung] abhängig. Wer aber auf ihre Fragen sich eingelassen hat, weil ihm am Verständnis der Geschichte gelegen ist, der wird schwerlich ein gutes Gewissen haben können, wenn er mit einem oft versuchten Salto mortale aus den Problemen der Forschung und ihren vielfach gegensätzlichen Ergebnissen in das vermeintlich sichere Gehege kirchlicher Überlieferungen sich hinüberrettet.
Gleichwohl wird uns alles daran liegen müssen, aus diesem Dilemma herauszukommen. Wir werden darum gut daran tun, *vor* den historischen Fragen nach der Rekonstruktion eines so und nicht anders geschehenen Geschichtsablaufes die Frage nach dem Verständnis der Geschichte und Gestalt Jesu zu klären, das sich in den Evangelien bekundet. Es ist von Grund auf anders als das modernem Denken geläufige. Denn Jesus ist für die urchristliche Überlieferung nicht zuerst eine Gestalt von einst, sondern der erhöhte Herr, gegenwärtig mit seinem Willen, seiner Kraft, seinem Wort . . . Weil der irdische Jesus für die Gemeinde zugleich der Auferstandene ist, nimmt auch sein Wort in der Überlieferung die Züge der Gegenwart an. Von daher erklären sich zwei scheinbar widersprüchliche Merkmale der Tradition, die fast jede Seite der Synopse erkennen läßt: eine unbestreitbare Treue und Bindung an Jesu Wort und doch zugleich ein erstaunliches Maß von Freiheit gegenüber dem „historischen" Wortlaut. Jesu Wort wird bewahrt und doch nicht mit archivarischer Pietät gehütet, auch nicht in der Art der Aussprüche berühmter Rabbinen weitergegeben und mit Auslegungen versehen. Ja, man darf geradezu formulieren: Die Überlieferung gibt nicht eigentlich sein einst gesprochenes Wort wieder und weiter, sondern sie *ist* sein Wort heute.

(Günter Bornkamm)

- *Worin liegen die Probleme einer sachgemäßen Interpretation der Jesu-Überlieferung begründet?*
- *Macht der „echte Glaube" (vgl. Z. 28) an Jesus die ‚Bibelkritik' nicht überflüssig? Setzen Sie sich mit dieser Frage auseinander!*

Frömmigkeit

7

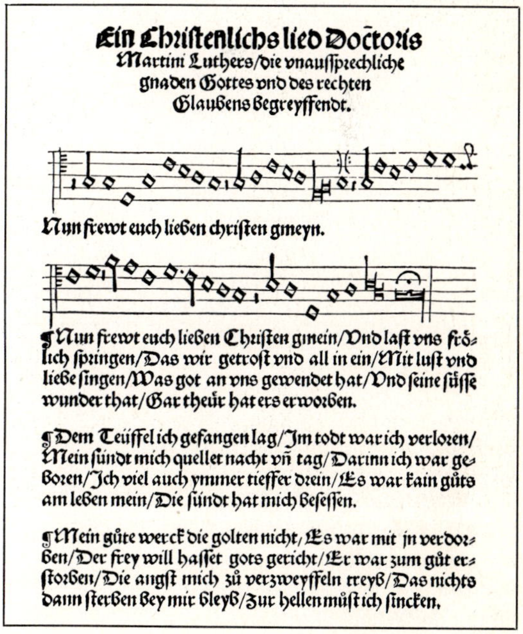
Ein Chriſtenlichs lied Doctoris Martini Luthers/die vnauſſprechliche gnaden Gottes vnd des rechten Glaubens begreyffendt.

Nun frewt euch lieben chriſten gmeyn.

Nun frewt euch lieben Chriſten gmein/Vnd laſt vns frölich ſpringen/Das wir getroſt vnd all in ein/Mit luſt vnd liebe ſingen/Was got an vns gewendet hat/Vnd ſeine ſüſſe wunder that/Gar theür hat ers erworben.

Dem Teüffel ich gefangen lag/Jm todt war ich verloren/Mein ſündt mich quellet nacht vñ tag/Darinn ich war geboren/Jch viel auch ymmer tieffer drein/Es war kain güts am leben mein/Die ſündt hat mich beſeſſen.

Mein güte werck die golten nicht/Es war mit jn verdorben/Der frey will haſſet gots gericht/Er war zum güt erſtorben/Die angſt mich zü verzweyffeln treyb/Das nichts dann ſterben bey mir bleyb/Zur hellen müſt ich ſincken.

4
Da jammert Gott in Ewigkeit
mein Elend übermaßen;
er dacht an sein Barmherzigkeit,
er wollt mir helfen lassen;
er wandt zu mir das Vaterherz,
es war bei ihm fürwahr kein Scherz,
er ließ's sein Bestes kosten.

5
Er sprach zu seinem lieben Sohn:
„Die Zeit ist hie zu 'rbarmen;
fahr hin, meins Herzens werte Kron,
und sei das Heil dem Armen
und hilf ihm aus der Sünden Not,
erwürg für ihn den bittern Tod
und laß ihn mit dir leben".

6
Der Sohn dem Vater ghorsam ward,
er kam zu mir auf Erden
von einer Jungfrau rein und zart;
er sollt mein Bruder werden.
Gar heimlich führt' er sein Gewalt,
er ging in meiner armen Gstalt,
den Teufel wollt er fangen.

7
Er sprach zu mir: „Halt dich an mich,
es soll dir jetzt gelingen;
ich geb mich selber ganz für dich,
da will ich für dich ringen;
denn ich bin dein, und du bist mein,
und wo ich bleib, da sollst du sein,
uns soll der Feind nicht scheiden.

8
Vergießen wird er mir mein Blut,
dazu mein Leben rauben;
das leid ich alles dir zugut,
das halt mit festem Glauben.
Den Tod verschlingt das Leben mein,
mein Unschuld trägt die Sünde dein,
da bist du selig worden.

9
Gen Himmel zu dem Vater mein
fahr ich von diesem Leben;
da will ich sein der Meister dein,
den Geist will ich dir geben,
der dich in Trübnis trösten soll
und lehren mich erkennen wohl
und in der Wahrheit leiten.

10
Was ich getan hab und gelehrt,
das sollst du tun und lehren,
damit das Reich Gotts werd gemehrt
zu Lob und seinen Ehren;
und hüt dich vor der Menschen Satz,
davon verdirbt der edle Schatz:
das laß ich dir zur Letze." *(Martin Luther)*

8

Herr, deine Liebe

2. Wir wollen Freiheit, um uns selbst zu finden, Freiheit, aus der man etwas machen kann. Freiheit, die auch noch offen ist für Träume, wo Baum und Blume Wurzeln schlagen kann. Herr, deine Liebe ...

3. Und dennoch sind da Mauern zwischen Menschen, und nur durch Gitter sehen wir uns an. Unser versklavtes Ich ist ein Gefängnis und ist gebaut aus Steinen unsrer Angst. Herr, deine Liebe ...

4. Herr, du bist Richter! Du nur kannst befreien, wenn du uns freisprichst, dann ist Freiheit da. Freiheit, sie gilt für Menschen, Völker, Rassen, so weit wie deine Liebe uns ergreift. Herr, deine Liebe ...

(Anders Frostenson)

Das persönliche Jesuserleben hat, speziell in der evangelischen Kirche, im geistlichen Lied seinen besonderen Ausdruck gefunden. Als Beispiele dieser Frömmigkeitsäußerung wurden zum einen das Eingangslied des ersten evangelischen Gesangbuches von 1523, zum anderen ein von Haus aus schwedisches Lied unserer Tage ausgewählt (weitere Lieder und Choräle aus verschiedenen Zeiten, Songs, Spirituals usw. können herangezogen werden, ggf. als Schallplatten- oder Bandaufnahmen, oder, wenn möglich, durch Schülervortrag).

● ***Wie stellen sich Jesuserfahrung und Jesusdeutung in den Liederbeispielen dar?***

Bekenntnis

9

Ich glaube an Gott,
den Vater, den Allmächtigen,
den Schöpfer des Himmels und der Erde,
und an Jesus Christus,
seinen eingeborenen Sohn,
unsern Herrn,
empfangen durch den Heiligen Geist,
geboren von der Jungfrau Maria,
gelitten unter Pontius Pilatus,
gekreuzigt, gestorben und begraben,
hinabgestiegen in das Reich des Todes,
am dritten Tage auferstanden von den Toten,
aufgefahren in den Himmel;
er sitzt zur Rechten Gottes;
des allmächtigen Vaters;
von dort wird er kommen,
zu richten die Lebenden und die Toten.
Ich glaube an den Heiligen Geist,
die heilige christliche Kirche,
Gemeinschaft der Heiligen,
Vergebung der Sünden,
Auferstehung der Toten
und das ewige Leben. Amen.

(Das Apostolische Glaubensbekenntnis)

Wir bekennen Jesus Christus
als den Heiland der Menschen und das Licht der Welt.
Gemeinsam unterstellen wir uns seinem Gebot.
Ihn unter den Menschen zu bezeugen,
übernehmen wir von neuem als unseren Beruf.
Allen Menschen bieten wir uns an zum Dienst in der Liebe,
mit der allein er uns liebt.
Von neuem bekennen wir seinen Auftrag,
in ihm unsere Einheit sichtbar zu machen.
Dazu bitten wir um die Gabe des Heiligen Geistes.

(Nach einem Bekenntnis, gesprochen auf der Vollversammlung der Ökumenischen Rates d. Kirchen, Neu Delhi 1961)

Heutiges Verstehen der Jesus-Deutung im Neuen Testament

Entfaltung

Die Wunder Jesu

„. . . und gab ihn seiner Mutter wieder“

10

11 Kurze Zeit darauf begab es sich, daß Jesus
nach einer Stadt namens Nain wanderte, und mit
ihm zogen seine Jünger und eine große Volksschar.
12 Als er sich nun dem Stadttor näherte, da
trug man gerade einen Toten heraus, den einzigen
Sohn seiner Mutter, und die war eine Witwe; und
eine große Volksmenge aus der Stadt gab ihr das
Geleit. 13 Als der Herr sie sah, ging ihr
Unglück ihm zu Herzen, und er sagte ihr: „Weine
nicht!“ 14 Dann trat er hinzu und faßte
die Bahre an; da standen die Träger still, und
er sprach: „Jüngling, ich sage dir: stehe auf!“
15 Da setzte der Tote sich aufrecht hin und fing
an zu reden; und Jesus gab ihn seiner Mutter wie-
der. 16 Da kam Furcht über alle, und sie
priesen Gott und sagten: „Ein großer Prophet ist
unter uns erstanden!“ und: „Gott hat sein Volk
gnädig angesehen!“ 17 Die Kunde von dieser
seiner Tat aber verbreitete sich im ganzen jüdischen
Lande und in allen umliegenden Gegenden.

(Lukas 7, 11—17; Menge)

- *Die Geschichte von der „Auferweckung des Jünglings zu Nain“ beschreibt ein „Wunder“: Welchen Eindruck macht diese Wundergeschichte auf Sie?*
- *Was erfahren wir über den eigentlichen Vorgang der Totenauferweckung?*
- *Stellen Sie Überlegungen zur Aussageabsicht dieser Wundergeschichte an und berücksichtigen Sie dabei die Zitatüberschrift!*

- *Die Wundergeschichten des Neuen Testaments lassen einen bestimmten Aufbau erkennen, dessen Teilelemente im vorliegenden Fall beispielhaft herausgearbeitet werden können.*

Sind Wunder „erledigt“?

Im Jahre 1940 veröffentlichte der Marburger Professor für Neues Testament, Rudolf Bultmann, unter dem Titel „Neues Testament und Mythologie“ einen programmatischen Aufsatz, der wegen seiner von Bultmann konsequent durchgeführten „existentialen Interpretation des Neuen Testaments“ sowohl in theologischen Kreisen als auch im Bereich der Kirche eine langanhaltende Kontroverse nach sich zog.

11

Das Weltbild des Neuen Testaments ist ein mythisches. Die Welt gilt als in drei Stockwerke gegliedert. In der Mitte befindet sich die Erde, über ihr der Himmel, unter ihr die Unterwelt. Der Himmel ist die Wohnung Gottes und der himmlichen Gestalten, der Engel; die Unterwelt ist die Hölle, der Ort der Qual. Aber auch die Erde ist nicht nur die Stätte des natürlich-alltäglichen Geschehens, der Vorsorge und Arbeit, die mit Ordnung und Regel rechnet, sondern sie ist auch der Schauplatz des Wirkens übernatürlicher Mächte, Gottes und seiner Engel, des Satans und seiner Dämonen. In das natürliche Geschehen und in das Denken, Wollen und Handeln des Menschen greifen die übernatürlichen Mächte ein; Wunder sind nichts Seltenes. Der Mensch ist seiner selbst nicht mächtig; Dämonen können ihn besitzen; der Satan kann ihm böse Gedanken eingeben; aber auch Gott kann sein

Denken und Wollen lenken, kann ihn himmlische Gesichte schauen lassen, ihn sein befehlendes und tröstendes Wort hören lassen, kann ihm die übernatürliche Kraft seines Geistes schenken. Die Geschichte läuft nicht ihren stetigen, gesetzmäßigen Gang, sondern erhält ihre Bewegung und Richtung durch die übernatürlichen Mächte. Dieser Äon steht unter der Macht des Satans, der Sünde und des Todes (die eben als „Mächte“ gelten); er eilt seinem Ende zu, und zwar seinem baldigen Ende, das sich in einer kosmischen Katastrophe vollziehen wird; es stehen nahe bevor die „Wehen“ der Endzeit, das Kommen des himmlischen Richters, die Auferstehung der Toten, das Gericht zum Heil oder zum Verderben.

. . .

Welterfahrung und Weltbemächtigung sind in Wissenschaft und Technik so weit entwickelt, daß kein Mensch im Ernst am neutestamentlichen Weltbild festhalten kann und festhält. Welchen Sinn hat es, heute zu bekennen: „niedergefahren zur Hölle“ oder „aufgefahren gen Himmel“, wenn der Bekennende das diesen Formulierungen zugrunde liegende mythische Weltbild von den drei Stockwerken nicht teilt? Ehrlich bekannt werden können solche Sätze nur, wenn es möglich ist, ihre Wahrheit von der mythologischen Vorstellung, in die sie gefaßt ist, zu entkleiden, — falls es eine solche Wahrheit gibt. Denn das eben ist theologisch zu fragen. Kein erwachsener Mensch stellt sich Gott als ein oben im Himmel vorhandenes Wesen vor; ja, den „Himmel“ im alten Sinne gibt es für uns gar nicht mehr. Und ebensowenig gibt es die Hölle, die mythische Unterwelt unterhalb des Bodens, auf dem unsere Füße stehen. Erledigt sind damit die Geschichten von der Himmel- und Höllenfahrt Christi; erledigt ist die Erwartung des mit den Wolken des Himmels kommenden „Menschensohnes“ und des Entrafftwerdens der Gläubigen in die Luft, ihm entgegen (1. Thess. 4, 15 ff.).

Erledigt ist durch die Kenntnis der Kräfte und Gesetze der Natur *der Geister- und Dämonenglaube.* Die Gestirne gelten uns als Weltkörper, deren Bewegung eine kosmische Gesetzlichkeit regiert; sie sind für uns keine dämonischen Wesen, die den Menschen in ihren Dienst versklaven. Haben sie Einfluß auf das menschliche Leben, so vollzieht sich dieser nach verständlicher Ordnung und ist nicht die Folge ihrer Bosheit. Krankheiten und ihre Heilungen haben ihre natürlichen Ursachen und beruhen nicht auf dem Wirken von Dämonen bzw.

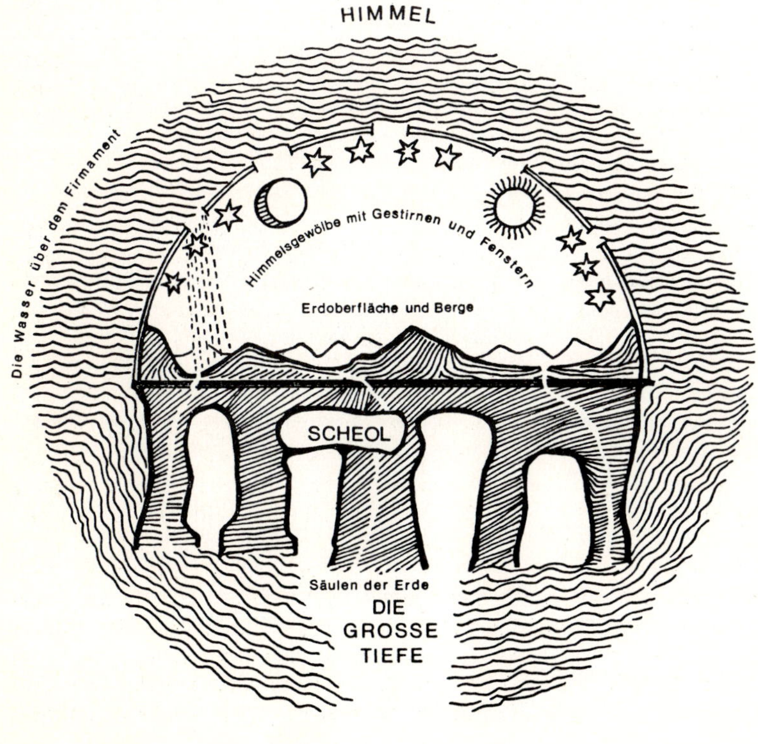

Das antik-orientalische Weltbild: Vorstellung von drei Stockwerken [obere Welt mit Himmelfirmament, das auf den Säulen des Himmels lagert; die als Scheibe gedachte Erde, die auf den Säulen der Erde ruht; die untere Welt mit dem Totenreich (Scheol)].

auf deren Bannung. *Die Wunder des Neuen Testaments* sind damit als Wunder erledigt, und wer ihre Historizität durch Rekurs auf Nervenstörungen, auf hypnotische Einflüsse, auf Suggestion und dergl. retten will, der bestätigt das nur. Und sofern wir im körperlichen und seelischen Geschehen mit rätselhaften, uns noch unbekannten Kräften rechnen, bemühen wir uns, sie wissenschaftlich greifbar zu machen. Auch der Okkultismus gibt sich als Wissenschaft.

Man kann nicht elektrisches Licht und Radioapparat benutzen, in Krankheitsfällen moderne medizinische und klinische Mittel in Anspruch nehmen und gleichzeitig an die Geister- und Wunderwelt des Neuen Testaments glauben . . .

Man kann wohl darauf hinweisen, daß innerhalb des Neuen Testaments nicht alle mythologischen Aussagen gleich betont sind und mit gleicher Regelmäßigkeit von allen Schriften vertreten werden. Die Legenden von der Jungfrauengeburt und von der Himmelfahrt Jesu begegnen nur vereinzelt; Paulus und Johannes kennen sie nicht. Aber wenn man sie als späteren Zuwachs ansieht, so ändert das nichts daran, daß das Heilsgeschehen seinen mythischen Charakter behält. Und wo wäre die Grenze bei solchem Verfahren des Abstreichens? Man kann das mythische Weltbild nur als ganzes annehmen oder verwerfen.

Hier schuldet der Theologe und Prediger sich und der Gemeinde und denen, die er für die Gemeinde gewinnen will, absolute Klarheit und Sauberkeit. Die Predigt darf die Hörer nicht darüber im Unklaren lassen, was sie nun eigentlich für wahr zu halten haben und was nicht. Vor allem darf sie den Hörer auch nicht darüber im Unklaren lassen, was der Prediger selbst heimlich eliminiert, und auch er selbst darf darüber nicht im Unklaren sein . . .

Soll also die Verkündigung des Neuen Testaments ihre Gültigkeit behalten, so gibt es gar keinen anderen Weg, als sie zu entmythologisieren. Das Beschreiten dieses Weges kann freilich nicht auf Grund eines Postulates unternommen werden, als müsse die neutestamentliche Verkündigung unter allen Umständen gegenwartsfähig gemacht werden. Vielmehr ist einfach zu fragen, ob sie wirklich nichts als Mythologie ist, oder ob gerade der Versuch, sie in ihrer eigentlichen Absicht zu verstehen, zur Eliminierung des Mythos führt . . .

Der eigentliche Sinn des Mythos ist nicht der, ein objektives Weltbild zu geben; vielmehr spricht sich in ihm aus, wie sich der Mensch selbst in seiner Welt versteht; der Mythos will nicht kosmologisch, sondern anthropologisch — besser: existential interpretiert werden. Der Mythos redet von der Macht oder von den Mächten, die der Mensch als Grund und Grenze seiner Welt und seines eigenen Handelns und Erleidens zu erfahren meint. Er redet von diesen Mächten freilich so, daß er sie vorstellungsmäßig in den Kreis der bekannten Welt, ihrer Dinge und Kräfte, und in den Kreis des menschlichen Lebens, seiner Affekte, Motive und Möglichkeiten, einbezieht. . . .

Im Mythos findet der Glaube Ausdruck, daß die bekannte und verfügbare Welt, in der der Mensch lebt, Grund und Ziel nicht in sich selber hat, daß vielmehr ihr Grund und ihre Grenze außerhalb des Bekannten und Verfügbaren liegen, und daß dieses Bekannte und Verfügbare ständig von den unheimlichen Mächten, die ihm Grund und Grenze sind, durchwaltet und bedroht ist. Und in eins damit gibt der Mythos dem Wissen Ausdruck, daß der Mensch nicht Herr seiner selbst ist, daß er nicht nur innerhalb der bekannten Welt abhängig ist, sondern daß er vor allem von jenen jenseits des Bekannten waltenden Mächten abhängig ist, und daß er in dieser Abhängigkeit gerade von den bekannten Mächten frei werden kann . . .

Die Mythologie, in deren Begrifflichkeit das Neue Testament redet, ist im wesentlichen die der *jüdischen Apokalyptik* und des *gnostischen Erlösungsmythos*. Beide stimmen überein in der dualistischen Grundanschauung, nach der die gegenwärtige Welt und die in ihr lebenden Menschen von dämonischen, teuflischen Mächten beherrscht und der Erlösung bedürftig sind, — einer Erlösung, die sich der Mensch nicht selbst beschaffen kann, die ihm nur durch göttlichen Eingriff geschenkt werden kann; und beide reden von solcher erlösenden Tat Gottes; jene, die jüdische Apokalyptik, redet von der bevorstehenden Weltenwende, die diesem alten Äon ein Ende macht und den neuen heraufführt, dadurch daß Gott seinen Messias sendet; diese, die Gnosis, indem sie von der Erlösung spricht, die der aus der Lichtwelt herabgesandte Gottessohn bringt, der als Mensch verkleidet in diese Welt kam, der durch sein Schicksal und seine Lehre die Seinen befreit und den Weg in die himmlische Heimat bahnt.

Auch diese Mythologien haben ihren Sinn nicht in ihren objektivierenden Vorstellungen, sondern müssen auf das in ihnen liegende Existenzverständnis hin, d. h. existential, interpretiert werden . . .

(Rudolf Bultmann)

- *Warum sind nach Bultmanns Meinung Wunder „erledigt“?*
- *Stellen Sie die wesentlichen Punkte der Argumentation heraus!*
- *Was ist unter „existentialer Interpretation“ des Neuen Testaments zu verstehen?*
- *Welche Aussagen werden über den „Mythos“ bzw. über die „Mythologie“ gemacht?*

Bultmann fordert in seinem Aufsatz, daß „der Theologe und Prediger sich und der Gemeinde . . . absolute Wahrheit und Sauberkeit“ im Blick auf die neutestamentliche Mythologie schulde. Zur Konkretisierung seien einige Passagen aus einer Predigt abgedruckt, die in der Zeit des oben zitierten Aufsatzes gehalten wurde und dessen theoretischen Ansatz in die Situation der Gemeinde überträgt. Der Predigttext (Lukas 5, 1—11) sollte vor der Lektüre des Predigtausschnittes gelesen und im Blick auf die Wunderfrage betrachtet werden.

12

1 Als die Menge ihn umdrängte und das Wort
Gottes hören wollte, während er am Ufer des Sees
Genezareth stand, 2 erblickte er zwei Boote,
die am Ufer festgemacht waren. Die Fischer waren
ausgestiegen und wuschen die Netze. 3 Da
stieg er in eines der Boote, das Simon gehörte, und
bat ihn, ein wenig vom Land abzustoßen. Dann
setzte er sich und lehrte die Menge vom Boot aus.
4 Als er mit seiner Rede zu Ende gekommen
war, sagte er zu Simon: „Fahre aufs tiefe Wasser
hinaus und laßt eure Netze zum Fang hinab.“
5 Simon entgegnete: „Meister, die ganze
Nacht hindurch haben wir uns schon abgemüht
und nichts gefangen! Doch auf dein Wort will ich
die Netze hinablassen.“ 6 Als sie das taten,
fingen sie eine so große Menge Fische, daß ihre
Netze zu zerreißen drohten. 7 Da winkten sie
ihre Gefährten im anderen Boot heran, sie sollten
kommen und mit Hand anlegen. Die kamen heran,
und sie füllten beide Boote so voll, daß sie zu sinken
drohten. 8 Als Simon Petrus das sah, fiel
er Jesus zu Füßen und sagte: „Geh weg von
mir, Herr, denn ich bin ein sündiger Mensch!“
9 Denn ein Schrecken war in ihn und in all
seine Gefährten gefahren wegen des Fanges, den
sie gemacht hatten, 10 ebenso auch in Jakobus
und Johannes, die Söhne des Zebedäus, die
Simons Gefährten waren. Doch Jesus sagte zu
Simon: „Fürchte dich nicht! Von jetzt an sollst
du Menschen fangen.“ 11 Da brachten sie
die Boote an Land, ließen alles zurück und folgten
ihm nach.

(Lukas 5, 1—11; Wilckens)

Die Geschichte von Petri Fischzug erzählt von einem Wunder und legt uns dadurch die Frage vor: Was ist christlicher Wunderglaube? Gehört es zum christlichen Glauben, an Wunder zu glauben? Gehört es zu ihm, die Wundergeschichten des Neuen Testamentes, und also auch unsere Geschichte, für wahre Begebenheiten zu halten? Wir leben ja in einer Zeit, die durchweg derartige Wunder nicht nur nicht erlebt, sondern auch nicht für möglich hält. Wir sind nicht nur theoretisch überzeugt, daß alles Geschehen in der Welt nach Regel und Ordnung verläuft, daß es nach festen Gesetzen geschieht, sondern wir verhalten uns auch in unserm praktischen Leben, in Arbeit und Verkehr, so, daß wir damit rechnen, daß alles, was geschieht, seine natürliche Ursache und seine natürliche Wirkung hat. Ja, wir könnten unsere Arbeit gar nicht treiben, wir könnten die Verantwortung für unser Tun gar nicht übernehmen, wenn es anders wäre, wenn wir gewärtig sein müßten, daß der Zusammenhang von Ursache und Wirkung plötzlich wunderbar zerreißen könnte.

Wir sind uns freilich bewußt, daß wir diesen Zusammenhang nicht immer vollständig kennen, daß wir die Wirkung unseres Tuns nicht immer sicher berechnen können. Wir sind uns bewußt, daß es geheimnisvolle Kräfte der Natur gibt, die wir noch nicht kennen. Aber das bedeutet nicht, daß wir an Wunder glauben, sondern nur, daß wir mit noch Unbekanntem, Unerforschtem rechnen . . .

So ist es denn nicht verwunderlich, daß Zweifel und Kritik an den neutestamentlichen Wundergeschichten laut werden, seitdem die moderne Zeit mit Wissenschaft und weltbeherrschender Technik heraufkam. Und es ist nicht verwunderlich, daß nicht nur viele Menschen, die sich vom christlichen Glauben abkehrten, sondern auch viele, die mit Ernst Christen sein wollten, die neutestamentlichen Wundergeschichten für unglaubwürdig erklärten. Gewiß, sagen sie, mögen viele im Neuen Testament erzählten Wunder wirkliche Begebenheiten sein; aber sie waren eben keine eigentlichen Wunder, in denen der Naturzusammenhang zerbrochen ist, sondern Ereignisse, die natürlich erklärt werden können. Die Krankenheilungen, die Jesus gewirkt hat, lassen sich verstehen aus dem Einfluß, aus der gewaltigen Wirkung, die seine Person auf die Kranken ausübte. Andere Wundergeschichten freilich, deren Vorgang man nicht aus natürlichen Ursachen erklären kann — und dazu gehört auch unsere Geschichte —, hält man für Legende, für fromme Dichtung. Nun gibt es manche Christen, die meinen, daß eine solche Anschauung im Gegensatz zu dem christlichen Glauben stehe, und die denjenigen, die so denken, den Glauben absprechen. Und wieder gibt es andere, die den Widerspruch drückend empfinden, der zwischen ihren wissenschaftlichen Überzeugungen und den Anschauungen, die sie in ihrem täglichen Leben leiten, auf der einen Seite und den neutestamentlichen Wundergeschichten auf der anderen Seite besteht; die wohl am christlichen Glauben festhalten möchten, die aber meinen: als Christ sei man verpflichtet, solche Geschichten für wahr zu halten, — und da sie das nicht können, geraten sie in Zweifel, ob sie sich noch Christen nennen dürfen.

Was sollen wir dazu sagen? Nun, zuerst müssen wir sagen: Das bedeutet in der Tat nicht christlicher Glaube, daß man die Wundergeschichten des Neuen Testamentes für wahr hält. Christlicher Glaube bedeutet der Glaube an die in Christus uns erschienene Gnade Gottes. Das eigentliche Werk Christi besteht aber, wie schon Luther gesagt hat, darin, daß er das Gesetz und den Tod überwunden hat. Und deshalb heißt christlicher Glaube: An ihn als den Befreier von Gesetz und Tod glauben; es heißt aber nicht, die Wundergeschichten des Neuen Testamentes für wahr halten . . .

Aber wenn wir nun deutlich gesagt haben, daß christlicher Glaube nicht darin besteht, die Wundergeschichten des Neuen Testaments für wahr zu halten, so müssen wir nun ebenso deutlich sagen: christlicher Glaube ist Wunderglaube, ist Glaube an das wunderbare Handeln Gottes, ist die Bereitschaft, Gottes Wunder in unserem Leben zu erfahren. . . .

Wir streiten also nicht darüber, ob diese Geschichte ein wirkliches Vorkommnis oder ob sie eine fromme Dichtung, eine Legende ist. Damit mich niemand mißversteht, will ich sagen, daß ich sie für eine fromme Dichtung halte. Aber das, was sie uns lehren will, das lehrt sie in jedem Fall, ob sie nun der Bericht von einem geschichtlichen Ereignis, oder ob sie eine Dichtung ist. Wir müssen sie verstehen wie ein Bild, in dem die wunderbare Kraft abgebildet ist, die Jesus über ein Menschenleben gewinnen kann. Die Geschichte leitet uns selbst dazu an, daß wir sie so verstehen müssen. Denn die Hauptsache ist gar nicht, daß Petrus einen wunderbaren Fischzug getan hat, sondern dieses, daß Petrus zum Apostel, zum Verkündiger des Wortes, berufen wird. Wenn Jesus zu Petrus spricht: „Von nun an wirst Du Menschen fangen“, so zeigt sich, daß das Wunder des Fischzuges das Bild für etwas viel Größeres ist. Das eigentliche Wunder ist die Apostelwirksamkeit des Petrus, ist die Wirksamkeit des von Menschenmund gesprochenen göttlichen Wortes. Eben dieses Wunder soll durch den wunderbaren Fischzug wie durch ein Bild veranschaulicht werden.

. . .

In jenem Wort, in dem Luther sagt, daß der Glaube an Gott den Schöpfer der entscheidende, alles umfassende Glaube ist, und in dem er sagt, daß es nur wenige gibt, „die so weit kommen, daß sie völliglich glauben, daß er der Gott sei, der alle Dinge schafft und macht“, fährt er fort: „Denn ein solcher Mensch muß allen Dingen gestorben sein, dem Guten und Bösen, dem Tod und Leben, der Hölle und dem Himmel, und von Herzen bekennen, daß er aus eigener Kraft nichts vermag.“

Dem Menschen, der das zu bekennen vermag, dem können die Augen dafür aufgehen, welches Geschenk Gott der Welt mit Jesus Christus gegeben hat; dem begegnet die Gestalt Jesu als die Erscheinung der befreienden Gnade Gottes in dieser Welt; ihm begegnet das Wort, das diese Gnade dem Sünder zuspricht. Es wird uns in unsrer Geschichte anschaulich. Als Petrus auf Jesu Wort hin das Netz ausgeworfen und den Fischzug getan hat, sinkt er vor Jesus nieder und spricht: „Herr, gehe von mir hinaus, denn ich bin ein sündiger Mensch!“ Jesus aber weist ihn nicht fort, sondern spricht zu ihm: „Fürchte dich nicht, denn von nun an wirst du Menschen fangen!“ Den verzagten sündigen Menschen läßt er das Wunder erleben, und das eigentliche Wunder ist eben dieses, daß er den sündigen Menschen zu sich ruft, in seinen Dienst stellt, daß er ihn verwandelt, ihn neu und rein macht.

Das ist in der Tat das eine und eigentliche Wunder, daß uns das in Jesus begegnende Wort der erlösen-

den Gnade Gottes neu schafft, daß es uns von uns selbst, d. h. von unsrer alten sündigen Art befreit, uns zur „neuen Kreatur“ macht. Daß dieses Wort weiter erklingt, daß es uns auch heute, hier und jetzt, fragt, ob wir bereit sind, unsere ganze Existenz unter diesem Wort zu verstehen, darin offenbart sich uns das Schöpferwalten Gottes.
Wer das Wort von der erlösenden Gnade Gottes mit willigem Herzen aufnimmt, wer es nachsprechen kann: „Herr, gehe von mir hinaus, denn ich bin ein sündiger Mensch!“, der erfährt das eine eigentliche Wunder, daß Gott ihn von sich selbst frei macht und ihm die Kraft schenkt, seine Wunder zu schauen, ja seine Wunder zu tun.

(Rudolf Bultmann)

- *Wie wird hier das Anliegen der existentialen Interpretation zur Sprache gebracht?*
- *Stellen Sie sich vor, Sie selbst hätten zu den Gottesdienstbesuchern gehört: welche Stellung würden Sie zu der Predigt beziehen?*
- *Übertragen Sie Ihre aus der Diskussion zur Wunderfrage gewonnenen Einsichten auf die Geschichte von der Auferweckung des Jünglings zu Nain (Text 10) und versuchen Sie, ein differenzierteres Bild dieser Wundergeschichte zu gewinnen!*

Wunderwelt

Die Frage nach den neutestamentlichen Wundern, speziell die Frage, ob die Wunder tatsächlich geschehen sind oder nicht, und was es bedeutet, wenn man die Faktizität von Wundern leugnet, ist Ergebnis des neuzeitlichen naturwissenschaftlichen Denkens und zeigt damit ein Problem an, das man in dieser Weise früher nicht gekannt hat.
Die Überlieferer und Schreiber der neutestamentlichen Evangelien lebten allerdings auch nicht in einer naiven, geradezu ‚heilen‘ Wunderwelt, in der Jesus als einziger große Taten vollbrachte. Im gesamten damaligen griechischen und vorderorientalischen Kulturkreis waren Berichte und Erzählungen von Wundern und aufsehenerregenden Taten nichts Außergewöhnliches. Die Christen brauchten nur in ihrer „Bibel“, dem Alten Testament, nachzuschlagen, oder sich in „heidnischer“ Literatur umzusehen, um den Evangelien vergleichbare, ja verwandte, mitunter sogar bis in Formulierungen angeglichene Geschichten zu finden. Zur Erzählung von der Auferweckung des Jünglings zu Nain (s. Text 10) können die beiden folgenden Parallelen herangezogen und im Blick auf Gemeinsamkeiten und Unterschiede des Aufbaus sowie der Einzelelemente verglichen werden:

13

17 Nachmals aber begab es sich, daß der Sohn
jener Frau, der das Haus gehörte, krank wurde,
und seine Krankheit verschlimmerte sich so, daß
kein Atem mehr in ihm blieb. 18 Da sagte sie
zu Elia: „Was haben wir miteinander zu schaffen,
du Mann Gottes? Du bist nur deshalb zu mir
gekommen, um meine Verschuldung bei Gott in
Erinnerung zu bringen und den Tod meines Sohnes
herbeizuführen!“ 19 Er antwortete ihr: „Gib
mir deinen Sohn her!“ Er nahm ihn dann von ihrem
Schoß, trug ihn in das Obergemach hinauf, wo er
selbst wohnte, und legte ihn auf sein Bett; 20
dann rief er den HErrn an und betete: „HErr, mein
Gott, hast du wirklich die Witwe, bei der ich zu
Gast bin, so unglücklich gemacht, daß du ihren
Sohn hast sterben lassen?“ 21 Darauf streckte
er sich dreimal über den Knaben hin und rief den
HErrn mit den Worten an: „HErr, mein Gott, laß
doch die Seele dieses Knaben wieder in ihn zurück-
kehren!“ 22 Da erhörte der HErr das Gebet
Elias, und die Seele des Knaben kehrte in ihn
zurück, so daß er wieder auflebte. 23 Elia aber
nahm den Knaben, trug ihn aus dem Obergemach
ins Haus hinunter und übergab ihn seiner Mutter
mit den Worten: „Sieh her, dein Sohn lebt!“
24 Da antwortete die Frau dem Elia: „Ja, nun
weiß ich, daß du ein Mann Gottes bist und daß das
Wort des HErrn in deinem Munde Wahrheit ist!“

(1. Könige 17, 17—24; Menge)

Ein Mädchen, im Begriff zu heiraten, schien gestorben zu sein, und der Bräutigam folgte ihrer Bahre. Er klagte über den frühen Tod seiner Braut. Rom trauerte mit ihm, denn das Mädchen gehörte einer

Konsularenfamilie an. Apollonius kam gerade dazu und erfuhr von dem Leid.

Er sagte: „Setzt die Bahre ab! Ich werde euch die Tränen stillen, die ihr über das Mädchen weint." Und sogleich fragte er, wie es heiße. Die Menge dachte, er wolle eine Rede halten, wie es beim Leichenbegräbnis üblich ist, um die Totenklage anzuregen. Aber statt dessen berührte er das Mädchen nur und flüsterte ihm etwas zu. Er erweckte es vom scheinbaren Tod. Und das Mädchen sprach und ging in das Haus ihres Vaters, so wie einst Alcestis, als sie durch Herkules zum Leben zurückgebracht worden war. Die Verwandten des Mädchens wollten dem Apollonius 150 000 Sesterzen geben. Aber er sagte, er wolle sie dem Mädchen zur Mitgift hinzufügen.

Ob er noch einen Lebensfunken in ihr entdeckte, den die Ärzte nicht bemerkt hatten . . . oder ob das Leben wirklich erloschen war und er es durch die Wärme seiner Berührung wieder herstellte, ist ein äußerst schwieriges Problem, welches weder ich, noch die, welche anwesend waren, lösen können.

(Philostratos, Das Leben des Apollonius von Tyana IV, 45)

Die theologische Wissenschaft bezeichnet die Analyse vergleichbarer religiöser Dokumente und Vorstellungen mit dem Begriff „Religionsgeschichte". Für unseren Zusammenhang ergibt sich folgende grundlegende Frage:

- *Welche Konsequenzen für das Wunderverständnis hat die Einsicht, daß in der religiösen Umwelt des Neuen Testaments Wunder gleichsam an der Tagesordnung waren?*

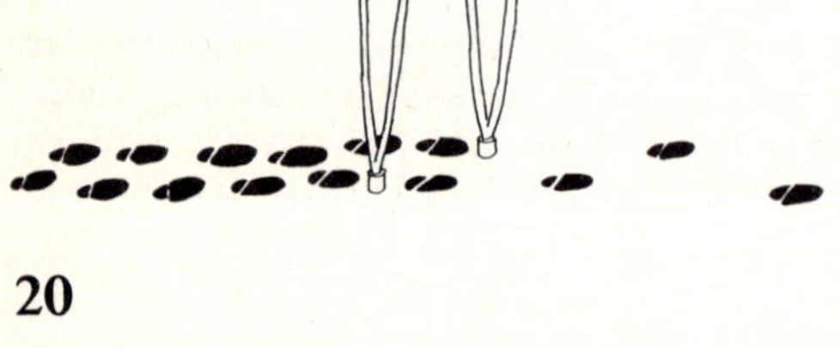

Umgang mit Wundergeschichten

Daß man den Evangelisten ein naives Wunderverständnis nicht unreflektiert unterstellen darf, zeigten bereits die religionsgeschichtlichen Parallelen; ein Blick in die Werkstatt der Evangelienschreiber bestätigt diese Beobachtung. Die Evangelisten haben die auf sie gekommene Überlieferung — in unserem Falle die Wunder — nicht sklavisch übernommen, sondern mit geradezu freier Hand das Überlieferungsmaterial umgeformt, ergänzt, oder, in Einzelstücken, ganz unberücksichtigt gelassen. Die jeweils vorliegende Form der einzelnen Wundergeschichte ist das Ergebnis eines Bearbeitungsprozesses. Zum Verständnis dieses Vorgangs, der unten am Beispiel der Sturmstillung verdeutlicht werden soll, bedarf es einiger methodischer Vorklärungen.

Die Frage nach den Quellen

14

Das besondere Interesse an den synoptischen Evangelien ist dadurch begründet, daß sie die wichtigste Quelle für das geschichtliche Leben und Wirken Jesu von Nazareth sind. Es gab eine Zeit, . . ., in der das Nebeneinander der drei Evangelien des Matthäus, Markus und Lukas kein schwieriges Problem war, sondern in der man die drei Berichte (und dazu noch den des Johannesevangeliums) zusammenstellte, miteinander harmonisierte und so ein Bild vom Leben Jesu gewann. Sobald das geschichtliche Interesse wach geworden war, bereitete das *Nebeneinander der drei Synoptiker* mit ihren eigentümlichen Übereinstimmungen wie Verschiedenheiten eine gewisse Verlegenheit. *Die Übereinstimmungen* wiesen darauf hin, daß eine literarische Beziehung zwischen den dreien bestehen muß. Wie ist sie zu denken? So, daß ein Evangelist den andern benutzt hat? oder hat einer die beiden andern, haben zwei den dritten benutzt? und welcher ist Benutzer, welcher Benutzter? . . . Dazu kommen andere Möglichkeiten: gehen die Übereinstimmungen darauf zurück, daß die drei Evangelien ein verlorenes

Urevangelium benutzt haben? oder wenn nicht ein vollständiges Evangelium, so doch einzelne Stücke schriftlicher Aufzeichnungen von Erzählungen und Reden Jesu? Ja, hatte vielleicht die mündliche Überlieferung in der christlichen Gemeinde eine so feste Form gewonnen, daß die Evangelisten nur aus ihr zu schöpfen brauchten? Und weiter? Wie sind *die Verschiedenheiten* zu erklären? Die Tatsache, daß die Evangelisten die gleichen Ereignisse und Worte in abweichender Gestalt erzählen, und daß der eine mehr, der andere weniger berichtet? Ist der Grund der, daß ihre Quellen voneinander abwichen, daß der eine reichere und genauere Berichte hatte als der andere? Oder sind sie selbst verantwortlich, indem sie aus den bestimmten Verhältnissen ihrer Zeit und Lage heraus den evangelischen Stoff von ihrem Standpunkt aus veränderten? Ist der Reichtum, den Matthäus und Lukas gegenüber Markus aufweisen, und die Geschichten, die jeder von ihnen mehr hat als der andere, so zu erklären, daß für jeden von ihnen noch alte gute Berichte erreichbar waren, oder so, daß die Phantasie neue Geschichten und Worte hervorbrachte? Auch diese Möglichkeiten sind vielfach erwogen worden; und wie bei der ersten Frage zeigte es sich, daß an allen Möglichkeiten etwas Richtiges ist, daß man nirgends mit einem Entweder-Oder auskommt, daß vielmehr die Entstehungsgeschichte der synoptischen Evangelien sehr kompliziert ist.

Die Forschung ist in der Arbeit der verschiedenen Generationen seit dem Ende des 18. Jahrhunderts zu Ergebnissen gelangt, die als ziemlich gesichert gelten können und die auch in den Grundzügen recht einfach sind. Fast allgemein anerkannt ist die sogenannte *Zwei-Quellen-Hypothese,* d. h. die Anschauung, daß das Markusevangelium das älteste ist und daß es von Matthäus und Lukas benutzt worden ist. Diese beiden Evangelisten haben außerdem beide eine verlorene Quelle benutzt, die eine Sammlung von Sprüchen Jesu war und die sie in verschiedener Weise in den Markustext einarbeiteten. Will man dies Ergebnis nachprüfen, so benutzt man dazu eine sogenannte Synopse, d. h. ein Buch, in dem die Texte der drei Evangelisten übersichtlich nebeneinander gedruckt sind ... Beim Vergleich muß man sowohl das Stoffquantum berücksichtigen wie die Formulierung im einzelnen. Das Hauptgewicht aber fällt auf die Reihenfolge, und man wird sich, wenn man diese genau prüft, überzeugen, daß in der Tat *das Markusevangelium dem Aufriß der beiden andern zugrunde liegt.* Zieht man den Markustext sozusagen von Matthäus und Lukas ab, so bleibt bei beiden ein ziemlich großes Quantum übereinstimmender Stücke, die fast alle Worte und Reden Jesu enthalten, und die in ihrer Übereinstimmung am besten durch die Annahme erklärt werden, daß sie aus einer *Spruchsammlung* stammen, die von Matthäus wie von Lukas benutzt worden ist.

(Rudolf Bultmann)

- *Skizzieren Sie das Problem, das sich aus der Vergleichbarkeit der ersten drei Evangelien ergibt!*
- *Welche Lösung hat die Wissenschaft für dieses Problem gefunden? Ziehen Sie bei Ihrer Bestimmung der „literarkritischen" Methode die Graphik von S. 31 vergleichend heran!*

Die Frage nach den Evangelisten

15

Die Bücher „Die Mitte der Zeit" von H. Conzelmann zum Lukas-Evangelium (1954) und „Der Evangelist Markus" von W. Marxsen (1956) wenden sich im Gegenzug zur formgeschichtlichen Betrachtungsweise (vgl. dazu unten, S. 25 f.) gerade den „redaktionellen" Maßnahmen der Evangelisten zu. Sie führen zu dem Ergebnis, daß die Evangelisten nicht bloß als Sammler zu verstehen sind. Sie sind vielmehr bewußt gestaltende Theologen, die den aus der Tradition übernommenen Stoffen ihren jeweils besonderen Christusglauben aufprägen. Im Zusammenhang mit dieser Arbeit wird die neue Forschungsrichtung (zuerst von W. Marxsen) als „Redaktionsgeschichte" bezeichnet. Hatte die Literarkritik literarische Quellen und deren Abhängigkeiten festgestellt, die Synoptiker also nahe aneinandergerückt, so zeigt die Redaktionsgeschichte darüber hinaus jeden der Evangelisten in seiner unverwechselbaren Eigenart auf und sichert ihm seinen unvertauschbaren Platz und Rang.

Der „Rahmen", bei dem die redaktionsgeschichtliche Betrachtungsweise ansetzt, tritt sowohl in den Ein- und Ausleitungsstücken einzelner Perikopen als auch in Anordnung und Gliederung der Gesamtstoffe in Erscheinung. Im einzelnen finden sich hier geographische und topographische Angaben, Kürzungen, Verknüpfungen und Umstellungen sowie Einfügungen von Wanderlogien, in denen der Redaktor als Interpret seiner mündlichen oder schriftlichen Vorlagen begegnet. Auch die Kompositionstechnik der Sammelberichte (wie in der Apostelgeschichte) oder Hinweise auf die Erfüllung des Alten Testaments (wie häufig im Matthäus-Evangelium) sind aufschlußreich für die kerygmatische (verkündigende) Absicht eines biblischen Schriftstellers und das Verständnis seiner theologischen Konzeption.

(Grete Schneider u. a.)

- *Die „redaktionsgeschichtliche" Methode führt den literarkritischen Ansatz weiter: Kennzeichnen Sie diese Weiterentwicklung!*
- *Was kann die Karikatur zu unserer Beschäftigung mit den bisher erarbeiteten Methoden beitragen?*

Ein Beispiel: Die „Sturmstillung"

Um die Verfahrensweisen der „literarkritischen" und „redaktionsgeschichtlichen" Methoden und ihre Tragfähigkeit zu prüfen und zu konkretisieren, wird eine Wundergeschichte, die in besonderer Weise Rückschlüsse auf Jesusdeutungen erlaubt, in synoptischer Fassung abgedruckt. Der Text sollte von zwei Gruppen des Kurses bearbeitet werden: die eine Gruppe vergleicht die Matthäus- mit der Markusfassung, die andere die Lukas- mit der Markusversion.

- *Vergleichen Sie jeweils zwei Fassungen miteinander (Matthäus—Lukas; Lukas—Markus) miteinander, indem Sie auf Gemeinsamkeiten und Unterschiede achten:*

- *Woran läßt sich die Bearbeitung durch Matthäus bwz. Lukas erkennen? (Stilistische Unterschiede?)*
- *Prüfen Sie, ob die Zwei-Quellen-Theorie an diesem Text bestätigt werden kann!*
- *Wie wird Jesus von den Evangelisten gesehen? Achten Sie dabei vor allem jeweils auf die Anrede Jesu und auf die Schlußfolgerungen der Jünger!*
- *Versuchen Sie zu beschreiben, von welcher theologischen Eigenart die jeweilige Fassung geprägt ist!*

16

Matthäus 8, 18; 23—27	*Markus 4, 35—41*	*Lukas 8, 22—25*
(Vorangehender Text: Mehrere Heilungen, Sprüche über die Nachfolge Jesu)	(Vorangehender Text: Jesus belehrt seine Jünger durch Gleichnisse über das Reich Gottes)	(Vorangehender Text: Sämannsgleichnis wie bei Markus, Sprüche über die Pflichten der Jünger und über die wahren Verwandten Jesu)
18 Als aber Jesus (wieder) eine Volksschar bei sich sah,		22 Es begab sich aber an einem der Tage, daß er

befahl er,
an das andere Ufer
wegzufahren.

23 Und wie
er in das Boot stieg, folgten ihm
seine Jünger.
24 Und
siehe, ein großes Beben er-
hob sich auf der See,
so daß das Boot
von den Wellen bedeckt wurde.

Er selbst aber schlief.

25 Und sie traten herzu,
weckten ihn, indem sie sag-
ten: „Herr,
rette uns,
wir gehen unter!“

26
Und er spricht zu ihnen: „Was
seid ihr furchtsam,
Kleingläubige?“
Darauf stand er auf, bedrohte
die Winde und die See, und es
trat eine große Stille ein. 27
Die Menschen aber
gerieten in Erstau-
nen. (und) sprachen:
„Von welcher
Art ist dieser, daß sogar die
Winde und die See
ihm gehorchen?“

35 Und er
spricht zu ihnen, an jenem Tag,
als es Abend geworden war:
„Wir wollen an das andere Ufer
hinüberfahren!“
36 Und,
indem sie die Volksschar verlas-
sen, nehmen sie ihn, wie er war,
im Boot mit, und andere Boote
waren bei ihm.

37 Und
ein großer Windsturm er-
hebt sich,
und die Wellen
schlugen ins Boot, so
daß sich das Boot schon zu fül-
len begann.
38 Und er selbst schlief
gerade im Heck auf einem Kis-
sen. Und sie
wecken ihn und sagen zu
ihm: „Lehrer,
macht es dir
nichts aus,
daß wir untergehen?“ 39 Und,
indem er erwachte, be-
drohte er den Wind
und sprach
zur See: „Schweig! Verstumme!“
Und der Wind legte sich, und
es trat eine große Stille ein. 40
Und er sprach zu ihnen: „Was
seid ihr so furchtsam? Wie,
habt ihr nicht Glauben?“

41 Und sie
fürchteten sich mit großer
Furcht,
und sprachen zueinan-
der: „Wer denn
ist dieser, daß sogar der
Wind und die See
ihm gehorcht?“

selbst in ein Boot trat, sowie
seine Jünger, und er zu ihnen
sprach:
„Wir wollen an das andere Ufer
des Teichs hinüberfahren!“ Und
sie stießen vom Lande ab.

23 Als sie aber
dahinfuhren, schlief er ein. Und
ein Windsturm
fiel auf den
Teich herab,
und sie nahmen viel Wasser über
und gerieten in Gefahr.

24 Sie aber traten herzu,
weckten ihn auf, indem sie sag-
ten: „Meister, Meister,

wir gehen unter!“
Indem er aber erwachte, be-
drohte er den Wind und das
Gewoge des Wassers.
Und sie hörten auf, und es
trat eine Stille ein. 25
Er aber sprach zu ihnen:
„Wo
ist euer Glauben?“

Indem sie sich
aber fürchteten,
gerieten sie in Erstau-
nen, (und) sprachen zueinan-
der: „Wer denn
ist dieser, daß er sogar den
Winden gebietet und dem Was-
ser, und sie ihm gehorchen?“

1

2

3

Kleiner kunstgeschichtlicher Exkurs „Sturmstillung“:

1 Alfred Rethel (1816 – 1859)
*2 Monika Liu Ho-Peh (*1928)*
3 Eugène Delacroix (1798 – 1863)
4 Rembrandt (1606 – 1669)
5 James Ensor (1860 – 1949)

4

5

PALÄSTINA
um Christi Geburt
SYRIEN
Abila
Damaskus
Sidon
PHOENIKIEN
Tyrus
Caesarea Philippi
Mittelmeer
BATANAEA
Trachonitis
Ptolemais
(Akko)
Kapernaum
Bethsaida
GALILAEA
See Genezareth
Nazareth
Gadara
Dora
DEKAPOLIS
Auranitis
Caesarea
Skythopolis
Pella
SAMARIA
Gerasa
Samaria
Archelais
Joppe
Arimathia
Jordan
Lydda
JUDAEA
Philadelphia
Iamnia
Emmaus
Jericho
PERAEA
Jerusalem
Bethlehem
Askalon
Totes Meer
Machaerus
Gaza
Hebron
Qumran
IDUMAEA
Masada
Rhaphia
Reich des Herodes
(unter römischer Oberhoheit)
von Rom unabhängige Gebiete
50 km
Sch.

Umweg über das Alte Testament

Die bisher behandelten Verfahrensweisen im Umgang mit Texten der Evangelien, speziell mit Wundergeschichten, müssen im folgenden um eine weitere Forschungsrichtung ergänzt werden, deren Kenntnis für das Verständnis und die Deutung Jesu von großer Bedeutung ist; es geht dieser „formgeschichtlichen“ Betrachtungsweise darum, die frühe mündliche Überlieferung von Jesus zu erfassen und zu präzisieren. Das Verfahren, mit dem hier gearbeitet wird, läßt sich durch Heranziehung und Betrachtung einiger alttestamentlicher Texte am besten verdeutlichen.

- *Welchem Lebensbereich sind die folgenden Texte zuzuordnen?*
- *Wozu sind die Texte Ihrer Meinung nach verfaßt worden?*
- *Welche formalen Kennzeichen sind für den jeweiligen Text bestimmend?*
- *In welcher Weise bedingen ‚Lebensbereich‘ und ‚Form‘ einander?*

17

1 Singet dem HERRN ein neues Lied;
singet dem HERRN, alle Welt!
2 Singet dem HERRN und lobet seinen Namen,
verkündet von Tag zu Tag sein Heil!
3 Erzählet unter den Heiden von seiner Herrlichkeit,
unter allen Völkern von seinen Wundern!
4 Denn der HERR ist groß und hoch zu loben,
mehr zu fürchten als alle Götter.
5 Denn alle Götter der Völker sind Götzen;
aber der HERR hat den Himmel gemacht.
6 Hoheit und Pracht sind vor ihm,
Macht und Herrlichkeit in seinem Heiligtum.
7 Ihr Völker, bringet dar dem HERRN,
bringet dar dem HERRN Ehre und Macht!
8 Bringet dar dem HERRN die Ehre seines Namens,
bringet Geschenke und kommt in seine Vorhöfe!
...

(Psalm 96, 1–8; Luther)

18

1 Und der HERR redete mit Mose und Aaron und
sprach zu ihnen: 2 Redet mit den Kindern
Israel und sprecht: Dies sind die Tiere, die ihr
essen dürft unter allen Tieren auf dem Lande.
3 Alles, was gespaltene Klauen hat, ganz durch-
gespalten, und wiederkäut unter den Tieren, das
dürft ihr essen. 4 Nur diese dürft ihr nicht
essen von dem, was wiederkäut und gespaltene
Klauen hat: das Kamel, denn es ist zwar ein Wie-
derkäuer, hat aber keine durchgespaltenen Klauen;
darum soll es euch unrein sein; 5 den Klipp-
dachs, denn er ist zwar ein Wiederkäuer, hat aber
keine durchgespaltenen Klauen; darum soll er euch
unrein sein; 6 den Hasen, denn er ist auch ein
Wiederkäuer, hat aber keine durchgespaltenen
Klauen; darum soll er euch unrein sein; 7 das
Schwein, denn es hat wohl durchgespaltene Klauen,
ist aber kein Wiederkäuer; darum soll es euch
unrein sein. 8 Vom Fleisch dieser Tiere dürft
ihr weder essen noch ihr Aas anrühren; denn sie
sind euch unrein.

(3. Mose 11, 1–8; Luther)

19

1 Dies sind die Söhne Davids, die ihm zu Hebron
geboren sind: der Erstgeborene Amnon, von Ahi-
noam, der Jesreeliterin; der zweite Daniel, von
Abigail, der Karmeliterin; 2 der dritte
Absalom, der Sohn der Maacha, der Tochter Tal-
mais, des Königs von Geschur; der vierte Adonia,
der Sohn der Haggith; 3 der fünfte Schephatja,
von der Abital; der sechste Jithream, von seiner
Frau Egla. 4 Diese sechs sind ihm geboren zu
Hebron; denn er regierte dort sieben Jahre und
sechs Monate. Aber zu Jerusalem regierte er drei-
unddreißig Jahre. 5 Und diese sind ihm gebo-
ren zu Jerusalem: Schammua, Schobab, Nathan,
Salomo, ...

26 So ist nun David, der Sohn Isais, König
gewesen über ganz Israel. 27 Die Zeit aber, die
er König über Israel gewesen ist, ist vierzig Jahre.
Zu Hebron regierte er sieben Jahre und zu Jerusa-
lem dreiunddreißig Jahre. 28 Und er starb in
gutem Alter, satt an Leben, Reichtum und Ehre.
Und sein Sohn Salomo wurde König an seiner
Statt. 29 Die Geschichte aber des Königs
David, die frühere und die spätere, siehe, die steht

geschrieben in der Geschichte Samuels, des Sehers,
und in der Geschichte des Propheten Nathan und in
der Geschichte Gads, des Sehers, 30 dazu
auch seine Regierung und seine tapferen Taten
sowie die Geschehnisse, die über ihn und Israel und
über die Königreiche in allen Landen dahingegan-
gen sind.

(1. Chronik 3, 1—5; 29, 26—30; Luther)

20

20 Zu der Zeit werden die Übriggebliebenen von
Israel und, was entkommen ist vom Hause Jakob,
sich nicht mehr verlassen auf den, der sie schlägt,
sondern sie werden sich verlassen auf den HERRN,
den Heiligen Israels, in Treue. 21 Ein Rest
wird sich bekehren, ja, der Rest Jakobs, zu Gott,
dem Starken. 22 Denn wäre auch dein Volk, o
Israel, wie Sand am Meer, so soll doch nur ein Rest
in ihm bekehrt werden. Verderben ist beschlossen
und bringt Fluten von Gerechtigkeit. 23 Denn
Gott der HERR Zebaoth wird Verderben ergehen
lassen, wie beschlossen ist, im ganzen Lande.

(Jesaja 10, 20—23; Luther)

Die Frage nach der Überlieferung

21

Auf dem Boden der Volksüberlieferung, wo viele Namenlose sich durch Weitergabe des Überlieferten, durch Veränderung oder Vermehrung schaffend betätigen, und wo der einzelne Autor keine literarischen Ziele hat, bedeutet die persönliche Eigenart des Dichters oder Erzählers wenig; weit wichtiger ist die Form, wie sie durch praktische Bedürfnisse geschaffen oder durch Brauch und Herkommen überliefert wird . . .
Wer die Formgeschichte des Evangeliums untersuchen will, hat es zunächst und zumeist nur mit *einer* Erscheinung der urchristlichen Literaturgeschichte zu tun, mit den synoptischen Evangelien. Sie gehören zweifellos zur Kleinliteratur; sie wollen und können sich nicht messen mit „literarischen" Werken, sind aber doch nicht private Niederschriften, sondern für eine wenn auch kleine und bescheidene Öffentlichkeit bestimmt. Allein der literarische Charakter dieser Bücher zeigt gewisse Merkmale, die sie von anderen urchristlichen Schriften unterscheiden. Das literarische Verständnis der Synoptiker beginnt mit der Erkenntnis, daß sie *Sammelgut* enthalten. Die Verfasser sind nur zum geringsten Teil Schriftsteller, in der Hauptsache Sammler, Tradenten, Redaktoren. Im Überliefern, Gruppieren und Bearbeiten des ihnen zugekommenen Materials besteht ihre Tätigkeit vor allem, und auch ihr theologisches Erfassen des Stoffes, soweit man von einem solchen reden kann, gelangt ganz wesentlich auf diese mittelbare Weise zum Ausdruck.
Jede kritische Lektüre der Evangelien zeigt . . ., daß die Evangelisten einen Stoff übernahmen, der bereits geformt war. Sie fügten kleine Einheiten zueinander, die schon vorher formale Geschlossenheit besaßen. Die Formgeschichte des Evangeliums, d. h. dieses Stoffes, beginnt also nicht etwa mit der Arbeit der Evangelisten, sondern sie erreicht in der Formwerdung der Evangelien-Bücher bereits einen gewissen Abschluß . . . Was vorher liegt, ist Gestaltung und Wachstum der kleinen Einheiten, aus denen die Evangelien zusammengesetzt sind. Auch diese kleinen Gebilde gehorchen formbildenden Gesetzen; sie tun es um so mehr, als bei *ihrer* Formwerdung schriftstellerische Individualitäten erst recht keine Rolle spielen. Diesen Gesetzen nachspüren, die Entstehung jener kleinen Einheiten begreiflich machen, ihre Typik herausarbeiten und begründen und solcherart zum Verständnis der Überlieferung gelangen — das heißt Formgeschichte des Evangeliums treiben.

(Martin Dibelius)

22

Mit M. Dibelius bin ich ganz darin einig, daß die formgeschichtliche Arbeit weder in einem ästhetischen Betrachten, noch in einem deskribierenden und klassifizierenden Verfahren besteht; also nicht darin, daß man die einzelnen Stücke der Überlieferung nach ästhetischen oder anderen Merkmalen einfach beschreibt und in bestimmte Gattungen einordnet. Vielmehr ist es die Aufgabe, „Entstehung und Geschichte dieser Einzelstücke zu rekonstruieren, somit die Geschichte der vorliterarischen Überlieferung aufzuhellen" (Dibelius). Die Erfassung dieser Aufgabe beruht auf der Einsicht, daß die Literatur, in der sich das Leben einer Gemeinschaft, also auch der urchristlichen Gemeinde, niederschlägt, aus ganz bestimmten Lebensäußerungen und Bedürfnissen dieser Gemeinschaft entspringt, die einen bestimmten Stil, bestimmte Formen und Gattungen hervortreiben. Jede literarische Gattung hat also ihren *„Sitz im Leben"* (Gunkel), sei es der Kultus in seinen verschiedenen Ausprägungen, sei es die Arbeit, die Jagd oder der Krieg. Wie der „Sitz im Leben" nicht ein einzelnes historisches Ereignis, sondern eine typische Situation oder Verhaltungsweise im Leben einer Gemeinschaft ist, so ist auch die literarische *„Gattung"*, bzw. die *„Form"*, durch die ein Einzelstück einer Gattung zugeordnet wird, ein soziologischer Begriff, nicht ein ästhetischer, so sehr in einer weiteren Entwicklung solche Formen als ästhetische Mittel einer individualisierten Dichtung verwendet werden können. In der urchristlichen Überlieferung, die wesentlich zur „Kleinliteratur" (Dibelius) gehört, ist es zu solcher Entwicklung noch nicht gekommen, und man kann ihre Formen und Gattungen nur im Zusammenhang mit ihrem „Sitz im Leben", d. h. mit den im Leben der Gemeinde wirkenden Motiven verstehen.

(Rudolf Bultmann)

- *Arbeiten Sie, an Hand der beiden Texte, das Verfahren der „formgeschichtlichen" Methode heraus, indem Sie vor allem darlegen, was mit den Begriffen „Sitz im Leben" und „Gattung" gemeint ist!*
- *Worin unterscheidet sich die formgeschichtliche Verfahrensweise von den bereits erarbeiteten Methoden der Literarkritik und der Redaktionsgeschichte?*
- *Die „Formgeschichte" wird von ihren für den neutestamentlichen Bereich maßgeblichen Vertretern, M. Dibelius und R. Bultmann, verschieden gehandhabt: worin liegt der Unterschied?*

Beispiele: Die „Sabbatschändung" — Die „Dämonenaustreibung"

23

1 Und er ging wieder in die Synagoge. Da war ein Mann mit einer verkrüppelten Hand.
2 Und sie beobachteten ihn gespannt, ob er ihn am Sabbat heilen werde, um ihn dann anzuklagen.
3 Da sagte er zu dem Mann mit der verkrüppelten Hand: „Steh auf und tritt hier in die Mitte!"
4 Und er sagte zu ihnen: „Ist es am Sabbat erlaubt, Gutes zu tun — statt Böses; ein Leben zu retten — statt zu töten?" Sie schwiegen. 5 Da
blickte er zornig rings um sich und sagte, betrübt über die Verstocktheit ihres Herzens, zu dem Mann: „Strecke deine Hand aus." Und er streckte sie aus. Da wurde seine Hand gesund. 6 Die
Pharisäer aber gingen hinaus und heckten zusammen mit den Anhängern des Herodianischen Königshauses einen Anschlag gegen ihn aus, um ihn zu vernichten.

(Markus 3, 1—6; Wilckens)

a) Streitgespräch *(Bultmann)*

„Die Streitgespräche nehmen ihren Ausgang von einer Handlung oder einem Verhalten, woran der Gegner anknüpft und seinen Angriff als Vorwurf oder als Frage vorbringt. Offenbar kommt der typische Charakter des Streitgesprächs dann am reinsten zur Ausprägung, wenn ein einzelner Akt, wie das Ährenausraufen oder die Sabbatheilung, zum Ausgangspunkt dient, weniger wenn der Gegner nur auf ein allgemeines Verhalten des Angegriffenen Bezug nimmt." Diese Szenen sind „also ideale Konstruktionen, d. h. nicht Berichte über geschichtliche Begebenheiten, sondern Konstruktionen, die eine Idee in einer konkreten Szene bildhaft zum Ausdruck bringen". „Die Antwort auf den Angriff erfolgt in mehr oder weniger prinzipieller Form, besonders gern als Gegenfrage oder als Bildwort oder als beides zugleich." Der „‚Sitz im Leben' ist für die Streitgespräche ... in den Diskussionen der Gemeinde über Gesetzesfragen zu suchen, die mit den Gegnern, aber gewiß auch in der eigenen Mitte geführt wurden".

(Rudolf Bultmann)

b) Predigtbeispiel *(Dibelius)*

Dibelius weist für derartige Geschichten auf die Formmerkmale äußere Rundung, Kürze und Einfachheit, religiöse, nicht realistische Färbung, Betonung der Worte Jesu, „Ausklang der Erzählung in einem für die Predigt brauchbaren Gedanken“ hin. Sitz im Leben: „Von der Predigt sind wir ausgegangen; um Material für den Prediger soll es sich handeln, das er nach eigener Wahl seiner Verkündigung als Beispiel einfügen könnte.“

(Martin Dibelius)

- *Arbeiten Sie, unter Berücksichtigung der Erläuterungen (rechte Spalte), die Formelemente des Textes heraus!*
- *Vergleichen und diskutieren Sie die bei Bultmann und Dibelius differierenden „Sitze im Leben“!*
- *Welche Folgerungen erlaubt die formgeschichtliche Analyse dieser Geschichte für das Jesusverständnis?*

Bereits ein flüchtiger Vergleich zwischen Text 23 und der folgenden „Novelle“ (Dibelius) bzw. „Wundergeschichte“ (Bultmann) läßt erhebliche Unterschiede in der Art, in welcher der Wundervorgang dargestellt wird, erkennen, so daß auch ein anderer „Sitz im Leben“ anzunehmen ist.

- *Arbeiten Sie die auffälligen Darstellungsmerkmale des folgenden Textes heraus! Gliedern Sie dabei den Text in Sinnabschnitte (methodische Hilfe)!*
- *Wo könnte diese Art von Erzählung zu Hause sein?*
- *Vergleichen Sie das Jesusbild dieser Dämonenaustreibung mit dem der Sabbatheilung!*

24

1 Und sie kamen an das andere Seeufer in das Gebiet der Gerasener. 2 Und gleich, als er aus dem Boot stieg, kam ihm aus den Gräbern heraus ein Mann entgegen, der von einem unreinen Geist besessen war. 3 Der hauste in den Grabhöhlen; und nicht einmal mit Ketten hatte man ihn bisher zu binden vermocht. 4 Zwar hatte man ihn schon oft an Händen und Füßen angekettet, aber jedesmal hatte er die Handschellen zerrissen und die Fußfesseln durchgescheuert; und niemand war stark genug, ihn zu bändigen. 5 Ständig, nachts und tags, trieb er sich schreiend in den Grabhöhlen und Bergöden herum und schlug sich selbst mit Steinbrocken wund. 6 Als er nun Jesus von weitem sah, rannte er herzu, warf sich ihm zu Füßen 7 und brüllte: „Was habe ich mit dir zu schaffen, Jesus, du Sohn Gottes, des Höchsten? Ich beschwöre dich bei Gott: Quäle mich nicht!“ 8 — er hatte ihm nämlich gesagt: „Fahre aus diesem Menschen heraus, du unreiner Geist!“ — 9 Und er fragte ihn: „Wie ist dein Name?“ Er antwortete: „Legion heiße ich; denn wir sind viele!“ 10 Und er bat ihn vielmals, er möge sie nicht aus dem Lande fortjagen. 11 Nun war dort am Berghang eine große Schweineherde auf der Weide. 12 So baten sie ihn: „Schicke uns unter die Schweine, daß wir in sie hineinfahren!“ 13 Er erlaubte es ihnen. Da fuhren die unreinen Geister heraus und hinein in die Schweine, und die Herde stürmte den Steilhang hinab in den See, zweitausend an der Zahl, und sie ersoffen darin. 14 Da flohen die Hirten und meldeten es in der Stadt und in den Höfen. Und die Leute eilten hinaus zu sehen, was da geschehen war. 15 Und sie kamen zu Jesus; und als sie den Besessenen bei ihm sitzen sahen, bekleidet und vernünftig — den, der zuvor von der ‚Legion‘ (unreiner Geister) besessen war —, überkam sie ein

Schrecken. 16 Und die Augenzeugen erzählten
ihnen, wie es dem Besessenen ergangen und was mit
den Schweinen geschehen war. 17 Da baten
sie ihn, ihre Gegend zu verlassen. 18 Und als
er in das Boot stieg, bat ihn der Besessene, bei ihm
bleiben zu dürfen. 19 Aber er ließ es nicht zu,
sondern sagte zu ihm: „Geh nach Hause zu den
Deinen und erzähle ihnen, was der Herr an dir
getan und wie er sich deiner erbarmt hat!"
20 Und er ging hin und fing an, im Gebiet der
Zehn Städte zu verkündigen, was Jesus an ihm getan hatte; und alle waren voller Staunen.

(Markus 5, 1—20; Wilckens)

Die beiden Wundertexte zur formgeschichtlichen Methode zeigen durchaus typische Darstellungsmerkmale, sind also nicht Einzelfälle, wie eine vergleichende Heranziehung der oben aufgeführten, dort allerdings in einen anderen Zusammenhang gestellten Wundergeschichten Jüngling zu Nain (Nr. 10, S. 14) und Sturmstillung (Nr. 16, S. 22 f.) oder anderer Wundertexte ergeben würde; ggf. sollten solche Beispiele im Unterricht herangezogen werden.
Als veranschaulichende und gleichzeitig die methodischen Fragen zusammenfassende Übersicht soll die Graphik (S. 31) verstanden werden.

Streit um die Jesusüberlieferung

25

Viel gegenseitiges Mißverstehen erwächst auch aus dem Streit um das Stichwort Bibelkritik. Der eine versteht darunter dies, der andere jenes. Weil man verschiedenes darunter versteht, sagt der eine zur Bibelkritik ja, der andere nein.
... Unter Bibelkritik versteht die Gemeinde Jesu solch einen Umgang mit der Bibel, der von der hohen Warte einer selbstgemachten Weltanschauung herkommt, einer autonomen Vernunft, die sich selber oder den sogenannten „gesunden Menschenverstand" zum Maßstab erhebt. Bibelkritik liegt dann vor, wenn der Umgang mit der Bibel zu einer materialen und inhaltlichen Veränderung des Textes führt. Materiale und inhaltliche Veränderung liegen dann vor, wenn ich z. B. sage: Weil die Geschichte von der Stillung des Sturmes durch Jesus in einer ähnlichen Form bereits in der jüdischen Literatur vorkommt, darum hat sich das Seewunder durch Jesus nie ereignet. Das ist glatte Bibelkritik. Die selbstgezimmerte These, es darf keine Analogie (= keine Entsprechung) geben — ist ein willkürlich gemachter Grundsatz, der sich nicht vom Selbstverständnis der Heiligen Schrift ableitet und außerdem auch mit Wissenschaft nichts zu tun hat. *Von Bibelkritik spricht die Gemeinde dann, wenn jemand hergeht und z. B. erklärt: diese Worte Jesu oder diese Stellen sind echt, jene unecht und die übrigen wahrscheinlich unecht.*
Damit muß auch das Zweite gesagt werden. Weil hinter der bekannten historisch-kritischen Forschung eine Weltanschauung stehen *kann*, aber nicht *muß*, sind diejenigen „Resultate" der historisch-kritischen Forschung abzulehnen, die sich aus irgendeiner Weltanschauung ergeben. D. h. mit anderen Worten: *Bibelkritik liegt vor, wenn sich die historisch-kritische Forschung einer Grenzüberschreitung schuldig macht, die dann ebenfalls zu einer materialen und inhaltlichen Veränderung der Bibel führt.* Von einer materialen und inhaltlichen Textänderung setzt der erhöhte Jesus Christus aber im letzten Buch der Bibel ausdrücklich — wir weisen noch einmal mit Nachdruck darauf hin —: „So jemand dazusetzt, so wird Gott zusetzen auf ihn die Plagen ... und so jemand davontut von den Worten des Buches dieser Weissagungen, so wird Gott abtun sein Teil vom Holz des Lebens ..." (Offbg. 22, 18 u. 19.) *Wir glauben dem Text wahrhaftig keine Gewalt anzutun, wenn wir seinem Nein zur materialen Textänderung ein Nein zur Bibelkritik entnehmen.* Folgender Satz Prof. *Käsemanns* läßt eindeutig die Haltung der Bibelkritik erkennen: *„Unsere Evangelien waren ja noch des guten Glaubens, weithin zuverlässige Tradition über den irdischen Herrn zu besitzen. Die historische Kritik hat uns diesen Glauben zerschlagen."* Damit wird an die Stelle der Bibel die historische Kritik zum Maßstab und zur Richterin dessen erhoben, was in der Bibel zu gelten hat und was nicht. Und genau dies ist die Haltung der Bibelkritik.

Können wir denn wenigstens der historischen Kritik Vertrauen schenken? Wir schnitten schon früher diese Frage an. Wir mußten sie verneinen. Professor Käsemann muß selbst zugeben, daß „wir ... schlechterdings keinerlei formale Kriterien (= Unterscheidungsmerkmale) zur Herstellung des authentischen Jesusgutes besitzen." Von der Formgeschichte, also dem Bemühen, die Formen und Gestaltungsarten der Texte miteinander zu vergleichen und dadurch zu Schlußfolgerungen über ihren „Sitz im Leben", ihre Echtheit etc. zu kommen, muß er ebenfalls gestehen: „Völlig im Stich läßt

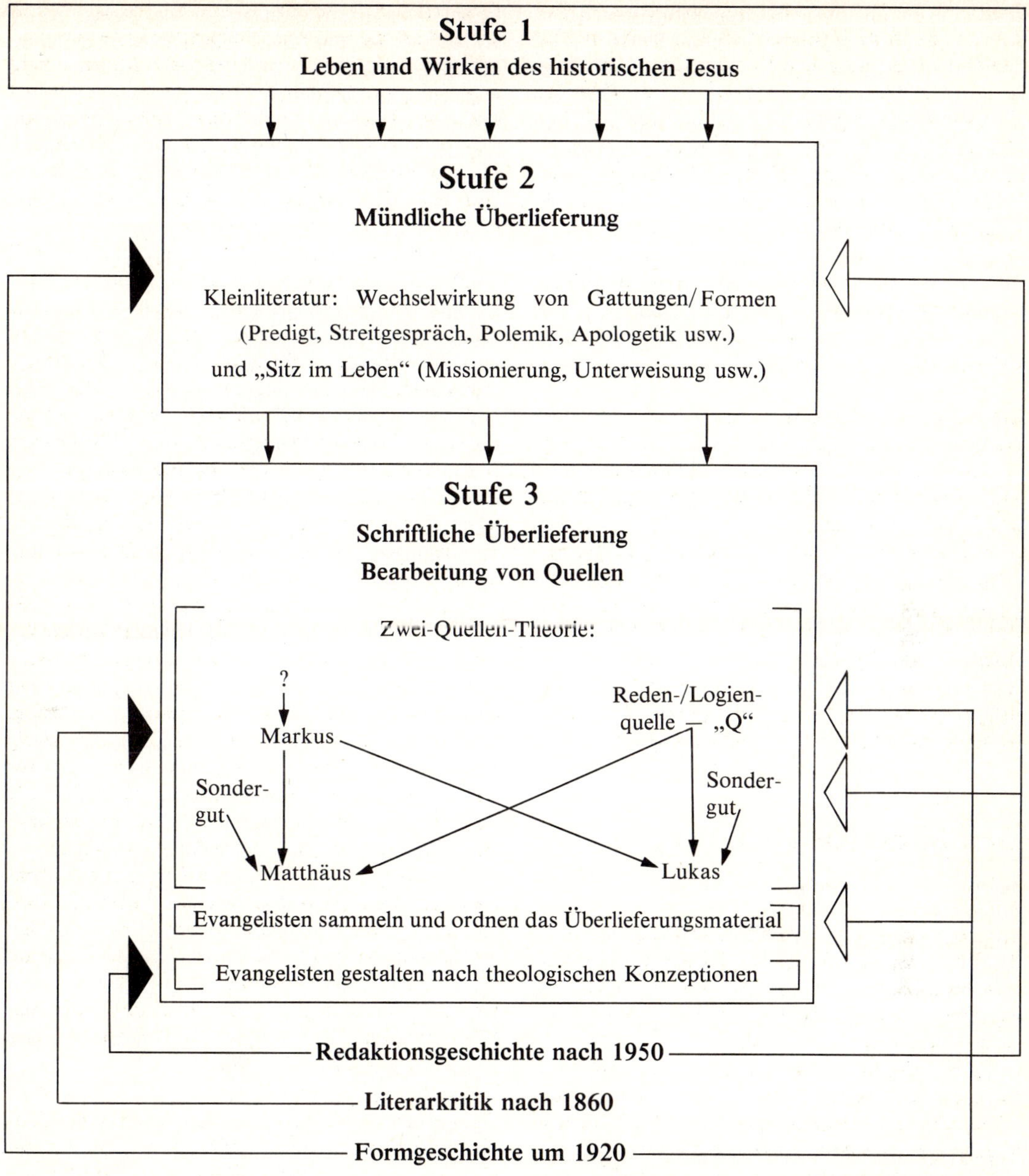

Erläuterungen:

1. *Die Graphik bezieht sich nur auf die synoptischen Evangelien. Das Johannesevangelium mußte wegen seiner besonderen Quellenlage und eigenen Entstehung unberücksichtigt bleiben.*
2. *Die Anzahl der senkrechten Pfeile (zwischen den einzelnen Stufen) sind mit Absicht unterschiedlich.*
3. *Die geschlossenen Pfeile auf der linken Hälfte (——►) geben die Schwerpunktrichtung der einzelnen Methoden wieder, die (offenen) Pfeile auf der rechten Hälfte (——▷) zeigen an, welche weiteren Bereiche die einzelne Methode berührt.*

aber auch sie uns, wenn wir nach formalen Kennzeichen des authentischen Jesusgutes fragen.“ . . .
Im Blick auf die traurige Ergebnislosigkeit übereinstimmender Forschungserkenntnisse können wir nur sagen: *also bleiben wir getrost bei dem, was uns die Evangelisten berichtet haben. Wir sind der Meinung: es stünde der neurationalistischen Theologie in der von ihr praktizierten historisch-kritischen Forschung sehr gut zu Gesicht, wenn sie gegen sich selbst etwas kritischer sein würde. Denn bis jetzt steht man unter dem peinlichen Eindruck, daß der zusammengeschrumpfte sogenannte „historische Jesus“ lediglich der Jesus dieser Historiker ist.* Prof. Karl *Barth* sagt in Abwandlung eines Nietzsche-Wortes: *„Kritischer müßten mir die Historisch-Kritischen sein . . .“*
Die Bibelkritik hat den Geist des Rationalismus in ihrem Blut. Und das ist wahrhaftig nicht der Geist der Bibel. Auch aus diesem Grunde sagen wir zur Bibelkritik ein klares und unaufgebbares Nein. Wir bleiben bei einem völlig ungetrübten Vertrauen zur Heiligen Schrift. Dieses Vertrauen hat die Gemeinde Jesu Christi noch nie enttäuscht . . .

(Gerhard Bergmann)

26

. . . In ein neues Stadium geriet das Schriftproblem, als mit dem Aufkommen der modernen kritischen Forschung in der Aufklärung die Bibel in zunehmendem Maße einer methodisch exakten Prüfung unterzogen wurde. An diese moderne, immer diffiziler ausgebildete historisch-kritische Forschung mit all ihren Verästelungen . . . denken wir speziell, wenn wir von Bibelkritik reden.
Bedarf die Gemeinde dieser kritischen Schriftforschung? . . .
Wir müssen, um darauf antworten zu können, uns wenigstens in knappsten Zügen über die Aufgabe und Möglichkeit historischer Forschung und ihre Funktion in der Theologie Rechenschaft zu geben versuchen. Das biblische Zeugnis, auf das sich unsere Verkündigung heute gründet, begegnet uns in der Gestalt von Texten einer vergangenen Zeit und nimmt Bezug auf bestimmte Ereignisse der Geschichte. Sofern vergangenes Geschehen hier im Spiel ist, hat die historische Forschung hier ihr Recht. Denn ihre Aufgabe ist es, solch vergangenes Geschehen zu erhellen, zu seinem Verständnis zu helfen. Das kann nicht anders geschehen als in Konfrontation mit dem Wirklichkeitsverständnis der Gegenwart. Das Wirklichkeitsverständnis der Neuzeit, wie es in der historisch-kritischen Forschung und ihren Methoden sich niederschlägt, rechnet mit bestimmten Erkenntnissen, die uns als modernen Menschen selbstverständlich erscheinen. Daß sich unser Weltbild von dem der antiken Menschen unterscheidet, daß wir in viel radikalerer Weise die Natur zum Gegenstand exakter Forschung gemacht haben und sie mit Hilfe der sogenannten Naturgesetze beherrschen, daß wir einen Blick für das Einmalige und Unwiederholbare alles Geschehens bekommen haben und niemals Tradition übernehmen, ohne sie kritisch zu prüfen, das sind nur einige von diesen Selbstverständlichkeiten, mit denen wir alle täglich rechnen und ohne die unser modernes Leben nicht vorstellbar ist. Sollten wir dies alles verleugnen, wenn wir die Bibel aufschlagen, und so tun, als träten wir in ein Museum mit exotischen Gegenständen, die uns gar nicht tangieren? Wie kann es dann zu einer wirklichen Begegnung kommen, zu einer Anrede, die ins Heute zielt? Gerade weil wir erwarten, daß das Wort Gottes, das damals erging, nicht mit der damaligen Sprache und Denkform vergangen ist, sondern uns heute treffen will, darum müssen wir übersetzen. Wir müssen es anders sagen, als es die biblischen Zeugen sagen, um dasselbe wie sie heute zu sagen. Wir müssen zwischen Wort Gottes und Bibel, das heißt biblischer Redeform und Anschauungen, unterscheiden, um das Gemeinte im Gesagten zu verstehen. Das ist nicht ehrfurchtslos und erschüttert nicht die Autorität der Heiligen Schrift, sondern das erfordert gerade ihre Autorität als Zeugnis des Wortes Gottes, das auch uns gegenwärtigen Menschen gilt. Kritik an der Bibel kann also durchaus von tiefem Respekt vor dem Wort Gottes, das in ihr ergeht, getragen sein. Reines Nachplappern biblischer Worte und Vorstellungen, selbst ein bloß liturgisches Rezitieren von Bibeltexten kann geradezu den Zugang zu diesem Wort verschließen. Was hülfe es uns zum Beispiel, wenn wir die Menschwerdung Jesu, die von einigen Evangelisten als Jungfrauengeburt bezeugt wird, also in einer Vorstellung, die in der Antike nicht so selten war, sondern von manchen sogenannten Göttersöhnen behauptet wurde, nur nacherzählten, anstatt nach dem gemeinten Sinn darin zu fragen, das heißt zu begreifen, daß hier viel Größeres bezeugt werden soll, nämlich Jesu einzigartige, nicht aus dem Zusammenhang unserer Menschheitsgeschichte ableitbare göttliche Vollmacht? . . .

Oder was sagt uns die Botschaft von der Himmelfahrt Jesu und seinem Sichsetzen zur Rechten Gottes, wenn wir sie als räumlichen Aufstieg in ein höheres kosmisches Stockwerk verständen, anstatt zu begreifen, daß es hier um die zwar noch verborgene, aber bereits reale Weltherrschaft Jesu Christi geht? Wenn wir das Ringen der biblischen Zeugen um immer neue Interpretation des Christusgeschehens im Eingehen auf die Sprache und Denkweise der jeweiligen Hörer verfolgen und die großen Spannungen sehen, die schon im Neuen Testament dadurch entstehen — wie sollte es dann verboten statt vielmehr geboten sein, dieselbe Christusbotschaft heute neu zu sagen? Gerade die exegetische Forschung der Gegenwart hat uns gezeigt, daß die biblischen Texte nicht bloße Berichterstattungen über historische Fakten sein wollen, sondern Predigten, die um das Verständnis ihrer Hörer ringen. Rechte Bibelkritik bringt den Text als Zeugnis des Evangeliums gerade nicht zum Schweigen, sondern hilft dazu, daß er in neuer konkreter Weise heute zu uns reden kann . . .

Die Gemeinde braucht die Kritik an der Bibel, aber — und das muß nun allerdings auch deutlich gesagt werden — sie braucht eine Bibelkritik, die sich nicht zum Herrn über das Wort Gottes aufwirft. Die Bibelkritik muß sich der Grenzen ihrer Möglichkeiten bewußt sein. Historische Kritik verfügt nicht über einen absoluten Maßstab. Sie geht gewiß von den Voraussetzungen unserer Zeit, von unserem modernen Welt- und Geschichtsverständnis aus — und wie könnte es anders sein? Aber da dies nie endgültig abgeschlossen ist, muß sie nicht nur zu ständiger Revision ihrer Ergebnisse, sondern auch zur Prüfung ihrer methodischen Voraussetzungen bereit sein, das heißt zur Selbstkritik.

(Walter Kreck)

- *Welche Einwände erhebt G. Bergmann gegen die Bibelkritik, welche Lösungen bietet er an?*
- *Arbeiten Sie W. Krecks Stellungnahme zur Bibelkritik heraus, indem Sie die folgenden Aspekte berücksichtigen:*
  - *Das Wirklichkeitsverständnis der damaligen und der heutigen Zeit.*
  - *Der Sinn der Bibelkritik.*
  - *Die Grenzen der Bibelkritik.*
- *Diskutieren Sie die kontroversen Positionen und begründen Sie Ihre eigene Stellungnahme! Ziehen Sie Text 6, S. 11 vergleichend heran!*

Codex Vaticanus, griech. um 350, auf Pergament; enthält fast vollständig die Schriften des Alten und Neuen Testamentes.

Die Botschaft Jesu

Orientierungen des Menschen im Anbruch der Gottesherrschaft

Als der zentrale Inhalt der Botschaft Jesu ist die Verkündigung des Reiches Gottes anzusehen. Dieser Bereich wird in dem Kapitel „Zukunft deuten und gestalten" zum Gegenstand gemacht und sollte im jetzigen Zusammenhang des Jesusbildes berücksichtigt werden (vgl. dazu im einzelnen S. 172—227). Das im folgenden dargebotene Material will die Reich-Gottes-Thematik fortführen, indem die Orientierung des Menschen angesichts des anbrechenden Reiches Gottes in den Vordergrund gerückt wird.

Orientierung: Verheißung und Wehe

27

Matthäus 5, 3—12	*Markus*	*Lukas 6, 20—26*
3 *Selig sind* die geistlich Armen, denn ihrer ist das Reich der Himmel.		20 *Selig seid* ihr Armen, denn euch gehört das Reich Gottes.
4 *Selig sind* die Trauernden, denn sie werden getröstet werden.		
5 *Selig sind* die Sanftmütigen, denn sie „werden das Land besitzen" (Ps 37, 11).		
6 *Selig sind*, die hungern und dürsten nach der Gerechtigkeit, denn sie werden gesättigt werden.		21 *Selig seid* ihr, die ihr jetzt hungert, denn ihr werdet gesättigt werden.
7 *Selig sind* die Barmherzigen, denn sie werden Barmherzigkeit erlangen.		*Selig seid* ihr, die ihr jetzt weint, denn ihr werdet lachen.
8 *Selig sind*, die reines Herzens sind, denn sie werden Gott schauen.		
9 *Selig sind* die Friedensstifter, denn sie werden Gottes Söhne genannt werden.		
10 *Selig sind,* die um der Gerechtigkeit willen verfolgt werden, denn ihrer ist das Reich der Himmel.		

11 *Selig seid* ihr, wenn sie euch schmähen und verfolgen und

alles Böse wider euch reden um meinetwillen und damit lügen.

12 *Freuet euch*
und frohlocket, weil euer Lohn groß ist in den Himmeln, denn ebenso haben sie die Propheten verfolgt, die vor euch gewesen sind.

22 *Selig seid* ihr, wenn euch die Menschen hassen und wenn sie euch ausschließen und schmähen und euren Namen als einen bösen ächten um des Menschensohnes willen.

23 *Freuet euch* an jenem Tage und frohlocket, denn siehe, euer Lohn wird groß sein im Himmel, denn ebenso taten ihre Väter den Propheten.

24 *Doch wehe euch,* ihr Reichen, denn ihr habt euren Trost dahin.

25 *Wehe euch*, die ihr jetzt satt seid, denn ihr werdet hungern.
Wehe euch, die ihr jetzt lacht, denn ihr werdet trauern und weinen.

26 *Wehe euch*, wenn alle Menschen gut von euch reden, denn ebenso taten ihre Väter den falschen Propheten.

(Nach der Zürcher Evangelien-Synopse)

- *Vergleichen Sie die beiden Fassungen der sogenannten Seligpreisungen miteinander! Achten Sie dabei auf*
  - *den jeweiligen Aufbau,*
  - *die Angesprochenen,*
  - *die Intention der Einzelsprüche!*
- *Welchen „Sitz im Leben“ könnten die beiden Fassungen haben?*
- *Inwiefern vermitteln die Seligpreisungen und Weherufe „Orientierungen“?*
- *Kritiker wenden gegen die christliche Botschaft ein, das Christentum vertröste lediglich auf das Jenseits, ohne die Lebenssituation der Gegenwart zu ändern und ändern zu wollen. Setzen Sie sich mit diesem Vorwurf auseinander!*

Denkanstöße: Seligpreisungen heute

28

Die „Seligpreisungen“ — Die Magna Charta der Selbstfindung in der Geschichte

In den acht Worten, mit denen die Bergpredigt einsetzt (5, 3—10), geht es darum, daß der Mensch kritische Distanz zu sich selbst gewinnt und dadurch zu sich selbst findet. Es geht darum, in einem widersprüchlichen Dasein zwischen Heute und Morgen, in einem Dasein voller Schuld und Elend, voll ungestillten Verlangens, voller Streit und Richtungslosigkeit — kurz: in einem geschichtlichen Dasein sich selbst zu finden. Philosophisch gesprochen hieße das: die Entfremdung aufzuheben; in biblischer Sprache heißt es: selig zu werden. Die Seligpreisungen sind die Magna Charta der Selbstfindung des Menschen in den Wirren der Geschichte. Nach ihren Aussagen findet der Mensch sich, indem er ein „Jünger“ wird; denn zu diesen sind die Worte gesprochen worden. Ein „Jünger“ sein aber heißt, ein Offener, ein immer Lernender und Vorandrängender sein, der sich der offenen und vorandrängenden Wirklichkeit stellt. Was heißt das im einzelnen?

In den „Seligpreisungen“ wird der Mensch gesehen als zwischen Heute und Morgen gespannt, im Heute wie im Morgen zugleich lebend. Das wird schon sprachlich deutlich, da die Verben der acht Worte nur in der Gegenwart und in der Zukunft, nicht aber in der Vergangenheit gebraucht werden. Auch stehen sie immer nur im Indikativ und nicht im Imperativ. So sind es einfach Sachaussagen, sind Aussagen der Sachlichkeit; sie wollen zu einer Sachlichkeit führen, die Vordergründe und Hintergründe, Gegenwart und Zukunft, Sichtbares und Unsichtbares zugleich umfaßt. Es sind Haltungen, von denen nur in dieser Weise zu sprechen ist, die in keine Gebotsform zu fassen sind, weil ihre Einhaltung nicht kontrolliert und erzwungen werden kann. Es ist die Haltung der sachlichen Freiheit vom Gesetz.

Will man auf ihren Inhalt im einzelnen sehen, so steht die herkömmliche Kirchensprache hindernd davor. Formelhafte Verfestigung, falsche Erbaulichkeit, Sentimentalität und gewandelter Sprachgebrauch einzelner Ausdrücke haben, wie so oft bei biblischen Worten, so auch über diese eine Kruste gelegt; sie muß aufgelöst werden, um die alte und immer neu aktuelle Lebendigkeit der Worte freizulegen. Wieder kann das hier nur in Andeutungen geschehen, ebenso wie die zum Teil recht schwierigen sprachlichen Probleme hier nicht wiedergegeben werden können. Auch diesmal muß es genügen, die Worte in den Gesamtzusammenhang zu stellen.

Der Gesamtzusammenhang ist aber der des ganzen Matthäusbuches und steht unter dem gleichen Stichwort: dem des „Himmelreiches“, des Reiches Gottes, also der großen dynamischen und alles umfassenden Wirklichkeit. Sie wird im ersten und im letzten der acht Worte angesprochen. Das besondere Stichwort aber, mit dem das große Thema hier aufgenommen wird, das alle acht Worte verbindet und der Wortgruppe den Namen gegeben hat, ist die Aussage von der „Seligkeit“. Hier setzt die Aufgabe der Versachlichung gegenüber einer verschwommenen Gefühlsbetontheit bereits ein. Denn sprachlich meint das griechische Wort makarios gerade nicht das Gefühl des Glücklichseins, sondern die Teilhabe an der großen heraushebenden und überwindenden Wirklichkeit, die dann auch freilich ihre eigene Freude mit sich führt. Diese Teilhabe aber ist eine Teilhabe an der Offenheit. Man kann in diesem Begriff einen Generalnenner der acht Worte sehen. Offen ist der, der sich „arm im Geiste“ weiß, wie immer man diesen schwierigen griechischen Ausdruck hier verstehen mag; in jedem Falle ist der gemeint, der sich nicht im sicheren Besitz der Wahrheit weiß. Offen ist der, der Leid trägt, der es aber so trägt, wie Matthäus es immer wieder lehrt: im Wissen, daß darin ein Weg in die Zukunft verborgen ist, daß alle Leiden der Welt Wehen einer großen Geburt sind, daß darin aber nicht nur eine Vertröstung auf eine ferne Zukunft liegt, sondern daß die Saat schon jetzt wächst, auch unter den Dornen. Offen sind die, die mit dem herkömmlichen Wort „die Sanftmütigen“ gemeint, aber fast verdeckt werden; das griechische Wort bezeichnet mit einem großen Bedeutungsreichtum die, die gelassen, unverbittert, geduldig und ohne Zorn aufgeschlossen sind; die, mit denen man reden kann, weil sie zuhören; die Bereitwilligen, die etwas mit leichter Hand tun; die sich nicht überheben. Von ihnen ist hier gesagt, daß sie die Erde besitzen werden und nicht die harten, verschlossenen Eroberer.

Das wurde damals gesagt angesichts der Macht, die kraft ihrer Waffen und ihrer kriegerischen Tugenden wirklich den bekannten Erdkreis besaß: angesichts der Römer. Aber wiederum ist es bis heute gültig gesagt, angesichts jeder Zwangsgewalt. Doch es muß immer wieder daran erinnert werden, daß die Typen des Matthäus wie der Bibel überhaupt nicht in dieser oder jener individuellen Gestalt zu erkennen sind, sondern daß die Gegensätze durch jede Gruppe und durch das Herz jedes einzelnen Menschen hindurchgehen.

Offensein heißt ferner: die Bewegkraft in sich tragen, die zumindest seit zweitausend Jahren die Bewegkraft der Weltgeschichte ist: der Hunger und Durst nach der „Gerechtigkeit“, nach dem Richtigsein, nach dem Zur-Ruhe-Kommen, nach der Aufhebung von Druck, von Ungerechtigkeit, von Schuld und Elend. Der Hunger soll einmal gestillt werden, aber auch das ist nicht eine Vertröstung auf unbestimmte Zeit, sondern eben in dem Ringen um das bessere Sein ist bereits Erfüllung, „Seligkeit“ enthalten.

Erfüllung ist ferner auch darin, „barmherzig“ zu sein. Denn barmherzig sein heißt tiefer blicken, heißt das Leiden und die Überforderung auf dem Grund von Aufsässigkeit und Gewalttat, von Härte und Überheblichkeit erkennen. Barmherzig sein heißt einen offenen Blick haben, der durch die abstoßende Oberfläche der Erscheinungen dringt und sich dem nicht verschließt, was er dort findet; und wer die große Wirklichkeit offen sieht, dem wird diese Wirklichkeit auch selber offen sein, der wird von ihr ebenfalls „Barmherzigkeit“ erlangen, mag es dem objektiven Beobachter auch gar nicht so erscheinen.

Offenheit des ganzen Daseins und seiner Mitte aber ist da, wo das „Herz rein“ ist, wo es unverhärtet, unverstellt, unverklemmt, ungetrübt, lauter und hell ist. Ein solches Herz, so ist gesagt, kann „Gott schauen“, seine ganze unverstellte, weitgreifende Wirklichkeit. Dazu kann der Mensch dieser Weltzeit immer nur auf dem Wege sein. Aber auf dem Wege sein, das kann er.

Wie immer in der Schilderung des Matthäus geht es nicht nur um die Aufgeschlossenheit, sondern auch um die Frucht solcher Haltung. Sie ist hier im siebten der Sätze in dem Wort vom Frieden angesprochen und zusammengefaßt: „Selig sind die Frieden Schaffenden ...“, so sagt es der griechische Text. Die herkömmliche Lutherübersetzung „die Friedfertigen“ ist durch einen Bedeutungswandel zu sehr verharmlost worden. Frieden, das ist der Inbegriff dessen, wonach menschliche Sehnsucht zu allen Zeiten gefragt hat. Und er soll nicht nur durch oberflächliche Beschwichtigung hergestellt, sondern soll „geschaffen“ werden. Das Wort ist hier das gleiche wie im griechischen Text des ersten Buchs der Bibel: „Im Anfang schuf Gott Himmel und Erde ...“ So ist es nur folgerichtig, wenn es von den Frieden Schaffenden heißt, daß sie „Söhne Gottes heißen“ werden, das heißt solche, die ihre Umwelt von der Wirklichkeit des schaffenden und zum letzten Frieden drängenden Gottes etwas spüren lassen.

Als letztes folgt dann, wie so oft in großer Nüchternheit, die Voraussage, daß die Welt, die das Begrenzte, das Feste und das Bestehende hütet, diejenigen verfolgen wird, die aus dem Begrenzten ins Offene, aus dem Festen ins Flüssige, aus dem Bestehenden ins Zukünftige drängen. Aber erst in solcher Verfolgung, die härteste Wirklichkeit geworden ist und immer wieder wird, wächst die große neue Wirklichkeit, das Himmelreich, und ist „Seligkeit“! Gewagteste Ankündigung, die doch in den Jahrhunderten tausendfache Bestätigung gefunden hat und bis heute findet.

Die heutige harte, nüchterne, rechnende Zeit steht fremd vor den alten, vielen noch von der Kindheit her bekannten Worten der „Seligpreisungen“. Zur Fremdheit trägt der herkömmliche Sprachgebrauch von den „Sanftmütigen“, von den „Friedfertigen“ viel bei. Hebt man aber diese Schranke hoch, so findet sich so viel Wagnis, so viel Härte und so viel Offenheit in diesen Worten, daß gerade unsere tieferschütterte Zeit, in der alles in Bewegung kommt, einen unmittelbaren Zugang dazu finden muß. Wer in solcher Zeit sich selber finden und sachangemessen handeln will, braucht eine Sachlichkeit, deren Blick weiter und tiefer dringt als der Blick der beobachtenden, analysierenden und konstruierenden Ratio. Wer in unserer Zeit Frieden schaffen will, findet keine eingelebten festen Ordnungen mehr vor, die nach Störungen oder Erschütterungen einfach wiederherzustellen wären, sondern er muß etwas Neues finden, erfinden, schaffen. Wir machen immer wieder die Erfahrung, daß offene Sachlichkeit befriedet. Wo aber ein einzelner oder Gruppen glauben, im Besitz der Wahrheit zu sein, da wächst der Unfriede und droht die Zerstörung.

Selbstfindung in der offenen Geschichte, das heißt: sich selber finden, indem man sich einfach arm weiß; das Leid überwinden dadurch, daß man es mitsamt seiner tieferen Wirklichkeit annimmt; die größten Eroberungen machen, indem man keine Eroberungen machen will; zur Ruhe kommen dadurch, daß man keine Ruhe gibt im Suchen der Gerechtigkeit; verstanden werden dadurch, daß man selbst versteht; das Herz still werden lassen, indem man es in einer verwirrten Zeit vorbehaltlos der ganzen Zeit öffnet; Friede gewinnen, indem man Frieden schafft. Und endlich heißt es wissen, daß man mit alledem im Widerspruch zu jeder Zeit steht und doch zugleich in Übereinstimmung mit dieser seltsam verwandelten modernen Welt, wenn man ihre Zeichen versteht; denn in ihr ist eine größere Wirklichkeit schon angebrochen und wächst, — mitten unter einer ebenfalls wachsenden Friedlosigkeit.

Die Erfahrung unserer Zeit lehrt aber auch, daß solche Haltung friedenschaffender, fruchtbarer, aufgeschlossener Sachlichkeit ganz weltlich geübt wird, ohne Bezug auf die Bibel, die Bergpredigt, die Seligpreisungen. Es ist eine Glaubenshaltung in säkularisierter Form.

(Dietrich von Oppen)

- *D. von Oppen versucht, die Seligpreisungen in das Selbst- und Weltverständnis unserer Zeit zu übertragen: beschreiben Sie, in welcher Weise nach der Meinung des Verfassers die Seligpreisungen heute zu verstehen sind! Vergleichen Sie hierzu Ihre eigenen Beobachtungen zu den Seligpreisungen!*
- *Zu einem weiterführenden Gespräch oder zu einer kritischen Besinnung sollte der folgende Kontrasttext herangezogen werden.*

29

Jesus um circa 30 n. Christi

Wohl denen, die ratlos sind, denn Gott ist auf ihrer Seite.
Wohl denen, die Kummer haben; denn Gott wird sie trösten.
Wohl denen, die gewaltlos sind; denn Gott wird ihnen die Erde zum Besitz geben.
Wohl denen, die hungern und dürsten nach der Gerechtigkeit; denn Gott wird sie satt machen.

Wohl denen, die barmherzig sind; denn Gott wird ihnen seine Barmherzigkeit zeigen.
Wohl denen, die ohne Vorurteile sind; denn ihnen wird Gott sich zeigen.
Wohl denen, die Frieden stiften; denn sie werden Söhne Gottes heißen.
Wohl denen, die um der Gerechtigkeit willen verfolgt werden; denn Gott ist auf ihrer Seite.

(Matthäus 5, 3—10; Horst Bannach)

Die momentane Lage

Verraten sind die Armen; denn sie haben nichts einzubringen.
Verraten sind die Leidtragenden; denn sie sind ausgeschlossen aus der Gesellschaft.
Verraten sind die Sanftmütigen; denn sie werden an die Wand gedrückt.
Verraten sind, die hungern und dürsten nach der Gerechtigkeit; denn Macht geht vor Recht, und Geld regiert die Welt.
Verraten sind die Barmherzigen; denn Undank ist der Welt Lohn.
Verraten sind, die reines Herzens sind; denn sie werden übers Ohr gehauen.
Verraten sind die Friedfertigen; denn sie werden zwischen die Fronten geraten.
Verraten sind, die um der Gerechtigkeit willen verfolgt werden; denn am Ende ist doch alles umsonst.

(Heinz Zahrnt)

Orientierung: Gottes Wille

Nach jüdischem Verständnis ist der Wille Gottes in den fünf Büchern Mose, der sogenannten Tora, festgelegt. Sinn des Gesetzes ist es, den sittlichen, den kultisch-religiösen und den rechtlichen Lebensbereich in der Bindung an Gott als den Geber des Gesetzes zu ordnen. Dieser Zusammenhang kommt in der Mitte des Gesetzes, dem sogenannten Dekalog (2. Mose 20, 2—17; 5. Mose 5, 6—21; eine der beiden Fassungen des Dekalogs sollte, wenn möglich, behandelt werden), der bis in die Gesetzgebung unserer Zeit hineinwirkt, in besonderer Weise zum Ausdruck.

30

Gott regelt das Leben der Menschen

In der jüdischen Religion ist das rechte Tun, also die Ausführung religiöser Pflichten, von besonderer Wichtigkeit, wobei der Mensch Gott ohne Mittler gegenübersteht. Stärker als in anderen Religionen wird die Wichtigkeit des rechten Handelns und Tuns in der sozialen Umwelt betont. Das ist nicht einfach, denn in den alttestamentlichen Büchern und im religiösen Gesetz sind eine Vielzahl von Bestimmungen enthalten, die Einzelheiten des täglichen Lebens regeln. Man hat in diesem Zusammenhang vom „Joch der Tora“ gesprochen, dem sich der gläubige Jude unterwirft. Hierzu gehören etwa das Verbot des Genusses bestimmter Speisen (Schweinefleisch), die als unrein gelten, und das Verbot der gleichzeitigen Zubereitung von Gerichten aus Fleisch- und Milchprodukten. Die rituell korrekte Zubereitung der Speisen wird als „koscher“ bezeichnet. Hinzu kommen viele Bestimmungen zur Heiligung des Sabbats und der Feste und zur kultischen Reinheit.

. . .

Nach dem jüdischen Glauben gibt es im Menschen einen guten und bösen Trieb, er selbst kann entscheiden, welchem Trieb er bei seinen Handlungen folgen will. Der Mensch ist imstande, das Gute zu tun und der Sünde auszuweichen, er ist fähig zur Umkehr und wird von Gott, der Erbarmen mit seinem Geschöpf hat, wieder angenommen. Dieser Gott ist allmächtig, der Mensch darf sich von ihm kein Bild machen und seinen Namen nicht aussprechen.

(Peter Freimark u. a.)

In der gegenwärtigen Gesetzgebung und Rechtspraxis werden ständig neue Gesetze oder Neufassungen von Gesetzen verabschiedet, weil unsere Lebenswirklichkeit und unser Lebensverständnis einem steten Wandel unterworfen ist. Dieselbe Beobachtung läßt sich für das Judentum vor und nach Jesus machen; auch hier fand eine Weiterentwicklung und Interpretation der Tora statt; die Ergebnisse dieses Prozesses sind in dem großen Hauptwerk des Judentums, dem Talmud, festgehalten. Auch in der Botschaft Jesu spielen die Tora und ihre Auslegung eine große Rolle. In welcher Weise Jesus das Gesetz des Mose verstanden hat, läßt sich vor allem an den sogenannten Antithesen der Bergpredigt des Matthäusevangeliums zeigen.

31

13 Du sollst nicht töten. 12 Wer einen Men-
schen schlägt, daß er stirbt, der soll des Todes ster-
ben. 13 Hat er ihm aber nicht nachgestellt,
sondern hat Gott es seiner Hand widerfahren las-
sen, so will ich dir einen Ort bestimmen, wohin er
fliehen kann. 14 Wenn aber jemand an seinem
Nächsten frevelt und ihn mit Hinterlist umbringt, so
sollst du ihn von meinem Altar wegreißen, daß man
ihn töte.
(2. Mose 20, 13; 21, 12—14; Luther)

14 Du sollst nicht ehebrechen.

(2. Mose 20, 14; Luther)

19 Und wer seinen Nächsten verletzt, dem soll
man tun, wie er getan hat, 20 Schaden um
Schaden, Auge um Auge, Zahn um Zahn ...
22 Es soll ein und dasselbe Recht unter euch
sein, für den Fremdling wie für den Einheimischen;
ich bin der HERR, euer Gott.
(3. Mose 24, 19 f., 22; Luther)

17 Du sollst deinen Bruder nicht hassen in dei-
nem Herzen, sondern du sollst deinen Nächsten
zurechtweisen, damit du nicht seinetwegen Schuld
auf dich ladest. 18 Du sollst dich nicht rächen
noch Zorn bewahren gegen die Kinder deines
Volks. Du sollst deinen Nächsten lieben wie dich
selbst; ich bin der HERR.
(3. Mose 19, 17 f.; Luther)

21 Ihr habt gehört, daß zu den Alten gesagt ist:
„Du sollst nicht töten; wer aber tötet, der soll des
Gerichts schuldig sein." 22 Ich aber sage euch:
Wer mit seinem Bruder zürnt, der ist des Gerichts
schuldig; wer aber zu seinem Bruder sagt: Du
Nichtsnutz! der ist des Hohen Rats schuldig; wer
aber sagt: Du gottloser Narr! der ist des höllischen
Feuers schuldig.

27 Ihr habt gehört, daß gesagt ist: „Du sollst
nicht ehebrechen." 28 Ich aber sage euch: Wer
eine Frau ansieht, ihrer zu begehren, der hat schon
mit ihr die Ehe gebrochen in seinem Herzen.
29 Wenn dir aber dein rechtes Auge Ärgernis
schafft, so reiß es aus und wirf's von dir. Es ist dir
besser, daß eins deiner Glieder verderbe und nicht
der ganze Leib in die Hölle geworfen werde.

38 Ihr habt gehört, daß da gesagt ist: „Auge um
Auge, Zahn um Zahn." 39 Ich aber sage euch,
daß ihr nicht widerstreben sollt dem Übel; sondern,
wenn dir jemand einen Streich gibt auf deine rechte
Backe, dem biete die andere auch dar.

43 Ihr habt gehört, daß gesagt ist: „Du sollst dei-
nen Nächsten lieben und deinen Feind hassen."
44 Ich aber sage euch: Liebet eure Feinde;
(segnet, die euch fluchen; tut wohl denen, die euch
hassen;) bittet für die, die euch (beleidigen und) ver-
folgen, 45 auf daß ihr Kinder seid eures Vaters
im Himmel.
(Matthäus 5, 21 f., 27—29, 38 f., 43—45; Luther)

Die Auswahl der Tora-Texte kann zwar nicht, da diese den Hintergrund für die Jesusworte bilden sollen, als repräsentativ angesehen werden, aber es lassen sich doch einige grundlegende Aspekte des alttestamentlichen Gesetzesverständnisses feststellen.

- *Welche Stellung nimmt Jesus zur Tora ein? Vergleichen Sie dazu die einander zugeordneten Einzeltexte!*
- *Welches Selbstverständnis Jesu läßt sich in dem „Ich aber sage euch" erkennen?*

Die Aktualität der Bergpredigt

32

Jesu Verkündigung des göttlichen Willens, bündig und einprägsam von Matthäus in den Sprüchen der Bergpredigt (Kap. 5—7) zusammengestellt, hat eine zweifache, wie es scheint entgegengesetzte Stoßrichtung. Die erste liegt in dem Wort: „Meinet nicht, daß ich gekommen sei, Gesetz und Propheten aufzulösen. Ich bin nicht gekommen aufzulösen, sondern zu erfüllen" (5, 17). Die andere in dem Spruch: „Es sei denn eure Gerechtigkeit besser als die der Schriftgelehrten und Pharisäer, so werdet ihr nicht in das Himmelreich hineinkommen" (5, 20) und in dem immer neu verkündeten Gegensatz: „Ihr habt gehört, daß zu den Alten gesagt ist ... Ich aber sage euch" (5, 21—48). Alle diese Worte der Bergpredigt sind wie schon die Seligpreisungen, die ihnen vorangehen, eine von Grund auf neue Botschaft. Sie läßt sich nicht mit dem Alten zusammenflicken ... Was aber ist dieses unvereinbar Neue?

Nach zwei Richtungen zeichnen sich in Jesu Worten Fronten ab, die seit den Tagen Jesu und der ersten Christenheit nichts von ihrer Aktualität verloren haben. Die erste ist die Front der Schwärmer, die Jesus als den großen Revolutionär für sich in Anspruch nehmen wollen, als Propheten einer neuen Weltordnung, als Bringer einer neuen Zukunft, der das Alte, das Wort Gottes in Gesetz und Propheten, geopfert werden muß. Es sind die von einem Zukunftsbild der Welt Besessenen, für die der Wille Gottes, der uns immer schon rief und gebunden hat, eine lästige Fessel ist, die man abwerfen muß. Das Bild dieser Zukunftswelt wird nun zum einzig gültigen Gesetz erhoben; sie herbeizuzwingen, zu proklamieren und zur Darstellung zu bringen, gilt als Gebot der Stunde.

Wir kennen diese Bewegung, die an Gottes Gesetz vorbei und über Gottes Gesetz hinweg in eine erträumte Zukunft hineinstürmt, nicht nur aus vielfältigen Formen im Wechsel einer langen Geschichte. Noch immer ist sie bedrohliche Gegenwart. Heute ist sie, wenn auch noch so abgewandelt, für uns beispielhafte, geschichtliche Wirklichkeit in Marxismus und Bolschewismus. Denn es ist ja nicht mehr zweifelhaft, daß diese weltpolitische Bewegung trotz aller Verbrämung in wissenschaftliche Theorien als eine säkularisierte eschatologische Heilslehre, als eine Reich-Gottes-Lehre ohne Gott verstanden werden muß. Eine Fülle von Einzelzügen weisen sie als eine Art neue Weltreligion aus: der unbeirrbare Glaube an eine kommende Sinnerfüllung der Geschichte, die in der Geschichte als Reich des Menschen Ereignis werden will; die Lehre von einer Entscheidungsmitte der Weltgeschichte, in der der Anbruch des Neuen geschieht (im Erwachen und Aufbruch des Proletariats); die Lehre von einem radikal Bösen in Gestalt der Ausbeutung als der „Erbsünde" dieses Äon, von der Erlösung des Menschen aus seiner „Entfremdung" von einem Erlöser, der zugleich der „Erlöste" ist (das Proletariat); die Erwartung eines kommenden Weltzustandes, in dem die unerschöpflichen Lebensströme des Paradieses losbrechen und der Mensch der Herr und Neuschöpfer der ganzen Natur ist. Die eigentümliche Mythisierung der Technik, das Pathos der Rede, die dogmatische Intransigenz der Lehre, die Forderung der totalen Unterwerfung des Menschen, die folgerichtig in Bekehrungs-Bekenntnissen, gegebenenfalls in Sündenbekenntnissen immer neu bewährt und in einer um des Kampfzieles willen übernommenen rücksichtslosen Kampfbereitschaft und Askese durchgehalten werden muß, — alles das redet eine eindeutige Sprache. „Wer die Zukunft will, darf nicht nach der Vergangenheit fragen" lautet ein Wort Stalins, das unmittelbar an Jesu Wort erinnert: „Wer die Hand an den Pflug legt und sieht zurück, der ist nicht geschickt zum Reiche Gottes" (Lk 9, 62).

Diese Ähnlichkeit ist nicht ein Zufall, sondern gründet darin, daß Jesu Wort und der Bolschewismus heute in der Tat beide von der Zukunft bewegt sind, die alle unsere Geschichte transzendiert, und diese Zukunft aufschließen wollen, und zwar eine Zukunft, die nicht irgendwo im Himmel ist, sondern hier auf Erden Gegenwart werden soll. Und doch ist der Gegensatz abgrundtief, und jene Revolutionäre mußten, wenn sie Jesus als Bundesgenossen im Kampf für eine neue Welt- und Gesellschaftsordnung für sich in Anspruch nehmen wollten, immer wieder die Erfahrung machen, daß auf diesen Bundesgenossen nicht lange Verlaß war und die Königsherrschaft Gottes, die er verkündete, sich nicht mit den eigenen Erwartungen zur Deckung bringen ließ. Es ist darum kein Wunder, daß dieses in der Geschichte der revolutionären Bewegungen des Abendlandes oft genug versuchte Bündnis heute, wie es scheint, definitiv aufgekündigt wurde und an die Stelle der Heilsbotschaft Jesu eben jene durch und durch säkularisierte Heilslehre des Marxismus getreten ist ...

„Ich bin nicht gekommen, Gesetz und Propheten aufzulösen, sondern zu erfüllen". Darin faßt sich das Nein Jesu zu allem Enthusiasmus der Gesetzlosigkeit und sein Ja zum Gesetz zusammen. Fragt man nach dem Grund für jenes Nein und dieses Ja, so kann die Antwort nur lauten: weil es für Jesus keine echte Zukunft gibt, der das Opfer des Menschen gebracht werden dürfte. Wir meinen hier nicht das Opfer, das unter der Verheißung steht: „Wer sein Leben verliert (um meinetwillen), der wird es gewinnen", sondern jenes mörderische und doch so verführerische Opfer, bei dem der Mensch sich selbst an ein Phantom verliert, nur noch ein „Entwurf" auf die Zukunft hin, oder anders gesprochen ein anonymes Teilchen einer Weltmaschinerie ist und also aufgehört hat, der einzelne, von Gott gerufene und vor Gott verantwortliche Mensch zu sein in jedem Augenblick und mit dem ganzen Leben. Wir könnten auch sagen: weil der Gott, den Jesus verkündigt, sich nicht gegen eine Idee vertauschen läßt und der Mensch, dem sein Wort gilt, verantwortliches Geschöpf ist, darum sein Nein zur Schwärmerei der Gesetzlosigkeit und sein Ja zu Gottes Gesetz.

Aber die Bergpredigt hat noch eine andere Stoßrichtung, sichtbar in dem Wort, mit dem Jesus seine Auslegung des Willens Gottes dem gegenüberstellt, was „zu den Alten" gesagt ist. Es ist das Gebot, nicht nur dem Mord, sondern schon dem aufkeimenden Gedanken und dem ausbrechenden Wort des Zorns gegen den Bruder keinen Raum zu geben; nicht nur den Ehebruch, sondern schon den lüsternen Blick und den begehrlichen Gedanken zu meiden und die Ehe unverbrüchlich zu halten; Jesu Ruf zu uneingeschränkter Wahrhaftigkeit und darum zum Verzicht auf Eid und Schwur, zum Verzicht auf das Recht der Vergeltung, auch wo mir Unrecht widerfährt, und also sein Gebot, dem Bösen nicht zu widerstehen; und endlich sein Ruf zu einer Liebe, die nicht nur dem Nächsten sich zuwendet, sondern auch den Feind umfaßt (Mt 5, 21–48). Dies ist die „Gerechtigkeit, die weit besser ist als die der Schriftgelehrten und Pharisäer", ohne die keiner in die Gottesherrschaft eingehen wird (5, 20).

Alle diese Antithesen sind von einem sich durchhaltenden Motiv durchzogen, das sich in die wenigen Worte zusammenfassen läßt: „Nicht erst — sondern schon . . ." Schon der Zorn, schon der lüsterne Blick, schon die „legale" Ehescheidung, schon der bloße Eid (mit dem *ein* Wort als wahr vor andern ausgezeichnet wird), auch die Vergeltung, die sich in den vom Gesetz freigegebenen Grenzen hält, auch die Liebe, die doch den Feind ausnimmt, sind wider Gottes Willen.

Man wird nicht einfach behaupten dürfen, daß die Radikalisierung der göttlichen Forderung, die diese Worte Jesu aussprechen, schlechterdings dem jüdischen Gesetzesverständnis fremd ist. Es gibt nicht wenige Rabbinensprüche, die einzelnen dieser Sprüche Jesu verwandt sind und dem Willen Gottes *im* Wortlaut des Gesetzes auf den Grund zu gehen bemüht sind. Und doch ist für das Judentum, beispielhaft vertreten in Lehre und Haltung der Schriftgelehrten und Pharisäer, kennzeichnend, daß Gottes Wille und Gesetz im Sinne eines Rechtsstatutes verstanden sind, mit dem man nicht in Konflikt geraten darf. Ein Rechtsstatut, das das Leben von allen Seiten umzäunt, wobei doch gilt: soviel Zaunlatten, soviel Zaunlücken. Nicht zufällig ist darum die rabbinische Überlieferung von minutiösen Erörterungen und Bestimmungen durchzogen, die genau festlegen, auf welche Situationen des täglichen Lebens die einzelnen Ge- und Verbote angewendet sein wollen und wo sie keine Geltung beanspruchen. Darum die genauesten Ausführungen über die Frage, wann jeweils der Tatbestand etwa einer Sabbatschändung oder eines Ehebruchs im Sinne des Gesetzes oder sonst eines Verstoßes gegen ein kultisches Gebot gegeben ist, welche Schwurformel zulässig ist und welche nicht, wo eine Vergeltungsmaßnahme rechtens ist und wo nicht, und so weiter.

Wo aber so mit dem Gesetz Gottes verfahren wird, ist notwendig seine Autorität formalisiert und eine entsprechende Formalisierung des Gehorsams, den der Mensch schuldet, die unausweichliche Folge. Der Gehorsam wird zu etwas Meßbarem, Aufweisbarem, die Tat wird zum Werk, die Werke werden aufgesammelt zu einem Kapital . . .

Was besagt dieses Verständnis des Gesetzes? Offenbar dies: das Gesetz hat sich von Gott gelöst und ist zum eigentlichen Gegenüber des Menschen geworden. Es wirkt nicht mehr die Begegnung mit Gott, sondern vereitelt sie. Entsprechend ist Werk und Leistung — oder auch des Menschen Schuld — vor ihn, den Menschen, getreten. Gott ist verschwunden hinter dem Gesetz, und der Mensch ist verschwunden hinter Leistung und Werk. Gesetz und Leistung sind nun die beiden Seiten der Schutzwand, hinter der der Mensch seine eigene Position findet und vor Gott sich behauptet.

Jesu Wort durchschlägt diese vermeintliche Schutzwand und stößt genau nach der Stelle, die in der Verkehrung des Willens Gottes in ein Gefüge von Rechtssatzungen, religiösen und moralischen Traditionen ausgespart ist. Er befreit den Willen Gottes aus der Versteinerung der Rechtstafel und greift

nach dem im Gewahrsam der Gesetzlichkeit sich einschließenden und sichernden Herzen des Menschen. Er löst das Gesetz Gottes aus den „Überlieferungen der Menschen“ und setzt es frei und macht den Menschen, der unter der bestehenden Ordnung sein Leben in Ordnung wähnt, in einem neuen Sinn zum Gefangenen.
(Günther Bornkamm)

- *Der Verfasser ist der Meinung, daß die Bergpredigt für unsere Zeit in zweifacher Hinsicht an Bedeutung gewinne: Beschreiben Sie diese doppelte Stoßrichtung! Beachten Sie dabei, wie die Aussagen der Bergpredigt in moderne Vorstellungen umgesetzt werden!*
- *Setzen Sie sich mit den Argumenten Bornkamms auseinander!*

Orientierung: Mein Nächster

33

25 Und siehe, ein Gesetzeslehrer stand auf und
fragte ihn, um ihn auf die Probe zu stellen: „Meister, was muß ich getan haben, um dereinst das ewige Leben zu erben?“
26 Er fragte dagegen: „Was steht darüber im
Gesetz geschrieben? Wie liest du es da?“ 27 Er
antwortete: „Du sollst den Herrn, deinen Gott, lieben mit deinem ganzen Herzen, mit deiner ganzen Seele, mit deiner ganzen Kraft und mit allen deinen Gedanken, und deinen Nächsten wie dich selbst“.
28 Er sagte darauf: „Du hast richtig geantwor-
tet: Tue das, so wirst du leben.“ 29 Er aber
wollte sich selbst ins Recht setzen und sagte zu Jesus: „Und wer ist mein Nächster?“
30 Das griff Jesus auf und sagte: „Ein Mann
ging von Jerusalem hinab nach Jericho. Da wurde er von Räubern überfallen. Die zogen ihn aus, schlugen ihn und machten sich davon und ließen
ihn halbtot liegen. 31 Nun kam zufällig ein
Priester auf demselben Weg herab; der sah ihn und
ging an ihm vorüber. 32 Ebenso ein Levit:
Er kam zu der Stelle, sah ihn und ging vorbei. 33
Ein reisender Samariter jedoch kam auch an ihm
vorbei, der sah ihn und erbarmte sich, 34 lief
herzu, goß Öl und Wein auf seine Wunden und verband sie ihm; dann setze er ihn auf sein Tier, brach-
te ihn zu einer Herberge und sorgte für ihn. 35
Am nächsten Morgen zog er zwei Silbermünzen heraus, gab sie dem Wirt und sagte: ‚Sorge für ihn. Und was du mehr brauchen solltest, will ich dir geben, wenn ich wieder zurückkomme.‘
36 Was meinst du: Wer von diesen Dreien ist
dem zum Nächsten geworden, der von den Räubern überfallen war?“
37 Er antwortete: „Der die Barmherzigkeit an
ihm getan hat.“ Da sagte Jesus zu ihm: „So geh auch du hin und tue genauso!“
(Lukas 10, 25–37; Wilckens)

Ein Schriftausleger, der Jesus auf die Probe stellen wollte, ging auf ihn zu: „Du bist ein Lehrer, sag, was muß ich tun, um das ewige Leben zu gewinnen?“
„Du kannst doch lesen“, sagte Jesus, „was steht im Gesetz?“ „Lieben wirst du den Herrn, deinen Gott“, antwortete der Schriftausleger, „mit deinem Herzen, deiner Seele und deinen Gedanken — mit all deiner Kraft! Lieben wist du den, der ein Mensch ist wie du — dein Bruder! Du wirst ihn lieben, wie du dich selbst liebst!“
„Du hast richtig geantwortet“, sagte Jesus, „tu's, und du wirst leben.“ Der Schriftausleger wollte sich rechtfertigen: „Wer aber ist mein Bruder“, fragte er, „was heißt, ein Mensch wie ich?“
„Es gab einen Mann“, begann Jesus, „der von Jerusalem nach Jericho ging und, zwischen dem Gebirge und der Ebene, den Räubern in die Hände fiel. Die warfen ihn nieder, zogen ihn aus, schlugen ihn halbtot und ließen ihn liegen: So fand ihn ein Priester, der zufällig den gleichen Weg ging wie er. Der sah den Mann — und ging weiter. Später kam ein Levit an die Stelle; auch er sah den Mann — und auch er ging weiter. Schließlich kam ein Samariter vorbei, und als *der* den Mann sah, hatte er Mitleid mit ihm, trat auf ihn zu, wusch ihm seine Wunden mit Öl und Wein aus, verband sie, hob den Mann auf sein Lasttier und brachte ihn zu einer Herberge. Dort versorgte er ihn und blieb bei ihm bis zum anderen Tag. Dann gab er dem Wirt zwei Silberstücke: ‚Das ist für die Pflege‘, sagte er, ‚wenn du mehr brauchst, will ich's dir bezahlen. Ich komme zurück.‘
„Was meinst du?“, fragte Jesus, „wer von den dreien stand dem Überfallenen bei? Wer ist ihm ein Bruder gewesen?“
Da sagte der Schriftausleger: „Der Barmherzige ist es gewesen“, und Jesus antwortete ihm: „Tu, was der Samariter getan hat. Geh — und sei wie er!“
(Walter Jens)

In beiden Texten handelt es sich um moderne Übersetzungen des bekannten Gleichnisses vom barmherzigen Samariter. Die eine der beiden Fassungen bemüht sich darum, die Vorlage möglichst getreu wiederzugeben, wie es bei Übersetzungen des Neuen Testaments üblich ist. W. Jens versteht seine Textdarbietung auch als „Übersetzung", wenn auch mit anderer Zielsetzung; die Fassung diente einer größeren Gruppe von Theologen und Schriftstellern als Vorlage für eigene Reflexionen und Kommentare, weil „sich die Parabel vortrefflich" eigne, „um an ihrem Beispiel ... Grundprobleme der Zeit zu analysieren ..., und dabei, am Ende, die Frage zu stellen, wie eine Gesellschaft aussehen könnte, in der es keine Samariter mehr zu geben braucht".

- *Die Übertragung von W. Jens weicht an einigen charakteristischen Stellen von denen einer üblichen Übersetzung ab: Bestimmen und erörtern Sie die markanten Abweichungen!*
- *Wer ist mein Nächster?*
- *Wie könnte „eine Gesellschaft aussehen", „in der es keine Samariter mehr zu geben braucht"?*

Dienst am Nächsten — Zum Weiterdenken

Auszug aus Brechts Drama „Die heilige Johanna der Schlachthöfe" (1929/30)
Brecht zeigt in der ‚Heiligen Johanna der Schlachthöfe' eine große Börsenspekulation in Fleisch und Vieh auf dem Hintergrund einer Überproduktionskrise. Er verlegt die Handlung auf die Viehhöfe und an die Fleischbörse Chicagos, wo infolge des weit entwickelten Kapitalismus die Widersprüche der Gesellschaft besonders deutlich werden. Johanna Dark, ein Heilsarmeesoldat, sieht die von den Fleischfabriken ausgesperrten und hungernden Arbeiter und stößt auf der Suche nach den Gründen der Aussperrung auf den Fleischkönig Pierpont Mauler. Vergeblich versucht er, Johanna für seine Sache zu gewinnen. Johanna, schließlich auch von den Armen verstoßen, geht auf den Schlachthöfen zugrunde.

34

Johanna: ... Und ihr alle, die ihr das Brot verteuert und den Menschen das Leben zur Hölle macht, daß alle zu Teufeln werden, ihr seid dumm, armselige und schäbige Dummköpfe und nichts sonst! ... Denn warum ist diese Schlechtigkeit in der Welt? Ja, wie soll's denn anders sein! Natürlich, wenn jeder seinem Nächsten wegen einem Stückchen Schinken aufs Brot mit einer Axt über den Kopf hauen muß, damit er es ihm vielleicht abtritt, was er doch braucht zu seines Lebens Notdurft, und der

Szenenfoto aus Brecht, Die heilige Johanna der Schlachthöfe

Bruder ringend mit dem Bruder um das Nötigste, wie soll da der Sinn für das Höhere nicht ersticken in des Menschen Brust?! Betrachten Sie doch einmal den Dienst am Nächsten einfach als Dienst am Kunden! Dann werden Sie das Neue Testament gleich verstehen und wie grundmodern das ist, auch heute noch. Service! Was heißt denn Service anders als Nächstenliebe? Das heißt, richtig verstanden! Meine Herren, ich höre immer, daß die armen Leute nicht genug Moral haben, und das ist auch so. Da unten in den Slums nistet die Unmoral selber und damit die Revolution.

Aber da frage ich Sie nur: Woher sollen sie denn eine Moral haben, wenn sie sonst nichts haben? Ja, woher nehmen und nicht stehlen? Meine Herren, es gibt auch eine moralische Kaufkraft. Heben Sie die moralische Kaufkraft, dann haben Sie auch die Moral. Und ich meine mit Kaufkraft etwas ganz Einfaches und Natürliches, nämlich Geld, Lohn. Und das führt mich wieder zur Praxis: wenn ihr so fortfahrt, dann könnt ihr am End euer Fleisch selber fressen, denn die da draußen haben eben keine Kaufkraft.

... Aber ihr sitzet hier, ihr großmächtigen Herren, und glaubt, man kommt euch nicht auf eure Schliche, und wollt nichts wissen von all dem Elend draußen in der Welt. Aber da schaut sie nur an, die ihr so behandelt und zugerichtet habt, und die ihr nicht als eure Brüder anerkennen wollt, tretet nur vor, ihr Mühseligen und Beladenen, in das Licht des Tages. Schämet euch nicht.

Johanna zeigt den Börsenleuten die Armen, die sie mitgebracht hat.

(Bert Brecht)

35

Als Kandidat „mit der blauen Schürze"* wurde ich nach Neuebenezer (einem Haus für pflegebedürftige anfallskranke Männer) versetzt und betrat zum erstenmal in meinem Leben um 6 Uhr morgens die Station 7. Der Stationsbruder Hollan — sein Name wird von allen, die bei ihm die Diakonie lernten, mit Dankbarkeit genannt — schlug die Decke vom ersten Bett an der Tür zurück und sagte: „Sie können gleich damit anfangen, unseren Fritz zu baden!" Was ich erblickte, hätte mich beinahe zur Tür hinausgejagt: ein gänzlich verblödeter Mann von 20 Jahren, ein wundgelegenes Bündel von Haut und Knochen, dessen Knie dauernd im Krampf bis an die Achselhöhlen hinaufgezogen waren, ... ohne Fähigkeit, ein Wort zu sprechen, der gefüttert und von Kot gereinigt werden mußte. — Er lag in einem Torfbett, das eigens für diese unsauberen Kranken erfunden wurde. Kurz, ich sah zum erstenmal in meinem Leben diesen Nullpunkt menschlicher Existenz. Als ich dies entsetzliche Bündel nackt auf die Arme gelegt bekam, um es im Badezimmer zu baden, hätte ich es beinahe auf die Erde geworfen. Als nach einer Viertelstunde das Unwesen gewindelt und verbunden unter der Bettdecke lag, dachte ich: Hier bleibst du keinen Tag! Dann aber geschah es, daß dieses schreckliche Bündel sich bewegte und einen Arm in die Höhe streckte. Erschrocken sah ich mich nach dem Bruder Hollan um: Was gibt es jetzt? Bruder Hollan hatte bis jetzt meinen Umgang mit dem Kränksten der Station, vielleicht von ganz Bethel, nur still beobachtet und nichts gesagt, weil er dachte, ich müßte am besten allein den Weg zu dem kranken Jungen finden. Aber jetzt mußte er doch nachhelfen. Noch heute höre ich den Ton seiner Stimme, in dem sich Mitleid mit mir und Staunen über soviel Unverstand eines akademisch gebildeten Theologen verbanden: „Herr Kandidat, merken Sie es noch nicht, Fritz will Ihnen danken!" Aber ich, ich hatte diesen Fritz gar nicht für einen Menschen gehalten. Wie muß der Kranke darunter gelitten haben, mir abspüren zu müssen, daß ich ihn überhaupt nicht als Mensch, sondern als einen ekligen Gegenstand betrachtete. Aber er ließ mich das nicht entgelten, sondern suchte mir meine Not dieser ersten Begegnung mit dieser seiner Menschenruine zu nehmen, indem er mir dankte. Er, der Kranke und Blöde, war gemeinschaftsfähig. Ich, der Gesunde, war es nicht, sondern mußte es durch ihn werden ...

(Friedrich von Bodelschwingh)

An dieser Stelle bietet sich eine weitere Orientierung unter dem Stichwort „In der Welt habt ihr Angst" zur Betrachtung an. Im Kapitel „Mut zum Leben" wird die Frage nach der Angst des Menschen thematisiert (vgl. dazu den Abschnitt „In Ängsten leben", S. 74 ff.). Der Bezug zum vorliegenden Zusammenhang könnte z. B. über Texte aus dem Johannesevangelium (Johannes 10, 1—21; 16, 25—33) hergestellt werden.

* *Einige Studenten der Theologischen Hochschule Bethel arbeiten an Wochenenden oder in den Semesterferien freiwillig als Pfleger in den Betheler Anstalten. Bei einigen Arbeiten wird eine blaue Schürze getragen.*

Leben, Tod und Auferstehung Jesu

Das Kreuz des Messias

Salvador Dali: Der Christus des Juan de la Cruz (span. Mystiker d. 16. Jhs.) 1951

Masaccio: Trinitätsfresko um 1425

Emil Scheibe: Kreuzigung

Mit Hilfe der Zentralperspektive malt Masaccio einen Kapellenraum, in dem der stehende Gottvater das Kreuz mit dem daran hängenden Christus hält. Die Taube fliegt vom Gottvater zum Haupt Christi hinab. Neben dem Kreuz stehen Maria und Johannes, davor kniet der Stifter mit seiner Frau. Das Trinitätsfresko wurde an die Längswand eines Seitenschiffes der Kirche gemalt, so daß der Eindruck einer Seitenkapelle entsteht, in der sich das Geschehen vollzieht.

- *Beschreiben Sie die Kreuzigungsdarstellungen möglichst exakt!*
- *Versuchen Sie, die unterschiedlichen Auffassungen der Künstler über die Bedeutung des Kreuzigungstodes zu bestimmen!*

36

13 Und siehe, zwei von ihnen waren an demsel-
ben Tage auf dem Wege nach einem Dorf, das
sechzig Stadien (ca. 12 km) von Jerusalem entfernt
lag, dessen Name Emmaus war, 14 und sie
unterhielten sich miteinander über alle diese
Geschehnisse. 15 Und es geschah, indem sie
sich unterhielten und sich darüber aussprachen,
daß Jesus selbst herzukam und mit ihnen ging.
16 Ihre Augen aber wurden gehalten, so daß
sie ihn nicht wiedererkannten. 17 Er aber
sprach zu ihnen: „Welche Gespräche sind es, die
ihr auf der Wanderung miteinander führt?“ Da blie-
ben sie verdrießlich stehen. 18 Es antwortete
aber einer, mit Namen Kleopas, und sprach zu ihm:
„Du bist wohl der einzige, der als Fremder in Jeru-
salem wohnt und nicht die Ereignisse kennt, die
dort in diesen Tagen geschehen sind?“ 19 Und
er sagte zu ihnen: „Welche?“
Sie aber sprachen zu ihm: „Das um Jesus, den
Nazarener, der ein Prophet war, mächtig in Tat und
Wort vor Gott und dem ganzen Volk, 20 (so)
daß ihn sowohl die Hohenpriester als auch unsere
Führer zum Tode verurteilt haben und ihn kreuzig-
ten. 21 Wir aber hatten gehofft, daß es dieser
sei, der Israel erlösen würde; aber nun ist bei diesem
allen schon dieser dritte Tag, nach dem dies gesche-
hen ist. 22 Aber es haben uns auch einige
Frauen, die zu uns gehörten, in Schrecken versetzt,
indem sie frühmorgens zum Grab gegangen sind,
23 und, da sie seinen Leichnam nicht fanden,
kamen und sagten, sie hätten eine Erscheinung von
Engeln gesehen, die sagen, er lebe. 24 Und
einige, die zu uns gehörten, gingen zum Grab, und
fanden bestätigt, so wie auch die Frauen gesagt hat-
ten, ihn selbst aber sahen sie nicht.“ 25 Und er
selbst sprach zu ihnen: „O ihr Gedankenlosen und
die ihr trägen Herzens seid, um an alle Dinge zu
glauben, von denen die Propheten gesprochen
haben; 26 mußte nicht der Messias dies leiden
und in seine Herrlichkeit eingehen?“ 27 Und,
indem er mit Mose und allen Propheten begann,
legte er ihnen das über ihn in allen Schriften
(Gesagte) aus. 28 Und sie kamen in das Dorf,
wohin sie gingen, und er selbst gab den Anschein,
als ob er weitergehen wollte. Und sie nötigten ihn,
indem sie sagten: „Bleibe bei uns, denn es will
Abend werden, und der Tag hat sich geneigt!“ Und
er ging hinein, um bei ihnen zu bleiben. 30
Und es geschah, indem er mit ihnen zu Tische lag,
daß er, indem er das Brot nahm, die Benediktion
sprach, (es) brach und (es) ihnen gab. 31 Ihre
Augen aber wurden geöffnet, so daß sie ihn wieder-
erkannten; und er selbst entschwand ihren Blicken.
32 Und sie sagten zueinander: „Brannte nicht
unser Herz in uns, wie er auf dem Weg mit uns
sprach, wie er uns die Schrift öffnete?“ 33
Und, indem sie zur selben Stunde aufstanden, kehr-
ten sie nach Jerusalem zurück und fanden die Elf
versammelt und die mit ihnen (waren), 34 die
sagten: „Wirklich ist der Herr auferweckt und von
Simon gesehen worden“. 35 Auch sie selbst er-
zählten von dem, was auf dem Weg geschehen war,
und wie er von ihnen durch das Brechen des Brotes
erkannt worden war.

(Lukas 24, 13—35; Übersetzung durch die Herausgeber)

- *Inwiefern enthält die Darstellung des Lukas eine Zusammenfassung (vgl. dazu die Abschnitte „Die Wunder Jesu“, S. 14 ff. und „Die Botschaft Jesu“, S. 34 ff.) des Bildes Jesu und seiner öffentlichen Wirksamkeit?*
- *Bestimmen Sie die im Text enthaltenen Charakterisierungen und Titel Jesu!*
- *Wie werden Leben, Tod und Auferstehung Jesu gedeutet?*

Warum mußte Jesus sterben?

— Die historische Frage

Die Passionsgeschichten der neutestamentlichen Evangelien können hier nicht im einzelnen berücksichtigt werden; in unserem Zusammenhang muß es darum gehen, den Grund der Verurteilung Jesu herauszustellen. Hierbei geht es nicht nur um juristische Probleme (Begründung des Todesurteils? Rechtmäßigkeit des Urteils? Zuständigkeit jüdischer bzw. römischer Instanzen?), sondern vor allem um die Frage, inwieweit Jesus selbst durch die Bejahung seines messianischen Anspruches seine Verurteilung herbeiführte.

Die folgende tabellarische Zusammenstellung zur Passionsgeschichte soll eine grobe Übersicht über die von den Evangelisten berichteten Geschehnisse und deren Abfolge bieten. Die Tabelle erlaubt ferner gewisse Schlußfolgerungen hinsichtlich des Überlieferungsbestandes (vergleichen Sie die Gemeinsamkeiten und Unterschiede bei den vier Evangelisten!). Die Zusammenstellung soll schließlich dazu anregen, weitere Abschnitte oder Einzelgeschichten im Unterricht zu lesen und zu behandeln.

	Matthäus	Markus	Lukas	Johannes
Der Einzug Jesu in Jerusalem	21, 1—11	11, 1—11	19, 28—40	12, 12—19
Die Tempelreinigung	21, 12—13	11, 15—19	19, 45—46	—
Die Planung des Todesanschlages durch Pharisäer und Schriftgelehrte	26, 1—5	14, 1—2	22, 1—2	(11, 45—54)
Die Salbung Jesu in Bethanien	26, 6—13	14, 3—9	—	—
Die Planung des Verrats durch Judas	26, 14—16	14, 10—11	22, 3—6	13, 21—30
Die Vorbereitung des Passa-/Abendmahls	26, 17—19	14, 12—16	22, 7—13	—
Das Passamahl / Die Einsetzung des Abendmahls	26, 20—29	14, 17—25	22, 14—23	—
Die Vorhersage der Verleugnung Jesu durch Petrus	26, 30—35	14, 26—31	22, 31—34	13, 36—38
Die Tischgespräche: Abschiedsworte Jesu an seine Jünger	—	—	22, 24—38	—
Die Einsetzung der Fußwaschung	—	—	—	13, 1—20
Der Aufenthalt im Garten Gethsemane (Ölberg)	26, 36—46	14, 32—42	22, 39—46	18, 1—2
Der Verrat und die Gefangennahme Jesu	26, 47—56	14, 43—52	22, 47—53	18, 3—14
Der Prozeß gegen Jesus vor dem Hohen Rat (Synedrium)	26, 57—68	14, 53—65	22, 66—71	18, 19—24
Die Verleugnung Jesu durch Petrus	26, 69—75	14, 66—72	22, 54—62	18, 15—18, 25—27
Der Selbstmord des Judas	27, 3—10	—	(Apg. 1, 16—20)	—
Die Verhandlung vor Pilatus	27, 11—14	15, 1—5	23, 1—6, 13—16	18, 23—40
Die Verhandlung vor Herodes	—	—	23, 6—12	—
Die Verurteilung: Jesus oder Barrabas	27, 15—26	15, 6—15	23, 17—25	19, 6—16
Die Verspottung und Mißhandlung Jesu (Ecce homo)	27, 27—31	15, 16—20	(22, 63—65)	19, 1—5
Die Kreuzigung und der Tod Jesu (Golgotha)	27, 32—56	15, 20—41	23, 26—49	19, 16—37
Jesus und die beiden Schächer	—	—	23, 39—43	—
Das Begräbnis Jesu	27, 57—61	15, 42—47	23, 50—56	19, 38—42
Die Grabeswächter	27, 62—66	—	—	—

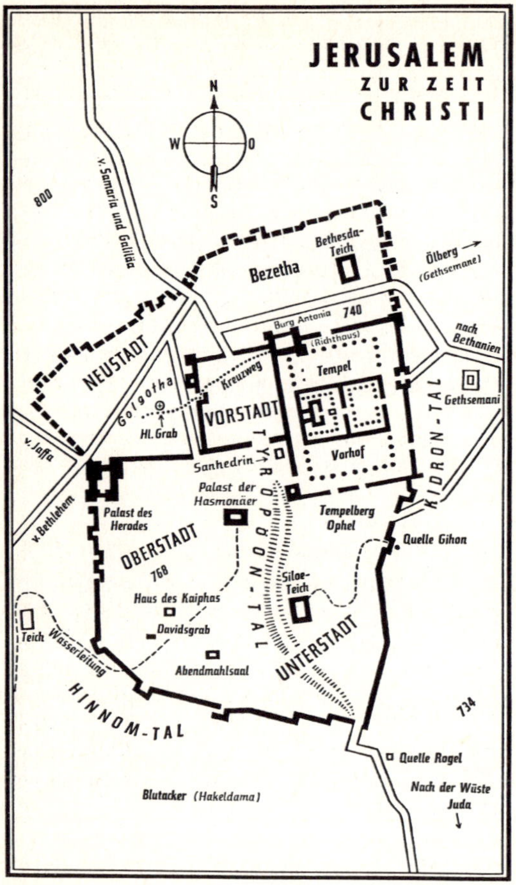

37

53 Und sie führten Jesus ab zum Hohenpriester.
Da versammelten sich alle Hohenpriester, Ältesten
und Schriftgelehrten. . . . 55 Die Hohenpriester
aber und der ganze Hohe Rat suchten nach einem
Zeugnis gegen Jesus, um das Todesurteil über ihn
aussprechen zu können; sie fanden aber nichts.
56 Denn viele lügnerische Zeugen sagten
gegen ihn aus, aber ihre Aussagen stimmten nicht
überein. 57 So traten einige mit falschem
Zeugnis auf und sagten gegen ihn aus: 58 „Wir
haben ihn sagen hören: ‚Ich werde diesen mit Hän-
den gemachten Tempel abreißen und in drei Tagen
einen anderen, nicht mit Händen gemachten, auf-
bauen.' " 59 Aber auch so stimmte ihr Zeugnis
nicht überein. 60 Da erhob sich der Hoheprie-
ster, trat in die Mitte und fragte Jesus: „Hast du
nichts zu erwidern auf das, was diese hier gegen
dich vorbringen?" 61 Er aber schwieg und gab
keine Antwort. Da fragte der Hohepriester ihn
nochmals: „Bist du der Messias, der Sohn des
Hochgelobten?" 62 Da sagte Jesus: „Ja, ich
bin es. *Und ihr werdet den Menschensohn zur
Rechten der Allmacht sitzen und auf den Wolken
des Himmels kommen sehen.*" 63 Da zerriß
der Hohepriester seine Kleider und sagte: „Was
brauchen wir nun noch Zeugen? 64 Ihr habt
die Lästerung gehört. Worauf erkennt ihr?" Sie
sprachen ihn alle des Todes schuldig.

(Markus 14, 53—64; Wilckens)

- *Machen Sie sich den Ablauf des Verfahrens gegen Jesus deutlich, indem Sie dabei vor allem die Anklagepunkte (Todesdelikt?) und Jesu Verhalten im Prozeß beachten!*
- *Für eine weiterführende und vertiefende Betrachtung der Markus-Darstellung können die beiden folgenden Texte herangezogen werden.*

38

Die dritte Perikope [neben denen vom letzten Abendmahl und vom leeren Grab], in der man einen Eingriff des Evangelisten [Markus] zu vermuten das Recht hat, ist die Szene vor dem Synedrium. Denn hier verrät der Vers 14,59 „aber auch so war ihr Zeugnis nicht gleich" jedenfalls eine Unstimmigkeit: ein Anklagepunkt wird angeführt und belegt, darf aber nicht genügen, denn es soll noch ein zweiter Grund genannt werden. Es liegt also keine einheitliche Erzählung vor, sondern eine Zusammenfügung von Motiven. Was im ältesten Bericht [vor Markus] stand . . ., ist schwer zu sagen; wohl aber, welches Motiv der Evangelist Markus hervorzuheben wünscht. Es ist das Motiv, das in seiner Erzählung den Ausschlag gibt: das Bekenntnis Jesu als Messias. Man darf hier nicht die geschichtliche Frage voranstellen, ob die Verhandlung überhaupt stattgefunden, ob und in welchem Sinn sich Jesus in jenem Augenblick wirklich als demnächst erhöhten und wiederkommenden Menschensohn bezeichnet habe. Wirkliche Kunde von einer solchen Verhandlung konnten die Christen schwerlich besitzen. Den geschichtlichen Anknüpfungspunkt bot die überlieferte . . . Nachricht, daß Jesus als Prätendent hingerichtet worden sei. Was Markus aber 14, 61–63 darstellen will, ist dies, daß inmitten aller Schmach Jesu überirdische Hoheit aufleuchtet, inmitten dieses Delinquenten-Schicksals seine himmlische Zukunft der Welt kundgegeben wird ...

(Martin Dibelius)

39

Letzten Endes führt die Formel 'Ιησοῦς Χριστός (Jæsous Christos) auf die Frage, ob die Verbindung des Namens J. mit dem messianischen Hoheits- bzw. Würdetitel das Werk seiner Gemeinde ist, die durch sie ihren eschatologischen Glauben ausdrückte, oder ob — in irgend einer Weise — Jesus selbst für sie mitverantwortlich ist. Damit stellt sich das *Problem des messianischen Bewußtseins Jesu* ... Seit dem Beginn historisch-kritischer Beschäftigung mit den nt. Evgg. und der von ihnen verarbeiteten Überlieferung ist immer wieder vertreten worden, die Quellen reichten zur Sicherung des Satzes, J. habe selbst ein messianisches Bewußtsein gehabt, nicht aus. Heute wird zur Begründung nicht allein auf den kerygmatischen Charakter auch der Berichte über die Synedralverhandlung über J. mit seinem Bekenntnis zu seiner Messianität verwiesen, sondern auch darauf, daß die eine der beiden synoptischen Hauptquellen, die sog. Reden-Quelle (Q), die messianische Prädikatur für J. nicht kenne. Nun wird man hinsichtlich beider Gründe Vorsicht anraten müssen, und zwar einmal, weil Q bis heute immer noch auf einer Arbeitshypothese beruht, und zum anderen, weil zu erklären bliebe, wieso das Kerygma von sich aus dazugekommen sein soll, J. sich dem Synedrium als M. präsentieren zu lassen, wenn er es für sich selbst und seine Jünger nicht auch schon zu seinen Lebzeiten gewesen ist. Indes wird es doch richtig sein, auf Grund der uns vorliegenden Überlieferungen damit zu rechnen, daß J. selbst weder ein spezifisch messianisches Programm entwickelt noch auch sich selbst — und das ist von hohem Gewicht — in aller Form als M. bezeichnet hat. Nach der Erzählungsüberlieferung hat er sich lediglich messianische Prädikationen wie „Sohn Davids" (Markus 10, 47 f. u. ö.) gefallen lassen, zu ihnen aber ausdrücklich weder bejahend noch verneinend Stellung genommen. Des weiteren legt es sein Bild, wie es die kritisch analysierte Überlieferung reflektiert, nahe anzunehmen, daß er sich keiner der herkömmlichen messianischen Prädikationen gefügt und somit durch seine Person auch für die ihm Zugetanen den Bezug der landläufigen messianischen Erwartung eines politischen Heilskönigs auf ihn, wenn nicht die Korrektheit der zeitgenössischen messianischen Erwartung überhaupt, in Frage gestellt hat. Selbst ein Vorgang wie das sog. Petrus-Bekenntnis von Cäsarea Philippi (Markus 8, 27 ff. par) führt, die historische Zuverlässigkeit vorausgesetzt, grundsätzlich über diese Feststellung nicht hinaus. Es kommt hinzu, daß das, was sich im Zusammenhang mit seiner Passion und dem Ostergeschehen ereignete, sich in der Überlieferung völlig anders darstellen müßte, wenn J. zu irgend einem Zeitpunkt präzise Auskunft über sich selbst im Sinne seiner Messianität gegeben hätte. Schließlich fügt sich dem hier gezeichneten Bilde auch ein, daß die Überlieferung J. nicht als den, der er war, über Tod und Grab triumphieren läßt, sondern um seine Auferstehung das Geheimnis eines unmittelbaren göttlichen Handelns an ihm legt und dies nirgends zu lüften in der Lage ist oder sich dazu auch nur geneigt findet. So ergibt sich, ohne daß man sich einer übertriebenen Skepsis den Quellen gegenüber hingeben müßte, ein ziemlich geschlossenes Bild. Es wird mit der vieldeutigen Wendung „Messiasgeheimnis" zwar einseitig und zudem recht unvollkommen beschrieben. Immerhin wird die Wendung dennoch in eine Richtung weisen, in der die Antwort auf die zu Anfang gestellte Frage zu finden ist.

(Karl Heinrich Rengstorf)

Der „längste kurze Prozeß"

Der Prozeß und die Hinrichtung Jesu sind bis heute umstritten: wenn auch das Faktum selbst (Verurteilung und Kreuzigung) nicht (mehr) bezweifelt wird, so bleiben doch die Ansichten über die näheren Umstände des gesamten Vorgangs kontrovers; die Frage nach dem Prozeß Jesu erwies sich als ein bis in die Gegenwart aktuelles Streitobjekt von Theologen, Historikern, Schriftstellern, Juden und Christen. Schalom Ben Chorin prägte zur Kennzeichnung dieses Sachverhalts die treffende Wendung vom „längsten kurzen Prozeß". Die im folgenden aufgeführten neueren Stellungnahmen können im Unterricht auf ihre zentralen Aussagen und auf ihre Stichhaltigkeit hin untersucht werden.

Modell des herodianischen Tempels, Jerusalem

40

Das fundamentale Faktum, zu dem das Fragen nach dem historischen Jesus immer wieder hinführt, ist dessen Tod am Kreuz. Den liberalen Jesusforschern wird heute manchmal der Vorwurf gemacht, sie hätten für diese Tatsache keine rechte Erklärung gehabt: Wie war es möglich, daß der fromme und liebenswerte Lehrer einer besseren Moral gekreuzigt werden konnte? (Zahrnt) Aber kann die Schule Bultmanns darauf eine bessere Antwort geben? Warum sollte ein Prophet und Rabbi, ein „Rufer vor dem Ende", des Kreuzes würdiger gewesen sein als der liberale Lehrer einer höheren Moral? Es genügt nicht, auf Jesu Konflikt mit den Pharisäern hinzuweisen, auf die souveräne Art, mit der er das Gesetz behandelt, es verschärft oder auch an einzelnen Punkten aufgehoben hat. Denn kein jüdischer Häretiker starb am Kreuz, und die Pharisäer spielten keine Rolle in Jesu Prozeß ...
Die Kreuzigung war keine bei den Juden übliche Hinrichtungsart. Es ist deshalb falsch, zu sagen, die Juden hätten Jesus gekreuzigt, auch wenn es im Neuen Testament manchmal so ausgedrückt wird. Vielmehr hat der römische Prokurator Pilatus Jesus zum Tod verurteilt, und seine Soldaten haben dieses Urteil vollstreckt (Markus 15, 15 — 26). Die Kreuzigung gehört zum römischen Recht, wo sie als die grausamste umd schimpflichste Art der Bestrafung galt. Sie wurde daher gegen den schlimmsten Verbrecher und den dem Staatswohl bedrohlichsten Feind verhängt: den bewaffneten Räuber und den politischen Aufrührer, den man dem Räuber gleichgestellt hat ... Aus der Tatsache der Kreuzigung geht ... hervor, daß Jesus nach römischem Recht als politischer Aufrührer hingerichtet worden ist. In der Inschrift am Kreuz wird das Urteil näher begründet: Jesus von Nazareth war der „König der Juden" (Markus 15, 26) ... Man kann nicht bezweifeln, daß in diesen Angaben der Evangelien die ungeschminkte historische Wahrheit erscheint. Denn was nach römischem Rechtsempfinden Jesus zum gemeinen Verbrecher stempelt, kann keiner apologetischen oder dogmatischen Auffassung ent-

sprungen sein, zumal wenn Markus sein Evangelium in Rom geschrieben haben sollte.
Mit dem „König der Juden“ war der *Messias* gemeint, der am Ende der Zeiten von Gott berufen, mit dem Geist des Rates und der Stärke gesalbt und dann zum Sieg im Krieg um die Befreiung Israels geführt werden soll. Jesus fand somit das Ende eines Messiasprätendenten, und sein Prozeß wird in den Evangelien als messianischer Prozeß dargestellt. Nach Markus 15,2 hat Jesus die Frage, ob er der König der Juden sei, bejaht; das gleiche tat er, als ihn der Hohepriester so gefragt hat (Markus 14, 61–62).
Man muß freilich prüfen, ob hier nicht der Glaube der Gemeinde zu Wort kommt: Hat sie nicht ihr Bekenntnis zu Christus als Geständnis Jesu formuliert und so ihr Credo in der Historie verankert? Wird diese Frage bejaht, so muß Jesus zu Unrecht als Messiasprätendent bezichtigt und hingerichtet worden sein. Das ist tatsächlich die heute herrschende Meinung. Besonders in Deutschland folgt man noch immer der These, die W. Wrede im Jahre 1901 aufgestellt hat: Der historische Jesus hat sich nie als Messias erkannt und bekannt; erst das Ostergeschehen hat in den Jüngern den Glauben geweckt, der Auferstandene müsse der Christus sein. Wredes These wurde inzwischen durch formgeschichtliche Untersuchungen geprüft und bestätigt: man weist darauf hin, daß es in der ältesten Überlieferungsschicht, der Redenquelle, keinen messianischen Jesus und keinen Titel „Messias“ gibt.
Aber die Theorie vom unmessianischen Jesus führt vor neue Schwierigkeiten und läßt wichtige Probleme ungelöst. Da ist einmal der dunkle Schatten auf Jesu Prozeß. Auf den Anklägern und dem Richter liegt schwere Schuld. Jesus wurde grundlos verdächtigt, widerrechtlich verhaftet und hat als Opfer eines Justizmordes geendet. Bei einer solchen Sicht der Dinge wird das Mißtrauen zwischen Christen und Juden kaum zu beseitigen und die Kirche nur schwer dazu zu bewegen sein, ihre Schuld an den Juden voll einzugestehen ...
Noch schwerer wiegt ein zweites Problem. Soll das Bekenntnis zu Christus wirklich erst an Ostern entstanden sein, so muß man sich fragen: „Wie konnte denn einer Begegnung mit dem Auferstandenen der Glaube entspringen, Jesus müsse nun der Messias sein?“ (A. Schweitzer) ... Das österliche Christusbekenntnis ist somit kein analytisches Urteil (= als sei das Messiasbekenntnis ursprünglicher Bestandteil der Ostererfahrung), die Totenerweckung schließt nicht notwendig eine Erhöhung zum Messias mit ein ...
Ich werde kurz zeigen, daß in Wahrheit Jesu Bekenntnis durch das Christuszeugnis der Gemeinde aufgenommen und bestätigt wurde. Jesus hat sich als Messias gewußt und das beim Prozeß erstmals öffentlich bekannt ...
... Der Hohepriester, der bei Markus als Leiter des Verhörs erscheint, handelt korrekt. Er baut nicht auf die widerspruchsvollen Aussagen der Zeugen, sondern holt Jesu Bekenntnis ein. Und es sieht fast so aus, als wolle er Jesus beschwören, seinen unhaltbaren, gotteslästerlichen Anspruch aufzugeben. Die Schuld der jüdischen Obrigkeit besteht allenfalls darin, daß sie Jesu Anspruch am Maßstab ihres eigenen Messiasglaubens gemessen hat: Jesus konnte nicht der Messias sein, denn auch in Jerusalem hat Gott sich nicht zu ihm bekannt ... Die Sadduzäer hätten sich sagen müssen, daß Jesus kein „Räuber“, kein Revolutionär im Sinn des römischen Rechtes war. Aber auch diese Einsicht hätte sie wahrscheinlich nicht am Vorgehen gegen Jesus gehindert. Denn der Messiasanspruch war als solcher staatsgefährlich. Er konnte, wie immer er von seinem Träger verstanden wurde, beim Volk ein Echo hervorrufen, das sich in Aufruhr und Empörung fortpflanzen mochte. Juristisch gesehen gibt es daher keine Möglichkeit, von einer Schuld der jüdischen Behörde zu sprechen; Jesus wurde nicht fälschlich angeklagt.
(Otto Betz)

41

Fragt man, welche Tatsachen der biblischen Passionserzählung zugrunde liegen, so sind zwei Fragen zu unterscheiden:
a) Was stellt sich der heutigen Analyse der Texte als historisch dar?
b) Was galt *den Evangelisten* als historisch? Und welche Bedeutung hat für sie die Tatsächlichkeit als solche, die ja nach unserem Urteil weithin nur eine vermeintliche ist?
Das moderne historische Problem — das Verhältnis von wirklich Geschehenem und nur vermeintlich Geschehenem — ist ihnen natürlich nicht bewußt ...
Der Umgang dessen, was wir als sicheren Tatbestand feststellen können, ist minimal. Das gesicherte Kern-Faktum ist, daß Jesus gekreuzigt wurde. Daraus kann geschlossen werden, daß man ihn verhaftete und daß ein Gerichtsverfahren erfolgte, und zwar ein römisches. Denn die Kreuzigung ist eine römische, nicht eine jüdische Todesstrafe.

Kreuzweg Jesu, Henri Matisse 1951

Alles übrige am Ablauf der Ereignisse ist strittig. Einig ist man sich aber darüber, daß die Leidensgeschichte, wie wir sie lesen, von intensiver theologischer Deutung geprägt ist.

Es ist sinnlos, in abstracto zu debattieren, ob nicht diese und jene Szene historisch sein *könne* bzw. wahrscheinlich historisch sei. Nach wie vor gilt als Regel der Analyse: „Zunächst muß doch gefragt werden: nicht, was ist als geschichtlich denkbar? sondern: was ist als christliche Gemeindetradition verständlich? und dieser Frage ist die Frage nach dem geschichtlich Möglichen je nach dem einzelnen Fall ein- oder nachzuordnen“ (R. Bultmann).

Ein wesentlicher Grund für die Unsicherheit hinsichtlich der Ereignisse ist natürlich der, daß es für weite Partien keine (christlichen) Augenzeugen gibt, ja, nicht geben kann: für die geschlossenen Verhandlungen im jüdischen Hohen Rat, im römischen Statthalterpalast. Aber auch diejenigen Szenen, für die es Augenzeugen geben *könnte*, sind keine Augenzeugenberichte: Der Bericht über die Einsetzung des Abendmahls ist zumindest in seiner jetzigen Fassung von der Gemeinde gestaltet, und zwar so, daß man ihn auch ohne Annahme eines Augenzeugenberichts verstehen kann. Dasselbe gilt für die Erzählung der Verhaftung Jesu und der Verleugnung des Petrus, für jedes Detail der Kreuzigungs-Szene.

Darüber hinaus ist festzustellen, daß man sich den Gesamtablauf der Passionsgeschichte, so wie ihn die Evangelisten darstellen, nicht wohl als historischen vorstellen kann (zumal wenn man das „Messias-Geheimnis“ des Markus beachtet).

Der Punkt, an dem das historische Fundament (Kreuzigung Jesu) und die theologische Deutung (Jesu Geschick als Heilsgeschehen) zusammentreffen, ist das Glaubensbekenntnis der Gemeinde: Jesus bzw. Christus ist gestorben und auferweckt . . .

Kulminationspunkt der christologischen Interpretation ist nun das *Verhör*. Ein historischer Haftpunkt ist auch hier nicht vorhanden. Es ist völlig unbekannt, ob, wie, vor welchem Gremium Jesus verhört wurde, bevor man ihn den Römern zuspielte. Die Szene enthält ja auch keinen konkreten Stoff. Sie ist szenisch gestaltete christologische Lehre (wie die Szene vom Bekenntnis des Petrus). Sie ist geradezu ein Kompendium der Christologie mit Darlegung der Titulatur, also des Wesens Jesu, Ärgernis, Verknüpfung von Credo (das die Passion feststellt und festhält) und Hoffnung (Ausblick auf die Parusie).

Das „falsche“ Zeugnis dient als Folie. Der Hohepriester stellt die — aus christlicher (!) Sicht — entscheidende Sachfrage. Er erhält die erste unverhüllte Erklärung, die Jesus über sich selbst gibt. Jetzt kann er offen nicht nur über sein Leiden, sondern auch über sein Wesen reden. Denn jetzt ist das Wesen der Messianität bzw. Gottessohnschaft nicht mehr mißzuverstehen. Markus gestaltet die Antwort Jesu so, daß im Widerspiel von Frage und Antwort die sachliche Identität der drei christologischen Titel Messias, Gottessohn und Menschensohn klar wird, also die Einheit von Werk und Weg Jesu, von Taten, Passion und künftiger Parusie. Der Leidende stellt sich als der Kommende vor, das heißt in die Perspektive der nachösterlichen Gemeinde übertragen: Der Erwartete ist der, der „gelitten“ hat. Als solchen „sieht“ sie ihn.

Jesu Anspruch ist „Lästerung“. Auch das ist nicht historische Darstellung, sondern interpretatio christiana. Nach dem tatsächlichen jüdischen Recht wäre ein messianischer Anspruch eines Prätendenten kein Verbrechen gewesen. Aber Markus geht es nicht um den historischen Tatbestand, sondern um die Alternative Glaube-Unglaube. Dieser Unglaube wird Markus 14, 65 szenisch dargestellt . . .

Ein heutiger Zugang zur Passionsgeschichte ist nicht von einzelnen Fakten her zu gewinnen, sondern nur von der Interpretation aus. Diese ist nicht eine sekundäre Zutat zu primären „Heilstatsachen“ (welches Wortgebilde!). Es macht das Wesen der Interpretation aus, daß sie die Auslegung der Existenz des Interpreten durch das Kreuz in sich schließt. Das ist nicht nur genug. Vielmehr wäre jedes vermeintliche Mehr (an „Heilstatsachen“) ein Weniger.

(Hans Conzelmann)

Wozu mußte Jesus sterben?
— Die existentielle Frage

42

1
O Haupt voll Blut und Wunden,
voll Schmerz und voller Hohn;
o Haupt, zum Spott gebunden
mit einer Dornenkron;
o Haupt, sonst schön gezieret
mit höchster Ehr und Zier,
jetzt aber hoch schimpfieret:
gegrüßet seist du mir!

2
Du edles Angesichte,
davor sonst schrickt und scheut
das große Weltgewichte:
wie bist du so bespeit,
wie bist du so erbleichet!
Wer hat dein Augenlicht,
dem sonst kein Licht nicht gleichet,
so schändlich zugericht'?

3
Wenn ich einmal soll scheiden,
so scheide nicht von mir,
wenn ich den Tod soll leiden,
so tritt du dann herfür;
wenn mir am allerbängsten
wird um das Herze sein,
so reiß mich aus den Ängsten
kraft deiner Angst und Pein.

(Paul Gerhardt)

43

1
An meiner Zellenwand erschien das Bild
von Christi Haupt, dornengekrönt.
In tiefem Frieden lag sein Schmerz gestillt
und kundtat stumm: Gesühnt, versöhnt . . .

2
Du, Gott und Mensch, hast sterben wollen
und wolltest deiner Unschuld Schmerz.
Floß denn dein Blut in minder vollem
Schlag als in meinem bangen Herz?

3
O nein, durch deines Opfers Macht
hast unsre Qual du wollen enden,
und als du sprachst: Es ist vollbracht!
nahmst du uns Sünder bei den Händen.

4
O Christus, Bruder nenn ich dich,
den Bruder mein in Schmerz und Not.
Den Weg der Gnade führe mich
aus Angst und Sünden durch den Tod.

(Petter Moen)

Aus dem Passionslied Paul Gerhardts sind hier die drei bekanntesten Strophen ausgewählt worden. Wenn möglich, sollte im Unterricht jener Teil aus der Matthäuspassion Johann Sebastian Bachs gehört und besprochen werden, der den Tod Jesu zum Inhalt hat (die Nummern 63 bis 72). Bach umrahmt die Verspottung und Kreuzigung Jesu, die zudem durch zwei Rezitative und Arien kommentiert wird, mit den Strophen 1/2 und 3 des Chorals.

Petter Moen, Widerstandskämpfer gegen den Nationalsozialismus in Oslo, schrieb diese Strophen im Untersuchungsgefängnis 1944. Der Verfasser starb, als das Schiff, mit dem die Häftlinge abtransportiert wurden, auf eine Mine lief.

Die Auferweckung Jesu

Ostergedanken

44

ihr fragt
wie ist
die auferstehung der toten? ich weiß es nicht

ihr fragt
wann ist
die auferstehung der toten? ich weiß es nicht

ihr fragt
gibts
eine auferstehung der toten? ich weiß es nicht

ihr fragt
gibts
keine auferstehung der toten? ich weiß es nicht

ich weiß
nur
wonach ihr nicht fragt: die auferstehung
ich weiß derer die leben
nur
wozu Er uns ruft: zur auferstehung heute und jetzt

(Kurt Marti)

Ruth Schefold: Es werde Licht!

45

2
Es ist erstanden Jesus Christ, / der an dem Kreuz gestorben ist; / ihm sei Lob, Ehr zu aller Frist. / Halleluja, halleluja, halleluja, halleluja. / Gelobt sei Christus, Marien Sohn.

3
Er hat zerstört der Höllen Pfort, / die Seinen all herausgeführt / und uns erlöst vom ewgen Tod. / Halleluja, halleluja, halleluja, halleluja. / Gelobt sei Christus, Marien Sohn.

4
Es singt der ganze Erdenkreis / dem Gottessohne Lob und Preis, / der uns erkauft das Paradeis. / Halleluja, halleluja, halleluja, halleluja. / Gelobt sei Christus, Marien Sohn.

5
Des freu sich alle Christenheit / und lobe die Dreifaltigkeit / von nun an bis in Ewigkeit. / Halleluja, halleluja, halleluja, halleluja. / Gelobt sei Christus, Marien Sohn.

(Kirchenlied, 12./15. Jhdt.)

Auferweckung Jesu → Auferweckung der Toten?

Der Streit um die Auferstehung Jesu stellt sich keineswegs nur als neuzeitliches, durch die naturwissenschaftliche Fragestellung hervorgerufenes Problem dar, sondern ist so alt wie die Kirche selbst. Etwa zwanzig Jahre nach dem Tod Jesu gab es in der christlichen Gemeinde Korinths bereits hierüber Auseinandersetzungen, speziell um die Frage, welche Bedeutung die Auferstehung Jesu für die Zukunft der Christen habe. Zum Verständnis des folgenden Textes vgl. den verwandten Abschnitt in dem Kapitel ,,Mut zum Leben" (S. 102 ff.). Dort finden Sie auch Möglichkeiten, das Thema ,Leben nach dem Tode' weiterzuführen und zu vertiefen.

46

12 Wenn aber Christus verkündigt wird: „er ist
aus den Toten auferweckt worden", wieso sagen
einige unter euch: „eine Auferstehung Toter gibt es
nicht"? 13 Wenn es aber „eine Auferstehung
Toter nicht gibt", dann ist auch nicht „Christus auferweckt worden"; 14 wenn aber nicht „Christus auferweckt worden ist", nun, dann ist unsere
Verkündigung leer, leer ist auch euer Glaube.
15 Wir werden aber auch als Falschzeugen
Gottes erfunden, denn wir haben gegen Gott Zeugnis abgelegt, daß er den Christus (den Messias) auferweckt hat, den er nicht auferweckt hat, wenn es
doch so sein sollte, daß „Tote nicht auferweckt werden". 16 Denn wenn „Tote nicht auferweckt
werden", 17 ist auch Christus nicht auferweckt worden; wenn aber Christus nicht auferweckt worden ist, ist euer Glaube nutzlos, dann seid
ihr noch in euren Sünden. 18 Dann sind auch
die in Christus Entschlafenen verloren. 19
Wenn wir solche sind, die allein in diesem Leben
auf Christus hoffen, sind wir bemitleidenswerter als
alle Menschen. 20 Nun aber ist Christus auferweckt worden aus den Toten, als Erstling unter den Entschlafenen.

(1. Korinther 15, 12—20; Übersetzung durch die Herausgeber. Vgl. auch die Übersetzung von Wilckens, S. 102 f.)

- *Welche Vorstellungen haben die in V. 12 angesprochenen Christen Korinths von der Auferstehung Christi und von der Auferstehung der Toten? Berücksichtigen Sie hierzu neben den in Anführungszeichen gesetzten Thesen auch V. 19!*
- *Wie beurteilen Sie die Auffassungen der sogenannten „Gegner in Korinth"?*
- *Welche Gegenargumentation entwickelt Paulus? Wie wird im besonderen die Auferstehung Jesu verstanden? Achten Sie hierzu auf folgende Besonderheiten: — Zusammenhang von Verkündigung und Auferweckung. — Sprachgebrauch: Auferstehen und Auferwecktwerden. — Bedeutung der Auferstehung für den einzelnen Christen.*

Osterwunder — Osterzweifel — Osterglaube

47

24 Thomas aber, einer von den Zwölfen mit dem
Beinamen ‚Zwilling', war nicht mit dabei, als Jesus
zu ihnen gekommen war. 25 Da sagten die
anderen Jünger zu ihnen: „Wir haben den Herrn
gesehen!" Doch er sagte zu ihm: „Wenn ich nicht an seinen Händen die Nägelmale sehe und meine Finger an die Stelle der Nägel und meine Hand an seine Seite legen kann, werde ich nicht glauben."
26 Acht Tage später waren die Jünger wieder
drinnen beieinander, und Thomas war bei ihnen.
Da kam Jesus bei verschlossenen Türen, trat in ihre
Mitte und sagte: „Friede sei mit euch!" 27
Darauf sagte er zu Thomas: „Lege deinen Finger hierher und sieh hier meine Hände, und nimm deine Hand und lege sie hier an meine Seite — und
sei nicht ungläubig, sondern gläubig!" 28 Da
antwortete Thomas: „Mein Herr und mein Gott!"
29 Jesus sagte zu ihm: „Weil du mich gesehen
hast, bist du gläubig geworden? Heil denen, die ohne zu sehen, zum Glauben kommen!"

(Johannes 20, 24—29; Wilckens)

- *Welche Feststellungen lassen sich über die Leiblichkeit des Auferstandenen machen? Vergleichen Sie hierzu die Ergebnisse, die Sie bei der Analyse der Emmausgeschichte (Text 36, S. 46) gewonnen haben!*
- *Warum könnte gerade diese Ostergeschichte geeignet sein, eine Einleitung zu den im Folgenden aufgenommenen Fragen zu bilden, die den heutigen Menschen zum Thema Auferstehung Jesu beschäftigen?*

48

Die Auferstehung ist ... kein mythisches Ereignis, das die Bedeutung des Kreuzes glaubhaft machen könnte; sondern sie wird ebenso geglaubt wie die Bedeutung des Kreuzes. Ja, *der Auferstehungsglaube ist nichts anderes als der Glaube an das Kreuz als Heilsereignis*, an das Kreuz als Kreuz Christi. Man kann also nicht zuerst an Christus glauben und daraufhin an sein Kreuz; sondern an Christus glauben heißt, an das Kreuz als das Kreuz Christi glauben. Nicht weil es das Kreuz Christi ist, ist es das Heilsereignis, sondern weil es das Heilsereignis ist, ist es das Kreuz Christi. Abgesehen davon ist es das tragische Ende eines edlen Menschen ...

Der verstehende Glaube an das Wort der Verkündigung ist der echte Osterglaube; er ist der Glaube, daß das verkündigende Wort legitimiertes Gotteswort ist. *Das Osterereignis*, sofern es als historisches Ereignis neben dem Kreuz genannt werden kann, ist ja nichts anderes als die Entstehung des Glaubens an den Auferstandenen, in dem die Verkündigung ihren Ursprung hat. Das Osterereignis als die Auferstehung Christi ist kein historisches Ereignis; als historisches Ereignis ist nur *der Osterglaube der ersten Jünger* faßbar. Der Historiker kann seine Entstehung bis zu einem gewissen Grade begreiflich machen durch Reflexion auf die ehemalige persönliche Verbundenheit der Jünger mit Jesus; für ihn reduziert sich das Osterereignis auf ihre visionären Erlebnisse. Der christliche Osterglaube ist an der historischen Frage nicht interessiert; für ihn bedeutet das historische Ereignis der Entstehung des Osterglaubens wie für die ersten Jünger die Selbstbekundung des Auferstandenen, die Tat Gottes, in der sich das Heilsgeschehen des Kreuzes vollendet.

(Rudolf Bultmann)

- *Was versteht der Verfasser unter dem Begriff „Osterereignis"? Zum Hintergrund der Ausführungen Bultmanns vgl. dessen Stellungnahme zur Wunderfrage! (Text 11, S. 14 f.) Setzen Sie sich vor allem mit den Bemerkungen zum „historischen" Aspekt auseinander! (Vgl. auch oben Text 14, S. 20 f.).*
- *„Auferstehung Toter gibt es nicht" (vgl. oben, 1. Korinther 15, 12): könnte dieser Satz auch für Bultmanns Anschauungen gelten? Diskutieren Sie diese Frage!*

49

Die existentialistische Fehldeutung der Auferstehung Jesu

Ist die Auferstehung Jesu Fundament und Kriterium des Glaubens, dann muß dieses christliche Urzeugnis auch zum Maßstab aller christologischen Aussagen werden. Die existentialistische Christologie, die ... unbeschwert alle neutestamentlichen und kirchlich-orthodoxen Begriffe übernimmt und sie mit einem neuen Inhalt füllt, muß sich hier deutlich ausweisen, was sie nun eigentlich will, wenn sie die Auferstehung Jesu nicht ausklammert, sondern bewußt in ihr Denken einbezieht. Es könnte sein, daß die theologische Verwirrung nur noch größer und das christologische Unheil nur noch bedrängender wird, wenn die Anerkennung der Auferstehung Jesu durch eine existentiale Uminterpretation, die nach dem apostolischen Zeugnis eine Fehlinterpretation sein müßte, erkauft würde. ...

Auferstehung Christi,
Piero della Francesca, um 1460

Im Grunde liegt Bultmanns Auffassung klar zutage. Da der historische Jesus eine konturenlose nebelhafte Gestalt und sein Todesschicksal ein menschliches Fiasko darstellt und da die Rückkehr eines Gestorbenen aus dem Grabe ein mirakulöses Geschehen wäre, müssen die objektivierenden Osterberichte verworfen werden. Schon die Frage nach dem Was und Wie der Auferstehung, nach der Existenz des Auferstandenen ist für Bultmann sinnlos und falsch gestellt. Es kann sich nach existentialistischem Verständnis überhaupt nicht um eine Wirklichkeit extra hominem [außerhalb des Menschen], sondern nur um „Bedeutsamkeiten", welche die präsentische Dynamik des aktuellen Geschehens meinen, handeln. Darum muß anstelle jeder christologischen Aussage über das Faktum der Auferstehung der deutende Osterglaube treten, hervorgerufen durch das „Osterkerygma", welches das „Daß" des Gekommenseins Jesu, seinen eschatologischen Entscheidungsruf zur Geltung des „Ein-für-allemal" erhebt. „Die Rede von der Auferstehung Christi ist nichts anderes als der Ausdruck der Bedeutsamkeit des Kreuzes", das heißt aber der „Bedeutsamkeit für den Menschen", denn jede Aussage über die Auferstehung Jesu „ist ausgeschlossen ... die nicht zugleich eine Aussage über mich wäre". Auferstehung hat mit einem „historischen Geschehen" überhaupt nichts zu tun, ist aber der bedeutsame Ausdruck dafür, daß das Kreuz nicht als ein gewöhnliches Sterben, sondern als „befreiende Tat" Gottes aufzufassen ist. An den Auferstandenen glauben, besagt daher „mit Christus auferstehen", nämlich sich für Gottes Zukunft öffnen. Jede christologische Reflexion auf das, was dem urchristlichen Zeugnis kardinal und elementar wichtig ist, bedeutet nach Bultmann einen Rückfall in das „objektivierende griechische Denken" nach dem Subjekt-Objekt-Schema. „Jesus Christus, der Gekreuzigte und Auferstandene, begegnet uns im Wort der Verkündigung, nirgends anders. Eben der Glaube an dieses Wort ist in Wahrheit Osterglaube."

Man sollte sich darüber keinen optimistischen Illusionen hingeben, daß Bultmanns existentiale Interpretation der Osterbotschaft die Faktizität der Auferstehung Jesu in ein Bündel existentialtheologischer Bedeutsamkeiten, also letztlich anthropomorpher Subjektivismen aufgelöst hat. Der Osterglaube „ist nichts anderes als der Rechtfertigungsglaube". Diese irreführende These Bultmanns verdirbt beides: die Auferstehung Jesu und die Rechtfertigung. Nach urchristlichem Zeugnis ruht die Rechtfertigung auf dem Fundament der Auferstehung Jesu.

Auferstehung, Oskar Kokoschka

Wird dieses zerstört, dann fällt auch die Rechtfertigung dahin. Das Osterkerygma wird total verfälscht zu einer Explikation eines allgemein philosophischen, paradoxen Prinzips: „im Tode wohnt das Leben". Der Glaube an Jesus hat damit seinen Grund verloren und alles wird in eine große, aber der wahren christologischen Begründung entbehrenden Gleichung nivelliert: „Dann kann man sagen: Der Glaube an die Kirche als Trägerin des Kerygmas ist der Osterglaube ..."

(Walter Künneth)

- *Wie begründet Künneth seine ablehnende Stellung zur „existentialistischen" Oster-Interpretation?*
- *Beziehen Sie zu den Thesen des Verfassers Stellung!*

50

... Wir können mit großer Sicherheit sagen, daß Zeugen ein Sehen des Gekreuzigten widerfuhr. Noch genauer müssen wir formulieren: Zeugen behaupten nach dem Tode Jesu, *ihn* gesehen zu haben — und eben dieses Sehen drücken sie unterschiedlich, zum Teil schon mit anfänglichen Interpretationen dieses Sehens, aus.

Auf Grund dieses Widerfahrnisses des Sehens aber, das Zeugen behaupteten, kamen sie dann durch *reflektierende Interpretation* zu der Aussage: Jesus ist von Gott auferweckt worden bzw. er ist auferstanden. — Natürlich waren sie *dann* auch der Meinung, hier von einem wirklich geschehenen Ereignis zu reden. Sie waren nun vom Ereignet-Sein der Auferstehung Jesu überzeugt.

Wir sind aber heute *nicht* mehr in der Lage, so unmittelbar von der Auferstehung Jesu als von einem *Ereignis* zu reden, sondern wir *müssen* einfach sagen: Es handelt sich um ein *Interpretament,* dessen sich diejenigen bedient haben, die ihr Widerfahrnis (damals!) reflektierten. Wenn man heute also *historisch* (!) die Frage stellt: Ist Jesus auferstanden?, dann können wir nur antworten: Das läßt sich nicht feststellen. Historisch läßt sich nur feststellen (das aber sicher!), daß Menschen nach dem Tode Jesu ein ihnen geschehenes Widerfahrnis behaupteten, das sie als Sehen Jesu bezeichneten — und die Reflexion dieses Widerfahrnisses führte diese Leute zur *Interpretation*: Jesus ist auferweckt worden.

... Wenn ich also sage: Jesus ist auferweckt worden, dann ist diese (durch Reflexion gewonnene) Überzeugung jener Leute (nun ganz wörtlich:) so lange *un*interessant, wie ich nicht *zugleich* sage: Der Auferstandene ist er, weil er (identisch mit dem Irdischen) auch heute noch mit demselben (alten) Anspruch *kommt.* Sage ich das aber, dann muß ich mir darüber klar sein, daß ich nun den Begriff „der Auferstandene" nicht unbedingt mehr zu übernehmen brauche, wohl aber vom „Lebendigen" reden muß. Und das ist ja doch eigentlich mehr, denn als der „Auferstandene" wird er ja nur bezeichnet — in religionsgeschichtlich vorgegebener Vorstellung, wobei einseitig auf die in eben diesem Zusammenhang vorgegebene Vorstellung vom Eintritt des Gekreuzigten in das Leben abgehoben ist.

... Ich sagte: man erwartet am Ende der Zeiten die Auferweckung der Toten. Indem man nun sagt: Jesus *ist* auferweckt worden, sagt man von *ihm* etwas aus, was für die Menschen sonst Hoffnung ist. Dann ist aber in der Auferweckung Jesu das Ende schon angebrochen, *hat* mit seiner Auferwekkung die Endzeit schon begonnen, und auf diese Weise *wird* dann die „Auferweckung" Jesu zum zentralen „heilsgeschichtlichen" Datum. — Die Reflexion kann auch anders weitergeführt werden. Man kann überlegen, in welcher Beziehung die Auferweckung Jesu zur Auferweckung der Toten überhaupt steht. Man vergißt ja zu leicht, daß die Totenauferweckung eine religionsgeschichtliche, aber keineswegs eine spezifisch christliche Vorstellung ist. Indem man nun den Vorstellungshintergrund mehr oder weniger ignoriert — oder gar abschneidet, wird mit der Auferstehung Jesu die Totenauferstehung (oder nur die Auferstehung der Christen) scheinbar ganz neu begründet, wird damit (ziemlich unreflektiert und zuwenig differenziert) die Auferstehung Jesu zum Grund für die Zukunftshoffnung überhaupt. — Dann kann auch über den Auferstehungsleib reflektiert werden — usw.

Das ist ja schon im Neuen Testament geschehen; und in diesem Zusammenhang sei wenigstens kurz auf ein Problem aufmerksam gemacht, das es bei unserem Fragenkomplex immer mit zu bedenken gilt. Zukunftshoffnung gibt es ja keineswegs nur als Auferstehungshoffnung. Es kann sogar geschehen, daß um der Zukunftshoffnung willen die Erwartung der Auferstehung ausdrücklich abgelehnt wird. Das scheint in Korinth der Fall gewesen zu sein, wo man zwar die Vikariatstaufe übte (1. Korinther 15, 29), die natürlich nur Sinn hat, wenn man mit einer Zukunft für die Verstorbenen rechnet — wo man aber dennoch behauptete, daß es keine Totenauferstehung gäbe (1. Korinther 15, 12).

Zu verstehen ist das nur, wenn man auf die besondere Form der hier herrschenden Anthropologie achtet, die (insbesondere im griechisch-hellenistischen Raum) dualitstisch ist. Das Selbst (oder die Seele) steht dem Leibe gegenüber. Der Leib wird als das Gefängnis des Selbst verstanden. Beim Tode des Leibs verläßt das Selbst (endlich vom Gefängnis befreit) den Leib — und hat nun Zukunft. Wie diese erlangt wird (durch Weihen, Sakramente oder durch Gnosis), brauchen wir hier nicht zu erörtern. Man kann aber verstehen, daß für Menschen mit dieser anthropologischen Konzeption die Auferstehungshoffnung alles andere als erstrebenswert ist, denn für sie würde das bedeuten, daß sie nun den Leib, von dem sie ja gerade befreit zu werden hofften, wieder mit sich tragen müßten.

Es kann (wenigstens methodisch) aufschlußreich sein, wenn man sich einmal (selbstverständlich hypothetisch) überlegt, wie wohl das Widerfahrnis des Sehens Jesu reflektiert worden wäre, wenn die Zeugen diese anthropologische Konzeption gehabt hätten. Sie hätten dann etwa gesagt: Jesu Selbst (und das heißt ja: Jesus) ist nicht mit seinem Leibe zusammen im Tode geblieben. Jesus ist endlich aus dem Gefängnis befreit; das Gefängnis ist gestorben — aber Jesus lebt! Das haben wir erfahren. — Man hätte dann gesagt: An Jesu Selbst (= an Jesus) hat sich die Zukunftsfhoffnung bereits verwirklicht.

Und selbstverständlich hätte das dann für diese Leute Wirklichkeit bedeutet, wäre keineswegs als eine „Spiritualisierung“ zu verstehen. Man hätte davon gesprochen, daß Jesus *wirklich* seinen Leib verlassen hat und daß das die Voraussetzung dafür war, daß man ihn dann sehen konnte. — Von „Auferstehung“ wäre kein Wort gefallen.

Natürlich ist das eine Konstruktion; aber sie kann uns mindestens dieses zeigen: Wenn man im jüdischen Raum das Widerfahrnis des Sehens als Auferstehung interpretierte, wenn man sagte, dieses Sehen konnte nur geschehen, weil Jesus auferstanden ist (und man dann natürlich auch von der Auferstehung Jesu überzeugt war), dann hängt das mit der besonderen Form der *jüdischen* Anthropologie zusammen.

Im Unterschied zur griechisch-hellenistischen Anthropologie ist die jüdische nicht dualistisch, sondern monistisch. Hier wird der Mensch als Einheit verstanden — und dann muß sich natürlich die Zukunftshoffnung in der Vorstellung von der Auferstehung ausdrücken.

Die *gemeinsame* Zukunftshoffnung bedient sich also jeweils *unterschiedlicher* Vorstellungen, die ihren Grund in der jeweiligen Anthropologie haben. Wenn man das sieht, erkennt man sofort, daß man nicht (wie es meist freilich ganz unreflektiert geschieht) Zukunftshoffnung und Auferstehungshoffnung gleichsetzen darf. Dann entsteht aber die Frage nach *unserer* Anthropologie. Betrachtet man daraufhin einmal unsere Gesangbuchlieder, stellt man in einer großen Zahl von Fällen fest, daß ganz unbefangen von der Seele die Rede ist, also offensichtlich die griechisch-hellenistische Anthropologie nachwirkt. Woran das liegt, ist einfach zu sagen. Die Zukunftshoffnung im Rahmen christlicher Tradition hat zwar ihren Ursprung im jüdischen Vorstellungsbereich, ist dann aber durch den griechisch-hellenistischen Vorstellungsbereich modifiziert worden ...

Wir können nun aber heute nicht einfach (wie das nur zu leicht geschieht) irgendwelche Vorstellungen über die Zukunft als verpflichtende Lehrtradition übernehmen, wenn sie gar nicht mehr zu unserer Anthropologie stimmen, die wir faktisch leben. Die Not der heutigen Verkündigung ist nicht unwesentlich darin begründet, daß die philosophischen, insbesondere die anthropologischen Voraussetzungen für die früheren Aussagen heute weitgehend nicht mehr gegeben sind. Zumindest sollte diese Problematik gesehen werden, damit nicht immer schon an den Punkten mit dem „Glauben“ argumentiert wird, wo es noch gar nicht um Glauben geht.

Es müßte doch, meine ich, einleuchten, daß eine so dauernd fortgeführte Weiter-Reflexion leicht in mannigfache Spekulationen hineinführen kann. Solche Spekulationen werden ja doch nun nicht einfach dadurch theologisch „wahr“, daß sie schon in neutestamentlicher Zeit durchgeführt wurden und dann im Neuen Testament ihren Niederschlag gefunden haben. Natürlich kann man sie historisch konstatieren, kann man eine Entwicklung von Vorstellungen nachzeichnen — aber man wird dann auch eben nach ihrer theologischen Berechtigung fragen müssen ...

Durch das Widerfahrnis des Sehens ausgelöst, wird also die „Sache Jesu“ weitergebracht (wenn ich das einmal so zusammenfassend formulieren darf ...). Die Sache Jesu wird aber weitergebracht durch seine Zeugen. Sie stehen in ihrer Funktion nun an Jesu Statt. Das Recht für dieses Weiter-Bringen begründen sie damit, daß sie Jesus nach seiner Kreuzigung gesehen hätten.

In diesem Zusammenhang muß man nun, wie ich meine, dem Satz einfach zustimmen: „Jesus ist in das Kerygma auferstanden“, wenn er auch terminologisch ungenau ist. Aber Bultmann spricht ja selbst davon, daß dieser Satz richtig verstanden werden müsse, interpretiert ihn alsbald und modifiziert ihn dabei, indem er den Begriff „auferstanden“ nicht wiederholt. Der Satz soll nach Bultmann so verstanden werden, „daß Jesus im Kerygma wirklich gegenwärtig ist, daß es *sein* Wort ist, das den Hörer im Kerygma trifft“; und in der Tat gibt dieser Satz ja auch nur so Sinn, denn wenn man hier von „Auferstehung“ in das Kerygma redet, dann nimmt man ja gerade ein Motiv des anderen Interpretaments auf, das aber (wenigstens am Anfang) bei unserem Interpretament noch gar nicht begegnet. Eben darum sollte man auch nicht von „Auferstehung in das Kerygma“ reden, denn dann gebraucht man den Begriff Auferstehung in einer so modifizierten Weise, daß er nun nicht mehr das meint, was ursprünglich (insbesondere in der jüdischen Apokalyptik) damit gesagt werden sollte. Nicht um *Auferstehung* ins Kerygma geht es also, sondern um die Präsenz Jesu im Kerygma seiner Zeugen, um die *lebendige* Präsenz des gekreuzigten Jesus. — Wir können also den Inhalt der durch das Widerfahrnis ausgelösten Funktion zunächst und vorläufig so angeben: Die „Sache Jesu“ geht weiter. Es geht um die Weiter-Ereignung des Jesuskerygmas — wobei neu allerdings dieses ist, daß die Weiter-Ereignung geschieht, ohne daß der irdische

Jesus sichtbar noch anwesend ist. Und sie geschieht so, daß die alte, von Jesus gebrachte „Sache“ — nun aber auch nicht von ihm abstrahiert wird. Die Zeugen machen keine Idee daraus, keine Wahrheiten, die man von Jesus lösen könnte, keine Ideologie und keine Religion; sondern die Weiter-Ereignung des Jesuskerygmas bleibt immer Weiter-Ereignung des *Jesus*kerygmas.

(Willi Marxsen)

- *Untersuchen Sie Marxsens Auferstehungsdeutung, indem Sie vor allem auf folgende Aspekte achten:*
  — Auferstehung als Interpretament!
  — Religionsgeschichtlicher Vorstellungshintergrund
  — Auferstehungshoffnung — Zukunftshoffnung und deren jeweiliger anthropologischer Bezugspunkt
  — Die „Sache Jesu“
- *Diskutieren Sie die Thesen des Verfassers und berücksichtigen Sie bei Ihrer Auseinandersetzung die im Folgenden ausschnittweise wiedergegebene Stellungnahme der katholischen Bischöfe Deutschlands!*

51

Wie sich in dieser entmythologisierenden Existentialinterpretation die geschichtliche Gestalt Jesu und der Heilsfakten, die er im Raum der Geschichte gesetzt hat, auflösen, sei beispielhaft an der Umdeutung der Auferstehungsbotschaft aufgezeigt. Die biblische Aussage: „Jesus ist auferstanden“, so heißt es, sei das Ergebnis eines Deutungsversuches, welcher der gläubigen Reflexion der Urgemeinde über ein historisch nicht näher zu klärendes Oster-„Widerfahrnis“ entstammt und die Überzeugung zum Ausdruck bringt, daß die Sache Jesu mit dem Kreuz nicht zu Ende gegangen sei, sondern weitergehe. Diese eigentlich recht abstrakte Erfahrung habe man zunächst als einen Sendungsauftrag an seine Jünger ausgelegt, dann auch als ein „Sehen“ des Auferstandenen ausgesagt und schließlich in die konkretisierende Formulierung gefaßt: Jesus ist auferstanden. Wenn das aber so ist und die Osterverkündigung lediglich den Deutungsversuch einer inneren Erfahrung darstellt, dann besitze folglich dieses ursprüngliche Interpretament der Urgemeinde keine absolute Geltung; die Glaubenserfahrung, daß die Sache Jesu weitergeht, läßt sich auch durchaus anders interpretieren, so etwa z. B., daß Jesu Glaube und Liebe von bleibender Bedeutung sind. Eine solche Auslegung aber widerspricht bereits dem ältesten Überlieferungszeugnis von der Auferstehung Jesu im Neuen Testament (1. Korinther 15): Der am Kreuz gestorbene und ins Grab gelegte Jesus ist von Gott auferweckt worden und als solcher den Zeugen erschienen, so daß er zum „Anfang und Erstgeborenen“ (Kolosser 1, 18) derer wurde die dereinst selbst zur leiblichen Auferstehung gelangen sollen. In dieser heilstheologischen, eschatologischen Sicht steht die Auferwekkung Jesu von Anfang an; der Gekreuzigte ist durch die Auferweckung und Erhöhung zum Anführer des Heils geworden. Das Bekenntnis zur Auferstehung Jesu als einem wirklichen Ereignis gehört also notwendig zum christlichen Glauben und kann nicht als zeitbedingte, zu anderen Zeiten auch anders aussagbare Ausdeutung einer innergeschichtlichen, innerweltlichen oder innermenschlichen Erfahrung verstanden werden.

Das angeführte Beispiel ist symptomatisch für die Fehlform einer Interpretation, die heute in kleinerem oder größerem Maßstab mit Hilfe des sogenannten Entmythologisierungsprogramms, mit einer ausschließlich und einseitig existential betriebenen Exegese geübt wird. Bei dieser Form der Auslegung verschwindet das Ausgelegte als solches; die zu erklärende Sache wird durch einen erklärenden Gedanken, einen bloßen Vorstellungsgehalt, ersetzt, der die Sache selbst überflüssig macht. Interpretation aber wird dort zum Selbstzweck, wo der Gegenstand als ein Gefüge von Auslegungen verstanden und so tatsächlich verflüchtigt wird. An die Stelle der Sache tritt eine Deutung, die jederzeit zu Recht durch neue Deutungsversuche ersetzt werden darf.

Die subjektive Interpretation, die in einer solchen theologischen Richtung an die Stelle der geoffenbarten Wirklichkeit des Glaubens gesetzt wird, ist im Grunde nichts anderes als eine neue Form der Gnosis. Eine fragwürdige Wissenschaftsgläubigkeit und das Vorverständnis des modernen existentialistischen Denkens schaffen einen folgenschweren ideologischen Bann, eine folgenschwere Befangenheit: Sie verstellen notwendigerweise den Zugang zur Tatsache der Menschwerdung Gottes, die in unserer natürlichen Erfahrungswelt keine Analogie hat und aus einem immanenten Welt- und Selbstverständnis nicht ableitbar und deutbar ist. Diesem in der Geschichte des Christentums nicht neuen, nur neuartigen Versuch, dem Risiko, das die Vernunft mit der Unmöglichkeit einer vollständigen Einsicht in den Glauben auf sich nimmt, mit Hilfe einer selbstgenügsamen Interpretation aus dem Weg zu gehen, hat die christliche Verkündigung von jeher in aller Demut den Realismus der wirklichen Menschwerdung Gottes und das geschichtliche Faktum unserer Erlösung durch Tod und Auferstehung des ewigen Gottessohnes entgegengesetzt.

(Die katholischen Bischöfe Deutschlands)

52

Nun ist die Auferstehung Jesu nicht ein historisches Geschehen, das sich wie sonst ein Geschehen in Raum und Zeit beobachten und „dingfest" machen läßt. „Am dritten Tage auferstanden von den Toten" — das trägt einen anderen Tatsachencharakter als die vorangehenden Aussagen des Glaubensbekenntnisses. „Gelitten unter Pontius Pilatus, gekreuzigt, gestorben und begraben" — das sind feststellbare Tatsachen, die sich auch von anderen Menschen aussagen lassen. Auch andere Menschen haben damals unter Pontius Pilatus gelitten und sind unter ihm gekreuzigt, gestorben und begraben. „Am dritten Tage auferstanden von den Toten" aber ist kein historisches Ereignis im strengen Sinne mehr, sondern sprengt die Grenzen der Geschichte, so gewiß alle Geschichte ihre Grenze am Tode hat — oder wir nehmen, im Gegensatz zur Bibel, den Tod nicht ernst als wirkliches, totales Ende des Lebens. Bei der Auferstehung kann es sich also niemals um eine unmittelbare Fortsetzung der Geschichte Jesu handeln. Vielmehr ist [hier] ein Moment der Diskontinuität, eine Wende enthalten, die ebensowenig selbstverständlich ist wie die Wende vom Tod zum Leben. Daß es hier trotzdem eine Fortsetzung gibt, ist nur als ein Handeln Gottes zu begreifen. Darum hat die gegenwärtige Theologie fraglos recht, wenn sie so radikal betont, daß die Auferstehung Jesu in den Bereich des Glaubens falle und nur diesem allein zugänglich sei.
Das bedeutet nun jedoch nicht, wie Bultmann behauptet, daß der christliche Osterglaube an der historischen Fragestellung nicht interessiert sei. Denn so gewiß die Auferstehung Jesu alle Analogien des sonst in der Geschichte Gewohnten und Erfahrbaren sprengt, so gewiß ist sie doch zugleich ein Geschehen *in* dieser Zeit und Welt und wird darum als ein wirkliches Ereignis der geschichtlichen Vergangenheit überliefert. Deshalb kann der Glaube den historischen Fragen, die sich hier stellen, auch nicht ausweichen und sich der kritischen Prüfung entziehen. Es geht beim Glauben, wie gerade Bultmann immer wieder betont, um ein verstehendes Ja oder Nein. Zu diesem verstehenden Ja oder Nein gehört aber auch das geschichtliche Verstehen und damit die Pflicht, auch bei der Auferstehung Jesu hinter das Kerygma der Urgemeinde zurückzufragen nach dem, was wirklich geschehen ist . . . So steht der Historiker auch hier wie überall vor der Aufgabe, nach dem zu fragen, was gewesen ist. Wolfhart Pannenberg sagt mit Recht: „Es stünde schlecht für den christlichen Glauben, wenn die Auferstehung Jesu wirklich keine historische Tatsache wäre." Natürlich kann die historische Forschung den Glauben an die Auferstehung Jesu niemals begründen. Was sie aber kann, ist, daß sie vernünftig klärt, was hier vernünftig zu klären ist, und daß sie die Grenzen absteckt, innerhalb derer die Entscheidung des Glaubens zu fallen hat . . .

Die Wahrheit der Auferstehung Jesu erschließt sich nur dem Glauben. Sie historisch beweisen zu wollen, würde der Intention aller neutestamentlichen Zeugnisse widersprechen. Denn allen diesen Zeugnissen ist es eigen, daß sie das Wirklich- und Wirksamwerden der Auferstehung Jesu an den Glauben binden. Dieser Zusammenhang zwischen Auferstehung und Glaube wird durch eine überraschende Beobachtung bestätigt: Alle Erscheinungen des Auferstandenen, die uns im Neuen Testament berichtet werden, geschehen vor solchen, die glauben, oder richtiger, vor solchen, die eben in diesem Geschehen zu Glaubenden werden. Von niemandem wird berichtet, daß ihm der Auferstandene erschienen sei, ohne daß er eben dadurch zum Zeugen der Auferstehung geworden wäre. Damit wird das Wesen der Erscheinungen deutlich: sie setzen nicht den Glauben an den Auferstandenen voraus, sondern sie schaffen ihn gerade; eben durch sie vollzieht sich die Entstehung des Glaubens an den Auferstandenen. Denen, die nicht glauben, erscheinen alle diese „Worte" wie „Märlein"! Darum werden auch im ganzen Neuen Testament, im Gegensatz zu den apokryphen Evangelien, keine Erscheinungen Jesu vor neutralen Zeugen oder gar vor seinen Gegnern erzählt, etwa vor den Schriftgelehrten, den Hohenpriestern, Pontius Pilatus oder dem Hohen Rat. Es bedarf der Öffnung des Auges durch den Glauben, wenn der Auferstandene erkannt werden soll. Vorher sind die Augen der Menschen „gehalten“, wie es von den beiden Emmausjüngern heißt. Aber eben sie zeigen auch, wie diese Öffnung des Auges und also die Entstehung des Glaubens gerade durch die Erscheinung des Auferstandenen geschieht.

Diesem Zusammenhang von Auferstehung und Glauben entspricht es, daß vor allen Aussagen des zweiten Glaubensartikels wie ein Vorzeichen vor der Klammer die Worte „Ich glaube“ stehen. Und dann geht es nicht weiter: „... *daß* Jesus Christus empfangen ist vom Heiligen Geist, *daß* er geboren ist von der Jungfrau Maria, *daß* er gelitten hat unter Pontius Pilatus, *daß* er gekreuzigt ist, gestorben und begraben, *daß* er auferstanden ist von den Toten ...“ Sondern es heißt: „Ich glaube an Jesus Christus, *der* empfangen ist vom Heiligen Geist, *der* geboren ist von der Jungfrau Maria, *der* gelitten hat unter Pontius Pilatus, *der* gekreuzigt ist, gestorben und begraben, *der* auferstanden ist von den Toten ...“ Das bedeutet: Die Christen glauben nicht an einzelne mehr oder minder beweisbare historische *Tatsachen*, sondern sie glauben an die *Person* Jesus Christus. Und also glauben sie auch nicht an die Auferstehungsgeschichten, sondern sie glauben an den Auferstandenen.

Dieser Glaube an den Auferstandenen ist vor den Berichten von seiner Auferstehung dagewesen. Das heißt nicht, daß die Auferstehung Jesu nur ein Phantasieprodukt der glaubenden Gemeinde wäre. Vielmehr ist der Auferstandene selbst es gewesen, der sich durch seine Erscheinungen allen natürlichen Stimmungen und Regungen der Betroffenen zum Trotz so Geltung verschafft hat, daß er sie zum Glauben erweckte und als erste Zeugen des Glaubens in seine Nachfolge berief. Freilich hat der Glaube der ersten Zeugen an den Auferstandenen die Berichte von seiner Auferstehung dann gestaltet und geprägt, ja teilweise sogar erst geschaffen. Für uns ergibt sich daraus, daß wir nicht an die Vorstellungen der ersten Zeugen von der Auferstehung Jesu gebunden sind, sondern daß wir auf ihr Zeugnis von der Auferstehung Jesu zu hören haben. Anders ausgedrückt: wir haben nach der Osterbotschaft in den Ostergeschichten zu fragen.

Was ist nun diese Osterbotschaft in den Ostergeschichten?

Gott hat Jesus von Nazareth von den Toten auferweckt: Der, der ans Kreuz geschlagen ist, lebt! Das ist das klare, eindeutige Zeugnis, das durch alle Osterberichte des Neuen Testaments, gleichgültig ob Erscheinungsgeschichten oder Grabesgeschichten, durch alle ihre Widersprüche, Unstimmigkeiten, Ungereimtheiten und legendären Ausschmükkungen hindurchklingt. Das ist die Osterbotschaft in den Ostergeschichten.

Durch die Auferweckung Jesu von den Toten hat Gott sich zu dem bekannt, den die Menschen abgelehnt haben, den selbst seine Jünger verlassen haben, weil sie ihm nicht mehr glauben konnten. Gott selbst hat Jesus von Nazareth beglaubigt. Das heißt nicht nur, daß er damit die Zustimmung zu seiner Lehre gegeben hat, daß er damit die Bedeutung seiner Worte unterstrichen und besiegelt hat, also daß das richtig sei und stimme, was dieser Jesus von Nazareth gepredigt hat. Sondern das heißt, daß er damit sein eigenes Handeln, seine Wirklichkeit und Gegenwart in der Person Jesu von Nazareth bestätigt und diesen selbst damit ins rechte Licht gerückt hat: vor und in allen seinen Worten ist Jesus selbst das Wort Gottes an die Welt; vor und in allen seinen Taten ist er selbst die Tat Gottes an der Welt; vor und in allen Geschichten ist er selbst die letzte und entscheidende Geschichte Gottes mit den Menschen. Jesus ist das wahrhafte Zeichen der Wirklichkeit Gottes in der Welt. In ihm hat Gott sich selbst ausgelegt.

(Heinz Zahrnt)

- *Zahrnt bemüht sich um eine zwischen den Positionen vermittelnde Stellung: beschreiben Sie die hier erkennbare Lösung des Problems und verdeutlichen Sie, wie der Verfasser seinerseits Ostern versteht!*

Jesus-Deutungen unserer Zeit

Perspektiven

Die folgende Textzusammenstellung soll einen Überblick über theologisch kontroverse Jesus-Deutungen der Gegenwart geben. Das Material läßt sich für den Unterricht durch leicht zugängliche (Taschen-)Bücher erweitern und vertiefen (in der Form von Referaten, Projekten, der Lektüre einer Ganzschrift u. ä.).

Bearbeitungsaspekte zu den folgenden Texten:

- *Erfassung der jeweiligen Jesus-Deutung (die Überschriften sollen eine gewisse Orientierung vermitteln).*
- *Stellungnahmen und Diskussionen zu den Deutungsversuchen.*
- *Vergleich mit den in den Abschnitten „Zugänge" (S. 8 ff.) und „Entfaltung" (S. 14 ff.) gewonnenen Einsichten.*

Literatur in Auswahl:

Ben-Chorin, Sch., Bruder Jesus. Der Nazarener in jüdischer Sicht, List Taschenbücher 394, München 1972.

Betz, O., Was wissen wir von Jesus? Kreuz-Verlag Stuttgart 1965.

Bornkamm, G., Jesus von Nazareth, Urban Bücher 19, Verlag W. Kohlhammer, Stuttgart [6]1963.

Braun, H., Jesus. Der Mann aus Nazareth und seine Zeit, Themen der Theologie 1, Kreuz-Verlag, Stuttgart/Berlin [2]1969.

Bultmann, R., Jesus, Siebenstern Taschenbuch 17, München und Hamburg 1964.

Carmichael, J., Leben und Tod des Jesus von Nazareth, Szczesny-Verlag, München [3]1966.

Hengel, M., War Jesus Revolutionär? Calwer Hefte 110, Stuttgart 1970.

Holl, A., Jesus in schlechter Gesellschaft, Deutscher Taschenbuch Verlag (dtv) 1019, München 1974.

Jeremias, J., Das Problem des historischen Jesus, Calwer Hefte 110, Stuttgart [5]1966.

jesus people report, Verlage R. Brockhaus / R. Kühne / Oncken, Wuppertal/Wetzhausen/Wuppertal 1972.

Künneth, W., Glauben an Jesus? Die Begegnung der Christologie mit der modernen Existenz, Siebenstern Taschenbuch Verlag, München und Hamburg [3]1969.

Lehmann, J., Jesus-Report, Verlag Knauer, Düsseldorf 1960.

Machoveč, M., Jesus für Atheisten, Kreuz-Verlag, Stuttgart/Berlin [3]1973.

Stauffer, E., Jesus. Gestalt und Geschichte, Dalp-Taschenbücher 332, Verlag A. Francke, Bern 1957 (Ders., Die Botschaft Jesu damals und heute. Dalp 333, 1959).

Zahrnt, H., Es begann mit Jesus von Nazareth. Die Frage nach dem historischen Jesus, Kreuz-Verlag, Stuttgart [4]1960.

Unser Lehrer

53

Israel bekannte und bekennt – und solange ein Jude noch Atem in sich hat, wird er bekennen: „Höre, Israel, der Herr unser Gott, der Herr ist *einer*." Wie sollte da der Sohn mit dem Vater in diese Einheit gesetzt und gar noch durch eine dritte Person, den Heiligen Geist, komplettiert werden? Das ist ... eine Vorstellung, die das hebräische Glaubensdenken nicht vollziehen kann und nicht vollziehen will, denn die wahre Einzighaftigkeit und Einheit Gottes, das unantastbare *„Echad"*, würde dadurch in für uns unvorstellbarem Sakrileg verletzt. Es besteht aber auch, theologisch gesehen, für uns keinerlei innere Notwendigkeit, einer trinitarischen Ausweitung des Einheitsbegriffes entgegenzukommen, da dies nur eine Verminderung des reinen Monotheismus bedeuten würde. Ich bin mit diesen Überlegungen von der Christusfrage nicht abgewichen, wenn es auch vielleicht so erscheinen mag. Ich wollte darlegen, daß für den jüdischen

Glauben Jesus nicht der Sohn Gottes und nicht die zweite Person der Trinität sein kann, weil wir diese Würde keinem Menschen zuerkennen können. Nicht ihm und nicht einem künftigen. Die Unerlöstheit der Welt läßt uns Jesus als den gekommenen Erlöser verneinen. Der reine monotheistische Gottesbegriff läßt uns Jesus als den „Logos" und Teil einer von uns abgelehnten Trinität nicht bekennen ...

Und nun lassen Sie mich dennoch etwas von der *Begegnung mit Jesus von Nazareth bekennen.* Wenn er auch das alles nicht ist, was er vielen von Ihnen wohl sein sollte, so ist er doch auch für mich, für mich als Juden, eine zentrale Gestalt, die ich aus meinem Leben nicht wegdenken kann — auch und gerade nicht aus meinem jüdischen Leben ...

Ist die Gestalt nicht immer um uns? Ist das arme jüdische Kindlein in der Krippe nicht ein Gleichnis für die zahllosen heimatlosen Judenkinder der jüngsten Vergangenheit für uns geworden? Ist der inspirierte Lehrer, der die Schrift so gewaltig auslegt, auch wenn er vielleicht einmal irrt, wie auch Rabbi Akiba und die anderen Großen in Israel irrten, nicht „Morenu" — unser Lehrer? Ist der leidende und am Kreuz verhöhnt sterbende Jesus nicht ein Gleichnis für sein ganzes Volk geworden, das, blutig gegeißelt, immer wieder am Kreuz des Judenhasses hing? Und ist die Osterbotschaft seiner Auferstehung nicht wiederum ein Gleichnis für das heute wieder auferstehende Israel geworden, das sich aus der tiefsten Erniedrigung und Schändung der dunkelsten zwölf Jahre zu neuer Gestalt erhebt?

Jesus, der Jude — das Gleichnis des Juden ist mir so nahe und kann gerade uns so nahe sein, wie er den Christen aus den Völkern nicht nahe sein kann. „Denn er war unser."

(Schalom Ben-Chorin)

Stellvertretung

54

Solange Gott „lebt" und Menschen sagen können: „Und ein Gott ist! Ein heiliger Wille lebt!", fehlt die theologische Nötigung, die Repräsentanz Gottes in Christus als Stellvertretung eines Abwesenden zu bedenken. Denn lange genug wurde Gott erfahren als das Unmittelbare schlechthin, gewisser noch als das eigene Ich. Alle bisher bekannten Formen der christlichen Religion setzen ein unmittelbares Verhältnis zu Gott voraus und sind daher in dem Augenblick bedroht, wo Gott als moralische, politische und naturwissenschaftliche Arbeitshypothese unnötig geworden ist. Sie werden ausgehöhlt in dem Augenblick, da Schicksalsschläge den Menschen nicht mehr naturhaft unvermittelt treffen, und von der Zeit an, da die urtümliche Erfahrung, daß der Mensch an die Mächte der Natur ausgeliefert ist, durch Medizin, Welthandel und eine mindestens der Theorie nach rationale Planung politischer Veränderungen zurückgedrängt und abgeschwächt wird. Die Religion wird ausgehöhlt, weil Gott in der technisierten Welt mit wachsender Geschwindigkeit Terrain verliert. Es entsteht der Eindruck, als sei Gott arbeitslos geworden, weil ihm die Gesellschaft einen Lebensbereich nach dem andern abnimmt. Man kann sagen, daß im Zuge der westeuropäischen Aufklärung die Selbstverständlichkeit Gottes für die ganze Welt zerstört wird. Unmöglich geworden ist der naive Theismus, das unmittelbare kindliche Verhältnis zum Vater droben überm Sternenzelt, unmöglich auch die unmittelbare religiöse Gewißheit, was freilich nicht dazu verführen sollte, vom Ende der Religion überhaupt zu sprechen. Jede metaphysische „Setzung" Gottes, die das „größte neuere Ereignis: daß Gott tot ist" (Nietzsche) nicht bemerkt, weil sie sich simpel darauf beruft, daß Gott lebendig sei, bleibt der Privatheit bestimmter religiöser Anlagen oder Erfahrungen verhaftet.

Erst in dieser Lage des Bewußtseins im nachtheistischen Zeitalter kann der Gedanke, daß Christus den abwesenden Gott bei uns vertritt, sein Gewicht gewinnen. Erst wenn die Selbstverständlichkeit Gottes dahin ist, leuchtet das Wunder Jesu von Nazareth auf: daß ein Mensch Gott für andere in Anspruch nimmt, indem er ihn vertritt. Die Herausforderung, die der Tod Gottes darstellt, kann auf zwei verschiedene Weisen beantwortet werden, ähnlich wie andere Verluste, die wir erfahren: entweder man nimmt Gottes Abwesenheit als seinen Tod und sucht oder schafft sich Ersatz, oder aber man nimmt seine Abwesenheit als eine Möglichkeit seines Seins-für-uns. Unbesetzt bleibt die Rolle Gottes in keinem Falle. Es ist evident, wie die Gesellschaft mittels ihrer Rationalität und Lebenstechnik im weitesten Sinn des Wortes hervorragende Funktionen des früheren Gottes übernommen hat und wie sie durchaus in der Lage ist, diese einst von Gott getragenen Funktionen zu erfüllen, vermutlich in einigen Bereichen, wie Welterklärung, Krankenheilung, Katastrophenschutz, eher besser als der so oft vergeblich angeflehte Gott von einst. Ebenso evident ist aber die Lückenhaftigkeit des Gottesersatzes, den die Gesellschaft bietet. Sie vermag ein immer wieder neu überschießendes religiöses Bedürfnis, das nach Sinn und Wahrheit des Lebens, nach Identität der Person und nach dem Reich dieser Identität fragt, nicht zu befriedigen. Diese bleibende Fraglichkeit einer absurden Situation zwischen Sinnlosigkeit und Sinnverlangen nötigt uns zu der Inkonsequenz: daß Gott vertreten werden muß. Die Abwesenheit Gottes kann verstanden werden als eine Weise seines Seins-für-uns. In diesem Fall ist man darauf angewiesen, daß einer den unersetzlichen Gott vertritt. Damit verschiebt sich Nietzsches Aussage, daß Gott tot sei, zu einem „Gott muß vertreten werden" — ein Gedanke übrigens, der Nietzsche, der von den „Häutungen Gottes" zu reden weiß, nicht so fern liegt. Gott muß vertreten werden heißt: Gott ist — jetzt — nicht da. Es klingt unseren, den naiven Anthropomorphismen entwöhnten Ohren einigermaßen anstößig, wenn wir von Gott sagen, daß er krank, verreist oder unfähig sei. Aber so absurd ist solche Rede nicht, weil sie, ähnlich wie Bubers Ausdruck von der „Gottesfinsternis", die Herausforderung annimmt, die darin liegt, daß Gott jetzt, in dieser Weltzeit, nicht gegenwärtig und unmittelbar zu erfahren ist.

Christus vertritt den abwesenden Gott, solange dieser sich nicht bei uns sehen läßt. Vorläufig steht er für Gott ein, und zwar für den Gott, der sich nicht mehr unmittelbar gibt und uns vor sein Angesicht stellt, wie es die religiöse Erfahrung früherer Zeiten als erlebt bezeugt. Christus hält diesem jetzt abwesenden Gott seine Stelle bei uns offen. Denn ohne Christus müßten wir dem Gott, der sich nicht zeigt und der uns verlassen hat, „kündigen", wir hätten keinen Grund, weiter auf ihn zu warten oder ihn nicht für tot zu erklären. Wir könnten unser Einverständnis aussprechen, Ersetzbare zu sein, wir könnten uns nach Analogie von Maschinenteilchen in der Gesamtstruktur der Gesellschaft verstehen. Wenn in Christus nicht das Bewußtsein der unteilbaren Freiheit aller aufgegangen wäre — und Freiheit ist der neutestamentliche Name für Identität —, so könnte die Frage nach der Identität verstummen, die der Stellvertreter Gottes doch so gestellt hat, daß sie nun nicht mehr überhört werden kann. Weil Christus eine neue Art dazusein in der Welt aufgebracht hat, darum kann Hoffnung nicht mehr aufgegeben werden — die Stellvertretung Christi ist ihre transzendentale Ermöglichung.

(Dorothee Sölle)

Mitmenschlichkeit

55

Inwiefern kann Jesus uns in unserer heutigen Gegenwart in Verantwortung nehmen und uns heute Hilfe leisten, er, die Gestalt einer um neunzehn Jahrhunderte zurückliegenden Vergangenheit? Wiederum scheint die übliche und bekannte Antwort sich anzubieten: weil er, als der Sohn Gottes, den der Tod nicht halten konnte, überzeitliche Mächtigkeit besitzt. Wer in dieser Richtung denkt, gründet die Autorität Jesu auf seine der Zeit entnommene Göttlichkeit.

Und doch läßt sich, scheint mir, zeigen: eine in dieser Weise begründete Autorität Jesu entspricht nicht dem wirklichen Begriff von Autorität überhaupt; die Autoritätsgewinnung ist im Falle Jesu denn auch nicht in dem Sinn dieser üblichen Antwort verlaufen.

Eine Autorität, die wirklich das ist, was der Name besagt, bindet den Menschen nicht bloß durch Sitte, Gewohnheit und Recht. Sie ist Autorität dadurch, daß sie dem Menschen, jedenfalls dem Erwachsenen, ungezwungen Zustimmung abgewinnt und abnötigt. Das geschieht dadurch, daß sie einen Inhalt vertritt. Dieser Inhalt ist imstande, den Hörenden ohne Zwang zu binden und so dem Sprechenden Autorität zu verschaffen. Autorität lebt also von dem Inhalt, den sie vertritt. Eine Begründung für sie außerhalb des von ihr vertretenen Inhaltes gibt es nicht. Ist die Autorität nicht kraft der von ihr vertretenen Inhalte vorhanden, so gibt es keine Gründe außerhalb ihrer, mittels deren sie aufgerichtet werden könnte. Autorität lebt davon, daß sie als Autorität tätig ist. Ein Verweis auf etwas außerhalb ihrer kann sie weder zustandebringen noch sie außer Kurs setzen.

So verhielt es sich historisch auch mit der Autorität, die Jesus unter seinen Anhängern und Hörern gewann. Er vertrat und lebte all die Dinge, über die wir bisher sprachen. Das gewann ihm Herz und Gewissen seiner Hörer. Sie konnten sich dem, was er wollte, nicht entziehen. Wer sich dem, was er wollte, entgegensetzte, tat es um den Preis, daß die innere Stimme nicht zum Schweigen zu bringen war, die da sagte: Er hat aber *doch* recht. So stellen es auch die Evangelien dar, wenn sie die Betroffenheit der Hörer zeichnen: „Er lehrte wie einer, der Vollmacht besitzt" (Matthäus 7, 29 Par.).

In dieser Weise kann Jesus auch heute dort, wo das zum Ausdruck kommt, was er will, Autorität werden. Er wird es nicht dadurch, daß man ihn anpreist. Es muß nur das, was er zu sagen hat und was sein Tun ausmacht, richtig zu Worte kommen. Darum kann es sich nicht um eine Pauschal-Autorität handeln, die seiner Person oder auch nur dem gesamten Umkreis seiner eigenen und der späteren unter seinem Namen überlieferten Worte zukäme. Es ist eine Autorität, die den Hörer hier und da bindet; ihn aber dort und anderswo — zum Beispiel auf dem Gebiet seiner End- und Naherwartung — nicht binden kann, ja nicht binden darf. Gerade wenn von wirklicher, das heißt von einer überzeugte Zustimmung einschließenden Autorität die Rede ist, kann das Ja des Hörers zur Autorität Jesu kein Blankoscheck sein, in den jedes beliebige Jesuswort eingesetzt werden darf. Gerade wenn es um echte Autorität gehen soll, bleibt es eine Autorität im Dialog, eine Autorität mit Auswahl. Die Kirche sollte der vorzügliche Ort sein, an dem solch eine Autorität Jesu entsteht. Die Aufgabe der Kirche ist es, die Autorität Jesu heute in rechter Weise zu Worte kommen zu lassen und, im tätigen mitmenschlichen Ja zu den Schwachen und Deklassierten, zu einem Hören hier und da auf diese Autorität und zu einem Wandel in der Offenheit für den schwachen Mitmenschen zu ermutigen und zu ermächtigen. So sollte die Kirche keine Furcht davor haben, daß es sich dabei um eine Autorität mit Auswahl handelt; also um eine Autorität, die im Dialog jeweils neu bejaht und auf Grund ihrer inhaltlichen Überzeugungskraft gewählt wird. Der Mensch lebt nicht von einem kompletten und durchdachten System ethischer Werte; er lebt davon, daß er hier und da in schlichter Mitmenschlichkeit, allem Bösen und allen Miseren zum Trotz, zum Weiterleben immer wieder ermutigt wird. Wo das geschieht, da wird der Wille und das Verhalten Jesu vollstreckt. Da wird Jesus — in aller Bruchstückhaftigkeit — auch heute zur Autorität ...

Solch ein Bekenntnis wird der Einrede ausgesetzt sein: Das ist aber zu wenig. Der Einreder will sicher in guter Absicht der Autorität Jesu beistehen. Gerade darum sollte er hier innehalten. Das, was er als die notwendige Komplettierung jenem angeblichen „Zuwenig" gern hinzugefügt sähe, ist nämlich eine geistlich nicht ungefährliche Sache. Der Einreder möchte den Schritt von der hier und da akzeptierten Autorität des Handelns und Redens Jesu zu einer Total-Anerkennung Jesu vollzogen sehen, die sich in den neutestamentlich vorgegebenen dogmatischen Formen ausspricht. Er passe aber auf, daß er bei diesem seinem Bestreben nicht an entscheidender Stelle mit dem Neuen Testament selber in Konflikt gerät! Es gibt eine Pauschalanerkennung des Kyrios, des Herrn Jesus, die in seinem Namen predigt, religiöse Erlebnisse weitergibt und Hilfe spendet, die aber gleichwohl nichts wert ist, weil sie am Tun des Rechten vorbeigeht: so läßt die Gemeinde Jesus warnen (Matthäus 7, 21—23). Es gibt eine dogmatisch korrekte Anerkennung Jesu und des Evangeliums, die bei aller Korrektheit einen „andern Jesus" und ein „anderes Evangelium" im Sinne hat, weil solch eine Anerkennung von dem eigenen religiösen Kraftgefühl lebt; so stellt Paulus gegenüber den Irrlehrern des zweiten Korintherbriefes (11, 4) fest. Das Neue Testament weiß um die geistliche Gefährdung derer, die den Unterschied nicht wahrhaben wollen zwischen einer dogmatisch korrekten Pauschalanerkennung Jesu und jener Autorität, die Wort und Handeln Jesu konkret über den Menschen gewinnen können.

(Herbert Braun)

Gott und Mensch

56

Gewiß ist Jesus Christus, wie man zu sagen pflegt, „mehr als ein Mensch". Doch dieses „mehr als ein Mensch" liegt nicht jenseits und außerhalb des Menschseins, sondern in ihm, in seiner letzten menschlichen Tiefe. Das Christusdogma der Alten Kirche hat einst formuliert: Jesus Christus — „wahrer Mensch" und „wahrer Gott". Das bleibt bestehen. Aber die Aussage „wahrer Mensch" muß jetzt so verstanden werden, daß sie sich streng in den Grenzen des Historischen und damit zugleich des historisch Möglichen hält, und gleicherweise muß die Aussage „wahrer Gott" jetzt so interpretiert werden, daß sie eben jenes historisch zulässige Verständnis des „wahrer Mensch" nicht aufhebt. Für das Verständnis der Gottessohnschaft Jesu folgt daraus, daß es sich hierbei nicht um etwas „Übergeschichtliches", „Übernatürliches" oder gar Unnatürliches handelt, sondern daß wir auch mit ihr im Bereich des Menschlich-Geschichtlichen zu bleiben haben. Jesus ist der Sohn Gottes nicht auf Grund einer besonderen Zeugung und damit einer besonderen physischen Qualität, sondern auf Grund eines besonderen geschichtlichen Verhaltens. Er ist darum der Sohn, weil er der Einzige ist, der Gott wirklich seinen Vater sein läßt. Wir können auch sagen: er ist der Einzige, der das Erste Gebot ganz erfüllt, der Gott wirklich über alle

Dinge fürchtet, liebt und vertraut. Jesus ist der Glaubende schlechthin. Überall tritt uns aus den neutestamentlichen Zeugnissen dasselbe Bild entgegen: hier handelt und redet einer, der ganz aufs Empfangen gestellt ist, der sich in jedem Augenblick ganz und gar und ohne jeden Vorbehalt auf Gott angewiesen weiß, der ihm ganz zugewandt, geöffnet und erschlossen ist . . .

Damit ist jedes idealistische Mißverständnis der Gottessohnschaft Jesu ausgeschlossen. Hier hat nicht einer jenen letzten Aufschwung zu Gott geschafft, der allen anderen immer wieder nicht gelingen will. Jesus ist der Sohn nicht nur durch eine eigene höchste Willensanstrengung, sondern er ist der Sohn durch den Willen des Vaters. Seine Sohnschaft ist Gottes Wille, Werk und Erwählung. Damit aber erweist sich zugleich auch jede nur existentialistische Interpretation der Gottessohnschaft Jesu als unzureichend. Jesus zelebriert nicht nur ein neues Selbstverständnis, sondern in ihm redet und handelt Gott. Sein Geschick ist Gottes Geschichte mit den Menschen . . .

Die knappste und konzentrierteste Aussage über Jesus Christus im Neuen Testament stammt aus dem Munde des Heiden Pilatus. Als er Jesus vor sich stehen sieht, angeklagt, geschmäht, erniedrigt, entehrt, da erfaßt ihn Mitleid mit ihm; er führt ihn aus dem Palast hinaus und stellt ihn dem Volke mit den Worten vor: „Sehet den Menschen!“ Pilatus versucht die Menge von der Anklage gegen Jesus abzubringen, indem er ihr zeigt, daß der, den sie des Frevels bezichtigt, Gottes Sohn sein zu wollen, nichts anderes ist als ein Mensch, ein gewöhnlicher Mensch. Aber eben damit wird er, ohne daß er es ahnt, zu einem Zeugen der Offenbarung Gottes.

Denn eben dies ist das Wesentliche der christlichen Offenbarung, das, was sie zur Offenbarung macht, daß Gott hier in einem geschichtlichen Menschen handelt und spricht. *Gott* handelt und spricht — aber eben in einem *Menschen;* ein *Mensch* ist zu sehen — aber nun eben der Mensch, in dem *Gott* handelt und spricht.

(Heinz Zahrnt)

Welcher Jesus?

57

1. Es kommt entscheidend darauf an, daß wir uns in der Kirche und in der Theologie nicht durch die verschiedensten modischen Schlagworte und Ideen verwirren lassen. Die Kirche des Wortes ist heute besonders gefährdet durch Schlagworte. Die Kirche, die einmal durch das „Christus allein“ (solus Christus) bestimmt wurde, droht heute durch das *verwirrendste Jesusbild* in einen *unglaubwürdigen Pluralismus* zu geraten. Dem müssen wir mit Entschiedenheit widerstehen.

2. Es bedarf eigentlich keiner Erwähnung, daß es ständige Aufgabe der Kirche, ihrer Verkündigung und Lehre ist, die Botschaft von dem alleinigen Heil in Jesus von Nazareth, dem Sohne Gottes, gemäß der Heiligen Schrift klar und *zeitnah* auszusprechen.

Die Verkündigung der Kirche verliert aber ihre Legitimation, wenn sie die Nähe zur Zeit mit jeweils modischer „Zeitgemäßheit“ verwechselt. *Das Evangelium von Jesus Christus ist immer zeitnah. Es ist aber niemals zeitgemäß.* Wer diesen Versuch unternimmt, verrät Christus — auch wenn er es mit einem Kuß tut.

3. Wenn heute viele aus der Sorge heraus, daß das Wort der Kirche von vielen Zeitgenossen mit Gleichgültigkeit überhört wird, bestrebt sind, dieses Wort — und zwar das Wort Gottes — hörbar und verstehbar zu machen, so darf doch keiner jemals übersehen, daß bei allem noch so ernsthaften Bemühen letztlich nur Gottes Heiliger Geist Glauben und Verstehen der Botschaft von Jesus Christus bewirkt. Hier sind wir heutigen Menschen nicht schlechter oder schwieriger dran als die Menschen, denen Jesus von Nazareth selbst begegnete. Wie die Menschwerdung Gottes in Jesus von Nazareth ein Wunder war und bleibt, so war und bleibt es immer Gottes gnädige Tat, wenn ein Mensch zum Glauben an Jesus kommt.

4. Wir sehen heute noch deutlicher als frühere Generationen, wie leicht und wie schnell Theologie und Verkündigung dem diabolischen Sog verfallen, sich anzupassen, um somit „glaubwürdiger“ zu sein. Es ist nicht selten geradezu peinlich und eben in keiner Weise überzeugend, wenn Jesus jeweils so zur Sprache gebracht wird, wie er sich vermeintlich am besten „verstehen“ und aktualisieren läßt. Mal ist er ein Gott aus Blut und Boden — ein arischer Jesus —, mal ist er ein sozialistischer Revolutionär, und mal macht er in Menschlichkeit. Mal wird in seinem Namen eine politische Ideologie als positives Christentum gedeutet, und mal verbeugt man sich vor dem angeblichen Atheismus im Christentum und vor dem Christentum im Atheismus.

Kirchliche Vertreter, die so behende die Botschaft umdeuten, sollten nicht vergessen, daß es der Kirche niemals gut bekommen ist, wenn sie eilfertig sich dem anpaßte, was jeweils dran zu sein schien. Niemals hat die Kirche damit auch nur das geringste gewonnen.

Viele Fragen stehen heute unter uns zur Debatte. Es gibt eigentlich kaum etwas, was in der Kirche nicht zur Diskussion gestellt wird. Doch *der Streit um Jesus geht an den Nerv der Kirche.* Mit ihm geht es um das Zentrum des Glaubens. Die hier zur Entscheidung anstehende Frage, die in letzter Betroffenheit immer wieder neu entschieden werden muß, ist: *Wer* ist Jesus von Nazareth?

Und *mit Jesus ist unmittelbar die Gottesfrage gestellt, und sie bleibt gestellt.* Es ist niemals die Frage nach „Gott an sich", sondern immer nach „Gott für mich". Die Jesusfrage kann von der Gottesfrage nicht gelöst werden.

Die Antwort des Glaubens auf den Anspruch und die Zusage Jesu findet im Bekenntnis des Neuen Testaments und der bekennenden Gemeinde Jesu ihren klassischen Ausdruck in der Antwort des Petrus für alle Jünger: „Wir haben geglaubt und erkannt: Du bist Christus, der Sohn des lebendigen Gottes." Es ist das gleiche, wie es im Johannes-Evangelium formuliert ist: „Wer mich sieht, der sieht den Vater" (Johannes 14, 9).

Und wenn uns heute nicht Jesus, sondern *Gott* immer ferner zu rücken droht und die Gewißheit der Existenz Gottes überhaupt in Frage gestellt wird, so wollen wir uns um so klarer und einfältiger an Jesus und das Zeugnis von ihm halten und die Frage, *wer Jesus für uns ist,* mit dem alten, spannungsgeladenen christologischen Bekenntnissatz beantworten: *Er ist wahrer Gott und wahrer Mensch.*

Als solcher — und nur als solcher — ist Jesus Christus unser Herr und hat einen Zuspruch und Anspruch, der allen Menschen gilt.

(Joachim Heubach)

MUT ZUM LEBEN

2

Orientierungspunkte des Lebens

Zugänge

Sich (k)ein Gewissen machen

1

Wahrhaftig, der Regen hat aufgehört! Haben Sie doch die Güte, mich nach Hause zu begleiten! Ich fühle mich müde, seltsam müde, nicht, weil ich so viel gesprochen habe, sondern beim bloßen Gedanken an das, was mir noch zu sagen bleibt. Ach was! Ein paar Sätze genügen, um von meiner entscheidenden Entdeckung zu berichten. Warum auch viele Worte machen? Erst wenn der Taubenschwarm der schönen Reden aufgeflogen ist, wird das Standbild in seiner ganzen Größe sichtbar. Nun denn. In einer Nacht im November, zwei oder drei Jahre vor dem Abend, da ich in meinem Rücken ein Lachen zu hören vermeinte, kehrte ich über den Pont Royal aufs linke Seine-Ufer nach Hause zurück.

Es war eine Stunde über Mitternacht; ein feiner Regen fiel, ein Nieseln vielmehr, das die vereinzelten Fußgänger verscheuchte. Ich kam eben von einer Freundin, die nun gewiß bereits schlief. Ich war glücklich über diesen Gang durch die Nacht, ein wenig benommen, und das Blut, das meinen beruhigten Körper durchpulste, war sanft wie der Regen. Auf der Brücke erblickte ich eine Gestalt, die sich über das Geländer neigte und den Fluß zu betrachten schien. Im Näherkommen gewahrte ich, daß es eine schlanke, schwarz gekleidete junge Frau war. Zwischen dem dunklen Haar und dem Mantelkragen war ein frischer, regennasser Nacken sichtbar, der mich nicht gleichgültig ließ. Eine Sekunde lang zögerte ich, dann setzte ich meinen Weg fort. Auf dem anderen Ufer schlug ich die Richtung zum Platz Saint-Michel ein, wo ich wohnte. Ich hatte schon etwa fünfzig Meter zurückgelegt, als ich das Aufklatschen eines Körpers auf dem Wasser hörte; in der nächtlichen Stille kam mir das Geräusch trotz der Entfernung ungeheuerlich laut vor. Ich blieb jäh stehen, wandte mich jedoch nicht um. Beinahe gleichzeitig vernahm ich einen mehrfach wiederholten Schrei, der flußabwärts trieb und dann plötzlich verstummte. In der unvermittelt erstarrten Nacht erschien mir die zurückgekehrte Stille endlos. Ich wollte laufen und rührte mich nicht. Ich glaube, daß ich vor Kälte und Fassungslosigkeit zitterte. Ich sagte mir, daß Eile not tat, und fühlte, wie eine unwiderstehliche Schwäche meinen Körper überfiel. Ich habe vergessen, was ich in jenem Augenblick dachte. „Zu spät, zu weit weg . . .“ oder etwas Derartiges. Regungslos lauschte ich immer noch. Dann entfernte ich mich zögernden Schrittes im Regen. Ich benachrichtigte niemand.

(Albert Camus)

Beruhigung des sittlichen Gefühls?

2

„Das war in der allerfinstersten Zeit der Leibeigenschaft — noch im Anfange dieses Jahrhunderts — ja, und es lebe der Befreier des Volkes! Es war da zu Beginn dieses Jahrhunderts ein General, ein General mit großen Beziehungen und ein sehr reicher Gutsbesitzer, und er gehörte zu jenen (es waren ihrer freilich schon damals — so scheint es — recht wenige), die, wenn sie in den Ruhestand treten, fest überzeugt waren, daß sie sich das Recht über Leben und Tod ihrer Untergebenen erdient hatten. Solche gab es damals. Da lebt nun der General auf seinem Gute von zweitausend Seelen, tut groß, behandelt seine ärmeren Nachbarn wie Schmarotzer und wie seine Hofnarren. Einen Hundestall hält er mit Hunderten von Hunden und an die hundert Hundewärter, alle uniformiert und alle

zu Pferde. Und da hat nun einmal ein nur achtjähriger Knabe eines Hofleibeigenen beim Spielen einen Stein geschleudert und zufällig des Generals Lieblingshetzhund am Bein verletzt. ‚Weshalb hat mein Lieblingshund zu hinken angefangen?' Man berichtet ihm, daß dieser Knabe da mit dem Stein auf den Hund warf und ihm das Bein verletzte. ‚Afia, das bist du!' sprach der General, indem er ihn von oben bis unten musterte.
‚Packt ihn!' Man faßte den Knaben, man nahm ihn der Mutter fort, die ganze Nacht saß er im Arrestlokal; am Morgen bei Tagesanbruch zieht der General mit seiner ganzen Parade auf die Jagd. Er stieg zu Pferde inmitten seiner Meute, um ihn herum seine Schmarotzer, Hundewärter und Jägermeister, alle zu Pferde. Ringsherum waren die Hofleibeigenen versammelt, zu ihrer Erbauung, allen voran steht die Mutter des schuldigen Knaben. Man führt den Knaben aus dem Arrestlokal heraus. Es ist ein finsterer, kalter, nebliger Herbsttag, so recht für die Jagd geeignet. Der General befiehlt, den Knaben auszukleiden. Man kleidet das Kindchen ganz aus. Es steht nackt da und zittert vor Kälte, ist sinnlos vor Angst und wagt nicht zu mucksen. ‚Hetzt ihn!' befiehlt der General. ‚Lauf! Lauf!' schreien ihm die Hundewärter zu. Der Knabe läuft. ‚Ihm nach!' brüllt der General und läßt auf ihn die ganze Meute der Windhunde los. Er hetzt das Kind vor den Augen der Mutter, und die Hunde haben es denn auch in Fetzen gerissen. Den General hat man — so scheint es — unter Vormundschaft gestellt. Nun, was soll man denn auch mit ihm anfangen? Ihn erschießen? Soll man ihn wirklich erschießen, damit unser sittliches Gefühl Beruhigung finde? Sprich, Alescha!"
„Man soll ihn erschießen!" sprach leise Alescha.

(Fjodor M. Dostojewskij)

- *Ziehen Sie zum Vergleich die Geschichte „Jesus und die Ehebrecherin" (Johannes 8, 1—11) heran. (Text 24, S. 87)!*

Gut und Böse

3

Es scheint, als ob der sonnengebräunte Erfolgsmensch von heute jenseits von Gut und Böse stünde. Für ihn ist das Böse eher so viel wie Sand im Getriebe der Technokratie, eine bisher noch nicht vermeidbare Störung des reibungslosen Ablaufes. Oder das Böse gilt als Konstruktionsfehler unserer Gesellschaft, aber nicht als tief eingewurzelte Macht. Haben wir vielleicht übersehen, daß es nicht dasselbe ist, „es gut zu haben" und „gut zu sein"?
Aber der Schein trügt. Das Bewußtsein vom Bösen, ja vom radikalen Bösen, ist seit dem ersten Weltkrieg und vollends seit Auschwitz und Hiroshima im modernen Denken gewachsen. Alexander Solschenizyn meint, das Böse könne nicht besiegt, es müsse durchlitten werden. Er schildert den Menschen gern als Gefangenen. Das Gefängnis ist die Ursituation des Menschen, aus der er nicht ausbrechen kann. Er kann nur den freien Spielraum innerhalb dieses Gefängnisses des Bösen ausschreiten und es mit erträglichen Dingen wohnlich machen. Das Böse ist Schicksal.
Das Handeln des Menschen ist zwischen Hoffnung und Verzweiflung, höchster Leistung und äußerstem Risiko eingespannt. Krieg und Frieden, Fortschritt und Zerstörung, Rausch und Sucht bestimmen das Wesen der Menschheit bis in unsere Tage. Dieses Auf und Ab wiederholt sich Tag für Tag. Gibt es kein Entrinnen?

(Evangelischer Erwachsenenkatechismus)

Die Diskrepanz zwischen Wollen und Tun

4

15 Wozu ich es in meinem Handeln bringe, weiß
ich selbst nicht. Denn ich tue nicht, was ich eigent-
lich tun will; sondern was ich hasse, das tue ich.
16 Indem ich aber nicht will, was ich gleichwohl
tue, stimme ich dem Gesetz zu, daß es gut ist.
17 So aber bin nicht mehr ich es, der mein Han-
deln zuwege bringt, sondern die Sünde, die in mir
ihre Wohnung hat.
18 Denn ich weiß: In mir – das heißt: in mei-
nem leiblichen Dasein – wohnt nichts Gutes. Wohl
steht mir das Wollen zu Gebote, nicht aber, das
Gute im Tun zu verwirklichen.
19 *Denn nicht was ich will, tue ich, das Gute;
sondern was ich nicht will, das Böse, das betreibe
ich.*
20 Indem ich aber eben das tue, was ich nicht
will, bin nicht mehr ich selbst der Handelnde, son-
dern die Sünde, die in mir wohnt.
21 So stellt sich mir die gesetzmäßige Erfahrung
ein: Ich will das Gute tun und verfüge doch nur
über das Böse.
22 Mit dem Gesetz Gottes bin ich in meinem
Innern freudig einverstanden, 23 und doch
sehe ich ein anderes Gesetz in meinen Gliedern, das
dem Gesetz meiner Vernunft widerstreitet und mich
zum Gefangenen der Sünde macht, deren Gesetz in
meinen Gliedern zur Wirkung kommt. 24 O ich
unglückseliger Mensch! Wer wird mich aus diesem
Todesleibe erretten?

(Römer 7, 15–24; Wilckens)

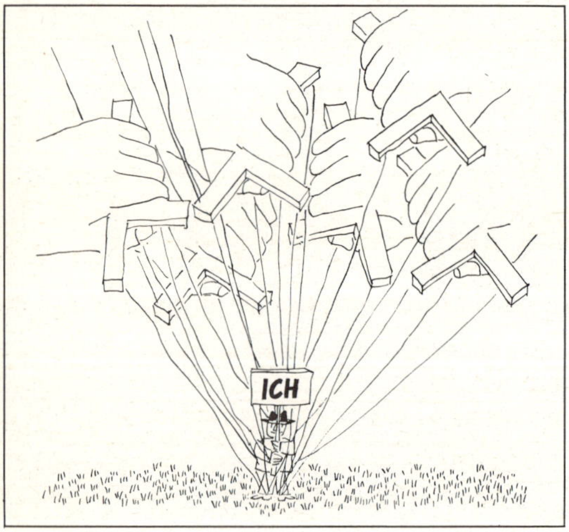

- *Was versteht Paulus aufgrund dieses Textes unter*
  - *Sünde*
  - *Gut und Böse*
  - *Wille*
  - *Gesetz?*

(vgl. Text 51, 52; S. 116 ff.)

Nicht wissen, was zu tun ist

5

Im Gegensatz zum Tier sagen dem Menschen keine Instinkte, was er muß; und im Gegensatz zum Menschen in früheren Zeiten sagen ihm heute keine Traditionen mehr, was er soll. Und manchmal scheint er nicht einmal mehr zu wissen, was er eigentlich will. Nur um so mehr ist er dann darauf aus, entweder nur das zu wollen, was die andern tun – Konformismus –, oder aber nur das zu tun, was die andern wollen – *von ihm* wollen: Totalitarismus.

(Viktor E. Frankl)

Weiterführende Literatur:

Lorenz, K., *Das sogenannte Böse.* Zur Naturgeschichte der Aggression, Borotha-Schoeler Verlag, Wien 1963

Eibl-Eibesfeldt, I., *Liebe und Haß.* Zur Naturgeschichte elementarer Verhaltensweisen, R. Piper & Co., München 1970

6

Letzte Worte Sterbender

„Ich hege keinen besonderen Groll gegen meine Verurteiler und gegen meine Ankläger."
(Der zum Giftbecher verurteilte Philosoph Sokrates, gest. 399 vor Chr.)

„Habe ich meine Rolle gut gespielt? – Nun, so klatscht Beifall, denn die Komödie ist zu Ende!"
(Der römische Kaiser Augustus, gest. 14 nach Chr.)

„Heute bratet ihr eine magere Gans. Aber über hundert Jahren werdet ihr einen Schwan singen hören, den werdet ihr nimmer braten."
(Der Reformator Hus auf dem Scheiterhaufen, gest. 1415)

„Wir sind Bettler, das ist wahr."
(Letzter aufgezeichneter Satz M. Luthers, gest. 1546)

„Ich bin daran, einen Sprung ins Finstere zu tun!"
(Der engl. Philosoph Th. Hobbes, gest. 1679)

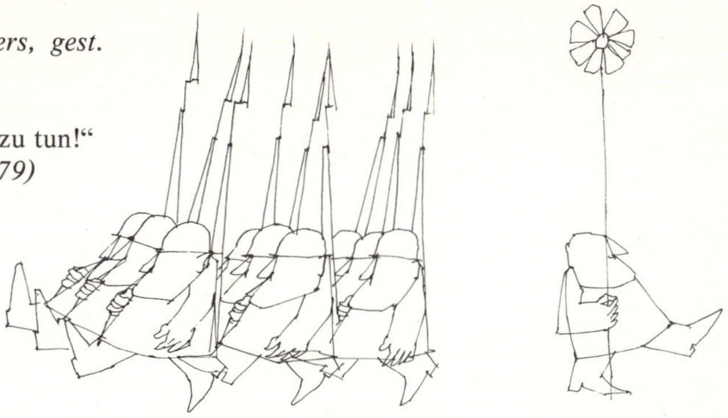

Überwindung des Bösen

Leben zwischen Schicksal und Hoffnung

Entfaltung

In Ängsten leben

8

1. Worauf verlassen Sie sich in Ihrem Leben?
2. Warum?
3. Wovor haben Sie Angst im Leben?
4. Warum?
5. Glauben Sie an einen Sinn des Lebens?
6. Wenn ja, warum, wenn nein, warum nicht?
7. Wenn Sie an (k)einen Sinn des Lebens glauben, warum leben Sie dann so, wie Sie leben?
8. Können Sie Ihre Ängste benennen oder gibt es auch Ängste, die Sie mehr fühlen, aber nicht beschreiben können?
9. Warum?
10. Halten Sie es für riskant, sich ganz auf einen andern Menschen einzulassen?
11. Welche Maßnahmen würden Sie vorschlagen, Ihre Ängste zu besiegen oder möchten Sie lieber mit Ihren Ängsten leben?
12. Meinen Sie, daß Ihre Ängste (soweit Sie irgendwelche haben) nur Sie allein betreffen oder Spiegelungen der Ängste in unserer Gesellschaft sind?
13. Meinen Sie, daß ein fester Glaube vor Angst schützt?
14. Wenn ja, warum, wenn nein, warum nicht?
15. Wissen Sie nach Beantwortung dieser Fragen mehr über Ihre Ängste, soweit Sie welche haben?

- *Beantworten Sie diese Fragen zunächst allein und diskutieren Sie Ihre Antworten in kleinen Gruppen.*

Angst und Hoffnung

9a

Der Nachgeborene

Ich gestehe es: ich
Habe keine Hoffnung.
Die Blinden reden von einem Ausweg.
Ich Sehe.

Wenn die Irrtümer verbraucht sind
Sitzt als letzter Gesellschafter
Uns das Nichts gegenüber.
(Bert Brecht)

9b

Mein Gott, ich hoffe auf dich;
laß mich nicht zuschanden werden,
daß meine Feinde nicht frohlocken über mich.
Denn keiner wird zuschanden, der auf dich harret;
aber zuschanden werden die leichtfertigen Verächter.
(Psalm 25, 27; Luther)

9c

Hoffnung läßt nicht zuschanden werden,
denn die Liebe Gottes ist ausgegossen in unser Herz
durch den heiligen Geist, welcher uns gegeben ist.

(Römer 5, 5; Luther)

9d

Ich hoffe nichts
Ich fürchte nichts
Ich bin frei

(Nikos Kazantzakis — auf seinem Grabstein)

Angst vor der Angst

10

Nicht Zutreffendes streichen

Was deine Stimme so flach macht
so dünn und so blechern
das ist die Angst
etwas Falsches zu sagen

oder immer dasselbe
oder das zu sagen was alle sagen
oder etwas Unwichtiges
oder Wehrloses
oder etwas das mißverstanden werden könnte
oder den flachen Leuten gefiele
oder etwas Kitschiges
oder etwas Reaktionäres
oder etwas Dummes
oder etwas schon Dagewesenes
etwas Altes

Hast du es denn nicht satt
aus lauter Angst
aus lauter Angst vor der Angst
etwas Falsches zu sagen

immer das Falsche zu sagen?

(Hans Magnus Enzensberger)

Angst vor Ich-Verlust

11

Ich begann also, meine Neigungen zu beobachten, meine Bedürfnisse und stellte bald fest, daß ich unter einem ansehnlichen Lebenshunger litt: ich wollte erfahren, was einem Mann nur möglich ist zu erfahren; ich wollte mehr aufnehmen, sammeln und an mich reißen, als in meinem Leben, in einer Existenz zu schaffen ist. Wir sind alle Leibeigene unseres Selbst, gefangen wie das Insekt im Bernstein, wir sind gekreuzigt an dies eine Leben, und jede fremde Erfahrung müssen wir erst durch die Festungstore unseres Ich einschmuggeln. Das paßte mir nicht; ich wollte nicht nur ich sein, nur in dieser armseligen Identität mit Wolfram Caspary leben, und so begann ich, mir systematisch mehrere Leben zuzulegen.

(Siegfried Lenz)

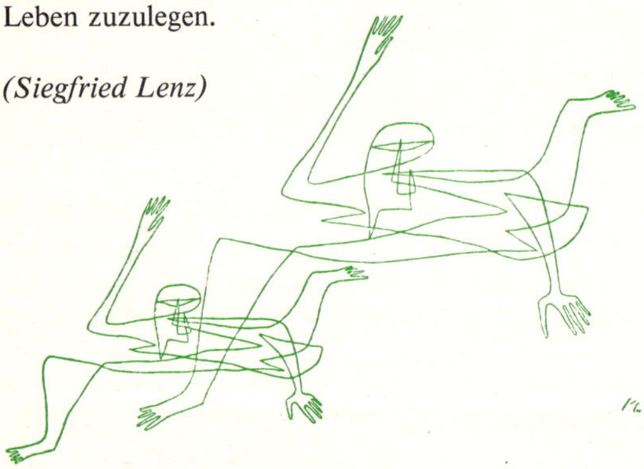

Flucht vor sich selbst, Paul Klee

- *Inwiefern kann man sagen, daß wir Leibeigene unseres Selbst sind?*
- *Welche Möglichkeiten sehen Sie, die Frage nach sich selbst zu beantworten?*
- *Wer glücklich lebt, fragt nicht nach dem Sinn. Nehmen Sie Stellung zu dieser These. (Vgl. Text 27; S. 88 f.)*

Die Bedeutung der Angst im menschlichen Leben

12

Wie alle lebendigen Phänomene, die unsere Gesamtpersönlichkeit erfassen und betreffen, ist auch die Angst nicht aus der Sicht nur *einer* Betrachtungsweise zu verstehen. Sie hat ihren anthropologischen Aspekt, wonach sie ein unvermeidbares Bestandteil unseres Daseins ist und mit der Bedrohtheit unserer Existenz zusammenhängt; sie hat einen psychologischen Aspekt, und die Psychologie unterscheidet verschiedene Formen von Angst; die Tiefenpsychologie hat sich besonders mit der Entstehung der Angst, ihren Zusammenhängen mit Kindheitserlebnissen und gehemmten oder gestörten vitalen Triebentwicklungen beim einzelnen Menschen befaßt; aber auch die Medizin kennt sie, etwa in Verbindung mit bestimmten Krankheiten, Herzerkrankungen zum Beispiel, oder sie schildert Extremformen von Ängsten im Bereich der Geisteskrankheiten, und schließlich setzen sich Theologie und Philosophie mit ihr auseinander und zeigen uns neue Aspekte des Phänomens, das wir Angst nennen. . . .
Immer scheint so ein fälliger Entwicklungsschritt mit Angst verbunden zu sein, und das Bedrückende, das Quälende und Beunruhigende an der Angst setzt dabei gerade auch den Impuls, sie zu überwinden und das Risiko einzugehen. Unser ganzes Leben hindurch stehen wir unter vier Entwicklungsimpulsen, von denen sich jeweils zwei polar gegenüberstehen oder sich ergänzen: immer wieder konstelliert sich für uns die Entscheidung, in bestimmten Situationen unser Eigensein zu wagen oder aber uns einzuordnen und anzupassen, und immer wieder werden wir auch vor die Entscheidung gestellt, fortzuschreiten oder zu beharren, uns abzulösen also oder Gewohntes festzuhalten, und immer, wenn sich solche Entscheidungen für uns ergeben, pflegt auch das Thema Angst anzuklingen. Prinzipiell gibt es zwei Möglichkeiten, mit der Angst umzugehen: sie zu überwinden oder vor ihr auszuweichen. Die Angstüberwindung kommt einem schöpferischen Akt gleich, und jede so bewältigte Angst bedeutet ein Stück Entwicklung und Reifung. Die Angstvermeidung ist nicht nur keine echte und reife Form, sich mit ihr auseinanderzusetzen, sondern sie ist auch kein wirklicher Schutz vor der Angst: ob man durch Schlafmittel, Beruhigungs- und Rauschmittel (die in gewissen Fällen durchaus ihre Berechtigung haben können) oder ob man

durch Verdrängung vor seinen Ängsten ausweicht — man entgeht ihnen damit immer nur für kurze Zeit. Erst die Angstüberwindung läßt uns daher den Sinn und die Bedeutung der Angst in unserem Leben erkennen. . . .

Unbewältigte Angstsituationen summieren sich innerlich und steigern sich zu wachsender Angstbereitschaft, die immer schwerer zu unterdrücken ist und dann zu immer breiteren Einschränkungen der freien Selbstverfügung zu führen pflegt. . . .

Denn — und das ist vielleicht die tiefste Wurzel der Angst überhaupt — alles Lebendige ist dauernd im Fluß, und der Mensch ist wohl deshalb besonders der Angst ausgesetzt, weil er das Bewußtsein der Vergänglichkeit und seiner eigenen Sterblichkeit hat. Er hat zwar auch besondere Fähigkeiten, die Angst zu überwinden — Erkenntnis, Glaube, Tat und Liebe —; aber er ist durch sein Wissen zunächst stärker mit der Angst konfrontiert; unsterblich ist nur, wer vom Tod nichts weiß.

Die Angstobjekte und -situationen, das, wovor wir Angst haben können, sind nahezu unbegrenzt und unübersehbar. Wenn wir von den Realängsten absehen — Gefährdungen, Lebensbedrohungen, Krankheiten, Verlustängste um geliebte Menschen —, läßt sich die zunächst unübersehbare und verwirrende Vielfalt möglicher Ängste doch bestimmten Grundängsten zuordnen, die offenbar zu unserer menschlichen Natur und zu unserem In-der-Welt-Sein gehören. Diese — es sind ihrer vier — Grundängste sind letztlich unvermeidbar, und ihre Überwindung trägt entscheidend dazu bei, uns zu Menschen zu machen, uns menschlich werden zu lassen.

Die *erste* Angst wollen wir die Angst vor der Isolierung, vor der Einsamkeit nennen. Sie befällt uns immer dann, wenn wir aus einer Geborgenheit herauszufallen drohen, sei es aus der Geborgenheit einer Liebe, eines Vertrauens, einer Hoffnung, eines Glaubens, oder sei es auch nur das Herausfallen aus der Zugehörigkeit zu einer Gruppe, einem Kollektiv. Denn alle solche Zugehörigkeiten lassen uns aufgehoben fühlen und vermindern unsere Angst vor der Einsamkeit, die uns durch unser ganzes Leben begleitet und uns meist bewußt wird als Verlust- oder Trennungsangst. Die Urform dieser Angst ist die des Kindes, allein gelassen zu werden, sich „mutterseelenallein“ zu fühlen. Erlebt ein Mensch diese Angst zu früh und zu lang, wird er später bei Trennungen, Verlusten und Einsamkeitserlebnissen verzweifeln, in eine völlige Hoffnungslosigkeit fallen ohne Glauben und Vertrauen, daß es jemals wieder anders werden könnte: er hat auf Grund seiner Früherfahrungen das Hoffen verlernt. Dostojewski sagt einmal, daß es uns vor letzter Verzweiflung, ja vor dem Selbstmord bewahren könne, wenn wir auch nur *eine* glückliche Kindheitserinnerung haben: dann können wir nämlich hoffen, daß es wieder anders, besser wird, weil wir es schon einmal erfahren haben. . . . Die Hoffnung und die eigene Liebefähigkeit sind die Gegenkräfte gegen Einsamkeit und Verzweiflung.

. . . So liegt der tiefere Sinn der Angst vor der Einsamkeit darin, uns bewußt werden zu lassen, daß es keine wirklichen Sicherungen gegen sie gibt; wir haben sie als zu unserer Existenz gehörend anzunehmen. Die einzige Rettung liegt darin, mehr in uns selbst zu ruhen, mehr unser Eigensein zu entfalten.

Die *zweite* der vier Grundängste ist die Angst vor Ichverlust und Abhängigkeit; sie ist das genaue Gegenteil der vorbeschriebenen Angst. Wir erleben sie als Bedrohung unserer Eigenständigkeit, unserer individuellen Einmaligkeit, der Integrität unserer Persönlichkeit. Diese Angst geht auf die Urform zurück, daß ein Kind in seiner Eigengesetzlichkeit eingeschränkt wird, daß man ihm seine Eigenart und Selbstentfaltung nicht zugesteht. Dann erlebt es den Mitmenschen als Gefahr für seine Unabhängigkeit, als Bedrohung seines Eigenseins, was die verschiedensten Intensitätsgrade annehmen kann. Im Extrem kann schon die physische Nähe eines anderen nicht ertragen werden, weil sie als Bedrohung des eigenen Lebensraumes erlebt wird und daher sofortige Angst, Abwehr und, aus der Angst, Haß und Feindseligkeit auslöst. So treibt uns diese Angst auf uns selbst zurück, in die Trennung, Abgrenzung und Isolierung, und sie ist wohl mit der stärkste Impuls für unsere Entwicklung zu einem eigenständigen Individuum und zum Bejahen der Einmaligkeit unseres Schicksals. Trennung, Ablösung, Abgrenzung und Sich-Unterscheiden sind stärkste Entwicklungsimpulse zu uns selbst hin, und unsere Entwicklung zur Eigenständigkeit ist schicksalhaft an sie gebunden. So muß sich die junge Generation von der alten lösen und absetzen, will sie ihr eigenes Gesetz erfüllen; so müssen sich Mann und Frau geschlechtsspezifisch entwickeln; so müssen wir erkennen, daß jede Zugehörigkeit und Vertrautheit doch nur begrenzt ist und daß wir letztlich einmalige Individuen sind mit einmaligem Schicksal; wollten wir darauf verzichten, würden wir zu austauschbaren Massenmenschen.

Aber die Angst, zuviel von sich selbst aufgeben zu müssen und abhängig zu werden in der Einordnung und Anpassung, kann auch überwertig werden; dann geht man jeder Art von Nähe und Bindung aus dem Wege, läßt sich mit niemandem tiefer ein und schützt sich vor allem davor, jemanden zu lieben, weil das die größte Gefahr der Nähe und Abhängigkeit bedeuten würde. Allein, je mehr man sich isoliert, Nähe und Vertrautheit meidend, um so mehr wird einem der Mitmensch zum möglichen Feind....

So bedroht gerade die überwertige Betonung unserer Einmaligkeit das, was wir bewahren wollen; denn unsere Besonderheit und Individualität können wir erst an anderen erleben; wer nur er selbst ist, hat niemanden mehr, von dem er sich als Individuum unterscheiden könnte. So kann die einzige Rettung vor dieser Angst nur darin liegen, es auf das Wagnis des Liebens ankommen zu lassen, um zu erleben, daß wir gerade in der Liebe am stärksten wir selbst sein müssen, um Partner sein zu können.

Die *dritte* der vier Grundängste wollen wir die Angst vor der Vergänglichkeit nennen. Als Kind erleben wir sie in der Form, daß etwas zu Ende geht, aufhört, plötzlich „weg" ist und nicht mehr wiederkommt, daß etwas „alle" werden kann. Auch diese Angst begleitet uns durch unser Leben, und die gesunde Verarbeitung liegt etwa in vernünftiger Vorsorge und Voraussicht, in einteilender Ökonomie und Ähnlichem. Sie kann aber auch *überwertig* erlebt werden und dann einen viel zu großen Raum im Leben einnehmen, das sich weitgehend im Kampf gegen diese Angst erschöpft. Unberechtigte Angst vor dem Verarmen, vor dem Älterwerden kann zu dauernden Haltungen der Besorgtheit führen und sich schließlich auf jede Veränderung überhaupt erstrecken. Änderung bedeutet ja, daß etwas Gewohntes aufhört. So gelten die Versuche, diese Angst zu binden, gleichsam dem Aufhaltenwollen der Zeit und können sich auf alle möglichen Formen des Festhaltens verschieben: es kann der Besitz sein, den man spart oder anhäuft, so daß er scheinbar der Vergänglichkeit entzogen ist; es kann eine Tradition sein oder eine Norm, an der man unverrückt festhält, um so die Illusion der Dauer und unveränderlichen ... Ewigkeit zu haben — als ob die Zeit stillstände, wenn nur alles beim alten bleibt und nichts sich ändert! So kann man auch zum Bekämpfer alles Neuen werden; als Eltern etwa in den Kindern alles unterdrücken, was dem bisher Gewohnten nicht entspricht, von ihm abweicht; so kann man — meist noch bona fide — Entwicklungen wissenschaftlicher, ethischer oder sozialer Art, die fällig sind, bremsen und aufhalten, ja verhindern, wenn man die Macht dazu hat — man denke etwa an das Schicksal Galileis oder anderer Pioniere oder genialer Menschen. Das ganze Lebensinteresse, der ganze Lebensinhalt kann schließlich darin bestehen, etwas, was immer es sei, unverändert festzuhalten in einem großartigen Nein zu allen lebendigen Entwicklungen.

Wieder gibt es auch gegen diese Angst keine andere Rettung als die Einsicht, daß wir das Vergehen der Zeit nicht aufhalten können und daß gerade das Annehmen dieser Tatsache die Angst mindert, weil wir dann mehr im Augenblick leben. Wer immer nur festhalten will, kommt oft nicht mehr zum Genuß dessen, was er so verbissen anstrebte. So ist der tiefere Sinn der Angst vor der Vergänglichkeit wohl, daß wir lernen sollen, loszulassen.

Die *vierte* der Grundängste schließlich wollen wir die Angst vor der Notwendigkeit nennen, davor also, daß unser Bedürfnis nach freier Wahl und Entscheidung, nach Wagnis und Eroberung des Neuen eingeschränkt wird durch bestehende Traditionen, Ordnungen und Gesetze. Diese Angst ist wieder polar entgegengesetzt der vorbeschriebenen, die ja gerade der Freiheit und Wandlung galt. Die Angst vor der Notwendigkeit erleben wir etwa in der Form, daß wir alles Endgültige, Unvermeidliche, Unausweichliche und uns Festlegende fürchten. Als Kind erfahren wir sie erstmals an den Geboten und Verboten der Eltern, aber auch im Zusammenprall mit der Wirklichkeit, die sich unserem Wollen und Wünschen widersetzt, ihm durch unüberwindliche Gesetze Grenzen zieht. Unser Freiheitsdrang, unser Bedürfnis, Unbekanntes kennenzulernen und auszuprobieren, unsere Neugier und Wißbegier, unser Wunsch, die Welt zu erobern und stets neue Erfahrungen zu machen, stoßen immer wieder auf Schranken, von denen wir manche durchbrechen können, andere aber als unumstößlich hinnehmen müssen....

Angst ist also nicht nur etwas Hemmendes und Quälendes in unserem Leben, sondern sie enthält auch jenen Aufforderungscharakter, sie zu überwinden, und das bedeutet dann immer einen Entwicklungsschritt, einen schöpferischen Reifungsvorgang. Erkenntnis, Glaube, Tat und Liebe sind die schöpferischen Gegenkräfte gegen die Grundängste des Menschen, die unausweichlich zu seinem Leben gehören; in dem Maße, in dem wir diese Kräfte in uns zu entwickeln vermögen, können wir zu der uns möglichen Angstfreiheit und damit Reife gelangen.

(Fritz Riemann)

Angst und Abwehrmaßnahmen

ANGST

- Vermeidung — Verzicht
  - Übertriebene Vermeidung — übertriebener, unnötiger Verzicht
- Ausweichen einer Angstsituation — partielle Angstumgehung
  - Verleugnung — in Abrede stellen, was in Wirklichkeit noch existiert
  - Verdrängung — Abschiebung aus dem Bewußtsein
- Regression — Flucht in eine frühere Phase der Entwicklung
  - Fixierung — Erstarrung, Verbleiben in einer Kindheitsphase
- Kompensation — Ausgleich durch Gegenleistung in einem anderen Bereich
  - Überkompensation — übertriebener Ausgleich
- Zwangshandlungen — aus Angst vor Fehlern in bestimmte Handlungsmuster verfallen
  - Zwangskrankheiten — übertriebene Zwangshandlungen führen nur zur scheinbaren Beruhigung

● *Konkretisieren Sie dieses Schema durch Nennung von Beispielen.*

Ich-Findung

13

Unter den verschiedenen Entwürfen der Sozialpsychologie nimmt derjenige des eigenwilligen Freudschülers *E. H. Erikson* eine Sonderrolle ein. Er beschrieb auf Grund seiner sozialpsychologischen Forschungen acht Grundkonflikte, die der Mensch im Laufe seines Lebens zu lösen hat. In jeder Lebensphase muß durch die Lösung ihres Grundkonfliktes eine Fähigkeit erworben werden, die wiederum für die nächste Phase und ihre Aufgabenstellung entscheidend ist.

Im ersten Lebensjahr geht es um den Konflikt zwischen *Urvertrauen* und *Urmißtrauen.* Wird keine vertrauenerweckende Umwelt erfahren, beherrscht destruktives Mißtrauen gegen andere und sich selbst das spätere Leben; dazu gehören auch selbstzerstörerische Schuldgefühle: „Warum bin ich überhaupt vorhanden?"

Im zweiten Lebensjahr steht *Autonomie* (Selbstbestimmung) gegen *Scham* und *Zweifel.* Das Brechen des Willens, wie eine christliche Erziehung früherer Zeit dies anstrebte, erzeugt mutlose und trotzige Menschen, die in starren Ordnungen ersticken, ohne Spontaneität und Kreativität.

Im dritten bis sechsten Lebensjahr geht es um *Initiative* (gerade auch im Blick auf die sich regenden ersten sexuellen Gefühle) gegenüber *einengenden Schuldgefühlen.* Unter dem Druck eines triebfeindlichen Gewissens kann es zur Verleugnung der Wirklichkeit, zu psychosomatischen Erkrankungen und zum Rückfall auf frühere Entwicklungsstufen kommen. Sind in dieser Phase keine vorbildhaften Elternfiguren da, zu denen eine emotionale Beziehung besteht, entsteht kein realitätsgerechtes Gewissen.

In der Zeit zwischen Schulbeginn und Pubertät sucht das Kind seine *Minderwertigkeitsgefühle* durch *Leistung* zu überwinden. Versagen und Entmutigung können einen Lebensweg destruktiv verändern bis hin zur Kriminalität: „Es geschieht euch recht, wenn aus mir nichts wird!"
In der Pubertät und Adoleszenz steht der Jugendliche im Konflikt zwischen *Identität* und *Rollenkonfusion.* Er weiß noch nicht genau, wer er ist, und muß bereits die verschiedensten neuen Rollenerwartungen erfüllen. Er rettet sich in die Clique Gleichaltriger und in die Identifizierung mit Idolen. Viele Jugendliche haben dabei oft große Schuldgefühle wegen ihrer Ablösung vom Elternhaus.
Im frühen Erwachsenenalter löst sich die Gruppe der Gleichaltrigen auf. *Intimität,* die Fähigkeit, eine Bindung einzugehen, steht gegen die *Isolierung.*
Das Erwachsenenalter steht unter der Spannung von *zeugender, kreativer Fähigkeit* und *Stagnation.* Man hat sich eingerichtet in Familie und Beruf; die Aufgabe ist, nicht zu resignieren im Stetiggleichen, sondern schöpferisch zu bleiben in der Erziehung von Kindern oder in geistig-künstlerischer Kreativität.
In der Altersphase muß der Mensch das, was er geworden ist *(Ich-Integrität),* verteidigen gegen das Todesschicksal. Das bedeutet den Verzicht auf die kindliche Allmachtsvorstellung und den Wunsch nach Unvergänglichkeit, die Ergebung in das Schicksal des Todes. Wenn das nicht gelingt, kann gerade die Angst vor dem Tod, die Sorge, nicht genügend gelebt zu haben, den alternden Menschen in tiefe Verwicklungen und Schwierigkeiten bringen. (Vgl. S. 88 ff.)
Das Urvertrauen des Anfangs zieht sich durch alle Phasen in immer neuen Aspekten hindurch. In dieser letzten Phase beschreibt es Erikson als die Haltung des Glaubens, der den Konflikt zwischen Selbstbehauptung und Verzweiflung überwindet.

(Evangelischer Erwachsenenkatechismus)

Wer bin ich?

14

Wer bin ich? Sie sagen mir oft,
ich träte aus meiner Zelle
gelassen und heiter und fest
wie ein Gutsherr aus seinem Schloß.

Wer bin ich? Sie sagen mir oft,
ich spräche mit meinen Bewachern
frei und freundlich und klar,
als hätte ich zu gebieten.

Wer bin ich? Sie sagen mir auch,
ich trüge die Tage des Unglücks
gleichmütig, lächelnd und stolz,
wie einer, der Siegen gewohnt ist.

Bin ich das wirklich, was andere von mir sagen?
Oder bin ich nur das, was ich selbst von mir weiß?
Unruhig, sehnsüchtig, krank,
wie ein Vogel im Käfig,
ringend nach Lebensatem,
als würgte mir einer die Kehle,
hungernd nach Farben, nach Blumen,
nach Vogelstimmen,
dürstend nach guten Worten,
nach menschlicher Nähe,
zitternd vor Zorn über Willkür
und kleinlichste Kränkung,
umgetrieben vom Warten auf große Dinge,
ohnmächtig bangend
um Freunde in endloser Ferne,
müde und leer zum Beten, zum Denken,
zum Schaffen,
matt und bereit, von allem Abschied zu nehmen?
Wer bin ich? Der oder jener?

Bin ich denn heute dieser
und morgen ein andrer?

Bin ich beides zugleich?

Vor Menschen ein Heuchler
und vor mir selbst
ein verächtlich wehleidiger Schwächling?
Oder gleicht, was in mir noch ist,
dem geschlagenen Heer,
das in Unordnung weicht
vor schon gewonnenem Sieg?

Wer bin ich?

Einsames Fragen treibt mit mir Spott.
Wer ich auch bin, Du kennst mich,
Dein bin ich, o Gott!

(Dietrich Bonhoeffer)

Vergleichen Sie Text 11 (S. 76) mit dem hier vorliegenden!

In Ängsten — und doch stark

15

Der Apostel Paulus schreibt an die Gemeinde in Korinth:
7 Und damit ich mich nicht der hohen Offenba-
rungen überhebe, ist mir gegeben ein Pfahl ins
Fleisch, nämlich des Satans Engel, der mich mit
Fäusten schlage, damit ich mich nicht überhebe.
8 Dafür ich dreimal zum Herrn gefleht habe,
daß er von mir wiche. 9 Und er hat zu mir
gesagt: ‚Laß dir an meiner Gnade genügen; denn
meine Kraft ist in den Schwachen mächtig.‘ Darum
will ich mich am allerliebsten rühmen meiner
Schwachheit, damit die Kraft Christi bei mir woh-
ne. 10 Darum bin ich guten Mutes in
Schwachheit, in Mißhandlungen, in Nöten, in Verfolgungen, in Ängsten, um Christi willen; denn wenn ich schwach bin, so bin ich stark.

(2. Korinther 12, 7—10; Luther)

- *Die Spannung von eigener Schwäche und Kraft Christi ist zu beachten (vgl. Text 49, S. 114).*
  vgl. Philipper 4, 13; Römer 8, 18—38; 2. Korinther 6, 1—10; Johannes 16, 16—33, und besonders: 2. Korinther 4, 7—17

Teilnehmer des Kirchentages Berlin 1977 notieren ihre persönlichen Probleme und heften die Zettel an ein Kreuz.

Schuldig werden — Vergebung erfahren

Unbewußte Schuld

16

Da sah ich meine Eltern voller Mitgefühl und Mitleid. Sie hatten uns alles gegeben, was sie uns geben konnten, sie hatten uns Kleider und Nahrung und ein gepflegtes Heim gegeben, sie hatten uns ihre Sicherheit und Ordnung gegeben, und sie verstanden nicht, daß wir ihnen entglitten. Aus der dumpfen Ungewißheit, Fehler begangen zu haben, kauften sie sich mit teuren Geschenken los, Geburtstage und allgemeine Festtage waren Abzahltage ihrer unbewußten Schuld. Und immer waren die Geschenke falsch, soviel wir auch bekamen, immer standen wir da mit unzufriedenen, nach Mehr fragenden Blicken. Das, was wir haben wollten, bekamen wir nicht, und wir wußten nicht, was wir wollten. So standen wir voreinander, wir Kinder unzufrieden und die Eltern beleidigt, und unfähig waren wir, uns voreinander zu erklären.

(Peter Weiss)

- *Vergleichen Sie eigene Erfahrungen mit den Beobachtungen des Verfassers!*
- *Wie erklären Sie sich diese Situation der Unzufriedenheit, des Beleidigtseins und der Sprachlosigkeit?*

Der Fall S.

17

Fritz S., 20, ist seit seinem 12. Lebensjahr verschiedentlich wegen strafbarer Handlungen aufgefallen: Er stiftet seinen Bruder zum Diebstahl einer Fahrradlampe an; er zerstört mit Freunden Bruteier aus Vogelnestern; er schlägt im Streit mit der Mutter die Wohnungstür ein; er fährt verschiedentlich ohne Führerschein Moped, wobei er das Versicherungskennzeichen fälscht; er stiehlt das Taschenradio eines Kollegen; später ein Fahrrad; er zerschlägt mit einem Freund Zigarettenautomaten, entwendet Geld und Zigaretten und richtet dabei erheblichen Sachschaden an; er bricht in 3 Fällen in Kioske ein und entwendet Tabakwaren, Alkohol und Süßigkeiten; er stiehlt — nach Alkoholgenuß — mit dem Freund und dessen Bruder in einer Autofirma einen PKW und verursacht damit — ohne Führerschein — einen Unfall mit hohem Sachschaden; er kauft — auf Anzahlung — ein Fernseh- und Tonbandgerät und leistet die vereinbarten Ratenzahlungen nicht; die Geräte sind nicht auffindbar; zwischenzeitlich verschiedene Strafen wie Dauerarrest, Geldbuße, Jugendstrafe.

„Fritz war das 7. von 8 Kindern, von denen noch 6 bei der Mutter wohnten. Ein Bruder wurde als Kind geringfügig auffällig. Fritz besuchte die Sonderschule. Die Familie war dem Jugendamt bereits von seiner ersten delinquenten Auffälligkeit bekannt. Als der Junge 9 Jahre alt war, starb der Vater. Die Mutter war teils Arbeiterin, teils als Melkerin dauernd berufstätig. Sie hat häufig Arbeitsplatz und Wohnung gewechselt, wohnte aber, wenn sie in der Stadt wohnte, stets mit den Kindern in Notwohnungen. 1960 heiratete sie wieder, wurde aber bald darauf wieder geschieden. Nach der Schulentlassung blieb Fritz sich weitgehend selbst überlassen. Die Mutter kümmerte sich nicht um ihn. Er hat weiterhin — auch ohne die Mutter — nur in Baracken und alten Kasernen gewohnt. Die Mutter war nicht bestraft."

(Lieselotte Pongratz)

- *Vor welche Fragen sieht sich ein Richter oder Staatsanwalt, ein Sozialarbeiter oder Seelsorger, die Familie oder ein Freund bei S. gestellt?*

- *Nennen Sie Punkte und Situationen des täglichen Lebens, an denen die Frage nach Schuld und Schicksal aufbricht! Welche Lösungsansätze gibt der alltägliche Lebensvollzug?*
- *Oft versuchen Menschen — im Bewußtsein ihrer Schuld und im Leiden daran — einen Neuanfang.*
  Nennen Sie Beispiele aus Ihrem Erfahrungsbereich, aus der Presse, der Geschichte oder der Literatur. Wie beurteilen Sie diese Versuche?
- *Im Leben gibt es oft Situationen der Entscheidung, in denen ich Schuld auf mich nehme, ganz gleich, wie ich mich verhalte. Etwa derart, daß ich allen berechtigten Erwartungen mir gegenüber nicht gleichzeitig gerecht werden kann.*
  Nennen Sie Beispiele für derartige Situationen! Suchen Sie nach Gründen für dieses „Verstricktsein in Schuld" und nach Möglichkeiten, damit fertigzuwerden!
- *Im folgenden (Texte 18—20) werden verschiedene Ansätze zur Lösung der Frage nach Schuld und Schicksal an kurzen Textauszügen dargestellt.*
  Arbeiten Sie die jeweiligen Ansätze heraus und formulieren Sie deren Aussageabsichten!
  Beachten Sie dabei die folgenden Aspekte:
  — Faktoren, die das Schicksal bestimmen
  — Wirkungen des Schicksals auf den Einzelnen und seine Umgebung
  — Verhältnis von vorgegebenem Schicksal und individueller Verantwortung
  — Konsequenzen für die Erziehung, die Gesellschaftspolitik, die Rechtsprechung!
- *Formulieren Sie — etwa in arbeitsteiliger Gruppenarbeit — verschiedene Plädoyers für Fritz S., indem Sie die im folgenden dargestellten Ansätze einbeziehen!*

Determination

18

In einem Vortrag über das biologisch-psychologische Menschenbild zitiert B. Hassenstein aus dem Kurzbericht einer Zeitung über eine vielfach rückfällige Betrügerin:

„Es kommt halt immer so über mich", verteidigte sich die Frau vor Gericht. Das nutzte ihr wenig, denn der Psychiater hielt sie für voll verantwortlich. „Sie hat kein Schuldgefühl, ist gefühlsarm und willensschwach", sagte er.

B. Hassenstein sieht hier eine geradezu klassische Formulierung einer heute gängigen Beurteilung und Verurteilung triebbedingter strafbarer Handlungen: Der Wille ist schwach gegen den Antrieb; aber trotzdem wird der Betrügerin die volle Verantwortlichkeit bescheinigt.

— Die aus der biologischen Anthropologie hervorgehende Ansicht lautet demgegenüber: Der überstarke Antrieb nimmt dem Menschen die Lenkung des eigenen Verhaltens aus der Hand. Der Rückfalltäter erweist sich als nicht oder nur teilweise verantwortlich, wenn man ihm die Diagnose stellen muß: kein Schuldgefühl, gefühlsarm, willensschwach. Es ist solchen Tätern gegenüber sinnlos, eine auf Stärkung ihrer Verantwortlichkeit zielende Strafe auszusprechen, wenn die zuständige innere Instanz im selben Atemzug mit Recht als insuffizient angesprochen wird.

(Bernhard Hassenstein)

Prägungen

19

Im ersten Lebensjahr, ehe der Mensch noch zu reflektieren und richtig sich selbst von der Umgebung zu unterscheiden weiß, wird er in hohem Grade bis in Nuancen seines Wesens, die erst viel später sich entfalten, gesellschaftlich bestimmt. Selbst die Gefühle sind erlernt. Zu den Fähigkeiten, die jeder als biologisches Wesen mitbringt, gehört die der Angleichung, der Mimesis. Gebärden und Gesten, der Tonfall der Stimme, die Eigenart des Ganges stellen im Kind als Echo des Ausdrucks geliebter und bewunderter Erwachsener sich ein. Die seelischen Reaktionen sind erworben, wenn nicht dem Inhalt, so der Form nach ...

Was man so leicht als seelische Erbmasse registriert, geht zum entscheidenden Teil auf Eindrücke und Reaktionen der frühesten Kindheit zurück, um durch die Umstände und Ereignisse der späteren Jahre befestigt und motiviert zu werden. Ob einer zentriert ist um Geltung des eigenen Ichs oder fähig zu lebendigem Interesse an der Sache, zur Hingabe an Menschen und Dinge; die Tiefe oder Flachheit der Empfindung und selbst des Gedankens, all das ist nicht bloß natürliches Faktum, sondern geschichtliches Ergebnis. Dabei spielen die gesellschaftliche Position der Eltern mit, ihre Beziehung zueinander, die innere und äußere Struktur der Familie und in vermittelter Weise die Verfassung der gesamten Epoche. Der Charakter des Einzelnen wird hier nicht weniger durch Zeit, Ort, Umstände bestimmt, unter denen er aufwächst, als durch die Sprache, die er spricht und die ja selbst Macht auf sein Wesen ausübt und ihn im Denken beeinflußt, wie die politischen Verhältnisse, Freiheit oder Sklaverei, und seine Religion ...

Das Individuum, in anderen Worten, ist *wirklich* nur im Zusammenhang des Ganzen, dem es angehört. Seine wesentlichen Bestimmungen, Charakter und Neigung, Beruf und Weltverständnis entspringen der Gesellschaft und seinem Schicksal in ihr.

(Max Horkheimer)

20

Die gewaltsam vereinfachende Betonung der ausschließlichen Bedeutung biologisch verankerter Triebe opfert die Möglichkeit sozialen Wandels der Auffassung des Menschen als unveränderliches Raubtier. Die gewaltsam vereinfachende Betonung der ausschließlichen Bedeutung sozialer Steuerung reduziert den Menschen, dessen biologische Ausstattung nicht gestaltet, sondern vernachlässigt und insgeheim ausgebeutet wird, zur Gesellschaftsmarionette und zum uneingeschränkten Manipulationsobjekt. In der polarisierten Vereinfachung auf das Entweder-Oder von Biologie oder Sozietät, von individueller Selbstbehauptung oder kollektivem Anspruch, von Verstand oder Gefühl, tritt jene Gewalt zutage, die es durch das Bedenken aller einander wechselseitig bedingender Faktoren, durch Tolerieren der Komplexität und Betrachtung des Gesamtphänomens der Aggression zu verhindern gilt.

(Friedrich Hacker)

- *Welches Interesse hat der Verfasser, wenn er sich gegen die vereinfachende Ausschließlichkeit von Trieben bzw. sozialer Umwelt und deren Wirkungen wendet?*

Die zehn großen Freiheiten

21

Ich bin der Herr, dein Gott:
du sollst keine anderen Götter haben!

Du brauchst keine Angst zu haben!
weder vor der Macht der Sterne –
noch vor der Macht der Menschen –
weder um dein Geld –
noch um dein Vergnügen –
wenn du dein Herz an diese Dinge hängst,
wirst du zum Sklaven.

Ich, der allmächtige Gott, will dein Helfer sein.
Halte dich an mich, und du bleibst frei.

Ich bin der Herr, dein Gott:
du sollst dir von mir kein Bild machen!

Du brauchst dir nichts einreden zu lassen!
weder von den Sektenpredigern –
noch von den Weltanschauungsaposteln –
weder von den ewigen Weltverbesserern –
noch von den hemmungslosen Egoisten –
Sie machen sich alle ein falsches Bild von Gott,
von der Welt, von sich selbst.

Ich, der allmächtige Gott, will dein Lehrer sein.
Halte dich an mein Wort, es ist die Wahrheit.

Ich bin der Herr, dein Gott:
du sollst meinen Namen nicht mißbrauchen!

Du brauchst mich nicht zu zwingen, dir zu helfen!
weder durch fromme Leistungen –
noch durch törichte Beschwörungen –
weder durch scheinheiliges Gerede –
noch durch christliche Bemäntelung deiner eigennützigen Ziele –
Denn das alles heißt: Schindluder treiben
mit meinem Namen.

Ich, der allmächtige Gott,
bin ganz freiwillig dein Freund.
Halte dich an mich, dein Gebet ist nicht vergeblich.

Ich bin der Herr, dein Gott:
du sollst den Feiertag heiligen!

Du brauchst dich nicht zu Tode zu hetzen!
weder durch pausenloses Arbeiten –
noch durch eine pausenlose Vergnügungsjagd –
weder durch die Sorgen, die du dir machst –
noch durch die Angst, du könntest etwas versäumen –
Das alles bringt dich nur in eine heillose Verkrampfung
und nimmt dir alle Lebensfreude.

Ich, der allmächtige Gott, will dein Meister sein.
Halte dich an mich, und dein Leben wird Erfüllung finden.

Ich bin der Herr, dein Gott:
du sollst Vater und Mutter ehren.

Du brauchst nicht in ständiger Auflehnung zu leben!
weder gegen deine Eltern –
noch gegen deine Lehrer –
weder gegen das, was Sitte ist –
noch gegen das, was Gesetz ist –
Auflehnung gegen die guten Ordnungen des Lebens
macht so unfrei wie Kadavergehorsam.

Ich, der allmächtige Gott,
will dein Vater im Himmel sein.
Du kannst es dir leisten, dich in Liebe einzuordnen
und so deine Freiheit zu gewinnen.

Ich bin der Herr, dein Gott:
du sollst nicht töten!

Du brauchst die anderen nicht als Konkurrenten zu behandeln!
denen man „zuvorkommen" muß –
die man von sich abhängig machen muß –
die man beruflich und politisch
oder persönlich „fertigmachen" muß –
So ein Verhalten ist kein Zeichen von Kraft und Tüchtigkeit, sondern von Schwäche und Angst.

Ich, der allmächtige Gott, will dein Beschützer sein.
Du kannst es dir leisten, deinem Nächsten leben zu helfen.

Ich bin der Herr, dein Gott:
du sollst nicht ehebrechen!

Du brauchst dich nicht „auszutoben"!
weder durch unsauberes Geschwätz –
noch durch schwüle Tagträume –
weder, indem du dich selbst befriedigst –
noch, indem du andere zu deiner Befriedigung mißbrauchst –
Bring' dich nicht durch die Karikaturen der Liebe um die Freude der Liebe!

Ich, der allmächtige Gott,
will der Stifter deines Glücks sein.
Du kannst es dir leisten, auf den Menschen zu warten, den ich dir sende.

Ich bin der Herr, dein Gott:
du sollst nicht stehlen!

Du brauchst dich nicht unehrlich zu bereichern!
weder durch Diebstahl –
noch durch Geschäftsbetrug –
weder, indem du den Nächsten –
noch, indem du den Staat übers Ohr haust –
Was du dadurch an Besitz gewinnst,
verlierst du an Frieden und Selbstachtung.

Ich, der allmächtige Gott, will dein Versorger sein.
Du kannst es dir leisten, zu geben, statt zu nehmen.

Ich bin der Herr, dein Gott:
du sollst nicht lügen!

Du brauchst nicht von der Wahrheit abzuweichen!
weder, um den Nächsten schlechtzumachen –
noch, um dein Versagen zu vertuschen –
weder zu deiner eigenen Bequemlichkeit –
noch, weil andere es von dir verlangen –
Die Lüge macht das Zusammenleben der Menschen auf die Dauer zur Hölle.

Ich, der allmächtige Gott, habe Vertrauen zu dir.
Du kannst es dir leisten, Vertrauen zu schenken und zu schaffen.

Ich bin der Herr, dein Gott:
du sollst nicht neidisch sein!

Du brauchst nicht neidisch zu sein!
weder auf den Besitz der anderen –
noch auf das Können der anderen –
weder auf die Güte der anderen –
noch auf den Erfolg der anderen –
Der Neid auf die anderen
nimmt dir die Freude am Eigenen.

Ich, der allmächtige Gott,
bin der Geber guter Gaben für dich.
Du kannst es dir leisten, den anderen ihr Gutes zu gönnen.

(Ernst Lange)

Zusammenhänge von Schuld – Strafe – Vergebung

22

Aber die Schlange war listiger als alle Tiere auf dem Felde, die Gott der HERR gemacht hatte, und sprach zu dem Weibe: Ja, sollte Gott gesagt haben: ihr sollt nicht essen von allen Bäumen im Garten?
2 Da sprach das Weib zu der Schlange: Wir essen von den Früchten der Bäume im Garten;
3 aber von den Früchten des Baumes mitten im Garten hat Gott gesagt: Esset nicht davon, rühret sie auch nicht an, daß ihr nicht sterbet!
4 Da sprach die Schlange zum Weibe: Ihr werdet keineswegs des Todes sterben, 5 sondern
Gott weiß: an dem Tage, da ihr davon esset, werden eure Augen aufgetan, und ihr werdet sein wie Gott und wissen, was gut und böse ist.
6 Und das Weib sah, daß von dem Baum gut zu essen wäre und daß er eine Lust für die Augen wäre und verlockend, weil er klug machte. Und sie nahm von der Frucht und aß und gab ihrem Mann, der
bei ihr war, auch davon, und er aß. 7 Da wur-
den ihnen beiden die Augen aufgetan, und sie wurden gewahr, daß sie nackt waren, und flochten Feigenblätter zusammen und machten sich Schurze.
8 Und sie hörten Gott den HERRN, wie er im Garten ging, als der Tag kühl geworden war. Und Adam versteckte sich mit seinem Weibe vor dem Angesicht Gottes des HERRN unter den Bäumen im
Garten. 9 Und Gott der HERR rief Adam und
sprach zu ihm: Wo bist du? 10 Und er sprach:
Ich hörte dich im Garten und fürchtete mich; denn ich bin nackt, darum versteckte ich mich.
11 Und er sprach: Wer hat dir gesagt, daß du nackt bist? Hast du nicht gegessen von dem Baum, von dem ich dir gebot, du solltest nicht davon
essen? 12 Da sprach Adam: Das Weib, das du
mir zugesellt hast, gab mir von dem Baum, und ich
aß. 13 Da sprach Gott der HERR zum Weibe:

Warum hast du das getan? Das Weib sprach: Die
Schlange betrog mich, so daß ich aß.
14 Da sprach Gott der HERR zu der Schlange:
Weil du das getan hast, seist du verflucht, verstoßen
aus allem Vieh und allen Tieren auf dem Felde. Auf
deinem Brauche sollst du kriechen und Erde fressen
dein Leben lang. 15 Und ‚ich will Feindschaft
setzen zwischen dir und dem Weibe und zwischen
deinem Nachkommen und ihrem Nachkommen;
der soll dir den Kopf zertreten, und du wirst ihn in
die Ferse stechen‘.
16 Und zum Weibe sprach er: Ich will dir viel
Mühsal schaffen, wenn du schwanger wirst; unter
Mühen sollst du Kinder gebären. Und dein Verlan-
gen soll nach deinem Manne sein, aber er soll dein
Herr sein.
17 Und zum Manne sprach er: Weil du gehorcht
hast der Stimme deines Weibes und gegessen von
dem Baum, von dem ich dir gebot und sprach: Du
sollst nicht davon essen —, verflucht sei der Acker
um deinetwillen! Mit Mühsal sollst du dich von ihm
nähren dein Leben lang. 18 Dornen und Di-
steln soll er dir tragen, und du sollst das Kraut auf
dem Felde essen. 19 Im Schweiße deines
Angesichts sollst du dein Brot essen, bis du wieder
zu Erde werdest, davon du genommen bist. Denn
‚du bist Erde und sollst zu Erde werden‘.
20 Und Adam nannte sein Weib Eva; denn sie
wurde die Mutter aller, die da leben. 21 Und
Gott der HERR machte Adam und seinem
Weibe Röcke von Fellen und zog sie ihnen an.
22 Und Gott der HERR sprach: Siehe, der
Mensch ist geworden wie unsereiner und weiß, was
gut und böse ist. Nun aber, daß er nur nicht aus-
strecke seine Hand und breche auch von dem Baum
des Lebens und esse und lebe ewiglich! 23 Da
wies ihn Gott der HERR aus dem Garten Eden, daß
er die Erde bebaute, von der er genommen war.
24 Und er trieb den Menschen hinaus und ließ
lagern vor dem Garten Eden die Cherubim mit dem
flammenden, blitzenden Schwert, zu bewachen den
Weg zu dem Baum des Lebens.

(1. Mose 3, 1—24; Luther)

- *Wie stellt sich der Zusammenhang von Schuld und Schuldwirkungen in 1. Mose 3 dar?*
- *Welche Gemeinsamkeiten und Unterschiede zeigen sich in den Zusammenhängen von Schuld — Strafe — Vergebung, wenn man die folgenden Texte 23—26 mit heranzieht?*
- *Vgl. auch 2. Samuel 11 u. 12 (David u. Bathseba)*
  2. Könige 22, 17—20 (aus der Auffindung des Gesetzbuches unter König Josia)
  Prediger 9, 1—3a

23

Und Adam erkannte sein Weib Eva, und sie ward
schwanger und gebar den Kain und sprach: Ich
habe einen Mann gewonnen mit Hilfe des HERRN.
2 Danach gebar sie Abel, seinen Bruder. Und
Abel wurde ein Schäfer, Kain aber wurde ein
Ackermann. 3 Es begab sich aber nach
etlicher Zeit, daß Kain dem HERRN Opfer brachte
von den Früchten des Feldes. 4 Und auch Abel
brachte von den Erstlingen seiner Herde und von
ihrem Fett. Und der HERR sah gnädig an Abel und
sein Opfer, 5 aber Kain und sein Opfer sah er
nicht gnädig an. Da ergrimmte Kain sehr und senk-
te finster seinen Blick. 6 Da sprach der HERR
zu Kain: Warum ergrimmst du? Und warum senkst
du deinen Blick? 7 Ist's nicht also? Wenn du
fromm bist so kannst du frei den Blick erheben. Bist
du aber nicht fromm, so lauert die Sünde vor der
Tür, und nach dir hat sie Verlangen; du aber herr-
sche über sie. 8 Da sprach Kain zu seinem
Bruder Abel: Laß uns aufs Feld gehen! Und es
begab sich, als sie auf dem Felde waren, erhob sich
Kain wider seinen Bruder Abel und schlug ihn tot.
9 Da sprach der HERR zu Kain: Wo ist dein
Bruder Abel? Er sprach: Ich weiß es nicht; soll ich
meines Bruders Hüter sein? 10 Er aber
sprach: Was hast du getan? Die Stimme des Blutes
deines Bruders schreit zu mir von der Erde.
11 Und nun: Verflucht seist du auf der Erde,
die ihr Maul hat aufgetan und deines Bruders Blut
von deinen Händen empfangen. 12 Wenn du
den Acker bebauen wirst, soll er dir hinfort seinen
Ertrag nicht geben. Unstet und flüchtig sollst du
sein auf Erden. 13 Kain aber sprach zu dem
HERRN: Meine Strafe ist zu schwer, als daß ich sie
tragen könnte. 14 Siehe, du treibst mich heute
vom Acker, und ich muß mich vor deinem Ange-
sicht verbergen und muß unstet und flüchtig sein
auf Erden. So wird mir's gehen, daß mich tot-
schlägt, wer mich findet. 15 Aber der HERR
sprach zu ihm: Nein, sondern wer Kain totschlägt,
das soll siebenfältig gerächt werden. Und der HERR
machte ein Zeichen an Kain, daß ihn niemand
erschlüge, der ihn fände. 16 So ging Kain hin-
weg von dem Angesicht des HERRN und wohnte im
Lande Nod, jenseits von Eden, gegen Osten.
(1. Mose 4, 1—16; Luther)

24

1 Jesus aber ging an den Ölberg. 2 Und
frühmorgens kam er wieder in den Tempel, und
alles Volk kam zu ihm; und er setzte sich und lehrte
sie.
3 Aber die Schriftgelehrten und Pharisäer brach-
ten eine Frau zu ihm, im Ehebruch ergriffen, und
stellten sie in die Mitte 4 und sprachen zu ihm:
Meister, diese Frau ist ergriffen auf frischer Tat im
Ehebruch. 5 Mose aber hat uns im Ge-
setz geboten, solche zu steinigen. Was sagst du?
6 Das sprachen sie aber, ihn zu versuchen, auf
daß sie eine Sache wider ihn hätten. Aber Jesus
bückte sich nieder und schrieb mit dem Finger auf
die Erde. 7 Als sie nun anhielten, ihn zu fra-
gen, richtete er sich auf und sprach zu ihnen: Wer
unter euch ohne Sünde ist, der werfe den ersten
Stein auf sie. 8 Und bückte sich wieder nieder
und schrieb auf die Erde. 9 Da sie aber das
hörten, gingen sie hinaus, einer nach dem andern,
von den Ältesten an; und Jesus ward allein gelassen
und die Frau in der Mitte stehend. 10 Jesus
aber richtete sich auf und sprach zu ihr: Weib, wo
sind sie, deine Verkläger? Hat dich niemand ver-
dammt? 11 Sie aber sprach: Herr, niemand.
Jesus aber sprach: So verdamme ich dich auch
nicht; gehe hin und sündige hinfort nicht mehr.

(Johannes 8, 1—11; Luther)

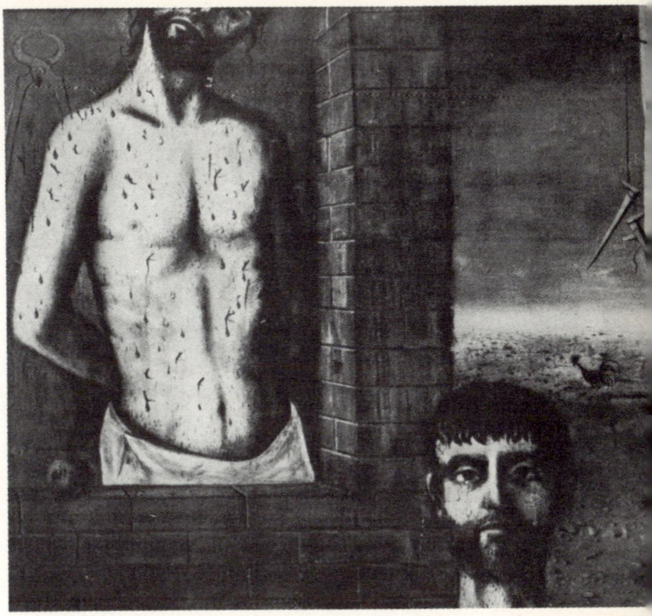

Hans Robert Pippal: Der Hahnenschrei

25

66 Und Petrus war unten im Hof. Da kam eine
von des Hohenpriesters Mägden; 67 und da sie
sah Petrus sich wärmen, schaute sie ihn an und
sprach: Und du warst auch mit Jesus von Naza-
reth. 68 Er leugnete aber und sprach: Ich weiß
nicht und verstehe nicht was du sagst. Und er ging
hinaus in den Vorhof, ⟨und der Hahn krähte⟩.
69 Und die Magd sah ihn und hob abermals
an, zu sagen denen, die dabeistanden: Das ist einer
von ihnen. 70 Und er leugnete abermals. Und
nach einer kleinen Weile sprachen abermals zu Pe-
trus, die dabeistanden: Wahrlich, du bist einer von
ihnen; denn du bist ein Galiläer. 71 Er aber fing
an, sich zu verfluchen und zu schwören: Ich kenne
den Menschen nicht, von dem ihr redet. 72 Und

Ewald Mataré:
Der verlorene Sohn

alsbald krähte der Hahn zum andern Mal. Da gedachte Petrus an das Wort, das Jesus zu ihm sagte: Ehe der Hahn zweimal kräht, wirst du mich dreimal verleugnen. Und er hob an zu weinen.

(Markus 14, 66—72; Luther)

Wiederannahme

26

1 Es machten sich aber alle möglichen Zöll-
ner und Sünder an ihn heran, um ihn zu hören.
2 Darüber entrüsteten sich die Pharisäer und
Schriftgelehrten und sagten: „Dieser Mann nimmt
Sünder auf und ißt mit ihnen!" 3 Da sagte er
ihnen folgendes Gleichnis: 11 „Ein Mann hat-
te zwei Söhne. 12 Der jüngere von ihnen sagte
zu seinem Vater: ‚Vater, gib mir den Anteil deines
Vermögens, der mir (als Erbe) zusteht.' Da teilte er
seinen Besitz unter sie. 13 Nicht lange danach
machte der jüngere Sohn seinen ganzen Anteil zu
Geld und zog davon in ein fernes Land; und da ver-
praßte er sein ganzes Vermögen in einem haltlosen
Leben. 14 Als er alles aufgebraucht hatte, kam
eine schwere Hungersnot über jenes ganze Land,
und er geriet in Not. 15 Da ging er hin und
hängte sich an einen Bürger jenes Landes; der
schickte ihn auf seine Felder, die Säue zu hüten.
16 Gern hätte er seinen leeren Magen mit den
Schoten gefüllt, die die Schweine fraßen, doch nie-
mand gab ihm davon. 17 Da ging er in sich
und sagte: ‚Wie viele Tagelöhner meines Vaters
haben Brot im Überfluß, und ich komme hier vor
Hunger um! 18 Ich will mich aufmachen und
zu meinem Vater gehen und zu ihm sagen: Vater,
ich habe gesündigt gegen den Himmel und vor dir.
19 Ich bin nicht mehr wert, dein Sohn zu hei-
ßen. Stelle mich wie einen deiner Tagelöhner!'
20 Und er machte sich auf und kam heim zu
seinem Vater. Als er noch weit weg war, erblickte
ihn sein Vater, und Erbarmen ergriff ihn; er lief ihm
entgegen, fiel ihm um den Hals und küßte ihn.
21 Doch der Sohn sagte zu ihm: ‚Vater, ich
habe gesündigt gegen den Himmel und vor dir —
ich bin nicht mehr wert, dein Sohn zu heißen.'
22 Aber der Vater sagte zu seinen Knechten:
‚Rasch, bringt das beste Gewand heraus und legt es
ihm an! Steckt ihm einen Ring an seinen Finger und
gebt ihm Schuhe an die Füße. 23 Und holt das
Mastkalb herbei und schlachtet es; dann wollen wir
ein Freudenmahl feiern. 24 Denn mein Sohn
hier war tot und ist wieder zum Leben gekommen;
er war verloren und ist wiedergefunden.' Und sie
fingen an zu feiern. 25 Als nun sein älterer
Sohn, der auf dem Felde war, heimkehrte und sich
dem Hause näherte, hörte er Musik und Tanz
26 und rief einen der Knechte zu sich und
fragte, was das sei. 27 Der antwortete: ‚Dein
Bruder ist gekommen; da hat dein Vater das Mast-
kalb geschlachtet, weil er ihn gesund wieder hat.'
28 Da geriet er in Zorn und wollte nicht her-
einkommen. Doch sein Vater ging zu ihm hinaus
und bat ihn. 29 Doch er antwortete seinem
Vater: ‚Sieh, so viele Jahre diene ich dir nun schon
und habe dein Gebot nie übertreten. Doch mir hast
du nie auch nur einen Ziegenbock gegeben, daß
ich mit meinen Freunden hätte feiern können!
30 Aber wie dein Sohn heimgekommen ist — der
da, der dein Vermögen mit Huren verpraßt hat, da
hast du für ihn das Mastkalb geschlachtet.' 31
Er erwiderte: ‚Kind, du bist doch allezeit bei mir,
und alles, was mein ist, ist dein: 32 Du hättest
mitfeiern und dich darüber freuen sollen, daß dieser
hier, dein Bruder, der tot war, wieder zum Leben
gekommen ist, verloren war und wiedergefunden
ist.' "

(Lukas 15, 1—3; 11—32; Wilckens)

● *Vergleichen Sie Nr. 27, S. 88f.; Nr. 53, S. 215f.; Nr. 49, S. 257f.!*

27

Für den antiken und den neuzeitlichen Humanismus ist der Mensch das, was er aus sich macht. Seine volle Menschlichkeit kann darum nur am Ende seines Humanisierungsprozesses stehen. Sie begegnet dem vorhandenen Menschen als unendliche Forderung seiner eigenen Selbstverwirklichung. Im christlichen Glauben entdeckt der Mensch seine Menschlichkeit darin, daß er trotz seiner Unmenschlichkeit schon von Gott geliebt und trotz seiner Verfehlung schon zur Gottesebenbildlichkeit gerufen und allen Weltreichen zum Trotz schon in die Gemeinschaft des Menschensohnes genommen ist. Liebe macht aus einem ungeliebten Wesen ein geliebtes Wesen. Der Ruf eines anderen macht aus einem verlassenen Leben ein antwortendes Leben. Der gekreuzigte Menschensohn bringt Versöhnung in den Schmerz der Entzweiung hinein. Der Mensch kann sich annehmen trotz aller seiner Unannehmlichkeiten, weil er von Gott schon angenommen ist (P. Tillich). Er kann trotz Auschwitz und Hiroshima und Contergankindern der Erde treu bleiben, weil auf dieser Erde das Kreuz Christi steht. Mitten in der unerträglichen Leidensgeschichte der Welt entdeckt er die versöhnende Leidensgeschichte Christi. Das gibt ihm die Kraft zu hoffen, wo nichts mehr zu hoffen ist und zu lieben, wo man sich haßt. Der Mensch wird menschlich, wenn er in die Lage versetzt wird, seine Selbstvergottungen und seinen Götzendienst mit seinen Gewinnen zu lassen, ... Wer versetzt ihn in diese Lage? Die Erkenntnis, daß Gott im Weg Jesu unser Schicksal und unsere Schuld sich zu eigen gemacht hat, die Erkenntnis, daß die Zukunft des Menschen im gekreuzigten Menschensohn schon begonnen hat, versöhnt den Menschen und befreit ihn von Hochmut und Angst, die noch stets die Quellen für den Götzendienst gewesen sind. Wer glaubt, flieht nicht mehr, weder in die unberührbare Ironie noch in die trotzige Utopie. Er flieht nicht sozialromantisch in die goldene Vergangenheit. Er emigriert nicht innerlich in die Reinheit des Herzens. Er verliert sich auch nicht mehr in Träumen von einer besseren Welt. Er findet überraschenderweise „Frieden mitten im Streit“ und das versöhnende Ja mitten im berechtigten Nein. Er findet Gewißheit mitten in den Ungewißheiten und seine Identität als Mensch in seinen unmenschlichen Nicht-Identitäten. Er kann sich darum in diese unerlöste Welt hinein mit Liebe, Sanftmut und Geduld entäußern, ohne befürchten zu müssen, sich selbst zu verlieren, und ohne den Zwang, sich selbst verwirklichen zu müssen. Er braucht sich die Anerkennung und die Liebe Gottes nicht zu erwerben, sondern kann aus einem anerkannten und geliebten Dasein heraus frei handeln.

Hier liegt wirklich das Besondere der christlichen Möglichkeit des Menschen. Es gibt eine alte jüdische Geschichte: Einem weisen Rabbi wurde berichtet, daß es Menschen gibt, die sagen, der Menschensohn sei schon gekommen. Er antwortete nichts, sondern öffnete das Fenster und sah in die Welt hinaus, kehrte um und schüttelte den Kopf. Wäre der Menschensohn schon gekommen, so sähe die Welt anders, nämlich menschlicher aus. Dann wäre das Weinen aus der Welt verschwunden, und die Völker würden ihre blutigen Schwerter zerbrechen und Pflugscharen aus ihnen machen. Für das Judentum wie für den moralischen Humanismus gibt es keine Enklaven der Erlösung in einer ansonsten unerlösten Welt. Das Christentum aber lebt davon, daß verborgen in der Gestalt des Gekreuzigten das Reich des Menschensohns schon angebrochen ist und man heute schon aus seinen neuen Möglichkeiten heraus anders leben kann. Im Weg und Geschick Jesu Christi liegt für den Glauben die Vorwegnahme, oder besser: die Vorgabe des kommenden Reiches des menschlichen Menschen mitten in den Weltreichen. Zwar ist diese Vorwegnahme noch nicht das Reich selbst, aber doch schon sein Anfang und seine Grundlegung. Der Gekreuzigte verkörpert die neue Menschlichkeit, die Gott entspricht, unter den Verhältnissen der Unmenschlichkeit, die Gott widersprechen. Er verkörpert Heimat unter den Verhältnissen der Fremde und Freiheit mitten in den Fesseln der Sklaverei. Aber gerade damit werden Menschen ermächtigt, diese Verhältnisse zu ändern, die Welt heimatlicher zu gestalten und die innere und äußere Sklaverei abzuschaffen. Versöhnung, so sagt die theologische Sprache, ist der Anfang der Erlösung in einer unerlösten Welt, und Erlösung ist die erhoffbare Zukunft der Versöhnung. Die Feststellung der unmenschlichen Welt widerspricht dieser nicht. Die im Glauben erfahrene Versöhnung aber widerspricht ihr radikal. Wer Versöhnung erfahren hat, kann sich nicht mehr mit dem Zustand der Welt abfinden. Die Freude, die er erfährt, macht ihm das Elend der Kreatur zum Schmerz. Versöhnung ohne Veränderung des Lebens und der Verhältnisse ist ein billiger Trost. Veränderung ohne Versöhnung aber bleibt verkrampft und führt leicht zum Terrorismus.

(Jürgen Moltmann)

Gegen den Tod hoffen

Die Privatsache Tod

28

Es sagt sich leicht, in unserer Zeit werde der Tod verdrängt. Auf den ersten Blick gibt es dafür in der Tat Anzeichen genug. Gestorben wird im Krankenhaus oder — wenn die Zeit nicht mehr reicht, die Anzeichen des nahenden Todes als kurable Krankheit zu deuten — auch im Seniorenheim. Aus gewöhnlichen Wohnhäusern werden Särge nur noch selten getragen. So wie wir uns die soziale Umwelt gestaltet haben, sind Ereignisse wie Geburt und Tod in der Familie nicht mehr zu bewältigen; sie müssen von Spezialisten betreut werden. Kinder zumal erfahren davon überhaupt nur noch indirekt durch Bericht. Die Todesanzeigen beweisen, daß auch mit Sprache verdrängt wird. Man spricht davon, daß ein lieber Angehöriger heimgegangen, hingeschieden, entschlafen sei. Der nichtbetroffene Lebende nennt das leichthin sentimental und kritisiert es als Fluch vor der unerbittlichen Wahrheit des Todes, die besser beim Namen genannt werden sollte.

> Das schauerlichste Übel, der Tod, geht uns nichts an. Denn solange wir sind, ist der Tod nicht da; und wenn er da ist, sind wir nicht da.
> *(Epikur)*

An das massenhafte Sterben im Zweiten Weltkrieg erinnern sich noch viele, aber sie schweigen. Was damals geschah, war so offensichtlich eine Ausnahme, daß es mit dem, was wir heute in Zeiten der Sicherheit und des Friedens „den Tod" nennen, nur wenig gemeinsam hat, jedenfalls nicht das Entscheidende. Der normale, aller Kreatur vorbestimmte, aber nur vom Menschen vorausgewußte Tod ist etwas anderes als das gewaltsame und plötzliche Ende des Lebens. Auch dieses droht zwar in Krieg und Frieden jedem Menschen, aber nicht mit der Unausweichlichkeit des *gewußten* Todes. Er ist gemeint, wenn vom Verdrängen die Rede ist. Er werde, so sagen die strengen Zeitkritiker, heute durch einen perfekten Apparat aus Bestattungsritualen, Trostroutine, Sterbegeldhilfen und Kosmetik den Augen der Lebenden entzogen, um sie zu schonen. Geschieht das wirklich nur aus diesem Grunde?

> Jeder von uns muß sterben, und je früher wir die Wirklichkeit unseres eigenen Todes hinnehmen, um so früher können wir beginnen, wahrhaft zu leben.
> *Elisabeth Kübler-Ross*

Offenbar ist doch, daß durch eine solche gesellschaftliche Verschwörung, den Tod möglichst nicht zur Kenntnis zu nehmen, er weder aus der Welt geschafft noch mit Erfolg verdrängt werden kann. Er wird als Thema lediglich in die Privatsphäre überwiesen, wo der einzelne selbst mit ihm fertig zu werden hat. Was unsere Zeit von anderen unterscheidet, ist nicht unsere angeblich besonders intensive Anstrengung, den Tod durch Ignorieren zu bewältigen, sondern der Verlust einer allgemein geteilten Überzeugung vom Tod als einer Durchgangsstation des Lebens. Nahezu alle Kulturen der bisherigen Menschheit haben zum Eckstein eine Lehre vom Tod. Sie ist Ausdruck der gemeinsamen Erfahrung, daß der einzelne Mensch zeit seines Lebens von seinem Tod weiß. Die allgemein geglaubte Lehre gibt dem einzelnen Halt. Selbst wenn sie nicht das Paradies nach dem Tode verspricht wie der Islam, sondern ein trauriges Schattenreich wie die homerische Mythologie oder eine Wiedergeburt in möglicherweise niedrigster Lebensform wie der Hinduismus — durch ihre Selbstverständlichkeit und allgemeine Verbindlichkeit hilft eine solche Lehre dem einzelnen Menschen, das ungelöste Rätsel des Todes zu ertragen.

Gelöst wird es nicht, nur die Formen des Umganges mit ihm wechseln. Sokrates erwartete, im Hades den alten Helden der goldenen Vorzeit zu begegnen; mit ihnen wollte er das Gespräch über die Tugend weiterführen. Der Materialist unserer Tage stirbt beruhigt bei dem Gedanken, daß der Stoff seines Lebens — errechneter Materialwert von Kalk, Phosphor, Eisen, Stickstoff usw. etwa 12 Mark — in den Kreislauf der Materie zurückkehrt und neue lebende Existenz ermöglicht. Zwei Beispiele von Gelassenheit, wenigstens äußerlich. So kann ein einzelner sich mit seinem Tod abfinden, aber die Frage, was alle vom Tod zu halten haben, bleibt offen.

Der Mensch sucht Auskunft bei anderen und schließt sich, da es keine Gewißheit gibt, dargebotenen *Meinungen* an. Sie laufen alle darauf hinaus, daß das Unerklärbare im Geiste der betreffenden Zeit gebannt wird. Die griechische Philosophie, besonders Platon im Phaidon-Dialog, entwarf

scharfsinnige Beweise für die Unsterblichkeit der Seele. Weit verbreitet in den einfachsten und höchsten Kulturen ist der Brauch, die Endgültigkeit des Todes zu bezweifeln, indem man den Verstorbenen Geld und Wegzehrung, Pferd und Dienerschaft mit ins Grab gibt für die jenseitige Reise. Auf afrikanischen Friedhöfen legen die Angehörigen der Toten eine kleine Münze auf das Grab und decken einen billigen Plastikteller darüber; an den Mauern alter Kirchen Europas finden wir kunstvolle und teure Grabplatten, deren Inschrift mit den Worten beginnt: Hier harrt der Auferstehung . . .

Wer besiegt den letzten Feind?

Der sichere, weil durch gemeinsame Überzeugung gestützte Umgang mit dem Sterben ist uns genommen, seit im Namen der Aufklärung und des Existentialismus die Konventionen als unzureichende Antwort auf die Frage nach dem Abschluß des Lebens und der Endgültigkeit des Todes „entlarvt" worden sind. Doch an die Stelle des für billig erklärten, entzogenen Trostes trat nur ein anderer, unserer Zeit besser entsprechender Mechanismus des Kollektivumganges mit dem Tod. Diesen letzten Feind, den erst Christus aufheben wird, wie Paulus im Brief an die Korinther schrieb, bekämpfen wir heute auf eigene Faust schon bei seiner Annäherung im Vorfeld. Dort schlägt Medizin eine gewaltige Materialschlacht, und die Liste der Sondermeldungen von großen Siegen ist lang und eindrucksvoll. So nähren wir unsere heimliche Hoffnung, es könnte noch zu unseren Lebzeiten der letzte Feind endgültig niedergeworfen werden. Dabei tun wir nichts anderes als das, was zu allen Zeiten getan wurde, nur werden unsere Hoffnungen, wir könnten mit dem Tod fertig werden, aus anderen Quellen gespeist als die Hoffnungen früherer Menschen.

Lehre uns bedenken, daß wir sterben müssen, auf daß wir klug werden.
(Psalm 90, 12; Luther)

Heute verkündet der Tod nicht mehr in erster Linie die Tatsache unserer Sterblichkeit, sondern die unserer noch bestehenden technischen und ärztlichen Unzulänglichkeit. Darum sind wir jenen Riten entfremdet, die in überlieferungstreuen Gemeinschaften nicht nur den Toten ehren, sondern dem Tode selbst Ehrfurcht bezeugen.
Gustav Bally

Doch werden wir unserer Hoffnungen nicht froh, weil sie zu offensichtlich nur Illusionen sind. Da ist es zweckmäßig und menschlich, das ganze Thema überhaupt zu verdrängen. Und so sehr der Ausdruck nach Feigheit klingt, ist das von ihm gemeinte Verhalten nicht so unaufrichtig, wie die Kritiker des Verdrängens behaupten. Da wir ohne Erfahrung nichts wissen können, der Tod uns deshalb unbekannt bleibt, ist es angebracht, zu schweigen. Das gilt jedenfalls so lange, wie es unter uns keine alte, gemeinsame Vorstellung mehr gibt und noch keine neue entsteht von diesem Ereignis, das zwar den Einzelnen trifft, aber doch allen verordnet ist.

Protest am Grab

Am Ende der philosophischen Versuche, den Tod zu denken, wissen wir, daß er vom Denken nicht erreicht werden kann, und daß alles Denken über ihn eben auch nur dem versteckten Zweck dient, den Tod nicht wahrhaben zu wollen. Vor dem

Angebot der Antworten, welche die Religionen und Weltanschauungen bieten, stehen wir unschlüssig und niemals vollständig überzeugt. Die Auswahl zeigt doch nur, daß die letzte Wahrheit nicht gefunden worden ist.
Wo der Tod durch sichere Konventionen eines gemeinsamen Glaubens gemeistert wird, geschieht das in öffentlicher Zeremonie, und er ist selbst ein öffentliches Ereignis. Bei uns bleibt er wegen seiner allein im existentiellen Bereich empfundenen Wahrheit dem Einzelnen als Thema aufgetragen, ist Privatsache. Das schließt nicht aus, daß wir das Leben, das wir kennen, gemeinsam verteidigen, indem wir den Tod verfolgen bis hinaus auf die Friedhöfe, um an Gräbern seinen Triumph zu bestreiten. Hier sind wir auf sicherem Boden, weil uns an der Grenze des Todes das vertraute Leben aufs äußerste bewußt wird. Dieser Rest von öffentlicher Konvention im Umgang mit dem privaten Tod wird sich behaupten — eine Erinnerung an Zeiten, die weniger aufrichtig sein wollten als die unsere, aber damit im Angesicht des Unbekannten barmherziger waren.

(Christian Schütze)

Ob König oder Bauer, am Ende kommen doch alle in die gleiche Schachtel.
(Sprichwort)

Euer Herz erschrecke nicht!

29

Unsere Kränze, die hier liegen, sind Zeichen unserer Ohnmacht und unserer Fassungslosigkeit, sie weisen darauf hin, daß wir endgültig Abschied nehmen müssen. Unsere Kränze sind Kränze des Todes, aber der Kranz der Dornen, den Jesus in seinem Tode trug, ist zum Zeichen des Lebens geworden, deshalb gilt uns, daß mit dem Tod nicht alles zu Ende ist. Gott hat noch etwas mit uns vor.
Der, der mit der Dornenkrone geschmückt dahingeht, scheint vom Tode besiegt zu sein und ist doch der Sieger. Er geht hin, um denen, die ihm auch angesichts des Todes vertrauen, eine Heimstatt zu bereiten. Für Ernst H. ist diese Stätte bereitet, denn Gott hat für jeden Raum, wie es Jesus in unserem Abschnitt sagt: In dem Hause meines Vaters sind viele Wohnungen. Bei Gott ist für jeden Platz, da herrscht keine Wohnungsnot. Das ist tröstlich für uns, deren Leben weitergeht. Denn wer hätte Anspruch darauf im Tode, angesichts des Abbruchs des bisherigen Lebens, bei Gott neues Leben zu finden?
Um sein Werk jedoch an uns auszuführen, hat Jesus eine Bitte an uns. Glaubt an Gott und glaubt an mich! Jesus braucht unser ganzes Vertrauen. Angesichts des Todes von Ernst H. sind wir auf einmal nach unserem Leben gefragt. Jesus fragt die Ehefrau, die Angehörigen, er fragt uns alle.
Er fragt uns deshalb, weil er der Weg, die Wahrheit und das Leben ist. Es ist die Wahrheit Gottes, und an ihm entscheidet sich unser Leben und unser Tod, und zwar ein Tod, der eben noch mehr ist als der irdische Tod, ein Leben, das unsere Vorstellungen von Leben zwischen Geburt und Tod übersteigt, die Wahrheit Gottes, die uns angesichts des Todes ruhig werden läßt.

(Reinhard Kirste, aus einer Beerdigungspredigt über Johannes 14, 1—6)

Weiterführende Literatur
Nitschke, H. (Hg.), *Am Grabe*, Gütersloher Verlagshaus G. Mohn 1975
Haack, F.-W.,
Tod, Münchener Reihe, Ev. Presseverband für Bayern, München o. J.

- *Was erwarten Sie von einer Beerdigungsfeier?*
- *Führen Sie ggf. ein fiktives Gespräch zwischen Pfarrer und Angehörigen des Verstorbenen!*

Dem Tod begegnen

30

Wissenschaft und Technik haben dazu beigetragen, daß die Furcht vor der Vernichtung und damit die Angst vor dem Tod immer noch ansteigt.
Also muß der Mensch mehr Abwehrkräfte mobilisieren, und wenn es keine physische Verteidigung sein kann, müssen sich seine psychologischen Kniffe vervielfachen. Er kann ja nicht in alle Ewigkeit den Kopf in den Sand stecken, kann nicht ausdauernd und mit Erfolg behaupten, er sei sicher. Doch wenn wir den Tod nicht leugnen können, müssen wir versuchen, ihm anders beizukommen: Wir rasen über die Autostraßen, lesen dann, wie viele Menschen bei Verkehrsunfällen umgekommen sind,

und stellen schaudernd, doch erleichtert fest: „Es war der andere, ich bin es nicht, ich hab' es überstanden.“

Von der Gangsterbande bis hin zu gesamten Nationen können Gruppen ihre Gruppenidentität dazu verwenden, die Angst vor der Vernichtung in Angriff und Zerstörung anderer umzusetzen. Ist vielleicht der Krieg nichts anderes als das Bedürfnis, dem Tod entgegenzutreten, ihn zu bezwingen — also eine besondere Form für die Ableugnung der eigenen Sterblichkeit? Ein Patient, der an Leukämie starb, sagte fassungslos: „Aber das kann doch gar nicht sein, daß ich jetzt sterbe! Das kann doch Gott nicht wollen! Er hat mich ja am Leben gelassen, als mir im Krieg die Kugeln um die Ohren pfiffen!“

Auf verschlungenen Wegen findet der Mensch seine psychologischen Abwehrkräfte gegen die steigende Angst und das Gefühl, die Gefahr nicht rechtzeitig erkennen zu können.

In unserem Unterbewußtsein können wir den eigenen Tod nicht begreifen, sondern halten uns für unsterblich, doch den Tod des Nachbarn erkennen wir durchaus: Informationen über Massen von Menschen, die im Krieg oder durch Autounfälle ums Leben gekommen sind, vermögen deshalb den unbewußten Glauben an die eigene Unsterblichkeit zu stützen und lassen es zu, daß wir uns im tiefsten Winkel des Unterbewußtseins ganz im geheimen freuen, „weil es der andere ist, nicht ich“.

Vielleicht müssen wir uns wieder dem einzelnen menschlichen Wesen zuwenden, ganz von vorn anfangen und dann versuchen, den eigenen Tod zu fassen und zu lernen, diesem tragischen, doch unausweichlichen Geschehen mit weniger Verwirrung und Angst entgegenzusehen.

Die Existenz von Massenvernichtungsmitteln können wir ebensowenig aus der Welt schaffen wie die Tatsache, daß Wissenschaft und Technik uns künftig gestatten werden, immer mehr lebenswichtige Organe zu ersetzen, so daß die Entscheidungen über Krieg und Frieden auf der einen Seite, über Leben und Tod, Spender und Empfänger auf der anderen immer schwerer wiegen, beziehungsweise immer häufiger getroffen werden müssen. Bis die Computer uns die Arbeit abnehmen — was sie ja sicherlich eines Tages tun werden —, müssen sich die gegenwärtigen und künftigen Generationen mit den rechtlichen und ethischen Konsequenzen ihrer Entscheidungen herumschlagen.

Wenn auch jeder von uns seine eigene Methode hat, diese Probleme vor sich her zu schieben, bis er ihnen nicht mehr ausweichen kann, so vermag er sie doch nur zu lösen, wenn er bei sich selbst anfängt und seinen eigenen Tod akzeptiert. Das ist natürlich kein Vorgang, der in Massen zu absolvieren oder von Computern zu steuern wäre — hier muß jedes einzelne menschliche Wesen seinen Weg allein finden.

(Elisabeth Kübler- Ross)

● *Was würden Sie tun, wenn Sie noch einen Tag zu leben hätten?*

Weiterführende Literatur

Kübler-Ross., E., *Interviews mit Sterbenden,* GTB 71, Gütersloh 1973

Klempnauer, G., *Wenn ich noch einen Tag zu leben hätte,* Kreuz-V., Stuttgart/Berlin 1977

Aichelin,H., D. **Feist**, R. **Lindner**, H. G. **Pöhlmann**, *Tod und Sterben,* GTB 229, Gütersloh 1978

Thielicke, H., *Wer darf leben?* Ethische Probleme der modernen Medizin (Goldmann TB 2650)

Jüngel, E., *Tod,* Themen der Theologie, Bd. 8, Kreuz-V., Stuttgart/Berlin 1971

Wiesenhütter E., *Blick nach drüben — Selbsterfahrungen im Sterben,* GTB 119, Gütersloh 1974

Hilfe im Sterben

31

Mary Lous stumme Appelle um Euthanasie beunruhigten mich zutiefst. Sie flehte offensichtlich um Hilfe, aber wer von den Menschen in ihrer Nähe konnte ihr helfen? Pete schied aus mehreren offenkundigen Gründen aus, und deshalb war nur noch ich übrig. Wenn die Narkotika ihre Schmerzen wirklich gelindert hätten, wie fast alle Ärzte den nur allzu leichtgläubigen Laien versichern, dann hätten mich ihre schreckliche Lage und ihre Bitten weniger beunruhigt, aber die Medikamente linderten ihre Schmerzen höchstens teilweise, machte sie lediglich ein wenig erträglicher. Von meinen Recherchen über Mord wußte ich noch, daß selbst aus dem zerbrechlichsten Körper das Leben nicht ohne zähen reflexhaften Widerstand weicht — auch nicht unter den heftigsten Angriffen. Mary Lous Lungen atmeten weiter, und ihr Herz schlug weiter. Unter dem Druck ihres Leidens und ihrer Bitten mußte ich, außer mir vor Kummer und Schmerz, in mich gehen und mir die Frage stellen, ob ich imstande wäre, Schwestermord zu begehen, wenn sie den Punkt erreicht hätte, an dem sie vor Schmerzen laut schreien müßte — ob ich meine Schwester töten oder ihr die Möglichkeit verschaffen könnte, sich selbst zu töten.

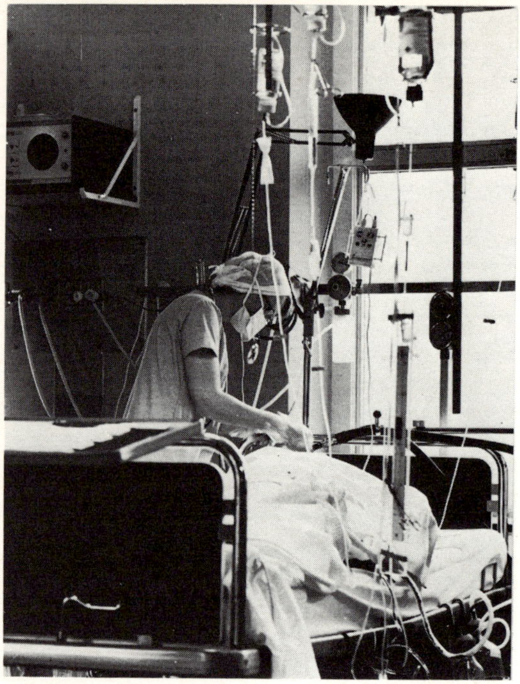

Intensivstation

Ich analysierte die Frage nüchtern und rational und kam zu dem Schluß, daß mir weder die Ethik noch mein Gewissen im Weg standen. Aber ich brauchte trotzdem Rat und wußte kaum, an wen ich mich wenden konnte. Schließlich fiel mir Dora ein, die Krankenschwester von der Schule, die Mary Lou sehr mochte und alles tun würde, um ihr zu helfen.

Dora gehörte zu den sehr wenigen, die Mary Lou noch besuchen durften, wenn auch nur ein paar Minuten, und als sie das nächste Mal kam, begleitete ich sie hinunter ins Krankenhausfoyer und lud sie auf eine Tasse Kaffee in die Cafeteria ein. All ihre Sympathie war bei Mary Lou und deren letztem Wunsch, doch gegen alle Möglichkeiten, die mir einfielen, brachte sie realistische Argumente vor. „*Jede* plötzliche Veränderung, gleich welcher Art, würde bedeuten, daß die Klinik eine Untersuchung einleiten könnte, und bei einer Untersuchung würde sofort herauskommen, was — oder wer — die Veränderung verursacht hat." Sie machte eine Pause, rührte gedankenverloren ihren Kaffee um und suchte nach Worten. „Ich weiß, daß du bestimmt an alle Risiken gedacht hast, die du selbst eingehst, doch vergiß nicht, was eure Eltern vielleicht über sich ergehen lassen müßten. Die beiden müssen weiterleben, und sehr viel Zeit bleibt ihnen nicht mehr."

(Paul Moor)

10 Tage vor dem Ende — Aus dem Pflegeprotokoll:

1.30 Uhr Wach, klagt über Schmerzen. Levo-Dromoran 1 mg gegen Schmerzen gegeben. Scheint ein wenig durcheinander. 2 Uhr Schläft. 4 Uhr Wach, klagt über Schmerzen. Levo-Dromoran 1 mg gegen Schmerzen gegeben. 4.30 Uhr Schläft. 6.45 Uhr Kolostomie gesäubert, Schlechte 8 Std. 7 Uhr Levo-Dromoran 2 mg gegen Schmerzen. Frühstück, Sahne und Weizenkeime genommen. 10.30 Uhr Levo-Dromoran 2 mg gegen Schmerzen. Bad und allg. Körperpflege. Ödembildung am rechten Fuß und Knöchel festgestellt. 12 Uhr Nur Brühe. 13 Uhr Levo-Dromoran 2 mg gegen Schmerzen. 14.30 Uhr Medikamente bringen keine Linderung. 14.45 Uhr Levo-Dromoran 2 mg gegen Schmerzen. Schlechte 8 Std. 17 Uhr Levo-Dromoran 2 mg gegen Schmerzen. Diät recht gut gegessen. 19.30 Uhr Klagt über Unterl.-Krämpfe, will im Augenblick keine Medikamente. 20 Uhr Levo-Dromoran 2 mg gegen Schmerzen. 22 Uhr 3gr. Amytal. Beschwerl. 8 Std. 23 Uhr Wach, Verwandter am Bett. Verwandter gegangen. Pat. scheint zu dösen, im Augenblick ruhig, aber wach. 23.30 Uhr Levo-Dromoran 2 mg gegen Schmerzen gegeben.

32

Zu den Aufgaben des Arztes gehört auch die Sterbehilfe; sie ist das Bemühen, dem Sterbenden so beizustehen, daß er in Würde zu sterben vermag. Solche Sterbehilfe ist nicht nur ein medizinisches, sondern auch ein ethisches und juristisches Problem.

I. Ärztliche Überlegungen

Der von einer tödlichen Krankheit oder von einer lebensgefährlichen äußeren Gewalteinwirkung betroffene Mensch ist nicht notwendigerweise ein Sterbender. Er ist ein in Todesgefahr Schwebender, und es versteht sich von selbst, daß stets die Lebenserhaltung und wenn möglich die Heilung anzustreben ist. In solchen Fällen hat der Arzt diejenigen Hilfsmittel einzusetzen, die ihm zur Verfügung stehen und geboten erscheinen. Diesen Patienten zu behandeln, ist Lebenshilfe und keine Sterbehilfe.

Die Sterbehilfe betrifft den *im Sterben liegenden Menschen.* Ein Sterbender ist ein Kranker oder Verletzter, bei dem der Arzt auf Grund einer Reihe klinischer Zeichen zur Überzeugung kommt, daß die Krankheit irreversibel oder die traumatische

Schädigung infaust (ungünstig) verläuft und der Tod in kurzer Zeit eintreten wird. In solchen Fällen kann der Arzt auf weitere, technisch eventuell noch mögliche Maßnahmen verzichten.

Die Sterbehilfe umfaßt die aktive Sterbehilfe (oder Sterbenachhilfe) und die passive Sterbehilfe. Allerdings ist diese Unterscheidung in einzelnen Fällen nicht leicht zu treffen.

Die *aktive Sterbehilfe* ist die gezielte Lebensverkürzung durch Tötung des Sterbenden. Sie besteht in künstlichen Eingriffen in die restlichen Lebensvorgänge, um das Eintreten des Todes zu beschleunigen.

Die *passive Sterbehilfe* ist der Verzicht auf lebensverlängernde Maßnahmen beim Todkranken. Sie umfaßt die Unterlassung oder das Nichtfortsetzen von Medikationen, sowie von technischen Maßnahmen, Beatmung, Sauerstoffzufuhr, Bluttransfusionen, künstliche Ernährung.

Ärztlich ist der Verzicht auf eine Therapie beziehungsweise die Beschränkung auf eine Linderung von Beschwerden begründet, wenn ein Hinausschieben des Todes für den Sterbenden eine nicht zumutbare Verlängerung des Leidens bedeutet und das Grundleiden mit infauster Prognose einen irreversiblen Verlauf angenommen hat.

Als medizinische Sonderfälle sei das Vorgehen bei einigen zerebralen Störungen erörtert:

Wenn der Patient dauernd schwer bewußtseinsgestört bleibt und keinerlei Kommunikation mit seiner Umwelt hat, so muß der Arzt nach längerer Beobachtung beurteilen, ob der Prozeß irreversibel ist, so daß auf die besonderen lebensverlängernden Maßnahmen verzichtet werden kann, auch wenn das Atmen und das Schlucken erhalten sind. Die Behandlung darf sich in diesen Fällen auf pflegerische Hilfe beschränken.

Bei schweren Mißbildungen und perinatalen Schäden des Zentralnervensystems, die zu irreparablen Entwicklungsstörungen führen würden, und wenn ein Neugeborenes oder ein Säugling nur dank des fortdauernden Einsatzes außergewöhnlicher technischer Hilfsmittel leben kann, darf von der erstmaligen oder anhaltenden Anwendung solcher Hilfsmittel abgesehen werden.

II. Ethische Gesichtspunkte

Die Schweizerische Akademie der medizinischen Wissenschaften war von dem Grundgedanken geleitet, daß es die primäre Verpflichtung des Arztes ist, dem Patienten in jeder möglichen Weise helfend beizustehen. Während des Lebens ist die Hilfe, die er leisten kann, ausgerichtet auf die Erhaltung und Verlängerung des Lebens. Beim Sterbenden hängt die bestmögliche Hilfe von einer Anzahl von Gegebenheiten ab, deren angemessene Würdigung und Abwägung den Arzt vor schwere Entscheidungen stellen kann. Der Arzt hat in seine Überlegungen unter anderem

die Persönlichkeit oder den ausgesprochenen oder mutmaßlichen Willen des Patienten,

seine Belastbarkeit durch Schmerzen und Verstümmelung,

die Zumutbarkeit medizinischer Eingriffe,

die Verfügbarkeit therapeutischer Mittel,

die Einstellung der menschlichen und gesellschaftlichen Umgebung einzubeziehen.

Der Sterbeprozeß beginnt, wenn die elementaren körperlichen Lebensfunktionen erheblich beeinträchtigt sind oder völlig ausfallen. Sind diese Lebensgrundlagen derart betroffen, daß jegliche Fähigkeit entfällt, Subjekt oder Träger eigener Handlungen zu sein, sein Leben selbst zu bestimmen, und steht der Tod wegen lebensgefährdender Komplikationen unmittelbar bevor, so ist dem Arzt ein breiter Ermessensspielraum für sein Handeln zuzugestehen.

Diese Richtlinien können dem Arzt seine Entscheidung nicht abnehmen, sollen sie ihm aber nach Möglichkeit erleichtern.

III. Rechtliche Beurteilung

Die Sterbehilfe beruht auf der Verpflichtung des Arztes, bei der Übernahme der Behandlung eines Patienten alles in seinen Kräften Stehende zu unternehmen, um Gesundheit und Leben des Kranken zu fördern und zu bewahren. Dieser Pflicht wird als *Garantenpflicht* des Arztes bezeichnet. Der Arzt, welcher passive Sterbehilfe leistet, könnte zivil- oder strafrechtlich verantwortlich werden, wenn er dadurch seine Garantenpflicht verletzt. Deshalb muß der Arzt wissen, in welcher Weise diese Pflicht einerseits dem urteilsfähigen, bei vollem Bewußtsein befindlichen Patienten, und andererseits dem bewußtlosen Patienten gegenüber besteht.

Der Wille des *urteilsfähigen* Patienten, der über die Erkrankung, deren Behandlung und die damit verbundenen Risiken aufgeklärt worden ist, bindet den Arzt. Weil der urteilsfähige Patient darüber zu entscheiden hat, ob er behandelt werden will, kann er die Behandlung abbrechen lassen. Unter diesen Umständen entfällt die rechtliche Grundlage zur Behandlung mit denjenigen Maßnahmen, welche der Patient nicht mehr wünscht. In diesem Fall darf sich der Arzt – dem Wunsch des Patienten entsprechend – darauf beschränken, nur noch leidenmildernde Mittel zu geben oder eine in anderer Weise beschränkte Behandlung durchzuführen, ohne daß er deswegen rechtlich verantwortlich wird.

Ist der tödlich erkrankte Patient *nicht mehr urteilsfähig* und deswegen nicht in der Lage, seinen Willen zu äußern (wie der Bewußtlose), so sind die Heilbemühungen entsprechend dem mutmaßlichen Willen des Patienten auszuführen. Dieser Wille ist nicht einfach als auf bloße Verlängerung von Schmerzen und Leiden zielend anzusehen. Vielmehr kann der Respekt vor der Persönlichkeit des Sterbenden die Anwendung medizinischer Maßnahmen als nicht mehr angezeigt erscheinen lassen.

Eine frühere schriftliche Erklärung, worin der Patient auf jede künstliche Lebensverlängerung verzichtet, kann für die Ermittlung seines Willens ein wichtiges Indiz abgeben. Entscheidend ist jedoch der gegenwärtige mutmaßliche Wille, der nur auf Grund einer sorgfältigen Abwägung aller Umstände des Falles gefunden werden kann. Verbindlich ist die frühere Erklärung schon deshalb nicht, weil sie zu jeder Zeit rückgängig gemacht werden kann. Somit muß stets danach gefragt werden, ob der Patient die Erklärung im gegenwärtigen Augenblick vernünftigerweise widerrufen würde oder nicht.

Dem Patienten nahestehende Personen sind anzuhören. (Nahestehende Personen sind in der Regel, doch nicht ausschließlich, die nächsten Verwandten des Patienten). Die letzte Entscheidung liegt rechtlich allerdings beim Arzt. Ist jedoch der Patient unmündig oder entmündigt, so darf die Behandlung nicht gegen den Willen der Eltern oder des Vormundes eingeschränkt oder abgebrochen werden.

(Die Schweizerische Akademie der medizinischen Wissenschaften)

- *Was sind und wie wirken „realistische Argumente" in einer Situation wie der in Text 31 (S. 93 f.) beschriebenen?*
- *Welche Gedanken und Gefühle kommen in den Angehörigen, Schwestern und Ärzten auf?*
- *Welche ethischen Konflikte spielen bei der „Euthanasie" eine wesentliche Rolle? Ziehen Sie dazu besonders den Abschnitt II aus Text 32 (S. 95) heran!*

Durchlittene Anfechtungen

33

Liebe Eltern. Wir haben beschlossen zu sterben, da man auf dieser Welt nirgendwo unseren heißersehnten Frieden genießen kann und wir der festen Überzeugung sind, daß es auf dieser Welt niemals vollkommenen Frieden geben wird. Denn es fängt damit an, daß Menschen sinnlos Tiere quälen und töten und es mit den Mitmenschen ebenfalls machen. Es herrscht ewig Krieg auf der Welt! Und warum, das fragen wir uns, erfindet man immer gefährlichere Waffen, wenn sie nicht irgendwann benutzt werden sollen?

Wir können aus dieser Welt, die voll ist von Problemen, Einsamkeit, Hektik, Luxus und dem Streben nach Macht und unbegrenztem Reichtum nicht anders entgehen als auf die von uns gewählte Weise: Denn unsere Pflicht war es, sich selbst zu suchen und dann den eigenen Weg vorwärts zu tasten, egal, wohin er führt: Unsere Seele hat keine Heimat. Wir suchten erst mit großer Hoffnung, die mit der Zeit immer kleiner wurde. Ein kleiner Funke, der in Verzweiflung umsprang, ohne Ende, tief und schmerzlich, nur eine Hoffnung auf Ruhe: im Tod.

„Wir haben hier keine bleibende Statt, sondern die zukünftige suchen wir." (*Hebräer 13, 14*) Wir bekamen viele Hindernisse bei unserer Bewußtwerdung auf den Weg gelegt. Dabei haben wir doch nichts anderes als das zu leben versucht, was von selbst aus uns raus wollte.

Wir finden, daß unsere Erde ein Betonbunker wird. Sie verliert immer mehr das Band der wartenden Natur und bekommt ein leeres und trauriges Gesicht. Wir hatten uns zwar schon einigermaßen daran gewöhnt, daß diese Welt für uns nicht schön war, und haben angefangen, in uns hineinzuleben und konnten in manchen Augenblicken auch alles da draußen vergessen: Aber der Mensch ist ein empfindsames Wesen, und wir beide haben es nicht geschafft wie die vielen anderen, gleichgültig das Los des Lebens hinzunehmen. Glaubt uns bitte, wir haben sehr viele Versuche gemacht, unsere Lebenseinstellung wenigstens einigermaßen zu realisieren. Aber wir sitzen in einem Käfig, der zwar aus Gold ist, in dem man aber getäuscht wird. Kaum glaubt man, einen Schritt vorwärts gekommen zu sein, stößt man schon an die begrenzende Wand: überall Ge- und Verbote!

Wir sind für diese Leistungsgesellschaft nicht geschaffen. Wir gehören nicht zur Masse, der Riesenschafherde, die alle gemeinsam wie *Plasticpeople* herumwandeln. „Nur nicht auffallen, schön in der Masse bleiben!" — das ist ihre Devise. Aber nicht unsere.

Wir fragten uns tausendmal nach dem Sinn des Lebens, aber auch die Gesellschaft gab uns nur ausweichende oder keine Antworten. Doch wir fragten uns: Wozu soll es gut sein, den Lebtag am Schalter zu stehen, Sekretärin zu sein oder sich als Manager abzuhetzen?

Der Mensch ist gebunden von der Geburt an: Durch Geburt ein Todgeweihter, durch Vererbung ein Produkt der Natur, durch die Sozialisation ein Produkt der Umwelt. Er ist nur ein winziges, leicht übersehbares Rädchen in der riesengroßen Gesellschaftsmaschine. Und darum hätten wir gerne alle Menschen gefragt: Ja, merkt ihr denn alle nicht, daß euer Leben kein erfülltes ist, sondern höchstens ein paar Augenblicke davon?

Wir, wir haben diesen ehrenvollen Ausweg. *Okay*, er ist schwer, schwerer als abzustumpfen. Dafür aber nur eine kurze Zeitspanne, nicht ein ganzes Leben. Ihr braucht nicht zu sagen, daß wir uns den Problemen nicht stellen, denn das stimmt nicht. Wißt ihr, wir kamen uns vor wie auf einer Rolltreppe, die falsch herum läuft, und so sehr wir uns auch bemühten, ans Ziel zu kommen: wir schafften es nicht.

Und solche Tiefschläge führen zu Depressionen und abgrundtiefer Verzweiflung, das dürft ihr glauben. Und jeder Tag war ein Tiefschlag für uns, ja, jeder. Denn früh am morgen fing das Rollenspiel schon an: Bei der Arbeit, bei den Eltern und anderen Leuten. Zeit zum Ausruhen gab es für uns nur in der relativ kurzen Zeit unseres Beisammenseins. Dieses Rollenspiel ist sehr anstrengend und man ermüdet schnell davon. Wir fanden unsere Arbeit nicht gut. Wir waren weder über- noch unterfordert, sondern fühlten uns unnütz. Wir stecken weder in einer Pupertätsphase, noch bin ich schwanger. Dies ist auch keine naive Tat, sondern sie ist das Resultat einjährigen Nachdenkens. Wir möchten weder bemitleidet, noch soll über uns der Kopf geschüttelt werden. Nach außen hin hatten wir wirklich alles, was man braucht: Gute Eltern und Geschwister, Speis' und Trank.

Aber nur im Tod ist ein Hauch Freiheit zu spüren: Man kann zehn Jahre oder auch hundert Jahre alt sein, diesen Weg kann niemand verbieten. Unserer Ansicht nach hat der Tod auch nichts Furchtbares, sondern er ist gütig. In Anbetracht dessen, was Böses in der Welt geschieht, ist der Tod der beste Freund des Menschen. Er ist wie kühles Wasser nach dem Leben, was heiß wie Sand war. Unsere Herzen werden verstummen und nicht mehr klagen und unsere Füße ermüden und ersehnen sich nicht mehr den Staub endloser Wege.

„Ein Mensch ist in seinem Leben wie Gras, er blüht wie eine Blume auf dem Felde; wenn der Wind darüber geht, so ist sie nimmer da, und ihre Stätte kennet sie nicht mehr. Die Gnade aber des Herrn währt von Ewigkeit zu Ewigkeit, die ihn fürchten." (Psalm 103, 15–17)

Vielleicht ist jetzt für euch zwei Elternpaare alles klarer, vielleicht seid ihr ganz verwirrt. Wir wissen auch, daß wir euch Eltern damit großen Kummer bereiten. Aber ihr habt keinen Grund, traurig zu sein. Freut euch mit uns, denn wir sind glücklich, daß es diesen Weg der Selbstvernichtung gibt.

„Wir wollen euch aber, liebe Brüder, nicht im Ungewissen lassen über die, die da schlafen, auf daß ihr nicht traurig seid wie die andern, die keine Hoffnung haben. Denn wenn wir glauben, daß Jesus gestorben und auferstanden ist, so wird Gott auch, die da entschlafen sind, durch Jesus mit ihm einherführen." (1. Thessalonicher 4, 13–14) . . .

(H. starb Ende September 1977, ihr Freund lebt.)

Jochen Klepper, *geb. 22. 3. 1903, Pfarrerssohn, bricht — aus ungeklärten Gründen — sein Theologie-Studium ab; trotzdem bleibt zeit seines Lebens die Kanzel immer seine Sehnsucht, so daß er sehr unter dem Verlust leidet; er lebt einerseits in gewisser Distanz zum kirchlichen Milieu, will andererseits aber bewußt „Dichter der Kirche" sein (er wurde bekannt nicht zuletzt durch seine religiöse Lyrik, Kirchenlieder). In diesen und anderen Spannungen und Widersprüchen wird er hin- und hergerissen; in einer persönlich besonders unruhigen Zeit bietet ihm nach der Heirat seine Frau* Johanna *(Hanni)* Stein *einen ruhenden Halt und grenzenlose verständnisvolle Hilfe; andererseits stellt ihre jüdische Herkunft Klepper vor neue Probleme:*

Familiär: *Einerseits gibt es eine gewisse Distanzierung zum geliebten Elternhaus wegen dieser Ehe; andererseits gerät Klepper durch sein „jüdisches Versipptsein" in eine gesellschaftliche Außenseiterstellung, sodaß er mit Frau und seinen beiden Stieftöchtern zurückgezogen in einer Idylle konservativer Bürgerlichkeit lebt; schließlich kommt die Sorge um das Leben der geliebten Frau und Stieftöchter hinzu.*

Beruflich: *Erst nach harten Kämpfen wird das Veröffentlichungsverbot gegen Klepper aufgehoben; er erhält eine Sondergenehmigung zur Veröffentlichung — allerdings unter der Auflage, jeden einzelnen Text vorweg unter die staatliche Zensur zu stellen. Unter diesen Problemen und Sorgen leidet Klepper bis hin zur körperlichen Erschöpfung und Unfähigkeit zur Arbeit.*
Anfang Dezember 1942 tut sich in einem Gespräch mit Reichsinnenminister Frick *ein Hoffnungsschimmer auf: Die langersehnte Ausreisegenehmigung für seine jüngere Stieftochter Renate — die ältere war seit einigen Jahren in England — scheint möglich. In demselben Gespräch aber wird die letzte Hoffnung zugleich total zerstört:* Frick *teilt* Klepper *mit, bei (jüdisch-arischen) Mischehen werde in Zukunft die Zwangsscheidung durchgeführt; anschließend werde der jüdische Ehepartner deportiert: Als dann einige Tage später auch noch die Ausreisegenehmigung für Renate verweigert wird, sehen* Klepper, *seine Frau und Stieftochter nur noch einen — vorweg oft besprochenen — Ausweg aus der Quälerei zwischen Enttäuschung, Hoffnung und Hoffnungslosigkeit: In der Nacht zum 11. 12. 1942 gehen sie gemeinsam in den Tod.*

Weiterführende Literatur:

Klepper, J., *Unter dem Schatten deiner Flügel,* Aus den Tagebüchern der Jahre 1932—1942 DVA, Stuttgart 1956
Thalmann, A. R., *Jochen Klepper — Ein Leben zwischen Idyllen und Katastrophen,* Kaiser-Verlag, München 1977

Angesichts der durch wirtschaftliche Not verursachten Selbstmorde schreibt Klepper ca. 1927 in einem Flugblatt:

34

An dem Wort ‚Selbstmord‘ wird die ganze Grauenhaftigkeit des Mordes so recht klar. Es enthüllt sich, was im Selbstmord umschlossen liegt an Schuldigsprechen, an Vorwurf, an Rache, an Zerrissenheit, in der der Mensch sich selbst auflauert, an Überfall, an Raub des Rechtes über gottgeschaffenes Leben.
Aber ein Zug am Selbstmörder ergreift uns in unserem ganzen Wesen. Das Bekenntnis menschlicher Schuld. Denn käme der Mensch unschuldig in die Angst seines Lebens, er hielte aus und ertrüge. Jedoch, was ist es für ein großer Stolz des Menschen, daß er aburteilen und richten will und die Vergebung nicht sieht? Glaubt wieder an die Vergebung und der Selbstmord wird ein Ende haben! . . .
Möchte doch einer, der sich mit Mord- und Selbstmordgedanken trägt, in den Stunden vor seiner Tat irgendwo in Wort und Schrift dem ‚Vaterunser‘ begegnen, und er würde sehen, daß Gott noch unzählige Wege hat, wo der Mensch keinen Ausweg mehr sieht. Er würde sehen, daß alles noch möglich ist, solange er dem Willen Gottes still hält, daß aber nichts mehr geschehen kann, wenn das Leben geraubt wird.

Aus den Tagebüchern Jochen Kleppers

23. Juni 1933 / Freitag

Meine Einstellung zum Selbstmord hat sich sehr rasch geändert. Alles ist dem Menschen erlaubt, alles Gute, alles Schlechte, weil die Rechnung zwischen Gott und dem Gläubigen beglichen ist.
Wie konnte ich den Selbstmord ausnehmen? Mit welchem Recht zog ich eine Grenze? Mit welchem Recht sagte ich von dieser Schuld, sie könne nicht vergeben werden? Heißt es: „Alle Sünde und Lästerung wird den Menschen vergeben; aber die Lästerung wider den Geist wird den Menschen nicht vergeben und die Sünde, daß er sich tötet und die Sünde, daß er seine Frau zu sehr liebt, und die Sünde, daß er müde wird, auch nicht“?
Es heißt: „Alle Sünde und Lästerung wider den Geist wird den Menschen nicht vergeben.“
Die Sünde gegen den Heiligen Geist bleibt wohl Geheimnis; geoffenbart wird sie nur dem, der sie begeht; . . . Als ich zu schreiben begann, drehte sich mir alles nur um die Sünde gegen den Heiligen Geist. Dort suchte ich den Sinn der Geschichte, dort die Lösung des Rätsels um das Judentum. Dort allein erschauere ich. Nicht vor dem Selbstmord. Nicht vor der zu großen Liebe zu meinem letzten Menschen. Nicht vor der Schwäche, doch einmal müde zu werden. Ich bin noch nicht müde. Aber ich glaube, daß der Selbstmord unter die Vergebung fällt wie alle anderen Sünden. Und der, der ich heute bin, will ich mit Hanni sterben. . . .

7. September 1933 / Donnerstag

Hanni will sich durchaus scheiden lassen, um mich für meine „Karriere“ freizubekommen. Ich tue an ihr ein Unrecht, daß ich nicht einwillige und dadurch besser für unsere Existenz sorge. Aber es ist keine falsche Moral, die mich hält. Ich kann diesen Entschluß nicht fassen. In diesem „jüdischen Schicksal“, in das Gott einen einbezieht, ist etwas, wogegen ich nicht ankann. Der ganze Wahnsinn unserer Zustände spricht daraus, daß ich ein

Unrecht begehe, wenn ich mich nicht von Hanni scheiden lasse, weil ich so besser für sie sorgen könnte. Zu allem Schweren eines freien Berufes nun noch das.

31. Dezember 1934 / Montag (Silvester)

Ich liege und schlafe und erwache; denn der Herr hält mich. *Psalm 3,6*

Hanni und ich haben uns nichts anderes gewünscht, als daß es so bleiben möchte, wie es war. Denn auch der Kampf, den wir durchhalten müssen, ist nicht schlecht, — kläglich und gering, wie er war.

Daß es so bleiben könnte — erscheint uns sogar als unvorstellbares Glück. So viel Härte, Leere, Jammer und Verworrenheit haben wir um uns erfahren — so viel Schicksal berührt, die uns ganz gleich treffen könnten. Wenn ich die Rückschau im Kürzesten sagen soll: die wachsende Zusammengehörigkeit in der Ehe und die Erfahrung immer neuer Anrede von Gott her, die haben das Jahr so gemacht, daß man es in Feier beschließen wollte. Ich weiß nicht, ob der Dank nicht stärker als die Sorge ist. Das freilich ist in meiner Lust zu leben fest mit eingeschlossen, daß mich — zum Beispiel — Worte der Silvesterpredigt vom Tode als ein großer Trost und Beruhigung berühren. Seine Zeit nicht zu kennen und doch jeden ihrer Augenblicke gezählt zu glauben — es ist ein großer Friede in der Welt voll Angst.

29. November 1941 / Sonnabend

Gott ist unsre Zuversicht und Stärke, eine Hilfe in den großen Nöten, die uns getroffen haben.
Psalm 46,2

Nun ist Feierabend, und der Advent wird eingeläutet. Der Gedanke ist einem nun schon vertraut, daß diese Adventszeit den letzten, geschlossenen Abschnitt unseres Lebens bedeuten könnte. „Das Ende aller Dinge ist nahegekommen." Für uns gilt es nun. Der furchtbare Bruch unseres Lebens liegt darin, daß wir durch einen schuldbeladenen Tod zu Gott wollen, indes der Herr verheißen hat, zu uns zu kommen. Es heißt, „mehr sündigen als andere Menschen", wenn der Tod nicht hingenommen wird als „der Sünde Sold", sondern selbst zur schwersten Schuld des ganzen Lebens wird. Aber es ist nicht die Sünde wider den Heiligen Geist.

11. Januar 1942 / Sonntag

Sei nicht ferne von mir, denn Angst ist nahe; denn es ist hier kein Helfer. *Psalm 22,12*

Wir sprachen auch, theoretisch, über den Selbstmord, und waren uns einig, was alles er an Hinwerfen des Vertrauens, an Auflehnung gegen Gott bedeutet; daß er schwerer wiegt als der Mord, weil man Gott keinen Raum in der Zukunft des eigenen Lebens mehr läßt; daß der Selbstmord von Christen in dieser Zeit das Zeugnis für das Evangelium belastet (obwohl Gott dieser Zeugen nicht bedarf); daß Selbstmord so besonders gefährlich ist, weil er in so erregten Zeiten so leicht um sich greift. Aber eine andere Sünde als alle übrige Sünde ist er nicht. Auch er kann uns von Gott nicht trennen.

20. Dezember 1942 / Donnerstag

Nachmittags die Verhandlung auf dem Sicherheitsdienst. Wir sterben nun, — ach, auch das steht bei Gott — Wir gehen heute nacht gemeinsam in den Tod.

Über uns steht in den letzten Stunden das Bild des Segnenden Christus, der um uns ringt.
In dessen Anblick endet unser Leben.

(Jochen Klepper)

Weiterführende Literatur:
Améry, J., *Hand an sich legen,* Klett/Cotta, Stuttgart 1976
Ringel, E., *Selbstmord — Appell an die anderen?* Eine Hilfestellung für Gefährdete und ihre Umwelt, Chr. Kaiser, München ²1976

Der Tod als fragwürdige Frage

35

„Denn es ist nicht der Tod oder das Ungemach, das furchtbar ist, sondern die Furcht vor dem Tod und dem Ungemach." Mit diesen Worten drückt der griechische Philosoph *Epiktet* das Lebensgefühl der ausgehenden Antike treffend aus: Die Angst vor dem Tod beherrschte weithin alle anderen Ängste: In weiten Kreisen klammerte man sich an den Tod des Sokrates als an ein Symbol: „Er zeigte die menschliche Situation angesichts des Schicksals und des Todes. Er zeigte einen Mut, der das Leben bejahen konnte, weil er den Tod bejahen konnte." *(Tillich)*

Die Sehnsucht nach (unsterblichem) Leben findet Erfüllung in der Erkenntnis (Gnosis); denn Erkenntnis bedeutet Leben. Der fortschreitende Denkprozeß gestattet es dem Menschen, stufenweise zur Unendlichkeit der Gottheit aufzusteigen und an ihrer Unsterblichkeit zu partizipieren.

gnóoti s'autón (gr.; erkenne dich selbst!); altrömisches Mosaik

In anderen Kreisen ging man — oft durchaus in Einklang mit den eben angedeuteten Gedanken — den Weg der Mysterien, nicht selten unterstützt durch Askese, Ekstase oder Libertinismus: Durch geheimnisvolle und geheimzuhaltende Handlungen (Mysterien — Sakramentalien) wurde die Seele befreit von der Sinnlichkeit und Unreinheit des Körpers und trat so den Weg in die Unsterblichkeit an — oder lebte sie schon hier auf Erden. Der Mensch erlangt die Befreiung von der vergänglichen Materie, die Vergottung und damit die erstrebte Unsterblichkeit, indem er in den Sakramenten an der Gottheit direkt oder an ihrem Lebensprozeß teilhaftig wird. Stellenweise — besonders in der Ekstase — wird das zukünftige Leben in Unsterblichkeit punktuell schon hier und jetzt vorweggenommen oder gar gelebt; teils lebte man in starrer Gesetzlichkeit — als die Gehorsamen, teils in enthusiastischer Freizügigkeit — als die schon Erlösten.

In diese religionsgeschichtliche Situation hinein kam das Urchristentum. Die einflußreichste biblische Schrift wurde das Johannesevangelium, daraus Jesusworte wie: „Ich bin der Weg, die Wahrheit und das Leben." „Ich bin das Brot des Lebens." „Wer an den Sohn glaubt, der hat das ewige Leben." *(Johannes 14,6; 6,48; 3,36).* Als entscheidende Heilstatsache in der Geschichte Jesu wurde Weihnachten angesehen: In der Geburt Jesu vollzieht sich die Vereinigung zwischen Gott und Mensch (diese Tradition hat besonders die orthodoxe Kirche des Ostens wachgehalten); Jesus kann nun als der zweite Adam alle Stufen des Menschseins durchlaufen und in der Auferstehung überschreiten. „Jesus wurde Mensch, damit wir Gott werden." *(Irenäus)* Grundsätzlich gilt diese Erlösung für alle Menschen; denn sie sind alle — analog der Verbindung mit dem ersten Adam in Sünde — mystisch mit dem zweiten Adam Jesu vereint. Teilhaftig wird der einzelne Gläubige der physisch verstandenen Erlösung im Empfang der Sakramente und in der Befolgung der Gebote.

Im (Spät-)Mittelalter wie in der Zeit der Reformation äußerte sich die Angst vor dem Tode als Angst vor dem Gericht. Beredtes Zeugnis sind die zahlreichen Kunstwerke aus jener Zeit, in denen immer wieder die Qualen des Fegfeuers und des Gerichts sowie der ewigen Pein eindringlich vor Augen gestellt werden: Wie kann ich mit der Vergangenheit, die ich habe, und angesichts des Todes und des Jüngsten Gerichts auf eine Zukunft bei Gott hoffen.

Es bildete sich auch die Tradition heraus, Zyklen der Begegnung mit dem Tode darzustellen, sogenannte Totentänze. Sie entstanden während der großen Pestepedemien des Mittelalters.

Die Toten bzw. Sterbenden werden tanzend dargestellt. Der Tod selbst ist der Tanzführer und in der weiteren Entwicklung Dialogpartner des Sterbenden. Schließlich werden die Bilder zur Bußmahnung, die Vergänglichkeit des irdischen Lebens zu bedenken, eine Tradition, die sich bis in unsere Zeit fortsetzt.

Die Renaissance wandte sich verstärkt dem Menschen und seinem Leben in dieser Welt zu. Sie entdeckte die Schönheiten des Lebens neu und brachte damit eine Wende zur Diesseitigkeit. Der unmittelbare Transzendenzbezug des Menschen ging weithin verloren: Die Angst vor dem Tode und dem Gericht Gottes wird nun zur Angst vor der Beendigung meines individuellen Lebens und dem Abschiednehmenmüssen, zur Angst vor dem Verlöschen der körperlichen und geistigen Kräfte und der Lebensfreude.

Die Frage nach dem Tod, seinem Warum, seinem Wozu und seinem Danach war in der Tradition der westlichen Kirchen lange Zeit keine fragwürdige Frage. Sie galt durch die Auferstehung Jesu und die Erwartung eines ewigen Lebens in Heil oder Unheil als beantwortet. Durch die Aufklärung und durch das Vordringen der Methoden der exakten Naturwissenschaften wurde diese Antwort radikal in Frage gestellt und bestritten. Schließlich war die Frage lange Zeit — bis in heutige Tage — ein Tabu.

In den letzten Jahren wird sie — von verschiedenen Ansätzen her — neu gestellt.

- Die exakten Naturwissenschaften haben begonnen, ihre Methoden neu zu reflektieren, und sind — zum Teil — für alte Fragen erneut offen geworden.

- Spätestens seit Auschwitz und Hiroshima stellt sich die Frage nach der Verantwortung des Menschen für menschliches Leben neu.
- Fortschritte in der Medizin erlauben vielen Menschen ein Weiterleben, die noch vor wenigen Jahren längst dem Tode geweiht gewesen wären; andererseits erlauben sie manchen Menschen nicht mehr, ihren eigenen Tod zu sterben. Es fragt sich: Wer darf leben? Wer darf sterben?
- Die wachsende Erfahrung der Sinnlosigkeit individuellen Daseins, der Austauschbarkeit und Ersetzbarkeit des Einzelmenschen und des Eingebundensein in unausweichliche — zum Teil durch Menschen zu verantwortende — Zwänge provoziert Fragen wie: „Gibt es ein sinnvolles Leben — als mein Leben — vor dem Tod? Oder ist der Tod der letzte Ausweg in die Freiheit?"
- Sogenannte „klinisch Tote", die dann doch ins Leben zurückkamen; die als Ertrinkende oder abstürzende Bergsteiger dem Tod ins Auge sahen und dann wider eigene Erwartung gerettet wurden, berichten zum Teil analoge Erfahrungen: Lichtphänomene — Verschwinden der Angst — Geborgenheitsgefühle — Enttäuschung, doch weiterleben zu müssen. Diese Beobachtungen werden teilweise als ein — vorsichtiger!! — Hinweis auf eine postmortale Existenz gedeutet: Gibt es ein Leben nach dem Tod?
- Das in weiten Kreisen der Bevölkerung wachsende Interesse an diesen Berichten wie an okkulten und parapsychologischen Phänomenen indiziert ein wachsendes Unbehagen an einem rein immanenten Weltbild und Selbstverständnis des Menschen: „Was kommt hinter dem Bretterzaun?"

Alte — weithin längst als verstaubt hingestellte — Fragen werden wieder aktuell. Es gilt, diese Fragen ernstzunehmen, Antworten nicht auszuweichen, andererseits aber auch nicht zu voreiligen und kurzschlüssigen Antworten zu greifen.

Baum der Lebendigen und der Toten,

Gebet

36

2 Herr, mein Gott,
ich rufe um Hilfe bei Tage
und schreie des Nachts vor dir.

3 Lass mein Gebet vor dich kommen,
neige dein Ohr zu meiner Klage!

4 Denn meine Seele
ist mit Leiden gesättigt
und mein Leben dem Totenreich nahe.

5 Schon zähle ich zu denen,
die zur Grube fuhren,
ich bin geworden
wie ein kraftloser Mann.

6 Unter den Toten muß ich wohnen,
Erschlagenen gleich,
die im Grabe liegen,
deren du nicht mehr gedenkst
und die von deiner Hilfe
geschieden sind.

7 Du hast mich hinunter
in die Grube gelegt,
in Finsternisse, in Meerestiefen.

8 Schwer lastet dein Grimm auf mir,
all deine Wogen gehen über mich hin.

9 Meine Freunde
hast du mir entfremdet,
hast mich ihnen
zum Abscheu gemacht.
Ich bin gefangen
und kann nicht heraus,

10 mein Auge verschmachtet vor Elend.
Ich rufe dich an, o Herr, allezeit,
ich strecke meine Hände aus zu dir.

11 Wirst du an den Toten Wunder tun?
Können Schatten aufstehen,
dich zu preisen?

12 Wird deine Gnade
im Grab verkündet
und deine Treue im Abgrund?

13 Werden deine Wunder
in der Finsternis kund,
dein Heil im Lande des Vergessens?

14 Darum schreie ich zu dir, o Herr,
jeden Morgen tritt mein Gebet
vor dich.

15 Warum, o Herr,
verstößest du meine Seele
und verbirgst dein Antlitz vor mir?

16 Elend, hinsiechend von Jugend auf,
muß ich deine Schrecken tragen
und ermatte.

17 Deine Zornesgluten
gehen über mich hin,
deine Schrecknisse vernichten mich.

18 Sie umfluten mich wie Wasser allezeit,
sie umringen mich allzumal.

19 Den Freund und Genossen
hast du mir entfremdet,
mein Vertrauter ist die Finsternis.

(Psalm 88; Zürcher Bibel)

- *Arbeiten Sie die in Ps 88 erkennbaren Grundaussagen über den Tod heraus! Achten Sie dabei vor allem auf das Verhältnis von*
  - *Krankheit/Leiden und Tod*
  - *Gemeinschaft und Tod*
  - *Gott und Tod!*
- *Charakterisieren Sie die Art und Weise, in welcher der Beter sein Leid beschreibt! In welcher Weise kann diese Art des Umgangs mit erfahrenem Leid eine Mahnung oder Hilfe für den heutigen Umgang mit Leid und Klage sein (etwa für einen Kranken oder einen Krankenbesucher)?*
- *Zur weiteren Beschäftigung mit dem Fragenkreis „Erfahrungen und Verständnis des Todes, Verhalten gegenüber dem Tod im AT“ können Sie u. a. die folgenden Texte heranziehen:*
  1. Mose 3, 19; 15,15; 25,8;
  2 Samuel 3, 31—33
  Hiob 10, 18—22; 19, 25—27
  Prediger 2, 16 f.; 3, 19—21; 9, 4—6;
  Jesaja 38, 18 f.;
  Daniel 12, 1—3

Hoffnung

37

12 Wenn nun von *Christus* gepredigt wird, daß
er von den Toten auferweckt worden ist, wie kön-
nen da einige unter euch behaupten, es gebe keine
Auferstehung *der Toten*? 13 Wenn es aber
keine Auferstehung der Toten gibt, ist auch Chri-
stus nicht auferweckt worden. 14 Wenn aber
Christus nicht auferweckt worden ist, dann ist nich-
tig, was wir verkündigen, nichtig auch, was ihr
glaubt. 15 Als falsche Zeugen Gottes werden wir
entlarvt, weil wir zu Lasten Gottes bezeugt haben,
er habe Christus auferweckt, den er doch gar nicht
auferweckt hat — wenn doch die Toten nicht aufer-
stehen. 16 Denn wenn die Toten nicht auferste-
hen, ist Christus nicht auferstanden. 17 Ist
aber Christus nicht auferstanden, so ist euer Glaube
nichtig. Dann seid ihr noch in euren Sünden.
18 Dann wären auch die in Christus Entschla-
fenen verloren. 19 Hätten wir in diesem Leben
die Hoffnung auf Christus gehabt und sonst nichts,
so wären wir die bedauernswertesten von allen
Menschen. 20 Doch nun *ist* Christus von den
Toten auferstanden, als erster der Entschlafenen.
21 Denn weil durch *einen* Menschen der Tod
(über alle Menschen gekommen ist), kommt durch
einen Menschen auch die Auferstehung von den
Toten. 22 Wie nämlich in Adam alle sterben,
so werden in Christus alle zum Leben erweckt wer-
den. 23 Jeder allerdings an seinem Platz: als
erster Christus, danach die, die zu Christus gehören
bei seiner Ankunft; 24 — und dann kommt
das Ende: Wenn er die Herrschaft Gott dem Vater
übergibt, wenn er (also) zunichte gemacht hat, was
(sonst noch) Herrschaft besitzt, Gewalt bean-
sprucht und Macht ausübt. 25 Denn er soll

herrschen, bis Gott ihm alle seine Feinde unter seine Füße gelegt hat. 26 Als letzter Feind wird der Tod zunichte werden. 27 Denn: Alles hat er ihm unter seine Füße gelegt. Und wenn es heißt: Alles ist ihm unterworfen, dann ist der davon ausgenommen, der ihm alles unterworfen hat. 28 Wenn ihm aber alles untertan geworden ist, dann wird sich der Sohn dem Vater unterstellen — damit dann Gott alles in allem ist.

(1. Korinther 15, 12—28; Wilckens)

- *In welcher zeitlichen bzw. sachlichen Zuordnung stehen Auferweckung Jesu, Glaube, Sündenvergebung und Auferstehung der Toten zueinander? (Beachten Sie die gezielte Wahl der Tempora in den Verben der Verse 20 ff.!)*
- *Paulus setzt sich mit enthusiastischen Gegnern auseinander, die behaupten, mit der Auferweckung Jesu sei die Auferstehung der Toten schon vollzogen. Inwieweit schimmert diese Auseinandersetzung durch den Text hindurch?*
  (Vgl. Text 46, S. 55)

38

Der Apostel verkündet hier die Gewißheit unserer Auferweckung, tut das aber merkwürdigerweise so, daß die anthropologische Hoffnung von vornherein in einen umfassenden Zusammenhang hineingestellt wird. In der Auferweckung handelt es sich gar nicht primär um einen anthropologischen, sondern um einen christologischen Sachverhalt. Wie sie das Werk des zweiten Adam ist, so ist ihr Sinn nicht etwa zunächst und vor allem unsere Wiederbelebung, sondern die Herrschaft Christi. „Christus muß aber herrschen", das ist der Nerv dieser Ausführung und der Grund, der Gewißheit auch über unser eigenes Schicksal gibt. Doch gibt sich Paulus damit nicht zufrieden. Mehr als seltsam fügt er an diese erste Aussage sobald die zweite, daß die Herrschaft Christi begrenzt sei und vorläufig. Sie dient einzig dem Zwecke, der Alleinherrschaft Gottes Platz zu schaffen. Christus ist der Platzhalter Gottes gegenüber einer Welt, welche Gott noch nicht völlig unterworfen ist, obgleich ihre eschatologische Unterwerfung seit Ostern in Gang gekommen und ihr Ende abzusehen ist. Apokalyptischer kann keine Perspektive sein. Mit größter Deutlichkeit zeigt sich hier, daß Paulus schlechterdings nicht von einem bereits erfolgten Ende der Geschichte sprechen kann und will, wohl aber die Endzeit angebrochen ist. Das ist seit Christi Auferstehung deshalb der Fall, weil seitdem Unterwerfung der kosmischen Mächte geschieht. Die präsentische Eschatologie der Enthusiasten wird also aufgegriffen, aber anders als bei diesen apokalyptisch verankert und eingeschränkt. ... Christus ist nicht zuerst und letztlich zu Individuen gekommen und für sie da. ... Im leiblichen Gehorsam der Christen als dem Gottesdienst im Alltag wird sichtbar, daß Christus Weltherr ist, und nur, wenn das über uns sichtbar wird, wird es als Botschaft glaubhaft. Nun rundet sich aber der Bogen, der den leiblichen Gehorsam des Christen zugleich als Stand unter der Auferstehungsmacht und als Bekundung des neuen Lebens wie als Anwartschaft der Auferstehungswirklichkeit beschreiben läßt. Wir sahen ja von *1. Kor. 15, 20—28* her, daß Auferweckung für Paulus nicht primär an so etwas wie Wiederbelebung der Toten, sondern am regnum Christi orientiert ist. Weil Christus herrschen muß, kann er die Seinen nicht dem Tode lassen. Indem umgekehrt die Seinen heute schon das Stück Welt, das sie selber sind, dem Christus im leiblichen Gehorsam ausliefern, bezeugen sie seine Herrschaft als die des Kosmokrators und nehmen damit die letzte Zukunft der Auferstehungswirklichkeit und des uneingeschränkten regnum Christi zeichenhaft vorweg.

(Ernst Käsemann)

- *Welches Verständnis entwickelt Käsemann zu 1. Korinther 15, 20—28?*
- *In welcher Relation sieht er Christologie und Anthropologie?*
- *Fragen Sie nach möglichen ethisch-anthropologischen Konsequenzen dieser Sicht! (Käsemann ist engagierter Streiter in kirchlich-theologischen und in politisch-ideologischen Fragen [vgl. Texte 55 ff., S. 218 ff.]).*

39

Ein Widerspruch oder Gegensatz in der langen Geschichte biblischer Versuche, vom Tode zu reden, ist fundamental und für den christlichen Glauben an Gott von kaum zu überbietender Bedeutung. Es handelt sich um den inmitten einer tiefen Gemeinsamkeit aufbrechenden Gegensatz zwischen den im Alten Testament erkennbaren Einstellungen zum Sterben und Vorstellungen über den Tod einerseits und den neutestamentlichen Todesauffassungen andererseits. Es haben sich nämlich nicht nur Vorstellungen und Meinungen über den Tod, auch nicht nur Einstellungen zum Tod geändert, sondern es ist sozusagen mit dem Tod selber etwas geschehen, so daß eine neue Einstellung zum Tod und ein neues Todesverständnis möglich wurde.

(Eberhard Jüngel)

- *Überprüfen Sie diese These E. Jüngels durch Vergleich von Psalm 88 (Text 36, S. 101 f.) mit 1. Korinther 15, 12 ff. (Text 37, S. 102 ff.)!*
- *Charakterisieren Sie die neue Einstellung zum Tod! In welcher Weise kann sie Einfluß auf die Gestaltung des Lebens und auf das Verhalten gegenüber Sterbenskranken haben?*
- *Zur weiteren Beschäftigung mit dem Fragenkreis „Tod und Auferstehung im NT" können Sie u. a. die folgenden Texte heranziehen:*
  Markus 12, 18—27;
  Lukas 16, 19—31;
  Johannes 5, 24; 11 (bes. V. 25 f.)
  Römer 3, 24 f.; 8, 38 f.; 14, 8
  1. Thessalonicher 4, 13—17
  Offenbarung 20, 6; 11— 15

Über den Tod hinaus

40

Die Phänomenologie der Hoffnung verweist darauf, daß es zum Wesen wachen Menschseins gehört, über den Tod hinaus zu hoffen. Diese Vermutung läßt sich bestätigen durch Besinnung auf das Spezifische des Menschseins, das in der Sprache der modernen Anthropologie durch den Begriff der Weltoffenheit oder Umweltfreiheit des Menschen zusammenfassend zum Ausdruck gebracht wird. Es handelt sich genauer um eine Offenheit über jede endliche Situation hinaus. Der Mensch ist in seinem Verhalten nicht festgelegt auf bestimmte Umweltmerkmale, deren Wahrnehmung instinktive Reaktionen auslöst. Vielmehr muß er selbst die Richtung seiner Antriebe immer erst noch bestimmen. Und er kommt dabei immer nur zu einer vorläufigen Konkretisierung seines Strebens. Das Ganze seiner Antriebe weist über jede gegebene Situation wieder hinaus und drängt zu weiterer, besserer Erfüllung. So muß der Mensch nach dem, was die Erfüllung des Ganzen seiner Antriebe gewähren könnte, nach seiner Bestimmung, im Ganzen seines Daseins immer weiter suchen, während die Tiere ihre Bestimmung fraglos ausleben. Zur menschlichen Daseinsstruktur gehört es nun, jenes Suchen nach der eigenen Bestimmung, das nie zum Abschluß kommt, auch über den Tod hinaus vorzutreiben. Der Mensch ist ja, wie schon erwähnt wurde, das einzige Wesen, das vom Bevorstehen seines eigenen Todes weiß. Eben dieses Wissen ermöglicht die Frage über den Tod hinaus, wie man über jede Grenze, schon indem man sie als solche erfaßt, bereits hinausgefragt hat: Das ist eben das Eigentümliche des menschlichen Antriebsüberschusses, über jede Konkretisierung des eigenen Strebens und überhaupt über jede Grenze hinauszufragen auf der Suche nach der angemessenen Erfüllung der menschlichen Bestimmung. Ausdruck solchen unendlichen Fragens des Menschen nach sich selbst sind die Hoffnungsbilder über den Tod hinaus, zu denen sowohl der Gedanke der Unsterblichkeit der Seele als auch die Vorstellung einer Auferstehung der Toten gehören. Es ist also von der Struktur des Menschseins her dem Menschen notwendig, sich so oder so eine Erfüllung seiner Bestimmung, und zwar der Ganzheit seines Daseins, über den Tod hinaus vorzustellen. Wo solches in Gleichnissen sich verstehende Fragen über den Tod hinaus unterbleibt oder vielmehr verdrängt wird — denn der Trieb dazu ist dem Menschen unveräußerlich —, da wird die Helligkeit des Daseinsvollzuges beeinträchtigt; da wird das Menschsein des Menschen verkürzt nicht nur um ein einzelnes Element, sondern um die Offenheit des Fragens und Suchens, die das Verhalten des Menschen auszeichnet. Sie geht verloren, wenn das Fragen über den Tod hinaus unterbleibt. Sich solchem Fragen hinzugeben, ist Bedingung voller Menschlichkeit des Menschen; und solches Fragen bleibt, wie gesagt, leer, wenn es sich nicht in bestimmten Vorstellungen bewegt. Ohne Ausbildung bestimmter, wenn auch nur vorläufiger, gleichnishafter Vorstellungen kann das Fragen über den Tod hinaus seines eigenen Interesses nicht gewiß werden. Es wird dann auch das Fragen selbst erlahmen.

(Wolfhart Pannenberg)

„Leichenrede“

41

das könnte manchen herren so passen
wenn mit dem tode alles beglichen
die herrschaft der herren
die knechtschaft der knechte
bestätigt wäre für immer

das könnte manchen herren so passen
wenn sie in ewigkeit
herren blieben im teuren privatgrab
und ihre knechte
knechte in billigen reihengräbern

aber es kommt eine auferstehung
die anders ganz anders wird als wir dachten
es kommt eine auferstehung die ist
der aufstand gottes gegen die herren
und gegen den herrn aller herren: den tod

(Kurt Marti)

- *Inwiefern läßt sich bei dem vorliegenden Text von einer „Leichenrede“ sprechen?*

Entwurf für ein Osterlied

42

Die Erde ist schön, und es lebt sich
leicht im Tal der Hoffnung.
Gebete werden erhört. Gott wohnt
nah hinterm Zaun.

Die Zeitung weiß keine Zeile vom
Turmbau. Das Messer
findet den Mörder nicht. Er
lacht mit Abel.

Das Gras ist unverwelklicher
grün als der Lorbeer. Im
Rohr der Rakete
nisten die Tauben.

Nicht irr surrt die Fliege an
tödlicher Scheibe. Alle
Wege sind offen. Im Atlas
fehlen die Grenzen.

Das Wort ist verstehbar. Wer
Ja sagt, meint Ja, und
Ich liebe bedeutet: jetzt und
für ewig.

Der Zorn brennt langsam. Die
Hand des Armen ist nie ohne
Brot. Geschosse werden im Flug
gestoppt.

Der Engel steht abends am Tor. Er
hat gebräuchliche Namen und
sagt, wenn ich sterbe:
Steh auf.

(Rudolf Otto Wiemer)

- *Wiemer nennt sein Lied bewußt „Entwurf“. Er schreibt: „Noch kein befreiter österlicher Lobgesang. Ein Entwurf aus dem Dunkeln ins Helle gezeichnet, doch mit der Gewißheit, daß diese unsere Welt, deren Verhältnisse „nicht so sind“, der ergänzenden, über sie hinauszielenden Perspektive bedarf, wenn sie nicht im Tode ... bleiben will.“*

Weiterführende Literatur:
Jüngel, E., *Tod*, Kreuz-Verlag, Stuttgart/Berlin, 1971 Themen der Theologie Bd. 8
Wilckens, U., *Auferstehung*, Kreuz-Verlag, Stuttgart/Berlin, 1970 Themen der Theologie, Bd. 4 auch: GTB 80

Zu Frieden und Freiheit berufen

Perspektiven

Krieg und Frieden

Aus der Bergpredigt: Der Gewalt nicht widerstehen

43

38 Ihr habt gehört, daß geboten ist: Auge um
Auge, Zahn um Zahn!
39 Ich aber sage euch: Stellt euch keinem, der ein
Unrecht tut, entgegen. Sondern wo immer dich
einer auf die rechte Backe schlägt, dem halte auch
die andere hin!
40 Und dem, der mit dir prozessieren will, und dir
dein Hemd nehmen will, laß auch den Mantel!
41 Und wenn dich einer eine Meile mitzugehen
nötigt, dann geh zwei mit ihm!
42 Wer dich bittet, dem gib; und wer von dir bor-
gen will, den weise nicht ab!
43 Ihr habt gehört, daß geboten ist: Du sollst dei-
nen Nächsten lieben und deinen Feind hassen!
44 Ich aber sage euch: Liebt eure Feinde und
betet für eure Verfolger,
45 so werdet ihr zu Söhnen eures Vaters im Him-
mel. Denn er läßt seine Sonne über Böse wie Gute
aufgehen und läßt regnen über Gerechte wie Unge-
rechte.
46 Wenn ihr nur die liebt, die euch lieben, was für
einen Lohn habt ihr dafür? Tun nicht auch die Zöll-
ner genau das Gleiche?
47 Und wenn ihr nur eure Brüder grüßt, was tut
ihr Außerordentliches? Tun nicht das Gleiche auch
die Heiden?
48 *Ihr* aber sollt vollkommen sein, wie euer Vater
im Himmel vollkommen ist.

(Matthäus 5, 38—48; Wilckens)

- *Wie lassen sich Krieg, Gewalt und Machtausübung von diesen Versen her beurteilen?*
- *Inwieweit läßt sich aus den Worten Jesu eine Friedensethik ableiten (Vgl. dazu Texte 28, S. 35 ff.; 32, S. 40 ff.)*

Lieber Schaden erleiden als Schaden tun?

44

„Ein angegrauter kleiner Bart, eine goldumränderte Brille mit freundlichen Augen dahinter, sorgfältige Bügelfalten in den Hosen — der ältere Mann, der mich anhielt, sah trotz der Armbinde der tschechischen Partisanen so ausgesprochen zivil aus, daß man mit ihm nicht gern in Streit kam. Seine Aufforderung, ihm meine Pistole abzugeben, war mehr ein Rat als Befehl. Er fügte auch gleich hinzu, überall sei die Straße von Streifen kontrolliert, die mich kaltmachen würden, wenn sie mich mit Waffen sähen. Aus den Häusern des Dorfes sahen einige

Leute heraus, weit und breit schien ich der einzige Deutsche zu sein, es war ohnehin verwunderlich, daß es noch nirgends geknallt hatte — so war dies nun wohl unvermeidlich. Ich schnallte meine Pistole ab, ärgerte mich, daß ich sie heute morgen noch so schön gereinigt hatte, und gab sie ihm. Er ließ die deutsche Maschinenpistole sinken, die er drohend auf mich gerichtet hatte — wie wäre er wohl mit dem Ding im Ernstfall umgegangen? —, und gab meine Pistole einem herbeigerufenen Jungen weiter, der stolz an ihr herumfingerte, worauf ich ihm vorschlug, dazu wenigstens eine andere Richtung einzunehmen.

Nun war ich entwaffnet. Nicht ganz natürlich. In einer Tasche steckte noch eine Pistole. Es ist besser, so ein Ding bei sich zu haben, für alle Fälle. Warum eigentlich? Bisher hatte ich den verhaßten Krieg überstanden, ohne einen lebendigen Menschen mit einer Waffe zu behandeln — wollte ich das jetzt noch nachholen? Gegen die Partisanen? Zur Notwehr? Wie steht das eigentlich mit der Notwehr? Da darf man dann, was man sonst nicht darf? Der andere will dich auslöschen, du kommst ihm aber zuvor und löschst ihn aus, „er oder ich" — alles ganz klar. Klar unter der Voraussetzung, daß der Tod etwas ist, wogegen man sich mit allen Mitteln wehren muß. Und daß dem anderen das gebührt, was er mir selbst antun will. Und daß kein vernünftiger Mensch anders reagieren wird. Nur die Bergpredigt sagt es anders. Also gibt es noch einen ganz anderen Weg. Vielleicht wäre er der vernünftigste, denn ihm ist im Himmel und auf Erden mehr verheißen. Auch die Russen oder Partisanen, die dich jetzt schnappen werden, haben es vielleicht nötig, daß endlich einmal einer nicht um sich schlägt, sondern sich opfert und lieber Schaden leidet als Schaden tut. Die Notwehr in eigener Sache — die ganze Haltung, die man dazu einnehmen muß, ist von Anfang an eine andere als die der Bergpredigt. Unsere Ethiken drücken sich hier zumeist. Sie bemühen sich, die Notwehr zu rechtfertigen. Aber es ist klar, daß sie die falsche, die ungöttliche Reaktion ist — die Reaktion dessen, der von vornherein unterlegen ist, unter der Situation steht und nicht über ihr, dessen, der noch etwas zu fürchten hat. — Ich werfe die Pistole noch nicht weg, während mir das beim Weitergehen durch den Kopf geht, ich will die Entscheidung hinausschieben; es ist schön, sich noch nicht festgelegt zu haben, die Möglichkeiten noch vor sich zu sehen, die guten und die bösen, die göttlichen und die ungöttlichen."

(Helmut Gollwitzer)

Auch Soldaten haben ein Gewissen

45

Die nicht immer mit der erforderlichen Besonnenheit geführte Diskussion um die Kriegsdienstverweigerung erweckte manchmal den Anschein, als ob nur die Kriegsdienstverweigerer ein Gewissen hätten, das sich um den Frieden sorgt.

Wer in die Bundeswehr geht, tut das nicht zuletzt deshalb, um damit seinen Beitrag zur Sicherung des Friedens zu leisten. Ja, es gibt eine ganze Menge Soldaten, die ihr Gewissen dazu treibt, Soldat zu werden.

Daß wir 33 Jahre ohne Krieg gelebt haben, ist nicht zuletzt das Verdienst der Nordatlantischen Verteidigungsgemeinschaft, der die Bundeswehr als wesentlicher Bestandteil angehört.

Die Bundeswehr verlangt keine Dankbarkeit für ihre Leistung. Aber eines kann und muß sie verlangen: den Respekt, der der Arbeit für den Frieden gehört. Damit aber sieht es in unserem Lande etwas sonderbar aus:

Die Mehrheit der Bevölkerung fühlt zwar die Notwendigkeit unseres Verteidungsbeitrags. Dies hat aber, seltsamerweise, nicht die Folge, daß es bei uns selbstverständlich geworden wäre, für die Bundeswehr einzutreten. Und wenn es geschieht, so wird man beim Zuhören nur selten das Gefühl los, daß es sich hierbei um Pflichtübungen handelt. Machen wir uns nichts vor: Es gilt in weiten Kreisen immer noch als schick, die Bundeswehr abzulehnen.

Diese Haltungen haben natürlich ihre historischen Gründe. Unser Volk hat sehr schlimme Erfahrungen mit Kriegen gemacht. Es haßt den Krieg, und es hat gute Gründe, ihn zu hassen. ... Und weil wir an den Krieg nicht denken mögen, möchten wir auch nicht an den Soldaten denken. Und weil wir nicht darüber sprechen, wird uns auch nicht klar bewußt, daß der Soldat der Bundeswehr kein Werkzeug des Krieges, sondern ein Werkzeug des Friedens ist. Und so lebt die Bundeswehr in einem Zustand dauernder Selbstrechtfertigung gegenüber Unterstellungen, die meist noch nicht einmal ausgesprochen werden. . . .

Die Bundeswehr ist Teil eines großen Verteidigungsbündnisses. Die NATO hat die Aufgabe, ihre Verteidigungskraft so zu stärken, daß jeder Angriff eines potentiellen Gegners auf ein Mitgliedsland mit einem unkalkulierbaren Risiko verbunden ist. Dieses Risiko muß so groß sein, daß der potentielle Gegner, rationale Überlegungen auf seiner Seite vorausgesetzt, nicht auf den Gedanken kommt, einen derartigen Angriff zu wagen. Diese Abschreckung wird ihre Wirkung nur erzielen, wenn sie glaubwürdig ist. Und glaubwürdig ist sie nur, wenn sie auch für den Ernstfall, den es gerade zu verhindern gilt, vorbereitet ist. Das heißt aber, wenn wir den Frieden erhalten wollen, dann müssen wir unsere Soldaten im Hinblick auf einen möglichen Krieg ausbilden. Das heißt, wir kommen bei der Ausbildung unserer Soldaten nicht um die Frage herum: Gibt es irgend etwas, das es rechtfertigt, im Ernstfall 1. andere Menschen zu töten und 2. sein eigenes Leben zu opfern?

Vor ein paar Wochen gab es eine Fernsehsendung mit Jugendlichen über diese Frage. Alle waren sich darüber einig, daß es dergleichen in unserer Zeit nicht mehr gebe. Für Frau und Kind könne man möglicherweise sein Leben einsetzen, nicht aber für Ideale wie Freiheit und Gerechtigkeit, für Vaterland, Staat oder Gemeinschaft. Und natürlich wurden die Jugendlichen von den Veranstaltern für diese Erkenntnis belobigt. Mir hat das sehr zu denken gegeben. Wenn dies die Haltung der ganzen jungen Generation wäre, sähe es mit der Abschrekkungswirkung unserer Bundeswehr für einen potentiellen Gegner recht dürftig aus.

Was ist das überhaupt für eine Freiheit, die man nicht verteidigen will? Haben wir unserer jungen Generation die Freiheit nicht gar zu sehr als eine Ware unserer Wegwerfgesellschaft dargestellt, die man konsumieren, aber einfach fallenlassen kann, wenn sie lästig wird? Die Frage, welchen Stellenwert die Freiheit für die Menschen in unserem Lande besitzt, beantwortet sich klarer, als es viele schöne Worte vermögen, durch die Haltung, die die Bürger gegenüber der allgemeinen Wehrpflicht einnehmen. Die Erziehung zur Freiheit erfordert eine intensive Auseinandersetzung mit der allgemeinen Wehrpflicht. Denn sie ist die wirkliche Nagelprobe darauf, wie wir es denn eigentlich mit der Freiheit halten.

Auch ich glaube, daß sich die Frage, ob ein Mensch einen anderen um eines hohen Gutes willen in einer Notwehrsituation töten dürfe, in einer pluralistischen Gesellschaft nicht eindeutig und verbindlich für alle Bürger beantworten läßt. Dies zu entscheiden ist die Sache des persönlichen Gewissens des einzelnen. Die zwei hier möglichen Entscheidungen sind Gewissensentscheidungen. Kriegsdienstverweigerer haben nicht das Gewissen gepachtet; sie haben auch kein nachweisbar besseres Gewissen als in der Bundeswehr Dienende, sie haben nur, völlig zu Recht, ein anderes Gewissen.

Indem unsere Verfassung die Kriegsdienstverweigerung aus Gewissensgründen garantiert und zugleich die allgemeine Wehrpflicht vorsieht, ist der gegenwärtige Konflikt zwischen Kriegsdienstverweigerung und Wehrpflicht schon in der Verfassung angelegt.

Da das Gewissen im Prinzip nicht nachprüfbar ist, hat das Grundgesetz selbst praktisch die Wahlfreiheit zwischen Wehrdienst und Ersatzdienst getroffen. Jedermann kann behaupten, auch wenn ihn sein Gewissen überhaupt nicht drückt, daß er den Kriegsdienst aus Gewissensgründen verweigere. Das wäre zwar objektiv eine Lüge, eine Lüge jedoch, die nach außen als solche nicht erkennbar ist.

Ich bin der Auffassung, daß sich diese Probleme nur dadurch lösen lassen, daß der Sinn des Dienens, sei es bei der Bundeswehr, sei es beim Ersatzdienst, in unserer Jugend lebendig wird ...

(Walter Scheel vor Kommandeuren der Bundeswehr)

- *Wo liegen die Probleme der Wehrdienstverweigerung?*
- *Welche Kriterien gibt es für die Gewissensentscheidung pro oder contra Wehrdienst?*

Der Friedensdienst der Christen

46

Der Friedensdienst der Christen geschieht jedoch unter ihren gesellschaftlichen und politischen Lebensbedingungen. In der jeweiligen geschichtlichen Situation ist deshalb zu prüfen, welche konkrete Gestalt der Friedensdienst der Christen nach Gottes Willen annehmen soll. Sicher gilt heute wie früher, daß die Christen nur da ihrem Auftrag gerecht werden, wo sie klar bezeugen, daß der Krieg unvereinbar ist mit Gottes Friedenswillen, wie er in Christus in Erscheinung tritt. Sicher gilt auch, heute ebenso wie früher, daß, wo immer Christen in einem Staat leben, sie ihrem Friedensauftrag nur gerecht werden können, wenn sie sich und anderen die Pflicht des Staates und die Verantwortung jedes Staatsbürgers für die Friedens- und Rechtssorge einschärfen.
Christen haben sich deshalb dafür einzusetzen, daß die staatlichen Gewalten — Legislative, Judikative und Exekutive — im Gebrauch ihrer Machtmittel an die Ziele der Rechts- und Friedenssicherung gebunden bleiben. Dabei können sie nicht übersehen, daß in dieser Welt kein Staat prinzipiell darauf verzichten kann, physische Gewalt gegen diejenigen, die den Frieden verletzen und das Recht brechen, anzudrohen und auszuüben. Von welcher Gestalt jedoch die vom Willen der Staatsbürger legitimierte und kontrollierte „Gewaltsamkeit" des Staates in Androhung und Ausübung sein solle, ist auf Grund vernünftiger Einsicht und unter Berücksichtigung der jeweiligen geschichtlichen Bedingungen zu entscheiden. Ob überhaupt und unter welchen Umständen dabei auch die Anwendung militärischer Gewalt der Rechts- und Friedenssicherung dienen könne, hängt von vielen Bedingungen politischer, militärischer und gesellschaftlicher Art ab. Was unter den Verhältnissen früherer Jahrhunderte denkbar schien, kann sich im atomaren Zeitalter als undurchführbar erweisen.
So sehr die Christen in dieser Frage auf die Analyse ihrer Zeit und Gesellschaft verwiesen sind, so sehr behält andererseits doch die Einsicht ihre Gültigkeit, daß Kriege unvereinbar sind mit Gottes Friedenswillen, wie er in Jesus Christus sichtbar wurde. Das kann zu einer ethisch schwerwiegenden Spannung — im äußersten Falle zu einem offensichtlichen Widerspruch — zwischen dem Anspruch des Friedenswillens Gottes und der tatsächlichen Anstrengung führen, diesem Willen auch in der Anwendung staatlicher Machtmittel zu dienen, von denen militärische Gewalt nicht prinzipiell ausgeschlossen ist.
Die in dieser Spannung liegende Beunruhigung des Gewissens hält die Frage lebendig, wie der Friedenswillen Gottes in der politischen Wirklichkeit befolgt werden kann.

(EKD-Kammer für öffentliche Verantwortung)

- *Ist nach dem Verständnis der EKD-Kammer ein „Friedensdienst mit der Waffe" möglich?*
- *Welchen Stellenwert haben die gesellschaftlichen und politischen Bedingungen für den Aufbau einer Friedensethik?*
- *Was ist mit „Gewaltsamkeit" des Staates gemeint?*
- *Welche Wege gibt es zur Verhinderung von Kriegen?*
- *Wo liegen Widersprüche zwischen dem Friedenswillen Gottes und dem tatsächlichen Verhalten der Kirchen sowie des einzelnen Christen?*

Erziehung zum Haß, Erziehung zur Würde

47

Haß ist geistiger Selbstmord
Daß die Welt ohne Haß wünschbar sei, ist eine in dem Sinne wenig ergiebige Lösung, als man kaum jemanden findet, der ihr nicht zustimmte, was leider schon zeigt, daß diese Lösung an sich, ohne nähere

Erklärung, von geringem Wert ist. Daß aber eine solche Welt, wenn überhaupt, nur durch den jetzt frei von Haß geführten Kampf möglich wird oder, mit anderen Worten, daß sie desto wahrscheinlicher ist, je weniger Haß in die heutigen Konflikte eingeht, gilt mitnichten als offenbar. Erscheinen doch so gut wie alle Formen der Haßpropaganda als Mittel, die brüderliche Weltgemeinschaft zu errichten, und der Haß gegen das Böse (oder was jeweils als das Böse bezeichnet wird) macht den Hassenden automatisch heilig, als ob es sich um ein Beispiel des logischen Gesetzes der doppelten Negation handelte: wer den haßt, der das Heilige haßt, ist heilig. Daß der Haß, ungeachtet seines Gegenstandes, das Böse erzeugt, klingt sogar ridikül. Wer an die einfachen Worte Spinozas „Der Haß kann nie gut sein" erinnert, wer das kurze Gebot des heiligen Paulus aus dem Römerbrief wiederholt: „Überwinde das Böse durch das Gute" *(Römer XII, 21)*, riskiert, sich als naiver Prediger lächerlich zu machen oder sogar als Gegner der besseren Welt den Haß zu verdienen.

Ohne Haß kämpfen

In diesem Zusammenhang wiederhole ich Prinzipien, die wir als Extrakt nicht nur des Besten, sondern auch des Unentbehrlichsten und Unveränderlichsten in den moralischen Lehren vieler großer religiöser Propheten und vieler großer Philosophen betrachten dürfen:

daß es kein Recht auf Hassen gibt, ungeachtet der Umstände;

daß es widersinnig ist zu sagen, daß jemand den Haß verdient;

daß wir fähig sind, ohne Haß zu leben;

daß auf den Haß zu verzichten keineswegs bedeutet, auf den Kampf zu verzichten;

daß jedes Recht zum Unrecht wird, sobald es sich durch Haß zu befestigen versucht, oder — was auf das gleiche hinausläuft — daß es selbstzerstörerisch ist, den Haß für die Sache der Gerechtigkeit einzuspannen.

Das sind althergebrachte Gedanken, von denen einige offensichtlich Werturteile, andere aber Erfahrungstatsachen darstellen. Es ist freilich möglich, dagegen sowohl moralische als auch faktische Argumente vorzubringen. Diese können zu drei Hauptgedanken zusammengefaßt werden: erstens, der Haß ist naturwüchsig, also unvermeidlich; zweitens, der Haß ist wirksam in jedem Kampf, also auch im Kampf um Gerechtigkeit; drittens, der Haß kann moralisch gerechtfertigt sein, es gibt hassenswürdige Menschen und Dinge.

Diese Argumente fordern eine Antwort heraus.

Zum ersten. Es ist wohl möglich, daß der Haß in demselben Sinne wie alle elementaren Leidenschaften naturwüchsig ist. Sollte dies bedeuten, daß niemand fähig ist, ohne Haß zu leben, würde diese Aussage erfahrungsgemäß gewiß falsch sein; wie wenige es auch seien, die sich nie vom Haß leiten lassen, es gab und gibt sie in unserer Welt. Falls dieser Satz aber besagt, daß die Mehrheit, ja sogar die überwiegende Mehrheit von uns zu schwach ist, um sich vom Haß zu befreien, dann mag das wohl wahr sein, ist aber für die moralische Bewertung des Hasses irrelevant und macht das Gebot, ohne Haß zu leben, keineswegs weniger gültig. Alle moralischen Gebote sind gewissermaßen naturwidrig, sie wären ja überflüssig, wenn ihre Aufgaben ohnehin völlig durch die Instinkte erfüllt würden.

Daß so viele von uns im Bösen leben, macht keinen einzigen von uns weniger böse, wenn es im übrigen auf der anderen Seite gewiß ist, daß wir imstande sind, unsere naturwüchsigen Leidenschaften zu zügeln. Wir wären sicher in einer schlimmeren Lage, wenn wir der Lutherschen Meinung zustimmten, nach der uns Gott Gebote gibt, denen wir überhaupt nicht nachkommen können, nach der aber Gott von uns Leistungen verlangt, die ganz einfach unausführbar sind. Sobald wir feststellten, daß das moralische Gesetz unsere Fähigkeiten grundsätzlich überschreitet, müßten moralische Unterschiede zwischen den Menschen fast verschwinden, wie sehr wir uns auch auf das göttliche Erbarmen verlassen. Der Lutherschen Verzweiflung möchte ich das Kantsche Prinzip entgegenstellen: Wenn wir wissen, daß wir etwas nach moralischem Gesetz tun sollen, wissen wir auch, daß wir es tun können; ja nur daraus, daß wir es tun sollen, erfahren wir, daß wir es auch können, obwohl wir nicht notwendig wissen, ob wir unsere Pflicht tatsächlich im Moment der Prüfung erfüllen werden.

Das Böse entschuldigt nichts

Ob die Welt ohne Haß überhaupt möglich ist oder ob es natürliche Ursachen gibt, die sie ausschließen, darüber haben wir kein sicheres Wissen. Falls wir aber die Vorwegnahme einer solchen Welt nicht ernst nehmen, falls wir also überzeugt sind, daß der Haß auf Erden nie getilgt werden kann, so rechtfertigt dies unseren eigenen Haß, das heißt jenen, der in jedem von uns brodelt, nicht. Das Böse muß auf der Welt sein; wehe aber dem, durch den es kommt — auch diese Warnung gehört zu den härtesten Ziegeln im Gebäude der christlichen Zivilisation. Ohne sie, das heißt ohne die Überzeugung, daß die

Statistik des Bösen das Böse in mir nicht entschuldigt, wäre der Begriff der Verantwortung eitel und überflüssig.

Wenn es also unleugbar ist, daß der Haß den Haß gebärt, ist dies eine Naturtatsache, nicht aber eine Zwangsnotwendigkeit, der wir uns ebensowenig widersetzen könnten wie der Tatsache, daß die freigelassenen Körper niederfallen, anstatt sich emporzuheben. Fragt also jemand: „Können wir erwarten, daß die Opfer von Himmler oder Berija ihre Henker nicht hassen, daß Menschen, die gefoltert, erniedrigt, ihrer Freiheit, ihrer Würde, ihrer elementaren Rechte beraubt werden, vom Haß gegen ihre Folterer und Unterdrücker frei seien, daß sie alle Jesus Christus nachahmen könnten?“, dann würde ich sagen: „Nein, so etwas erwarten dürfen wir nicht.“ Dennoch bleibt die Frage offen, ob wir auf den Haß ein Recht haben, ob unser Haß, wie sehr er auch natürlich und erwartet sein mag, auch moralisch legitim ist, kurz, ob es sich um Menschen handelt, die den Haß verdienen.

Nun scheint es, daß man strenggenommen den Haß ebensowenig verdienen kann wie die Liebe. Weder er noch sie können aus der Gerechtigkeit abgeleitet werden. Verdienen kann man etwas nur kraft eines Gesetzes, kein Gesetz aber kann die Liebe verlangen, aufdrängen oder erzwingen; also auch nicht den Haß. Beide werden umsonst, ohne gesetzliche Gründe, gegeben.

Gibt es aber nicht — darf man fragen — Menschen, Sachen, Bewegungen, Systeme, die gerechterweise die völlige Zerstörung verdienen, und ist der Haß nicht dem Streben nach vollständiger Vernichtung gleichbedeutend? Darauf würde ich so antworten: Es gibt gewiß menschliche Einrichtungen, Institutionen, Gewohnheiten, Bestrebungen, Bewegungen, politische Systeme, Vorstellungen, vielleicht auch Menschen, die die Zerstörung verdienen. Der Haß gleicht aber nicht dem Begehren nach Zerstörung (geschweige denn der Überzeugung, daß etwas Zerstörung verdiene). Unser Haß ist gegen Menschen und menschliche Gruppen — gegen Völker, Rassen, Klassen, Parteien, gegen Reiche oder gegen Arme, gegen Schwarze oder Weiße —, nicht gegen Abstrakta wie politische Systeme und Meinungen gerichtet. Odium peccati, der Haß auf die Sünde, ist eine Metapher: Wir können nur die Sünder, darunter vielleicht uns selbst, hassen. Haß ist mehr als Streben nach Vernichtung: Wie die Liebe schließt er eine Art von Unendlichkeit ein, die Unersättlichkeit. Er strebt nicht einfach nach Zerstörung, sondern nach nie aufhörendem Leiden, gleicht also dem Begehren, zum Teufel zu werden, und das Wesen des Teufels besteht darin, nie Sättigung im Zerstörungswerk erreichen zu können.

Damit aber antworten wir zum Teil auch auf die zweite Frage: Kann der Haß je im Dienst einer guten Sache wirksam und in diesem Sinne heilig sein? Daß sich als Antwort ein eindeutiges „Nein“ aufdrängt, ersehen wir, wenn wir die Ergänzungsfrage stellen: Warum brauchen alle totalitären Systeme den Haß als unerläßliches Werkzeug? Sie brauchen ihn nicht nur, um sich der erwünschten Mobilisierungsbereitschaft zu versichern, und nicht nur, ja nicht einmal hauptsächlich, um menschliche Verzweiflung, Hoffnungslosigkeit und die angehäufte Aggressivität zu kanalisieren, gegen andere zu lenken, und dadurch in eine eigene Waffe umzuschmieden.

Integration nur aus Vertrauen

Nein, das Bedürfnis nach Haß ist dadurch zu erklären, daß er den Hassenden innerlich zerstört, ihn moralisch hilflos dem Staat gegenüber macht, daß er einer Selbstvernichtung, einem geistigen Selbstmord gleicht und damit auch die Wurzel der Solidarität unter den Hassenden selber ausreißt. Der Ausdruck „blinder Haß“ ist pleonastisch, es gibt keinen anderen. Da er, mindestens in vollkommener Form, den gesamten geistigen Raum des Menschen — auch darin der Liebe ähnlich — erfüllt, könnte der Haß als ein Mittel zur Integration der Persönlichkeit erscheinen.

Daß das Umgekehrte der Fall ist, verweist zum einen auf die Asymmetrie von Haß und Liebe und enthüllt zum anderen den Grund, warum kein Totalitarismus auf die Erziehung zum Haß verzichten kann. Gerade weil die pure Negativität des Hasses jeden menschlichen Verkehr paralysiert, zerschlägt sie auch den inneren Zusammenhalt der Persönlichkeit und ist deshalb als Mittel, die Menschen geistig zu entwaffnen, unersetzlich. Unsere innerliche Integration entsteht aus dem Verkehr mit anderen, aus Vertrauen und Freundschaft, nicht aus der auf sich selbst gerichteten, monadisch in sich geschlossenen Leere des Ichs. Die allverzehrende Energie des Hasses macht jeden Verkehr unmöglich, und dadurch desintegriert sie mich seelisch, noch bevor ich fähig bin, „meinen“ Feind zu desintegrieren. In diesem Sinne darf man sagen, daß im Haß leben heißt: im Tod leben; und daß ein den Geist dauernd beherrschender Haß sich in etwas wie doppelt entartete selbst-nekrophilitistische Leidenschaft umwandelt.

Selbstvergöttlichung und Verzweiflung

Totalitäre Systeme und Bewegungen jeder Prägung brauchen den Haß weniger gegen äußere Feinde und Bedrohungen als vielmehr gegen die eigene Gesellschaft; weniger, um die Kampfbereitschaft zu wahren, sondern mehr, um diejenigen, die sie zum Haß erziehen und aufrufen, innerlich zu entleeren, geistig kraftlos und dadurch widerstandsunfähig zu machen. Die unaufhörliche, lautlose, aber klare Botschaft des Totalitarismus sagt: „Ihr seid perfekt, jene sind vollkommen verdorben. Ihr würdet schon längst im Paradies leben, hätte die Bosheit eurer Feinde euch nicht daran gehindert." So ist die Aufgabe dieser Erziehung weniger, eine Solidarität im Hassen zu schaffen, als vielmehr, eine Selbstgefälligkeit in den Zöglingen zu erzeugen und sie moralisch und intellektuell ohnmächtig zu machen. Die Selbstgefälligkeit im Hassen soll mir das Gefühl geben, daß ich ein glücklicher Besitzer absoluter Werte bin. So gipfelt der Haß schließlich in einer grotesken Selbstvergöttlichung, die wie bei den gefallenen Engeln nur die Rückseite der Verzweiflung darstellt.

Wenn wir wirklich lieben, sind wir gegenüber dem Gegenstand unserer Liebe unkritisch. Wenn wir wirklich hassen, sind wir sowohl gegenüber uns selber als auch dem Gehaßten gegenüber unkritisch, denn kritisch zu sein heißt, differenzieren zu können, und der Haß macht uns zu jeder Differenzierung unfähig. ...

Das ist also die Geheimwaffe des Totalitarismus: das ganze geistige Gewebe der Menschen mit dem Haß zu vergiften und sie dadurch ihrer Würde zu berauben. In meiner Zerstörungswut bin ich selbst zerstört, in meiner Selbstgefälligkeit, in meiner Unschuld kann meine Würde nicht gerettet werden, sowohl meine Integrität als auch die Kommunikation und Solidarität mit anderen gehen verloren. Es gibt kaum so etwas wie Solidarität im Hassen, die Hassenden werden nicht Freunde dadurch, daß sie einen gemeinsamen verhaßten Feind haben. Außer in den Momenten des direkten Kampfes sind sie auch gegenseitig fremd oder feindselig. Es gibt kaum Gesellschaften, darin es mehr von unterirdischem, aber auch offenem Haß und Neid siedete, als jene, die ihre Einheit auf Haß zu bauen, versuchen und die versprechen, die Brüderlichkeit zu institutionalisieren. Und zu sagen, daß der Haß mit Haß zurückgezahlt werden soll, heißt zu sagen, daß man, um im gerechten Kampf zu siegen, zuerst die Gründe für die Gerechtigkeit des eigenen Kampfes verlieren muß. Es ist gar nicht plausibel, daß wir ohne Haß im Kampf kraftlos sind; die Kraft im Kampf kommt viel weniger vom eigenen Haß und viel mehr von der Feigheit des Gegners. Unsere Feigheit ist auch unser Hauptfeind, und auf Haß und Fanatismus zu verzichten, heißt gar nicht, sich vom Kampf zurückzuziehen. Es mag wohl sein, daß viele von uns unfähig sind, sich ihrer Feigheit auf anderem Wege als durch Fanatismus und Verblendung zu entledigen. Wenn man aber daraus den Schluß zieht, daß man den Haß für den erfolgreichen Kampf mobilisieren muß, stellt man sofort jede Gültigkeit dieses Kampfes in Frage.

Keuschheit der Kastraten

Die Erziehung zur Demokratie ist die Erziehung zur Würde, und das setzt beides untrennbar voraus: sowohl die Bereitschaft zum Kampf als auch die Freiheit vom Haß. Eine Freiheit vom Haß, die nur durch die Flucht vor den Konflikten erreicht wird, ist eine scheinbare Tugend, wie die Keuschheit eines Kastraten. Allen menschlichen Konflikten ist aber ein natürlicher selbst antreibender und selbst anhäufender Mechanismus eigen: Nichts ist gewöhnlicher und trivialer, als daß ein an sich unbedeutender Konflikt zur tödlichen Feindseligkeit anwächst, weil die Weise, ihn zu behandeln, neue und immer schärfere Konflikte erzeugt. Versöhnlichkeit und Kompromißbereitschaft ohne Feigheit und ohne Konformismus, die Fähigkeit, den Überschuß der Feindseligkeit zu beseitigen, ohne Zugeständnisse in dem zu machen, was man als Kern der Sache betrachtet — das ist gewiß eine Kunst, die niemandem als Naturgabe zwanglos zukommt. Von unserer Fähigkeit, uns diese Kunst anzueignen, hängt aber das Geschick der demokratischen Weltordnung ab.

Zwei Hauptformen der Erziehung stehen einander gegenüber: Man darf sie schematisch als kalvinische und jesuitische Erziehungsmethoden bezeichnen. Auf die historische Genauigkeit dieser Namen — die heute gewiß anachronistisch klingen — will ich keinen Nachdruck legen. Es kommt vielmehr darauf an, auf zwei entgegengesetzte Theorien der menschlichen Natur hinzuweisen, von denen jede ihre besondere erzieherische Regel nahelegt. Die kalvinische Doktrin geht davon aus, daß unsere Natur hoffnungslos verdorben ist und daß die Erlösung ganz von der umsonst gegebenen, unverdienten und — für das menschliche Auge — irrational erteilten Gnade abhängt; die Erziehung kann ebensowenig den Verdammten aus dem Abgrund der Verdammnis herausholen wie den zum Ruhm Bestimmten hinabstürzen. Darum besteht die Aufgabe der Erziehung eigentlich nicht darin, den Menschen auf dem Wege zur Erlösung zu helfen, vielmehr darin, durch Zwang die Menge der Gott verletzenden Taten zu vermindern, nur um Gottes, nicht um des Menschen willen. Die Rigidität der unwiderruflichen doppelten Vorherbestimmung macht erzieherische Anstrengungen entweder aussichtslos oder überflüssig. Die totale Verdorbenheit unserer Natur macht diese teuflisch und hassenswert. Das Bedürfnis, äußere Sündhaftigkeit in Zucht zu halten, läßt alle Mittel zu. Umgekehrt setzt die jesuitische Philosophie sowohl voraus, daß niemand auf Erden, absolut und hoffnungslos verdorben ist, als auch, daß alle natürlichen Triebe und Energien etwas Gutes enthalten und zum Guten gelenkt werden können, so daß die übernatürliche Hilfe immer etwas findet, woran sie anknüpfen kann. Wie wohl dieser Grundsatz — wie alle lebensfördernden Grundsätze — mißbraucht werden konnte und tatsächlich wurde, so schließt er doch, glaube ich, eine im wesentlichen wohlwollende Gesinnung den Menschen gegenüber ein. Er ermutigt uns, die Hoffnung auf Verständigung mit anderen Menschen so lange wie möglich nicht aufzugeben; er hindert uns, mit Sicherheit überzeugt zu sein, daß jemand das reine Böse verkörpert; er schwächt also die Bereitschaft zum Haß ab.

Das Phänomen des Hasses hat drei Dimensionen: die moralische, die politische, die religiöse. Ich wollte nur meine Auffassung betonen, daß die moralische und die politische Seite des Hasses einander nicht widersprechen, das heißt: daß es keinen Fall gibt, in dem der Haß, zwar moralisch verurteilt, zugleich aber als politisch nützliches Mittel empfohlen werden kann, um einer Welt frei von Haß den Weg zu bahnen: das Mittel heiligt den Zweck. Die religiöse Überlieferung aber, zumindest in unserem Kulturkreis, verlangt mehr als die bloße Forderung, auf Haß zu verzichten: Wir sollen überdies unseren Verfolgern Gutes erweisen, für unsere Feinde beten. Muß so ein naturvergewaltigender Anspruch als allgemein bindend gelten? Darauf kann man nur das Banalste sagen: daß es nur sehr wenige gibt und je geben wird, die dieser Anforderung wirklich gewachsen sind, ist sicher; auf den Schultern dieser wenigen beruht aber das Gebäude unserer Zivilisation, und das Geringe, wozu wir fähig sind, verdanken wir ihnen.

Versöhnung ohne Zugeständnisse

In allen Gefilden der menschlichen Welt, sowohl denen, die einen Hortus deliciarum, als auch jene, die mehr eine Strafkolonie in Erinnerung bringen, scheinen die aufeinanderstoßenden, sich gegenseitig anspornenden, haßgeladenen Ansprüche und Ressentiments uns in jedem Moment mit allvernichtender Explosion zu bedrohen; auf der anderen Seite verspricht uns unsere Gleichgültigkeit oder Flucht vor den Spannungen nur eine milde, stufenweise, fast unbemerkbare Apokalypse; wir suchen eine geheime Alchemieformel für das Fegefeuer, für ein Feuer, das reinigt und das den Schmerz nur mit Hoffnung bringt. Niemand darf prahlen, so eine Formel entdeckt zu haben, und doch ahnen wir vage, daß wir uns nicht gänzlich vergebens bemühen, wenn wir sie in unserer philosophischen und religiösen Tradition aufstöbern wollen. Auf unsicherem und sumpfigem Boden schreitend, irregehend, zurückkehrend, hier und dort herumkreisend, verfügen wir, um geistig zu überdauern, über wenige zuverlässige Orientierungszeichen, die sich alle auf einfache, längst bekannte Gebote und Verbote zurückführen lassen, worunter auch diese sind: Kampfbereitschaft ohne Haß, Versöhnlichkeitsgeist ohne Zugeständnisse im Wesen.

In einer von Haß, Rachgier und Neid erfüllten Welt, die — weniger durch die Armut der Natur als durch unsere gargantueske Gefräßigkeit — uns enger und enger scheint, ist der Haß eines von jenen Übeln, von denen es plausibel ist zu sagen, daß sie durch keinerlei institutionelle Maßnahmen verdrängt werden können. In diesem Fall, so dürfen wir ohne Lächerlichkeit vermuten, trägt ein jeder von uns, indem er dieses Übel in sich begrenzt, dazu bei, es in der Gesellschaft zu begrenzen, und vollbringt so in sich eine unsichere und brüchige Vorwegnahme eines erträglichen Lebens auf unserem Narrenschiff.

(Leszek Kolakowski)

- *Arbeiten Sie die wesentlichen Gesichtspunkte heraus!*
- *Welchen Stellenwert mißt Kolakowski als engagierter polnischer Marxist der christlichen Tradition der Bergpredigt bei?*
- *Wo liegen die wesentlichen Unterschiede zwischen Haß und Liebe?*
- *Welche Konsequenzen ergeben sich daraus?*
- *Welche Wirkung hat die Bergpredigt auf unsere Kultur und Zivilisation, obwohl nur wenige konsequent nach ihr lebten?*
- *Was ist für die Zukunft zu bedenken?*
- *Wie muß Friedenserziehung heute aussehen?*

Von der Freiheit eines Christenmenschen

Vom Menschen reden — von Gott reden?

48

Das Christentum besitzt keine Theorie über das Wesen des Menschen und bietet auch kein politisches oder soziales Programm für seine irdische Wohlfahrt, sondern es verkündet Gottes Heil für ihn. Darum verfügt es auch über keine geschlossene Anthropologie. Vielmehr besteht der entscheidende Beitrag der christlichen Theologie zu jeder Anthropologie gerade darin, daß sie das Wesen des Menschen nicht „feststellt" und ihn somit vergewaltigt, sondern daß sie es offenhält und somit seine Freiheit wahrnimmt. Hier liegt der Grund, warum die Christen, wenn sie vom Menschen sprechen, immer zugleich von Gott reden.

(Heinz Zahrnt)

● *Vergleichen Sie Text 14, S. 80*
Text 52, S. 118
Text 54 ff., S. 265 ff.

Ich-Findung und Gottfindung

49

Gerade diese Aufgaben aber sind unermeßlich; wir können an ihnen scheitern. Krankheit, Schicksalsschläge, Altern, Tod streichen durch, was wir unternahmen. Unser Leben bleibt Fragment, noch dazu von Fehlern durchzogen. Kann fehlerhaftes Fragment „sinnvoll" und „erfüllt" genannt werden? *Das Versprechen erfüllten Lebens reicht über unser hiesiges Fragment hinaus; was an Erfüllung hier schon erfahren wird, ist ein Hoffnungszeichen für künftige und endgültige Erfüllung.* Es ist eine Ermunterung fürs Hoffen. Was aber darf ich hoffen, was kann der Inhalt meines Hoffens sein?

1. *Wir haben einen Bundesgenossen.* Wir sollen eine so große Hoffnung unverzagt der Misere der bisherigen Menschheitsgeschichte — und auch den heute drohenden Gesamtkatastrophen! — entgegensetzen, weil wir Menschen nicht allein sind, eben nicht nur verlassene, geistlose Mikroben auf dem Sandkorn Erde. Das Evangelium erklärt uns zu Adressaten einer großen Bewegung.
Das Ereignis, das Jesus Christus heißt, ist dieser Gruppe, in der die Reich-Gottes-Hoffnung vorhanden ist, erkennbar geworden als die uneingeschränkt und unlöslich solidarische Verbindung einer mächtigen Liebe mit dieser Menschheit und damit als die Bestätigung der prophetischen Hoffnung Israels, einer einzigartigen Hoffnung unter allen Völkern und Religionen: Vorblick auf eine, auf die revolutionäre Wendung der Menschheitsgeschichte vom sinn- und ziellosen Dschungelkampf zu ihrer Menschwerdung, zum brüderlichen, geisterfüllten Leben der Menschen miteinander in Gemeinschaft mit Gott. Jesus Christus ist das Argument der Hoffnung gegen die Resignation.

2. *Wir sind Bundesgenossen.* Dieses Ziel Gottes wird uns zum neuen Ziel unseres eigenen Lebens gegeben. Wir werden eingeladen, die Bewegung Gottes zum Reiche Gottes mitzumachen, in ihr mitzuwirken. Jede Lebensbewegung von uns, die im Sinne dieser Bewegung auf das Reich Gottes hin liegt und in seinem Geist geschieht, ist sinnvoll.
Jede Lebensbewegung von uns, die dieser Bewegung entgegenläuft, ist sinnwidrig, ist eine Todesbewegung.
Bewege ich mich mit in der Bewegung Gottes für die Menschen, dann ist mein Leben jetzt schon voll Sinn, dann nehme ich jetzt schon teil am „ewigen Leben", wie das Johannesevangelium es ausdrückt. Der Sinn meines Lebens hängt jetzt nicht mehr davon ab, wie lange mein eigenes Existieren sich fortsetzt, ob es mit dem physischen Sterben aufhört oder nicht. Weil aber in meinem hiesigen Leben diese Lebensbewegung nicht so herrscht, wie es sein sollte, weil sie oft genug noch von meinen Todesbewegungen durchkreuzt wird, weil also mein von dieser Hoffnung und Bewegung erfülltes Leben immer noch ein Fragment, ein nur teilweise erfülltes Leben ist, darum umschließt die Hoffnungsbotschaft für die ganze Menschheit auch mein kleines Leben: Auch dieses mein Leben soll noch heil werden, ganz erfüllt von der Teilnahme an der Lebensbewegung Gottes für die Menschen. Auch für dieses mein Leben ist in Ewigkeit gesorgt.
Bekannt ist das berühmte Wort von Luther mit dem Apfelbäumchen, das er pflanzen würde, wenn er wüßte, daß morgen die Welt unterginge, — oder auch, daß ich morgen vielleicht sterbe; denn das ist mein Weltuntergang. Es gibt eine noch schönere Geschichte, die ich erzählen möchte.

In der Mitte des vorigen Jahrhunderts tagte in einem Staat des nordamerikanischen Mittelwestens das Parlament dieses Staates. Wie es dort manchmal vorkommt, zog ein fürchterliches Unwetter herauf, ein Orkan, und verdunkelte den Himmel. Es wurde schwarz wie die Nacht. Die Parlamentarier wollten voll Entsetzen die Sitzung abbrechen und aus dem Sitzungssaal stürmen. Darauf sagte der Sprecher des Parlaments: „Meine Herren! Entweder die Welt geht jetzt nicht unter und unser Herr kommt noch nicht, dann ist kein Grund vorhanden, die Sitzung abzubrechen. Oder unser Herr kommt jetzt – dann soll er uns bei der Arbeit finden. Die Sitzung geht weiter!"

Das ist die neue Hoffnungsdimension, die die biblische Botschaft in unser Leben hereinbringt. Kein ausmalendes Wort über das *Wie* der Erfüllung ist möglich, ist aber auch nicht nötig. Nötig heute ist nur die mobilisierende Aussicht auf das *Daß*. Wer aber ist es, auf den diese Hoffnung sich gründet? Wer sorgt dafür, daß wir es mit ihr wagen, von ihr unsere Lebensbewegungen dirigieren lassen können? Wer ist – Gott?

Wer ist Gott? Wer allein verdient es, von uns als letztlich entscheidende und sinngebende Macht angebetet zu werden? Wer bietet ein Leben, das sich lohnt in Zeit und Ewigkeit? Die Hörer Jesu von Nazareth hören die Stimme, die ganz von oben zu Israel gekommen war, nun ganz von unten: die an unserer Lieblosigkeit sterbende und sie gerade dadurch durchbrechende ewige Liebe – sie ist Gott, sie hat größere Macht als alle Götter. Auf sie sich verlassen und mit ihr es wagen, das hat unendlichen Sinn, das braucht in Ewigkeit nicht bereut zu werden.

Diejenigen, denen ihre Stimme mehr imponiert als die Götter, die uns jeden Tag imponieren, kommen dadurch in eine neue Situation: Anstelle bisheriger Abhängigkeit, ja Sklaverei: Unabhängigkeit. Was viele, die Religion für ein Abhängigkeitssystem halten, nicht wissen: ein Zentralwort des Alten und Neuen Testaments ist Befreiung, Freiheit. Wo Luther etwa mit Erlösung übersetzt, da steht im Urtext Befreiung oder Freiheit. Erlösung ist Befreiung, Befreiung von all den anderen Göttern. Nicht, als wären sie nicht mehr da. Sie sind ja noch kräftig da, jeden Tag. Aber sie sind degradiert zu kleinen, d. h. zu weltlichen Größen. Letzter Respekt und Gehorsam ist ihnen zu verweigern. Kritische Distanz zu ihnen ist am Platze und möglich.

Nun werden Menschen frei von der Suggestion durch das Imponiergehabe der Mächte, die vorgeben, über Wert, Sinn und Heil unseres Lebens zu entscheiden. Nun können wir zuversichtlich auch ins Altern und Sterben gehen: der Tod hat nicht mehr das letzte Wort. Er kann nicht mehr alles zur Sinnlosigkeit verurteilen. Das wirkt ins diesseitige Leben herein: Wir können, was heute etwas sehr Wichtiges ist, besonders in der westlichen Welt, den Mammon und die Privilegien fahren lassen. Wir können furchtlos vor die mächtigen Götter treten und vor die mächtigen Menschen, mit Mut und langem Atem für die geschundenen Menschen eintreten, für die Verbesserung der menschlichen Gesellschaft arbeiten.

Auf die Frage also, wem gebührt der Titel „Gott", zu wem sollen wir uns wirklich als zu einem Gott verhalten, wiederholt die ganze Schar der Hörer dieser Stimme das Wort, das den meisten von uns als Einleitung der Zehn Gebote bekannt sein wird: „Ich bin der Herr, dein Gott, der dich aus dem Sklavenhaus der Abhängigkeit von den anderen Göttern geführt hat; du sollst nie mehr andere Götter neben mir – höchstens noch unter mir – haben."

(Helmut Gollwitzer)

- *Es gilt, besonders den Zusammenhang zwischen Gott, Ich und Gesellschaft zu beachten.*
- *Sind Ich-Findung und Gottfindung identifizierbar?*
  Wenn ja, unter welchen Bedingungen?
  Wenn nein, warum nicht?

Empfangen und Handeln – Evangelium und Gesetz

50

Wenn die Gewißheit unserer Existenz und die Verläßlichkeit der Welt nicht in unseren Leistungen gründet, sondern auf Vertrauen beruht, wenn Vertrauen aber allein aus der Liebe kommt, dann bedeutet dies theologisch die *Priorität des Evangeliums vor dem Gesetz,* praktisch den *Vorrang des Empfangens vor dem Handeln.*

Diese Reihenfolge aber steht der heute geltenden Leistungsauffassung stracks entgegen, und zwar nicht nur unserer persönlichen Lebenshaltung und dem Gesetz der Leistungsgesellschaft, sondern weithin auch dem Verhalten der Kirche. Weil wir heute in einer Welt leben, in der alles „machbar" erscheint, vergessen wir, was uns das Machen selbst erst möglich macht — und werden dadurch verführt, dem Handeln vor dem Empfangen den Vorrang zu geben. Der entscheidende Beitrag der Kirche zur heutigen Leistungsgesellschaft hat aber gerade darin zu bestehen, daß sie diese an den Vorrang des Empfangens vor dem Handeln als an das Grundgesetz allen menschlichen Lebens erinnert. Wir stellen heute für gewöhnlich zuerst die Frage: „Was sollen wir tun?" Aber diese gewöhnliche Frage „Was sollen wir tun?" muß beantwortet werden mit der ungewöhnlichen Gegenfrage: „Von wo empfangen wir etwas?" Wir müssen wieder einsehen lernen, daß wir nichts tun und leisten können, bevor wir nicht etwas empfangen haben. Das aber hat Konsequenzen für unser Leben in der Gesellschaft — und für die Kirche.

(Heinz Zahrnt)

- *Warum ordnet H. Zahrnt das Evangelium dem Gesetz vor?*
- *Was bedeutet es, in unserer heutigen Leistungsgesellschaft dem Empfangen vor dem Handeln den Vorzug zu geben?*
- *Nennen Sie Beispiele.*

Weiterführende Literatur

Fromm, E., *Haben oder Sein.* Die seelischen Grundlagen einer neuen Gesellschaft. Deutsche Verlagsanstalt, Stuttgart 1976

Sölle, D., *Phantasie und Gehorsam.* Überlegungen zu einer künftigen christlichen Ethik. Kreuz-V., Stuttgart/Berlin 1968

von **Weizsäcker**, C. F., *Der Garten des Menschlichen.* Beiträge zu einer geschichtlichen Anthropologie. C. Hanser Verlag, [5]1978

Von der Freiheit eines Christenmenschen

51

Damit wir von Grund aus erkennen mögen, was ein Christenmensch ist und wie es mit der Freiheit bestellt ist, die ihm Christus erworben und gegeben hat (wovon S. Paulus so viel schreibt), will ich folgende zwei Sätze aufstellen: Ein Christenmensch ist ein freier Herr über alle Dinge und niemand untertan.

Martin Luther als Mönch

Ein Christenmensch ist ein dienstbarer Knecht aller Dinge und jedermann untertan*.

Wie geht es aber zu, daß der Glaube allein gerecht machen und ohne alle Werke einen so überschwenglichen Reichtum geben kann, wo uns doch in der Heiligen Schrift so viele Gesetze, Gebote, Werke, Stände und Verhaltensweisen vorgeschrieben sind? Hier ist fleißig zu merken und ja mit Ernst festzuhalten, daß allein der Glaube ohne alle Werke rechtschaffen, frei und selig macht, ... Und zwar muß man wissen, daß die ganze Heilige Schrift in zweierlei Worte geteilt wird; es gibt Gebote (oder Gesetze) Gottes, und Verheißungen (oder Zusagen). Die Gebote lehren und schreiben uns mancherlei gute Werke vor, aber damit sind sie noch nicht geschehen. Sie weisen wohl an, sie helfen aber nicht; sie lehren, was man tun soll, geben aber keine Kraft dazu. Darum sind sie nur dazu bestimmt, daß der Mensch daran sein Unvermögen zum Guten sehe und an sich selbst verzweifeln lerne. ...

---

* Luther begründet diese Sätze mit 1. Korinther 9, 19, Römer 13, 8 und Galater 4, 4

Wenn nun der Mensch aus den Geboten sein Unvermögen kennen gelernt und gespürt hat, so daß es ihm nun angst wird, wie er dem Gebot genug tun möge (denn das Gebot muß erfüllt sein, sonst muß er verdammt sein), — dann ist er recht gedemütigt und zunichte geworden in seinen eigenen Augen; er findet nichts an sich, womit er rechtschaffen werden könne. Jetzt kommt dann das andere Wort, die Verheißung und Zusage Gottes, und spricht: „Willst du alle Gebote erfüllen und, wie die Gebote es betreiben und fordern, deine böse Begierde und Sünde loswerden, siehe da, glaube an Christus, in welchem ich dir alle Gnade, Gerechtigkeit, Frieden und Freiheit zusage. Glaubst du, so hast du; glaubst du nicht, so hast du nicht. . . .“ So geben die Zusagen Gottes, was die Gebote fordern, und vollbringen, was die Gebote befehlen, damit es alles Gottes eigene Sache sei: die Gebote und ihre Erfüllung. . . .

So sehen wir, daß ein Christenmensch am Glauben genug hat; er bedarf keines Werks, um rechtschaffen zu sein. Bedarf er nun keines Werks mehr, so ist er gewiß von allen Geboten und Gesetzen entbunden; ist er davon entbunden, so ist er gewiß frei. Das ist die christliche Freiheit: der Glaube allein. Er bewirkt nicht, daß wir müßiggehen oder übeltun könnten, sondern daß wir keines Werks bedürfen, um Rechtschaffenheit und Seligkeit zu erlangen.

Das, was Christus hat, das ist Eigentum der gläubigen Seele; das, was die Seele hat, wird Christi Eigentum. Hat Christus alle Güter und Seligkeit, so sind sie der Seele eigen; hat die Seele alle Untugenden und Sünden auf sich, so werden sie Christi Eigentum. Hier hebt nun der fröhliche Tausch und Wettstreit an: Christus ist ja Gott und Mensch, der noch nie gesündigt hat, und seine Rechtschaffenheit ist unüberwindlich, ewig und allmächtig. Wenn nun er die Sünden der gläubigen Seele durch ihren Brautring (d. h. den Glauben) sich selbst zu eigen macht und geradeso tut, als hätte er sie getan, so müssen die Sünden in ihm verschlungen und ersäuft werden, denn seine unüberwindliche Gerechtigkeit ist allen Sünden zu stark. So wird die Seele nur durch ihre Brautgabe, d. h. um des Glaubens willen, von allen ihren Sünden los und frei und mit der ewigen Gerechtigkeit ihres Bräutigams Christus begabt.

Darum sind die beiden Sätze wahr: „Gute, rechtschaffene Werke schaffen niemals einen guten, rechtschaffenen Mann, sondern ein guter, rechtschaffener Mann schafft gute, rechtschaffene Werke.“ Böse Werke schaffen niemals einen bösen Mann, sondern ein böser Mann schafft böse Werke.“ (Matthäus 7, 18) So muß immer zuerst die Person gut und rechtschaffen sein vor allen guten Werken, und gute Werke müssen folgen und von der rechtschaffenen, guten Person ausgehen. . . .

Und obwohl so der Christ ganz frei ist, soll er sich doch umgekehrt willig zu einem Diener machen, um seinem Nächsten zu helfen; er soll so mit ihm umgehen und handeln, wie Gott an ihm durch Christus gehandelt hat. . . . und so denken: „. . . ich will gegenüber meinem Nächsten auch ein ‚Christ‘ werden, wie Christus es mir geworden ist, und will nur noch das tun, wovon ich sehe, daß es ihm nötig, nützlich und heilbringend ist, weil ich doch durch meinen Glauben alles in Christus zur Genüge habe.“

Sieh, so fließt aus dem Glauben die Liebe und Lust zu Gott und aus der Liebe ein freies williges, fröhliches Leben, daß ich dem Nächsten umsonst diene. Denn gleicherweise, wie unser Nächster Not leidet und unseres Überflusses bedarf, so haben wir vor Gott Not gelitten und seiner Gnade bedurft. Darum, wie Gott uns durch Christus umsonst geholfen hat, so sollen *wir* mit dem Leib und seinen Werken nichts anderes tun als dem Nächsten helfen*.

Aus dem allem folgt der Schluß, daß ein Christenmensch nicht in sich selbst lebt, sondern in Christus und in seinem Nächsten: in Christus durch den Glauben, im Nächsten durch die Liebe. Durch den Glauben fährt er aufwärts zu Gott, von Gott fährt er wieder abwärts durch die Liebe und bleibt doch immer in Gott und der göttlichen Liebe.

(Martin Luther)

---

* Zur Begründung verweist Luther u. a. auf Galater 5, 6 und Philipper 2, 5 ff.

- *In welchem Verhältnis stehen nach Luther*
  - *— Glaube und Werke*
  - *— Gesetz und Freiheit*
  - *— Anthropologie, Christologie und Ethik*

  zueinander?
- *Was heißt in diesem Zusammenhang „Rechtfertigung“? Vergleichen Sie Texte 45, 46, S. 255 f.!*

Weiterführende Literatur:

Jüngel, E., *Zur Freiheit eines Christenmenschen,* Chr. Kaiser Verlag, München, 1978, Kaiser-Traktate 30

Das Neue Sein

52

Gott verwirft nichts so entschieden wie das Halb-Gutsein des Menschen und vor allem wie die menschlichen Ansprüche, die sich darauf gründen. Wo die Botschaft der Vergebung kraft der Gegenwart des göttlichen Geistes vernommen wird, wendet sie den Blick des Menschen von dem ab, was in ihm selbst böse und gut ist, und zu der unendlichen göttlichen Güte hin, die jenseits von menschlichem Gut und Böse ist und die sich bedingungslos und unzweideutig gibt. Das moralische Gesetz als Gesetz und die Mischung von Furcht vor Bestrafung und Verlangen nach Bestrafung sind im Bereich der Zweideutigkeit gültig. Sie drücken die menschliche Situation als solche aus, aber innerhalb des Neuen Seins sind sie durch eine höhere Gerechtigkeit überwunden, die den, der ungerecht ist, dadurch gerecht macht, daß sie ihn annimmt. Diese transzendente Gerechtigkeit verneint nicht, sondern erfüllt die zweideutige menschliche Gerechtigkeit. Sie erfüllt auch das, was in der Forderung nach Strafe berechtigt ist, indem sie das zerstört, was zerstört werden muß, wenn die wiedervereinigende Liebe ihr Ziel erreichen soll. Nach der tiefen psychologischen Einsicht von Paulus und Luther ist es nicht so sehr das Übel in uns, was überwunden werden muß, als die *hybris,* die den Versuch macht, das Übel zu besiegen und die Wiedervereinigung mit Gott durch die Kraft des eigenen guten Willens zu erreichen. Diese *hybris* will den Schmerz der Unterwerfung unter Gottes Handeln vermeiden, einen Schmerz, der die Qual moralischer Kämpfe und asketischer Selbst-Quälerei weit übertrifft. Diese Preisgabe des eigenen Gutseins ist vorhanden, wo der Mensch bejaht, daß Gott ihn, den Unannehmbaren, angenommen hat. Der Mut, das eigene Gutsein Gott zu überantworten, ist ein wesentliches Element in dem Mut des Glaubens. In ihm wird das Paradox des Neuen Seins erlebt — die Zweideutigkeit von Gut und Böse ist überwunden, und unzweideutiges Leben ergreift den Menschen durch die Kraft des göttlichen Geistes.

(Paul Tillich)

- *Erläutern Sie den Begriff „Paradox des Neuen Seins“.*
  Ziehen Sie dazu die Texte 53a und 53b, S. 215 f., heran!

Weiterführende Literatur:

Tillich, P., *Wesen und Wandel des Glaubens,* Ullstein TB 318, Berlin 1969
Tillich, P., *Der Mut zum Sein.* Sonderband der Stundenbücher Nr. 50, Furche Hamburg ²1968
Reblin, K., *Wer aber Gott finden will,* GTB 314, 1979
Käsemann, E., *Der Ruf der Freiheit.* Mohr Tübingen ²1968, ³1972 — Evangelischer Erwachsenenkatechismus S. 416 ff., 446 ff.
Buytendijk, F. J., *Mensch und Tier,* rde 74, Hamburg 1958
Landmann, M., *Philosophische Anthropologie.* Sammlung Göschen Nr. 156/156a, Berlin 1964
Frey, C., *Arbeitsbuch Anthropologie,* Kreuz-Verlag Stuttgart/Berlin 1979

KIRCHE IM SPANNUNGSFELD DER GESELLSCHAFT

3

Fragen an die Kirche

„Es ist ein Skandal des 20. Jahrhunderts, daß die Kirche die Arbeiterschaft verloren hat.“
(Pius XI.)

Zugänge

Kirche und soziale Frage

1

Günter Kehrer hat 1967 eine Studie über „Das religiöse Bewußtsein“ des Arbeiters an Industrieorten in der evangelischen Landeskirche von Württemberg vorgelegt. Im zweiten Kapitel hat er den Kreis der Untersuchung über Württemberg hinaus ausgedehnt auf Europa und die einschlägigen Forschungen in Frankreich, Belgien, in den Niederlanden und in Deutschland mit einbezogen. So kommt er zu der Feststellung: „In allen Gebieten, über die Untersuchungen vorliegen, sind die Arbeiter verglichen mit den sonstigen sozialen Schichten am meisten entkirchlicht“, d. h. sie haben Vorstellungen von der Kirche, die sich mit deren Selbstverständnis in keiner Weise decken. G. Kehrer stellt für Deutschland fest: „So viel ist sicher, daß auch der deutsche Arbeiter sich in seinem kirchlichen Verhalten nicht in besonderem Maße von seinen französischen, belgischen und niederländischen Kollegen unterscheidet.“ Weiter kommt er zu der Erkenntnis: „Die in verschiedenen Ländern für die Katholiken festgestellte Tendenz einer unterdurchschnittlichen Kirchlichkeit der Arbeiter gilt auch für den Bereich des deutschen Protestantismus.“ ... Die geringe religiöse Praxis wirkt sich (nach Erich Prokosch) auf die Gesamtbevölkerung aus, wenn auch nicht immer direkt. Der ursächliche Zusammenhang ist nach zwei Richtungen zu suchen: „1. Da die Arbeiter in allen Gebieten die niedrigste religiöse Praxis aufweisen, wird sich dies in Regionen, wo sie zahlenmäßig vorherrschen, besonders drückend auf die gesamte religiöse Praxis auswirken. 2. In Gebieten, in denen die Arbeiter eine außergewöhnlich niedrige religiöse Praxis besitzen, praktizieren auch die anderen Berufsgruppen weniger als üblich. Beides kann sich in den Auswirkungen verstärken. Da der Anteil der Arbeiter an der Erwerbsbevölkerung bis heute (in Europa) ein Anzeichen der Industrialisierung ist, kann daraus berechtigterweise geschlossen werden, daß die Entkirchlichung eine Begleiterscheinung der Industrialisierung ist.“

(Franz Prinz)

Arbeitsteilige Industriegesellschaft — Verlust der Menschlichkeit?

2

Vor zweieinhalb Jahrtausenden hat z. B. der chinesische Weise Dschuang Dsi schon von den Gefahren des Maschinengebrauchs für den Menschen gesprochen, und ich möchte hier eine Stelle aus seinen Schriften anführen, die für unser Thema wichtig ist:

Als Dsi Guang durch die Gegend nördlich des Han-Flusses kam, sah er einen alten Mann, der in seinem Gemüsegarten beschäftigt war. Er hatte Gräben gezogen zur Bewässerung. Er stieg selbst in den Brunnen hinunter und brachte in seinen Armen ein Gefäß voll Wasser herauf, das er ausgoß. Er mühte sich aufs äußerste ab und brachte doch wenig zustande.

Dsi Gung sprach: Da gibt es eine Einrichtung, mit der man an einem Tag hundert Gräben bewässern kann. Mit wenig Mühe wird viel erreicht. Möchtet ihr die nicht anwenden? Der Gärtner richtete sich auf, sah ihn an und sprach: Und was wäre das?

Dsi Gung sprach: Man nimmt einen hölzernen Hebelarm, der hinten beschwert und vorne leicht ist. Auf diese Weise kann man das Wasser schöpfen, daß es nur so sprudelt. Man nennt das einen Ziehbrunnen.

Da stieg dem Alten der Ärger ins Gesicht, und er sagte lachend: Ich habe meinen Lehrer sagen hören: Wenn einer Maschinen benutzt, so betreibt er alle seine Geschäfte maschinenmäßig; wer seine Geschäfte maschinenmäßig betreibt, der bekommt ein Maschinenherz. Wenn einer aber ein Maschinenherz in der Brust hat, dem geht die reine Einfalt verloren. Bei wem die reine Einfalt hin ist, der wird ungewiß in den Regungen des Geistes. Ungewißheit in den Regungen des Geistes ist etwas, das sich mit dem wahren Sinn nicht verträgt. Nicht daß ich solche Dinge nicht kennte, ich schäme mich, sie anzuwenden.

(Werner Heisenberg)

Die dritte Welt — ein kirchlicher Problemfall?

3

Aufruf an die Christen vom 26. 8. 1965

Die durch die politischen, religiösen und sozialen Ereignisse der letzten Zeit hervorgerufenen Erschütterungen haben bei den Christen in Kolumbien möglicherweise viel Verwirrung verursacht. In diesem entscheidenden Augenblick unserer Geschichte müssen wir fest zu den wesentlichen Grundlagen unserer Religion stehen.

Das Wichtigste am Katholizismus ist die Nächstenliebe. ‚Denn wer den andern liebt, der hat das Gesetz erfüllt‘ *(Römer 13,8)*. Damit diese Liebe wahrhaftig ist, muß sie um Wirksamkeit bemüht sein. Wenn die Wohltätigkeit, das Almosen, die wenigen kostenlosen Schulen, die wenigen Wohnungsbauvorhaben, das, was man Barmherzigkeit zu nennen pflegt, nicht ausreichen, um der Mehrzahl der Hungrigen Brot, der Mehrzahl der Nackten Kleidung, der Mehrzahl der Unwissenden Bildung zu geben, müssen wir nach wirksameren Mitteln für das Wohlergehen der Mehrheit suchen.

Nach diesen Mitteln werden nicht die an der Macht befindlichen, bevorrechtigten Minderheiten streben, weil im allgemeinen diese wirksamen Mittel die Minderheiten zwingen, ihre Vorrechte zu opfern ...

Deshalb muß den bevorrechteten Minderheiten die Macht genommen werden, um sie der armen Mehrheit zu geben. Darin liegt das Wesentliche einer Revolution.

Die Revolution kann friedlich sein, wenn die Minderheit ihr keinen gewaltsamen Widerstand entgegensetzt.

Mit Hilfe der Revolution kann also eine Regierungsform herbeigeführt werden, die dem Hungrigen Brot, dem Nackten Kleidung, dem Unwissenden Bildung gibt, die die Werke der Barmherzigkeit und Nächstenliebe nicht nur gelegentlich und zeitweilig, nicht nur für einige, sondern für die Mehrzahl unserer Nächsten vollbringt.

Deshalb ist die Revolution nicht nur erlaubt, sondern verbindlich für die Christen, die in ihr die einzig wirksame und umfassende Form tätiger Nächstenliebe erblicken. Es ist gewiß, daß 'keine Obrigkeit ohne von Gott‘ ist *(Römer. 13, 1)*.

Wenn es eine Gewalt gegen das Volk gibt, ist diese Gewalt nicht rechtmäßig und wird Tyrannei genannt. Wir Christen können und müssen gegen die Tyrannei kämpfen. Die gegenwärtige Regierung ist tyrannisch, weil sie nur von 20% Prozent der Wähler unterstützt wird und weil ihre Entscheidungen von den bevorrechteten Minderheiten ausgehen.

Nicht die zeitlichen Schwächen der Kirche sollen bei uns Anstoß erregen. Die Kirche ist menschlich. Wichtig ist nur, daran zu glauben, daß sie auch göttlich ist und daß wir Christen, wenn wir unsere Pflicht der Nächstenliebe erfüllen, damit die Kirche stärken ...

(Camillo Torres)

4

Ansprache in Bogotá 1968

Viele, besonders unter den Jüngeren, bestehen auf der Notwendigkeit, die sozialen Strukturen, die ihrer Meinung nach das Erreichen eines wirksamen Zustandes der Gerechtigkeit durch das Individuum und die Gemeinschaft nicht erlauben, dringend zu ändern. Einige folgern, daß das wesentliche Problem Lateinamerikas nicht gelöst werden kann, es sei denn mit Gewalt. Mit derselben Ehrlichkeit, mit der wir anerkennen, daß solche Theorien und Praktiken häufig ihre letzte Begründung in edlen Impulsen der Gerechtigkeit und Solidarität finden, müssen wir erneut bekräftigen: Die Gewaltanwendung ist weder christlich, noch entspricht sie dem Evangelium; die jähen oder gewaltsamen Strukturveränderungen wären trügerisch, würden ohne tatsächliche Wirkung bleiben und gewiß nicht der Würde des Volkes entsprechen. Wirkliche Strukturveränderung verlangt nämlich, daß die notwendigen Veränderungen von innen her realisiert werden, d. h. durch zunehmende Bewußtwerdung, eine geeignete Vorbereitung und jene Beteiligung aller, die heute noch durch Unwissenheit und bisweilen menschenunwürdige Lebensbedingungen verhindert wird.

(Papst Paul VI.)

Kirche in der Herausforderung durch die moderne Welt

Die evangelische Kirche vor der sozialen Frage des 19. Jahrhunderts

5

Die Kirche habe seit Beginn der Industrialisierung vor der sozialen Frage kapituliert. Die sozialen Bewegungen hätten ihrerseits im 19. Jahrhundert die Kirche nicht verstanden und sie deshalb bekämpft. Diese beiden Feststellungen werden oft getroffen. Sie sind die Brennpunkte oft sehr unfruchtbarer Diskussionen über den Beitrag der Kirchen zur sozial-geschichtlichen Entwicklung im 19. und 20. Jahrhundert. Klage und Gegenklage führen aber nicht weiter, selbst wenn sie in vielen Details berechtigt sind. Entscheidend ist der gemeinsame Wille zur Untersuchung der bisherigen Entwicklungslinien.

(E. Müller / A. Wolf)

Entfaltung

Die Gesellschaft im Zeichen der Industrialisierung

- *Stellen Sie mit Hilfe der Texte 6—8 zusammen, wodurch die äußere und innere Situation des Arbeiters im 19. Jahrhundert gekennzeichnet ist!*
- *Versuchen Sie, diesen Texten Angaben über die Ursachen für die Verelendung der Arbeiterschaft zu entnehmen!*

Maschinenarbeit auf dem Lande (um 1890)

6

Rehbein, der sich bereits mit 19 Jahren — für einen Landarbeiter sehr früh — der Sozialdemokratie angenähert hat, schildert sein Landarbeiterleben ohne persönliche Befangenheit als das Leben des Landproletariats insgesamt . . .

Gleich nach den Haupterntewochen nahm ich Arbeit bei der Dreschmaschine an. Zwar drückt man sich, als verheirateter Tagelöhner, sonst herzlich gern von dieser Arbeit; doch da nach der Ernte der Tagelohn sofort wieder ganz rapide fällt, zog ich es vor, lieber die Unannehmlichkeiten der Drescharbeit auf mich zu nehmen, als im Ungewissen nach halbwegs lohnender Feldarbeit zu suchen. . . .

Es besteht dort das System der Lohndrescherei im Umherziehen. Nicht jeder Hof hat seine Maschine, wie die Großgüter, auch gibt es keine Genossenschaftsmaschinen, wie anderswo. Die Dreschmaschinenbesitzer sind vielmehr selbständige Unternehmer, die sich eine eigene Maschine entweder gegen Bar oder auf Abzahlung anschaffen. Sie nehmen sich auch selbständig die nötigen Mannschaften an und ziehen nun mit ihrem bemannten Geschütz von Hof zu Hof, mit dessen Bauern der

Drusch vereinbart war. Gedroschen wird im Stundenlohn ...

Die Höhe des Stundenlohnes richtet sich, wie bei allen Gelegenheiten, so auch hier nach dem Angebot von Arbeitskräften. In der ersten Zeit, wenn auf den Höfen noch viel Leute beim Einfahren gebraucht werden, steigt der Lohn wohl auf 30 bis 35 Pfennige die Stunde, später sinkt er auf 20 bis selbst 15 Pfennige herab ...

Was die Dreschmaschinenarbeit selber betrifft, so ist sie eine der anstrengendsten und aufreibensten, die man sich denken kann. Stunden, nur Stunden schinden, ist hier die Losung. Je mehr Stunden am Tage, desto eher wird der Bauer die Maschine wieder los, desto weniger Mahlzeiten braucht er den Leuten zu geben. Je mehr Stunden der Maschinenmeister erzielt, desto mehr Korn kann er zum Ausdrusch übernehmen, und desto höher ist sein Profit. Je mehr Stunden die Leute zusammenrackern, desto größer ist der Wochenverdienst. Spätestens um 4 Uhr morgens wird angefangen, nicht selten aber auch schon um 3 Uhr, und dann geht es den ganzen lieben langen Tag rastlos fort, mindestens bis 8 Uhr abends; sehr häufig aber wird es 9 und 10 Uhr, öfters sogar 11 und 12 Uhr nachts ...

Bei der Arbeit geht es „immer feste weg", was der Schinderkasten nur schlucken kann. Der Mensch muß mit der Maschine fort, er wird ihr Sklave, wird selbst zum Maschinenteil ...

(Franz Rehbein)

7

Wie in England wurden auch in dem Rhein-Ruhr-Gebiet Kinder zu 10- bis 14stündiger Arbeit angeheuert, gegen einen Tagelohn von zwei Groschen.

Die preußischen Regierungsberichte sagen dazu folgendes:

„Diese unglücklichen Geschöpfe entbehren des Genusses frischer Luft, sind schlecht gekleidet, schlecht genährt und verbringen ihre Jugend in Kummer und Elend. Bleiche Gesichter, matte und entzündete Augen, geschwollene Leiber, aufgedunsene Backen, aufgeschwollene Lippen und Nasenflügel, Drüsenanschwellungen am Hals, böse Hautausschläge und asthmatische Anfälle unterscheiden sie in gesundheitlicher Beziehung von anderen Kindern derselben Volksklasse, welche nicht in Fabriken arbeiten. Nicht weniger verwahrlost ist ihre sittliche und geistige Bildung."

8

Die meisten Arbeiterfamilien besaßen nur ein Zimmer. Es ist die Zeit der hohen Mieten und der Mietpreis-Spekulationen. Eine Wohnkultur oder ein Familienleben konnte sich unter diesen Umständen kaum entwickeln; z. T. übernachtete man an seiner Arbeitsstelle. Dazu ein Bericht vom Mittelrhein:

„Lagen die Spinnmühlen und Fabriken, wie z. B. an den Wassergefällen der Wupper bei Lennep, oft stundenweit von menschlichen Wohnorten entfernt — wer wollte dann bei Regen und Wind, bei Schnee und Kälte nach Hause? Es scharrten sich die Arbeiter die Flocken und Abfälle zusammen in die Ecke; dort hatten sie es wärmer und weicher als auf dem harten Lager daheim. Die Lichter wurden ausgelöscht und in den stauberfüllten verpesteten Saalen begann nicht der Friede des Schlummers, nein, die entsetzlichsten Orgien ... Am Tage wurde der Grund zu den nächtlichen Ausschweifungen gelegt. In den Anfängen des Fabriksystems arbeitet alles ununterschieden zusammen: Kinder, halbwüchsige Burschen und Mädchen. Männer und Frauen, die in den überhitzten Räumen nur mit einem Hemde oder Rock bekleidet waren. Jede Scham mußte schwinden. Der Ton wurde, der Tracht entsprechend, ein grenzenlos roher, und im Zwielichte bei aufgeregter Nerventätigkeit und in der Nacht, wo Rücken an Rücken oder Seite an Seite gearbeitet wurde, gingen rohe Worte zu noch roheren Taten über."

„Der Mann des Jahrhunderts?"

9

Die zehn Gebote der Arbeiter
Flugblatt, 1848

Erstes Gebot: Du sollst arbeiten. Wer nicht arbeitet, soll auch nicht essen. So steht es geschrieben. Und doch essen viele, die nicht arbeiten. Das muß aufhören.

Zweites Gebot: Du sollst keinen Müßiggänger neben dir dulden. Wenn du einen siehst, der müßig neben dir steht und fähig zur Arbeit ist, so gib ihm ein Schurzfell und eine Hacke und sprich zu ihm: „Jetzt schaffe! Denn siehe, Bruder, wenn du müßig gehst, muß ich deinen Teil Arbeit mit übernehmen und das ist unrecht. Darum schaffe, reicher Müßiggänger."

Drittes Gebot: Du sollst keine Sklavenarbeit verrichten. Alle Menschen sind frei und gleich. Es wird keiner als Sklave geboren. Es braucht keiner ein Sklave zu werden. Deine Arbeit kann und muß eine freie sein, eine solche, die deinen Fähigkeiten und Neigungen entspricht, deinen Geist nicht erdrückt und deinen Leib nicht erschlafft. Nicht zum Vorteil eines andern sollst du arbeiten und zum Nachteil deiner selbst. Nicht als Sklave für einen Herrn sollst du arbeiten, sondern als freier Mann für dich und deinen Bruder, der gleichfalls wiederum für dich und sich arbeitet. Die einzigen Sklaven, die es geben soll auf dieser Welt, das sind die Maschinen, die den Menschen untertan sind.

Viertes Gebot: Du sollst gerechten Lohn für deine Arbeit fordern. Wenn man dir sagt, die Geschäfte gehen schlecht, dein Lohn muß verkürzt werden, du mußt dich fügen in die schlechte Zeit usw. — und dir so nach und nach den gerechten Lohn entzieht und dich zum elendsten der Lasttiere macht, so antworte: Die schlechte Zeit macht ihr, nicht ich. Eurer Habsucht, eurer unersättlichen Geldgier, eurer tollen Konkurrenz wegen gehen die Geschäfte schlecht; ihr überrennt euch einer der anderen und in euren Fall wollt ihr uns Arbeiter mit hineinziehen. Das muß aufhören. Wir haben den Preis der Waren zu bestimmen. Wir, die sie schaffen, nicht ihr. Wir wollen einen gerechten Lohn für unsere Arbeit, denn jeder Arbeiter ist seines Lohnes wert.

Fünftes Gebot: Du sollst keinen Hunger leiden. Siehst du, es fällt kein Sperling vom Dache aus Hunger; kein Wurm kriecht im Grase, der sich nicht sättigt; kein Fisch schwimmt im Wasser, der verschmachtet. Und du, Mensch, müßtest Hunger leiden? Warum das? Baust du nicht das Ackerfeld, reifen dir nicht die Ähren in die Hand, bäckst du nicht selber das Brot, brichst du nicht selber die Frucht vom Baum? Warum sollst du Hunger leiden? Ein Narr, der für andere arbeitet und für sich hungert.

Sechstes Gebot: Du sollst nicht in zerrissenen Kleidern gehen. Die Veilchen auf den Wiesen, die Rosen in den Gärten haben schimmernde Gewänder an, der Vogel trägt ein schmuckes Federkleid, der Bär hat einen ganz warmen Pelz. Hast du nicht den Flachs gesäet und die Seide gesponnen, hast du nicht des Königs Purpurmantel gewebt? Warum willst du in Lumpen gehen?

Siebentes Gebot: Du sollst dich deines Lebens freuen. Der Zweck des Lebens ist, daß der Mensch glücklich sei. Hast du alles getan, was nötig ist zur Erhaltung und Verschönerung des Menschenlebens — hast du dem Boden die Nahrung abgerungen, hast du dem Geiste Flügel gegeben, d. h. bist du ein ganzer Mensch, gesund an Körper und Geist geworden, so mußt du glücklich sein und dich des Lebens freuen — du und alle deine Brüder.

Achtes Gebot: Du sollst in Ehren leben. Ehre, d. h. es soll keiner über dir stehen und dich verhöhnen: „Arbeiter, unwissender Arbeiter, armer Arbeiter!" Nein, du sollst zu jenen sagen, die bisher von deinem Schweiße sich genährt: „Müßiggänger, arme Müßiggänger! Ich verzeihe euch alles, was ihr an mir verschuldet. Ich reiche euch die Bruderhand. Auch ihr sollt in Ehren leben, durch eure Arbeit!"

Neuntes Gebot: Du sollst dein Ohr verschließen vor den Pfaffen. Der Baum der Erkenntnis ist der Baum des Lebens. Die Pfaffen, die nichts tun wollen und doch leben, schwelgen wollen, scheuchen dich zurück vom Baum der Erkenntnis: „Nicht hier",

Doré: Vorleser in einem Nachtasyl

sagen sie, „sollst du genießen, sondern jenseits. Hier dulde, dort oben wirst du belohnt.“ So bieten sie dir ein Schaugericht, um das wirkliche selbst zu genießen. Du aber sollst erkennen, daß das Recht zu leben zugleich das Recht „glücklich zu sein“, hier glücklich zu sein, ist.

Zehntes Gebot: Du sollst deinen Nächsten lieben wie dich selbst. Nur so gelingt es dir, der Knechtschaft dich zu entziehen. Nur so kannst du wahrhaft frei sein, denn Freiheit und Gleichheit gehen nur von einem Dritten: der Brüderlichkeit aus. Haß und Neid entzweien, Liebe vereinigt. Einzeln bist du schwach, in Gemeinschaft stark und kräftig.

- *Erarbeiten Sie das Selbstverständnis des Arbeiters, das in der vorliegenden Flugschrift zum Ausdruck gebracht wird!*
- *Untersuchen Sie unter Berücksichtigung von Form und Inhalt dieser Flugschrift die ihr zugrunde liegenden Intentionen!*

10

Mir liegt ein Brief eines englischen Arbeiters ... vor, den dieser an Oastler richtete und dessen Naivität ich nur halb wiedergeben kann; die Orthographie läßt sich allenfalls, der Yorkshirer Dialekt aber gar nicht im Deutschen nachmachen. Er erzählt darin, wie ein anderer Arbeiter seiner Bekanntschaft einmal auf einer Wanderung, um Arbeit zu suchen, ... einen alten Freund getroffen habe.

„Nun, Herr, er fand ihn, und als er zu seiner Barakke kam, was war es, denkt Ihr, nun ein feuchter niedriger Keller, die Beschreibung, die er von den Möbeln gab, war wie folgt — zwei alte Stühle, ein runder 3Beiniger tisch eine Kiste Kein bett aber ein Hauffen Altes Stro in einem Eck mit ein paar schmuttzige bet Tücher oben drauf un 2 stücke Holtz an das Kamien Und als mein Arme freund herein ging da sas der Arme jack Am feuer auff das Holz und Was taht Er denckt Ir? Er sas und Stoppfte seiner frau Ire strümfe mit der Stopf Natel und sobalt Er Sein alten Freund an den Tür-Posten Sahe, Versugte Er es zu Verberrgen Aber Joe so Heist Mein bekanter Hatte es Dog geseen und Sachte jack Zum Teuffel was Magst Du doch wo Ist deine frau waß ist Daß deine Arbeid der Arme jack Schämde sig Und Sagde nein Ig weiß daß Ist nig Mein arbbeid abber mein arme FFrau Is in der fabrikk sie mus Um ½6 ur gen Und Arbeid biß 8 ur Abentz und Sieh ist so Ab Das Sie Nigtz Duhn Can Wen sie nag Hauße Komd so Mus ig alLes Führ Ir Duhn Waß ich Can Den ig hab Kein arBeid und Kein Gehapd Zeid Meer alz 3 Jar Und Ig krich Mein Leeben Kein meer, und Dan Weinette Er ein Dike trehne nein Joe Sagte er Es ist arbeid Gnucht vor weibsLeute Und kindern Hir Inn der Gegent Aber Kein vor mannsLeut du kanst eer Hunderd Fundt Auff der strase Finden Altz arbeid aber Ig Hette nig Geglaubed Das du Oderr Sonst jemandt mir Geseeen Hette Das ig Meiner frau Ire strümffe Stopde, Den es ist Schlegte arbeid Aber Sieh Can beiNa nig Meer auff Ire füse Steeen ig Bin Bange Sie wirt Gans Kranck Und Dan weis Ig nig Was sol Auß unz Werden Den sieh Ist schoon Lange Der man Im hauß Geweßen. Und ig Die frau es Ist Schlime Arbeid joe Und weinde Biterlig Und Sagte es Ist nigt Imer soo Gewessen Neinn Jack Sagte Joe Und Wen du Hast Kein arbeid Gehabt al Die zeid Wie hast du dir Am leben Erhalden ig wil dir Sagen Joe So gud alz Es gink Aber Es gink schlegt Gnucht du Weist alz Ig Heiratete Da Hate ig arbeid Gnucht Und du Weist ig Wahr Nicht Faul nein Daß warest du Nigt. und Wihr Haten ein Gutes Meblirtes Hauß Und Mary Braugte nicht zu arbeidn ig Konte Vor untz beiden Arbeidn aber Jetzd ist Die verKehrte weld Mary Muß arbeidn Und ig Mus Hirbleibben Di kinder ferwaren Und Keren und Wasschen Baken Und fliken Den wen Die arme frau Nag hauße Komd am abent Dan Ist Sieh müde Und Kapput du Weist joe Daß Ist Hard vor einem Der Anders Gewond wahr joe Sagte. Ja junge Et is Hard Und Dan fienck Jack Wider ahn Zu weinen Und Er Wolde er Hete ni GeHeirad Und were Ni GeBoren aber Er hete nig Gedagd Altz er Die Mary Heiraten Das es Ihm So Ergeen werde. ig Hab offt Gnugt Drüber GeHeult Sagde Der jack nun herr Altz Joe Daß Hörete Sagde Er Mich Das Er Hätte Verflugd Und verDamd Die fabriken Und die Fabrikkandn und Die Regirung Mit allen flügen Die Er von jugent Auff in Der fabrikk Gelernd Hate.“

(Friedrich Engels)

- *Engels spricht in seinem Kommentar zu diesem Brief von einem „beide Geschlechter und in ihnen die Menschheit aufs schändlichste entwürdigende(n) Zustand“ als „Folge unserer hochgelobten Zivilisation“. Diskutieren Sie diese Meinung!*

- *Versuchen Sie zu erklären, warum Engels sich in seiner Übersetzung bemühte, eine dem Original sprachlich adäquate Form zu finden!*
- *Erweitern Sie den bisher erarbeiteten Ursachenkatalog der sozialen Problematik mit Hilfe der folgenden Analyse von G. Brakelmann!*

11

Wichtig zu sehen ist dieses: die entscheidende Strukturveränderung des 19. Jahrhunderts ist in Deutschland zunächst die agrarische. Bedingt durch die neue agrarkapitalistische Produktionsweise und durch die Bevölkerungsvermehrung entwickelte sich eine Landarbeiterschaft, die zwar politisch — rechtlich befreit war, aber ökonomisch-sozial proletarisch leben mußte. Diese abhängige Landarbeiterschaft, die kapitalistische Wirtschaftspraxis schon längst erlebt hatte, wurde zum Reservoir der neuen Industriearbeiterschaft im Zeitalter des Hochkapitalismus der siebziger bis neunziger Jahre . . .

Das maschinelle Fabriksystem ruinierte nach und nach die alten Hausgewerbe. Das Ergebnis war auch hier Not und Elend. Einen Ausweg gab es für diese Menschen nur in dem Weg in die Fabrik. Viele gingen auch zum Eisenbahnbau, der Tausende von Menschen beschäftigte.

Die Auflösung der alten Zünfte hatte sich bis zur Jahrhundertmitte soweit vollzogen, daß Tausende von Handwerksgesellen arbeitslos herumzogen und in den Sog der allgemeinen Proletarisierung mit hineingerissen wurden. Die maschinelle Massenproduktion machte auch einen großen Teil der freien Handwerker zu abhängigen Lohnarbeitern. . . .

Die völlige Proletarisierung setzt aber erst nach der Jahrhundertmitte ein. Erst die betrieblichen Konzentrationen und die Entwicklung zum Großbetrieb bilden die Voraussetzungen zum massenhaften Auftreten einer abhängigen Lohnarbeiterschaft. Jetzt erst kann man von einem neuen Stand oder besser von einer neuen Klasse reden, die den alten Gesellschaftsaufbau zu sprengen droht. Jetzt erst wird der Arbeiter zu einem bestimmten Typ in der Gesellschaft. War er vor der Jahrhundertmitte Randfigur der Gesellschaft, so wird er nun kraft seiner ökonomischen Bedeutung nach und nach eine Hauptfigur im gesellschaftlich-politischen Leben . . .

Im Krankheits- oder Invaliditätsfalle wurde man in der Regel an die Armenfürsorge verwiesen. Der Arbeiter führte unter diesen Umständen eine völlig ungesicherte Existenz, angewiesen auf seine bloße Arbeitskraft und die allgemeine wirtschaftliche Marktlage.

(Günther Brakelmann)

- *Wie hätte Ihrer Meinung nach kirchliche Tätigkeit gestaltet sein müssen, um wirksame Hilfe für die Betroffenen zu bieten?*

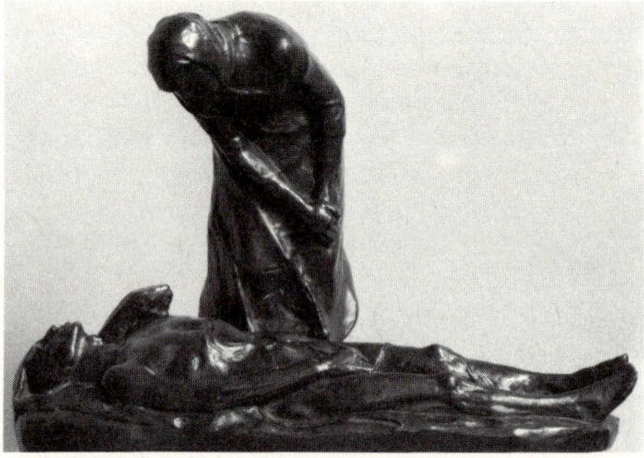

Schlagende Wetter, Constantin Meunier, 1893

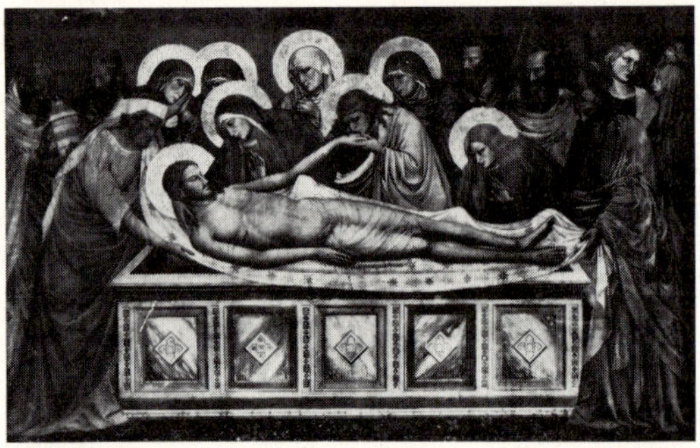

Beweinung Christi, Niccolo di Pietro Gerini, 1380/90

- *Versuchen Sie, durch eine Analyse der formalen Unterschiede und Übereinstimmungen die Anschauung Meuniers über den Arbeiter wiederzugeben!*
- *Inwieweit läßt sich Meuniers Darstellung eines Arbeiterschicksals rechtfertigen?*

Innere Mission — eine Alternative zum Kommunismus?

Wicherns Konzept der Inneren Mission

Johann Hinrich Wichern (1808—1881), aus einer verarmten Hamburger Familie stammend, eröffnete nach seinem theologischen Studium 1833 in Hamburg ein „Rettungshaus" (das sog. Rauhe Haus) zur Aufnahme verwahrloster Jungen und Mädchen. Angesichts der Verhältnisse in den Elendsvierteln der Hansestadt setzte sich Wichern vehement für die Lösung sozialer Probleme ein und verhandelte seit 1844 regelmäßig mit der preußischen Regierung über dringend erforderliche Maßnahmen zur Linderung der sozialen Not. 1848 wurde Wichern in Berlin Zeuge der Revolution, einem Ereignis, das sein Denken und seine Tätigkeit in den folgenden Jahren entscheidend prägte. Auf dem Wittenberger Kirchentag hielt er im September 1848 eine weit beachtete Rede, die die Gründung eines „Centralausschusses für die innere Mission der deutschen evangelischen Kirche" initiierte. Im April des folgenden Jahres legte Wichern eine Programmschrift, die sog. Denkschrift, für diesen Centralausschuß vor, in der er seine bisherigen Überlegungen systematisierte.

Programmatischer Anspruch

12

Als innere Mission gilt uns nicht diese oder jene *einzelne*, sondern die *gesamte* Arbeit der aus dem Glauben an Christus geborenen Liebe, welche diejenigen *Massen in der Christenheit* innerlich und äußerlich erneuern will, die der Macht und Herrschaft des aus der Sünde direkt oder indirekt entspringenden mannigfachen äußern und innern Verderbens anheimgefallen sind, ohne daß sie, so wie es zu ihrer christlichen Erneuerung nötig wäre, von den jedesmaligen geordneten christlichen Ämtern erreicht werden.

Kein innerer oder äußerer Notstand, dessen Hebung Aufgabe christlich rettender Liebe sein kann, ist der innern Mission fremd, und die reichste Fülle der Hilfe steht ihr zu Gebot. Denn die Wurzel ihres Werkes ist Christus, dem alle Not zu Herzen geht und in dessen Herzen die Hilfe gegen alles Elend zu finden ist. Die christliche Atmosphäre, in welche seit Stiftung Seines Reiches nach und nach alle Gebiete des Lebens der Völker und der einzelnen, bewußt oder unbewußt, dies anerkennend oder annoch widerstrebend, aufgenommen sind, ist die Region, in welcher die innere Mission in vielfacher Gestaltung frei und schöpferisch geboren wird, um, die Sünde strafend, zum Leben dienend, verklä-

Werkstatt des „Rauhen Hauses", Hamburg

rend, heilend, *neues* Leben zu spenden. Sie erfaßt die in Christo gewonnene und unzerstörbare Einheit des Lebens in Staat und Kirche, in Volk und Familie, in allen Gliederungen der christlichen Gesellschaft, um ihre rettenden, jedem Bedürfnis entsprechenden Lebenskräfte, wo oder ehe die Not nach Hilfe ruft, wirksam werden zu lassen ... Selbst in den eigentümlichen Mißgeburten und karikierten Zuständen des gegenwärtigen Zeitalters, denen gegenüber die Völker erschrecken, die Obrigkeiten machtlos geworden, die Kirchen verstummen, erkennt die innere Mission das Fragen der Völker nach ihrer rettenden Arbeit und hofft ihresteils, auf göttliche Verheißung und Gnade trauend, eine solche Rettung der Gesellschaft, aus der auch Staat und Kirche wieder zu neuem Leben auferstehen und sich neu in Christo gestalten werden, — ein Ziel, mit dessen Erreichung auch das Ende der innern Missionsarbeit immer näher rückt, da sie sich nur als Dienerin weiß, die nach geleistetem Dienste vom Schauplatze ihrer Arbeit zurücktreten will.

(Johann Heinrich Wichern)

13

Wir verstehen ja unter der innern Mission nicht eine erst neu zu schaffende kirchliche oder gar politische Tätigkeit, sondern das *Ganze*, also nicht einen einzelnen Teil oder Zweig, derjenigen christlichen, meist von der freien Assoziation getragenen Liebesarbeiten, die die Rettung der von Christo entfremdeten und zum Teil bis jetzt unchristlich gebliebenen oder wieder antichristlich gewordenen Massen innerhalb der Christenheit und zwar ohne Unterschied der Stände bezwecken, und gehen schlechthin davon aus, daß getaufte Christen eben getaufte *Christen* sind, die innere Mission es also unter keiner Bedingung mit Heiden zu tun hat. Es liegt uns nicht an dem (übrigens vollkommen zu rechtfertigenden) Namen der innern Mission als solchem, sondern an der Sache ...
Immer weitere Ringe zieht mit dem Stabe des Glaubens diese aus dem Schoße göttlicher Lebensgemeinschaft geborne Liebe; sie hat ihre Provinzen an der Wiege der Kindlein, bei den Spielen der zarten Jugend, in der Erziehung des mehr heranwachsenden Geschlechtes, in dem Schoße der Familien, trägt Rat und Weisheit, neuen Mut und neue Hoffnung in die mühevolle Arbeit der Väter und Mütter, lindert Schmerzen und Wunden an Krankenbetten, tröstet die Sterbenden, bekämpft Laster und Schanden, die bis dahin ungestört fortgewuchert, steht vor den Türen der Gefängnisse und offenbart in denselben trotz Fessel und Riegel die Freiheit aus Gott, sie baut Asyle im verborgenen und — wird das Vereinzelte zusammengestellt (*Städte* der Rettung auf den Bergen; die Abgründe des hundertfach verzweigten und gestalteten leiblichen Elends und sittlichen Verderbens in den untern und obern Regionen der Gesellschaft erschrecken sie nicht, sondern rufen sie auf zu noch größerem Mut, zu noch leuchtenderen Taten; sie geht mit den von Gott Entfremdeten auf die Meere, zieht ihnen nach in die Wälder und Sümpfe fremder Weltteile; unter allen Nationen und Zungen der Christenheit geht das Licht und die Kraft zu solcher Neugestaltung des Heils innerhalb der Christenheit wieder auf ...

(Johann Hinrich Wichern)

Wichern hat in seiner Denkschrift die Behauptung als „Irrtum" zurückgewiesen, die Innere Mission sei nichts anderes „als ein Werk der Wohltätigkeit, im christlichen Sinne betrieben, also eine christlich erneuerte Pflege, Versorgung und Beschäftigung der Armen".

- *Nehmen Sie zu dieser Äußerung Stellung, indem Sie sich Wesen und Aufgaben der Inneren Mission anhand der vorliegenden Texte vergegenwärtigen!*
- *Beachten Sie besonders Wicherns Begründung der sozialen Problematik!*

Innere Mission — eine Konkurrenz zur Kirche?

14

Die innere Mission ist nicht eine Lebensäußerung außer oder neben der Kirche, will auch weder jetzt noch einst die Kirche selbst sein, wie man von ihr gefürchtet hat, sondern sie will eine Seite des Lebens der Kirche selbst offenbaren, und zwar das Leben des Geistes der gläubigen Liebe, welche die verlorenen, verlassenen, verwahrlosten Massen sucht, bis sie sie findet. Sie anerkennt die ihr von der Heidenmission, den Konfessionen und dem geordneten Amte gestellten Grenzen.
Nicht Mutter oder Tochter der Heidenmission, sondern deren Zwillingsschwester, mit ihr Tochter des Einen Geistes, hofft sie deren Wachstum und freut sich des Gedeihens derselben, ohne ihre eigne

Arbeit mit der Arbeit der Schwester zu vermischen. Die innere Mission bekehrt nicht die Ungetauften, weder Juden noch Heiden; ihre Arbeit ist innerhalb der Kirche im Bereiche der *Getauften,* und die Getauften gelten ihr nie als Heiden. . . .
Die *Konfession* ist die andere Grenze der Wirksamkeit der innern Mission. In dem Streit der Konfessionen mischt sie sich nicht; die eigentümliche kirchliche Gestaltung der Lehre erkennt sie in Treuen und von Herzen an; wo sie lehrend auftritt und wirkt, da wirkt sie als Tochter der Kirche in deren konfessioneller Sphäre. Ihre Aufgabe ist hinsichtlich der Lehre: im Umkreis ihrer Kirche diese Lehre denjenigen Massen, welche sie nicht kennen, oder denen sie toter Buchstabe geworden oder geblieben, in Geist und Leben, nicht aber den Bestand der Lehre selbst in ein anderes zu verwandeln. Aber mehr noch als die Lehre gehört ihr die helfende, dienende Tat. Sie übt die Tat nur zur Erweisung der Barmherzigkeit und fragt nicht, wem sie dient, sondern hat schon gedient, ehe sie noch fragt — dem gestellten Vorbilde des großen Samariters getreu. . . . Inzwischen fordert auch der Gang unserer Erörterungen dazu auf, einen andern schon angemerkten Punkt, soweit dies an dieser Stelle schon erforderlich ist und nicht noch aufgespart werden muß, zu besprechen, nämlich das Verhältnis der innern Mission zum *geordneten* Kirchen- und besonders *Gemeindeamt.*

Unter dem Gemeindeamt verstehen wir nicht bloß das Predigtamt mit seinem Dienst am Worte, am Sakrament sowie an der Seelsorge in den Gemeinden; sondern zugleich alle andern in der Kirche verordneten Ämter, namentlich im Presbyterium und in der festgeordneten Diakonie, welche letztere der innern Mission mannigfach verwandt ist. Die innere Mission stellt an die Spitze ihrer Tätigkeit die volle Anerkennung dieser und aller andern Ämter als von Gott eingesetzter und geheiligter Ordnungen. Jede verschuldete und beabsichtigte Störung oder Hemmung der kirchlichen Ämter von seiten einer angeblichen innern Missionstätigkeit würde diese selbst wieder zu einem Objekt der wahren innern Mission machen. Dagegen darf die innere Mission nicht minder Anerkennung ihres Rechtes von seiten des Amtes erwarten, da die Übung der rettenden Liebe Pflicht der Kirche ist, welche durch das Amt die Übung dieser Pflicht wird wecken wollen, wenn sie nicht durch das entgegengesetzte Verfahren die Hebung ihrer gefährlichsten Notstände hemmen will. . . .
Die vereinzelten Ausgeburten der Sünde innerhalb der Gemeinde, z. B. der einzelne Verächter des göttlichen Worts, der nur einzeln dastehende unchristliche Hausstand, der eine und noch eine Trunkenbold etc. ist das Objekt des kirchlich geordneten geistlichen Amts, verfällt der seelsorgerischen Fürsorge oder dem Diakonat, welche hier für die einzelnen Fälle in das Gebiet der innern Mission übertreten. Das gleiche ist der Fall mit der Gemeinde-Armenpflege, soweit sie kirchlich ist. — Ganz anders aber gestaltet sich die Sache, wo die Sünde und das Verderben epidemisch, massenhaft, etwas Volksmäßiges geworden, wo ein unkirchlicher, antikirchlicher und antichristlicher Geist, die Gesetzlosigkeit im allgemeinen oder in bestimmten Richtungen und allgemeinen Verhältnissen, oder Kreisen und Ständen die Gemeinde ergriffen oder durchdrungen hat; oder wenn die Sünde, das Laster und das daraus hervorgehende Elend, unbekümmert um den einzelnen Gemeindeverband und unerreichbar von ihm, die örtlichen Grenzen der Gemeinden überschreitend — zu einem überflutenden Strom geworden ist. . . .
Sie spricht nicht etwa zuerst jedem einzelnen, geistlich gesunden Gliede in der Gemeinde das *Recht* zu, sondern wird es jedem solchen vornehmlich als *Pflicht* ins Gewissen reden, in dem Geiste der innern Mission in seinem Kreise zu wirken; der Geistliche soll in seiner Gemeinde bei denjenigen Gliedern derselben und Hausständen, die solche rettende Tätigkeit nötig machen, der Hausvater und die Hausmutter sollen in ihrer Hausgemeinde, unter Kindern und Gesinde, Verwandtschaft und Freundschaft, — der Handwerksmeister in seiner Werkstatt unter Gesellen und Lehrburschen, — der Dienstbote, Geselle, Tagelöhner wiederum in seinem Kreise ein Kind dieses Geistes sein; ebenso der Schullehrer in seiner Schulgemeinde, soweit sie es erfordert; nicht minder der Geschäftsmann in seinem Berufe, der Gutsherr, der Richter, der Staatsmann, der Universitätslehrer, der Kaufmann, der Soldat, der Matrose, der Bürger und der Bauer — und wer sonst, jeder an seiner Stelle, an die ihn Gott gestellt hat. Da in der Kirche, wo ein solches Leben der rettenden, helfenden Liebe in vielen erblühete, würde die rechte Kraft und Herrlichkeit der Gemeinde offenbar. Dieses Tun ist die Verwirklichung des *allgemeinen Priestertums* (das Laienprinzip), in welchem die Kirche sich aus sich selbst, und zwar in Christo, der sich in den einzelnen als rettenden Heiland verklärt, vollendet.

(Johann Hinrich Wichern)

- *Wie ist das Verhältnis zwischen Innerer Mission und Kirche gestaltet?*
- *Diskutieren Sie Wicherns Aussage: „Jede verschuldete und beabsichtigte Störung oder Hemmung der kirchlichen Ämter von seiten einer angeblichen innern Missionstätigkeit würde diese selbst wieder zu einem Objekt der wahren innern Mission machen!“*
- *Versuchen Sie, Wicherns Forderung nach einem allgemeinen Priestertum innerhalb seiner Programmatik zu erklären!*

Die Innere Mission sah ihre Tätigkeit in Analogie zum Verhalten des barmherzigen Samariters (Lk. 10, 25—37).
Der heutige Theologe H. Thielicke hat dieses Gleichnis in einer Predigt folgendermaßen ausgelegt:

15

Der Einsatz der Nächstenliebe erfolgt hier gewiß zunächst in der persönlichen Begegnung von Ich und Du. Der Samariter findet den unter die Mörder Gefallenen vor, und er greift helfend zu, ganz spontan, ganz unsystematisch und vermutlich sogar so, daß das nicht einmal in die Systematik seines Terminkalenders paßt. Für diese improvisierende Hilfe sind sozusagen Gotteskindschaft und Menschenbruderschaft das unmittelbare Motiv. Beides repräsentiert sich in dem verwundeten Nächsten. Was aber sollte den Samariter nun hindern — falls er etwa Bürgermeister oder gar ein Staatsmann auf Dienstreise gewesen sein sollte —, darüber nachzudenken, wie man in Zukunft derartige Überfälle systematisch und *prophylaktisch* verhindern könne — etwa dadurch, daß man die Wälder auf Wegelagerer hin durchkämmt, daß man die eingefangenen Asozialen exploriert, *warum* sie Räuber geworden sind, um dann die Ursachen der Kriminalität zu beseitigen? Das wäre, an einem Modellfall verdeutlicht, genau der Übergang von der individuell spontanen zur sozial-systematischen und strukturell wirksamen Agape. Wird aber das ursprüngliche Motiv, daß es um den von Gott geliebten und werthaltenen Nächsten gehe, sich dann nicht auch in diesem *zweiten* Stadium durchhalten, in jenem Stadium also, wo das kleine Senfkorn unmittelbarer Nächstenliebe sich zu einem Baum entwickelt hat, dessen Zweige sich über den Erdkreis, sprich: über die Strukturen recken?

(Helmut Thielicke)

- *Formulieren Sie eine Stellungnahme zu Thielickes Interpretation aus der Perspektive Wicherns!*

Der Staat: Partner der Inneren Mission

16

In Beziehung auf den *Staat* weiß die innere Mission ihre Aufgabe von der besondern Aufgabe der Politik und Staatsökonomie zu unterscheiden. Sie ist nicht von vornherein die Vertreterin irgendeiner ausschließlichen politischen Ansicht über Verfassung und deren Gestaltung; nur insofern und so weit nimmt die innere Mission teil an der Politik, als dieselbe zusammenfällt mit *dem* Worte Gottes, zu dem die innere Mission feste steht: „Jedermann sei untertan der Obrigkeit, die Gewalt über ihn hat, denn es ist keine Obrigkeit ohne von Gott, wo aber Obrigkeit ist, die ist von Gott verordnet. Wer sich wider die Obrigkeit setzt, der widerstrebt Gottes Ordnung.“ Der allgemeine oder individuelle Abfall von dieser Wahrheit in der Masse ruft sie zur Betätigung ihrer heilsamen Kräfte auf, um die göttliche Stiftung der Obrigkeit und ihr Recht und die Freiheit des Volkes als in ihr wurzelnd wieder zur Anerkennung zu bringen, und zwar durch die Waffen des Geistes, denn Gewalt und Zwang ist ihr fremd, — ihr Reich ist das der Freiheit und der Liebe. In diesem Sinne, also ohne sich dieser Freiheit zu begeben, wird sie auch in allen andern Fällen dem Staate zu dienen bereit sein, wo und wann er in seinem Gebiete auf diese Erweisungen christlicher Barmherzigkeit, Weisheit und Kraft Ansprüche macht; ja, es wird die Aufgabe der innern Mission sein, durch ihre völlig uneigennützigen Dienste, durch ihre freien Opfer von Gut und Leben in den Verlegenheiten, den Nöten und Gefahren des Staates diesen zu der Anerkennung zu bringen, daß auch seine letzten Lebensquellen in Christo und nirgends anderswo zu suchen sind. Vom Staate erwartet die innere Mission zunächst nichts als die Gewährung des Rechts der freien Assoziation für ihre Zwecke, ohne welche sie nicht zur vollen Wirksamkeit gelangen kann, sowie des Rechts zu jenem freien Dienste, der freilich auch verschmäht oder vom Staat so wenig erzwungen, als von der innern Mission je aufgenötigt werden kann ... ihr Odem und Leben ist die Treue; mit ihr erstürbe sie selbst; im Staate ist die Summa ihrer Treue die Treue und Ehrfurcht gegen die Obrigkeit, welche aus jener innern Notwendigkeit des Lebens quillt, die Freiheit ist, eine Freiheit, die mit solchem Treubruche untergehen würde. Darum soll sich die innere Mission, wo diese Treue verletzt wird, zur vollen Entwicklung ihrer Kraft aufgerufen wissen, die sich alsdann als in Gottes Wort gegründete Liebe zur Obrigkeit und zum Vaterlande kundgeben und als solche den Kampf auf Tod und Leben bestehen wird.

Somit eröffnet sich in der jüngsten Zeit ein großes, weites Arbeitsfeld der innern Mission auf dem staatlichen Gebiete. Die Revolution ist der Bruch jener Treue und das Grab dieser Ehrfurcht, mit welcher zugleich die Sittlichkeit und darum auch die Freiheit und das Heil des Volkes zugrundegeht. Die innere Mission hat die Revolution der Gegenwart um so vielmehr ins Auge zu fassen, als dieselbe in ihren letzten Gründen nicht etwa nur den Umsturz dieser oder jener politischen Verfassung will, sondern mit dem Geist zusammenhängt, der nicht bloß die Bekämpfung des Christentums zum Gegenstande seiner mutwilligen Lust erkoren, sondern welcher *alle* Religion und *allen* Gottesdienst zu vernichten trachtet und infolgedessen die Zerstörung aller Begriffe von Recht und Gesetz, von Freiheit und Wahrheit, also aller sittlichen Grundlagen der Gesellschaft, bezweckt ... Der Kern der revolutionären Partei verkündet den Atheismus, ja, bekennt sich zum Teil offen zum Satanismus, — eine Erscheinung, wie sie bis dahin in dieser Konsequenz, in diesem Umfange in der Geschichte noch nicht vorgekommen ist.

An die Spitze der ersten Reihe unserer Überschau dessen, gegen was die innere Mission ihre Waffen zu kehren hat, ist, da hier von ihrem staatlichen Gebiete gehandelt wird, die Revolution gestellt. Diese ist das *allgemeine* Verbrechen gegen das *Ganze* des Staates, woraus sich alle übrigen Verbrechen gegen Leib und Leben, materielles und geistiges Eigentum, Ehre und Sitte erzeugen.

(Johann Hinrich Wichern)

- *Erarbeiten Sie Wicherns Staatsauffassung!*
- *Versuchen Sie, Wicherns Aussage zu erklären, der Treuebruch gegenüber dem Staat führe zum Untergang der Freiheit der Inneren Mission!*
- *Erläutern Sie, inwiefern für Wichern revolutionäre Bestrebungen die Ursache der sozialen Problematik bedeuten!*

In den drei folgenden Texten wird versucht, das geistige Umfeld von Wicherns Staats- und Revolutionslehre zu umreißen.

17

Will man die Stellung der evangelischen Kirche zur sozialen Problematik des 19. Jahrhunderts sachgerecht darstellen, so muß man etwas weiter ausholen. Verständlich wird sie nur, wenn man die Kirche in ihrer institutionellen und geistigen Verflochtenheit sieht. „Die evangelische Kirche" gab es überhaupt nicht. Es gab einzelne landesherrliche Kirchenregimente mit dem jeweiligen Fürsten als summus episcopus (höchster Bischof). Die Verwaltung der Kirchen lag in staatlichen Händen, die Selbständigkeit der Gemeinden war nur gering. Das presbyterial-synodale Prinzip herrschte ansatzweise als Gegengewicht gegen autoritative Kirchenführung nur in Rheinland/Westfalen und führte einen langen zähen Kampf. Von mündigen Gemeinden kann in dieser Zeit keine Rede sein. Die „Laien" hatten im innerkirchlichen Bereich keine große Entfaltungsmöglichkeit. So waren die Kirchen nicht nur „Staatskirchen", sondern auch „Pastorenkirchen". Ansätze, die Freiheit der Kirche vom Staat zu erkämpfen, und den Grundsatz des allgemeinen Priestertums in mündiger Mitarbeit der Laien sichtbar werden zu lassen, hat es aber immer gegeben.

Diese institutionelle Bindung der Kirche an den Staat wurde noch verstärkt durch die Bindung der Kirche an die diesen Staat tragenden und repräsentierenden Schichten. In vielfältiger Weise waren die Pfarrer mit diesen Kreisen verbunden, oft sogar ökonomisch von ihnen abhängig ... So erklärt sich die starke Bindung der Kirche an den bestehenden Staat und die bestehende Gesellschaftsform schon allein von ihrer Verfassung her. Die Freiheit, dem Staat und der Gesellschaft gegenüber kritisch aufzutreten, war so von vornherein nur sehr gering. Oder anders: Jeder Angriff von irgendeiner Seite auf den bestehenden Staat und die bestehende Gesellschaft mußte von der Kirche als Angriff auf sie selbst empfunden werden. Und in der Tat sah der größte Teil der Theologen und Staatsmänner der ersten Jahrhunderthälfte Staat und Kirche, Gesellschaft und Kirche in einem Schicksalsbündnis vereinigt. Staat und Kirche kämpften gemeinsam gegen die Feinde des Bestehenden.

Dieser gemeinsame Feind hieß „die Revolution". Alle geistigen Mächte der ersten Jahrhunderthälfte fanden ihre Ausprägung in der Auseinandersetzung mit der großen französischen Revolution und mit dem hinter ihr stehenden Geist der Aufklärung und des Liberalismus. Eine mächtige Reaktion auf die Revolution und ihren Geist war politisch und geistig die sog. Restauration, die nach den Befreiungskriegen immer mehr an Boden gewinnt und im Preußen Friedrich Wilhelms III. (1797–1840) und Friedrich Wilhelms IV. (1840–1861) die herrschende politische und geistige Macht ist. Auf kirchlich-theologischer Seite verbündete sich mit dem restaurativen Staats- und Gesellschaftsdenken die neue Orthodoxie, die in ihrer Glaubenslehre streng an die Bekenntnisschriften des 16. Jahrhunderts anknüpfte. Die Anhänger dieser Orthodoxie, die sich häufig mit den pietistisch beeinflußten Erweckungsbewegungen des beginnenden 19. Jahrhunderts verbanden, waren die geistig-theologischen Stützen der Gesellschaft.

(Günther Brakelmann)

18

Die Gewalt des Königs ist „von Gottes Gnaden", ist ein „göttliches Recht". Das gilt schon von aller Staatsgewalt, auch in der Republik.
Aber das göttliche Ansehen und die Majestät der Staatsgewalt stellt sich bei einem persönlichen Träger desselben, der in keiner Beziehung Untertan ist, sichtbarer und lebendiger heraus, und es kommt in der Erbmonarchie noch das hinzu, daß der Inhaber der Staatsgewalt ohne menschlichen Zutun in ihrem Besitz durch göttliche Fügung, welcher sich die Menschen in Ehrfurcht unterwerfen sollen. Hier ruht also das Ansehen des Herrschers nicht bloß auf einem allgemeinen Gebot und Ordnung Gottes, wie bei aller Obrigkeit, sondern zugleich auch noch auf einer speziellen (wiewohl keineswegs einer unmittelbar persönlichen, die Natur durchbrechenden) Veranstaltung Gottes. Dies ist das Prinzip der Legitimität, das der Erbmonarchie eigentümlich ist. Es hat nicht bloß den juristischen Sinn der rechtmäßigen Nachfolge gegenüber der Usurpation, sondern auch den religiösen der Anerkennung der göttlichen Sanktion und Scheu (sacrosanctitas) des durch Fügung Gottes auf den Thron Berufenen.
Das unterscheidet den von Gott gelösten und den an Gott gebundenen Menschen. Jener will nur anerkennen, was nicht als eine legitime Institution betrachtet, d. h. bloß als eine Anstalt, welche die Menschen (namentlich die Bourgeoisie) aus verständiger Beurteilung ihrer Interessen und der Zweckmäßigkeit halber über sich gesetzt haben, nicht als eine Anstalt, welche durch eine übermenschliche Macht ihr Ansehen hat und eine in sich heilige Ordnung aufrechthalten soll.

(Friedrich Julius Stahl)

19

Der Theologe Daniel Schenkel schrieb 1847 in seinem Buch „Die religiösen Zeitkämpfe in ihrem Zusammenhang mit dem Wesen der Religion und der religiösen Gesamtentwicklung des Protestantismus" über das Verhältnis zwischen Religion und Menschenrechten auf dem Hintergrund der französischen Revolution:

1. Die Religion *verpflichtet* den Menschen,	Die Menschenrechte *berechtigen* ihn nur,
2. Die Religion *demütigt* den Menschen vor Gott,	Die Menschenrechte machen ihn *stolz,* durch Vernichtung der Anerkennung eines Höheren,
3. Die Religion macht den Menschen *zufrieden* mit jeder Lebenslage durch Überordnung der inneren Güter über die äußeren,	Die Menschenrechte lassen das Gefühl der Zufriedenheit *nicht* aufkommen, wenn es noch Bevorzugte gibt,
4. Die Religion setzt die Ausgleichung der irdischen persönlichen Unterschiede als eine im *ewigen Leben zu hoffende* voraus;	Die Menschenrechte wollen sie in den zeitlichen Verhältnissen herstellen.

Sowohl Wichern als auch die Staatsrechtslehre des 19. Jahrhunderts berufen sich in ihrer Argumentation auf den Brief des Paulus an die Römer:

20

1 Ich ermahne euch, Brüder, kraft der Barmherzigkeit Gottes: Bringt euer leibliches Leben Gott zu einem lebendigen, heiligen, ihm wohlgefälligen

Opfer dar; das soll euer vernünftiger Gottesdienst sein. Macht euch nicht dieser Weltzeit gleich, sondern wandelt euch um; laßt eure Sinne neu werden, daß ihr beurteilen könnt, was Gottes Wille ist: das Gute, das Gott Wohlgefällige, das Vollkommene.

1 Jedermann soll sich den Behörden, die Gewalt über ihn haben, unterordnen. Denn es gibt keine politische Gewalt, die nicht von Gott ihre Vollmacht hat; alle, die es gibt, bestehen durch Gottes Anordnung. 2 Wer sich daher der politischen Gewalt widersetzt, hat sich damit in Widerstreit zu der Anordnung Gottes gebracht. Wer sich aber gegen Gottes Anordnung empört, wird sein Verdammungsurteil hinnehmen müssen. 3 Denn für die, die das Gute tun, sind die Machthaber ja kein Schrecken; sondern nur für die, die das Böse tun. Willst du also vor der Behörde keine Furcht haben? So tue Gutes, dann wirst du bei ihr Anerkennung finden. 4 Denn sie ist Gottes Dienerin für dich, damit du das Gute tust. Wenn du aber Böses tust, so fürchte dich! Nicht umsonst trägt sie das Schwert, als Gottes Dienerin, die an dem, der Böses tut, das göttliche Zorngericht zu vollstrecken hat. 5 Darum ist es notwendig, ihr zu gehorchen – nicht nur im Blick auf das Zorngericht, sondern auch um des Gewissens willen. 6 Darum zahlt ihr ja auch Steuern. *Gottes* Beamte sind sie, die sich damit zu befassen haben. 7 Gebt alles, was ihr ihnen zu geben schuldig seid: Steuer, wem Steuer; Zoll, wem Zoll; Furcht, wem Furcht; Ehre, wem Ehre gebührt.
11 Und das tut in dem Wissen, daß es Zeit ist: Schon ist die Stunde für euch da, vom Schlaf aufzustehen. Denn jetzt ist uns das Heil bereits näher als zu der Zeit, als wir zum Glauben kamen. 12 Die Nacht ist vorgeschritten, der Tag ist nahe herbeigekommen. So laßt uns die Werke der Finsternis von uns abtun und die Waffen des Lichtes anlegen. 13 Laßt uns einen anständigen Lebenswandel führen, wie es der Tageszeit entspricht: nicht in Gelagen und Trunkenheit; nicht von Bett zu Bett in zügelloser Lust; nicht in Streit und Eifersucht. 14 Sondern zieht den Herrn Jesus Christus an und laßt nicht die Gier nach euch selbst eure Sorge bestimmen.

(Römer 12, 1–2; 13, 1–14; Wilckens)

Aus der Sicht des heutigen Theologen G. Bornkamm stellt sich das Problem folgendermaßen:

21

Auch die viel verhandelte, in den Briefen nach Art und Inhalt vereinzelte apostolische Mahnung zur Unterordnung unter die Obrigkeit *(Römer 13, 1–7)*, wie wenige biblische Texte wirksam geworden in einer langen Geschichte, aber auch mit dieser belastet, berührt einen bedeutsamen Ausschnitt aus dem Verhältnis des Christen zur Welt. Ihr Inhalt ist zunächst nicht mehr und nicht weniger als die schlichte, auch für Christen geltende Forderung, sich den staatlichen Gewalten gehorsam zu fügen, eine Mahnung also zur bürgerlichen Rechtschaffenheit.
Der Text selbst gebietet es, sich so „altmodisch" auszudrücken und alle sich alsbald aufdrängenden Wenns und Abers und die viel diskutierten Probleme der Grenze des christlichen Gehorsams bis hin zur Frage nach der Möglichkeit und dem sittlichen Recht der Revolution nicht sofort in ihn einzutragen. Fast möchte man sagen, sie werden hier von Paulus geradezu geflissentlich beiseite geschoben. Auffällig ist auch, daß er auf alle spezifisch christlichen Begründungen für das geforderte Verhalten gegenüber dem Staat in dem genannten Abschnitt verzichtet. An keiner Stelle fällt auch nur der Name Christi oder das Wort Glauben. Vielmehr macht der Apostel auch den Christen zur Pflicht, was schlechterdings für alle gilt: „Jedermann ordne sich den vorgesetzten Gewalten unter" *(Römer 13, 1)*. Gemeint sind mit diesen „Gewalten" und ihren Repräsentanten eindeutig, wie der aus zahlreichen Belegen der römisch-hellenistischen Rechts- und Verwaltungssprache zur Genüge bekannte Wortschatz ausweist, die amtierenden potestas *(imperia)* und magistratūs in Staat und Stadt. Sie hüten die Ordnung und wehren der Rebellion. Sie spenden – so heißt es auch in vielen zeitgenössischen Texten – dem gut bürgerlichen Verhalten „Lob" und bestrafen die Aufsässigen, wobei „gut" und „böse" hier in einem allgemein gültigen, keiner Erläuterung bedürftigen Sinne gemeint sind *(Römer 13, 3 f.)*. Den Regierenden ist darum die „Schwertgewalt" (ius gladii) verliehen, d. h. die vor allem dem Kaiser zustehende, aber auch von seinen Statthaltern ausgeübte Kapitaljurisdiktion *(Römer 13, 4)*. Entsprechend ist von „Steuer" und „Zoll", die die Bürger zu entrichten haben, und von dem Respekt („Ehre"), der den Regierenden gebührt, die Rede *(Römer 13, 6)*.

Wie schon im vorchristlichen und zeitgenössischen Judentum nennt auch *Römer 13* die staatliche Gewalt eine von Gott eingesetzte „Ordnung". In welchem Maße dieser Begriff die ganze Mahnung beherrscht, zeigen die zahlreichen ihn umkreisenden griechischen Ausdrücke: „sich unterordnen"; „von Gott verordnet"; „Anordnung Gottes" ...
Alles das sagt Paulus, ohne auch nur anzudeuten, daß die (heidnische!) Obrigkeit ihre Herrschaftsgewalt auch mißbrauchen und der Christ in die Lage versetzt sein kann, Gott mehr gehorchen zu müssen als den Menschen *(Apostelgeschichte 5, 29)* — bekanntermaßen nicht erst ein christliches Problem *(Antigone!)*. So ist *Römer 13* gerade wegen seines „unproblematischen" Charakters weithin problematisch geworden — Anlaß genug, zunächst genauer auf Eigenart und Intention des Textes zu achten und mit den eigenen Problemen vorerst zurückzuhalten. Nach Form und Inhalt ist er ein Stück typischer Paränese, im hellenistischen Judentum vorgeprägt und vom Apostel übernommen. Diese fast selbstverständliche Feststellung besagt: Hier werden nicht die Regierenden in der Art eines „Regentenspiegels" darüber belehrt, wie sie ihr Amt recht führen sollen. Angeredet sind vielmehr die Christen in Rom und erhalten eine Weisung, die, wie es auch sonst zum Stil antiker und christlicher Paränesen gehört, auf die Erörterung aktueller Situationen und Konfliktfälle verzichtet, um desto nachdrücklicher einfache, immer gültige Regeln des Verhaltens einzuprägen. Aus dieser Einsicht folgt, daß *Römer 13* nicht zu einer allgemeinen Staats- und Ständelehre und zu einer Theologie der Schöpfungs- und Erhaltungsordnungen aufgebläht werden darf, wofür die Geschichte der Kirche leider Beispiele in Fülle bietet ...

Von entscheidender Bedeutung ist auch für Römer 13 der vorangehende und nachfolgende Kontext: die schon erwähnten, für alles weitere richtunggebenden Mahnungen *(Römer 12, 1 f.)*, als Christ sich selbst Gott „darzubringen" und sich nicht „dieser Welt anzupassen"; nicht minder aber der anschließende Aufruf, die „Zeit" und die „Stunde" des nahenden letzten „Tages" zu erkennen und darum „die Waffen des Lichtes" anzulegen *(Römer 13, 11 ff.)*. Beides umgreift auch die Weisung, der Gott gesetzten Obrigkeit sich zu unterstellen und der „Verfügung Gottes" sich nicht zu widersetzen. Schwerlich will Paulus unter dieser eschatologischen Perspektive die an die Christen gerichtete Gehorsamsforderung relativieren und ihr Verhältnis zum Staat zu einer Belanglosigkeit abwerten. Gleichwohl wird, ohne daß es ausdrücklich gesagt werden müßte, dem politischen Leben damit sein irdisch-befristeter Ort zugewiesen. Zugleich aber gibt Paulus der Bewährung des Christseins im Alltag dieser Welt, die auch für Christen keine andere ist als die allen Menschen vorgegebene und gesetzte, durch die Erkenntnis der „Zeit" *(Römer 13, 11)* eine erhöhte Dringlichkeit und eine nur dem Glauben verständliche verschärfende Begründung, die den Horizont der Mahnung selbst *(Römer 13, 1 ff.)* übersteigt. Daran zeigt sich noch einmal, wie sehr und ausschließlich hier die Existenz des Christen und nicht die Institution des Staates als solche oder die Frage, wie weit die jeweiligen Amtsträger ihrem Auftrag genügen, in seinem Blick steht ...
Die paulinischen Weisungen unseres Kapitels mit ihrer eindeutigen Bestimmtheit und zugleich so merkwürdig undifferenzierten Einseitigkeit haben auf die spätere Christenheit eine in vieler Hinsicht problematische Wirkung ausgeübt. Sie zeigt sich schon darin, daß man das berühmte Kapitel aus dem Zusammenhang der paulinischen Ethik gelöst, verabsolutiert und ihm ein Gewicht gegeben hat, das diesem vereinzelten Text nicht zukommt. Angesichts der Bedeutung des hier erörterten Problems in der späteren Kirche bis zum heutigen Tag ist das zwar verständlich, aber die fragwürdigen Folgen dieses Sachverhaltes liegen offen zutage. Bekanntlich hat *Römer 13* weithin ein blindes Untertanendenken gefördert wie auch umgekehrt leidenschaftlichen Protest entfacht, zumindest mehr Fragen geweckt als beantwortet. Das letztere zumal in einer gegenüber Paulus gewandelten Welt, in der seit der Neuzeit die Mitverantwortung auch und gerade des Christen für die Gestaltung des politischen Lebens zu einer selbstverständlichen Forderung geworden ist. Angesichts solcher Reaktionen ist an die zeitgebundenen Grenzen der apostolischen Weisungen zu erinnern. Das heißt: Es geht ebensowenig an, auf sie für alle Zeiten einen bedingungslosen Staatskonservatismus zu begründen wie umgekehrt ihr Antworten auf Fragen abzuverlangen, die Paulus in dieser Form nicht kannte.

(Günther Bornkamm)

- *Grenzen Sie Bornkamms Verständnis der paulinischen Aussage über das Verhältnis der Christen zur Obrigkeit von der Staatslehre des 19. Jahrhunderts ab!*

Überlegen Sie, welche Konsequenzen sich auf dem Hintergrund der Staatstheorie Wicherns für die Kirche hinsichtlich der Bewältigung der sozialen Frage des 19. Jahrhunderts ergaben!

Innere Mission contra Kommunismus

22

Die *Familie* ist hier genannt als der eigentliche Ausgangspunkt, um den es sich bei den s. g. *sozialen* Fragen handelt ...

Es wird nicht nötig und geraten sein, hier auf Definitionen des Sozialen und auf die dasselbe betreffenden Theorien einzugehen. Es reicht hin, zu erklären, daß hier darunter diejenigen Ordnungen gemeint sind, durch welche jeder einzelne im Volk seine besondere eigentümliche Stellung im Gemeindewesen gewinnt, Ordnungen, die der Christ ebenso wie diejenigen, welche Staat und Kirche durchdringen, als in göttlicher Waltung und Bestimmung begründet, und innerhalb welcher er sich an jeder Stelle in göttlichem Dienste und vor Gott verantwortlich weiß.

Vornehmlich treten hier für uns die drei Ordnungen der *Familie — des Besitzes* und *Eigentums* — und der *Arbeit*, so wie die durch sie bedingten und begründeten gesellschaftlichen Lebensverhältnisse, Unterschiede und Stände in den Vordergrund. Gerade in diesen Verhältnissen sind je länger je mehr die tiefgreifendsten, gefährlichsten Notstände und Begriffsverwirrungen zur Reife gekommen; in ihnen haben die Volksbewegungen der neueren Zeit, welche Staat und Kirche erschüttern, ihren Hauptherd gefunden ...

In betreff der *Familie* hat die innere Mission hier zuerst *die innere Auflösung und Zerrüttung des Familienlebens mit allen ihren Folgen ins Auge zu fassen* ...

Hier aber denken wir an diejenige Zerrüttung der Hausstände, welche ein wahres Familienleben wegen der in ihnene herrschenden Schanden und Laster gar nicht zustande kommen lassen. Hierher gehören die sogenannten *wilden* und die *leichtfertig* und *gottlos geschlossenen* und *geführten* Ehen mit allen dahin gehörigen Verhältnissen der Geburten (z. B. der sogenannten *vor-* und der *unehelichen* Kinder) ...

In diesem Anwuchs unseres Geschlechtes pflanzt sich die Masse der entarteten gewissenlosen Eltern namentlich durch die *frühen Verheiratungen* in immer ausgedehnterem Maße fort. Nicht bloß das Christentum, sondern auch das Gefühl für das allgemeinste Sittliche geht hier zugrunde ...

Das von der Zerrüttung der Familien Gesagte hat nicht ausschließlich in den unteren Klassen des Volkes seine Wahrheit. ...

Bei äußerem genügenden Besitz oder steigendem Reichtum, gegenüber jener versinkenden äußeren Armut hat sich hier, wie in den unteren Klassen eine, wenn auch anders geartete Massenverarmung, ein Pauperismus an christlichen Lebensgütern und Tugenden, ein geistiges Proletariat in Besorgnis und Schrecken erregender und drohender Weise ausgebreitet ...

Die im Jahre 1848 wie aus einem Abgrund geborene *Furcht* bei den ersteren wächst aus derselben Wurzel, aus der bei den letzteren plötzlich der *Neid* und *Zorn* entsprungen sind. In beiden Kreisen weisen diese so verschieden gestalteten Erscheinungen der inneren Welt zurück auf die falsche selbstsüchtige Stellung, in welche die Gesellschaft zum persönlichen *Eigentum*, das in der Familie seine eigentliche Heimat und Pflegerin hat, geraten ist. Wenn in irgendeiner Beziehung, so bedarf die Gesellschaft grade in dieser einer *innern Zurechtstellung*, aus der sich eine äußere Zurechtstellung um so leichter und an vielen Stellen mit Notwendigkeit ergeben muß. Nur durch eine sittliche Wiedergeburt des Volks in seinen obern und untern Ständen kann eine befriedigende Ausgleichung zwischen den verschiedenen Besitzständen möglich werden, eine Ausgleichung, die, wenn sie gründlich und andauernd sein soll, im Innern, in den Gemütern beginnen muß. Von dieser Seite her hat sich vorzugsweise die innere Mission bei der Lösung dieser sozialen Aufgabe unserer Zeit mitzubeteiligen.

Für die Notwendigkeit einer solchen Mitbeteiligung der Kirche bei Lösung dieser auf die äußerste Spitze der Entscheidung geführten sozialen Fragen kann nichts schlagender und überzeugender sprechen als die Tatsache, daß sich gerade in Beziehung auf diese Verhältnisse das *Antichristentum* zu einer die verschiedenen Klassen der Gesellschaft vulkanisch gegeneinander aufregenden Macht erhoben hat. Diese antichristliche Bewegung hat sich scharf und klar zugespitzt und ihre praktischen letzten Ausläufer in dem *Kommunismus* gefunden; nur daß nicht alle, die sich Gegner desselben *nennen*, auch wirklich seine Gegner *sind*. Tausende von denen, die, selbst öffentlich, sich als seine Widersacher brüsten und gebaren, sind, ohne es zu glauben oder ohne es auch nur zu ahnen, seine kräftigsten Förderer durch die Beförderung des Unglaubens in ihrer Umgebung, durch die Verwerfung und Geringschätzung des positiven Christentums, durch die geheimgehaltene oder zur Schau getragene Frivolität ihrer Sitten, sowie durch die entwürdigende Art der Wahrung ihrer materiellen Interessen, durch den Geiz und die Habsucht bei Verwaltung ihres Eigentums und die eigensüchtige und übermütige oder doch *herzlose* Behandlung der Geringen im Volke geworden. Der Kommunismus, der, sei es mit der Kälte des Hohns oder mit der Wut des Fanatikers oder der Glätte des Heuchlers, nicht bloß das Christentum von sich wirft, sondern auch den Rest des Glaubens im Heidentum für den noch zu vertilgenden Rest der menschenverderbenden „Unsittlichkeit" erklärt, hat den durch jene Sünden im Volke bereiteten Boden erst instinktmäßig und dann planmäßig benutzt, um die Macht der sich widerstrebendsten Leidenschaften zum Kriege gegeneinander aus dem Abgrunde der von Gott verlassenen Selbstsucht heraufzubeschwören und so das Gesamtleben des Volkes zu zerklüften. Er ist die Systematisierung der sündlichen Gelüste, der diese mit all ihren dem Fleische schmeichelnden Folgen Gott gegenüber zu rechtfertigen wagt und dann mit der ganzen Wucht der Gott- und Sittenlosigkeit den Ruin der alten Menschheit versucht, um eine angeblich neue, bessere Welt zu schaffen. Die faktische innere Auflösung des Familienlebens ist ihm schon der Anfang der Verwirklichung seiner Hoffnung, die darin besteht, daß alle und jede Ehe werde vernichtet werden, da sie ihm für etwas „Unsittliches", für die Vernichtung der „Freiheit" gilt.

Die Aufhebung des Unterschiedes der göttlichen Ordnungen von Oben und Unten, von Regierenden und Regierten, Eltern und Kindern, Herren und Knechten, Obrigkeiten und Untertanen folgt aus der Auflösung der Familien von selbst und erscheint dem Kommunismus als ein um so gewisser erreichbares Ziel, als die Sünde, welche an dieser Ordnung rüttelt, in unserem Jahrhundert schon längst gar mächtig geworden ist. Zur Verwirklichung dieser anarchischen Zukunft führt am sichersten die mit so viel Glück versuchte und weitergeführte Zerspaltung der Stände, so weit ihr Unterschied durch das verschiedene Maß des Besitzes begründet ist. Erbarmung den Armen und Besitzlosen verkündend, ist der Kommunismus der erbarmungslose Geist des Argen geworden, der sich in die Gestalt eines Engels der Barmherzigkeit gekleidet und so die Geringen im Volk tausendfach betört hat, nachdem dieselben längst — freilich vielfach durch die Schuld derer, welchen sie, ohne daß man dessen gedachte, als heilige Gottespfänder vertraut waren — den inneren Maßstab für das, was der Herr gesagt hat und fordert, verloren haben...
Die innere Mission sollte sich üben, in diesem Sinne allmählich in den verschiedenen, gesonderten Gruppen der handarbeitenden Klassen organisierend zu wirken. Wenn die atheistische und kommunistische Richtung darauf aus ist, das Individuelle und damit auch zugleich das Persönliche aufzulösen, alles zu egalisieren, aus einer Schöpfung, in der sich Berge und Täler gruppieren, eine Heide und auf ihr wieder Heiden zu schaffen, so ist die Tendenz des Christlichen die Anerkennung und Durchbildung des menschlich Individuellen, der Persönlichkeit und deren Vollendung und Verklärung durch die Gnade der Erlösung.

(Johann Hinrich Wichern)

- *Erarbeiten Sie, welchen Ausgangspunkt der sozialen Frage und welche Lösungsvorstellung Wichern zur Bewältigung dieses Problems im Gegensatz zu seiner Interpretation der kommunistischen Zielsetzung entwirft! Hilfreich könnte dabei eine Untersuchung der Gesellschaftsauffassung bzw. Gesellschaftskritik, der Stellung zu Eigentum und Arbeit sowie zum Verständnis des Menschen sein.*

- *Der Theologe G. Brakelmann hat über Wichern geäußert, er habe „die Aufgabe und das Wesen der inneren Mission in Antithese zum Kommunismus entworfen". Für Wichern sei „der Kommunismus gerade wegen seiner Wahrheitsmomente der Feind und gewissenlose Massenverführer schlechthin" gewesen.*
Diskutieren Sie G. Brakelmanns Meinung unter Berücksichtigung der nachfolgenden Darstellung der Kommunismustheorie Wilhelm Marrs, mit der Wichern sich insbesondere auseinandergesetzt hat!

23

Neben Weitling ist es Wilhelm Marr aus Hamburg, der das geistige Profil der ersten deutschen Arbeiterbewegung mitbestimmt....

Sein geistiger Ausgangspunkt ist die Religionskritik von Ludwig Feuerbach, die ihm in der popularisierten Form Friedrich Feuerbachs, des Bruders von Ludwig, unter dem Titel „Die Religion der Zukunft“ zum Mittel seiner radikal-politischen Agitation dient. Da diese Schrift ... für Wichern eine der wichtigsten Quellen über die europäische Revolutionsbewegung ist, müssen wir ihren Inhalt kurz skizzieren. Das Buch gliedert sich in vier Hauptteile unter den Überschriften:

1. Berechtigt, heilig ist der Glückseligkeitstrieb aller Menschen.
2. Heilig ist und sei uns das Heil der Menschheit; heilig ist, was der Menschheit heilsam.
3. Heilig ist und sei die menschliche Natur.
4. Kein Heil außer dem Menschen.

Auf diesen Grundpfeilern soll sich die Religion der Zukunft erbauen. Sie ist der „Glaube an die Berechtigung und Heiligkeit des menschlichen Verlangens“ und dessen Befriedigung durch die von der Natur gegebenen Güter. Der Wille des Menschen selbst ist die Mitte der neuen Religion. Dieser Wille betätigt sich in der Gesellschaft in Übereinstimmung mit den Bedürfnissen der anderen Menschen. Die Sittlichkeit des einzelnen Menschen besteht darin, zum Wohl der menschlichen Gemeinschaft mitzuwirken.

Das höchste Gesetz ist die menschliche Natur, die zum Regulativ aller Verhältnisse in der Gesellschaft wird. Da das Christentum die Natur als sündig verdammt, ist es unsittlich. Seine Sittlichkeit ist nicht am Menschen, der um seiner selbst willen geliebt werden soll, orientiert, sondern an Gott. Dadurch wird die christliche Nächstenliebe nur getarnter Egoismus, nur praktiziert, um sich den Himmel zu verdienen. Da aber wahrhafte Sittlichkeit nur aus der Natur und den Bedürfnissen des Menschen heraus gewonnen werden kann, bewirkt jede Bindung oder jedes Gesetz außerhalb des Menschen das verkehrte Bewußtsein und eine verkehrte Welt. Die Menschheit um der Sittlichkeit willen aus dieser Versklavung an außermenschliche Mächte herauszuführen, ist Sinn, Zweck und Ziel des Atheismus.

Wir sehen, der Mensch wird hier als ein Naturwesen definiert, das seine Erfüllung in der Befriedigung der Bedürfnisse findet. Zugleich ist er als Naturwesen Gattungswesen, das heißt, er ist in seinem Wesen bestimmt von der menschlichen Gesellschaft her. In der Umschlossenheit durch die Gesellschaft finden die Gegensätze Individuum-Gesellschaft, Sonderinteresse-Allgemeininteresse ihre Auflösung. Der Mensch hat seine Freiheit in der Menschheit selbst, in der Gesellschaft schlechthin gefunden. Die politische Konsequenz dieses anthropologischen Entwurfes vom menschlichen Willen und von der menschlichen Natur her ist radikaler Revolutionismus, Zerstörung aller falschen Bindungen. Nach der Revolution regelt sich das Leben nach den der Menschennatur inhärenten Gesetzen, die sich frei entfaltend von selbst die Interessenharmonie der Menschheit ergeben.

Was Marr ... verkündigt, ist nur sehr bedingt Kommunismus zu nennen. Denn Kommunismus versteht sich im Frühsozialismus als Ordnungsprinzip einer neuen Gesellschaft. Die Konsequenz aus Marrs Anthropologie ist Anarchie, das heißt Aufgabe statischer Ordnungselemente zugunsten dynamisch-automatisch sich vollziehender Vergesellschaftungsformen. Die Welt des Menschen ist je aus den Bedürfnissen des Augenblicks heraus zu gewinnen. Die natürliche Interessensolidarität der Menschen bedarf keiner objektiv geltenden Gesetze und Institutionen. Ehe, Familie und Staat sind in jeder Form aufzulösen, um den Menschen in Reinheit seines Wesens aus sich herauszusetzen.

Durch Marr ist dieser atheistisch-anarchistische Zug in die junge Arbeiterbewegung hineingekommen.

(Günther Brakelmann)

Die Konzeption Wicherns aus heutiger Sicht

24

Für Wichern typisch ist dieses Denken in Gegensätzen. Dieses Entweder-Oder macht ihn zum radikalen Geschichtsdenker und Gesellschaftskritiker. Die Weltgeschichte ist für ihn seit Anbeginn der Austragsort des Kampfes zwischen göttlichem und widergöttlichem Prinzip. Das Reich Gottes und das Reich des Satans bestimmen in ihrem Kampfe das Gesicht der Welt. Wichern bleibt aber nicht bei einer allgemeinen Konstatierung dieses hinter aller Geschichte stehenden eschatologischen Kampfes stehen, sondern versucht, beide Prinzipien auf bestimmte historische Erscheinungen festzulegen. Die Arbeit und das Reich des Satans haben für ihn in seiner Zeit ihre historische Gestaltwerdung im Kommunismus gewonnen. Das Antichristliche wird offenbar als organisiertes und organisierendes Prinzip. Damit ist, wie wir schon am anderen Ort gezeigt haben, die Richtung des Gegenstoßes vom Reich Gottes her gegeben. Wichern sagt nun nicht, daß das Reich Gottes in der inneren Mission oder im Protestantismus historisch präsent geworden ist, doch tendieren seine Aussagen über die innere Mission dahin, ihre Arbeit als direkte Reichsgottesarbeit anzusehen. Bei der Frage nach dem Verhältnis von Kommunismus und Reich des Satans wird expressis verbis die Identität von Kommunismus und Satanismus ausgesprochen, während als Arbeit für das Reich Gottes all das angesehen wird, was der christlichen Betätigung der Liebe entspricht. Und nur darum erblickt Wichern in der inneren Mission als einem besonderen Werkzeug der christlichen Liebestätigkeit ein Stück des Reiches Gottes auf Erden ...

Die Erhaltung oder Wiedergewinnung der Schöpfungsordnungen kann nur auf dem Wege der Mission geschehen. Das Evangelium muß wieder zur Mitte aller Ordnungen und allen Handelns in ihnen werden. Nur durch eine universale Evangelisation aller menschlichen Lebensbereiche ist das Widerchristentum in den politischen und sozialen Zeiterscheinungen zu überwinden. Durch die Bestimmung des Evangeliums und Christi als Ordnungsmacht für die Welt rückt bei Wichern die Erlösung in Jesus Christus in den Rang eines politischen Prinzips. Das Evangelium selbst wird als ordnungstiftende Macht angesehen. Das Evangelium allein ist die Überwindung der in Revolution und Kommunismus erscheinenden Sünde. Nur die totale Evangelisation des heillosen Volkes kann das chaotische Prinzip überwinden ...

(Wichern) hat an der entscheidenden Stelle nicht verstanden, um was es in der Bewältigung der modernen Arbeitswelt ging. Da Wichern selbst diesen zweiten Schritt in das planmäßige Organisieren einer humanen Industriewelt nicht getan hat, mußten auch alle seine persönlichen Appelle an die Gewissen einzelner bald verrauschen. Sie alle blieben merkwürdig unkonkret. Sie hingen in der Luft, da sie nicht an der Wirklichkeit proletarischer Existenz orientiert waren. Den Dienst, nach dem sittlich-religiösen Appell praktische Wege zur Änderung zu zeigen, hat Wichern seinen Zeitgenossen nicht geleistet. Hier liegt seine deutliche Grenze. Sie liegt darin, daß er das Problem des neuen Gewissens im sozialen Erneuerungsprozeß zwar großartig erkannt, aber nicht die Notwendigkeit neuer Strukturen und gesetzlicher Institutionen gesehen hat. Die Liebe wußte er wie kein anderer Mann seiner Zeit zu predigen und zu tun, aber er wußte nicht die Gerechtigkeit zu gestalten. Das wäre in der sich bildenden industriellen Massenwelt nur möglich gewesen durch den Einsatz von konzentrierter Macht auf dem Wege über eine christlich-soziale Partei und vor allem durch Gestalten neuer Organisationsformen auf Grund rationaler Einsicht in die veränderte Welt und daraus sich ergebender Planung. Zu beidem aber konnte Wichern nicht Ja sagen ... Wichern hat großartig geglaubt und noch großartiger seinen Glauben in der Liebe zu seinem Volk und seinen schwachen Brüdern gelebt. Darin bleibt er Vorbild und Mahner aller Generationen. Wenn man ihn oft als „Genie der Liebe“ bezeichnet hat, so ist das nicht übertrieben. In der Hilfe für die Kranken, die Schwachen, die sozial Schwierigen in dieser Welt hat er Einzigartiges in seiner Zeit geleistet. Das müssen wir immer wieder sehen und betonen, wenn wir auf das sehen, was er nicht geleistet hat und oft auch noch nicht hat leisten können. Wir wären aber schlecht beraten, wollten wir über seine Größe in der Diakonie die großen „Irrtümer“ dieses Mannes verschweigen. Denn sie können uns heute genau so Mahner sein wie sein Liebeswerk ... Daß er, mit den Augen der Nachkommen gesehen, wesentliche Dinge nicht erkannt hat, gehört mit zum Wesen menschlichen Seins in der Geschichte. Uns aber werden die von ihm nicht gesehenen und nicht gelösten Aufgaben zum geschichtlichen Auftrag.

(Günther Brakelmann)

Weiterführende Literatur:

Kupisch, K., *Kirche und soziale Frage im 19. Jhd.*, Theolog. Verlag, Zürich 1963.
Shanahan, W. O., *Der deutsche Protestantismus vor der sozialen Frage.* Christian Kaiser Verlag, München 1962.
Brakelmann, G., *Kirche und Sozialismus im 19. Jahrhundert.* Luther Verlag, Bielefeld 1966.
Beyreuther, E., *Geschichte der Diakonie und Inneren Mission in der Neuzeit.* Christlicher Zeitschriftenverein, Berlin 1962.

Gesellschaftspolitik aus christlicher Verantwortung

Nach einer in Armut verbrachten Jugend- und Studentenzeit wurde Adolf Stöcker (1835—1909) im Jahre 1863 Pfarrer in Halberstadt und 1871 Divisionspfarrer in Metz. Drei Jahre später berief Kaiser Wilhelm I. ihn als Hofprediger nach Berlin, wo er auch in der Inneren Mission und seit 1877 als Leiter der Stadtmission wirkte. Mit R. Todt

u. a. gründete er in diesem Jahr den „Zentralverein für Sozialreform", versuchte jedoch 1878 selbständig seine Ideen durch die Gründung der „Christlich-Sozialen Arbeiterpartei" durchzusetzen. In den folgenden Jahren setzte unter Einbeziehung konservativer und antisemitischer Zielsetzungen eine Umorientierung der Partei auf eine mittelständische Politik ein, so daß sie sich seit 1880 „Christlich-Soziale Partei" nannte. A. Stöcker wurde 1879 preußischer Abgeordneter und 1881 Mitglied des Reichstages, doch führte seine Tätigkeit als Politiker und Hofprediger zu Spannungen, die ihn 1890 zwangen, sein geistliches Amt aufzugeben. In diesem Jahr versuchte er, durch die Gründung des „Evangelisch-Sozialen Kongresses" dem christlich-konservativen Gedanken erneut Achtung zu verschaffen.
In einer Versammlung am 3. Januar 1878 im sog. Eiskeller in Berlin hielt A. Stöcker vor einem hauptsächlich aus Sozialdemokraten bestehenden Publikum folgende, für die „Christlich-Soziale Arbeiterpartei" programmatische Rede, die als „Eiskellerrede" große Bedeutung erlangen sollte:

25

„Meine Herren!
... Ich bin ein Prediger und bitte Sie, mir das zugute zu halten. Mein Stand wird in Ihren Blättern, die ich allezeit mit großer Aufmerksamkeit gelesen habe, auf das heftigste angegriffen, geschmäht, beleidigt. Ich habe oft gefragt, warum? Wir tun Ihnen nichts Böses. Wie irgendein anderer Stand tragen wir die Last unseres Jahrhunderts. Sie sagen, wir seien die Bundesgenossen des Kapitals. Das ist nicht wahr. Wir haben den ehrenwerten Arbeiterstand von Herzen lieb; es gibt unter uns genug, die geben, wenn es sein muß, für Sie den letzten Blutstropfen und den letzten Groschen. Wenn Ihre Agitatoren behaupten, daß wir es nicht ehrlich mit Ihnen meinen, so lügen sie ... *Ich kenne wirklich das Elend und die Not, die Sorgen und Mühen der kleinen Leute.* Aber ich weiß es aus meinem elterlichen Hause, daß auch unter der gegenwärtigen Wirtschaftsordnung durch Fleiß und Ordnung, durch Sparsamkeit und Genügsamkeit eine Familie zu einem guten Gedeihen, zu Wohlstand und Zufriedenheit kommen kann. Soweit von mir, und nun zur Sache ...
Ihr System fordert die Verwandlung des gesamten Privateigentums an den Produktionsmitteln in Sozialeigentum und den vollen Arbeitsertrag ...
Sie können Ihr Ziel nicht anders erreichen als durch eine blutige Sozialrevolution ... Sie würden immer, auch durch die Schrecknisse einer Revolution, nur Bruchstücke gewinnen können ... Während sie auf den geträumten Volksstaat warten, der nicht kommt, vernachlässigen Sie die nächstliegenden praktischen Reformen ...
Sie sind *mit dem jetzigen Wirtschaftssystem nicht zufrieden;* ich auch nicht. Diese Herrschaft der schrankenlosen Konkurrenz und des krassesten Egoismus führt von Krisis zu Krisis. Vor vier Jahren schwammen die Arbeiter in Überfluß; heute nagen Tausende am Hungertuche, fallen Hunderte in Selbstmord ... *Die Existenz der Arbeiter muß gesichert werden.* Ebenso wie die Soldaten im Feuer des Schlachtfeldes stehen die Arbeiter im Feuer der Essen; auch ihre Invaliden müssen versorgt sein; auch ihre Witwen und Waisen sollen Brot haben. Ich halte diese Sicherheit der Arbeiterexistenz für das Wichtigste und Notwendigste in Ihrer Lage ... Aber das ist Ihr Unglück, meine Herren, Sie haben ihren Sozialstaat im Kopfe. Und wenn man Ihnen die Hand bietet zu Verbesserungen, wenn man Ihnen helfen will, dann weisen Sie das höhnisch zurück und sagen: Wir sind mit nichts zufriedenzustellen, wir wollen den *Sozialstaat.* Damit verfeinden Sie sich die anderen Klassen, und der Haß verdirbt alles ...

Sie hassen Ihr Vaterland. Aus Ihrer Presse glüht dieser Haß schrecklich heraus. Und das ist schlecht; das Vaterland hassen, das ist, wie wenn einer seine Mutter haßt. Auch haben Sie dazu keinen Grund. Gewiß ist auch bei uns nicht alles, wie es sein sollte; wir sind eben auf der Erde und nicht im Himmel. Aber dazu hat Ihnen das Deutsche Reich das allgemeine Stimmrecht aus freien Stükken gegeben, damit Sie in Frieden mit den andern beraten und beschließen, was zum Besten dient. Nicht dazu dürfen Sie Ihr Recht mißbrauchen, daß Sie auf Zertrümmerung Ihres Vaterlandes sinnen, das ist unvernünftig und undankbar.
Aber Sie hassen auch das Christentum, Sie hassen das Evangelium von der Gnade Gottes. Man predigt Ihnen den Unglauben, man lehrt Sie den Atheismus, und Sie trauen den falschen Propheten. O, wie das weh tut, wenn deutsche christliche Menschen nicht mehr an Gott und an den Geist glauben, wenn sich an ihnen das Wort erfüllt: Gott verloren, alles verloren! ...
Warum wollen Sie das Christentum hassen, das doch so reich an Trost und an Kraft und Gewißheit ist? Wenn ich Sie frage um das, was Ihrer Seele das liebste Losungswort ist, nicht wahr, es ist das Wort:

Freiheit, Gleichheit, Brüderlichkeit? Nun gibt es freilich eine Freiheit ohne Zucht; eine Gleichheit, bei der nach dem Worte eines geistreichen Mannes alles darauf hinausläuft, daß sich alle ganz egal sind; eine Brüderlichkeit, die doch voll Haß ist gegen die andern Klassen. Aber wenn Sie jene drei Worte in ihrem wahren Sinne nehmen, als die Freiheit des Gewissens, als die Gleichheit vor Gott und als Brüderlichkeit in der Liebe zu allen: dann stammen alle drei aus dem Evangelium, von Christo. O, meine Herren, es ist einer großen Partei unwürdig, Vaterland und Christentum zu hassen. Wollen Sie als Arbeiterpartei wirklich eine geschichtliche Bedeutung gewinnen, dann dürfen Sie das Edelste, was bisher in der Brust des Menschen gelebt hat, die Liebe zu Gott und die Liebe zum Vaterland, nicht totschlagen; das dürfen Sie wahrhaftig nicht. Eines aber erbitte ich am Schluß von Ihnen. Wenn Sie in Ihren Blättern wieder die schnöde Rede von Pfaffen lesen, die das Volk nicht liebhaben, dann glauben Sie der Lüge nicht. Ich meine es treu, ehrlich und gut mit dem Arbeiterstande, so wahr mir Gott helfe.

(Adolf Stöcker)

26

„Allgemeine Grundsätze" des Programms der „Christlich-Sozialen Arbeiterpartei" 1878

1. Die christlich-soziale Arbeiterpartei steht auf dem Boden des christlichen Glaubens und der Liebe zu König und Vaterland.

2. Sie verwirft die gegenwärtige Sozialdemokratie als unpraktisch, unchristlich und unpatriotisch.

3. Sie erstrebt eine friedliche Organisation der Arbeiter, um in Gemeinschaft mit den anderen Faktoren des Staatslebens die notwendigen praktischen Reformen anzubahnen.

4. Sie verfolgt als Ziel die Verringerung der Kluft zwischen reich und arm und die Herbeiführung einer größeren ökonomischen Sicherheit.

Systemveränderung

27

Stöcker beurteilt 1884 rückblickend die Gründung der „Christlich-Sozialen Arbeiterpartei" folgendermaßen:

Alle die Forderungen des Programms stehen heute auf der Tagesordnung der deutschen Politik, und sind zum Teil erfüllt und in der Erfüllung begriffen oder stehen zur Diskussion in Parlamenten und Versammlungen.
Der atheistischen Organisation der Sozialdemokratie eine christliche Koalition der Arbeiter entgegenzustellen — das war die Aufgabe.
Es war eine Pflicht des Seelsorgers, die sozialen Dinge darauf anzusehen, ob sie nicht auch zur Wiedergewinnung der Arbeiter zu benutzen seien, und ob nicht ,wenn man den Verführten die soziale Wahrheit entgegenhielte, die irreligiöse Lüge verscheucht werden könnte. Und wenn, wie es auf der Hand lag, der Weg der persönlichen Seelsorge nicht ausreichte, um an die einzelnen heranzukommen, weil die Partei ihre Mitglieder zu fest umstrickt hielt, dann mußte es geradezu als eine Aufgabe des Seelsorgers erscheinen, der Partei der Verführung eine Partei der Rettung entgegenzustellen.
Die beiden Grundgedanken der christlich-sozialen Bewegung, soziale Erneuerung aus dem Herzen eines gesunden Sozialismus heraus und die Zurückeroberung des Volkes für das Christentum durch Geltendmachung der christlichen Weltanschauung im öffentlichen Leben — haben sich tief in das politische Leben der Gegenwart eingeprägt.

(Adolf Stöcker)

- *Umreißen Sie Stöckers Konzeption der „Christlich-Sozialen Arbeiterpartei" und stellen Sie die Übereinstimmungen und die Auseinandersetzung mit der damaligen Sozialdemokratischen Partei dar. Hilfreich könnte dabei die Beachtung seiner Zielvorstellung sowie seiner Auffassung von Staat und Christentum sein!*
- *Versuchen Sie, denkbare Vorwürfe zu formulieren, die die weitgehend sozialdemokratisch organisierte Arbeiterschaft gegen Stöckers programmatischen Anspruch einwenden konnte!*
- *Brakelmann hat über Stöcker geurteilt: „Stöcker wollte beides sein: Volkstribun und Hofprediger, Politiker und Seelsorger. Weil er beides wollte, hat er beides verloren."*
  Diskutieren Sie diese These, und stellen Sie Ihrerseits einen Katalog von Ursachen für das Scheitern Stöckers im sozialpolitischen Bereich zusammen!
- *Worin liegen Ihrer Meinung nach Übereinstimmungen und Unterschiede in den Konzeptionen von Wichern und Stöcker?*

Arbeitsteilige Industriegesellschaft — Verlust der Menschlichkeit?

Kontinuität oder Wandel der Problematik?

28

Die Analysen, die man im vorigen Jahrhundert machte, sind inzwischen durch viele andere Beobachtungen und Erfahrungen ergänzt und zum Teil korrigiert worden. Einerseits läßt sich zum Beispiel die Entfremdungstheorie nicht in ihrer ursprünglichen Weise halten. Zwar gibt es noch viel monotone Arbeit — aber gerade die Möglichkeit, dabei „geistig wegzutreten" oder sich (unter günstigen Bedingungen) sogar unterhalten zu können, wird von vielen Arbeitern und Arbeiterinnen durchaus geschätzt. Vor allem aber sind weithin die hochqualifizierten Facharbeiter an die Stelle des ungelernten Arbeiters getreten — und diese Entwicklung wird wahrscheinlich noch weitergehen. Da diese oft hohe Verantwortung tragen (zum Beispiel für das Leben ihrer Arbeitskameraden!), kann man wirklich nicht sagen, sie übten eine Tätigkeit aus, bei der sie sich nicht als Menschen verstehen können. In vielen Fällen wird auch von diesen Facharbeitern, den Werkmeistern usw. im rechten Augenblick verantwortliche eigene Initiative erwartet. Freilich kommt vieles darauf an, daß dergleichen dann auch in rechter Weise anerkannt und freigegeben, d. h. nicht durch zu enge Vorschriften eingeengt wird ...

Zu den einschneidendsten Folgen der Industrialisierung gehört auch die Tatsache, daß weithin die Maschinen unseren Arbeitsrhythmus bestimmen. Weil viele Maschinen nachts und sonntags nicht einfach stillgesetzt werden können, muß in den mit solchen Maschinen ausgestatteten Betrieben in Schichten gearbeitet werden. Der einzelne Arbeiter wird ausgewechselt; und er muß sich mit der Freizeit und den Sonntagen nach der Maschine richten. Man sollte das nicht mit dem Schlagwort beschreiben, daß der Mensch ein Sklave der Maschine geworden sei: dies ist eine Übertreibung, die die Aufmerksamkeit von den eigentlichen Fragen ablenkt. Der Arbeiter weiß gut, daß die Maschine ihm zu gehorchen hat. Es geht darum, daß man viele Maschinen nicht in kurzer Zeit abstellen und wieder in Gang bringen kann. Zugleich geht es allerdings auch darum, daß sich in vielen Fällen die Anschaffung und Unterhaltung solcher Maschinen nicht lohnt, wenn sie nicht ständig ausgenutzt werden ... Daß strenge Maßstäbe in der Regelung der Freizeit und der Sonntagsarbeit angelegt werden müssen — und zwar gerade auch da, wo es nicht mehr möglich ist, den alten Sieben-Tages-Rhythmus einzuhalten — ist von kirchlicher Seite in den letzten Jahren immer wieder betont worden.

Die moderne Industriearbeit ist daraus entstanden, daß der Mensch in neuer Weise gelernt hat, seine Verantwortung für den Umgang mit der Natur wahrzunehmen. Er hat gelernt, immer mehr aus sich herauszuholen, immer bessere Maschinen zu erfinden und die Arbeit immer planmäßiger zu organisieren, um das Leben zu meistern. Merkwürdigerweise dringt aber nun in diese auf Verantwortung angelegte moderne Welt im Gegenzug das Streben ein, die Wahrnehmung der Verantwortung immer mehr auf die Planer zu übertragen, die ihrer-

seits (zum Beispiel bei der Industrieplanung) immer mehr von der Marktforschung abhängig werden. Auf allen Seiten wird der Spielraum freier Entscheidungen immer geringer — immer mehr scheint es nur auf die richtige Berechnung anzukommen ...
Und doch ist es sicher kein Zufall, daß wir uns heute gezwungen sehen, immer wieder von der menschlichen Verantwortung zu reden. In unserem Falle ist es vielleicht gut, hinzuzufügen, daß es sich nicht nur um die Verantwortung einzelner Menschen, sondern auch um gemeinsam von menschlichen Gruppen zu tragende Verantwortungen handelt; gerade hinter diesen darf sich freilich der einzelne nicht verstecken, sondern muß in ihnen aktiv bleiben. Wer sich für nichts mehr verantwortlich fühlt, wer alles treiben läßt, existiert nicht mehr menschlich. Gäben wir diesem Verfall nach, so würde gerade unsere technische Welt ihre Grundlagen verlieren: denn sie lebt davon, daß das Verantwortungsbewußtsein wach ist. Zwar hat sich unser Leben ohne Zweifel durch die Industrialisierung gewandelt. Das darf aber doch nicht dazu führen, daß der Mensch zu einem verantwortungslosen Rädchen im Getriebe wird. Wo hier die Grenzen überschritten werden, muß der Mensch sich daran erinnern, daß er zur Freiheit berufen ist — und das würde dann heißen: daß die technische Welt und ihre Ordnungen sich nach ihm zu richten haben, nicht umgekehrt.

(Wolfgang Schweitzer)

Die Position des Theologen Helmut Gollwitzer in einem Geleitwort zu Berichten junger Pfarrer aus der Fabrik:

29

Spähtruppberichte aus einer anderen Welt, dringend nötig zu lesen für uns alle, weil diese andere Welt fremdkörperhafter Teil und unentbehrlicher Unterbau unserer eigenen Welt ist.
An diesem ersten Satz des Geleitwortes zu einem Buche, das die Erfahrungen junger Theologen bei befristeter Fabrikarbeit berichtet, ist schlechthin alles problematisch, unselbstverständlich, ja eigentlich erschreckend:
„Uns“: das sind diejenigen, die nicht zur Fabrikarbeiterschaft gehören, die Bürger, die Unternehmer, die Akademiker, die Angestellten, die Pfarrer, die Kirchgänger. Die Kirche, ihre Funktionäre samt dem „Kirchenvolk“ gehören nicht zu dieser fremden, nicht zu dieser unteren Welt, sie gehören zur oberen Schicht; das Christentum ist in der heutigen Welt eine Angelegenheit nicht der Hungernden, sondern derer, die satt werden, und innerhalb der weißen Industriestaaten nicht der unteren, sondern der oberen Schicht, sehr im Unterschied zum Neuen Testament. Welche Bedeutung der Unterschied der Weltbilder zwischen damals und heute für die Interpretation des Neuen Testamentes und die Weitergabe seiner Botschaft in der heutigen Welt hat, wird von den Theologen eifrig erörtert; sie umgehen aber das heiße Eisen der Frage, welche Bedeutung der Unterschied der sozialen Lage hat — und verraten eben mit diesem Umgehen ihre Klassengebundenheit. Eine Legende ist es, daß die im 19. Jahrhundert entstandene Kluft zwischen Kirche und Industriearbeiterschaft sich zu schließen begänne.
„Andere Welt“, „fremdkörperhaft“: der Abstand der Lebensmöglichkeiten zwischen der unteren Schicht und den darüberliegenden hat sich seit den Zeiten des Frühkapitalismus wohltuend verringert, die Verelendung ist gebannt, im Verhältnis zum hungernden Weltproletariat der Entwicklungsländer gehört der europäische Arbeiter zur Arbeiteraristokratie ... (Die Arbeiter) leben immer noch in einer „anderen Welt“, in einer Welt der Benachteiligung, der „Entfremdung“, des Abgeschnittenseins von den Entfaltungsmöglichkeiten der anderen. Kühlschrank, Kleinauto und Fernsehapparat haben daran nichts geändert, täuschen nur darüber hinweg. Eine Legende ist es, daß Klassengegensatz und Klassenkampf überwunden und auf dem Wege zur klassenlosen Gesellschaft die entscheidenden Schritte schon getan seien.

„Spähtruppberichte“: daß solche Spähtrupps immer noch nötig sind, daß solche Berichte keineswegs Allbekanntes mitteilen, das ist das eigentlich Erschütternde an diesem Buche. Zum nicht geringen Teil haben Angehörige der heutigen Männer-Generation des Bürgertums und der Kirche als Werkstudenten oder als Kriegsgefangene in Fabriken und Bergwerken gearbeitet, aber die Zeit war offenbar zu kurz, als daß sie sich eingeprägt hätte ...
Die Sozialpartner-Ideologie ist so viel beruhigender und verführt dazu, als Gegenwart zu nehmen, was bestenfalls doch nur Zukunftsmusik ist. Eine Legende ist es, daß bei Pastoren und Unternehmern sich inzwischen herumgesprochen habe, wie der Arbeiter dran ist.
„Dringend nötig“: Wissen sie nicht, wie er dran ist, wie sollen sie dann in bezug auf ihn das Richtige

treffen? Wie sollen Pastoren, Presbyterien, Kirchenleitungen und Kirchengemeinden, fast ausnahmslos aus den bürgerlichen Schichten sich rekrutierend, wissen, wie sie in jene andere Welt des Arbeiters hinein die christliche Botschaft weitergeben müssen, wie können sie die Relevanz des Evangeliums für diese andere Welt sichtbar machen, wie können sie die Sprache für diese Welt finden, wie können sie sich zu einer Gemeinde bilden, in der Arbeiter heimisch werden können, wie können sie erkennen, was ihnen fehlt, indem in ihrer Mitte der Industriearbeiter fehlt, wie können sie für ihn dasein und er für sie? Wie können sie auch erkennen, was die Aufgabe der christlichen Gemeinde in den sozialen Auseinandersetzungen ist, wie können sie die Berufung der Jünger Jesu zu Dienern der Nächstenliebe umsetzen in die Arbeit an der Humanisierung der industriellen Welt? Es ist in dieser Richtung seit 1945 nicht etwa nichts geschehen, manches hat sich in der Kirche zum Besseren verändert, aber diese Berichte zeigen, daß noch längst nicht genügend geschehen ist. Es kann noch keine Rede davon sein, daß die Pastoren und Gemeinden den Fabrikarbeiter als Mit-Hörer des Evangeliums im Bewußtsein hätten und daß die empirische Kirche oberhalb der Klassenunterschiede stände. Infolge der Diskreditierung des Sozialismus durch den Stalinismus und infolge des Erlahmens der sozialistischen End-Hoffnung hat das Klassenbewußtsein der Arbeiterschaft die theoretische Schärfe wieder verloren, die der Marxismus ihm hatte geben wollen; es vegetiert aber noch zäh und wohlbegründet als Bewußtsein des Abstandes von den „Anderen“ und der Unterworfenheit unter die „Anderen“.

... Für die Kirche ergibt sich daraus die doppelte Frage:

Was sind die Gründe dafür, daß ihr Leben faktisch außerhalb des Lebens der Industriearbeiterschaft und vor deren Toren verläuft, obwohl sie doch zu *aller* Welt gesandt ist und ein „Volk aus *aller* Welt Zungen“ darstellen soll? Was muß von ihr aus geschehen, damit das anders wird? ... Ohne eine gründliche Bewußtseins- und Lebensänderung bei Pfarrern und Gemeinden wird es nicht gehen.

Was hat die christliche Gemeinde zur Änderung von Zuständen beizutragen, durch die ein Teil der Gesellschaft immer noch von seinem Anteil am menschlichen Leben ausgeschlossen ist? Der Sozialismus des 19. Jahrhunderts ist vergangen. Die von ihm gestellte Aufgabe ist so wenig vergangen wie die von ihm erkannte Problematik einer Gesellschaft, die von ihrer Spaltung in Bevorzugte und Benachteiligte lebt. Der vermeintlich überholte Sozialismus steht — wenn mit ihm die Aufgabe einer Humanisierung des gesellschaftlichen Lebens gemeint ist — erst noch vor uns und wird zu einer immer dringlicheren Frage. Es ist eine Legende, daß diese beiden Fragen im Vergleich zum 19. Jahrhundert schon so ins Bewußtsein der Pfarrer und Gemeinden gedrungen sind, wie es um des Evangeliums willen und um der Menschen willen nötig ist.

(Helmut Gollwitzer)

Der Fortschritt, Hermann Degkwitz, 1978

- *Diskutieren Sie die von Schweitzer und Gollwitzer aufgestellten Thesen!*

Industriepfarrer — ein Experiment

Berichte junger Pfarrer aus der Fabrik

Das ,,Seminar für kirchlichen Dienst in der Industrie" in Mainz-Kastel sammelte seit 1956 folgende Berichte, die junge Pfarrer nach ihrer achtwöchigen Tätigkeit in Industriebetrieben erstellten:

30

S/V[1]): Hat diese für Sie neue, unbekannte Welt Ihre bisherige Lebensweise und Ihren Lebensrhythmus beeinflußt oder verändert?
Bieber: Ich war in der Schichtarbeit. Es hat sich bewahrheitet, was die Kollegen mir sagten: „Du wirst sehen, wenn du einige Zeit hier bist, wie dir dieser ungewohnte Rhythmus auf die Nerven geht." Nach der Frühschicht ist man um 14.30 Uhr zu Hause. Wenn man gegessen hat und vielleicht eine Stunde die Zeitung gelesen hat, dann ist man gegen fünf Uhr frei für andere Dinge. Diese Freizeit füllt man meist nur damit aus, daß man spazierengeht und dann um halb sieben zum Abendessen erscheint. Nun kommt der gefährliche Abend. Er ist deswegen gefährlich, weil man meint, man könne noch bis elf oder zwölf Uhr seinen privaten Dingen nachgehen, dabei aber vergißt, daß man um 5.40 Uhr schon wieder im Betrieb zu sein hat. Die Spätschichtwoche hat den Vorteil, daß man ein Normalmaß an Stunden schlafen kann und am Vormittag noch zwei bis drei Stunden für private Dinge zur Verfügung stehen. Man ist bei dieser Schichtarbeit allerdings nicht in der Lage, sich geistig intensiv zu beschäftigen. Ich habe in diesen acht Wochen nicht ein einziges Buch durchgelesen. Das Gefährliche bei der Schichtarbeit liegt darin, daß man in einen Rhythmus gezwungen wird, der dem normalen und natürlichen geradezu entgegengesetzt ist. Ich habe festgestellt, daß sich der Mensch an diesen Rhythmus nicht gewöhnt. Die Männer klagen darüber, daß sie vom Familienleben weitgehend ausgeschaltet sind. Bezeichnend ist, daß sie immer wieder sagten: „Für die Arbeit, die wir hier tun, können wir mit Geld nicht bezahlt werden. Man sollte uns mehr Freizeit geben. Wir könnten uns schon sehr vernünftige Dinge vorstellen, die wir in unserer Freizeit tun würden." ...
Zeller: Ich halte es für einen wesentlichen Unterschied, ob ein Arbeiter oder ob ein akademisch gebildeter Mensch die Arbeitswelt erlebt. Der akademisch Gebildete hat infolge seiner Erziehung und seiner Schul- und Universitätsbildung selbst innerhalb dieser industriellen Arbeitswelt die Möglichkeit, sein Leben anders zu bewältigen als ein Arbeiter. Er hat die Fähigkeit, Erlebnisse intensiver aufzunehmen und zu verarbeiten. Mir würde es als Ausgleich zum Beispiel am Sonntag genügen, ein gutes Konzert im Radio zu hören oder ein Buch zu lesen. Ich kann auch an ganz unscheinbaren Kleinigkeiten Befriedigung finden, während der Arbeiter infolge seiner frühzeitigen Einschaltung in den Produktionsprozeß kaum Zugang zu solchen Dingen gewinnen konnte. Er muß also schon viel stärkere Reize auf sich einwirken lassen, wenn er überhaupt etwas erleben will.
Amberg: Ich möchte dem teilweise widersprechen. Ich habe diese primitive Reduktion auf den Dreiklang Arbeiten — Essen — Schlafen im Anfang als durchaus angenehm empfunden. Es war eine ungeheure Vereinfachung des Daseins! ... Später wurde es etwas anders. Allmählich ging mir das Fehlen jeder Kultur auf die Nerven, ich hatte aber trotzdem nicht die Lust und die Kraft, mir etwas anzusehen oder anzuhören, obwohl ich jeden Samstag und Sonntag frei hatte. Am angenehmsten fand ich die Freizeit, wenn ich sie verklüngelte ...
Zeller: Ich hatte die Sonntage frei, muß aber gestehen, daß ich nicht im Vormittagsgottesdienst gewesen bin, sondern geschlafen habe. Dann bin ich einige Male im Nachmittagsgottesdienst gewesen, aber ich war in einem Maße von den Predigten enttäuscht, wie das vorher noch nie der Fall war. Es mag damit zusammenhängen, daß ich mir nun doch angewöhnt hatte — trotz der kurzen Zeit in der Fabrik —, die Predigt mit den Ohren des Arbeitskollegen zu hören. Unter diesem Gesichtspunkt war sie haarsträubend, und ich war bitter enttäuscht ...
S/V: Die Hauptfrage ist nun: Wie empfindet der Arbeiter das Leben in dieser mechanisierten Fabrikarbeit? Sie selbst haben von dem Monotonen und der körperlichen Ermüdung berichtet. Ist das aber nicht darauf zurückzuführen, daß für Sie das alles ungewohnt ist? Fühlt sich der Arbeiter, der an diese Arbeitswelt gewöhnt ist, besonders benachteiligt?
Amberg: Es gibt keine Möglichkeit, Abstand zu bekommen von diesem eintönigen Schichtrhythmus. Und das empfinden auch die Arbeiter. Daher sagen sie: Das machen wir nicht lange mit — höchstens zwei bis drei Jahre — das ist für Leute, die Vater und Mutter erschlagen haben! Ob sie

[1]) Initialen der Gesprächsleiter H. Symanowski und F. Vilmar

das dann schaffen, das ist natürlich eine zweite Frage. Jedenfalls wird es als ein unmenschliches Leben empfunden. Ein 25jähriger Arbeiter drückte das einmal so aus: Wir leben doch nur für den Betrieb. Am besten nehmen wir auch noch unser Bett mit und schlafen auch hier.

Bieber: Ich denke an ein Erlebnis: Als wir nach einer 12-Stunden-Sonntagsschicht in den Waschraum gingen, sagte ich zu meinen Kollegen: Jetzt haben wir wieder 12 Stunden rum. Er, etwas ironisch: Ja, wieder 12 Stunden dem Tode näher ...

S/V: Nach meiner Erfahrung kommt das Gespräch sehr schnell auf das Thema „Kirche", wenn wir als Pastoren im Betrieb bekannt sind. Was haben nun Ihre Arbeitskollegen über die Kirche, die Person Jesu und die Bibel, über spezielle kirchliche Fragen, die Pastoren und Sie selbst gesagt?

Amberg: Als Extrakt aller meiner Gespräche mit evangelischen und katholischen Kollegen könnte ich den Satz aufstellen: Die Kirche ist eine Institution, die etwas fordert — moralische äußere Verhaltensweisen, theoretische und praktische Einstellungen zu ideellen und materiellen Werten, Entscheidungen, Verzicht, Zeit und Geld, ohne daß dem Betroffenen einsichtig wird, aus welcher Vollmacht hier gefordert wird. Weil das nicht einsichtig wird, wird die Forderung der Kirche abgelehnt. Aber als Erziehungsfaktor wird sie anerkannt. Für die Kinder ist sie gut, der Unterricht schadet nichts. ...

S/V: Es ist interessant, wie vieles, was im Religions- oder Konfirmandenunterricht gelernt wurde, entstellt und verdreht, unverstanden und karikiert erscheint. Geht es eigentlich auch so mit der Person Jesu?

Amberg: Seine historische Existenz wird kaum bestritten, er war ein guter Mensch und kann als Vorbild gelten, aber daß sich Gott in ihm offenbart hat, „das kannst du mir nicht beweisen". Es werden Zweifel geäußert an der Richtigkeit dessen, was in der Bibel gesagt wird. Das bezieht sich sowohl auf die Art der Offenbarung — „weiß der wirklich, daß ihm das Gott diktiert hat?" —, wie auch auf die Überlieferung, „das ist so alt, wer weiß, wie viele Fehler sich da eingeschlichen haben". Man glaubt auch nicht mehr an das Weltbild der Bibel; man hat begriffen, daß der „liebe Gott" nicht im Himmel ist und daß der Himmel nicht oben ist, aber bisher ist ihnen niemand begegnet, der ihnen ein neues Verständnis hätte an die Hand geben können.

Knöll: Ich habe festgestellt, daß von der Person Jesu mit Achtung gesprochen wird. Neutestamentliche Worte werden oft als richtig anerkannt. Ich glaube, die Menschen haben Sehnsucht nach Jesus, er ist nicht der den Menschen völlig Fremde. Die Menschen wollen geliebt werden; und wenn sie geliebt werden, dann lieben sie auch wieder.

S/V: Sie sind also für den Kern der biblischen Botschaft empfänglich, aber sie merken, ob nur Worte gemacht werden oder ob sich heute das ereignet, was in der Bibel von Jesus berichtet wird. Das Bedrückende ist, daß kaum einer ein solches Ereignis in der Kirche erwartet, ja nicht einmal bei den Christen überhaupt ...

S/V: Sie scheinen also viele Gespräche gehabt zu haben, die sich um Gott, Jesus, Bibel, Kirche und Konfessionen bewegten. Können Sie erklären, warum man zwar mit Ihnen über solche Themen redete, aber wohl niemand seinen Gemeindepfarrer aufsuchen würde, um ihn zu fragen?

Amberg: Man sagt: Von der Kanzel herunter sagt der Pfarrer immer, das und das soll man tun. Auf der anderen Seite zeigt sich, daß ein Pastor auch nur ein Mensch ist und in der gleichen gesellschaftlichen Ordnung wie alle anderen lebt, daß er darum genau wie sie zu bestimmten Verhaltensweisen gezwungen ist, obwohl er andere fordert. Die Konsequenz für den Arbeiter heißt dann: Er lügt. Ich erinnere mich an eine ziemlich dramatische Diskussion mit dem Vorarbeiter, in der dieser mit Leidenschaft sagte: Die lügen, die lügen und verlangen noch, daß wir's glauben. — In vielen Gesprächen kam heraus, daß die Kollegen einen deutlichen Unterschied machten zwischen den offiziellen Divisionspfarrern des letzten Krieges und solchen Pfarrern, die Dreck und Speck mit ihnen teilten; nur diese werden anerkannt ...

Zeller: Im ganzen habe ich in politischen und in sozialen Fragen eine tiefe Resignation der Arbeiter bemerkt. Es wurde, etwa beim Mittagessen, kaum ein politisches Gespräch geführt. Ich sprach sie daraufhin an und bekam die resignierten Antworten: Das mögen wir nicht. Damit wollen wir nichts zu tun haben. Die sollen ihren Kram alleine machen. Und dergleichen ...

S/V: Es scheint also überhaupt die Kritik weitgehend nur noch in der Form des Klagens über viele kleine Dinge zu bestehen, während der Blick auf die umfassenden Probleme des Kapitalismus, die etwa um die Jahrhundertwende durchaus in den Köpfen der Arbeiter virulent waren, nicht mehr gerichtet ist.

Zeller: Nein, davon merkt man kaum noch etwas.

S/V: Vielleicht empfinden sich die Arbeiter nicht mehr als Unterdrückte? Sind sie nicht tatsächlich freier als vor 70—80 Jahren?

Zeller: Vor allem als Konsumenten. Da können sie sich heute allerlei leisten. Wo die Frau mitverdient, da ist der Arbeiter, wenn er sonntags ausgeht, nicht ärmer dran als der Meister. Da kann er sich ein anständiges Essen bestellen, Wein usw. Da kommt es manchmal nicht darauf an, ob ihn der Tag einmal fünfzig Mark kostet. Oder er kann sich die Wohnung einrichten. Aber als Produzent? In dieser Sphäre ist die Unfreiheit heute kaum geringer als vor 50 Jahren.

Bieber: Aber nicht im Bewußtsein. Jedenfalls ist der Arbeiter nicht mehr der Kämpfer, der er vor dem ersten Weltkrieg war, davon habe ich überhaupt nichts mehr gespürt. Die Älteren erzählen von dieser Zeit im Tone des „Es war einmal". Aber sie sind andererseits auch keine Bürger, das auch nicht . . .

Bieber: Die innerbetrieblichen Veränderungen, die dringend notwendig sind, und die Forderungen, die hier zu ihrer Verwirklichung aufgestellt wurden, sind nicht durchführbar, solange nicht beim Arbeiter die bildungsmäßigen Voraussetzungen dafür geschaffen sind . . .

Amberg: Ich würde . . . sagen, es geht hier nicht in erster Linie um eine Bildungsfrage, sondern um eine innerbetriebliche Struktur. Was beseitigt werden muß, das ist die Angst im Betrieb, die Scheu, Vorgesetzten gegenüber eine Kritik zu äußern, die Angst, entlassen zu werden usw. Das menschliche Verhältnis zwischen Vorgesetzten und Untergebenen muß anders werden . . .

(H. Symanowski / F. Vilmar)

- *Worin liegen nach Meinung der jungen Theologen die eigentlichen Probleme der heutigen Industriearbeiterschaft?*
- *Sind die vorgestellten Lösungsvorschläge Ihrer Meinung nach durchführbar?*
- *Diskutieren Sie das hier angesprochene Verhältnis zwischen der Arbeiterschaft und der Kirche!*

31

Folgerungen für die Kirche

1. Das Evangelium ist für die Welt nicht verloren. Es ist immer noch für die Welt da, weil es noch Menschen gibt, die um des Evangeliums willen sich in Marsch setzen lassen. Auch die Welt ist für das Evangelium nicht verloren. Sie wartet darauf, daß es ihr bezeugt wird, sie braucht es.

2. Es ist der Auftrag der Kirche, dazu zu helfen, daß Evangelium und die Welt sich begegnen. Wo solche Begegnung geschieht, da ist Kirche.

3. Es gehört zur Erfüllung ihres Auftrages, daß die Kirche sich nicht von der Welt distanziert. Das bedeutet, daß sie die Strukturen der jeweiligen Gesellschaft erkennt; daß sie die Gruppen, Institutionen und Beziehungen erforscht, in denen die Menschen heute leben.

4. Es gehört ferner zum Auftrag der Kirche, daß sie die Konsequenzen aus der Erkenntnis zieht: Mitarbeit in den Organisationen ist Arbeit für die Menschen. Der diakonische Auftrag der Kirche kann nicht vor einem Sektor des Einzellebens wie des gesellschaftlichen Lebens haltmachen, wenn anders Christus Herr der ganzen Welt ist. Die Organisationen sind ein Teil des heutigen gesellschaftlichen Lebens.

5. Der Dienst der Kirche kann nicht nur vor dem Fabriktor aufhören. Der Arbeitsbereich der Kirche ist nicht mehr allein die Parochie. Früher war die Parochie Ort von Arbeit und freier Zeit. Heute ist sie nur noch ganz beschränkt Ort der Freizeit. Gemeinde Christi sollte aber möglich sein, so weit die Herrschaft Christi geht. Mit unserer neuen, durch die Industrie bestimmten, gesellschaftlichen Ordnung werden wir nicht auf der Parochie als einziger Gemeindeform bestehen können. Wir müssen uns darauf einstellen, daß es neben der Parochie andere Formen von Gemeinde geben wird; Formen, die im Betrieb zu bilden sind; Formen, die nicht auf Dauer, sondern auf Zeit angelegt sind.

6. Die Theologie wird heute ganz neue Fragen unserer Gesellschaft zu durchdenken haben. Sie wird nur Antwort geben können, wenn sie zuerst hört. Darum gehören immer wieder Theologen für gewisse Zeit als Arbeiter in die Betriebe, als Angestellte in die Büros, als Mitarbeiter in die Verbände und Organisationen, Gremien und Parteien, Parlamente und Regierungen.

7. Im Blick auf die seitherige Gestalt von Kirche und Gemeinden ist zu fragen, ob sie die Zukunft, den „kommenden Menschen" im Auge hat, oder ob sie nur weiter die alten Ordnungen konserviert und restauriert. Es ist zu fragen, ob sie in ihrer alten Gestalt das „diakonische" Verhältnis zur Welt in jener umfassenden Weise, wie es durch das Herrsein Christi über die ganze Welt aufgetragen ist, noch ermöglicht. Es macht die Menschen, die in der herkömmlichen „Gemeindearbeit" stehen, müde, wenn sie sehen, daß die meiste Kraft auf Dinge verwendet wird, die nicht dem „kommenden Menschen" dienen, sondern der Erhaltung von totge-

laufenen Traditionen und schwindenden Positionen; und wenn dann andererseits Bemühungen, die weiterführen wollen, von Anfang an aus lauter Mißtrauen abgewürgt werden. Es ist zu fragen, ob die Kirche gegenwärtig die Öffnung und Hinwendung zur Welt besitzt, die Christus uns vorgelebt hat.

8. Die Gemeinde wird eine neue Struktur brauchen. Sie muß ihre Verwurzelung im Evangelium widerspiegeln und muß zudem erkennen lassen, daß dies Evangelium kein Reservat der Gemeinde ist, sondern dem Menschen in der heutigen Gesellschaft gilt. Die Gemeinde wird ihre Ämter und Dienste neu ordnen müssen. Sie wird immer mehr Gruppenarbeit leisten. Der „Laie", als Glied des laos theou (des Volkes Gottes) wird den Dienst der Kirche tun. Der Theologe kann nur sein Helfer sein.

9. Dies führt zur Neuordnung des Pfarramtes. Die Aufgaben, die seither in einer Hand – nämlich der des Pfarrers – lagen, müssen verteilt werden. Der Pfarrer, als Theologe, wird damit frei zu seinen eigentlichen, theologischen Aufgaben, die Gemeinde und Welt dringend brauchen ...

(H. D. Metzger / H. Symanowski)

- *Stellen Sie das diesen Forderungen zugrundeliegende Kirchenverständnis dar!*
- *Nehmen Sie Stellung zu der hier geforderten Umstrukturierung der organisierten Kirche!*

Kirche und Eigentum

Eigentumsbildung in sozialer Verantwortung – Eine evangelische Denkschrift zur Eigentumsfrage in der Bundesrepublik Deutschland

Die evangelische Denkschrift zur Eigentumsfrage in der Bundesrepublik Deutschland „Eigentumsbildung in sozialer Verantwortung" ist am 25. April 1962 vom Rat der Evangelischen Kirche in Deutschland veröffentlicht worden. Die Initiative zur Denkschrift ging von der Evangelischen Akademie Bad Boll aus. Verfasser ist die Kammer für Soziale Ordnung der EKD. ... An den Sitzungen haben die mitteldeutschen Mitglieder allerdings nicht teilnehmen können. Im Veröffentlichungsvermerk der EKD wird die Denkschrift als „kritischer und weiterführender Beitrag zur Eigentumsbildung" bezeichnet. Anders als die päpstliche Sozialenzyklika „Mater et Magistra" ist die Eigentumsdenkschrift danach kein kirchenamtliches Wort. Aber sie ist mehr als nur ein unverbindlicher Beitrag für die sozialpolitische Debatte. Die Denkschrift ist Stellungnahme und Ratschlag der EKD für Politik und Wirtschaft.

32

I. Das Eigentum und der Eigentümer vor Gott

1. Die Welt, wir Menschen und alles, was wir haben, sind ein Werk des göttlichen Schöpfers. Jeder Mensch, der Eigentum erstrebt, hat oder darüber verfügt, soll daran denken, daß er und alle Güter Gott zu eigen sind.

2. Gott hat den Menschen in väterlicher Güte geboten, sich die Erde untertan zu machen. Indem der Mensch die Güter der Erde verwalten darf, soll er in Freiheit und in Verantwortlichkeit vor Gott seiner Bestimmung leben. Wo das Eigentumsrecht Gottes mißachtet wird, verkehren sich auch die Eigentumsrechte der Menschen.

3. In Jesus Christus ist allen Menschen, gleichviel, in welcher Art von Eigentumsverhältnissen sie leben, die Erlösung angeboten. Die christliche Botschaft hat den antiken Sklaven und ihren Herren, den mittelalterlichen Hörigen und ihren Herrschaften gegolten. Sie gilt ebenso allen Menschen heute, gleichviel, in welchen Rechts- und Wirtschaftssystemen sie leben. Der Mensch ist mit oder ohne Eigentum berufen, in der Freiheit der Kinder Gottes zu stehen.

4. Diese Freiheit des Menschen in Christus darf nicht so mißdeutet werden, als wäre das Eigentum ohne Bedeutung für das Menschsein. Das Recht des Menschen, über irdische Güter zu verfügen, ist eine Gabe Gottes, die den Menschen hilft, in Verantwortung und Freiheit miteinander zu leben. Bei rechtem Gebrauch dient das Eigentum dem Menschen dazu:

a) für sein Leben und für das seiner Nächsten selber Vorsorge zu treffen;

b) seine Gaben und seine Schaffenskraft in Freiheit zu entfalten;

c) seine sittlichen Entscheidungen in größerer wirtschaftlicher Unabhängigkeit zu treffen;

d) die Rechte des einzelnen und der Gesellschaft gegenseitig zu begrenzen und zu sichern;

e) Wirtschaft und Gesellschaft als Ganzes interessiert und verantwortlich mitzubestimmen.

Aus diesen Gründen treten wir als evangelische Christen dafür ein, daß jedem Menschen eine reale

Möglichkeit eröffnet wird, Eigentum zu erwerben. Der Mensch soll „mein“ sagen können, um frei zu sein.

5. Im Dienst Gottes und um des Verhältnisses zu den Mitmenschen und um des Gemeinwohls willen gilt freilich auch der Satz: Der Mensch muß „dein“ sagen können, um frei zu bleiben. In der Nachfolge Jesu Christi und als Mitmensch der Notleidenden wird sich darüber hinaus der Christ immer wieder persönlich vor die Frage gestellt sehen, ob er nicht alles hergeben müsse. Die Bewährung der Menschen vollzieht sich auch in Verzicht und Opfer und in Distanz gegenüber Hab und Gut. So sagt der Apostel Paulus von den rechten Christen, daß sie „haben als hätten sie nicht“.

6. Im Umgang mit dem Eigentum soll der Mensch also nach Gottes Willen in einer Spannung leben zwischen der Freiheit zur Aneignung und zum Verzicht. Die Mißachtung dieses göttlichen Willens macht nach der Heiligen Schrift selbst den größten Eifer für Gottes Sache und allen Gottesdienst fragwürdig. Die Heilige Schrift will uns aber keine unabänderlich gültigen Einzelbestimmungen zur Frage des Eigentums auferlegen. Es ist vielmehr notwendig, daß sich jede Generation von neuem unter sorgfältiger Beobachtung der sachlichen Voraussetzungen mit einem von der Heiligen Schrift erleuchteten Gewissen prüft, wie zwischen Recht und Unrecht in der Frage des Eigentums zu unterscheiden ist.

Diese evangelischen Gesichtspunkte geben Veranlassung, im folgenden die neu entstandenen Verhältnisse in der industriellen Gesellschaft und die besondere Entwicklung der Eigentumsverhältnisse in der Bundesrepublik Deutschland kritisch zu prüfen und Anregungen für eine Verbesserung der bestehenden Eigentumsverhältnisse zu geben.

II. Eigentum in der industriellen Gesellschaft

7. Durch die Industrialisierung haben sich die Bedingungen, unter denen Menschen Eigentum erwerben und besitzen können, wesentlich verändert. (Das hat seine Rückwirkungen bis in die Struktur der Landwirtschaft, deren besondere Probleme aber hier nicht behandelt werden sollen.)

In der modernen Wirtschaft kann der einzelne weithin nicht mehr Eigentümer seiner Arbeitsmittel sein. Arbeit in der Ausrüstung der modernen Technik macht den Einsatz großer Kapitalien und die Zusammenarbeit vieler nötig. Der einzelne wird dadurch in vielfältige Abhängigkeiten verflochten. — Diese Feststellung wird nicht dadurch widerlegt, daß Kapitalgesellschaften einzelnen Persönlichkeiten, die selbst kein Eigentum an Produktionsmitteln haben, in der Unternehmensführung Chancen der Verfügung über große Produktionsmittel geben, die sie sonst in der Regel nicht erlangen können.

8. Die gegenseitige Abhängigkeit, in die die Menschen durch die moderne Wirtschaft geraten, braucht nicht im Widerspruch zur Freiheit und zur Würde des Menschen zu stehen. Die Abhängigkeitsverhältnisse müssen aber darauf angelegt sein, daß möglichst jeder daran interessiert und dazu befähigt wird, die Ordnung des gemeinsamen Lebens seinen Aufgaben, Kräften und Gaben entsprechend mitzutragen. Das ist nur dann möglich, wenn auch sein Leistungsbeitrag zum Sozialprodukt möglichst gerecht gewürdigt wird. Dazu sind gemeinsame Anstrengungen vieler nötig! Der Satz in Luthers Katechismus „Der Christ solle seinem Nächsten sein Gut und Nahrung helfen bessern und behüten“ ruft uns heute in eine gemeinsame Verantwortung für die rechte Erhaltung und Verteilung des Eigentums.

9. Man kann nicht erwarten, daß eine gesellschaftliche Ordnung durch alle daran Beteiligten mitgetragen wird, wenn in ihr einseitig die einen begünstigt, die anderen aber benachteiligt werden. Diese Gefahr besteht regelmäßig dort, wo die Verfügung über die politische Macht und über die wirtschaftlichen Güter eines Volkes in denselben Händen liegt. Aber auch dort, wo alle Bürger durch freie Wahlen an der Kontrolle der staatlichen Machtmittel beteiligt sind, können Verhältnisse entstehen, in denen zwar der größte Teil der Verbrauchsgüter weitgestreut unter die Glieder des Volkes verteilt wird, das Eigentum am Produktivvermögen aber sich in verhältnismäßig wenigen Händen vereinigt.

10. Eine Ordnung, die eine einseitige Anhäufung von Eigentum am Produktivvermögen begünstigt, die große Masse der damit arbeitenden Menschen aber davon weithin ausschließt, kann zwar unter bestimmten Umständen einer Stärkung der Produktivkraft der Wirtschaft dienlich sein, sie entspricht aber nicht den Grundsätzen einer gerechten Verteilung des Sozialprodukts. Dadurch wird die Bereitschaft der Menschen, solche gesellschaftlichen Ordnungen zu schaffen und zu erhalten, in denen die Freiheit des Menschen gewahrt wird, ernstlich gefährdet. Ordnungen der Freiheit, die nicht zugleich so weit als irgend möglich der Gerechtigkeit dienen, gefährden die Freiheit selbst.

11. Zu der Entwicklung der industriellen Gesellschaft und ihrer Produktionsmittel auf den heutigen Stand haben wissenschaftlicher Fortschritt, Erfindergeist, unternehmerische Klugheit, wirtschaftliche

Wagnisbereitschaft sowie Fleiß und Können der arbeitenden Menschen beigetragen. Die Bedeutung der Beiträge der einzelnen Personen zu dem gemeinsamen Arbeitserfolg der Industriegesellschaft ist sehr verschieden. So können beispielsweise wirtschaftliche Dispositionen und Erfindungen einzelner Menschen große wirtschaftliche Werte schaffen oder Millionen von Arbeitsstunden ersparen. Es widerspricht nicht einer gerechten Ordnung der Wirtschaft, wenn diejenigen, die besondere Leistungen erbringen, auch einen entsprechenden Anteil an dem gemeinsamen Arbeitsertrag erhalten und wenn allen Mitbürgern die Möglichkeit gegeben ist, den Ertrag ihrer Arbeit wieder nutzbringend in Produktivvermögen anzulegen.

12. Niemand besitzt Güter und Gaben, die er nur durch seine eigene Leistung und nicht in erster Linie durch göttliche und menschliche Hilfe empfangen hat. Darum ist jedermann nach seiner Leistungsfähigkeit vor Gott verpflichtet, dem Gemeinwohl zu dienen. Die wirtschaftliche Überlegenheit solcher Menschen, die ein höheres Einkommen und Eigentumsrechte an Produktionsmitteln haben, legt diesen auch größere soziale Verpflichtungen auf. Es ist seit langem unbestritten, daß hohe Einkommen und großer Besitz durch die Rechtsordnung verhältnismäßig stärker zu Leistungen für die Gemeinschaft aller heranzuziehen sind als die Einkommen der wirtschaftlich Schwächeren. Wenn dies gewährleistet werden soll, muß in einer freien Wirtschaft durch geeignete Maßnahmen, insbesondere durch funktionierenden Wettbewerb und durch Stabilität der Währung, dafür gesorgt werden, daß die gesetzlich festgelegte Mehrbelastung der wirtschaftlich Stärkeren real bleibt und nicht nur nominellen Charakter annimmt.

- *Stellen Sie die theologische Grundlage des in der Denkschrift vertretenen Eigentumsbegriffes heraus!*
- *Welche Folgerungen zieht die Denkschrift aus dieser Begründung für das Wirtschafts- und Sozialgefüge der Industriegesellschaft?*

Die Verantwortung der Kirche für die dritte Welt

33

Sehet zu, tut rechtschaffene Frucht der Buße.

(Matthäus 3, 8)

Was geht Entwicklungspolitik die Kirche an? Scheinbar liegen die Probleme fern und sind uns fremd und neu. Mischt sich die Kirche etwa in ein fremdes Amt? Allzulange hat sich die christliche Gemeinde bei solcher Ausflucht beruhigt. Allzugroß ist die Versuchung, sich mit der Erhaltung des Bestehenden zu begnügen und zu vergessen, daß Gottes Auftrag die Gemeinde in die Weite und in die Zukunft weist. Der Anfang der Erneuerung geschieht im eigenen Haus. In dem Wandel der Gesinnung und des Denkens vollzieht sich die Buße der Kirche. Umkehr unter Gottes Gericht und Gnade befreit zum Dienst an den Menschen. Hier hat der Beitrag der Christen seinen wahren Grund. Nicht eine neue und zusätzliche Aufgabe kommt auf die Christenheit zu. Indem sie sich auf die Mitte ihres Glaubens besinnt, empfängt sie den Antrieb zum Handeln in den weiten Dimensionen der heutigen Welt.

(Aus der Entschließung der Synode der Evangelischen Kirche in Deutschland auf ihrer regionalen Tagung [West] in Berlin-Spandau 1968)

BROT FÜR DIE WELT

Am 13. Juli 1959 hat der Rat der EKD die Durchführung der Aktion „Brot für die Welt" beschlossen. Über die „Entstehung und Bedeutung dieser ökumenischen Aktion der evangelischen Christenheit in Deutschland" hat Christian Berg, der wohl als geistiger Vater dieser Organisation gelten darf, folgende Vorüberlegungen verfaßt:

34

Man wird den Ursprung und die Entstehung der Aktion nicht nur allgemein in der Situation der Christenheit der Welt sehen dürfen, wie sie sich nach dem Ende des zweiten Weltkrieges in außerordentlich rascher, ja sich überstürzender Entwicklung vollzog; und zwar in der Richtung, daß uns auf fast allen Sektoren kirchlicher Arbeit deren ökumenischer Bezug deutlich wurde. Theologische Forschung und Evangelisationsfragen, die Probleme der Jugendarbeit und der Äußeren Mission — an welchen Bereich wir denken mögen —, sie alle bekamen weltweite Aspekte, und ein in Deutschland nach einer Zeit längerer Abschließung besonders dankbar empfundener Austausch begann. Nicht nur das Gebiet ökumenischer Diakonie war es also, das eine besondere, ja einzigartige Bedeutung für unsere Kirche erhielt. Insgesamt vielmehr wurde sie in ein fruchtbares Empfangen und Darbringen ihrer bescheidenen Gaben hineingezogen, unendlich beglückend und stärkend für sie, deren Weg durch schuldhafte Verstrickung und leidvolle Sichtung und Läuterung hindurchgegangen war.

a) Aber freilich, die Erfahrung brüderlicher, weltweiter Liebe durch die im Ökumenischen Rat seit Amsterdam 1948 fest verbundenen Kirchen ist die eine Wurzel von „Brot für die Welt“ als einer Aktion der deutschen evangelischen Christenheit. Umfang und Charakter, Ablauf und Weitgespanntheit dieser an uns geschehenen ökumenischen Diakonie sind so oft beschrieben worden, daß es im Rahmen dieses Beitrages nicht not tut, davon des näheren zu sprechen. Aber das Element der Dankbarkeit, die ganz zentral im Ethos einer geistlich gesunden Kirche lebendig sein muß, hat schon in den ersten persönlichen Erwägungen und Besprechungen im kleinsten Kreise weniger Brüder einen entscheidenden Platz gehabt. „Brot für die Welt“ wurde ganz primär geplant als Antwort dankbarer Freude darüber, daß es uns in Deutschland vergönnt sein möge, ein wenig von dem abstatten zu dürfen, was uns an bedingungsloser Hilfe und über ein Jahrzehnt währender Barmherzigkeit in unseren Nöten von der Weltchristenheit widerfahren war. Die Bruderkirchen hatten uns wohlgetan und in unseren schrecklichen Nachkriegsnöten erquickt; wir hätten uns schämen müssen, wenn uns nicht das Drängen erfüllt hätte, anderen im Elend und in der Tiefe der Not wiederum wohlzutun. Das so noch nicht dagewesene Echo in unseren Gemeinden auf einen Ruf zum Opfer ist nach meinem Dafürhalten nur so zu erklären, daß Dankbarkeit geweckt wurde und sie zum Helfen willig machte ...

b) Als dann zu ihrer Vorbereitung durch Wort und Bild die christliche Gemeinde mit der furchtbaren „Weltgeißel Hunger“ bekannt gemacht wurde, ging fast spürbar ein tiefes Erschrecken durch unser Land. Von Unzähligen war es zu hören, daß sie die unwiderleglichen Tatsachen von Elend und Krankheit in der geographisch noch immer gleich weiten, wenn auch durch die moderne technische Entwicklung zusammengeschrumpften Welt so noch nicht gewußt hätten. Man kann diese Erschütterung über das jährliche Hungersterben von vielen Millionen Menschenbrüdern ohne Zweifel als das zweite für das starke Echo auf die Aktion verantwortliche Moment bezeichnen ...

c) Mit all dem ist ein Drittes verbunden, was ausgesprochen werden muß, wenn man die inneren Grundmotive von „Brot für die Welt“ im Zusammenhang des Gesamtauftrages der christlichen Gemeinde verstehen will. Sie hat dies Opfer dargebracht, indem sie damit ein Zeichen ihres versöhnenden Handelns setzen wollte.

Es konnte ihr ja bei der näheren Beschäftigung mit dem Problem des Hungers in den afro-asiatischen Völkern nicht verborgen bleiben, wie tief dieses mit der jahrhundertelangen Kolonialgeschichte der außereuropäischen Erdteile verknüpft ist. Die immer lauter werdenden Schreie der zornigen und bitteren Brüder von draußen klingen in unseren Ohren. Immer deutlicher tritt das übervolle Maß von Mitschuld „des weißen Mannes“ an dem Mangel und Darben in den Ländern Asiens, Afrikas und Lateinamerikas in unser Bewußtsein. Dann aber ist entscheidend, daß sich mit solcher Erkenntnis ganz konkrete Schritte zur menschlichen Versöhnung verbinden. Nicht so, als ob mit ein paar karitativen Aktionen Schuld getilgt und von langer Zeit herrührende Nöte beseitigt werden könnten! So naiv und töricht hat wohl kaum jemand gedacht, der ein namhaftes und wirkliches Opfer in die Sammlung „Brot für die Welt“ gab. Er hat auch nicht gemeint, daß auf diese Weise große und schwere weltpolitische Fragen gelöst werden könnten. Der „ferne Nächste“ ist uns vielmehr als leidender Menschenbruder nahe gekommen, und indem wir ihm im Opfer die Hand reichten, sollte der Wille zur Versöhnung mit ihm bekundet werden.

Jawohl, so schlicht und ernst, so einfältig und tiefgreifend haben viele ihr Opfer für die Aktion gemeint, so sehr entsprang es ihrer evangelischen Grundüberzeugung. Man verkennt also „Brot für die Welt“ gründlich, wenn man etwa politische Absichten dabei vermutet. Weder hat die evangelische Christenheit in Deutschland der östlichen These, daß allein die sozialistische Wirtschaftsform den Hunger in den darbenden Völkern überwinde, ihr anderes Rezept entgegensetzen, noch den westlichen Ruf nach Stärkung und Ausbau der „Entwicklungshilfe“ übernehmen und kirchlich untermauern wollen ...

(Christian Berg)

- *Wie begründet Ch. Berg die Entstehung der Hilfsorganisation „Brot für die Welt“? – Beachten Sie die Reihenfolge seiner Argumente.*
- *Nehmen Sie kritisch Stellung!*

„Brot für die Welt, wissen Sie! Diese Schwarzen sollen erst mal richtig arbeiten lernen! Wenn ich denke, wie ich aus kleinsten Anfängen 45/46 mit den Care-Paketen einen Riesenladen aufgebaut habe ... “

Übersicht über Wünsche zur Verwendung von Spenden

35

(Antworten auf vorformulierte Fragen)	Gesamt Prozent	Spender „Brot für die Welt“ Prozent	Spender „Misereor“ Prozent	Nichtspender Prozent
Bedürftige notleidende Kinder	41	40	36	44
Menschen, die hungern, denen die Grundnahrungsmittel fehlen	43	50	49	36
arme Menschen, denen durch diese Hilfe bessere Existenzmöglichkeiten geboten werden	13	10	14	13
revolutionäre Gruppen, die für eine Veränderung der Gesellschaftsstruktur eintreten	1	1	1	1
unbeantwortet	4	1	1	7
Summen	102	102	101	102
Zahl der Befragten (= 100%)	2037	584	616	943

Die Frage, die zu diesen Ergebnissen führte, lautete: „Angenommen, Sie wollen 100 DM für die Unterstützung von Bevölkerungsgruppen in Entwicklungsländern spenden. Wem würden Sie das Geld am liebsten zukommen lassen?“

Brot für die Welt Nr. 10

- *Sehen Sie Beziehungen zwischen den Wünschen der Spender und der von Ch. Berg gegebenen Begründung für „Brot für die Welt“?*

36

Projektbewilligungen 1976 in DM

	Anzahl der Projekte	Summe in %	in DM	Katastrophenhilfe	Land- und Forstwirtschaft	Handwerk und Gewerbe	Sozialeinrichtungen
Afrika	84	16,93	8 403 800,–	205 000,–	2 268 300,–	1 402 600,–	1 383 600,–
Asien	110	44,20	21 945 810,–	1 585 700,–	8 649 140,–	1 746 910,–	2 566 520,–
Amerika	75	20,95	10 399 146,–	300 000,–	2 635 760,–	1 328 800,–	2 414 146,–
Überregional	8	17,92	8 900 000,–	500 000,–	–	–	–
Insgesamt	277	100	49 648 756,–	2 590 700,–	13 553 200,–	4 478 310,–	6 364 266,–
in Prozent	–	–	100%	5,21%	27,29%	9,02%	12,82%
Die Arbeit von „Brot für die Welt“ konzentriert sich auf sechs Sachbereiche				I. Katastrophenhilfe	II. Wirtschafts- u. Sozialeinrichtungen Berufsausbildung, Genossenschaften		

„Brot für die Welt“
— Jahresbericht 1976 —

Kritische Stimme zu „Brot für die Welt“

37

Der Pädagoge W. Metzger malt das Bild von Paulus als einem Wettkämpfer in der Arena . . . aus und unterscheidet zwei gegensätzliche Lernmotivationen. Man kann, so sagt er, auf dem Wege zu einem Ziel entweder durch Zwangs- und Drucksituationen oder durch Zielanziehung motiviert sein. Ein Hirte, der seine Herde einem Ziel zutreibt, muß erheblichen Druck ausüben und außerdem seitliche Fluchtwege so absichern, daß seine drängenden Energien nicht abseitig verlorengehen, sondern der Zielannäherung tatsächlich zugutekommen. Ein Sportler dagegen wird von der Sogkraft des Zieles, dem er zuläuft, angezogen. Er benötigt keine Drucksituation und keine seitlichen Barrieren, weil für ihn Ziel und Motivation identisch sind, während die Herde mit zielfremden Druckmitteln anzutreiben ist. Versucht man die Herde mit imperativem Druck und „nicht-zielimmanenten“ Antrieben zu aktivieren, wird man erleben, daß bei Fortfall solcher Drucksituationen jegliche Zielantriebe fortfallen.

Die Werbephotos der Hilfswerke stoßen eher vom Ziel ab, als daß sie Sogwirkung ausüben. Sie sind auch nur als moralisches Druckmittel gedacht . . . Die angewandte Volkspädagogik entspricht also überwiegend dem Herdenbeispiel. Das kann sich eines Tages als verhängnisvoll erweisen, weil die Entwicklungspolitik zuviel Möglichkeiten bietet, imperativen Antriebsenergien durch Fluchtwege auszuweichen. Damit dürfte die Problematik gegenwärtiger Konzepte entwicklungspolitischer Bewußtseinsbildung bereits angedeutet sein . . . Theologisch würde man manches entwicklungspolitische Eifern als säkularisierte Form der Gesetzesreligion bezeichnen können. Ungebrochene, pharisäerhafte Selbstgerechtigkeit mischt sich mit aggressiven Minoritätenkomplexen und lastet wertvolle entwicklungspolitische Energien durch ideologische Abgrenzungsprobleme aus. Auch die Spendenpädagogik der Hilfswerke half sich mit dem Instrument des Schocks, solange sie die Bevölkerung der Entwicklungsländer ständig als Steinzeitmenschen vorführte. Der finanzielle Erfolg kann gar nicht bestritten werden, aber ebensowenig die Tatsache, daß damit indirekt rassenpolitische Vorurteile gerechtfertigt werden. Wir haben früher in der Eigenwerbung der kirchlichen Hilfswerke erlebt, daß in den Erfahrungsberichten die Leistun-

Dezentrale und vorbeugende Medizin	Hospitäler	Medikamente	Grundschulen	Erwachsenenbildung	Überseeische Fachkräfte	Planung von Regionalprojekten	Planung von Einzelprojekten	Übergreifende Maßnahmen
637 550,—	95 700,—	131 000,—	392 300,—	173 200,—	523 850,—	238 300,—	—	952 400,—
1 307 450,—	1 043 560,—	29 000,—	103 700,—	1 410 200,—	500 000,—	1 063 530,—	169 000,—	1 771 100,—
519 300,—	72 900,—	52 000,—	541 900,—	760 940,—	—	226 000,—	—	1 547 400,—
—	—	600 000,—	—	—	4 800 000,—	—	—	3 000 000,—
2 464 300,—	1 212 160,—	812 000,—	1 037 900,—	2 344 340,—	5 823 850,—	1 527 830,—	169 000,—	7 270 900,—
4,96%	2,45%	1,64%	2,09%	4,72%	11,73%	3,08%	0,34%	14,65%
III. Gesundheit			IV. Bildung		V. Personal	VI. Studienprojekte		

Die Spendeneinnahmen und -ausgaben können in diesem Jahresbericht nicht wie bei einer Bilanz übereinstimmen, da dem Verteilungsausschuß für den Berichtszeitraum nicht nur neue Spendeneingänge zur Verfügung standen, sondern auch Stornierungen aus früheren Jahren sowie Währungsgewinne und Verrechnungen von Überschüssen

gen der Geber dominierten. Das lag durchaus im Interesse der Spendenwerbung. Doch im zweiten Entwicklungs- und damit auch Informationsjahrzehnt sollte die Frage gestellt werden, ob es künftig nicht zum Spezifikum entwicklungspolitischer Werbung gehören muß, daß die Leistungen der sogenannten Nehmer so betont werden, daß ihnen ein Achtungserfolg in der öffentlichen Meinung gestattet wird.

(Klaus Lefringhausen)

Mission in der Krise?

38

Im Herbst 1977 erschien in Bonn eine Delegation südamerikanischer Indianerstämme, eingeladen von der „Gesellschaft für bedrohte Völker“. Vor der Presse erklärte ein Vertreter aus Venezuela: „Wir brauchen keine Missionare, denn wir haben unsere eigenen Vorstellungen von Gott.“ Ein anderer Sprecher forderte: „Die Kirchen sollen uns entweder in Ruhe lassen oder uns dabei helfen, unsere Kultur und Religion wieder aufzubauen.“ Schon früher war Ähnliches aus Südafrika zu hören, etwa in Versen des schwarzen Dichters W. E. Hunter: „Sie sind alle Diebe, diese weißen Männer, / einer wie der andere, / ob sie mit Bibeln oder Gewehren kommen / oder mit Perlschnüren, das spielt keine Rolle.“ Dazu paßt, was bei einer Umfrage unter höheren Schülern in der Bundesrepublik Deutschland 1974 herauskam: Missionare sind „Bettelprediger mit veralteten Ansichten“, die „viel christliches Bla-Bla, aber wenig wahre Hilfe“ produzieren. Im übrigen erwies sich Mission als eine Sache, die nur von einem Drittel aller Befragten für unterstützungswürdig gehalten wurde.

Ndabaningi Sithole, Nationalistenführer in Zimbabwe, sieht die Dinge anders: „Der Missionar kam zur rechten Zeit. Er legte eine Sprengladung unter das Gebäude des Kolonialismus. Die Bibel bringt heute das zuwege, was wir mit unseren Speeren nicht geschafft hatten.“ ... In Ghana spricht Professor C. G. Baeta von dem „unsagbar großen Erbe“ des missionarischen Geistes, „in dem man sich zum Wohle anderer freiwillig verbrauchen läßt, ohne auf irgendwelchen materiellen Gewinn für sich zu hoffen“. Der Korrespondent einer großen deutschen Zeitung schreibt Mitte 1977 aus Ruanda, die Missionare sollten neben der Lebenshilfe, der Hilfe zum Überleben, das „Missionieren“ nicht vergessen

— also ganz im Sinne dessen, was kurz vorher die Vollversammlung des Lutherischen Weltbundes in Daressalaam beschlossen hatte: „Wir glauben, daß die Sendung die Aufgabe der Kirche zu jeder Zeit, an jedem Ort und in jeder Kultur ist.“

(Hans-Werner Gensichen)

- *Können Sie sich mit einer dieser Äußerungen identifizieren?*
- *Welche Meinungen zur Mission würden Sie strikt ablehnen?*
- *Können Sie die jeweils hinter diesen Stellungnahmen stehende Perspektive erläutern?*

Grundlegung der Mission

39

Am Schluß des Matthäusevangeliums ist zwar der „Missionsbefehl“ des auferstandenen Herrn überliefert. Aber schon die älteste Christenheit hat sich offenbar nicht gescheut, diesen „Befehl“ auf verschiedene Weise zu verstehen. Vieles deutet darauf hin, daß auch der „klassische“ Heidenapostel Paulus nicht ein von späteren Generationen lediglich nachzuahmendes Sendungsschema hat entwerfen wollen. In seinen Briefen finden sich jedenfalls fast gar keine Aufrufe zum missionarischen Einsatz — was augenscheinlich kein Zufall ist, sondern eher ein Zeichen dafür, daß er, der ja das Ende aller Dinge nahe bevorstehen sah, dergleichen nicht mehr für nötig hielt, mindestens aber damit rechnete, daß andere anders missionieren könnten als er — „wenn nur Christus verkündigt wird auf alle Weise“ *(Philipper 1, 8)* . . .

Zwar gilt für die Gesamtheit der Zeugnisse des Neuen Testaments, daß sie sozusagen von Hause aus missionarisch sind, d. h. der geschichtlichen Sendung Jesu Christi und seiner Gemeinde dienen, die sie auch bezeugen. Offenbar soll aber keiner Generation die Mühe abgenommen werden, das biblische Zeugnis mit Rücksicht auf die Bedingungen der eigenen Epoche und der eigenen Situation auszulegen und zu praktizieren — im Vollzug eines Glaubens, der eben jeweils neu als antwortendes, gehorsames Handeln zu bewähren ist. Gewiß soll damit das Schriftverständnis nicht auf Gedeih und Verderb dem jeweiligen Zeitgeist ausgeliefert werden. Der Wille Gottes in der jeweiligen geschichtlichen Situation erschließt sich nicht schon aus dieser Situation selbst, wohl aber, wie es Arthur Rich einmal formuliert hat, „an ihr in dialogischer Konfrontation mit dem Gebot, das der gehorsame Glaube in Christus aus der Schrift vernimmt“ . . .

Mission kann nur darin ihren Grund haben, daß sie primär — wie man es heute vielfach ausdrückt — missio Dei, Gottes eigenste Sache, ist. Dann allerdings teilen sich die Wege. Die biblischen Zeugnisse geben keinen Grund zu der Annahme, daß diese missio Dei gleichsam durch geheimnisvoll-magische Kanäle inmitten der Welt, der Natur, der Geschichte und auch der Religionen am Werk sei. Sie setzen vielmehr unmittelbar neben die „Dimension“ der missio Dei die „Intention“ der missio hominum, der Sendung von Menschen, durch die Gott die heilbringende Herrschaft Christi bezeugen, proklamieren und damit in Kraft setzen läßt, eben weil, wiederum nach übereinstimmendem Zeugnis der Bibel, die göttliche Kraft der Heilsoffenbarung in ihrer Menschlichkeit in Erscheinung treten und von Menschen im Glauben ergriffen werden soll.

Teilhabe an Gottes eigenem Heilshandeln, so wie er es durch die Sendung Jesu Christi in die Welt grundlegend ins Werk gesetzt hat — das wäre mithin eine erste Wesensbestimmung der Mission, die dann allerdings auch so verbindlich, ja exklusiv verstanden werden dürfte, wie es z. B. die Weltmissionskonferenz von Willingen 1952 pointiert ausgesprochen hat: „Man kann nicht an Christus teilhaben, ohne teilzuhaben an seiner Mission an die Welt.“

(Hans-Werner Gensichen)

- *Versuchen Sie, die Rolle des Missionsbefehls für die missionarische Tätigkeit der Kirche zu charakterisieren!*
- *Erläutern Sie das Verhältnis von „missio Dei“ und „missio hominum“!*
- *Könnten Sie der hier wiedergegebenen Äußerung der Weltmissionskonferenz von Willingen zustimmen?*

40

Es kann nicht zweifelhaft sein, daß die Sendung ihrer Dimension nach ... nach vorn gerichtet ist, d. h. daß sie prinzipiell andauert, „bis diese Weltzeit sich vollendet“ *(Matthäus 28, 20)*. Vielleicht ist, nachdem die Naherwartung der Wiederkunft des Menschensohnes einmal aufgegeben war, in der Mission früherer Epochen diese Orientierung auf das Ende der Zeit allzu selbstverständlich in Anspruch genommen worden, bis hin zu der Vorstellung, daß die erfolgreiche menschliche Missionsveranstaltung das Kommen des Endes beschleunigen könne. Der missionarischen Intention in unserer Zeit dürfte die Aufgabe anders, wenngleich nicht weniger anspruchsvoll gestellt sein: Was müßte bei uns jetzt und hier geschehen, damit auch in einer sonst durchweg düsteren Zukunft das Licht der Heilswahrheit Gottes für die Welt nicht verdunkelt wird?

... Was auf einer amerikanischen Konsultation 1974 über die Zukunft der Mission festgestellt wurde, dürfte heute noch kaum überholt sein: „Ein Teilaspekt des Bankrotts unseres Systems besteht in unserer Unfähigkeit, die Trägerkreise unserer Mission davon zu überzeugen, daß die Zeit vorüber ist, in der wir die Macht besaßen, im Leben anderer Kirchen Entscheidungen zu treffen. Weil wir das nicht geschafft haben, bieten unsere Strukturen und Arbeitsformen noch das alte Bild — ein Bild der Kontrolle, die über den Zeitpunkt hinaus verlängert ist, bis zu dem sie allenfalls noch hätte funktionieren können oder sollen. Wir reden von Partnerschaft. Aber wir wollen nach wie vor die Fäden in der Hand behalten.“

... Will man, mit allen Vorbehalten, mutmaßliche neuralgische Bereiche künftiger missionarischer Praxis auszumachen versuchen, so könnten drei Spannungspaare genannt werden, die einander wie konzentrische Kreise zugeordnet sind.

Auf der innersten Linie ... wird das Miteinander, die Einheit, die Kommunikation immer spürbarer in Spannung treten zur Identität, zur Besonderheit des einzelnen Partners, die auch in jener Gemeinsamkeit nicht untergehen darf, wenn man nicht in gleichmacherische Manipulation verfallen will ...

Wenn nicht alle Zeichen trügen, wird die Ablösung der alten Abhängigkeiten weniger durch Betonung der Interdependenz als durch neue Modelle der Interdependenz zu geschehen haben ... Vielleicht können die heute viel diskutierten ökumenischen Experimente mit dem Konzept der „versöhnten Vielfalt“ hier gewisse Hilfen bieten.

Nicht weniger problemgeladen ist der zweite Spannungsbereich ...: Wie kann man glaubwürdig zu Partnerschaft und Interdependenz aufrufen, wenn allein schon das internationale Besitz- und Entwicklungsgefälle ... alle Bemühungen um Gemeinsamkeit fragwürdig macht? Der Argentinier D. Auletta hat den wohl einzig möglichen Ausweg aus dem Dilemma gezeigt: „Alle Kirchen sind in irgendeiner Weise arm. Sie alle haben mit Mission zu tun und sind für Mission verantwortlich. Alle sollten sich umeinander kümmern, einander helfen, miteinander ihre Gaben teilen. Alle Kirchen sollten geben und empfangen.“ ... Auch hier kommt es darauf an, daß durch das Teilen dessen, was der eine im Überfluß hat, ein zusätzliches Zeugnis für das Teilen des Lebens in Christus gegeben wird, das die christliche Präsenz in der Welt glaubwürdiger machen kann.

Im weitesten Bereich der heutigen missionarischen Praxis der Kirche dürfte die Spannung von Mission und Dialog das beherrschende Problem sein oder werden ... (Es) geht ... darum, wie interreligiöses Gespräch und die dazugehörige interreligiöse Aktion für die Erhaltung von Gleichheit und Würde der Menschen, für Frieden und Entwicklung mit dem Zeugnis von Gottes Heilshandeln in Christus zu vereinen sind ...

Für militante Euphorie ist im Blick auf die Mission kein Raum mehr. Christliche Mission kann ... nur noch „aus einer Position der Schwäche heraus betrieben werden“. Eben damit kommt sie aber auch ihrem Ursprung wieder näher — der Sendung des Herrn, der für sich selbst auf die Durchsetzung aller Absolutheits- und Machtansprüche verzichtete und der statt dessen aller Diener geworden ist.

(Hans-Werner Gensichen)

- *Worin liegt für Gensichen der Unterschied in den Positionen früherer und heutiger Mission?*
- *Untersuchen Sie kritisch Gensichens Zukunftsperspektive, und versuchen Sie Ihrerseits Vorstellungen für eine zukünftige Mission zu entwerfen!*

Für und wider eine „Theologie der Revolution“

Frage:
Wenn die Kirche dazu gesandt ist, das uns in Jesus Christus geschenkte Heil zu verkündigen, wird sie sich dann den gesellschaftlichen Verhältnissen gegenüber nicht passiv und gleichgültig verhalten müssen?

Kardinal Höffner antwortet:

41

Der Sendungsauftrag der Kirche, das uns in Jesus Christus geschenkte Heil zu verkündigen, schließt den Dienst im gesellschaftlichen Bereich nicht aus, sondern ein.

Die Heilsbotschaft Christi wendet sich an den einzelnen Menschen. Es geht um seine persönliche Entscheidung, um seine Umkehr, um seinen Glauben, um sein Heil. Aber Christus spricht den *ganzen* Menschen an, der wesenhaft auf das Du und die Gemeinschaft bezogen ist. Niemand kann sein Heil wirken, ohne dem Nächsten zu dienen. Einem weitverbreiteten Supranaturalismus gegenüber ist zu betonen, daß es auch nach dem Sündenfall eine in der gesellschaftlichen Veranlagung des Menschen grundgelegte, das heißt gottgewollte Ordnung des menschlichen Zusammenlebens gibt. Gott hat die gefallene Welt nicht seinem Widersacher überlassen. Die Gegenüberstellungen „Kirche und Welt“, „Kirche und Staat“, „Gnade und Natur“, „Glaube und Vernunft“ haben gewiß ihren Sinn, dürfen aber nicht so verstanden werden, als ob die Kirche schlechthin außerhalb der Welt stünde. Die Bewährung, die der Glaube vom Christen verlangt, geschieht nicht im luftleeren Raum, sondern in dieser Welt, unter bestimmten geistigen, gesellschaftlichen, politischen und wirtschaftlichen Voraussetzungen.

Andererseits wäre es falsch, den Dienst der Kirche in Sozialkritik, Soziologie und Entwicklungshilfe aufzulösen. Die Kirche muß ihrer eigenen Sendung treu bleiben, den Menschen das uns in Christus geschenkte Heil zu verkünden. Selbst wenn die ganze Menschheit zu einer Wohlstandsgesellschaft geworden, der Hunger überall überwunden und die größtmögliche Freiheit errungen wäre, bliebe die Heilsbotschaft Christi ebenso notwendig und bestürzend wie heute. Die eigentliche Verlorenheit des Menschen liegt nicht in den gesellschaftlichen Verhältnissen, sondern im Menschen selber. Christus ist nicht am Kreuz gestorben, um die Menschen von gesellschaftlichen Abhängigkeiten zu befreien, sondern um sie von der Verlorenheit der Sünde zu erlösen. Die Sünde aber ist ein Sich-Verschließen vor der Liebe Gottes, ein Sich-Öffnen der Verwirrung, der Leere und dem Nichts.

Kardinal Giraud von Cambrai hat 1845 in einem Hirtenbrief über die soziale Frage Worte niedergeschrieben, die heute eine neue Aktualität gewinnen: „Hüten wir uns vor jeder Übertreibung. Die Bejahung des Dienstes, den das Evangelium im sozialen Bereich für die Menschheit geleistet hat, darf uns nicht dazu verleiten, dem Beispiel moderner Publizisten zu folgen, die das übernatürliche Heil und das göttliche Geheimnis der am Kreuz geschehenen Welterlösung auf rein weltliche Proportionen einschränken und im Sinn einer irdischen Gesellschaftsreform interpretieren möchten“. Die Frohbotschaft Christi deckt sich weder mit einem bestimmten Gesellschaftssystem noch mit irgendeinem gesellschaftlichen Reformplan, erst recht nicht mit Ideologien und Utopien. In der Heiligen Schrift bedeutet Freiheit nicht die Befreiung von gesellschaftlichen Zwängen. Die biblische Freiheit ist vielmehr ein Geschehnis, nämlich die gnadenhafte Befreiung des Menschen von der Hörigkeit der Sünde und des Todes durch die Tat Christi, das heißt durch seinen Gehorsam bis zum Tod am Kreuz *(vergleiche Römer 8,21; 2 Korinther 3,17; Galater 4,31)*.

Christus ist kein Revolutionär, kein Sozialreformer und Weltverbesserer gewesen. Zur Zeit Christi waren zwei Drittel der Bevölkerung der Stadt Korinth Sklaven. Aber der Herr ist nicht aus dem Heiligen Land nach Korinth aufgebrochen, um sich an die Spitze der Sklaven zu stellen und sie zum Aufstand gegen die Herren zu führen. Die Veränderung der gesellschaftlichen Verhältnisse macht die Menschen an sich weder christlicher noch heiliger. Selbstverständlich muß sich die uns in Christus geschenkte Freiheit in unserem Verhältnis zum Nächsten auswirken. Paulus hat Freie und Unfreie auf den richtigen Christus hingewiesen, der beider Herr ist und kein Ansehen der Person kennt *(Epheser 6,5—9)*.

Heute ist es zwar Mode geworden, die eigentliche Sendung der Kirche in der Befreiung des Menschen von gesellschaftlichen Zwängen zu sehen. Aber der mündige Christ läßt sich nicht „von jeder windigen Theorie hin- und herwerfen“ *(Epheser 4,14)*. Er läuft der jeweils herrschenden Öffentlichen Meinung nicht nach; denn er ist kein „Konformist“ *(Römer 12,2)* ...

Die Kirche ist im Rahmen ihrer Möglichkeit verpflichtet, ihre Stimme zu erheben, wenn in Gesellschaft und Staat die elementaren Rechte des Menschen, vor allem das Recht auf Leben, Freiheit und körperliche Unversehrtheit, angetastet sowie die sittlichen Grundwerte, ohne die ein Zusammenleben nicht möglich ist, verletzt werden.

Der Mensch, so sagt das Zweite Vatikanische Konzil, übersteigt, da er weder „nur als Teil der Natur“ noch „als anonymes Element in der menschlichen Gesellschaft“ betrachtet werden kann, „die Gesamtheit der Dinge“. Deshalb widerspricht „jede Art von Knechtschaft“ dem Evangelium. Jesus hat sein „Wehe euch“ über jene gerufen, die andere unterdrücken und ausbeuten: „Ihr Heuchler, ihr zehrt die Häuser der Witwen auf und verrichtet zum Schein lange Gebete“ *(Matthäus 23,14)*. Als sich in der ersten Hälfte des vorigen Jahrhunderts die Elendswirkungen der Industrialisierung zeigten, protestierte Kardinal-Erzbischof Giraud von Cambrai 1845 gegen „die Ausbeutung des Menschen durch den Menschen“ ...

Ohne die Anerkennung gemeinsamer Grundwerte und Grundrechte ist eine Gemeinschaft unter den Menschen und Völkern nicht möglich. Die Kirche ist der Hort dieser Grundwerte und Grundrechte; denn ihr ist ein Bild der Menschen als der Söhne und Töchter Gottes geoffenbart und zur Verkündigung aufgegeben worden. Sie sieht es als ihre Aufgabe an, „Gerechtigkeit und Liebe“ zu verkündigen und „kraft ihrer Universalität ein enges Band zwischen den verschiedenen menschlichen Gemeinschaften und Nationen zu bilden“. Sie sucht nach dem Verbindenden und bekennt, „daß alle Menschen, Glaubende und Nichtglaubende, zum richtigen Aufbau dieser Welt, in der sie gemeinsam leben, zusammenarbeiten müssen“ ...

Wenn die Kirche für Recht und Würde des Menschen eintritt, tut sie es kraft ihrer Verkündigungs-Autorität, nicht kraft einer wie auch immer verstandenen politischen Autorität. Die Kirche übt keinen physischen Zwang aus. Die Jünger Jesu sollen Prediger, nicht Rächer sein. „Wo man euch nicht aufnimmt und auf eure Worte nicht hört, da verlaßt das Haus und die Stadt und schüttelt den Staub von euren Füßen“ *(Matthäus 10,14)*. Gewalt und Frohe Botschaft sind unversöhnliche Gegensätze. Die Kirche wird nicht andere verfolgen, sondern sie wird selber als der fortlebende Christus den Kreuzweg der verfolgten Kirche gehen. Ihre Stärke liegt in der Wahrheit und in der Gnade, nicht in der äußeren Gewalt.

Beim Eintreten für Recht und Würde des Menschen wird die Kirche sich zweier Methoden bedienen: des persönlichen Ins-Gewissen-Redens und, wenn das nichts nützt, des öffentlichen Protestes.

- *Wie definiert Kardinal Höffner die Position der Kirche im Hinblick auf gesellschaftliche Zustände? Versuchen Sie, seine Begründung darzulegen!*
- *Welche Mittel sieht die Kirche nach Höffner zur Verteidigung der Menschenwürde?*

42

1. Bei der heute diskutierten „Theologie der Revolution“ handelt es sich nicht um eine Theologie, die die ideologische Funktion einer Rechtfertigung der Revolution hat, sondern um eine Theologie, die die Revolution zum Gegenstand ihrer Überlegungen macht.

2. Unter „Revolution“ wird hier nicht der weitere Sinn des Begriffes gemeint (Revolution als tiefgreifender historischer Prozeß der Umwälzung von Lebensbedingungen: kopernikanische Revolution, industrielle Revolution u. ä.), sondern der von Menschen geplante und unternommene gewaltsame Umsturz der Staatsgewalt mit dem Ziel einer Veränderung der Lebensbedingungen (zum Beispiel Französische Revolution, mit Unterscheidung von Putsch, Staatsstreich u. ä.).

3. Die traditionelle „Theologie der Revolution“ in allen christlichen Kirchen erschöpfte sich im wesentlichen in einer Warnung vor der Beteiligung an einer solchen Revolution, aber ohne absolutes Verbot. Als Ausnahme für extreme Fälle tyrannischer Obrigkeit wurde ein Widerstandsrecht (aus dem Naturrecht, sowohl in der Scholastik wie bei Melanchthon) und der Tyrannenmord konzediert, freilich unter strengen Kautelen.

4. Gründe für die Warnung:

a) die neutestamentlichen Mahnungen zur Unterordnung unter die Staatsgewalt *(Markus 12, 13–17; Römer 13, 1–7; 1 Petrus 2, 13–17)*,

b) das Vertrauen auf Gottes Lenkung der Geschichte und die Scheu, in diese einzugreifen,

c) die Überzeugung, auch eine schlechte Ordnung sei besser als die von der Revolution bewirkte Unordnung, und die Ungewißheit, ob Revolution bessere Ordnung bringen werde,

d) der christliche Abscheu vor der Gewalt und die daraus folgende Rechtfertigung nur der legalisierten Gewalt als Rechtsschutz gegen willkürliche Gewalt ...

5. Die traditionellen Bestimmungen sind heute nicht mehr hinreichend:

a) Sie werden den die neuere Zeit seit 1789 prägenden historischen Revolutionen nicht gerecht ...

b) Sie sind unter den Bedingungen des Obrigkeitsstaates, das heißt des Gegenübers von Regierung und Untertanen, formuliert und ignorieren die moderne Idee der Volkssouveränität und die Pflicht des Bürgers in der Demokratie zu permanenter Kritik der Regierung und zur Beseitigung einer undemokratischen Regierung.

c) Sie moralisieren das Phänomen der Revolution, indem sie das Moment des Regierungssturzes isolieren von den gesellschaftlichen Problemen, die zur revolutionären Bewegung führen.

d) Mit ihrer Bevorzugung der bestehenden Ordnung bieten sie sich an als Tarnideologie für reaktionäre Interessen. Vor Ideologiekritik können sie nicht bestehen.

e) Die Unerträglichkeit der sozialen Zustände in einigen Teilen der heutigen Welt preßt das Problem der Beteiligung an Revolution unabweisbar auch auf die theologische Tagesordnung.

6. Die prinzipelle Verwerfung der Revolution war eine wesentliche Ursache für die Entfremdung von Kirche und Proletariat. Die Kirche wurde dadurch Hilfsorganisation für die Erhaltung der bestehenden Machtverhältnisse, und die Arbeiterbewegung, vor die Wahl zwischen der Revolution und einer Religion, die die Revolution verbietet, gestellt, entschied sich gegen diese Religion.

7. Die Vision des sozialen Lebens im Reiche Gottes ist Anweisung nicht nur für das Verhalten des Christen *in* der Gesellschaft, sondern auch für sein Bestreben *für* die Gesellschaft: Im dynamischen Prozeß der Geschichte sollen solche Veränderungen angestrebt werden, die Ausbeutung und Verelendung beseitigen, die zu freier, verantwortlicher Beteiligung des Einzelnen am gesellschaftlichen Leben führen, die Institutionen schaffen, durch die der Einzelne zu solcher Beteiligung erzogen und in sie eingeübt wird. Damit werden Verhältnisse verneint, die das Überfahren des Nebenmenschen in der Konkurrenz, die Unterdrückung der Schwächeren, den individualistischen Egoismus und den kollektivistischen Egoismus (Gruppenhaß, Nationalismus, Rassismus), Gruppenvorurteile und -aggressionen, Ausschluß von Bildung und von Information begünstigen. Daraus ergeben sich als Veränderungskriterien: Demokratie, Rechtsgleichheit und Rechtssicherheit, Freiheit von materieller Not und von Angst vor der Staatsmacht, Gleichheit der Bildungschancen, Minoritätenschutz.

8. Die Frage ist, ob neben diesen inhaltlichen Kriterien für das Streben nach Veränderung noch ein formales genannt werden kann: die prinzipelle Verwerfung von *Gewaltanwendung*, so daß nur eine evolutionäre, nie eine revolutionäre Weise der Veränderung für den Christen in Frage käme. Begründet werden könnte das nur entweder mit der früheren Obrigkeitsmetaphysik, die heute in der evangelischen Theologie nicht mehr ernsthaft vertreten wird und die heute eo ipso antidemokratischen Effekt hätte, oder mit dem christlichen Abscheu gegenüber der Gewalt.

9. Verwerfung der Revolution mit Berufung auf die christliche Verwerfung der Gewalt ist Heuchelei, solange aus der gleichen Begründung nicht auch die Verwerfung von Krieg und Militärwesen folgt. Wer in der Frage der Revolution pazifistisch argumentiert, in der Frage des Militärs aber nicht, enthüllt seine Argumentation als Ideologie der herrschenden Klassen.

10. Die traditionelle kirchliche Lehre von der Gewalt hat mit Recht erkannt, daß Liebe und Gewalt nicht auf gleicher Ebene stehen. Die Frage nach der Liebe ist die nach dem Subjekt der Tat; die Frage der Gewalt betrifft die Methode der Tat.

11. Der Liebe ist die Methode der Gewalt fremd. Unter den Bedingungen des alten Äons kann es aber vorkommen, daß die Liebe ihren Dienst am Nächsten nur verrichten kann, wenn sie sich zur Gewaltanwendung (einschließlich der Anwendung von tötender Gewalt) entschließt. Weil sie die Gewalt verabscheut, kostet dieser Entschluß sie Überwindung. Ob das Subjekt der Gewaltanwendung Liebe ist oder nicht, wird am Maßstab dieser Überwindung zu messen sein. Mit ihr wird die Gewalt auf das nötigste Minimum reduziert — das ist ihre praktische Bedeutung. Gewaltanwendung kann fremde, paradoxe Gestalt der Liebe sein, Liebe in der Selbstentäußerung.

12. Kriegerische Gewalt ist in der kirchlichen Tradition seit Augustin (mit Ausnahme der sogenannten „historischen Friedenskirchen“) nie uneingeschränkt, sondern immer nur bedingt und begrenzt bejaht worden: für den Fall des bellum iustum. Für diesen galten folgende Kriterien: a) causa iusta (Krieg im Dienste der Erhaltung oder der Wiederherstellung des Rechtes); b) recta intentio (mit dem Ziel der pax, das heißt des Zusammenlebens mit dem Gegner, nicht seiner Vernichtung); c) debitus

modus (Einhaltung der Kriegsregeln; Enthaltung von verwerflichen Mitteln und Methoden); d) legitima potestas (Subjekt der kriegerischen Gewaltanwendung müßte die für Gewalt legalisierte Instanz, die legitime Obrigkeit, sein); e) Güterabwägung (der durch den Krieg verursachte Schaden darf nicht größer sein als das in Frage stehende Rechtsgut). – Im Zeitalter der ABC-Waffen ist die Möglichkeit der Unterscheidung von bellum iustum und iniustum mit Hilfe dieser Kriterien nahezu unmöglich geworden, ebenso nahezu unmöglich also eine mit Hilfe dieser Unterscheidung gerechtfertigte christliche Beteiligung an einem Kriege („nahezu" ist eingefügt wegen der noch bestehenden Möglichkeit vor-atomarer Kriege) ...

16. Die von der theologischen Tradition (in bedingter und begrenzter Weise) gerechtfertigte kriegerische Gewaltanwendung ist problematischer als die von der theologischen Tradition verworfene revolutionäre Gewaltanwendung. Denn

a) bei dieser kann (mit den gleichen Kriterien) ebenfalls die Unterscheidung zwischen revolutio iusta und revolutio iniusta vollzogen werden;

b) im Falle der revolutio iusta handelt es sich um Gewinnung besserer, menschenwürdigerer Ordnung (Lenins Begriff des bellum iustum), im Falle des bellum iustum nur um Erhaltung der bestehenden Ordnung;

c) im bellum iustum gehorcht der Untertan der Forderung seiner Regierung, sich auf ihre Entscheidung verlassend; in der revolutio iusta ist er auf seine eigene Entscheidung geworfen und bestimmt sich selbst zum Mitverantwortlichen für die Änderung des Bestehenden: „Auf zehn Revolutionen kommen tausend Kriege, und die Opfer bleiben brav; so schwer wird der aufrechte Gang gelernt" (Ernst Bloch).

17. Die traditionelle Verwerfung der Revolution übersieht, daß nur dem Schein nach die Initiative zur Gewaltanwendung beim Revolutionär liegt. In Wirklichkeit antwortet er auf je schon vorhergehende Gewalt – auf die Gewalt, auf der alle bestehenden politischen Systeme beruhen: „Wir haben nie die Wahl zwischen Gewalt und Gewaltlosigkeit, sondern immer nur zwischen zwei Arten der Gewalt, und niemand kann uns die konkrete Verantwortung abnehmen, in jedem einzelnen Fall zu entscheiden, wo die geringere, der freien Entfaltung des Menschen dienlichere Gewalt liegt ... Die vorübergehende Gewalttätigkeit des revoltierenden Sklaven zu beurteilen bedeutet, an der stetigen, stummen Gewalttätigkeit dessen, der ihn in Ketten hält, mitschuldig werden."

18. Wer sich an einer Revolution beteiligt, muß alle Fragen auf sich gerichtet sehen, die die theologische Tradition an die Beteiligung an einem Krieg gestellt hat. Weil es ihm um die bessere, humanere, freiere Ordnung zu tun ist, muß er

a) des Widerspruchs zwischen seinem Ziel und der Methode der Gewalt stets sich schmerzhaft bewußt bleiben (Gewaltanwendung als Fremdgestalt des revolutionären Humanismus, vgl. o. These 11),

b) im Gegner ein Opfer des Systems erkennen, das er bekämpft (und also nicht dem Freund-Feind-Schema verfallen),

c) das Wort Heinrich Heines im Bewußtsein haben: „Eine Revolution ist ein Unglück, aber ein noch größeres Unglück ist eine verunglückte Revolution",

d) darum die Gewalt als ultima ratio ansehen, die er nicht verherrlicht, sondern bedauert und am liebsten vermeidet,

e) vor allem „sich über die Zeit *nach* der Revolution Gedanken machen, in der durch klares Denken und mit gutem Gewissen Gerechtigkeit aufgerichtet werden muß. Nicht die Gewaltanwendung selbst, sondern nur, was nach ihr kommen wird, trägt einen besonderen Wert in sich".

19. Die kühnere, revolutionärere, dem humanen Ziel der revolutio iusta entsprechendere, die Selbstlosigkeit und die sittlichen Kräfte des Revolutionärs mehr beanspruchende Methode ist die der revolutionären Gewaltlosigkeit (M. Gandhi, M. L. King). Der echte Revolutionär ist daran zu erkennen, daß sie ihm näherliegt als die Methode der Gewalt.

20. Der revolutionäre Kampf um die approximative Verwirklichung der irdisch-sozialen Utopie findet nicht nur während der Revolution (im engeren Sinne des Begriffes, siehe oben These 2) statt, sondern ist ständig im Gange. Wer der irdisch-sozialen Utopie sich verpflichtet weiß, lebt dem bestehenden System gegenüber sowohl transzendent wie immanent: Er ist ihm schon voraus, und er hat an ihm teil; er wirkt *gegen* das System und *in* dem System; er ist subversiv *und* konservativ. Denn:

a) Weil ihm die Gewalt ultima ratio und Fremdgestalt ist, ist ihm die gewaltsame Revolution nicht Selbstzweck; wo evolutionär voranzukommen ist, zieht er die Evolution vor.

b) Weil er weiß, daß im bestehenden System Errungenschaften früherer Fortschritte enthalten sind, ist er konservativ in bezug auf diese Errungenschaften. Sein Problem ist nicht der falsche Gegensatz zwischen Revolution und Reformismus, sondern zwischen System-Überwindung und System-Integrierung: Wie kann er immanent wirken, ohne integriert zu werden? Wie kann er zugleich bescheiden arbeiten und unbescheiden bleiben? Wie kann er dem Neuen unter den Bedingungen des Alten dienen, ohne dem Alten zu verfallen?

(Helmut Gollwitzer)

- *Wie erklärt sich H. Gollwitzers Stellung zur revolutionären Gewalt?*
- *Worin liegen Ihrer Meinung nach neuralgische Punkte seiner Argumentation?*

Verlust des Glaubens, Jan Toorop

- *Die Frauenfigur am linken Bildrand und die sich durch das Bildfeld windende Schlange spielen auf den Sündenfall an; der Kreuzigungstod Christi stellt gemäß der traditionellen Auffassung die Erlösung von der Sünde dar. Wie interpretiert der Künstler die Kreuzigung Christi? Beachten Sie insbesondere die Handbewegung Christi!*
- *Die gotischen Spitzbogen in der rechten oberen Bildecke symbolisieren die Kirche. Stellen Sie fest, inwieweit die Kirche nach Meinung des Künstlers Hilfe für die Menschen bieten kann, und setzen Sie Ihre Beobachtungen in Beziehung zu der hier vorliegenden Auffassung vom Tod Christi!*

Kirche zwischen Vergangenheit und Zukunft

Perspektiven

Was tun mit der kleinen alten Kirche?
St. Patrick's Cathedral, New York

Volkskirche als Problem

43

Man hat Hochhäuser gebaut ein halbes Dutzend, neunstöckig jedes neben das Dorf und neben die kleine alte Kirche.

Du sagst: Diese kleine alte Kirche paßt nicht zu den Hochhäusern, man müßte sie abreißen!

Ich sage: Diese Hochhäuser passen nicht zu der kleinen alten Kirche, man müßte sie abreißen!

In einem demokratischen Land wie dem unseren, wo stets die Mehrheit siegt, werden die Hochhäuser natürlich recht bekommen. Arme kleine Kirche!

(Lothar Zenetti)

- *Diskutieren Sie kritisch die von L. Zenetti formulierten Reaktionen auf die Situation der Kirche heute!*
- *Die Kirche ist im Laufe ihrer Geschichte zu einer festen Institution geworden.*
  Welche Vor- und Nachteile ergeben sich Ihrer Meinung nach aus ihrer Institutionalisierung?
- *Ergänzen Sie bitte: „Kirche wäre für mich glaubwürdig, wenn ...“! Orientieren Sie Ihr Wunschprofil kritisch an den Prioritäten, die Ihre Mitschüler notiert haben!*

Austreten oder bleiben?

44

Ein Leben, das Gott (wenn es ihn gibt) halbwegs wohlgefällig und der Welt (wie sie ist) leidlich angepaßt ist, kann ich mir ohne Kirche, erst recht ohne meine Zugehörigkeit zu dieser Einrichtung, denken. Dennoch gedenke ich nicht, aus der Kirche, in meinem Falle der katholischen, auszutreten — aus mehreren Gründen, aus ...

Bequemlichkeit, weil mir die unvermeidliche bürokratische Prozedur eines Austritts lästig ist;

Anhänglichkeit, weil ich mich einer Institution verbunden fühle, die

1. mehr Gutes als Böses gestiftet hat,

2. mehr gute als schlechte Diener (und Dienerinnen) zählte und zählt,

3. neuerdings mehr Selbstkritik als Selbstgefälligkeit erkennen läßt;

Dankbarkeit, weil ich, als „Zwergschüler" vom Lande, meinem Dorfpastor die ersten Zugänge zum abendländisch-christlichen/heidnischen Geist (über die lateinische Sprache) verdanke;

Beharrlichkeit, weil ich — nicht zuletzt den Eltern zuliebe — unter dem Zeichen sterben möchte, unter dem ich geboren bin;

Selbständigkeit, weil ich nicht im gleichen Schritt und Tritt mit jenen marschieren möchte, die bei einem Kirchenaustritt (gute) Glaubensgründe nennen, wenn sie (schlechte) Steuermotive meinen, zumal ich schon gutes Geld für schlechtere Zwecke als (von Nonnen geleitete) Kindergärten, Altersheime oder Krankenhäuser gegeben habe, was freilich nicht heißen soll, daß man sozial-humanitäre Aktivitäten nur mit Kirchenzugehörigkeit praktizieren und subventionieren kann, ganz abgesehen davon, daß ich selbstverständlich bei einem unmanipulierten kritischen Geist ernste Argumente für eine Abkehr von der Kirche respektiere;

Reformfreudigkeit, weil ich auf Veränderung in der Kirche mit mehr Berechtigung und Erfolgsaussicht hinwirken kann, wenn ich „drinnen" statt „draußen" stehe.

(Werner Höfer)

Obwohl W. Höfer nach eigener Aussage von der Notwendigkeit der Kirche für die Welt nicht unbedingt überzeugt ist, vermeidet er aus mehreren Gründen den Austritt aus dieser Institution!

- *Beziehen Sie Stellung zu seiner Argumentation.*

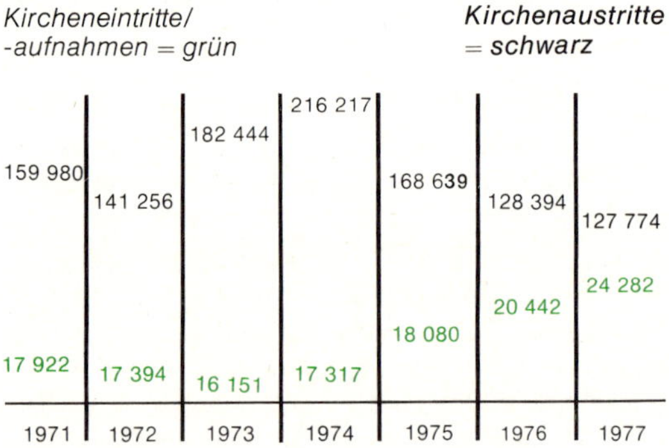

Angaben von der EKD, Kirchenkanzlei Hannover

45

Warum bleibe ich in der Kirche? Eine spontane Antwort auf diese Frage hat Heinrich Böll vor kurzem in einem Gespräch, das wir über diese Frage hatten, gegeben: „Den Gefallen können wir ihnen doch nicht tun. Die warten doch bloß darauf." Mit „die" sind in diesem Zusammenhang die Funktionäre der Hierarchie gemeint, denen natürlich nichts willkommener wäre als die Aussicht, lästige Kritiker loszuwerden. Der Verlust einiger Seelen wäre leicht zu verschmerzen, wenn dafür Ruhe und Ordnung, Autorität und Gehorsam wieder selbstverständlich in den Kirchen wären. Ob die Autorität dabei von Bischof oder Papst, oder vom „Wort" und der Kirchenordnung repräsentiert wird, spielt praktisch keine Rolle mehr. Je mehr kritische Christen austreten, desto unangefochtener kann das System herrschen. Das wäre ein erster Grund für mich, nicht auszutreten, der natürlich aus einem elementaren Interesse an der Sache Jesu Christi lebt; die ganze Argumentation ist sinnlos, wenn dieses Interesse wegfällt.
Aber kann man die bestehenden Kirchen in der Bundesrepublik mit der „Sache Jesu Christi" identifizieren? Eine Reihe von Freunden aus beiden Konfessionen, die hier nicht zu Wort kommen, haben eine andere Konsequenz gezogen und sind ausgetreten. Sie sagen mir: In diesen Institutionen ist

nichts mehr lebendig. Ihre Strukturen, zum Beispiel das Prinzip der Ortsgemeinde, der Sonntagspredigt, der staatlich eingezogenen Kirchensteuer sind vergangenheitsgeprägt. Ihre Lehre ist erstorben und darf nur in erstorbenen Formeln weitergegeben werden. Der Geist wird von den Kirchenleitungen mehr oder weniger verhindert, weil sie sich bemühen, die Interessen aller zu vertreten, und ebenso pluralistisch wie konzeptionslos denken. Befreiende, weltverändernde Impulse gehen von diesen Kirchen nicht mehr aus, ihre Hauptsorge ist, die Bestände zu wahren, das heißt den Verfall der Volkskirche so lange wie möglich aufzuschieben, zu retten, was noch zu retten ist. Ein Zukunftsbild der Kirche haben sie nicht, darum müssen sie alle Initiativen ersticken.

Es sind — unter Theologiestudenten, jungen Christen und Pfarrern — gerade die ehrlichsten und die sensibleren, die so denken. Und Christus? entgegne ich ihnen, aber sie schütteln den Kopf: Er ist nicht mehr dort, er hat gar nichts mehr damit zu tun. Ich halte diese Auffassung nicht für prinzipiell falsch, aber aktuell für nicht zutreffend. So wie ich, jedenfalls zur Zeit, keinen zwingenden Grund sehe, aus der Bundesrepublik zu emigrieren, so schiene mir zur Zeit auch ein Kirchenaustritt eine Emigration ohne Not. Das bedeutet aber, daß ich die Frage nicht unmittelbar als eine theologische ansehen kann, die man mit dem einfachen Hinweis darauf, „weil ich Christ bin", beantworten könnte. Mein Verhältnis zum Glauben entscheidet sich nicht daran, ob ich in der evangelischen Kirche im Rheinland Mitglied bin. Es ist durchaus der Fall denkbar, daß diese Landeskirche aufgrund ihrer Struktur und ihrer Leitung mit der Kirche Jesu Christi, aus der ich nicht „austreten" kann, sowenig wie ich in sie „eingetreten" bin, nichts mehr zu tun hat, so daß ich, gerade um des Glaubens willens, aus ihr austreten würde. Angenommen, die Landeskirche beschlösse einen neuen „Arierparagraphen" (wonach Mischlinge nicht-arischen Blutes nicht mehr in ihr beschäftigt werden könnten), der nach der Lage der Dinge nur die Sozialisten betreffen könnte, die durch eine wie immer theologisch verbrämte Formel aus den kirchlichen Diensten ausgeschlossen würden, ich würde austreten. Mein Ja zur Kirche ist also relativ zu den Umständen, nicht absolut; ich weiß wirklich nicht, ob ich in Brasilien Lutheraner sein könnte. Kirchen gehören zum Bereich des Vorletzten, nicht des Letzten, um eine Unterscheidung Dietrich Bonhoeffers aufzunehmen. Um so stärker in ihren Amtsträgern das Bewußtsein des Vorletzten, des Vorläufigen, Verbesserungsfähigen ist, um so mehr können wir sie respektieren.

Dieses begrenzte, kritisch-solidarische Ja zur Kirche geht von der einfachen Überlegung aus, daß Institutionen für das menschliche Miteinanderleben notwendig sind. Der Geist, der sich nicht in die Institution binden will, der sich nicht in Lebensgestalten formuliert, verrinnt oder verkümmert in der Privatheit. Wer prinzipiell gegen Institutionen, zumal auf dem Gebiet des Religiösen ist, der nimmt dem christlichen Glauben seine weltgestaltende Kraft, seine im weitesten Sinne des Wortes politische Funktion und versucht die Kirche dann auf das Bewußtsein einer Kultgemeinde herabzudrükken. So einfach kann man es sich mit der Institution nicht machen: man kann sie weder links (als unerheblich für die wirklichen Ziele der Menschwerdung des Menschen) noch rechts (als Kultraum) liegen lassen. Im christlichen Glauben geht es nicht um private Anschauungen über dieses und jenes, sondern um die Befreiung für alle, die das Evangelium verspricht. Die Institution Kirche muß darum demokratisiert werden, das heißt, sie muß in ihren Entscheidungen durchsichtig, kritisierbar und veränderlich werden. Der Gottesdienst könnte dann die Selbstformulierung der Gemeinde auf dem Wege der Befreiung werden, der Religionsunterricht könnte — innerhalb der Leistungsschule — der Ort sein, wo die Fragen nach Sinn und Tendenz des Ganzen gestellt werden.

(Dorothee Sölle)

- *Welches Kirchenverständnis dokumentiert sich in D. Sölles Ausführungen über die potentielle Möglichkeit zum Austritt aus der Kirche?*
- *Worin sieht D. Sölle Chancen der institutionalisierten Kirche?*

46

Wer eine Erneuerung der Kirche ernsthaft anstrebt, muß in erster Linie darauf hinwirken, daß in ihr alle jene Potenzen und Profile zur Entfaltung kommen, die dem Wesen des heutigen Menschen entsprechen. Gewiß handelt es sich dabei vorerst meistens um zaghafte Ansätze oder auch um gewagte Experimente. Aber wie anders sollen sich neue Entwicklungen anbahnen als durch solche Vorstöße und Versuche in einem noch undurchsichtigen Neuland!

Derartiges Neuland öffnete sich vor allem im Aktionsbereich der Evangelischen Akademien, der Jugendarbeit und der industriellen Welt. In diesen Revieren entstanden neue Formen und Modelle der Kommunikation und der Kooperation, des Gottesdienstes und des Gesprächs, der Geselligkeit und der Gemeinschaft, die in ihrer Vielfalt höchste Aufmerksamkeit verdienen. . . .

Entscheidend ist nun die Frage, in welchem Verhältnis diese neu entstehenden Formen christlicher Kommunikation zu den traditionellen Gemeindestrukturen gesehen werden. Eine Zeitlang sprach man gern von „Para-Gemeinden", die jenseits oder am Rande der legalen Ortsgemeinden gepflegt oder geduldet wurden. Aber mit dieser Hilfskonstruktion ist eine so deutlich abwertende Tendenz verbunden, daß der Primat der Tradition zu erdrücken bleibt. Richtiger wäre es, statt dessen von der „potentiellen Gemeinde" zu reden, also von der Chance, daß sich gerade in dieser vielfach noch „latenten" Potenz die Gemeinde der Zukunft finden könnte. Diese potentielle Gemeinde sollte also der Ausdruck der Hoffnung sein, daß der Heilige Geist als ein Geist der Phantasie, der Initiative und der Freiheit neben der eingemauerten „Stadt Gottes" neue, lebenskräftige Vor- und Trabantenstädte schafft und die alten Gehäuse dadurch nicht nur ausweitet, sondern schließlich auch von dort her reformiert.

Aus dieser Konzeption lassen sich sehr konkrete Konsequenzen ableiten. Sie setzen voraus, daß die Volkskirche als Ergebnis einer langen Geschichte nicht diffamiert, sondern respektiert wird. Solange sie noch die Möglichkeit hat, durch die „Volkstaufe" praktisch die gesamte Gesellschaft in ihren Aktionsradius einzubeziehen, ist sie auch für das gesamte Feld der dadurch erfaßten Mitglieder zuständig und verpflichtet. Das bedeutet, daß auch ihre institutionelle Gestalt, die „verfaßte Kirche", nicht nur den kleinen Rumpfgemeinden, die sich am traditionellen kirchlichen Leben beteiligen, dienstbar bleiben kann, sondern die ganze Weite des Kirchenvolks einzubeziehen hat. Die praktische Folgerung daraus müßte sein, daß all den verschiedenen Varianten von Frömmigkeit und Kirchlichkeit, von konservativen und modernen Gestaltungsformen die gleiche Chance eingeräumt würde. Ja mehr noch: Gerade dort müßten die besten Kräfte, die günstigsten Räume und auch die meisten Geldmittel angesetzt werden, wo Neuland in Sicht ist, wo neue Gruppen und Modelle entstehen und wo ein neuer Menschentyp in Erscheinung tritt. Nichts anderes ist damit gemeint, als daß die bisher monolithische durch eine ausgesprochen pluralistische Struktur abgelöst wird. Gerade diese Freiheit müßte eine Kirche der Protestanten auszeichnen, daß sie derartige Unterschiede und Spannungen nicht nur erträgt, sondern bejaht und formiert.

. . . Wenn man davon ausgeht, daß die Welt immer mehr ihre Weltlichkeit realisiert und damit die sakralen Räume entweder überspült oder aufbricht, dürfte es seiner vorwärtsschauenden Kirche angemessen sein, daß sie sich zu einem „Exodus", zum Auszug aus ihren noch gesichert erscheinenden Bastionen, bereit macht, wie es der Holländer J. C. Hoekendijk mit der ihm eigenen Leidenschaft proklamiert. Gewiß wäre es schwärmerische Besessenheit, wenn sie in einem wilden Bildersturm zunächst alles einreißen und zertrümmern wollte, was aus der Geschichte auf sie zugekommen ist.

Sie kann diese ihre Geschichte weder verleugnen noch aus ihr herausspringen, aber sie müßte ihre eigene Geschichte mit entschlossenen Schritten in das Geschehen der heutigen Welt integrieren. Die Vision, von der sie sich dabei leiten läßt, kann nicht mehr die wohlprivilegierte und festfundierte Großapparatur sein, die ihren Einfluß auf die Mächte der Welt stützt, sondern sie wird sich auf weite Sicht als „Diaspora" zu sehen haben, die weit und bis in die letzten Bereiche der Welt hinein verstreut ist und die sich dort bis zur Unkenntlichkeit in ihrem Zeugnis verzehrt. Sie wird sich als Elite zu verstehen haben, als eine Avantgarde, die als „verantwortliche Gesellschaft", als gärender Sauerteig in der Welt wirkt und die in mobilen Gruppen, in denen vielleicht oft nur zwei oder drei im Namen Christi versammelt sind, an den Brennpunkten der Gesellschaft zu finden ist.

Noch ist es nicht soweit, denn immer noch leben wir in einer geschichtlichen Episode des großen Übergangs von den festen Ufern der Vergangenheit zu den noch offenen Konturen der Zukunft. Doch gerade die Situation des Übergangs entspricht am deutlichsten dem Vermächtnis der Reformation, denn in ihr kommt das protestantische Prinzip erneut zu seinem Recht und zu seiner Chance: das Risiko des Glaubens und das Wagnis der Freiheit, die Radikalität des Denkens und der Realitätswert der Geschichte. In diesem Übergang liegt das Abenteuer der Kirche, das sich erneut vor unseren Augen auftut, und die Hoffnung auf die Zukunft Gottes, die uns für neue Wege in die Geschichte frei machen will.

(Eberhard Stammler)

Architektur als Ausdrucksträger theologischer Dimensionen

Kirchenbau im frühen Christentum

In den ersten Jahrhunderten des Christentums gab es noch keine spezifisch christliche Architektur — für das Gemeindeleben und die kultischen Handlungen genügten größere Privathäuser (vgl. Apostelgeschichte 28, 30 – 31).

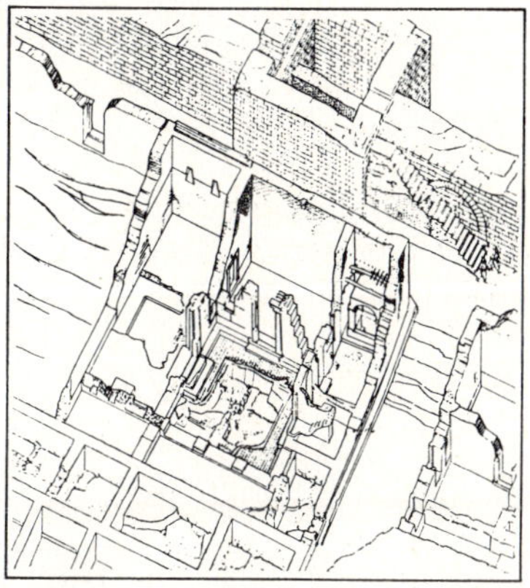

Grabungsbefund

Frühchristliche Kulträume in einem Privathaus in Dura-Europos/Syrien — um 230 n. Chr.

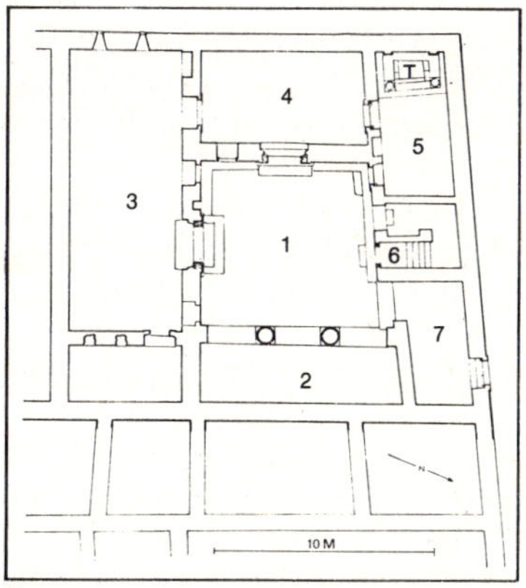

Grundriß
1 = Hof; 2 = Halle; 3 = Kirchenraum; 4 = Kirchenverwaltung; 5 = Kultraum; 6 = Vorraum; 7 = Vorhalle; T = Taufbecken

- *Beschreiben Sie den Plan der Hauskirche von Dura-Europos und ziehen Sie daraus Schlüsse auf die Kultgewohnheiten früher Gemeinden!*

Unter Kaiser Konstantin entstehen in Rom mehrere große Kirchenbauten, so z. B. die Lateransbasilika (errichtet 313—319) und die nach deren Vorbild errichtete Peterskirche (fertiggestellt 324), der Vorgängerbau des heutigen Petersdoms.

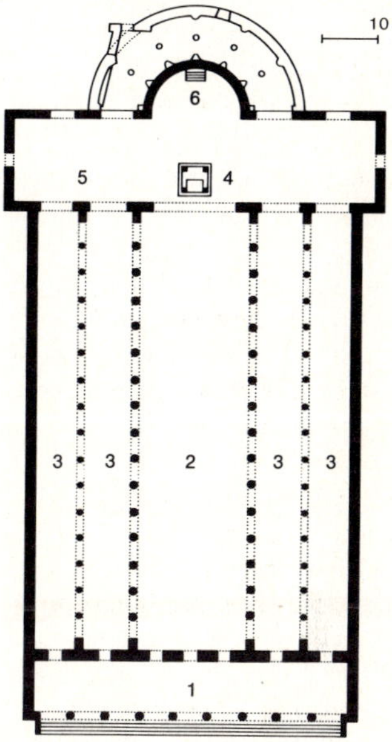

Lateransbasilika, Rom, Grundriß

1 = Narthex (Vorhalle; Aufenthalt der Katechumenen während des Offertoriums)
2 = Mittelschiff (Gemeindemitglieder, Prozessionen)
3 = Seitenschiffe (Gemeindemitglieder)
4 = Altar
5 = Querhaus (Kleriker und Ministranten)
6 = Apsis (Bischofsthron, Presbytoriumsbänke)

Peterskirche, Rom, perspektivischer Querschnitt

- *Erläutern Sie anhand des Grundrisses der Lateransbasilika den Aufbau der frühchristlichen Gemeinde!*
- *Der Biograph Konstantins, Euseb: „Als Abbild und Freund des himmlischen Christus regiert der Kaiser diese Welt ... Christus wohnt in einem königlichen Palast.“ Versuchen Sie, mit Hilfe dieses Zitates und dem folgenden Grundriß eines Thronsaals des römischen Kaisers Diokletian die Herkunft des Bautyps der christlichen Basilika zu klären!*

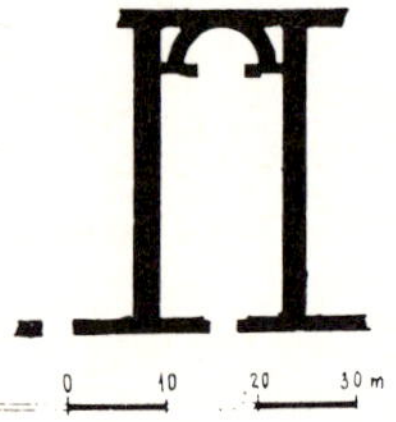

Thronsaal im Palast des Kaisers Diokletian in Spalato (heute Split in Jugoslawien) — Ende 3. Jh. n. Chr.

Strukturen des mittelalterlichen Kirchenbaus

In Aachen errichtete Kaiser Karl. d. Gr. um 800 einen der bedeutendsten frühmittelalterlichen Kirchenbauten in Deutschland, die sog. Pfalzkapelle (Pfalz = mittelalterlicher Kaiser- oder Bischofspalast).

Pfalzkapelle, Aachen (rechter Anbau 15. Jhd.)

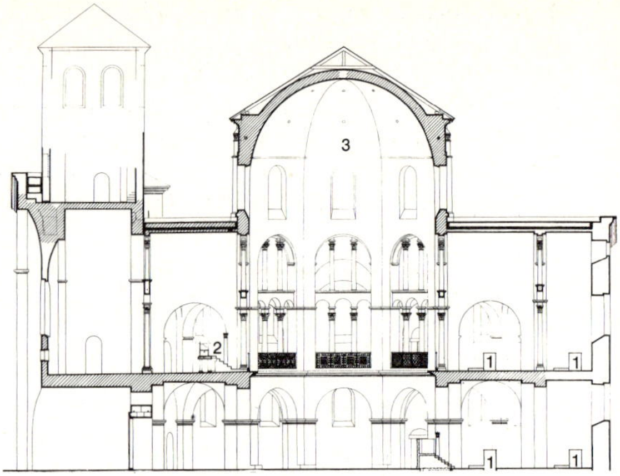

Pfalzkapelle, Aachen, Längsschnitt
1 = Altäre; 2 = Thron des Kaisers; 3 = Mosaik in der Kuppel (urspr. Darstellung Christi als Weltenherrscher).

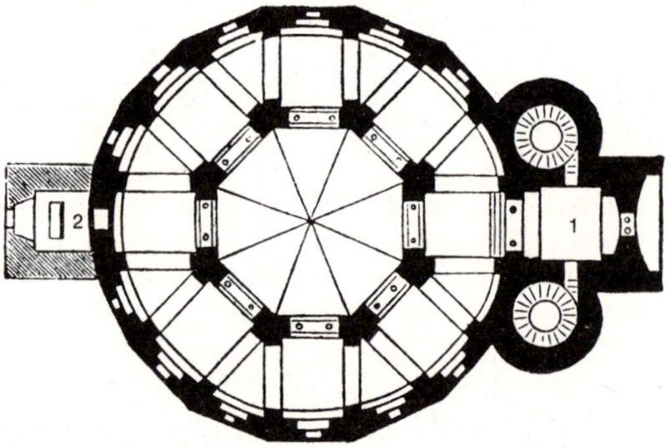

Pfalzkapelle, Aachen, Grundriß (Erdgeschoß)
1 = Eingang; 2 = Altar

Der Mönch Widukind von Corvey (10. Jahrhundert) *berichtet von der Krönung Ottos des Großen in Aachen (936):*

47

Dort versammelten sich die Herzöge und die hohen Vasallen mit den anderen Vornehmen in der Säulenhalle der Basilika* Karls des Großen und führten ihren neuen Herrscher zu einem dort errichteten Thron, und sie reichten ihm die Hände und versprachen ihm Treue und gelobten ihm Beistand gegen

alle seine Feinde, und so machten sie ihn nach ihrer Sitte zum König. Währenddessen erwartete der höchste Bischof [des Reiches] mit dem gesamten Klerus und dem Volke* im Inneren der Basilika den Einzug des neuen Königs. Als dieser eintrat, ging ihm der Erzbischof entgegen, ... und schritt bis zur Mitte des Heiligtums vor; dann blieb er stehen. Nun wandte er sich dem Volk, das rings umherstand — es waren nämlich in dieser Kirche oben und unten runde Umgänge —, zu, damit er von allen gesehen werden könne. „Sehet her!" rief er, „hier zeige ich euch den von Gott erwählten und von König Heinrich designierten, jetzt von allen Fürsten gekürten König Otto; wenn euch die Wahl recht ist, dann hebt die rechte Hand zum Himmel empor!" Darauf rief die ganze Menge dem neuen Herrscher mit erhobener Hand und gewaltigem Getöse Heil. Dann schritt der Erzbischof mit dem König, der nach fränkischer Art ein enganliegendes Gewand trug, hinter den Altar, auf dem die königlichen Insignien gelagert waren, das Schwert mit dem Wehrgehänge, der Mantel mit den Spangen, Stab und Zepter und die Krone ...
Dieser trat nun zum Altar, nahm das Schwert mit dem Wehrgehänge, wandte sich zum König und sprach: „Empfange dieses Schwert, mit dem du alle Feinde Christi austreiben sollst, die Barbaren und die schlechten Christen, da dir durch Gottes Willen die ganze Macht im gesamten Reich er Franken gehört, damit allen Christen der Friede gewiß sei." ...
Dann wurde der König durch die Erzbischöfe Hildibert und Wichfried [von Köln] mit dem heiligen Öle gesalbt und mit der goldenen Krone gekrönt, und als so alle vorgeschriebenen Weihehandlungen vollzogen waren, wurde er von denselben Erzbischöfen über eine Wendeltreppe zu einem Throne geleitet, der zwischen zwei wunderschönen Marmorsäulen errichtet war. Von da konnte der König selbst alles sehen, und er konnte von allen erblickt werden.

* *Mit „Basilika" ist die Pfalzkapelle, mit „Volk" der Adel gemeint.*

- *Erläutern Sie anhand der Abbildungen den Aufbau der Pfalzkapelle in Aachen!*
- *Bestimmen Sie mit Hilfe des Textes die Funktionen der einzelnen Architekturbereiche!*
- *Versuchen Sie, nach der Analyse der Pfalzkapelle, einige Strukturen des mittelalterlichen Weltverständnisses darzulegen!*

An der Abteikirche von Corvey an der Weser (erbaut um 830—855) lassen sich weitere Strukturen mittelalterlichen Welt- und Kirchenverständnisses erarbeiten.

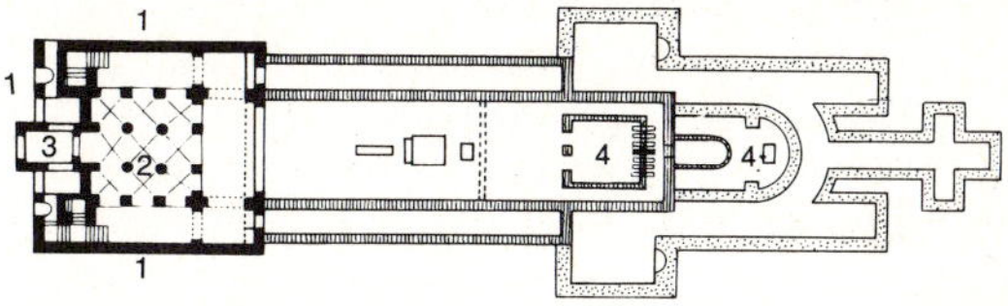

Abteikirche von Corvey,
Grundriß, Längsschnitt, Innenaufnahme

1 = Westwerk; 2 = Krypta (Grabstätte); 3 = Thron des Kaisers; 4 = Altar; 5 = Gerichtssaal der Kaiser

Grundriß

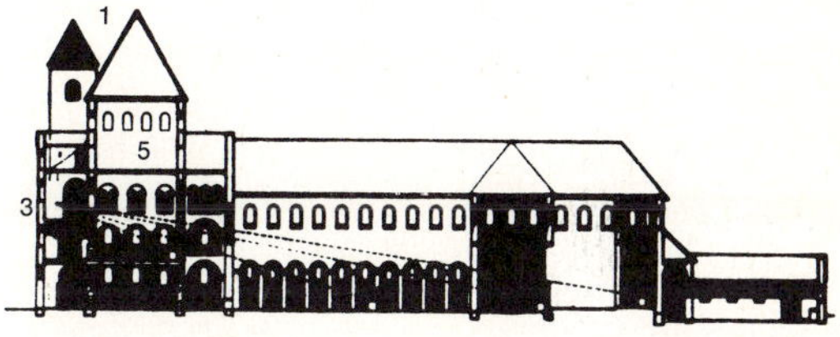

Längsschnitt
mit Sichtstrahlen von der Kaiserempore auf die Altäre der Kirche

Innenansicht
Westhalle mit Kaiserlaube

- *Beschreiben Sie den Aufbau der Abteikirche von Corvey, und vergleichen Sie diese mit den frühchristlichen Basiliken in Rom!*
- *Mit Hilfe des folgenden Textes können Sie darlegen, wie sich das Verhältnis von Staat und Kirche im Mittelalter in diesem Bauwerk niederschlägt!*

48

Schreiben Kaiser Heinrichs IV., Mai 1076:

... Um aus vielem nur weniges zur Sprache zu bringen: Die heilige Ordnung gründet sich hauptsächlich auf zwei, das sind Königtum und Papsttum, so wie es der Heiland selbst zu verstehen gab. Mit dieser ausreichenden Zweizahl zeigt er an, daß man das geistliche und das weltliche Schwert in der Kirche führen müsse, mit dem man alles Schädliche wegzuschneiden habe; er lehrte nämlich jeden Menschen, daß man das priesterliche zum Gehorsam des Königs an Gottes Statt ziehen müsse, das königliche Schwert aber nach außen, um die Feinde Christi abzuwehren ... Weder soll das Königtum dem Priestertum, noch das Priestertum dem Königtum die Ehre nehmen.

Sakrale Architektur im 20. Jahrhundert

- *Interpretieren Sie mit Hilfe der folgenden Texte die ausgewählten evangelischen und katholischen Kirchenbauten!*
- *Stellen Sie fest, inwieweit die gefundenen Lösungen den jeweiligen Aufgaben und liturgischen Forderungen gerecht werden!*

Der folgende Text verdeutlicht, wie in unserer Zeit theologische Überlegungen den zeitgenössischen Kirchenbau prägen.

49

Die Kirche, seit dem Mittelalter die beherrschende, gesellschaftsformende, zielsetzende geistige Macht, hatte bis zur Aufklärungszeit berechtigten Anspruch auf städtebauliche Dominanz. Die hochmittelalterliche Stadtsilhouette ist als bauliches Abbild einer festgefügten hierarchischen Rangordnung die einprägsamste Verkörperung dieses Anspruchs: Über die Stadtmauer und den niedrigen Kranz der Ackerbürger- und Handwerkerhäuser, über den höhergestaffelten inneren Ring der Patrizierhäuser am Marktplatz, über das hochgiebelige Rathaus als repräsentativen Bau der bürgerlichen Gemeinschaft erheben sich die ragenden Vertikalen der Kirchtürme — nicht nur als Symbole der Civitas Dei, sondern auch als Wahrzeichen des kirchlichen Herrschaftsanspruchs. Die im neunzehnten Jahrhundert einsetzende Umorientierung der modernen Gesellschaft hat schrittweise zu einer Rangverschiebung der kirchlichen Autorität geführt, mit dem Ergebnis, daß die Kirche, einst unbestrittener Spiritus rector in allen Lebensbereichen, heute aus der Mitte des Lebens herausgerückt ist. Die Kirche unserer Zeit weiß um diese Zusammenhänge und hat neue, dem modernen Leben angemessene Positionen bezogen. Sie weiß, daß für die neuen Kirchenbauten die weltanschaulichen Voraussetzungen entfallen sind, das Stadtbild beherrschend zu prägen. Sie verzichtet darauf, in Wettbewerb zum Höhendrang von Büro- und Wohnhochhäusern mitsamt ihrer fragwürdigen Divergenz von Form und Inhalt zu treten. Den Theologen geht es um ungleich Wichtigeres als bauliche Dominanz und Repräsentation: Es geht ihnen um die kirchliche Durchdringung des Lebens in einer pluralistischen Gesellschaft. Äußerlich sichtbares Zeichen ist eine rege Bautätigkeit. Nachdem die Periode des Wiederaufbaues kriegszerstörter Kirchen schon fast beendet ist, konzentriert sich das kirchliche Bauen hauptsächlich auf neue Siedlungsgebiete, wird aber auch durch das aufschlußreiche Bestreben ausgelöst, übergroße städtische Kirchengemeinden und weit auseinandergezogene ländliche Kirchspiele zu unterteilen — aus der Erkenntnis heraus, daß das kirchliche Leben um so fruchtbarer ist, je kleiner und überschaubarer die Gemeinden sind. Die Gemeindezentren stellen neue Bauaufgaben dar und dienen ebenfalls dem festeren kirchlichen Zusammenschluß und dem vertieften Gemeindeleben. Die Folge solcher Bestrebungen ist die Abkehr von der Großkirche. Das Gotteshaus unserer Tage begnügt sich in der Regel mit dreihundert bis fünfhundert Plätzen; größere Kirchen sind seltene Ausnahmen.

Um die Gestalt der neuen Kirchen, um „die große und strenge theologische Aussage in der unerbittlich großen und strengen Sprache der Baukunst", um unpathetische, allein auf die Ausdrucksmächtigkeit des Raumes gestellte Bauten kreist das Bemühen der Theologen im Verein mit Architekten und bildenden Künstlern ...

Die Vertiefung des gemeindlichen Lebens durch die Errichtung mittelgroßer und kleiner Kirchen führt zu Raumformen, die klare Überschaubarkeit mit Geborgenheit verbinden. Zentralisierte Grundrisse gewinnen deshalb zunehmende Bedeutung. Der Altar, der im Laufe der geschichtlichen Entwicklung immer mehr von der Gemeinde entfernt in die Tiefe des Chores gerückt war, wird wieder geistiges Zentrum des Gottesdienstes, ein Abendmahlstisch, zu dem hin die Gemeinde sich so nahe wie möglich versammelt. Er ist primär bestimmend für die Raumgestalt.

Daß in solcher Distanzverringerung zwischen Pfarrer und Gemeinde auch die soziologischen Verschiebungen innerhalb der modernen Gesellschaft zum Ausdruck kommen, spricht für die gegenwartsnahe, liturgisch erneuerte Kirche. Gegenwartsnahes Denken bekundet auch die dienende Einordnung der neuen Kirchenbauten in das städtebauliche Gefüge. Sie bezeugt die weltoffene Absicht, der Abspaltung des kirchlichen Lebens vom weltlichen entgegenzuwirken, indem die Kirche als städtebauliches Element in den Alltag hineingestellt wird, auf daß sie ihn heilige und ihren Auftrag im tätigen Leben erfülle.

(S. Nagel / S. Linke)

50

Evangelische Kirchen

Die Problematik des evangelischen Kirchenraumes ist aus dem großen Anliegen der Reformation, dem Verlangen nach dem verkündenden und erklärenden Wort, entstanden. Aber trotz der eindeutigen und typisch evangelischen Aufgabenstellung, ein gestaltbestimmendes Verhältnis zwischen „Wort" und „Sakrament", als zwischen Predigt, Abendmahl und Taufe, zwischen Kanzel, Altar und Taufstein zu finden, hat die Entwicklung im Laufe der Jahrhunderte nicht zu einem typisch evangelischen Kirchenraum geführt. Das ist um so bemerkenswerter, als ein Blick auf die Baugeschichte lehrt, wie intensiv die Vergangenheit sich um eine liturgisch und architektonisch überzeugende Lösung für die Gleichgewichtigkeit von Kanzel und Altar als Orten der Wortverkündigung und des Sakraments bemüht hat ...

Die neuzeitliche Entwicklung geht schließlich von einer betonten Abstimmung auf die Predigt ab und stellt mit der Neubesinnung auf das liturgische Fundament allen Gottesdienstes ein anderes Grundanliegen der Reformation heraus: die Stätten der Wortverkündigung und des Sakraments zur Gemeinde hin oder sogar in ihre Mitte einzuordnen. Diesem Bemühen kommt die evangelische Auffassung entgegen, daß Priester- und Gemeinderaum nicht getrennt sein dürfen. Alle Raumformen, ob gerichtet oder zentrierend, sind möglich, wenn sie nur das Teilhaben jedes einzelnen an der gottesdienstlichen Feier ermöglichen und das gemeinschaftliche religiöse Erlebnis fördern. Der Altar kann um so unbedenklicher inmitten der versammelten Gemeinde stehen, als die Reformation die metaphysische Glaubensorientierung, zu deren Ausdruck die Ostung gehört, aufgegeben ist. Raumbestimmend ist der frei stehende, der Gemeinde so nahe wie möglich gebrachte Altar, dessen Form grundsätzlich dem Tisch und nie dem Opferstein verwandt und der ebenso wie die einfach zu gestaltende Kanzel nur mäßig erhöht sein soll. Der Taufstein steht zwar nach protestantischer Tradition meist nahe bei Altar und Kanzel, jedoch setzt sich mehr und mehr der Wunsch durch, ihn nach altchristlicher Überlieferung in die Nähe des Kircheneingangs zu bringen.

Die gleichgerichteten Bemühungen der Konfessionen um enge Verbindung der Gläubigen mit der liturgischen Handlung haben zu weitgehenden Übereinstimmungen in modernen evangelischen und katholischen Kirchenräumen geführt. Wer ökumenischen Gedankengängen anhängt, wird diesen Prozeß nicht bedauern.

(S. Nagel/S. Linke)

Evangelische Kirche auf der Blumenau, Mannheim Außenaufnahme

Ev. Kirche „Blumenau" Grundriß

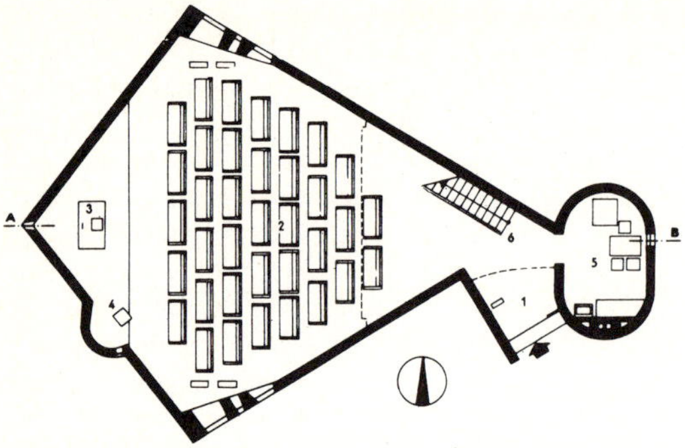

1 Eingangsraum; 2 Gottesdienstraum; 3 Altar 4 Kanzel; 5 Sakristei; 6 Treppe zur Empore

Innenraum

Der verantwortliche Architekt Dipl.-Ing. Helmut Striffler äußert sich zu dieser Kirche in der Festschrift zur Einweihung:

„Wir müssen unsere Wände groß und karg bilden, um den Menschen zu zeigen, daß die Nüchternheit, auch die des Alltags, zu Gott gehört. Wir müssen für unsere Kirche den Beton so formen lernen, daß die Menschen spüren, daß auch dieses Material zum Lobe Gottes tauglich ist. Es werden Brücken und Stützmauern damit gebaut, Hochhäuser und Bunker, Menschliches und Unmenschliches, aber dadurch, daß eine Kirche daraus gebaut wird, kommen alle anderen Dinge erst in das richtige Maß. Ich habe also nicht aus Bequemlichkeit zum Beton gegriffen, sondern damit die Kirche auf der Blumenau ein echtes Zeugnis der Gemeinde werde, ein Gleichnis für die Heiligung des Alltags. Alles Material tritt unverkleidet in seiner natürlichen Beschaffenheit auf . . ."

Katholische Kirchen
51

Der katholische Kirchenraum hat im Laufe der Geschichte tiefgreifende Wandlungen erfahren. Im Mittelalter war die Liturgie die feierliche Handlung einer kleinen Gemeinschaft von Auserwählten im Chor; das Volk konnte daran im wesentlichen nur hörend teilnehmen, weil der hohe Lettner den Chorraum vom Schiff fast völlig trennte. Erst im Barock öffnet sich der Chor und wird zur feierlich-festlichen Bühne, auf der vor dem Hintergrund des prunkvollen Hochaltars der Gottesdienst sichtbar für das Volk zelebriert wird . . .
Nach heutiger Auffassung soll das Meßopfer, das im katholischen Gottesdienst absoluten Vorrang besitzt und Grundlage aller räumlichen Überlegungen sein muß, eine gemeinsame Feier der Gemeinde ohne betonte Schranken zwischen Liturgen und Volk sein.
Die Richtlinien des Konzils unterstreichen diese Tendenzen. „Im Glanz edler Einfachheit" soll der Kirchenraum letztlich auf die Meßfeier ausgerichtet und als „Eucharistischer Versammlungsraum" auf den Altar bezogen sein. Alle räumlichen Bereiche sind trotz verschiedener Aufgaben ohne Aussonderung in einem einzigen Raum zu koordinieren. Zentraler Ort im Kirchenraum — der nach wie vor dem Prinzip der Wegkirche oder der zentrierten Kirche folgen kann — ist der Altar. Ihm soll sich „die Aufmerksamkeit der versammelten Gemeinde zuwenden", zugleich soll an ihm zum Volk hin zelebriert werden. Damit kann sich der Altar von dem isolierenden Standort an der Wand freimachen und zur Gemeinde hin in sie hineinrücken, bis er von der Gemeinde an drei Seiten umfaßt wird. Der Altar soll nicht zu hoch stehen und nicht zu breit und wuchtig sein . . . Der Priestersitz ist in der Altarachse erwünscht, weil diese Stelle an der vierten Seite des Altars im Angesicht der Gemeinde dem Präsidialamt des Ordinierten angemessen ist. Nebenaltäre sind nach Möglichkeit nicht im Hauptraum aufzustellen . . . Beichte und Kreuzweg verlangen nach intimeren Räumen, wie sie seitenschiffartige Raumteile oder Kapellen bieten. Der Taufstein findet, ähnlich wie in evangelischen Kirchen, mit steigender Vorliebe seinen Platz in der Nähe des Kircheneingangs.
Der Vollzug des Meßopfers bedingt vor dem Altar gebührenden Freiraum, der in evangelischen Kirchen nicht in gleichem Maße erforderlich ist. Beiden Konfessionen gemeinsam ist der Wunsch nach sinnfälliger Ausrichtung von Kirchenraum und Gemeinde auf den Altar . . . *(S. Nagel / S. Linke)*

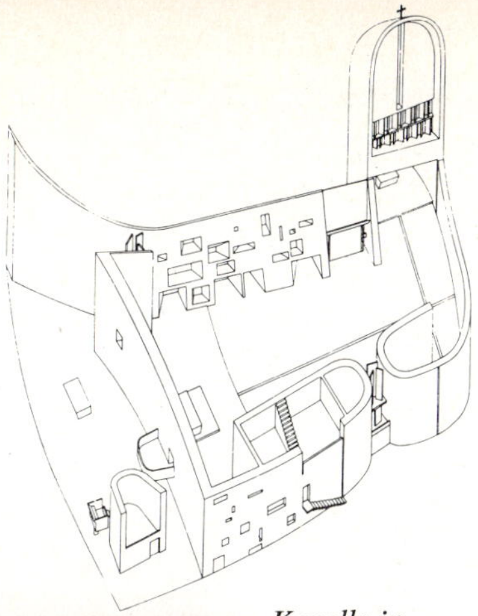

Kapelle in Ronchamps (Le Corbusier) Außenansicht und Schnitt

Wallfahrtskirche in Neviges Luftaufnahme und Innenansicht

ZUKUNFT DEUTEN UND GESTALTEN

4

Jenseits der Vorsehung

Zugänge

Positionen

Standortbestimmung

Zur Klärung der eigenen Voreinstellungen zum Thema ist folgender Versuch denkbar: Sie führen in einer Gruppe von vier bis sechs Teilnehmern ein „Schreibgespräch". Dazu gruppieren Sie sich um einen großen Papierbogen, auf den Sie — in eine Ecke oder in die Mitte — mit einem breiten Filzstift das Thema „Zukunft" notieren. (Zweckmäßigerweise sollte nur ein Stift zur Verfügung stehen). Das „Schreibgespräch' gliedert sich in zwei Phasen: In der ersten halben Stunde sind Sie gebeten, das vorgegebene Thema nur schriftlich, ohne miteinander zu sprechen, zu bearbeiten. Einer beginnt, indem er seinen Einfall, seine Frage oder seine Perspektive auf das Blatt notiert. Nacheinander gehen die übrigen Teilnehmer durch Antworten, Unterstreichungen, Gegenfragen, Ausrufezeichen, Pfeile, Verbindungslinien etc. auf die Voten der Partner im Schreibgespräch ein bzw. geben durch neue Fragen, Bemerkungen, Zitate u. ä. weiterführende Gesprächsimpulse. — Das Schreibgespräch wird um so intensiver und dichter, je stärker Sie sich selbst mit ihren individuellen Hoffnungen, Zweifeln und Ängsten einbringen. — In der zweiten Phase (20 bis 30 Minuten) führen Sie das Gespräch mündlich weiter. — Halten Sie am Ende die drei wichtigsten Aussagen fest. Diese nennen und erläutern Sie dann bitte zu Beginn des Auswertungsgesprächs im Plenum im Kontext des Prozesses, wie Sie ihn erlebt haben. Ihre Gesprächsskizze sollte dabei für alle sichtbar an der Wand hängen.

Andere Möglichkeiten zum Einstieg in das Thema:

Formulierung von Metaphern zum Signalwort „Zukunft": Zukunft ist für mich wie . . . Tauschen Sie Ihre Ergebnisse aus und reflektieren Sie die gewonnenen Einsichten. Welche Metaphern finden Sie am treffendsten? Welche erschließen sich Ihnen nur schwer? — Auch hier wird es für die Arbeit im Plenum gut sein, die Gruppenergebnisse auf einer Wandzeitung festzuhalten (u. U. mit Beschränkung auf die zwei wichtigsten Metaphern). — Vielleicht reizt es Sie auch, eine Metapher eigener Wahl mit Filzstiften, Finger- oder Wachsstiften zu visualisieren oder eine Fotosequenz aufzubauen, die einer Metapher korrespondiert oder sie kontrastiert.

Achten Sie im auswertenden Gespräch über Ihre „visuelle Bestandsaufnahme" darauf, welche Motive besonders deutlich hervortreten, welche völlig ausfallen! Fragen Sie nach den Gründen!
Bei welchen Elementen konnten Sie schnell Einverständnis erzielen? Wo entzündeten sich intensivere Diskussionen?
Welche Assoziationen weckt die folgende Karikatur in Ihnen? Gibt es Zusammenhänge zu Ihren bisherigen Überlegungen?

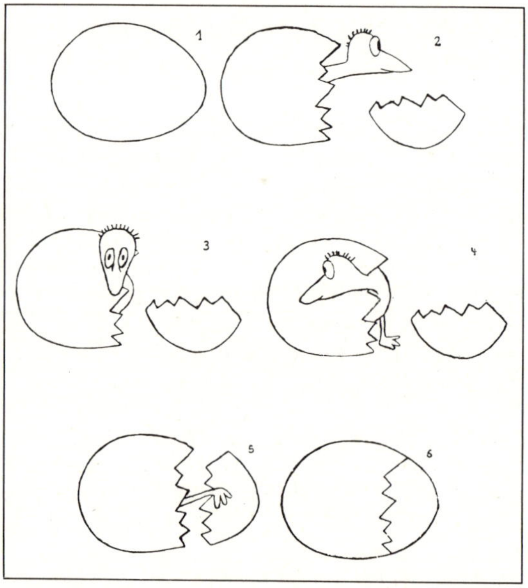

Überschreiten, was ist

- *Die folgenden Texte (3—7) zeigen unterschiedliche Motive, die Menschen ihre individuelle und kollektive Zukunft bedenken lassen. Für eine kritische Auseinandersetzung kann sich eine thesenartige Zusammenfassung als hilfreich erweisen.*
- *In welchem anthropologischen und gesellschaftlichen Kontext sind Wünsche, Träume und Hoffnungen angesiedelt?*
- *Entscheidungsmaßstäbe und Kriterien zur Steuerung der zukünftigen Entwicklung*
- *Zukunft im Horizont christlicher Hoffnung*
- *Wie kann technische Rationalität in politische Vernunft und humanitäre Phantasie umgesetzt werden?*

3

Seit dem Erwachen des Zeitbewußtseins hat der Mensch den Schlüssel zum Rätsel seines Daseins nicht in der Vergangenheit, sondern hauptsächlich in der Zukunft gesucht. Das einzige Gewisse an unserer Zukunft, der Tod, ist die Hauptantriebskraft unseres Wissensdurstes nach den Dingen, die danach kommen. Niemals war es dem Menschen möglich gewesen, als seinen Wahlspruch die Worte „ignoramus, ignorabimus“ anzuerkennen. ...
Als dem Menschen erst einmal bewußt war, daß er eine Zukunft hat und er von ihr zu träumen begann, da war es nur noch ein Schritt bis zu dem Wunsch, mit einiger Sicherheit zu erfahren, was die Zukunft bringen werde. Weil sich jedoch das Vorhersehen sowohl als ein Voraussehen von Katastrophen als auch von zukünftigem Glück und Fortschritt erweisen konnte, dürfte der Impuls, die Mächte der Zukunft günstig zu stimmen, um Katastrophen zu vermeiden und Gutes zu erwirken, von jeher untrennbar mit dem Drang verbunden gewesen sein, die Ursachen und den Urbeginn unserer Welt zu ergründen. Wahrscheinlich entsprangen Magie und Religion diesem doppelten Drang nach Gewißheit und nach der Macht, durch Sühne den vorausgesagten Lauf der Ereignisse zu ändern. Viele Jahrhunderte lang hat sich der voraussehende Mensch bemüht, vom Himmel wie auch aus seiner Umwelt deutbare Zeichen und Omen abzulesen. Zwar wissen wir es nicht, aber wahrscheinlich entfaltete sich erst später das Vertrauen auf die direkte Inspiration besonders begabter und besonders ausgebildeter Individuen wie Priester, Propheten, Magier und Hellseher. Manchmal waren Prophet und Sühnepriester ein und dieselbe Person, zu anderen Zeiten wiederum waren die beiden Funktionen getrennt.
Als der schöpferische Mensch sich den Boden zum Ackerbau nutzbar machte, die Schiffahrt entwickelte und seine ersten im großen Stil angelegten technischen Projekte plante, da wurde das Bedürfnis immer dringender, die Zukunft vorauszusagen und zu bestimmen. Aus dieser Notwendigkeit wuchsen die Anfänge der Wissenschaft, ganz besonders der Kosmologie. Die Astrologen und ihre nüchternen Kollegen, die Astronomen, betrieben Zukunftsforschung ... Mit der Zeit erkennt der getreue Ermittler künftiger Wirklichkeit seine Fähigkeit, einen Teil dieser Wirklichkeit bewußt zu lenken; und er entwickelt sich schließlich zum emanzipierten Humanisten, der entschlossen ist, den Gang der Ereignisse mit dem vollen Einsatz seiner vermeintlichen Kräfte zu ändern. Während der vergangenen zwei Jahrhunderte hat ihm die Wissenschaft zu diesem Zweck immer wirksamere Instrumente in die Hand gegeben.
Um den Lauf der Ereignisse sinnvoll steuern zu können, müßte der Mensch als Planer seiner eigenen Zukunft sich mit Begriffen wie „Wert“, „Mittel“ und „Zweck“, „Ideal“ und „Ideologie“ auseinandersetzen. Solange der Prophet-Sühnepriester als Vermittler göttlicher Botschaften fungierte, glaubte der Mensch, er habe seine ethischen Grundsätze hinzunehmen, wie sie sind, und Änderungen seien nicht erlaubt. In einem späteren Stadium wankt der Mensch unter einer doppelten Last. Er muß nicht nur seine eigene Zukunft aufbauen, sondern auch noch die Werte schaffen, auf die er diese Zukunft gründen will. Dem primitiven Menschen muß die Aufgabe, ins Unbekannte zu schauen, schrecklich vorgekommen sein. ...

(F. L. Polak)

4

Wonach sehnen sich Menschen? Es ist der Wunsch, ganz zu sein, das Bedürfnis nach einem unzerstückten Leben. Das alte Wort der religiösen Sprache „Heil“ drückt genau dieses Ganzsein, Unzerstückt-sein, Nicht-kaputt-sein aus ... Es ist zugleich der Wunsch nach einem Leben ohne Berechnung und ohne Angst, ohne äußere oder bereits verinnerlichte Erfolgskontrolle, ohne Absicherung ... Das religiöse Bedürfnis ist das Bedürfnis, Sinn zu erfahren und Sinn zu stiften. Es gibt keine Existenz ohne die Suche nach Sinn. Gerade weil ich den Sinn und das Ganzsein nicht finde, sondern mich immer wieder am Sinnlosen, am Absurden, am Nicht-deutbaren verletze, darum kann es mir nicht genügen, mich als ein Objekt, das in deterministische Ketten gelegt ist, zu verstehen. Im religiösen Akt setzen Menschen den Sinn gegen die Sinnlosigkeit, das Ganzsein gegen die Zerstükkelung, den Mut zu sein gegen die Angst ...

Da der umfassende Sinn des Lebens nicht sichtbar oder feststellbar ist (es sei denn für tränenlose Augen), entsteht das religiöse Bedürfnis immer wieder am Mangel, am Fehlen der Vergewisserung; Zweifel und unerfüllte Sehnsucht begleiten die religiöse Erfahrung. Dieser Schmerz kann nur um den Preis der Religiosität selber vermieden werden: wenn wir uns das religiöse Bedürfnis ausreden lassen und uns mit dem Fremden, Feindlichen, Schicksalhaften in der Welt abfinden, die eigenen Grenzen als natürlich annehmen und unsere Transzendenzfähigkeit zerstören. „Selig sind, die da Heimweh haben, denn sie werden nach Hause kommen" (Jung-Stilling). Die größte Vollkommenheit des Menschen ist sein tiefster Mangel: Gottes zu bedürfen ... — das heißt: seine Bedürfnisse wachsen ständig nach, keine Erfüllung kann sie stillen. Daß wir „Gottes" bedürfen, drückt diese unstillbare Sehnsucht aus. Der Schmerz um das noch ausstehende Reich Gottes ist zugleich der größte Reichtum des Menschen ...

„Gott ist Liebe" ist die christliche Antwort auf die Frage nach dem Sinn, und dieser allgemeine Satz findet seine Konkretion in den geschichtlichen Erfahrungen der Befreiung. Glaube als Anteilhaben an dieser Sinndeutung ist ein unendliches Ja, das alle Formen des Lebendigen einschließt und Einheit unter ihnen stiftet. Je umfassender das Ja, desto größer die Nähe zu den Menschen; die Solidarität ist der menschlichste Ausdruck der Gottesliebe ...

Christus ist das (für unsere Kultur relevante) Symbol dieser Einheit von Gottesliebe und Solidarität. Leben, wie Christus gelebt hat ..., das bedeutet die konsequente Weigerung, die Gottheit „Fatum" („so ist es eben, so war es immer") an irgendwelchen Stellen des Lebens weiter anzubeten. Die Konversion von der naturhaften zur religiös-geschichtlichen Deutung des Lebens macht Menschen kritisch und kreativ —

kritisch gegen die Ideologien der Herrschaft, die sozialen Strukturen der Unterdrückung, die eigene Beteiligung an den Formen der Verstümmelung des Lebens;

kreativ für die mögliche Zukunft aller, die Entfaltung aller unserer Fähigkeiten — wir werden ganz sein! — ... und die größere Fähigkeit, zu lieben — die die Fähigkeit, zu leiden, einschließt.

(Dorothee Sölle)

Heimfinden,
Benedikt W. Traut, 1974

5

Das Goldene Zeitalter ist heute, nicht in der Zukunft. Zu dieser Erkenntnis kam der Zukunftsforscher Groger Foley. Er fütterte einen Computer mit einer Fülle von Daten der internationalen Wirtschafts-, Finanz-, Ernährungs- und Energieexperten. Was herauskam, bestätigte die schlimmsten Vermutungen: Das ,,Jüngste Gericht" ist nahe — wenn wir Glück haben, erreicht die Menschheit gerade noch das Jahr 2100.

Das Jüngste Gericht droht im Jahre 2040

Sieben verschiedene Möglichkeiten hat der Computer ausgerechnet:

1. Lebt die Menschheit so weiter wie im Augenblick, führt das zu wachsender Industrialisierung, Umweltverschmutzung und Überbevölkerung. Im Jahre 2030 — also in 52 Jahren — wirkt sich der Mangel an Rohstoffen und Nahrungsmitteln bedrohlich aus: Die Folge: Im Jahr 2100 wird die Bevölkerungszahl auf den Stand von 1960 abgesunken sein, der Lebensstandard sogar auf den von 1900.
2. Reduziert die Menschheit sofort ihren Rohstoffverbrauch um 75 % und füllt die Lücke mit Kunst- und Ersatzstoffen, wird die Geschichte noch schlimmer: Zwischen 2030 und 2050 hätten wir eine Umweltkatastrophe von ungeahntem Ausmaß zu erwarten, mit Seuchen und Hungersnöten. Bis zum Jahr 2070 wären fünf Sechstel der Menschheit ausgerottet. Die Bevölkerungszahl läge dann unter der von 1900.
3. Ein um 20 % erhöhter Lebensstandard durch vergrößerten Geldumsatz würde die Krise nur beschleunigen. Die Umweltkatastrophe käme dann schon um 2040.
4. Auch die Senkung der Geburtenrate in allen Ländern um mehr als 50 % würde nicht weiter helfen. Zwar käme bis zum Jahr 2000 ein höherer Lebensstandard, aber in dessen Gefolge auch wieder die Umweltkatastrophe um 2040.
5. Ganz schlimm wird es, wenn wir uns ganz vernünftig verhalten: wenn etwa 20 % mehr Kapital investiert und 75 % des Rohstoffverbrauchs eingespart werden, würde dies zu einem ,,Bevölkerungszusammenbruch" im Jahr 2020 führen.
6. Eine Verringerung der Umweltverschmutzung um 50 % würde zu einem starken wirtschaftlichen Aufschwung, aber auch zu einem 25 %igen Ansteigen der Bevölkerung führen. Der Zusammenbruch käme dann um 2040.

Eine geringe Chance läßt uns der so gefütterte pessimistische Computer. Die Voraussetzung dazu: Halb so viele Kinder zeugen, 40 % weniger Geld in die Industrie stecken, den Rohstoffverbrauch auf ein Viertel des bisherigen Konsums drosseln, die Nahrungsmittelproduktion um ein Fünftel senken. Ergebnis: Die Bevölkerung würde auf den Stand von 1970 zurückgehen, der Lebensstandard um 33 % abnehmen — dann hätte die Menschheit noch 200 Jahre gut.

Literaturhinweise zur Weiterarbeit:

Flechtheim, O. K., *Futurologie.* Der Kampf um die Zukunft, Fischer-Taschenbuch 6159, Frankfurt/M. 1972

Meadows, D., u. a., *Die Grenzen des Wachstums.* Bericht des Club of Rome zur Lage der Menschheit, Rowohlt Sachbuch 6825, Reinbek 1973 (Kritisch vergleichend sind auch die Folgebände roro Sachbuch 6879 und **Meadows,** D. L., *Wachstum bis zur Katastrophe?,* DVA Stuttgart, heranzuziehen

Picht, G., *Prognose — Utopie — Planung.* Die Situation des Menschen in der Zukunft der technischen Welt, Klett-Verlag, Stuttgart 1967

Steinbuch, K., *Mensch — Technik — Zukunft.* Basiswissen für Probleme von morgen, Stuttgart 1971

Taylor, G. R., *Die biologische Zeitbombe,* Fischer Taschenbuch 1213, Frankfurt/M.

Toffler, A., (Hg.), *Kursbuch ins dritte Jahrtausend, Ullstein Buch 3163,*

Amery, C., *Das Ende der Vorsehung.* Die gnadenlosen Folgen des Christentums, Rowohlt-Verlag, Reinbek 1972

Am Scheideweg

Die Utopien sind verblaßt, die noch vor wenigen Jahren eine Reform der Gesellschaft und einen Zuwachs an Lebensqualität verheißen hatten. Langzeitperspektiven sind zu Tagesentscheidungen verkürzt, ökonomische Realitäten haben die Träume von einer anders strukturierten Zukunft verdrängt.
Gleichwohl wächst die Krise. Die warnenden Stimmen werden beschwörender, die angesichts der ungelösten Zukunftsprobleme nur in einer tiefgreifenden Neuorientierung von Bewußtsein und Lebensstil eine Überlebenschance sehen.

6

Die Utopie der Erhaltung von Vernunft und Freiheit ... ist die Existenzbedingung der technischen Welt. Aus ihr sind unabdingbare Kriterien für jede Planung und jedes Handeln zu gewinnen. Aber Vernunft und Freiheit unterscheiden sich von allen anderen Phänomenen, die wir betrachtet haben, dadurch, daß sie nicht produziert werden können. Gerade an der Stelle, wo der Mensch im Denken seiner Autonomie gewiß zu sein glaubt, stößt er an die absolute Grenze seiner Autonomie ... Damit eröffnet sich aber zugleich ein Ausblick auf jene Formen der Antizipation von Zukunft, die schlechterdings jenseits der Möglichkeiten eines Wissens von Zukunft liegen: Vision, Prophetie und Eschatologie ... Der einzig mögliche Horizont eines durchgreifenden Wandels in dem Bewußtsein und der Denkweise der Menschen wird durch die Begriffe Vision, Prophetie und Eschatologie mehr angedeutet als bezeichnet. Aber es sieht so aus, als ob sich die Zukunft des Menschen der technischen Welt innerhalb jenes Horizontes entscheiden müßte, den diese selbe technische Welt verschüttet hat.

(Georg Picht)

In „Haben oder Sein. Die seelischen Grundlagen einer neuen Gesellschaft" vertritt der deutsch-amerikanische Psychoanalytiker Erich Fromm die These, daß zwei Grundhaltungen menschlicher Existenz zueinander in Konkurrenz stehen: „der Modus des Habens, der sich auf materiellen Besitz konzentriert, auf Gewinnsucht, Macht, Aggression und der Gier, Neid und Gewalt verursacht, und der Modus des Seins, der sich auf Liebe gründet, auf die Lust zu teilen, und sich in wesentlicher, nicht verschwenderischer, sondern schöpferischer Tätigkeit ausdrückt. Fromm stellt fest, daß der Habenmodus mit seiner aggressiven, expansionistischen Wachstumsmoral seit dem Mittelalter das Übergewicht hat und jetzt die Welt an den Abgrund des psychologischen und ökologischen Ruins bringt." Er formuliert als Schlußfolgerung:

7

Unsere einzige Hoffnung ist die energiespendende Kraft, die von einer neuen Vision ausgeht. Diese oder jene Reform vorzuschlagen, ohne das System von Grund auf zu erneuern, ist auf lange Sicht gesehen sinnlos, denn solchen Vorschlägen fehlt die mitreißende Kraft einer starken Motivation. Das „utopische" Ziel ist realistischer als der „Realismus" unserer heutigen Politiker. Die neue Gesellschaft und der neue Mensch werden nur Wirklichkeit werden, wenn die alten Motivationen — Profit und Macht — durch neue ersetzt werden: Sein, Teilen, Verstehen; wenn der Marktcharakter durch den produktiven, liebesfähigen Charakter abgelöst wird und an die Stelle der kybernetischen Religion ein neuer radikal-humanistischer Geist tritt.
Die entscheidende Frage ist in der Tat, ob eine Konversion zu einer humanistischen „Religiosität" ohne Religion, ohne Dogmen und Institutionen zustande kommt, eine „Religiosität", deren Wegbereiter die nontheistischen Bewegungen vom Buddhismus bis zum Marxismus waren. Wir stehen nicht vor der Alternative „selbstsüchtiger Materialismus oder christlicher Gottesbegriff". Im Leben in der Gemeinschaft — in allen seinen Aspekten wie Arbeit, Freizeit und zwischenmenschliche Beziehungen — wird sich dieser „religiöse" Geist verwirklichen, ohne daß wir einer separaten Religion bedürften. Diese Forderung nach einer neuen nichttheistischen, nichtinstitutionalisierten „Religiosität", — ausgenommen für diejenigen Anhänger der traditionellen Religionen, die den humanistischen Kern ihrer Religion authentisch erleben — ist kein Angriff auf die bestehenden Religionen. Es ist jedoch ein Appell an die römischkatholische Kirche, angefangen von der römischen Bürokratie, *sich selbst* zum Geist des Evangeliums zu bekehren. Es bedeutet nicht, daß die „sozialistischen Länder" „entsozialisiert" werden sollen, sondern daß ihr bürokratischer Scheinsozialismus durch einen echten, humanistischen Sozialismus ersetzt wird.

Hendrik Nicolaas Werkman: Die messianische Erwartung

Die spätmittelalterliche Kultur blühte, weil die Vision von der *Stadt Gottes* die Menschen beflügelte. Die Gesellschaft der Neuzeit blühte, weil die Vision der *Irdischen Stadt des Fortschritts* die Menschen mit Energie erfüllte. In unserem Jahrhundert hat diese Vision jedoch die Züge des *Turms von Babel* angenommen, der jetzt einzustürzen beginnt und schließlich alle unter seinen Trümmern begraben wird. Wenn die Stadt Gottes und die Irdische Stadt *These* und *Antithese* darstellten, dann ist eine neue *Synthese* die einzige Alternative zum Chaos: die Synthese zwischen dem „religiösen" Kern der spätmittelalterlichen Welt und der Entwicklung des wissenschaftlichen Denkens und des Individualismus seit der Renaissance. Diese Synthese ist die *Stadt des Seins*.

(Erich Fromm)

Entfaltung

Es ist noch nicht erschienen, was wir sein werden (1. Johannes 3,2)

8

Für die christliche Hoffnung gründen Hunger, Trieb, Aufbruch und Zukunftsbereitschaft in der Verborgenheit des Auferstandenen. Darum hat diese Hoffnung sich ein Gegenüber voraus ... Dieses Gegenüber wird als Verheißung Gottes vernommen und in der Zuversicht ergriffen, die auf die Treue des Gottes setzt, „der die Toten aufweckt und ruft dem, was nicht ist, daß es sei" (*Römer 4, 17*) ...
Die kommende Herrschaft des auferstandenen Christus kann man nicht nur erhoffen und abwarten. Diese Hoffnung und Erwartung prägt auch das Leben, Handeln und Leiden in der Gesellschaftsgeschichte ... Die christliche Hoffnung wirft darum in einem institutionalisierten Leben die „Sinnfrage" auf, weil sie sich mit diesen Verhältnissen in der Tat nicht abfinden kann und die „wohltätige Fraglosigkeit des Lebens" in ihnen nur als eine neue Gestalt des Nichtigen und des Todes erkennt. Sie ist in der Tat auf „andere Institutionen" aus, weil sie das wahre, ewige Leben, die wahre und ewige Würde des Menschen, die wahren und gerechten Verhältnisse von dem zukommenden Reich Gottes erwarten muß ...
Im praktischen Widerstand und in schöpferischer Neugestaltung stellt die christliche Hoffnung das Bestehende in Frage und dient so dem Kommenden. Sie überholt das Vorfindliche in Richtung auf das erwartete Neue und sucht nach Gelegenheiten, der verheißenen Zukunft in der Geschichte immer besser zu entsprechen.

(Jürgen Moltmann)

9

Das Eigentliche ist im Menschen wie in der Welt ausstehend, wartend, steht in der Furcht, vereitelt zu werden, steht in der Hoffnung, zu gelingen ...
Die unfertige Welt kann ... zum Ende gebracht, der in ihr anhängige Prozeß kann zum Resultat gebracht, das Inkognito der in sich selber real-verhüllten Hauptsache kann gelichtet werden ... Das Eigentliche oder Wesen ist dasjenige, was noch nicht ist, was im Kern der Dinge nach sich selbst treibt, was in der Tendenz-Latenz des Prozesses seine Genesis erwartet; es ist selber erst fundierte, objektiv-reale Hoffnung ...
Das Morgen im Heute lebt, es wird immer nach ihm gefragt. Die Gesichter, die sich in die utopische Richtung wandten, waren zwar zu jeder Zeit verschieden, genauso wie das, was sie darin im Einzelnen, von Fall zu Fall, zu sehen meinten. Dagegen die Richtung ist hier überall verwandt, ja in ihrem noch verdeckten Ziel die gleiche; sie erscheint als das einzig Unveränderliche in der Geschichte. Glück, Freiheit, Nicht-Entfremdung, Goldenes Zeitalter, Land, wo Milch und Honig fließt, das Ewig-Weibliche, Trompetensignal im Fidelio und

das Christförmige des Auferstehungstags danach: es sind so viele und verschiedenwertige Zeugen und Bilder, doch alle um das her aufgestellt, was für sich selber spricht, indem es noch schweigt ... Ziel ist jene Gemeinschaft, wo die Sehnsucht der Sache nicht zuvorkommt, noch die Erfüllung geringer ist als die Sehnsucht ... Der Mensch lebt noch überall in der Vorgeschichte, ja alles und jedes steht noch vor Erschaffung der Welt, als einer rechten. Die wirkliche Genesis ist nicht am Anfang, sondern am Ende, und sie beginnt erst anzufangen, wenn Gesellschaft und Dasein radikal werden, das heißt, sich an der Wurzel fassen. Die Wurzel der Geschichte aber ist der arbeitende, schaffende, die Gegebenheiten umbildende und überholende Mensch. Hat er sich erfaßt und das Sein ohne Entäußerung und Entfremdung in realer Demokratie begründet, so entsteht in der Welt etwas, das allen in die Kindheit scheint und worin noch niemand war: Heimat.

(Ernst Bloch)

- *Vergleichen Sie beide Texte unter dem Gesichtspunkt der jeweiligen Hoffnungsstruktur in bezug auf Handlungsmotivationen und Identifikationsangebote!*
- *Formulieren Sie aus den Texten Anfragen Moltmanns an Bloch sowie Anfragen Blochs an Moltmann!*

Traum nach vorn — Utopie und Wirklichkeit

Die Texte 10—13 sowie die Beispiele 14—16 enthalten unterschiedliche Bestimmungen und Konkretionen des Utopiebegriffes. Eine Erarbeitung des jeweiligen Verständnisses kann sich von folgenden Gesichtspunkten leiten lassen:

- *Ansatz und Funktion utopischen Denkens und utopischer Entwürfe*
- *Wirklichkeitsverständnis und gesellschaftlicher Kontext*
- *Verhältnis von Gegenwart und Zukunft*
- *Motivationspotential und Umsetzbarkeit.*

Wo sehen Sie Parallelen zu Ihrem Verständnis von Utopie?

10

Utopie ist tatsächlich Kernkategorie der vielleicht zentralen, ‚weltanschaulich'-politischen Debatte; sie wird um die rechte und würdige gesellschaftliche und individuelle Lebensform der Menschen geführt ... Es gibt keine Begriffsbestimmung von Utopie, die nicht in diese Kontroverse um Normen, Werte und Ideale hineingezogen wäre und darum apologetische oder polemische Züge aufwiese ... Worauf die utopische Intention abzielt, soll die Zukunft erst bringen. Davon hat sich utopisches Denken zwar stets mehr oder minder klare Vorstellungen zu machen versucht, aber gerade diese werden zu seinen Schwächen und zu Angriffspunkten fürs gegenutopische Denken. Das Wolkenkuckucksheim, „darin die Sehnsucht aus unveränderten Elementen der Gegenwart das schönere Bild sich formt", ist naiv und deshalb wohlfeile Zielscheibe des Spotts von Realpolitikern. Die Gebundenheit utopischer Entwürfe an die jeweilige gesellschaftliche Wirklichkeit, der sie sich als Alternativen empfehlen, ist zudem oft allzu offenbar gewesen. Je bunter die Bilder von der besseren Zukunft, desto gefangener sind sie im Horizont ihrer Gegenwart, desto ferner ist ihnen das Bewußtsein von der Historizität ihrer Vorstellungen. Solche Bilder sind in Wahrheit gerade in ihrer detaillierten Ausführung abstrakt und durch den Mangel an Bewußtsein von ihrer historischen Bedingtheit unhistorisch ...
Deshalb kann sich die historische Intention auch da ausdrücken, wo auf Zukunftsbilder verzichtet wird ...
Nicht in der positiven Bestimmung dessen, was sie will, sondern in der Negation dessen, was sie nicht will, konkretisiert sich die utopische Intention am genauesten. Ist die bestehende Wirklichkeit die Negation einer möglichen besseren, so ist die Utopie die Negation der Negation. Der Kampf gegen die Utopie findet seinen Stachel nicht so sehr in ihren Vorstellungen von einer schöneren Zukunft, vielmehr in ihrer Kritik an einer schlechten Gegenwart. Nicht die Bilder des Besseren werden denunziert, sondern die auch in solchen Bildern immer schon enthaltene Kritik an Bestehenden ...
... auch gibt es Vorschläge, die Bestimmung des Utopiebegriffs von der Gebundenheit an die gesellschaftliche Sphäre überhaupt zu lösen und das Moment der Antizipation von Zukünftigem an sich zum zentralen Merkmal eines — nun „wertfreien" — Utopiebegriffs zu machen.

(Arnhelm Neusüss, Hrsg.)

11

Die utopistische Haltung ist daher der vernünftigen entgegengesetzt. Selbst wenn der Utopismus des öfteren in rationalistischer Verkleidung auftritt, ist er nicht mehr als ein Pseudorationalismus ...
Das Bestechende des Utopismus, glaube ich, entstammt der mangelnden Einsicht, daß wir keinen Himmel auf Erden schaffen können. Was wir statt dessen tun können, das ist, wie ich meine, das Leben etwas weniger furchtbar zu machen und etwas weniger ungerecht in jeder Generation. Es gibt viele dringende Probleme, die wir zumindest teilweise lösen könnten, indem wir etwas den Kranken und Schwachen helfen und denen, die unter Unterdrückung und Ungerechtigkeit leiden, indem wir die Arbeitslosigkeit beseitigen; indem wir allen gleiche Möglichkeiten verschaffen; und indem wir internationale Verbrechen verhüten, z. B. Erpressung und Krieg, die von Menschen, Göttern gleich, von allmächtigen und allwissenden Führern entfesselt werden. Dies alles könnten wir erreichen, hörten wir auf, von fernen Idealen zu träumen und für unsere utopische Planskizzen einer neuen Welt und eines neuen Menschen zu kämpfen.

(Karl R. Popper)

12

Es gibt in der technischen Welt, in der wir leben, im Grunde nur eine einzige Utopie, die alle anderen Utopien in sich enthält, nämlich die Utopie des Weltfriedens ... Auf absehbare Zeit wird in der technischen Welt der Frieden nur durch Terror und durch die Übermacht der privilegierten Nationen zu erhalten sein ...
Aber jeder Schritt der Prognose hat in der Welt, in der wir leben, die Eigentümlichkeit, daß er zugleich die Unentbehrlichkeit der Utopie verdeutlicht. Nicht Schwärmerei, sondern Kalkül läßt uns erkennen, daß der bestehende und kommende Weltzustand ohne die Utopie eines humanen Friedens niemals zu überwinden ist. Humaner Friede wäre eine Gestalt des Friedens, in der Vernunft und Freiheit nicht durch Terror negiert, sondern in neuer Form entfaltet werden.

(Georg Picht)

Die Insel Utopia, A. Holbein, 1518

13

Die bessere Zukunft wird zum Trost für die unbefriedigende Gegenwart. Im Traum von der besseren Zukunft flieht der Mensch aus der Wirklichkeit ...
Die Psychoanalyse ermöglicht die Kritik am Pseudo-Messianismus in seinen verschiedenen Formen. Wo immer leidenschaftliche Hoffnung am Werk ist, richtet sie den Menschen auf Zielvorstellungen aus, die der Wirklichkeit nicht entsprechen. Man muß Erwartungen, die nicht an der Wirklichkeit orientiert sind, als das Ergebnis psychischer Prozesse auf der Suche nach Ersatzbefriedigung bezeichnen. Der Trieb drängt; da er aber lenkbar ist, kann ihn der Mensch von der Befriedigung im Jetzt ab- und auf die Zukunft hinlenken. Man lebt im Heute, ist aber in Gedanken immer schon beim Morgen. Das Jetzt wird der Zukunft geopfert. Eine Generation wird geknechtet, damit die andere in Freiheit, Gleichheit und Gerechtigkeit leben kann. In der religiösen Illusion wird vielfach der Himmel zum Ersatz für fehlendes Glück auf Erden, das mangelnde Interesse an der Gegenwart wird dann mit der Sehnsucht nach dem zukünftigen Glück entschuldigt.
(Johann Hofmeier)

Beispiele aus zwei Jahrtausenden

14

1 Und ich sah einen neuen Himmel und eine neue
Erde. Denn der erste Himmel und die erste Erde
sind vergangen, und das Meer ist nicht mehr.
2 Und die heilige Stadt Jerusalem sah ich, neu,
von Gott aus dem Himmel herabkommen, bereitet
wie eine Braut, die für ihren Mann geschmückt ist.
3 Und ich hörte eine Stimme vom Thron her
erschallen: „Siehe! Die Wohnung Gottes bei den
Menschen! Er wird bei ihnen wohnen, und sie wer-
den sein Volk sein, und er, Gott, wird mit ihnen
sein,
4 und alle Tränen von ihrem Angesicht abwi-
schen; und der Tod wird nicht mehr sein und kein
Leid, kein Jammer und keine Mühsal, denn das
erste ist vergangen."
5 Und der Thronende sprach: „Siehe, ich erschaf-
fe alles neu!"

(Offenbarung 21, 1—5a; Wilckens)

15

Je dreißig Familien wählen sich jährlich einen Vorstand, den sie ... ‚Syphogrant' nennen ... An die Spitze von zehn Syphogranten mitsamt ihren Familien wird jetzt der Protophylarch gestellt, der früher ‚Tranibor' hieß. Schließlich ernennen alle Syphogranten, zweihundert an der Zahl, nachdem sie vorher geschworen haben, den zu wählen, den sie für den Tüchtigsten halten, in geheimer Abstimmung ein Oberhaupt, das heißt, einen von den vier Männern, die ihnen das Volk benannt hat; denn von jedem Viertel der Stadt wird einer ausgewählt und dem Senat vorgeschlagen. Das Amt der Staatspräsidenten ist lebenslänglich, sofern nicht der Verdacht, sein Inhaber strebe nach Gewaltherrschaft, aufkommt.

Die Traniboren werden jährlich gewählt ... Die übrigen Beamtenstellen werden jährlich neu besetzt ...

Ein einziges Gewerbe üben alle Männer und Frauen gemeinsam aus: den Ackerbau. Von ihm ist keiner befreit; in ihm werden alle von Kindheit an unterwiesen, teils durch theoretischen Unterricht in der Schule, teils praktisch ...

Außer der Landwirtschaft ... erlernt jeder noch irgendein besonderes Handwerk; das ist in der Regel die Tuchmacherei, die Leineweberei oder das Maurer-, Schmiede-, Schlosser- oder Zimmermannsgewerbe ...

Die Kleider haben über die ganze Insel hin denselben Schnitt, abgesehen davon, daß sich die Geschlechter untereinander und die Ledigen von den Verheirateten durch ihre Kleidung unterscheiden ... Diese Kleider fertigt sich ... jede Familie selber an ...

Wenn ich ... alle diese Staaten, die heute irgendwo in Blüte stehen, prüfend an meinem Geiste vorbeiziehen lassen, so finde ich — so wahr mir Gott helfe! — nichts anderes als eine Art von Verschwörung der Reichen, die im Namen und unter dem Rechtstitel des Staates für ihren eigenen Vorteil sorgen ... Aber selbst wenn diese üblen Elemente in ihrer unersättlichen Gier alles das untereinander aufgeteilt haben, was für alle ausgereicht hätte: wie weit sind sie trotzdem entfernt von dem glücklichen Zustand der Utopier! Welche Last von Beschwerlichkeiten ist doch diesem Gemeinwesen abgenommen, welche Saat von Verbrechen mit Stumpf und Stiel ausgerottet, seit dort mit dem Gebrauch des Geldes zugleich jede Gier danach aus der Welt geschafft ist!

(Thomas Morus)

16

Die Ideen der Kommunisten von der kommunistischen Zukunft zeichnen das Bild dieser moralischen Gesellschaft. Sie bedeuten, daß das Ziel unseres Strebens eine Gesellschaft sein muß, die zu ihrer Aufrechterhaltung keiner moralischen Vorschriften bedarf, weil alle Mitglieder der Gesellschaft einsehen können, was notwendig ist, weil die Einsicht in die Notwendigkeit nicht durch die Unwahrhaftigkeit und Lügenhaftigkeit der gesellschaftlichen Beziehungen unmöglich gemacht wird. Der Kommunismus ist der alte Traum der Menschheit von einem Gemeinwesen, in dem nicht ein Teil Rechte hat, die einem anderen Teil vorenthalten sind. Es ist der Traum von einer menschlichen Welt, wo alle die gleichen Rechte und Möglichkeiten haben, wo der Mensch gut sein kann, ohne sich opfern zu müssen ...

Die kommunistische Gesellschaft wird keine Diebe und Räuber kennen, weil man Reichtum und Gewinn, d. h. Reichtum und Gewinn Einzelner weggeworfen hat, so wie es Laotse fordert. Es wird eine Gesellschaft sein, in der alle Menschen alle

Möglichkeiten des Lebens haben, nach ihren Bedürfnissen leben können und wo niemand etwas stehlen kann, weil jeder alles haben kann.
Wenn ich dieses visionäre Bild der kommunistischen Gesellschaft entwerfe, so weiß ich, daß dies wohl ein Ziel ist, daß dies Ziel aber auch in seiner seligen Widerspruchsfreiheit eine Utopie ist . . . Niemals wird es eine vollständig moralische Gesellschaft geben, in der keinerlei Widersprüche zwischen den individuellen Interessen und den Interessen der Gesamtheit der Gesellschaft mehr bestehen. Niemals wird eine solche widerspruchsfreie, absolute, moralische Gesellschaft möglich sein. Immer werden wir nur auf dem Weg zu ihr sein. Aber die kommunistische Epoche, die jetzt anhebt, . . . wird Schluß machen mit all den Notwendigkeiten und Widersprüchen, die die Grundlage und die Grundwidersprüche der vergangenen Gesellschaftsepoche der Ausbeutergesellschaften waren. Die Widersprüche dieser Ausbeuterepoche werden im Kommunismus überwunden. Es wird eine Gesellschaft entstehen, in der sich niemand mehr auf Kosten des anderen bereichern *können* wird. Damit werden die sozialen Beziehungen zwischen den Menschen grundlegend gewandelt.

(Robert Havemann)

Die Texte 10—16 können auf die Diskussion in Zusammenhang mit den Basistexten 8 und 9 rückbezogen werden und zur Systematisierung dienen.
Es ist auch denkbar, sie als selbständige Einheit zu behandeln und die kontroversen Positionen in Abgrenzung und Vergleich zu erarbeiten.

Literatur zur Vertiefung:

Bloch, E., *Freiheit und Ordnung.* Abriß der Sozialutopien. Mit Quellentexten, rde Bd. 318/319, Rowohlt Taschenbuch-Verlag, Reinbek

Friedrich, G., *Utopie und Reich Gottes.* Zur Motivation politischen Verhaltens, Kleine Vandenhoek-Reihe 1403, Verlag Vandenhoek & Ruprecht, Göttingen o. J.

Heinisch, K. J., Hrsg., *Der utopische Staat,* roro Klassiker Nr. 68/69, Rowohlt Taschenbuch-Verlag, Reinbek 1960

Neusüß, A., Hrsg., *Begriff und Phänomen des Utopischen,* Soziologische Texte Bd. 44, Neuwied/Berlin 1968

Zukunft und Reich Gottes

17

14 Und nachdem Johannes gefangengesetzt war, kam Jesus nach Galiläa und verkündigte die Heilsbotschaft Gottes:
15 „Die Zeit ist erfüllt, die Gottesherrschaft ist nahe: Kehrt um und glaubt an die Heilsbotschaft."

(Markus 1, 14 f; Wilckens)

Die Exegese des Neuen Testaments stimmt weitgehend darin überein, daß ,,basileia tou theou" (,,Königsherrschaft Gottes") zentrales Motiv der Verkündigung Jesu war. Strittig ist dagegen die Interpretation des Reich-Gottes-Begriffes. An keiner Stelle des Neuen Testaments wird eine klare Definition oder Beschreibung gegeben.
Die Kontroverse ist auch in der Sache selbst begründet: Jesus nimmt eine in der jüdischen Umwelt geläufige, aus dem Jahweglauben Israels herkommende Vorstellung auf, die disparate Elemente und Aspekte in sich vereinigt. — Jesu Interpretation von ,,basileia tou theou" muß im Zusammenhang der ihr zugrundeliegenden Tradition gesehen werden.

Königsherrschaft Jahwes — im Alten Testament — „Malkut Jahwe"

Das dem Begriff ,,Reich Gottes" vorlaufende Motiv vom ,,Königtum Jahwes" findet sich im Alten Testament in einer sehr unausgewogenen Streubreite.

- *Einen ersten Überblick vermittelt eine Konkordanz.*
- *In welchen Büchern des AT begegnet das Wortfeld „Königtum Jahwes" besonders häufig? Wo fehlt es völlig?*
- *Welche Schlüsse lassen sich daraus ziehen?*

18

11 Wer ist wie du, Herr, unter den Göttern? Wer ist wie du, so hehr und heilig, furchtbar in Ruhmestaten, Wunder verrichtend?

12 Du recktest aus deine Rechte, da verschlang sie die Erde.
13 Gnädig hast du geleitet das Volk, das du erlöst, hast es machtvoll geführt zu deiner heiligen Wohnstatt.
18 Der Herr ist König immer und ewig.

(2. Mose 15, 11—13. 18, Zürcher)

Orientierende Hinweise:

Der Text hebt auf das Rettungserlebnis am Schilfmeer (*2. Mose 14)* im Zusammenhang des Exodus ab. Befreiung aus Ägypten und Errettung am Meer als historische Fixpunkte konstituieren die radikale Geschichtsbezogenheit des Jahweglaubens.

Jahwe ist der Gott der Befreiung aus Ägypten, er ist der Nomadengott, der vor seinem Volk herzieht in ein neues Land. Dabei gibt er sich seinem Volk nicht preis; er kann nicht magisch beschworen werden; er zeigt sich seinem Volk als der Nahe, aber nicht Manipulierbare, als der je Größere, aber nicht Überwältigende. Er weist in die Zukunft, auf sein zukünftiges Handeln mit den Menschen, indem er erkannt wird, wenn man sich im Glauben an ihm festmacht. Jede erfahrene Erfüllung birgt für Israel einen Überschuß an neuer Verheißung in sich, so daß es gleichsam in eine wachsende Zukunft vorangetrieben wird. Dabei läßt die Verheißung selber einen Raum der Entscheidung offen, einen Raum für Umkehr und Treue, aber auch für Versagen und Abfall zu den falschen Göttern. Jahwe ist also nicht der Garant der bestehenden Ordnung, des Kosmos, der zeitlich heile Ursprung, in den hinein es zyklisch-mythisch zu fliehen gilt, sondern der geschichtsmächtige Gott, der sein Volk einlädt, die Welt auf diese Verheißungen hin zu verändern, immer wieder neu aus dem Bestehenden auszuziehen und das Kommende in Verantwortung vor Gott zu gestalten. Das Geschichtsverständnis Israels ist also dynamisch-aktiv, orientiert an den Geschichtsdaten Jahwes. Dabei richtet sich die Hoffnung Israels konkret auf die innerweltliche Zukunft im wachsenden Horizont. Die Erfahrung Israels, die bestimmt ist vom Rückverweis auf geschehenes Handeln Jahwes in der Geschichte seines Volkes, vom Vorverweis seiner Verheißungen und vom Hinweis auf seinen Auftrag an sein Volk, ermöglicht ein Geschichtsdenken in größeren Zeiträumen, das die Menschen als Partner im Bund mit einbezieht. Die Perspektive der Hoffnung weckt die Kräfte zur Bewältigung der innerweltlichen Zukunft in Treue zu Jahwe und ordnet die Vergangenheit durch den Aufweis von Erfüllungen und durch die Aufdeckung des Gerichtes, beides als Hinweis auf die Chance einer noch größeren Zukunft in radikaler Verantwortung vor Gott verstanden.

(Ferdinand Kerstiens)

Auch im vorliegenden Text bezieht sich Jahwes Handeln ausschließlich auf die Geschichte Israels.
Erst in späterer Zeit beginnt Israel auch das universale Weltgeschehen als Geschichte in der Kompetenz Jahwes als des Herrn aller Völker und des Schöpfers der ganzen Welt zu begreifen.

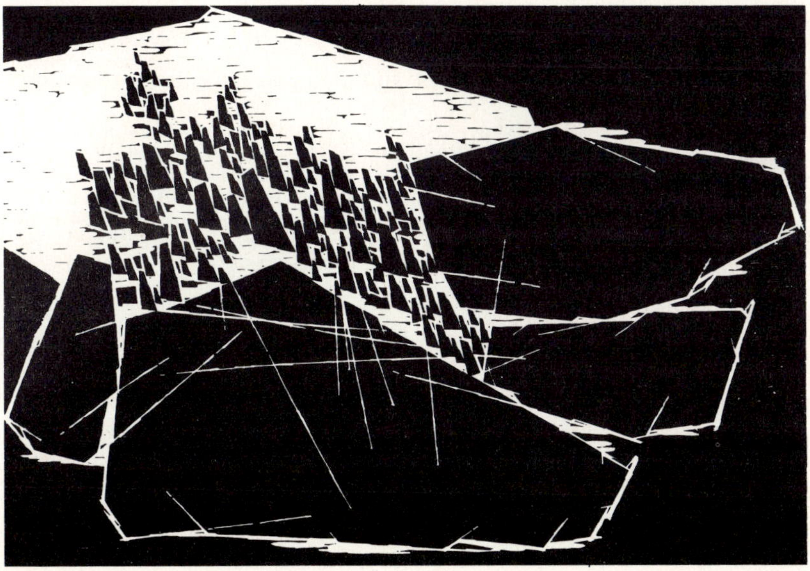

Exodus, Benedikt W. Traut, 1972

Benedikt W. Traut, Exodus, Holzschnitt 1972
Rechts unten, wo es dunkel ist, beginnt der Weg. Dunkel: Chaos, Tohuwabohu, Angst (wie Angina), unbehaust, Tod — oder Material der Schöpfung, Möglichkeit für Leben und Licht?
Im Dunkel: einige weiße Striche — Anzeichen von Leben, Spuren von Licht. Ein Weg wird sichtbar, Freiheit gewährend, Weg ins Neue — Leben, Weite, gelobtes Land. Aus Bedrückung und Angst, mit Vergangenheit und Schuld beladen betreten Davoneilende den sich weitenden Raum — angezogen von dem lichthellen Feld, Zusage geschenkter Freiheit.

(Rudolf Renner)

19

1 In dem Jahr, da der König Usia starb, sah ich den Herrn auf einem hohen und erhabenen Thron sitzen, und seine Säume füllten den Tempel.
2. Seraphe standen über ihm; ein jeder hatte sechs Flügel: mit zweien bedeckte er sein Angesicht, mit zweien bedeckte er seine Füße, und mit zweien flog er.
3 Und einer rief dem andern zu und sprach: Heilig, heilig, heilig ist der Herr der Heerscharen! Die ganze Erde ist seiner Herrlichkeit voll!
5 (ich) habe den König, den Herrn der Heerscharen, mit meinen Augen gesehen.

(Jesaja 6, 1—3.5; Zürcher)

Orientierende Hinweise:

Dieses wohl älteste erhaltene Zeugnis mit dem Motiv der „malkut Jahwe" ist der Berufungsvision des Propheten (um 740 v. Chr.) entnommen. Die verarbeitete Vorstellung „von Jahwes königlichem Thronen ist wahrscheinlich in der Zeit zwischen Landnahme und Staatenbildung Israels aufgekommen; hierbei dürften die Jahwe huldigenden Himmelwesen depotenzierte heidnische Götter sein, deren Entmachtung und Unterwerfung unter den einzig wahren Gott in dem Bild vom Hofstaat Jahwes einprägsam sich darstellte. — Wie fest die Vorstellung vom Königtum Jahwes im Glauben Israels Wurzeln schlug, bezeugen vor allem eine Gruppe von Psalmen, die sogenannten ‚Thronbesteigungspsalmen' (sc. Ps 47; 93; 96 u. ö.). Sie sind vermutlich an ein bestimmtes Fest gebunden, an dem man alljährlich die Erneuerung von Jahwes Königtum in feierlichem Zeremoniell beging.

(Günter Klein)

20

1 Warum toben die Völker und sinnen die Nationen vergebliche Dinge?

2 Könige der Erde stehen auf, und Fürsten ratschlagen miteinander wider den Herrn und seinen Gesalbten:

3 „Laßt uns zerreißen ihre Bande und von uns werfen ihre Fesseln."

4 Der im Himmel thront, lacht, der Herr spottet ihrer.

5 Alsdann redet er sie an in seinem Zorn, und in seinem Grimme schreckt er sie:

6 „Habe doch ich meinen König eingesetzt auf Zion, meinem heiligen Berge."

7 Kundtun will ich den Beschluß des Herrn: er sprach zu mir:
„Mein Sohn bist du; ich habe dich heute gezeugt.

8 Heische von mir, so gebe ich dir Völker zum Erbe, die Enden der Erde zum Eigentum."

10 Nun denn, ihr Könige, werdet weise, lasset euch warnen, ihr Richter auf Erden!

11 Dienet dem Herrn mit Furcht . . .

(Psalm 2, 1—8. 10 f.; Zürcher)

Orientierende Hinweise:

„Mit dem Aufkommen der davididischen Dynastie im Reich Juda (sc. im Zusammenhang der Bedrohung durch die Philister) kristallisierten sich der Vorstellung von Jahwes Königtum neue Züge an. Nun gilt es, das Verhältnis zwischen dem Königtum Gottes und dem empirischen Königtum des jeweils herrschenden Davididen zu bestimmen . . . Das damit aufbrechende Problem wird bewältigt, indem das irdische Königtum als Mandatar (= Mandatsträger) des göttlichen interpretiert wird. Am deutlichsten läßt dies Ps 2 erkennen, der — entsprechend altorientalischem Hofzeremoniell — die Einsetzung des irdischen Königs in sein Amt als Akt der Adoption zum Sohn Gottes begreift . . . Daraus folgt für die übrigen Könige auf Erden, sich dem Davididen zu unterwerfen; diese Forderung aber wird bezeichnenderweise in die Worte gekleidet: ‚Dienet Jahwe mit Furcht!' Das Königtum Gottes manifestiert sich also irdisch im empirischen Königtum der davidischen Dynastie . . . in dem gekennzeichneten Zusammenhang eignet dem Motiv vom Königtum Gottes eine stark politische Komponente; der irdische König ist Statthalter des himmlischen, seine Macht göttlich delegierte Macht."

(Günter Klein)

21

21 An jenem Tag, da wird der Herr heimsuchen das Heer der Höhe (Geister, Gestirngottheiten) in der Höhe und die Könige der Erde auf der Erde.

22 Die werden zusammengesperrt in die Grube, wie man Gefangene einsperrt, und sie werden verschlossen in den Verschluß (Kerker) und nach vielen Tagen zur Strafe gezogen.
23 Der Mond wird erröten und die Sonne beschämt dastehen (s. c. Entmachtung der Gestirngottheiten); denn König ist der Herr der Heerscharen auf dem Berg Zion und zu Jerusalem, und vor seinen Ältesten ist Herrlichkeit.
6 Und rüsten wird auf diesem Berg der Herr der Heerscharen allen Völkern ein Mahl von fetten Speisen, ein Mahl von alten Weinen, von fetten, markigen Speisen, von alten, geläuterten Weinen.
7 Und vernichten wird er auf diesem Berg die (s. c. Trauer-)Hülle, ... die über alle Völker gedeckt ist.
8 Vernichten wird er den Tod auf ewig. Und abwischen wird Gott, der Herr, die Tränen von jedem Antlitz und die Schmach seines Volkes von der ganzen Erde hinwegnehmen; denn der Herr hat es geredet.

(Jesaja 24, 21—23; 25, 6—8; Zürcher)

Der Prophet, Honest Schempp, 1963

Orientierende Hinweise:

Der Auszug aus der sog. Jesaja-Apokalypse *(24, 1—27, 13)* setzt das babylonische Exil *(ca. 587—538 v. Chr.)* voraus. „In der Zeit *vor* dem Exil standen immer wieder Propheten auf, die dem Volk seine Sünden vorhielten und ihm im Namen Jahwes ein großes Gericht androhten. Nachdem die Katastrophe (Exil) über Israel hereingebrochen war, interpretierte man sie als das von den Propheten angedrohte Gericht. Gleichzeitig glaubte man fest, daß Jahwes Heils- und Erlösungswille ... auch trotz der Strafe weiterhin wirksam bleibe.

Deshalb ist zu verstehen, daß im Exil und in der Zeit danach Propheten sich zu Wort meldeten, die das Ende für die Zeit der Schuld und des Gerichtes verkündeten und zugleich den Beginn der Zeit endgültiger Erlösung und endgültigen Heils ansagten. Diese Propheten sahen sich an der Schwelle zwischen einer vergehenden und der neu heraufkommenden Epoche, die in unmittelbar bevorstehender Zukunft „ewiges Heil" *(Jesaja 45, 17; 51, 6.8)* und „ewige Freude" *(Jesaja 51, 11)* bringen sollte ...

Die Verkündigung der verschiedenen exilischen und nachexilischen Propheten von den Geschehnissen der kurz bevorstehenden Zeitenwende hat gemeinsame Grundzüge:

a) Vernichtung der Macht des Weltreiches bzw. der Völker ...
b) Erlösung und Befreiung Israels als der eschatologischen Heilsgemeinde mitsamt der Reinigung der Gemeinde und der Sammlung aller Verstreuten in Jerusalem;
c) Schaffung wunderbarer und paradiesischer Lebensverhältnisse für die Heilsgemeinde;
d) Beginn der unmittelbaren Gottesherrschaft oder der Messiasregierung;
e) Bekehrung der Völker oder ihres Restes ...

Wenn vom Weltgericht und der kommenden Heilszeit die Rede ist, ist gewöhnlich nicht das Ende von Welt und Menschengeschichte überhaupt gemeint; vielmehr spielen sich die eschatologischen Geschehnisse im Rahmen der Völkerwelt und ihrer Geschichte ab. Das neue Zeitalter schließt nicht das Ende der Welt ein, sondern ihre Wiederherstellung, Erneuerung oder höchstens Neuschöpfung. Die Heilsgüter dieser Zeit (Fruchtbarkeit des Bodens, zahlreiche Nachkommen, ewiger Friede in Mensch- und Tierwelt, Sündlosigkeit etc.) sind ewige, aber durchaus diesseitige Werte."

(Hubertus Tommek)

In diesem Zusammenhang ist der vorliegende Text aus nachexilischer Zeit anzusiedeln. Jesaja 24, 1 ff. kündigt das eschatologische Weltgericht über Erde und Himmel an, Jesaja 24, 21—25, 12 erwartet die Entmachtung der Feinde Jahwes und das universale Bundesmahl mit Jahwe auf dem Berg Zion als Beginn der Gottesherrschaft.

- *Die Texte 18—21 deuten „malkut Jahwe" unterschiedlich. Welche Aspekte kennzeichnen die einzelnen Überlieferungsstufen?*
- *Welche Tendenzen lassen sich aus der Entwicklungsgeschichte des Motivs ablesen? Wo liegen die Ursachen für die Akzentverschiebung?*

Geschichte und Erfahrung

22

Im Naturreich regiert, wie du weißt, der Wechsel: auf Regen folgt Sonnenschein. Stürmisch wogt das Meer — dann liegt es still da. Winde wehen in wechselnder Richtung; der Nacht folgt der Tag; ein Teil der Sterne geht auf, der andere unter; aus den Gegensätzen erwächst die Ewigkeit.
Diesem Gesetz muß auch unsere Seele sich anpassen, ihm folgen und gehorchen. Einsehen muß sie, daß alles, was passiert, so und nicht anders hat kommen müssen.
Wir haben der Natur nichts vorzuwerfen. Was man nicht bessern kann, muß man tragen . . . Nehmen wir unverdrossen und munter die Befehle der Gottheit entgegen und verlassen wir nie die Bahn ihres herrlichen Werks, in das alles verflochten ist, was uns betrifft.

(Seneca)

23

Siehe, es kommt die Zeit, spricht der Herr, da will ich mit dem Haus Israel und mit dem Haus Juda einen neuen Bund schließen, nicht wie der Bund gewesen ist, den ich mit den Vätern schloß, als ich sie bei der Hand nahm, um sie aus Ägyptenland zu führen, ein Bund, den sie nicht gehalten haben, ob ich gleich ihr Herr war, spricht der Herr; sondern das soll der Bund sein, den ich mit dem Haus Israel schließen will nach dieser Zeit, spricht der Herr: Ich will mein Gesetz in ihr Herz geben und in ihren Sinn schreiben, und sie sollen mein Volk sein, und ich will ihr Gott sein . . . Ich will ihnen ihre Missetat vergeben und ihrer Sünde nimmermehr gedenken."

(Jeremia 31, 31—34; Zürcher)

- *Charakterisieren Sie in den vorstehenden Texten (22—23) die Kategorien der jeweiligen Geschichtsdeutung.*
- *Welche Rolle kommt in ihnen jeweils dem Menschen zu? Wodurch wird sein Handeln bestimmt?*
- *„Das Eschatologische kam durch die Bibel in die Welt" (E. Bloch). Überprüfen Sie die Berechtigung dieses Satzes unter Einbeziehung der Einsichten aus den alttestamentlichen Beispielen.*
- *Vergleichen Sie Ihre Ergebnisse mit den folgenden Überlegungen des Historikers und Philosophen Karl Löwith.*

24

Die Auslegung der Geschichte ist zuerst und zuletzt ein Versuch, den Sinn geschichtlichen Handelns und Erleidens zu begreifen . . . Es ist das Vorrecht der Theologie und der Philosophie, Fragen zu stellen, die sich empirisch nicht beantworten lassen. Von dieser Art sind diejenigen Fragen, die erste und letzte Dinge betreffen; sie behalten gerade deshalb ihre Bedeutung, weil keine Antwort sie zum Schweigen bringt. Es gäbe gar kein Fragen nach dem Sinn der Geschichte, wenn dieser in den geschichtlichen Ereignissen schon selbst offensichtlich wäre. Andererseits kann aber Geschichte auch nur im Hinblick auf einen letzten Sinn als sinn-los erscheinen. Enttäuschungen gibt es nur, wo etwas erwartet wird. Daß wir aber überhaupt die Geschichte im ganzen auf Sinn und Unsinn hin befragen, ist selbst schon geschichtlich bedingt: jüdisches und christliches Denken haben dieses maßlose Fragen ins Leben gerufen. Nach dem letzten Sinn der Geschichte ernstlich zu fragen, überschreitet alles Wissenkönnen und verschlägt uns den Atem; es versetzt uns in ein Vakuum, das nur Hoffnung und Glaube auszufüllen vermögen.

Die Griechen waren bescheidener. Sie maßten sich nicht an, den letzten Sinn der Weltgeschichte zu ergründen. Sie waren von der sichtbaren Ordnung und Schönheit des natürlichen Kosmos ergriffen, und das kosmische Gesetz des Werdens und Vergehens war auch das Vorbild ihres Geschichtsverständnisses. Nach griechischer Weltanschauung bewegt sich alles in einer ewigen Wiederkehr des Gleichen, wobei der Hervorgang in seinen Anfang zurückkehrt. Diese Anschauung enthält ein natürliches Verständnis des Universums, das die Erkenntnis zeitlicher Veränderungen mit der von periodischer Regelmäßigkeit, Beständigkeit und Unveränderlichkeit vereinigt. Das Unveränderliche, wie es vor allem an der geordneten Bewegung der Himmelskörper erscheint, war für sie von größerem Interesse und von tieferer Bedeutung als alle progressive und radikale Veränderung. Die „Revolution" ist ursprünglich ein natürlicher, kreisförmiger Umlauf, aber kein Bruch mit einer geschichtlichen Überlieferung.

In diesem geistigen Klima, das von der Anschauung der natürlichen Welt beherrscht war, konnte der Gedanke der weltgeschichtlichen' Bedeutung eines einzigartigen Ereignisses nicht aufkommen. Die Griechen frugen zuerst und zuletzt nach dem *Logos des Kosmos,* aber nicht nach dem *Herrn* der *Geschichte.* Selbst der Erzieher Alexanders des Großen hat der Geschichte keine einzige Schrift gewidmet und schätzte sie gegenüber der Dichtung gering, weil die Geschichte nur vom Einmaligen und Zufälligen handelt, Philosophie und Dichtung aber vom Immer-so-Seienden. Für die griechischen Denker wäre eine „Philosophie der Geschichte" ein Widersinn gewesen. Geschichte ist politische Geschichte und als solche ein Anliegen von Staatsmännern und politischen Historikern.

Den Juden und Christen bedeutet Geschichte vor allem Heilsgeschehen. Als solches ist sie das Anliegen von Propheten und Predigern. Das Faktum der Geschichtsphilosophie und ihre Frage nach einem letzten Sinn ist dem eschatologischen Glauben an einen heilsgeschichtlichen Endzweck entsprungen.

...

Auch geschichtliche Geschehnisse sind nur sinnvoll, wenn sie auf einen Zweck jenseits der tatsächlichen Ereignisse verweisen, und weil die Geschichte eine zeitliche Bewegung ist, muß der Zweck ein künftiges Ziel sein. Weder einzelne Geschehnisse noch eine Folge von Geschehnissen sind als solche schon sinnvoll und zielvoll. Die Fülle des Sinnes ist Sache einer zeitlichen Erfüllung. Eine Aussage über den Sinn historischer Ereignisse zu wagen, ist nur möglich, wenn ihr künftiges *telos* sichtbar wird. Wenn eine geschichtliche Bewegung ihre Tragweite enthüllt, so denken wir über ihr erstes Auftreten nach, um den Sinn des ganzen, obschon besonderen Ereignisses zu bestimmen — des „ganzen", insofern als es einen bestimmten Ausgangspunkt und einen letzten, eschatologischen Endpunkt hat. Die Annahme, daß die Geschichte einen letzten Sinn habe, antizipiert also einen Endzweck als Endziel, das die tatsächlichen Geschehnisse überschreitet. Diese Gleichsetzung von Sinn und Zweck schließt die relative Bedeutsamkeit von Ereignissen so wenig aus wie die Geschichte im ganzen einzelne Geschehnisse.

Die zeitliche Dimension eines endgültigen Zieles ist somit eine eschatologische Zukunft, und Zukunft ist für uns nur da in Erwartung und Hoffnung. Der letzte Sinn ist der Brennpunkt einer erwarteten Zukunft. Man weiß von ihr nur in der Weise des Hoffens und Glaubens. Am leidenschaftlichsten war eine solche Erwartung bei den jüdischen Propheten lebendig; den griechischen Philosophen war sie fremd. Wenn man bedenkt, daß Deutero-Jesaia und Herodot beinahe Zeitgenossen waren, kann man die unüberbrückbare Kluft zwischen griechischer Weisheit und jüdischem Glauben ermessen. Die biblische und nachchristliche Geschichtsbetrachtung ist prinzipiell futuristisch; sie verkehrt die griechische Bedeutung von *historein,* das sich auf gegenwärtiges und vergangenes Geschehen bezieht. In den griechischen und römischen Mythologien und Genealogien wird die Vergangenheit als immerwährender Ursprung ver-gegenwärtigt; nach jüdischer und christlicher Geschichtsauffassung ist die Vergangenheit ein Versprechen der Zukunft. Folglich wird die Interpretation der Vergangenheit rückwärtsgewandte Prophetie; sie stellt die Vergangenheit dar als eine sinnvolle „Vorbereitung" der Zukunft. Griechische Philosophen und Historiker waren überzeugt, daß was immer sich künftig ereignen wird, nach dem gleichen *logos* ablaufen und von gleicher Art sein wird wie vergangenes und gegenwärtiges Geschehen.

(Karl Löwith)

„Königsherrschaft Jahwes" im Erwartungsspektrum des Spätjudentums

Das Ende des davidischen Königshauses und damit verbunden die — zumindest vorläufige — Amputierung messianischer Hoffnungen (Frie-

densreich, Messiaskönig aus dem Haus Davids, Vernichtung der Feinde Israels), die Erfahrungen der exilischen und nachexilischen Zeit haben Israels Hoffnung auf Jahwes Königsherrschaft nicht liquidiert, sondern eher intensiviert.
Israels Antwort auf die Krise läßt sich im wesentlichen auf zwei miteinander konkurrierende und einander ergänzende Grundmuster reduzieren:
- *national-messianische Hoffnung*
- *universal-apokalyptische Hoffnung.*

25a

Die national-messianische Erwartungshaltung
(Unsere Meister) sagten: Nicht wie die hiesige Welt ist die kommende Welt [messianische Zeit]. In der hiesigen Welt hat man Mühe, Trauben zu lesen und zu treten; in der kommenden Welt bringt man eine einzige Traube auf einem Wagen oder auf einem Schiff ein und lagert sie in einer Ecke seines Hauses, und man hat davon eine Ausbeute wie von einem großen Faß ... Und du hast keine einzige Traube, die nicht dreißig Krüge Wein ergibt, denn es heißt: Traubenblut wirst du trinken im Schaum.

(Babylonischer Talmud, 5. Mose 32, 14)

25b

Rabbi Jehoschua, Levis Sohn, fand einst Elia am Eingang der Grabhöhle von Rabbi Schimon, Jochais Sohn, stehen und sagte zu ihm:
Wann kommt der Messias? Er sagte zu ihm: Geh und frag ihn selbst! Und wo sitzt er? Am Eingang von Rom. Und was ist sein Erkennungszeichen? Er sitzt unter Armen, die mit Krankheiten beladen sind. Sie alle lösen [ihre Verbände] und binden auf einmal, nur er löst einzeln und bindet einzeln; denn er sagt sich: Vielleicht werde ich verlangt, dann will ich nicht aufgehalten sein.
Er ging zu ihm hin und sagte zu ihm: Friede sei mit dir, mein Meister und mein Lehrer! Er sagte zu ihm: Friede sei mit dir, Levis Sohn! Er sagte zu ihm: Wann kommst du, Herr? Er sagte zu ihm: Heute!
Er kam zu Elia. [Wechselgespräch:] Dieser sagte zu Ihm: Was hat er zu dir gesagt? Er sagte zu ihm: Friede sei mit dir, Levis Sohn! Er sagte zu ihm: Er hat dich und deinen Vater der kommenden Welt versichert. Er sagte zu ihm: Belogen und betrogen hat er mich, hat er doch zu mir gesagt: Heute komme ich! Aber er ist nicht gekommen. Er sagte zu ihm: Dies wollte er dir damit sagen: *Heute — wenn ihr auf seine Stimme hört.*

(Babylonischer Talmud, Sanhedrin 98a)

25c

An jenem Tage wird mein Auserwählter auf dem Thron der Herrlichkeit sitzen und unter ihren ... Taten eine Auslese treffen, und ihre Wohnungen (werden) zahllos (sein). Ihr Geist wird in ihrem Innern erstarken, wenn sie meinen Auserwählten und die sehen, die meinen herrlichen Namen angefleht haben. An jenem Tage werde ich in ihrer Mitte meinen Auserwählten wohnen lassen, und ich werde den Himmel verwandeln und ihnen einen ewigen Segen und Licht machen. Ich werde die Erde verwandeln, sie zu einem Segen machen und meine Auserwählten auf ihr wohnen lassen; aber die, welche Sünde und Missetat begehen, sollen sie nicht betten. Denn ich habe meine Gerechten gesehen und sie mit Heil gesättigt und sie vor mich gestellt; aber für die Sünder steht bei mir das Gericht bevor, um sie von der Oberfläche der Erde zu vertilgen.

(Äthiopischer Henoch, 45, 3—6)

Orientierende Hinweise:
Die messianische Idee ist die Antwort des Judentums auf das Leid des *einzelnen*, auf das Böse im Leben der *Gesellschaft* und die traurige Situation des *Volkes* unter den Völkern, den Streit und Krieg *zwischen den Völkern*, die Schwäche der Gotteserkenntnis in der Welt und die Macht der Herrschaft des Bösen und des Satans über die Welt. Im Glauben des Judentums steht der Welt eine Erlösung bevor; ein Zeitalter des Gottesreiches wird in die Welt treten, da der Schmerz des *einzelnen* gestillt wird und seine Unterdrückung schwindet, da in der *Gesellschaft* eine neue Ordnung einziehen wird, Israel als das Volk, das auserwählt ist, Träger der Tora zu sein, den ihm gebührenden Platz unter *den Völkern* einnehmen wird und Jerusalem, die Stätte, die Gott sich zum Wohnsitz erkoren hat, zur *Gottesstadt* werden wird. In der Literatur der Zeit des zweiten Tempels findet sich auch ein Widerhall der Wünsche des Volkes auf dem Hintergrund der Zeitsituation: Bei der Erlösung werden sich die Zerstreuten Israels sammeln *von den vier Enden der Erde* ... Neben zahlreichen Ausmalungen der Ankunft des Messias und der messianischen Zeit, die von übernatürlichen Wunderscheinungen erfüllt sind, und neben zahlreichen Visionen von einem Wandel der Natur und einem Aufhören des Bösen beim Eintritt des Gottesreiches, finden sich auch Meinungen, daß der einzige Unterschied zwischen dieser Welt und den Messiastagen in dem Aufhören der *Verknechtung an die fremden Reiche bestehe* ...
Die Idee des Messiasreiches war nicht eine Vorstellung von einer fernen Zukunft, an der man sich ergötzte, sondern ein entschiedenes Hoffen auf ein *baldiges, unmittelbar bevorstehendes Ende*. Eine Erlösung, deren Eintritt zwar vom Willen des Schöpfers abhängig war, die aber durch den Willen, *die Aktivität und die Tat Israels* zu bewerkstelligen war. Die Enderwartung führte zu

einer geistig-gesellschaftlichen und einer gesellschaftlich-politischen Gärung und bildete den Sauerteig für zahlreiche soziale und politische Bewegungen während der ganzen Periode des zweiten Tempels, vor und nach der Zerstörung desselben, im Lande und in der Zerstreuung ...
Verschiedene Antworten werden in der Literatur auf die Frage gegeben, wieweit das Volk die Möglichkeit habe, die Erlösung zu *beschleunigen* oder wenigstens die rechte Stunde für sich nicht zu *verpassen*. Man ist sich darüber einig, daß die Erlösung einen Aufruf zur Umkehr und zu guten Werken in sich schließe, sei es als unabdingbare Vorbedingung, sei es als Mittel zu ihrer Beschleunigung.

(Shmuel Safrai)

Die universal-apokalyptische Erwartungshaltung

26

Indessen ist das nationale Hoffnungsbild keineswegs das einzige, in dem Sehnsucht und Erwartung ihre Gestalt gewonnen haben. Vor allem in den Apokalypsen hat sich unter dem Einfluß babylonischer und iranischer Vorstellungen eine *kosmologische Eschatologie* entwickelt, die, wiewohl ganz anderer Art als die nationale Hoffnung, mit dieser doch mehr oder weniger kombiniert werden konnte. Unter dem Eindruck der kläglichen Gegenwart wie unter jenem Einfluß babylonischer und iranischer Mythologie war das Weltbild, ohne daß der Schöpfungsglaube preisgegeben worden wäre, im Sinne eines pessimistischen Dualismus umgestaltet worden. Auf dieser Erde, der Stätte von Not und Elend, Krankheit und Tod, Sünde und Gewalt, treiben böse Geister ihr Wesen; ihr Oberhaupt ist der Satan, dessen Regiment der Herrschaft Gottes entgegenwirkt. Die Macht der Finsternis kämpft gegen die Macht des Lichtes. Indessen ist dieser Dualismus kein ewiger, kein statischer ... Vielmehr wird der jetzige Zustand — ähnlich wie in der iranischen Religion — ein Ende nehmen; Gott wird sich als Herr erweisen:

‚Dann wird sein Regiment über all seine Kreatur erscheinen;
dann wird der Teufel ein Ende haben
und die Traurigkeit mit ihm hinweggenommen werden.‘

Der Weltlauf ist geteilt in diesen und den kommenden Aeon; denn ‚der Höchste hat nicht *einen* Aeon geschaffen, sondern zwei‘ (4. Esra 7,50). Die Wende der Aeonen — das ist die Überzeugung der Apokalyptiker — steht nahe bevor; denn ‚die Schöpfung wird schon alt und ist über die Jugendzeit hinaus‘ (4. Esra 4,26; 5,55). Der ganze Ablauf der Weltzeiten ist vorbestimmt, die ganze Weltgeschichte in Perioden geteilt, und so können die Apokalyptiker im Rückblick auf die vergangene Geschichte berechnen, an welchem Punkte die Gegenwart steht. In dichterischen oder mythologischen Allegorien stellen sie den Weltlauf dar. So werden in dem Standbild, das Nebukadnezar im Traume schaut, die einander ablösenden Weltreiche als die aus verschiedenen Metallen gebildeten Glieder dargestellt (Dan. 2) oder in der Vision des Sehers als vier phantastisch-greuliche Tiere, denen die Herrschaft Israels als ‚der Heiligen des Höchsten‘ folgt (Dan. 7).
Vor allem gilt es, die Zeichen zu erkennen, die den Anbruch des Endes ankünden. Denn gegen das Ende zu, in den ‚Wehen des Messias‘, wird alle teuflische Bosheit ihren Höhepunkt erreichen — mitunter zusammengefaßt in der Person des Antimessias; Verwirrung in der Menschen- und Völkerwelt wird ausbrechen; Freunde und Verwandte werden sich bekämpfen, Völker werden in Kriege geraten und so weiter. Ebenso gerät die Natur in Verwirrung: Hungersnöte, Mißgeburten, kosmische Unordnung; die Sonne wird bei Nacht scheinen und der Mond am Tage, Wasserquellen werden Blut strömen lassen, die Bahnen der Gestirne geraten durcheinander, Feuer bricht aus Abgründen hervor, Blut träufelt von den Bäumen, Steine werden schreien und so weiter (4. Esra 5, 4—12).
Schließlich wird das Ende da sein mit Totenauferstehung und Gericht. *Die Auferstehung der Toten,* ein dem Alten Testament noch fremder Gedanke, ist eine vom Judentum offenbar aus dem Iranischen übernommene Vorstellung, die zur Zeit Jesu schon populär war und auch von den Pharisäern vertreten wurde, während die Sadduzäer sie ablehnten. Die Sorge, daß an der Heilszeit nur diejenigen teilbekommen werden, die dann am Leben sind, ist danach unnötig.
Das Gericht ist ein großer forensischer Akt, zuerst beschrieben Dan. 7: Gott kommt zum Gericht als der Betagte im weißen Haar; er sitzt auf dem Thron, umgeben vom Hofstaat der Engel; Bücher werden gebracht, in denen die Taten der Menschen verzeichnet sind; und dann findet das Gericht statt (Dan. 7, 9—12).

‚Der Höchste erscheint auf dem Richterthron.
Dann kommt das Ende, und das Erbarmen vergeht, das Mitleid ist fern und die Langmut verschwunden.
Mein Gericht allein wird bleiben,
die Wahrheit bestehen und der Glaube triumphieren.

Der Lohn folgt nach, die Vergeltung erscheint.
Die guten Taten erwachen, die bösen schlafen nicht mehr.
Da erscheint die Grube der Pein
und gegenüber der Ort der Erquickung.
Der Ofen der Gehenna wird offenbar
und gegenüber das Paradies der Seligkeit' (4. Esra 7, 33–36).

‚Dann wird das Herz der Erdenbewohner verändert,
und zu neuem Geiste verwandelt.
Dann ist das Böse vertilgt und der Trug vernichtet,
der Glaube in Blüte, die Verderbnis überwunden,
und die Wahrheit wird offenbar ...' (4. Esra 6, 26–28).

‚Die Verderbnis ist vorüber, die Zuchtlosigkeit ausgetrieben,
Der Unglaube vertilgt, die Gerechtigkeit aber erwachsen und die Wahrheit entsprossen' (4. Esra 7, 113 f.).

Für die Frommen bringt der neue Aeon das ewige Leben. Als Auferstandene werden sie zu strahlender Herrlichkeit verwandelt werden (syr. Bar. 49–51); sie werden mit himmlischen Kleidern angetan werden, ihre Häupter werden Kronen tragen, sie werden sein wie die Engel. ‚In der zukünftigen Welt gibt es weder Essen noch Trinken, weder Fortpflanzung noch Vermehrung, sondern die Frommen sitzen mit Kronen auf ihren Häuptern und erfreuen sich am Glanze der Gottheit' – so lautet ein rabbinischer Spruch. Neben ihm stehen freilich auch andere Worte, wie das, daß dereinst die Weiber täglich gebären werden. Überhaupt hat die Phantasie ein freies Feld in der Ausmalung der Herrlichkeiten der Heilszeit. Typisch ist die Erwartung, daß das Paradies wiederkehrt und daß das himmlische Jerusalem dann auf einer neuen Erde erscheinen wird. Alle Heilsgüter sind von Gott längst vorausbestimmt, ja sie werden vielfach als in der himmlischen Welt präexistierend gedacht.

Das Schicksal der Gottlosen aber ist Vernichtung oder ewige Qual in der Feuerhölle. Erst jetzt wird – unter iranischem Einfluß – die dem Alten Testament noch fremde Vorstellung von der Hölle als dem jenseitigen Ort der Qual übernommen. Sie heißt Gehenna nach dem Tal Gehinnom, in dem einst dem Moloch Kinderopfer dargebracht wurden. ...

Eine *Kombination der nationalen und der kosmologischen Hoffnung* vollzieht sich teils in unsystematischer Weise, indem die Bilder und Farben ausgetauscht werden, teils in systematischer Weise bei den Rabbinen, indem die messianische Zeit als Vorspiel vor dem neuen Aeon angesehen wird. So entsteht die Lehre vom Zwischenreich – eben dem Reich des Messiaskönigs –, das auf vierhundert oder tausend Jahre berechnet wird. In dem Bilde des neuen Aeons hat die Gestalt des Messias als des nationalen Königs keinen Platz. Statt seiner aber tritt die neue Gestalt eines himmlischen Heilbringers auf, der am Ende der Tage erscheinen wird, um den neuen Aeon zu bringen; es ist die Gestalt, die den rätselhaften Namen *‚der Mensch'* trägt. Es ist offenbar die Gestalt einer kosmologischen Eschatologie (der Urmensch als Inaugurant einer neuen Menschheit), die aus dem Orient zunächst ins Judentum vorgedrungen ist, dann aber auch weiter in den Westen, wo sie als die Gestalt des Heilbringers in der 4. Ekloge Vergils erscheint. Vielleicht steckt sie schon hinter dem auf den Wolken des Himmels kommenden ‚Menschen' (Dan. 7, 13), ist dann aber dort umgedeutet als Darstellung des Volkes Israel. In der späteren jüdischen Apokalyptik ist dieser ‚Mensch' zugleich Richter und Heilbringer und konkurriert so eigentlich mit Gott. Begreiflicherweise sind die Gestalten des Messias und des ‚Menschen' zusammengeflossen, so auch in den synoptischen Evangelien.

(Rudolf Bultmann)

- *Charakterisieren Sie die beiden oben skizzierten Hoffnungsbilder in ihren wesentlichen Grundzügen!*
- *Inwieweit stehen sie in Kontinuität alttestamentlicher Traditionen? Welche Konsequenzen ergeben sich aus der Anreicherung mit neuen Aspekten?*
- *Welche gesellschaftlichen und religiösen Gruppen der Gegenwart vertreten vergleichbare Programme? Wie begründen sie ihre Anschauungen?*

Veränderung und Vernichtung – Beispiele aus der Wirkungsgeschichte spätjüdischer und christlicher Erwartungshaltungen

Beide Motivreihen, Messianismus und Apokalyptik, sind auch in offene oder verdeckte Hoffnungsbilder und Zukunftsvisionen außerhalb des

(Spät-)Judentums eingegangen. — Im Folgenden werden einige wirkungsgeschichtliche Beispiele vorgestellt; danach wird unter einer neuen Fragestellung die Reich-Gottes-Thematik wieder aufgenommen.

> *Zu den Beispielen 27—31:*
> - *Welche Verbindungen zur messianischen bzw. apokalyptischen Tradition lassen sich herstellen? Welche Elemente werden erkennbar?*
> - *Wo empfinden Sie die Inanspruchnahme als angemessen, wo als unangemessen?*
> - *In welcher Intention werden die messianischen bzw. apokalyptischen Motive aktualisiert? Welche Aspektveränderungen ergeben sich?*

Endzeitliche Naherwartung sowie die Vorstellung von der Berechenbarkeit des Endes der Weltgeschichte gehört zur Grundanschauung der „Zeugen Jehovas" (auch: Wachtturm Bibel und Traktat-Gesellschaft). — In einer Werbeschrift dieser von Charles T. Russel (1852—1916) gegründeten Sekte heißt es:

27

Von der Zeit an, da der Mensch das erste Paradies verlor, bis heute hat die menschliche Herrschaft unter der Gewalt Satans, „des Gottes dieses Systems der Dinge" gestanden (2. Korinther 4,4). Die Kriege und die Grausamkeiten, die Verderbtheit und Unbeständigkeit der menschlichen Regierungen beweisen diese Tatsache. Der Völkerbund und die Vereinten Nationen haben verfehlt, aus dem Wirrwarr Frieden zu schaffen. *Die Menschheit schreit nach einer Friedensherrschaft.* . . .

Genau das hat Jehova zu geben beschlossen. Der König, der ihn in dieser Regierung vertritt, ist Christus Jesus, sein „Friedefürst". . . .

Wie wird diese Regierung aufgebaut sein? . . . Die Bibel zeigt, daß die vollkommene Regierung jeder heute bestehenden Form einer menschlichen Regierung weit überlegen sein wird. Sie hat ihre Kapitale, Zion genannt, in den Himmeln, und von diesem erhöhten Punkt aus wird Jesus Christus, der König, die ganze Erde in Gerechtigkeit und auf ersprießliche Weise verwalten (Psalm 48, 1.2.; Sacharja 9,1. 10). . . .

Wann und wie wird die vollkommene Regierung aufgerichtet? Als Jesus auf Erden weilte, bildete dieses Königreich das Hauptthema seiner Predigten *(Matthäus 4, 17; Lukas 8, 1).* Indes richtete er das Königreich weder schon damals noch zur Zeit seiner Auferstehung auf *(Apostelgeschichte 1, 6—8).* Auch als er wieder in den Himmel aufgefahren war, mußte er noch auf Jehovas dafür bestimmte Zeit warten *(Psalm 110, 1.2). Die biblische Prophezeiung zeigt, daß die bestimmte Zeit im Jahre 1914 n. Chr. gekommen ist.* Aber — so wird jemand fragen — kennzeichnete das Jahr 1914 nicht eher den Beginn der Weltwehen als den Beginn einer vollkommenen Regierung? Genau das ist der Fall. Doch besteht ein enger Zusammenhang zwischen dem Kommen des Reiches Gottes und den katastrophalen Ereignissen der jüngsten Vergangenheit, wie wir das nun sehen werden.

Vor dem Jahre 1914 hat der „Wachtturm" nahezu vierzig Jahre lang die Aufmerksamkeit der Menschen auf 1914 als ein in der biblischen Prophezeiung gekennzeichnetes Jahr gelenkt. Diese Prophezeiungen begannen sich im Jahre 1914 in bemerkenswerter Weise zu erfüllen. Eine davon war die Prophezeiung, die Jesus selbst vor 1900 Jahren geäußert hatte und die das „Zeichen" betrifft, das am Ende der Welt erscheinen und seine unsichtbare Gegenwart in Königreichsmacht anzeigen würde. Als Antwort auf die Frage seiner Jünger über dieses „Zeichen" sagte er: „Nation wird sich gegen Nation erheben und Königreich gegen Königreich; und es wird Nahrungsmittelknappheit und an verschiedenen Orten Erdbeben geben. All dieses ist der Anfang der Bedrängniswehen." *(Matthäus 24, 3.7.8.)* In auffallender Erfüllung dieser Worte brach im Jahre 1914 der erste Weltkrieg aus und hatte eine Verheerung zur Folge, die viermal so groß war als alles, was die 900 Kriege in den vorausgegangenen 2500 Jahren mit sich gebracht hatten. Die Bedrängniswehen haben bis heute angedauert. Hast du die Verheerungen miterlebt, die der Krieg mit sich brachte, die Nahrungsmittelknappheit oder irgendwelche der großen Erdbeben, die die Erde seit dem Jahre 1914 heimgesucht haben? Wenn ja, dann bist du ein Augenzeuge des „Zeichens" der „Zeit des Endes" dieser Welt gewesen! Die „Bedrängniswehen" nahmen während des zweiten Weltkrieges zu, und dieser war siebenmal so verheerend wie der erste Weltkrieg, und er leitete in das Kernzeitalter über, wodurch sich die weitere Prophezeiung Jesu erfüllte: „Auf der Erde Ängste der Nationen, die . . . weder aus noch ein wissen, . . . während den Menschen die Sinne schwinden vor Furcht und Erwartung der Dinge, die über die bewohnte Erde kommen." *(Lukas 21, 25.26).* Die Zunahme an Verbrechen und Bosheit, Ungehorsam und Jugendkriminalität und die Auswüchse der Gottlosigkeit und Unsittlichkeit sind als die erschreckende Entwicklung der Dinge und als Kennzeichen der „letzten Tage" dieser bösen Welt ebenfalls vorausgesagt worden — *Matthäus 24, 12; 2. Timotheus 3, 1—5. . . .*

Wird dieses Weh und Leid ein Ende nehmen? Jawohl! Wenn die Regierung des Himmels selbst, das Königreich des allmächtigen Gottes, zur Tat schreitet, um „die zu verderben, die die Erde verderben" *(Offenbarung 11, 18; Daniel 2, 44). Niemals wird Gott zulassen, daß Kommunisten, falsche Christen oder irgend sonst jemand sein Schöpferwerk, die Erde, durch ihre nuklearen Mittel ruinieren.* Statt dessen erklärt er: „Mein Rechtsspruch ist, die Nationen zu versammeln, die Königreiche zusammenzubringen, um meinen Grimm über sie auszugießen, die ganze Glut meines Zorns." (*Zephanja 3, 8).* Jehova wird durch seinen Christus große Kräfte, die er in der Natur beherrscht, dazu benutzen, über Satan und alle, die ihm auf Erden folgen, eine erdrückende Vernichtung zu bringen. Das wird in erdenweitem Ausmaß geschehen, An Umfang ähnlich wie zur Zeit der Flut der Tage Noahs. — *Jeremia 25, 31—34; 2. Petrus 3, 5—7. 10.*

In der Bibel wird diese Vernichtung der gesetzlosen Nationen Gottes *Schlacht von Harmagedon* genannt. *(Offenbarung 16, 14—16).* Nur sanftmütige Menschen, die Jehova und Gerechtigkeit suchen, können Harmagedon überleben und in Gottes friedliche neue Welt eingehen *(Zephanju 2, 3; Jesaja 26, 20.21).* Von diesen sagt die Bibel: „Aber die Sanftmütigen werden die Erde besitzen und werden sich an Fülle von Frieden ergötzen" *(Psalm 37, 11). Dann wird das großangelegte Werk der Wiederherstellung des Paradieses auf Erden beginnen!*

28

Dies iræ, dies illa

Tag der Rache Tag den Sünden,
Wird das Weltall sich entzünden,
Wie Sibyll und David künden.

Welch ein Graus wird sein und Zagen,
Wenn der Richter kommt mit Fragen
Streng zu prüfen alle Klagen!

Laut wird der Posaune klingen
Durch der Erde Gräber dringen,
Alle hin zum Throne zwingen.

Schaudernd sehen Tod und Leben
Sich die Kreatur erheben,
Rechenschaft dem Herrn zu geben.

Und ein Buch wird aufgeschlagen,
Treu darin ist eingetragen
Jede Schuld aus Erdentagen.

Sitzt der Richter dann zu richten,
Wird sich das Verborgne lichten;
Nichts kann vor der Strafe flüchten.

Weh! was werd ich Armer sagen?
Welchen Anwalt mir erfragen,
Wenn Gerechte selbst verzagen?

König schrecklicher Gewalten,
Frei ist Deiner Gnade Schalten:
Gnadenquell, laß Gnade walten!

Milder Jesus, wollst erwägen,
Daß Du kamest meinetwegen,
Schleudre mir nicht Fluch entgegen.

Bist, mich suchend, müd gegangen,
Mir zum Heil am Kreuz gehangen,
Mög dies Mühn zum Ziel gelangen.

Richter Du gerechter Rache,
Nachsicht üb in meiner Sache,
Eh' ich zum Gericht erwache.

Seufzend steh ich schuldbefangen,
Schamrot glühend meine Wangen,
Laß mein Bitten Gnad erlangen.

Hast vergeben einst Marien,
Hast dem Schächer dann verziehen,
Hast auch Hoffnung mir verliehen.

Wenig gilt vor Dir mein Flehen,
Doch aus Gnade laß geschehen,
Daß ich mög der Höll entgehen.

Bei den Schafen gib mir Weide,
Von der Böcke Schar mich scheide,
Stell mich auf die rechte Seite.

Wird die Hölle ohne Schonung
Den Verdammten zur Belohnung,
Ruf mich zu der Sel'gen Wohnung.

Schuldgebeugt zu Dir ich schreie,
Tief zerknirscht in Herzensreue,
Sel'ges Ende mir verleihe.

Tag der Tränen, Tag der Wehen,
Da vom Grabe wird erstehen
Zum Gericht der Mensch voll Sünden;

Laß ihn, Gott, Erbarmen finden.
Milder Jesus, Herrscher Du,
Schenk den Toten ew'ge Ruh. Amen.

(Thomas von Celano)

Weltgericht, Notre Dame, Paris

Weltgericht — Ausschnitt

Wohnkollektiv

29 Apokalypse

Und siehe
ich sah einen Engel
(all seine Zellen waren elektronische Augen)
und ich hörte eine Stimme mit Überschall
die zu mir sprach: Nimm deine Schreibmaschine und schreibe
und ich sah ein silbernes Projektil das flog
und es flog von Europa nach Amerika in 20 Minuten
und der Name des Projektils war Wasserstoffbombe
(und die Hölle begleitete es)
und ich sah einen fliegenden Teller vom Himmel fallen
Und die Seismographen verzeichneten ein großes Erdbeben
und auf die Erde fielen alle künstlichen Planeten
und der Präsident des Nationalrats für Strahlung
der Direktor der Kommission für Atomenergie
der Verteidigungsminister
alle hatten sich in ihren Höhlen versteckt
und der erste Engel blies die Alarmsirene
und es regnete vom Himmel Stronzium 90
Cesium 137
Kohle 14
und der zweite Engel blies die Sirene
und jedes Trommelfell platzte im Umkreis von 300 Meilen
durch das Krachen der Explosion
und jede Netzhaut verbrannte auf die das Licht der Explosion
gefallen war
im Umkreis von 300 Meilen
und die Hitze im Zentrum war wie die der Sonne
und der Stahl das Eisen das Glas der Beton verdampften
und fielen nieder verwandelt in radioaktiven Regen
und ein Sturm brach los mit der Stärke des Hurrican Flora
und 3 Millionen Autos und Lastwagen flogen durch die Lüfte
und zerschellten an den Gebäuden explodierten wie
Molotow-Cocktails
und der dritte Engel blies die Alarmsirene
und ich sah einen Pilz über New York
und einen Pilz über Moskau
und einen Pilz über London
und einen Pilz über Peking
(und Hiroshimas Schicksal war zu beneiden)
Und alle Geschäfte und alle Museen und Bibliotheken
und alle Schönheit der Erde
verdampften
und sie waren von da an Teil der Wolke aus radioaktiven Partikeln
die über dem Planet schwebte und ihn vergiftete
und der radioaktive Regen brachte einigen Leukämie
und anderen Lungenkrebs
und Knochenkrebs
und Unterleibskrebs
und die Kinder wurden geboren mit grauem Star in den Augen
und die Gene waren geschädigt für 22 Generationen
— und das war der 45-Minuten-Krieg — ...

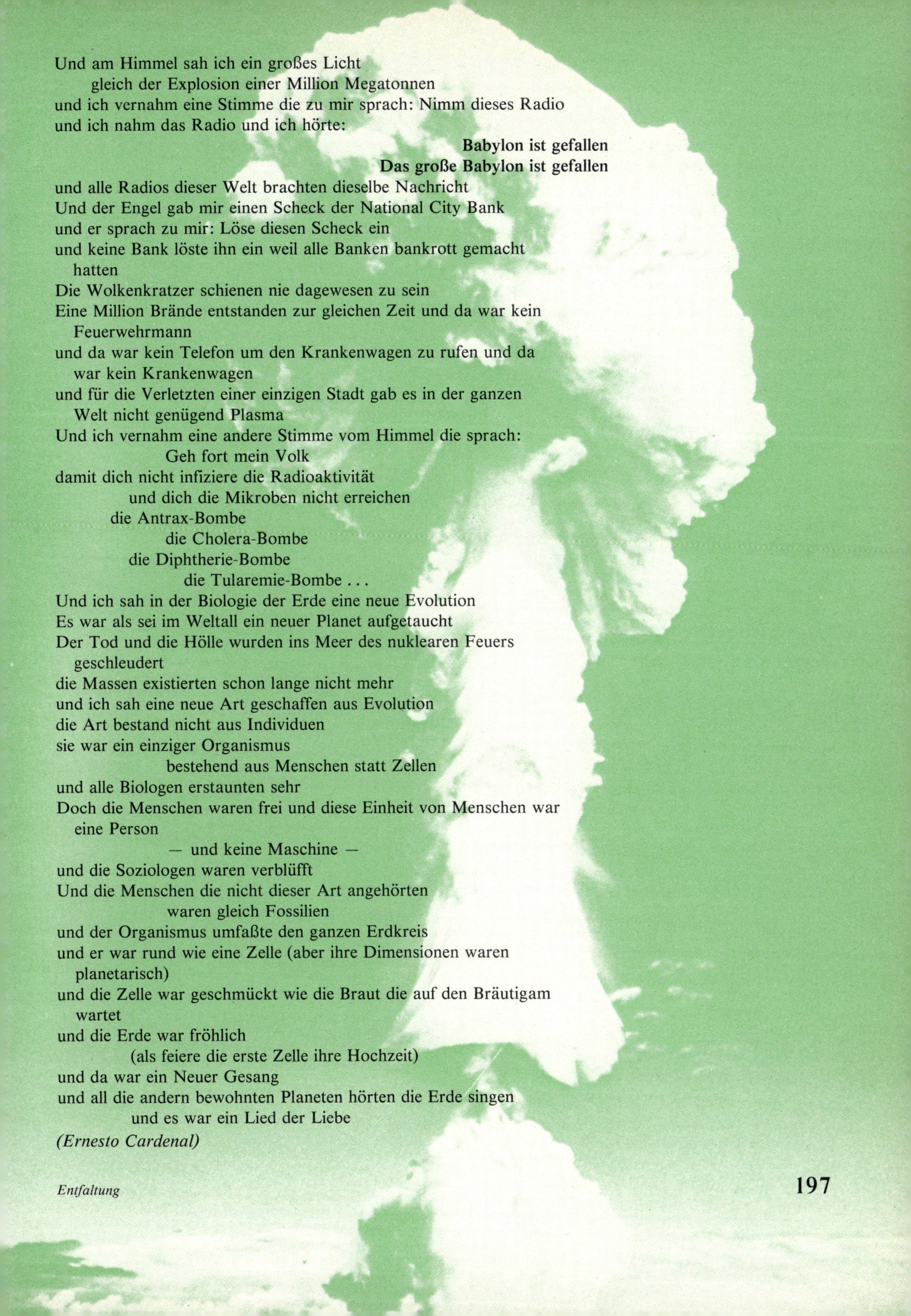

Und am Himmel sah ich ein großes Licht
gleich der Explosion einer Million Megatonnen
und ich vernahm eine Stimme die zu mir sprach: Nimm dieses Radio
und ich nahm das Radio und ich hörte:
Babylon ist gefallen
Das große Babylon ist gefallen
und alle Radios dieser Welt brachten dieselbe Nachricht
Und der Engel gab mir einen Scheck der National City Bank
und er sprach zu mir: Löse diesen Scheck ein
und keine Bank löste ihn ein weil alle Banken bankrott gemacht
hatten
Die Wolkenkratzer schienen nie dagewesen zu sein
Eine Million Brände entstanden zur gleichen Zeit und da war kein
Feuerwehrmann
und da war kein Telefon um den Krankenwagen zu rufen und da
war kein Krankenwagen
und für die Verletzten einer einzigen Stadt gab es in der ganzen
Welt nicht genügend Plasma
Und ich vernahm eine andere Stimme vom Himmel die sprach:
Geh fort mein Volk
damit dich nicht infiziere die Radioaktivität
und dich die Mikroben nicht erreichen
die Antrax-Bombe
die Cholera-Bombe
die Diphtherie-Bombe
die Tularemie-Bombe . . .
Und ich sah in der Biologie der Erde eine neue Evolution
Es war als sei im Weltall ein neuer Planet aufgetaucht
Der Tod und die Hölle wurden ins Meer des nuklearen Feuers
geschleudert
die Massen existierten schon lange nicht mehr
und ich sah eine neue Art geschaffen aus Evolution
die Art bestand nicht aus Individuen
sie war ein einziger Organismus
bestehend aus Menschen statt Zellen
und alle Biologen erstaunten sehr
Doch die Menschen waren frei und diese Einheit von Menschen war
eine Person
— und keine Maschine —
und die Soziologen waren verblüfft
Und die Menschen die nicht dieser Art angehörten
waren gleich Fossilien
und der Organismus umfaßte den ganzen Erdkreis
und er war rund wie eine Zelle (aber ihre Dimensionen waren
planetarisch)
und die Zelle war geschmückt wie die Braut die auf den Bräutigam
wartet
und die Erde war fröhlich
(als feiere die erste Zelle ihre Hochzeit)
und da war ein Neuer Gesang
und all die andern bewohnten Planeten hörten die Erde singen
und es war ein Lied der Liebe
(Ernesto Cardenal)

30

Ich habe einen Traum: ich träume, daß diese Nation sich eines Tages erheben wird und daß sie eines Tages wirklich ihr Bekenntnis leben wird: wir halten für selbstverständlich wahr, daß alle Menschen gleich erschaffen sind.
Ich träume einen Traum: daß eines Tages die Söhne derer, die Sklaven waren, und die Söhne der Sklavenhalter auf den roten Hügeln Geogias sich brüderlich an einen Tisch werden setzen können. Ich träume einen Traum: daß sich eines Tages sogar der Bundesstaat Mississippi, der jetzt unter dem heißen Druck der Unterdrückung schmachtet, in einer Oase der Freiheit und Gerechtigkeit verwandelt werden wird.
Ich träume einen Traum: daß meine vier kleinen Kinder eines Tages in einer Nation leben werden, die sie nicht nach der Hautfarbe, sondern ihrem Charakter gemäß beurteilen wird. Ich träume einen Traum: daß eines Tages jedes tiefe Tal erhoben und jeder Hügel und Berg abgetragen wird, daß alles Unebene geebnet, alles Gewundene begradigt wird. Mit diesem Glauben kehre ich in den Süden zurück. Dieser Glaube gibt uns Kraft, aus Bergen von Verzweiflung den Stein von Hoffnung zu hauen. Dieser Glaube gibt uns Kraft, gemeinsam zu arbeiten, gemeinsam zu beten, gemeinsam zu kämpfen, gemeinsam ins Gefängnis zu gehen und uns gemeinsam zu erheben in Sehnsucht nach Freiheit, denn wir wissen, daß wir eines Tages frei sein werden.
(Martin Luther King)

Das Reich Gottes in der Verkündigung Jesu

Jesus und Johannes unter dem Anspruch des nahen Gottesreiches

31

3 Und er (Johannes) kam in die ganze Gegend um den Jordan und verkündigte eine Taufe (als Zeichen) der Umkehr zur Vergebung der Sünden.
7 Zu den Menschen, die in Scharen hinauszogen, um sich von ihm taufen zu lassen, sagte er: „Natternbrut! Wer hat euch beigebracht, ihr könntet dem bevorstehenden Zorngericht Gottes entfliehen?
8 Nun, so bringt Frucht, wie es der Umkehr entspricht!
9 Schon liegt die Axt an der Wurzel der Bäume. Jeder Baum nun, der nicht gute Frucht bringt, wird abgehauen und ins Feuer geworfen.
16 Ich taufe euch mit Wasser. Doch es kommt einer, der stärker ist als ich ... Er wird euch mit heiligem Geist und Feuer taufen.
17 Seine Wurfschaufel hält er schon in der Hand, um seine Tenne gründlich zu säubern und den Weizen in seine Scheune zu sammeln, die Spreu dagegen mit unauslöschlichem Feuer zu verbrennen."
(Lukas 3, 3.7—9. 16 f.; Wilckens)

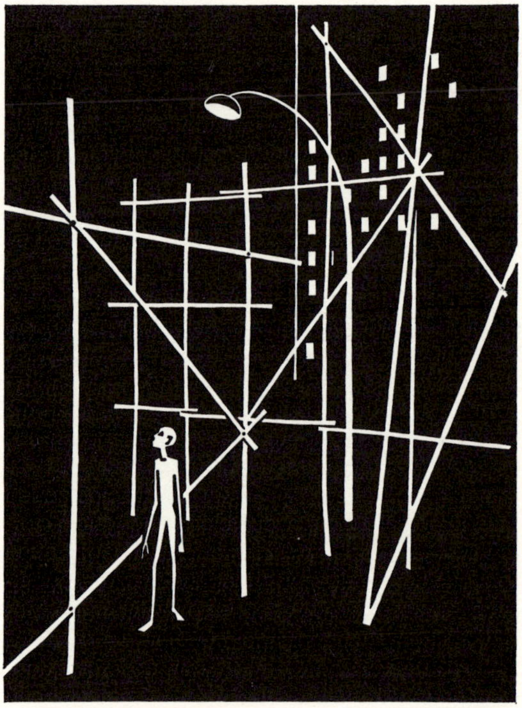

Prediger in der Wüste,
Herbert Seidel, 1963

32

14 Und nachdem Johannes gefangengesetzt war, kam Jesus nach Galiläa und verkündigte die Heilsbotschaft Gottes:
15 „Die Zeit ist erfüllt, die Gottesherrschaft ist nahe: kehrt um und glaubt an die Heilsbotschaft."

(Markus 1, 14 f.; Wilckens)

- *In welcher eschatologischen Tradition steht Johannes?*
- *Wie motiviert er die Notwendigkeit zur Umkehr?*
- *Welches Reich-Gottesverständnis liegt seiner Argumentation zugrunde?*
- *Vergleichen Sie die Predigt des Täufers mit der Predigt Jesu!*

„Reich Gottes" Merkmale und Funktionen

33

18 All dies berichteten dem Johannes seine Jünger. Da rief Johannes zwei seiner Jünger zu sich
19 und sandte sie zu dem Herrn mit der Frage: „Bist du es, der da kommen soll, oder sollen wir auf einen anderen warten?"
21 Zur selben Stunde heilte Jesus viele von Krankheiten, Leiden und unreinen Geistern, und vielen Blinden schenkte er das Augenlicht.
22 So antwortete er ihnen: „Geht und berichtet Johannes, was ihr gesehen und gehört habt: Blinde sehen, und Lahme gehen; Aussätzige werden rein, und Taube hören; Tote werden auferweckt, und Armen wird das Heil verkündigt;
23 Und selig ist, wer an mir nicht irre wird."

(Lukas 7, 18—23; Wilckens)

Orientierende Hinweise

„In der messianischen Heilszeit erwartete man Heilung aller Krankheiten. Man nahm an, daß der Messias seinem Volk alle jene Güter wiederbringen werde, die durch Adams Fall verloren gegangen waren; dazu gehörte natürlich auch die Beseitigung von Krankheit u. Tod. Diese Erwartung hatte übrigens für das jüdische Denken nichts Exorbitantes. Die Tage des Messias erreichten damit nur die Höhenlage der Zeit der Gesetzgebung am Sinai; denn auch damals war Israel frei vom Kranken u. Sterben."

(Hermann Strack u. Paul Billerbeck)

34

Wenn ich . . . mit dem Finger Gottes die Teufel austreibe, dann ist damit das Reich Gottes schon zu euch gelangt.

(Lukas 11, 20; Wilckens)

35

Dein Reich komme.

(Matthäus 6, 10a; Wilckens)

36

26 Und er sagte: „So steht es mit dem Gottesreich: Wie wenn ein Mann den Samen aufs Erdreich auswirft
27 und sich dann schlafen legt und wieder aufsteht, Tag für Tag und Nacht für Nacht. Und der Same keimt und wächst — wie, das weiß er selbst nicht!
28 Ganz von allein bringt die Erde Frucht, zuerst den Halm, dann die Ähre, dann das volle Korn in der Ähre.
29 Doch sobald es die Furcht zuläßt, schickt er die Sichel; denn die Ernte ist gekommen."

(Markus 4, 26—29; Wilckens)

Orientierende Hinweise zur Struktur und zum Verständnis von Gleichnissen

Das Gleichnis (griech.: parabolé, hebr.: maschal) ist eine Redeform, die die Eigenart einer Person, eines Sachverhalts oder eines Geschehens durch einen bildhaften Vergleich aus einem anderen Lebensbereich hervorzuheben will.
Das *eigentliche Gleichnis* gebraucht ein Bild aus der jedermann zugänglichen Wirklichkeit (Weinbau, Hausbau, Fischerei, Landwirtschaft, Hochzeitsbräuche, Geldverkehr, Erbrecht etc.). Der in ihr angesprochene Sachverhalt ist durch alltägliche Lebenserfahrung gedeckt (z. B. Lukas 15, 4 ff.: jeder Hirte wird sein verlorenes Schaf suchen).
Im Unterschied dazu erzählt die *Parabel* eine frei erfundene Geschichte (z. B. Lukas 18, 2 „Es war ein Richter in einer Stadt . . ."). Im Zentrum steht nicht Allgemeingültiges, sondern was einmal geschehen sein mag.
Der Parabel verwandt ist die *Beispielgeschichte* (z. B. Lukas 10, 29 ff.: Der barmherzige Samariter). Auch sie stellt in der Regel eine frei erfundene Begebenheit dar. Aber während es in der Parabel um eine Analogie (Entsprechung) geht, handelt es sich in der Beispielgeschichte um ein Exempel (Beispiel, Musterfall).
Gleichnisse sind nach bestimmten formalen Gesetzen strukturiert: nur das für die Sache Wesentliche wird erzählt, Details fehlen (oder wurden später zugefügt): im Gleichnis vom Senfkorn

ist allein der Unterschied zwischen dem Samenkorn und der ausgewachsenen Pflanze wichtig.
Die Pointe in *Markus, 4, 3—9:* das unbekümmerte Säen des Bauern trotz des großen Verlustes an Körnern. — Weder die Person des Bauern, noch die Körner, noch der Boden haben für das Verständnis des Gleichnisses einen Eigenwert.
Nur durch die Zuspitzung auf den einen Punkt wird das Gleichnis schlüssig. Dieser eine Vergleichspunkt, das „tertium comparationis", ist „der Angelpunkt, der das Gleichnis und die Sache, auf die es gemünzt ist, oder — wie man zu sagen pflegt — ‚Bildhälfte und Sachhälfte' miteinander verbindet. Die Begriffe ‚Bildhälfte und Sachhälfte' bzw. ‚Bild und Sache' dienen der *Unterscheidung* zwischen dem, was die Gleichniserzählung vor Augen stellt, und dem, was sie bedeutet, was das Gleichnis sagen will. Die Unterscheidung soll verhindern, daß beides von vornherein in eins gesetzt wird, und dazu nötigen, die Beziehung zu bedenken, in der Bild und Sache zueinander stehen." (Eta Linnemann, Gleichnisse Jesu, Göttingen ^{4}1966, S. 32)
Auch die häufig stereotypen Einleitungsformeln („Das Himmelreich ist gleich einem Sauerteig . . ." (*Schatz, Netz o. ä. Matthäus 13)* zielen nicht auf Identifikation; das Reich Gottes *ist* nicht „wie" ein Senfkorn, sondern mit ihm geht es zu, *verhält es sich, wie* (wenn) . . .
Die meisten Jesusgleichnisse wollen beim Hörer ein besseres Verständnis der Botschaft Jesu bewirken. Indem er das Unanschauliche, das nicht leicht Begreifliche mit Hilfe dessen — annäherungsweise — erklärt, was der Hörer kennt, baut er Verstehensschwierigkeiten ab. Jesu Wirken ist trotz gegenteiligen Anscheins Anbruch des Reiches Gottes, Jesu Verhalten zu den Sündern Ausdruck der Liebe Gottes zum Menschen.
So wirbt das Gleichnis um Verständnis, auch um ein neues Verständnis der Wirklichkeit; es nötigt den Hörer zur Entscheidung und eröffnet die Möglichkeit zum Existenzwechsel. Dabei hängt es vom Hörer ab, wie die Entscheidung ausfällt.

37

31 Das Himmelreich gleicht einem Senfkorn, das einer nahm und in seinen Acker säte.
32 Zwar ist es das kleinste von allen Samenkörnern; doch wenn es aufgewachsen ist, ist es größer als alle Kräuter sonst und wird zu einem Baum, so daß die Vögel des Himmels kommen und in seinen Zweigen nisten können.

(Matthäus 13, 31—32; Wilckens)

38a

Mit dem Himmelreich geht es zu wie mit einem Schatz, der im Acker vergraben war. Den fand jemand, vergrub ihn schnell wieder, und in seiner Freude ging er hin und verkaufte all seine Habe, um dafür jenen Acker zu kaufen.

(Matthäus 13, 44; Wilckens)

38b

Moderner Vergleichstext

Da war ein gewiefter Geschäftsmann, der unter anderem einen Großversand mit Edelsteinen betrieb. Er hatte Kunden, ob Sie es glauben oder nicht, er hatte Kunden in der ganzen Welt.
Eines Tages wurde ein Diamant angeboten, dessen Kostbarkeit nicht zu beschreiben ist. Um ihn zu bezahlen, hätte er alle seine Geschäfte, nicht nur den Edelstein-Großhandel, als Sicherheit verbürgen müssen. Da dachte er: Das ist Unsinn, das Risiko ist zu groß. Am Ende bleibe ich auf diesem Diamanten sitzen. So erlesen er ist, unverkauft nützt er mir nichts.
Dennoch erwarb er den Stein.

(W. Erl, F. Gaiser)

39a

20 Selig ihr Armen — denn euch gehört das Reich Gottes!
21 Selig, die ihr jetzt hungert — denn ihr werdet satt werden!
Selig, die ihr jetzt wehklagt — denn ihr werdet lachen!

(Lukas 6, 20b. 21; Wilckens)

39b

Moderner Vergleichstext

Selig sind die Reichen! Denn wer hat, dem wird gegeben: Kredit, Ansehen, Auszeichnungen und Orden. Wer Kapital hat, kann Zinsen und Zinseszinsen erwarten. Sein Name, seine Hobbies, seine Segeljacht und seine Schlösser, seine Ehen und Ehescheidungen bilden die Sensationen in den Illustrierten. Er hat schon das Himmelreich auf Erden!
Und wenn er stirbt oder Selbstmord begeht, wie das auch üblich ist, gibt es einen ehrenvollen Nachruf im Rundfunk. Natürlich ist er nicht so töricht, sein Geld im Sparstrumpf zu verstecken, wo Rost und Motten es zerstören; er hat einbruchsichere Tresore und sein Guthaben im Ausland sind dem Zugriff der Steuerbehörde und der Inflation entzogen.
Wer aber nichts hat, dem wird auch genommen, was er hat. Die es zu nichts gebracht haben, mögen verhungern oder zugrunde gehen! . . .
Hunger kennen wir nicht. Daß in Indien Kinder verhungern, ist zu bekannt, als daß es uns noch erschüttern könnte. Es ist weit weg und ich schiebe es noch weiter weg in meinen Gedanken. Wir selbst sind satt. Eher macht uns das Übergewicht zu schaffen. Wir schlucken Tabletten und unterwerfen uns Hungerkuren . . .
Traurig sind wir alle. Auch in den Luxusappartments nisten Ekel und Verzweiflung wie Eulen und Nachtvögel im Gemäuer. Wir leiden an der Not der Welt; denn wir sind immer unzufrieden, weil wir noch mehr haben möchten; weil wir nicht alles haben, was wir uns erträumen. Tröster haben wir genügend: Alkohol, Sex und Drogen. Aber wir wissen auch, daß sie nicht trösten; das Starren in das Nichts quält noch grausamer als die Wohlstandsgicht in unseren Gliedern."

(Franz Mahr)

40

20 Als die Pharisäer ihn fragten, wann das Gottesreich kommen werde, antwortete er: „Das Reich Gottes kommt nicht so, daß man es (wie ein heraufziehendes Gestirn) beobachten könne.
21 Man wird auch nicht sagen können: ‚Sieh, hier ist es', oder ‚dort!' Denn siehe, das Reich Gottes ist mitten unter euch!"
22 Er sagte aber zu seinen Jüngern: „Es werden Tage kommen, da werdet ihr sehr danach begehren, einen einzigen von den Tagen des Menschensohnes zu sehen, aber ihr werdet ihn nicht zu sehen bekommen.
23 Und sie werden zu euch sagen: ‚Sieh, da!' ‚Sieh, hier!' Geht nicht hin und lauft ihnen nicht nach!
24 Denn wie der Blitz, wenn er aufflammt, von einem Ende des Himmels zum anderen leuchtet, so wird auch der Menschensohn an seinem Tage sein.

(Lukas 17, 20—24; Wilckens)

41

25 Deswegen sage ich euch: Sorgt euch nicht um euer Leben, ob ihr etwas zu essen habt, und nicht um euren Leib, ob ihr etwas anzuziehen habt. Ist nicht das Leben mehr als die Nahrung und der Leib mehr als die Kleidung?
26 Seht die Vögel des Himmels an: sie säen nicht, sie ernten nicht, sie sammeln nichts in Scheunen, und doch ernährt sie euer himmlischer Vater! Wie viel mehr bedeutet ihr ihm als sie?

Wir finden, erst Eigentum macht richtig frei!

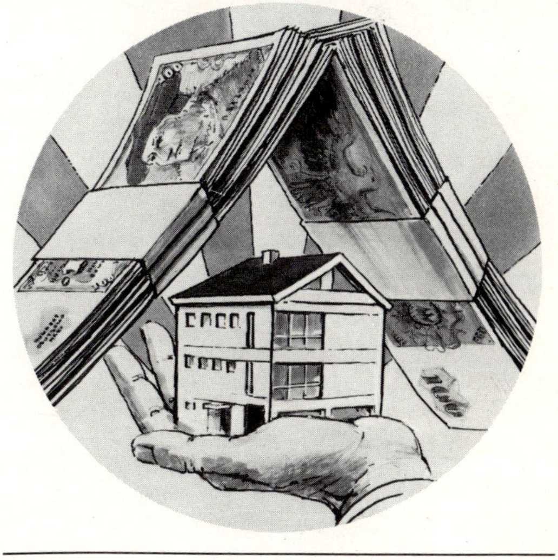

27 Wer von euch vermag durch sein Sorgen seine Lebenszeit auch nur um eine einzige Elle zu verlängern?
28 Und was sorgt ihr euch für die Kleidung? Gebt acht auf die Lilien auf dem Felde, wie sie aufwachsen: Sie arbeiten nicht, sie spinnen nicht ...
31 Darum denkt nicht voller Sorgen: Was werden wir zu essen oder zu trinken oder anzuziehen haben?
32 Nach all dem trachten die Heiden. Und euer himmlischer Vater weiß wohl, daß ihr dies alles nötig habt.
33 Trachtet ihr dagegen zuerst nach dem Reich (Gottes) und seiner Gerechtigkeit, so wird euch dies alles hinzugegeben werden.
34 Sorgt euch also nicht für morgen, denn der morgige Tag wird schon für sich selber sorgen! Jeder Tag hat genug mit seiner eigenen Plage!

(Matthäus 6, 25—28.31—34; Wilckens)

- *Welche Funktion hat der Begriff „Reich Gottes" in der Verkündigung Jesu? Wie wird das Motiv inhaltlich bestimmt? Aspekte: Adressaten; Gegenwart und Zukunft; Unverfügbares Geschenk Gottes und Tat des Menschen.*
- *An keiner Stelle gibt Jesus eine genaue Definition oder Bestimmung der „basileia". Wo liegen die Gründe?*
- *In welchem Verhältnis stehen Jesus und das Reich Gottes? Welche Bedeutung haben in diesem Zusammenhang Jesu Tischgemeinschaft mit den Verlorenen, die Sündenvergebung, die Krankenheilungen, die Austreibung der Dämonen?*
- *In welcher Weise entspricht und widerspricht Jesus den alttestamentlichen und spätjüdischen Erwartungshaltungen? Welche Folgerungen ergeben sich aus dem Vergleich?*
- *Worin berühren und worin unterscheiden sich „Utopie" und „Reich Gottes"?*
- *Wie würden Sie gegenüber einem Nichtchristen die mit „Reich Gottes" gemeinte Wirklichkeit entfalten? Versuchen Sie es mit einem Gleichnis, das Bilder und Erfahrungen unserer Zeit verarbeitet!*

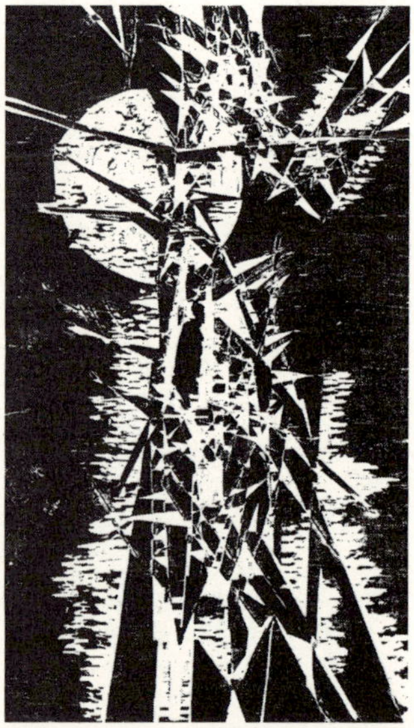

Literatur zur Weiterarbeit:

Buber, M., *Königtum Gottes*, Verlag Lambert Schneider, Heidelberg ^{3}1956

Conzelmann, H., *Reich Gottes im Judentum und NT*, in: Die Religion in Geschichte und Gegenwart, Bd. V, Verlag J. C. B. Mohr (Paul Siebeck), München ^{3}1961, Sp. 912—918

Friedrich, G., *Utopie und Reich Gottes*. Zur Motivation politischen Verhaltens, Kleine Vandenhoek-Reihe Bd. 1403, Verlag Vandenhoek & Ruprecht, Göttingen o. J.

Knörzer, W., *Reich Gottes*. Traum—Hoffnung—Wirklichkeit, Biblisches Forum 6, Verlag Katholisches Bibelwerk, Stuttgart 1970

Reich Gottes — mitten unter uns?

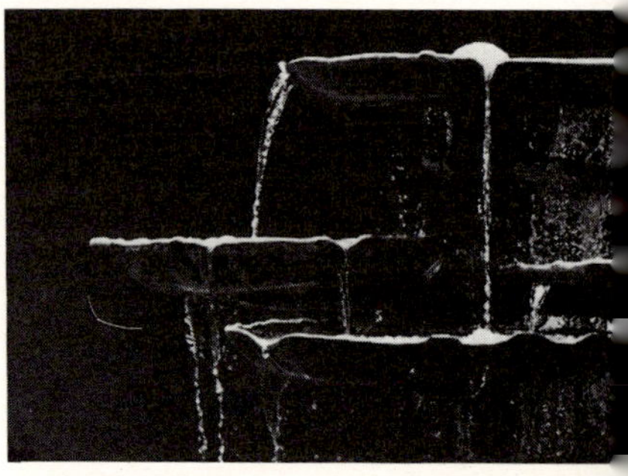

Reich Gottes und Wirklichkeit der Welt
Ansätze — Programme — Modelle

„Jesus verkündigte das Kommen des Gottesreiches, aber es kam die Kirche." (A. von Harnack)

„Jesus verkündigte das Reich, und die Kirche verkündigte — ihn." (A. Schweitzer)

In der bisherigen Arbeit hat sich ergeben, daß Jesus den vom Alten Testament geprägten, in seiner Zeit jedoch nur peripher gebrauchten und inhaltlich anders gefüllten Begriff der „Königsherrschaft Gottes" ins Zentrum seiner Verkündigung rückt. Dabei stehen Wort und Tat Jesu unter dem Anspruch, daß in seiner Person die verheißene Königsherrschaft zeichenhaft im Anbruch ist.

„Sein Anspruch, daß sich an der Stellung zu ihm und seinem Wort das Schicksal des Menschen entscheidet, ist nach ihm in der christlichen Gemeinde in der Form bejaht worden, daß sie in seiner Person den Messias sah, beziehungsweise daß sie ihn als den „Menschen' erwartete, der auf den Wolken des Himmels kommen werde, um Gericht und Heil zu bringen. Seine Predigt wird in der Form aufgenommen . . ., daß der Verkünder in den Inhalt der Verkündigung als der Verkündigte einbezogen wird." (Rudolf Bultmann) Nur von diesen Voraussetzungen her ist die christliche Gemeinde auch an der Reichsbotschaft Jesu interessiert; die eschatologische Reich-Gottesbotschaft Jesu wird zur christologischen Reichsbotschaft der Gemeinde.

Wie aber kann der damit gesetzte Anspruch angesichts des Ausbleibens der auch von Jesu als unmittelbar bevorstehend erwarteten Gottesherrschaft und des Ausbleibens der Parusie durchgehalten und aktualisierend in eine sich dehnende und anders qualifizierte Zeit umgesprochen werden?

Die christologische Transformation der Reich-Gottestradition hat dieser zwar ihre unmittelbar geschichtswirksame Dynamik genommen; als Hoffnungs- und Handlungspotential blieb sie jedoch — häufig am Rand der Kirche — lebendig.

Die folgenden Texte verweisen auf modellhafte bzw. programmatische Konkretionen in der Geschichte. — Eine Bearbeitung sollte berücksichtigen:

- *Wie wird in den einzelnen Entwürfen „Reich Gottes" verstanden und die Inanspruchnahme begründet?*
- *Welche Ansätze vermögen — auch in ihrer kritischen Orientierung an der Reich-Gottes-predigt Jesu — zu überzeugen?*
- *Welche Gesichtspunkte wird eine mögliche Kritik zu berücksichtigen haben?*

Augustins Gottesstaat

Zwei Bürgerschaften, die civitas Dei und die civitas diaboli, stehen nach Augustin (354—430) seit Kains Brudermord bis in die Gegenwart hinein gegeneinander. Vor allem das Römische Reich und das in seiner Geschichte zutage tretende rücksichtslose Streben nach Macht ist ihm Inbegriff der civitas des Teufels, die in der Kirche als dem Leib Christi gesammelte Schar der Gläubigen aber Verkörperung der civitas Dei. Jedoch so, wie die Kirche nicht das Reich Gottes im Vollsinn repräsentiert, sondern Hinweis und prophetisches Vorbild für das sich auf Erden durchsetzende Reich Gottes ist, so ist auch der Staat nur ein gebrochener Vertreter des Satans. Sofern er in seinem Bereich Frieden, Recht und Gerechtigkeit aufrechterhält, kann er sogar Wegbereiter des Reiches Gottes werden.

42a

Mit vollem Recht spricht man von einer Gemeinschaft zwischen Engeln und Menschen und demnach nicht von vier Staaten (zweien in der Engelwelt und zweien in der Menschenwelt), sondern nur von zwei Staaten, das ist Gesellschaften, einer der guten Engel und Menschen und einer der bösen Engel und Menschen *(XII, 1).*

Zweierlei Liebe hat *die beiden Staaten* gegründet: den irdischen die Selbstliebe, die bis zur Verachtung Gottes geht, den himmlischen die Gottesliebe, die bis zur Selbstverachtung führt. Jener rühmt sich in sich selbst, dieser im Herrn. Der eine sucht Ruhm bei den Menschen, dem andern ist der höchste Ruhm Gott, der Zeuge des Gewissens. Voll Stolzes erhebt der eine in seinem Ruhm das Haupt, der andere spricht zu seinem Gott: „Du bist mein Ruhm und hebst mein Haupt empor" *(Psalm 3, 4).* Jenen beherrscht in seinen Fürsten die Herrschsucht, über unterjochte Völker zu herrschen; in diesem dienen beide einander in Liebe, die Fürsten in der Sorge für die Völker, die Völker aber durch Gehorsam. Jener liebt in seinen Mächtigen seine eigene Stärke; dieser spricht zu seinem Gott: „Lieben will ich dich, Herr, meine Stärke" *(Psalm 17, 2).* Darum suchten in jenem die Weisen, die nach dem Menschen leben, das Wohl des Leibes oder der Seele oder auch beider als das höchste Gut ... Im Gottesstaat dagegen gibt es keine andere Weisheit des Menschen als die Frömmigkeit, die in der rechten Weise den wahren Gott verehrt und dabei in der Gemeinde nicht nur der heiligen Menschen, sondern auch der heiligen Engel als ihren Lohn erhofft, „daß Gott alles in allem sei" *(1. Korinther 15, 28).*

(Augustinus)

42b

Ich habe die Menschheit geteilt in zwei Arten, in solche, die nach Gott, und solche, die nach dem Menschen leben. Die haben wir in geheimnisvollem, übertragenem Sinn zwei Staaten genannt, das heißt zwei Gemeinschaften der Menschen, deren einer vorherbestimmt ist, in Ewigkeit mit Gott zu herrschen, deren anderer, mit dem Teufel ewige Strafe zu erleiden ... Jetzt habe ich von beider Geschichte zu sprechen, von da an, da die Menschen Kinder zu zeugen begannen, bis dahin, da sie damit enden werden. Denn diese ganze lange Zeit, da die Menschen gehn und kommen, sterben und geboren werden, gehört der Geschichte beider Staaten an, von denen wir jetzt handeln.

Zuerst also wurde von jenen beiden ersten Stammeltern des Menschengeschlechts Kain geboren, der zum Staat der Menschen, danach erst Abel, der zum Staat Gottes gehört. Wie wir auch an jedem einzelnen Menschen erfahren, daß „nicht das erste ist' was geistig, sondern das, was seelisch ist, danach erst das Geistige" (1. Korinther 15, 46) — weshalb auch jeder, weil aus verdammter Wurzel entsprungen, zuerst von Adam her notwendig böse und fleischlich ist, und dann erst, wenn er fortschreitet zur Wiedergeburt in Christo, wird er gut und geistig sein — so ist es auch beim ganzen Menschengeschlecht, da zuerst durch Geburt und Tod die beiden Staaten zu erstehen beginnen, zuerst der Bürger dieser Welt geboren, danach der andre, der Fremdling auf dieser Welt ist und dem Staate Gottes angehört, durch Gnade vorherbestimmt, durch Gnade auserwählt, durch Gnade Fremdling hier unten, durch Gnade Bürger dort oben. Denn wie er von sich aus ist, entstammt er der gleichen Masse, die als Ganzes von Anfang verdammt ist; denn Gott hat gleich einem Töpfer aus dem gleichen Stoff ein Gefäß zur Ehre, ein anderes zur Unehre geschaffen (Römer 9, 21) ... Von Kain nun steht geschrieben, daß er einen Staat gegründet habe (2. Moses, 4, 17); Abel aber, der ein Fremdling auf Erden war, gründete keinen. Denn nur drüben ist der Staat der Heiligen, wenn er auch hier seine Bürger erzeugt, in denen er selber durch die Fremde pilgert, bis die Zeit seines Reiches herbeikommt, da er alle sammeln wird, die in ihrem Leib auferstehen, wenn ihnen das verheißene Reich gegeben worden, wo sie mit ihrem Fürsten, dem König der Ewigkeiten, herrschen werden ohne Ende in der Zeit.

(Augustinus)

Das Täuferreich zu Münster

Im Februar 1534 gelingt es den radikalen Täufern zu Münster unter der Führung des Reformators Bernd Rothmann, des Tuchhändlers Bernd Knipperdolling, des Bäckers Jan Matthys aus Harlem, Jan Bockelsons aus Leiden u. a. unter dem Schutz der Gilden, sich mit Gewalt der Stadt zu bemächtigen und durch Neuwahl des Rates ihre Herrschaft zu sichern. Lutheraner und Katholiken müssen, sofern sie sich nicht wiedertaufen lassen, Münster verlassen. In Erwartung des nahen Weltendes, dessen Schauplatz Münster sein soll, verstehen sich die Täufer als Vorbereiter des Reiches Christi mit der Aufgabe, die Gottlosen zu verdrängen oder zu vernichten und die Heiligen und Erwählten in Münster zusammenzuführen. Als endzeitliche Apostelgemeinde führen sie die Gütergemeinschaft und die Polygamie ein, beseitigen die bürgerliche Ordnung und errichten nach alttestamentlichem Vorbild für eineinhalb Jahre eine theokratische Herrschaft.

43a

Aufruf der Täufer, nach Münster zu kommen. Anfang März 1534

Liebe Brüder und Schwestern, Freude und Friede ist den Kindern Gottes beschieden; denn ihre Erlösung ist vor der Tür. Liebe Freunde, ihr sollt wissen und als ein Wort erkennen, was uns von Gott geschehen ist, daß ein jeder sich aufmache zum Zuge nach dem neuen Jerusalem, der Stadt der Heiligen; denn Gott will die Welt strafen. Jeder sehe zu, daß er durch Unachtsamkeit nicht dem Urteil verfalle. Denn Johann Bockelson, Prophet zu Münster, mit allen seinen Mithelfern in Christo hat uns geschrieben, daß niemand unter dem Drachen die-

Flugblatt mit dem angeblichen Bildnis des Jan van Leiden

ser Welt frei bleiben kann, sondern er wird zu Grunde gehen durch einen leiblichen oder geistigen Tod. Darum versäume niemand mitzuziehen, auf daß er Gott nicht versuche; denn es ist Aufruhr vorhanden über die ganze Welt, und es sagt der Prophet Jeremias im 51. Kapitel: Fliehet aus Babylon, damit ein jeglicher seine Seele behalte und euer Herz nicht verzagt werde wegen des Rufes, der in den Landen gehört werden soll. Ich sage euch nichts mehr, sondern ich gebiete euch im Namen des Herren, daß ihr ohne Verzug gehorsam seid und die Zeit wahrnehmt. Ein jeglicher sehe zu und gedenke an Lots Weib. Sehet nicht um nach irgend einem Ding, das auf Erden ist, sei es Mann, Weib oder Kind, auf daß ihr nicht betrogen werdet. Niemand sehe um nach seinen ungläubigen Kindern, die ungehorsam sind und nicht unter der Rute stehen, weil die in der Gemeinde Gottes nichts nütze sind. Es ist Gut genug für die Heiligen vorhanden. Darum nehmt nichts mit als Geld und Kleidung und Kost auf den Weg. Wer ein Messer oder Spieß oder Büchse hat, die nehme er mit sich, und wer nicht hat, kaufe sie; denn der Herr wird uns durch seine mächtige Hand und durch seine Knechte Moses und Aaron erlösen. Darum seid vorsichtig und macht alles klug vor den Bösen. Kommet alle zusammen eine halbe Meile von Hasselt beim Bergkloster den 24. März gegen Mittag. Seid vorsichtig in allen Dingen. Ihr sollt vor dem angegebenen Tage nicht dort sein und auch nicht später, und man wird nach dieser Zeit auf niemand warten. Keiner versäume zu kommen. Bleibt jemand zurück, so will ich an seinem Blut unschuldig sein. Emanuel.

(Richard van Dülmen)

43b

Von lebendiger Gemeinschaft der Heiligen

Welcher Gestalt ist die Gemeinschaft der Heiligen, die zu der Apostel Zeit anfängt, in der folgenden Zeit und bisher verwüstet worden ist, sowie Eigensüchtigkeit und Eigentum an ihre Stelle getreten sind, ist nicht nötig aufzuzeigen, da die ganze Welt das genugsam bezeugt; dann ist bei uns, dem Herrn sei ewig Lob und Dank, die Gemeinschaft wieder von Gott gerestituiert worden, wie es denn von Anfang gewesen ist und den Heiligen Gottes wohl ansteht, wie davon geschrieben steht Act 2 und 4. Wir hoffen auch, daß die Gemeinschaft bei uns so kräftig und herrlich sei und mit reinen Herzen durch Gottes Gnaden gehalten werde, als je zuvor mag geschehen sein, wenn wir nicht allein unsere Güter insgemein in den Händen der Diakone allgemein gemacht haben und davon notdürftig leben, sondern auch eines Herzens und Mutes Gott preisen durch Christus und geneigt sind, mit allerlei Dienst untereinander uns beizustehen. Und demnach alles, was der Eigensucht und dem Eigentum gedient hat, wie kaufen und verkaufen, arbeiten um Geld, Zins oder Wucher gebrauchen, ja auch mit den Ungläubigen; dazu der Armen Schweiß essen und trinken, das heißt unfreie Leute und unsere Nächsten so gebrauchen, daß sie erarbeiten sollen, wovon wir uns mästen und desgleichen mehr, was der Liebe abträglich sein möchte, ist in der Kraft der Liebe und Gemeinschaft bei uns gefallen und da

Historia der belegerung
vnd eroberung der Statt Münster
Anno 1535.

Getruckt 17. Julij.

Titelseite eines Flugblattes gegen die Wiedertäufer

wir wissen, daß Gott nun eben diesen Greuel abtun will, so wollten wir lieber in den Tod gehen, als uns wieder dahin wenden; wir wissen, daß man mit solchem Opfer dem Herrn gefällt, ja es mag kein Christ oder Heiliger Gott gefallen, der nicht in solcher Gemeinschaft steht, oder zumindest darin zu sein von Herzen geneigt ist. Der Drache und das Biest hindern die Gutherzigen noch an dieser Gemeinschaft, der Herr möge sie erlösen und mit seinen Heiligen eine reine Gemeinschaft aufrichten [. . .]

(Richard van Dülmen)

Hinrichtung der Wiedertäufer

Reich Gottes und religiöser Sozialismus

Leonhard Ragaz (1868—1945), Pfarrer in Chur und Basel, später Professor in Zürich, Führer der Schweizer Gruppe des „Internationalen Bundes Religiöser Sozialisten":

44a

Jesus und die Apostel schauten im Geiste schon den Sieg, die Katastrophe des alten und den Anbruch des neuen Aeon. Wenn es anders gekommen ist, so ist daran ein Versagen der Gemeinde Christi schuld, dessen Rätsel auf die menschliche Freiheit zurückführt, vor der auch die Pläne Gottes halt machen. Wie aus dem rätselhaften Abfall von Gott jene Welt entstand, die durch das Reich Gottes überwunden werden soll, so aus einem neuen, im Grunde noch schlimmeren Abfall der Gemeinde Christi vom Reiche Gottes das Christentum. Das Leben des heiligen Geistes und seine Kräfte und Gaben erlahmten, verloren sich. Die Wahrheit des Reiches Gottes zersplitterte sich in Stücke, worin ihr Wesen sich ins Gegenteil verkehrte. Aus der Botschaft von dem lebendigen Gott und der Freiheit aus ihm wurde eine fertige Lehre, die für sich galt, sich zum Dogma, d. h. einem kirchlich-staatlichen Gesetz verfestigte und ein Werkzeug der Geistesknechtschaft ohnegleichen wurde bis auf diesen Tag. Aus dem *Reiche Gottes wurde die Kirche*, d. h. eine weltlich-staatliche Macht, die doch mit dem Anspruch auftrat, die Wahrheit Christi zu verkörpern. Die Erfüllung der Verheißungen des Reiches Gottes wurde in ein Jenseits („Himmel") verlegt und alles Glauben und Sehnen dorthin gelenkt, von der Erde weg. Anstelle der gewaltigen Zuversicht auf Gottes Sieg trat ein trüber Pessimismus im Bezug auf die Welt und den Menschen; anstelle des auf den Kampf für Gottes Sache gespannten Glaubens ein müßiges Theoretisieren und Streiten um den „wahren" Glauben; anstelle der Liebe dieser „wahre Glaube"; anstelle der Sache Gottes das eigene zeitliche oder ewige Wohlergehen, für das Gott garantieren sollte, also der religiöse Egoismus; anstelle des von Christus ausgehenden Denkens und Lebens trat vielfach heidnisches Wesen mit christlichem Firnis — und mit alledem anstelle des Reiches Gottes eine neue Religion, ein neues Religionssystem, eben das Christentum.

Das ist unser Zustand fast bis auf diesen Tag. *Die Geschichte des Christentums ist die Geschichte dieser Entartung des Reiches Christi,* freilich auch des Kampfes dagegen. Auch dieser Kampf geht ja durch alle christlichen Jahrhunderte. Die Wahrheit des Reiches Gottes schimmert sogar durch die Formen ihrer Entartung. Sie protestiert durch das Mönchtum, durch Franz v. Assissi und Johannes Hus; sie bricht zuletzt mächtig auf in der Reformation des 16. und 17. Jahrhunderts. Aber nur zum Teil. Es fehlen wesentliche Elemente dieser Wahrheit. Besonders fehlt die Hoffnung für die Erde und die Einstellung auf die Sache Gottes unter den Menschen. Beides lebt mächtig auf in der Bewegung der Wiedertäufer, wird aber vorläufig wieder durch Gewalt zerstampft und durch schwere eigene Fehler zerstört. So geht die Unruhe weiter. Der Pietismus, diese wichtige Erscheinung, die wir heute mit der Vorstellung von Rückständigkeit und Herzensengigkeit zu verbinden gewohnt sind, die aber ursprünglich eine Freiheitsbewegung voll Geist und auch Kühnheit war, stellte jene alte Hoffnung wieder auf den Leuchter. Später wieder enger werdend, hielt er sie doch auf seine Weise fest. Aus ihm aber haben sich Blumhardt, Vater und Sohn, erhoben und in ihnen ein neuer Tag Christi und des Reiches Gottes.

(Leonhard Ragaz)

44b

Der Sozialismus ist in seinem reinen, letzten Sinn ein Strahl aus dem Reiche Gottes, ein Bestandteil des Reiches Gottes, nicht das ganze Reich Gottes. Aber auch umgekehrt: er ist eine Verheißung und Forderung des Reiches Gottes.

Aber nun muß dieser Sozialismus der Bibel oder des Reiches Gottes herabsteigen in die Welt, muß der unmittelbare und ewige Sozialismus hinein in die Zeit und Geschichte und in die menschlichen Verhältnisse. Hier setzt eine weitere These ein, die auch nur eine Erläuterung der Grundthese ist und die zum Grundwesen des ganzen religiösen Sozialismus gehört: Die in Christus erschienene Wahrheit muß die Ordnung der Welt werden. Der religiöse Sozialismus hebt die Trennung zwischen dem Reiche Gottes und dem Reich der Welt, die für das Christentum in allerlei Formen Geltung bekommen und es zur statischen Kraft und Wahrheit des Reiches Gottes das Reich der Welt besiege und damit alle Wirklichkeit erlöse und heilige. Daß darin die materielle und soziale Wirklichkeit, die Gesellschaft, die Wirtschaft, die Politik inbegriffen sei, ist das, was er, als Korrektiv, besonders betont. Er tut auch das ganz im Sinn der Bibel. Denn zu ihrer tiefsten Eigenart gehört der heilige Materialismus. Die soziale Erlösung ist in einem besonderen Sinn eine Fortsetzung der Menschwerdung Gottes, von der es heißt: „Und das Wort ward Fleisch." *(Johannes 1, 14)*

(Leonhard Ragaz)

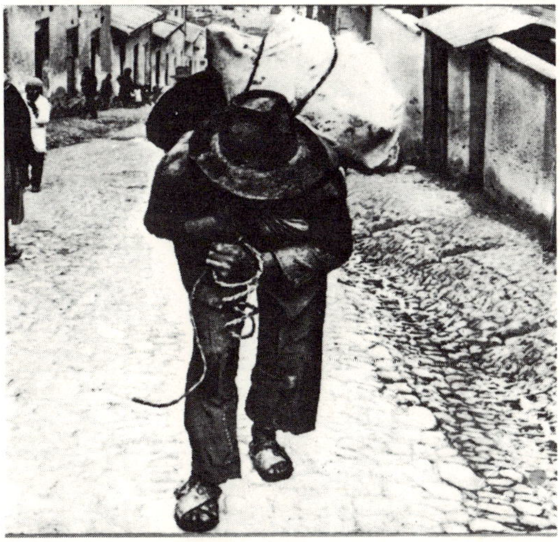

Theologie der Befreiung

„Theologie der Befreiung" bezieht ihre Impulse aus der unmittelbaren Erfahrung beispiellosen Elends und der Unterdrückung in den Favelas und überfüllten Städten Südamerikas — einem Kontinent, in dem Folter, Unterernährung und Analphabetentum alltägliche Wirklichkeit sind. In dieser Situation das Evangelium verkündigen, theologisch über eine zerrissene Welt mit durch und durch ungerechten Strukturen reflektieren, heißt eine Theologie hervorbringen, welche die Bedeutung Christi und seiner Sendung radikal als totale Befreiung des Menschen auslegt.

45a

Irdischer Fortschritt oder ... Befreiung des Menschen und Wachstum des Gottesreiches sind ausgerichtet auf die vollgültige Gemeinschaft der Menschen mit Gott und der Menschen untereinander. Beide haben ein und dasselbe Ziel. Ihre Wege jedoch verlaufen nicht parallel nebeneinander her noch aufeinander zu. Das Wachsen des Reiches ist ein Prozeß, der sich geschichtlich *in* der Befreiung vollzieht, insofern diese eine größere Realisation des Menschen ermöglicht und die Bedingung für eine neue Gesellschaft ausmacht, ohne jenes jedoch auszuschöpfen. Das Reich nimmt Gestalt an in geschichtlichen Befreiungsversuchen, weist auf ihre Grenzen und Doppeldeutigkeiten hin, kündigt ihre letztgültige Vollendung an und treibt sie wirksam bis zur Schaffung der vollen Gemeinschaft. Wir identifizieren nichts. Dennoch wird ohne geschichtliche Befreiungsinitiativen das Gottesreich nicht wachsen können, und der Befreiungsprozeß wird die Wurzeln der Unterdrückung und der Ausbeutung des Menschen durch den Menschen erst mit dem Advent des Reiches besiegen, das aber vor allem ein Geschenk bleibt. Mehr noch: Man kann sagen, das politische und geschichtliche Befreiungsgeschehen *sei* Wachstum des Reiches, *sei* Heilsereignis. Jedoch ist es weder das *Kommen* des Reiches selbst noch die *ganze* Erlösung. In ihm realisiert sich historisch das Reich und, weil das so ist, kündigt es auch die Vollendung an.

(Gustavo Gutiérrez)

45b

Schließlich erfordert der Befreiungsprozeß die *aktive Mitarbeit der Unterdrückten* selbst ... Dennoch verhindern die derzeitigen Strukturen die aktive Mitbestimmung des Volkes ... Deshalb fühlt sich die Kirche gedrängt, anstatt an die Unterdrücker zu appellieren, sich direkt an die Unterdrückten zu wenden, ruft sie auf, selbst die Zügel ihres Geschicks zu ergreifen, verpflichtet sich, ihre Forderungen zu unterstützen, gibt ihnen Gelegenheit, ihre Ansprüche an die Öffentlichkeit gelangen zu lassen, und bringt diese selbst zum Ausdruck.

(Gustavo Gutiérrez)

- *Wo sehen Sie Analogien zwischen den vorgestellten Beispielen und säkularen Programmen?*
- *„Auf die Zukunft Christi hoffen, heißt alle Utopien preisgeben, heißt wissen, daß selbst wenn die klassenlose Gesellschaft käme, sie eine Gesellschaft sündiger Menschen wäre, die weder von dem Gerichte Gottes über die Sünde, noch von dem Tode je befreien könnte“*
  (Hans-Dietrich Wendland)
  Nehmen Sie Stellung!

Literatur zur Weiterarbeit:

Allgemein:

Bloch, E., *Das Prinzip Hoffnung,* Bd. 2, Suhrkamp Verlag, Frankfurt 1968, S. 582 ff.

Metz, J. B., *Glaube in Geschichte und Gesellschaft,* Matthias-Grünewald-Verlag, Mainz 1977

Zwei-Reiche-Lehre:

Lau, F., *Zwei-Reiche-Lehre,* in: RGG[3], Bd. VI, Sp. 1945 – 1949

Schrey, H. H., *Reich Gottes und Welt.* Die Lehre Luthers von den zwei Reichen, Wissenschaftliche Buchgesellschaft, Darmstadt 1969

Wiedertäufer, Schwärmer, Sekten:

Dülmen, R. v., Hg., *Das Täuferreich zu Münster 1534 – 1535.* Dokumente, dtv WR 4150, Deutscher Taschenbuch Verlag, München 1974

Hauth, R., *Die Reich-Gottes-Vorstellungen der „Zeugen Jehovas“ und der „Children of god“, in: Arbeit und Stille,* Nr. 164, o. J., Schriftenreihe des MBK-Verlags, Bad Salzuflen, S. 16 – 19

Karasek, H. Hrsg., *Die Kommune der Wiedertäufer.* Bericht aus der befreiten und belagerten Stadt Münster 1534, Wagenbachs Taschenbücherei, Verlag K. Wagenbach, Berlin 1978

Hutten, K., *Seher-Grübler-Enthusiasten.* Sekten und religiöse Sondergemeinschaften der Gegenwart, Quell-Verlag, Stuttgart [11]1968

Rammstedt, O., *Sekte und soziale Bewegung,* Köln 1966

Reller, H., Hrsg., *Handbuch Religiöse Gemeinschaften,* Gütersloher Verlagshaus G. Mohn, Gütersloh 1978

RGG-Artikel: *Chiliasmus, Täufer*

Religiöser Sozialismus:

Deresch, W., *Predigt und Agitation der religiösen Sozialisten,* Furche-Verlag, Hamburg 1971

Theologie der Befreiung und verwandte Strömungen:

Feil, E., *Von der „Politischen Theologie“ zur „Theologie der Revolution“,* in: E. Feil/R. Weth, Diskussion zur Theologie der Revolution, Chr. Kaiser Verlag / Matthias-Grünewald-Verlag / München/Mainz 1969, S. 110 – 132

Rubio, A. G. / **Vekemans,** R., *Die lateinamerikanische Theologie der Befreiung,* in: Communio 2/1973, S. 400 – 423; 434 – 448

Schrey, H. H., *Social gospel,* in: F. Karrenberg, Hrsg., Neues Evangelisches Soziallexikon, Kreuzverlag, Stuttgart/Berlin [5]1965, Sp. 1091 f.

Theologische Ansätze und Programme

Perspektiven

Das Thema Zukunft in der Neueren Theologischen Diskussion

46

Das Christentum ist ganz und gar und nicht nur im Anhang Eschatologie, ist Hoffnung, Aussicht und Ausrichtung nach vorne, darum auch Aufbruch und Wandlung der Gegenwart. Das Eschatologische ist nicht etwas *am* Christentum, sondern es ist schlechterdings das Medium des christlichen Glaubens ... Eine rechte Theologie müßte darum von ihrem Zukunftsziel her bedacht werden. Eschatologie sollte nicht ihr Ende, sondern ihr Anfang sein.

(Jürgen Moltmann)

- *Vergleichen Sie das hier ausgesprochene Verständnis von Eschatologie mit den Positionen von Althaus und Bultmann (Mögliche Kriterien: Leitbegriffe und Begründungszusammenhänge — Verarbeitung der biblischen Tradition — Leitendes Geschichtsverständnis — Verhältnis von Zukunft und Gegenwart, Eschatologie und Ethik — Stellenwert der Eschatologie im Kontext der Theologie.)*

47a

Eschatologie ist die Lehre von dem Letzten, den „letzten Dingen" ..., d. h. von dem Ausgange und Ziele des Menschenlebens, der Menschheitsgeschichte, der Welt ... Eschatologie handelt von der Erwartung des Vollkommenen, Ganzen, der Erfüllung des Heils.

(Paul Althaus)

47b

Diesem Ansatz entsprechend baut Althaus auch seine Dogmatik auf:

Erster Teil: Die Wirklichkeit Gottes
Zweiter Teil: Die Welt Gottes
Dritter Teil: Der Mensch Gottes
Vierter Teil: Der Mensch als Sünder und das Gericht Gottes
Fünfter Teil: Die Gemeinschaft mit Gott im Glauben an Jesus Christus
Siebenter Teil: Das kommende Reich Gottes
§ 46 Grund und Methode der Eschatologie
§ 47 Tod und Auferstehung
§ 48 Das Gericht, Ewiges Leben und Ewiges Sterben
§ 49 Das Ende der Geschichte und das Kommen des Reiches

(Paul Althaus)

48

Der Sinn der Geschichte liegt je in der Gegenwart, und wenn die Gegenwart vom christlichen Glauben als die eschatologische Gegenwart begriffen wird, ist der Sinn der Geschichte verwirklicht. Derjenige, der klagt: ‚Ich kann keinen Sinn in der Geschichte sehen, und darum ist mein Leben, das in die Geschichte hineinverflochten ist, sinnlos', muß aufgerufen werden: ‚Schau nicht um dich in die Universalgeschichte; vielmehr mußt du in deine persönliche Geschichte blicken. Je in deiner Gegenwart liegt der Sinn der Geschichte, und du kannst ihn nicht als Zuschauer sehen, sondern nur in deinen verantwortlichen Entscheidungen. In jedem Augenblick schlummert die Möglichkeit, der eschatologische Augenblick zu sein. Du mußt ihn wecken!'

(Rudolf Bultmann)

Tätige Hoffnung zwischen Auferstehung und Parusie

Eine grundlegende Neuorientierung theologischen Redens von der Zukunft leitet J. Moltmanns 1964 erschienene „Theologie der Hoffnung" ein, der wenig später J. B. Metz mit seinem Programm der „Politischen Theologie" folgt. — Moltmann bestimmt die Mittelpunktstellung der Eschatologie innerhalb der Theologie neu: in radikaler Umkehrung der Perspektive ist sie für ihn nicht mehr Entweltlichung, sondern „das Leiden und die Leidenschaft, die am Messias entstehen". Wo griechisches Denken Offenbarung Gottes als „Epiphanie der ewigen Gegenwart" deutet (S. 74, 89), die sich damit begnügt, das Bestehende zu erklären, spricht christliche Offenbarung von einem Gott, der uns entgegengeht, mit „Futurum als Seinsbeschaffenheit" und den wir nur „tätig hoffend" erwarten können. Das, was ist, die bestehende Ordnung, ist durch die Verheißung des Kommenden in Frage gestellt. Theologie der Hoffnung ist für Moltmann zugleich Theologie der Auferstehung. Der auferstandene Christus ist die Zukunft des Menschen. Kraft seiner Hoffnung auf den auferstandenen Christus befreit sich der Mensch aus den engen Grenzen der Gegenwart und kann ungehindert in Funktion des Kommenden denken und tätig werden.

49a

Die „Christenheit" hat ihr Wesen und ihren Zweck nicht in sich selber und nicht in ihrer eigenen Existenz, sondern lebt von etwas und ist für etwas da, das weit über sie hinaus reicht. Will man das Geheimnis ihrer Existenz und ihrer Handlungsweisen begreifen, so muß man nach ihrer *Sendung* fragen. Will man ihr Wesen ergründen, so muß man nach jener Zukunft fragen, auf die sie ihre *Hoffnungen* und Erwartungen setzt. Ist die Christenheit selber in den neuen gesellschaftlichen Verhältnissen unsicher und orientierungslos geworden, so muß sie sich wieder darauf besinnen, wozu sie da ist und worauf sie aus ist.

Es ist heute allgemein anerkannt, daß das Neue Testament die Kirche als „eschatologische Heilsgemeinde" auffaßt und also von der Sammlung und Sendung der Gemeinde in einem eschatologischen Erwartungshorizont spricht. Damit, daß der auferstandene Christus beruft, sendet, rechtfertigt und heiligt, sammelt, beruft und sendet er Menschen in seine eschatologische Zukunft zur Welt. Der auferweckte Herr ist immer der von der Gemeinde Erwartete; und zwar der von der Gemeinde für die Welt und nicht nur für sich selbst erwartete Herr. Darum lebt die Christenheit nicht von sich selbst und für sich selbst, sondern von der Herrschaft des Auferstandenen und für die kommende Herrschaft dessen, der den Tod überwand und Leben, Gerechtigkeit und Reich Gottes bringt.

Die Christenheit, die der Sendung Christi folgt, steht auch in der Nachfolge des Dienstes Christi an der Welt. Sie hat ihr Wesen als Leib des gekreuzigten und auferstandenen Christus nur, wo sie in konkreten Diensten der Sendung in die Welt gehorsam ist. Ihre Existenz ist ganz an die Erfüllung ihres Dienstes gebunden.

Diese Sendung erfolgt nicht im Erwartungshorizont der sozialen Rollen, die die Gesellschaft der Gemeinde zubilligt, sondern geschieht in dem ihr eigenen eschatologischen Erwartungshorizont des kommenden Reiches Gottes, der kommenden Gerechtigkeit und des kommenden Reiches Gottes, der kommenden Gerechtigkeit und des kommenden Friedens, der kommenden Freiheit und Würde des Menschen. Die Christenheit hat der Menschheit nicht zu dienen, damit diese Welt bleibe, was sie ist, oder bewahrt werde in dem, was sie ist, sondern damit sie sich wandle und werde, was ihr verheißen ist. Darum kann „Kirche für die Welt" nichts anders heißen, als „Kirche für das Reich Gottes" und die Erneuerung der Welt. Das geschieht so, daß die Christenheit die Menschheit, und konkret die Gemeinde die Gesellschaft, mit der sie lebt, in ihren Erwartungshorizont eschatologischer Erfüllung von Recht, Leben, Humanität und Sozialität hineinnimmt und in ihren eigenen geschichtlichen Entscheidungen ihr Offenheit, Bereitschaft und Elastizität für die Zukunft vermittelt.

Die kommende Herrschaft des auferstandenen Christus kann man nicht nur erhoffen und abwarten. Diese Hoffnung und Erwartung prägt auch das Leben, Handeln und Leiden in der Gesellschaftsgeschichte. Darum bedeutet Sendung nicht nur Ausbreitung des Glaubens und der Hoffnung, sondern auch geschichtliche Veränderung des Lebens. Das leibliche Leben, und damit auch das soziale und öffentliche Leben, wird im alltäglichen Gehorsam als Opfer erwartet *(Römer 12, 1 ff.)*. Sich nicht dieser Welt gleichzustellen, bedeutet nicht nur, sich in sich selbst zu verändern, sondern in Widerstand und schöpferischer Erwartung die Gestalt der Welt zu verändern, in der man glaubt, hofft und liebt. Die Hoffnung des Evangeliums hat nicht nur eine polemische und befreiende Beziehung zu den Religionen und Ideologien der Menschen, sondern viel

Christus als Herrscher des Weltalls, Chartres

mehr noch zum faktischen und praktischen Leben der Menschen und zu den Verhältnissen, in denen dieses Leben geführt wird. Es ist zu wenig, wenn man sagt, das Reich Gottes habe es nur mit Personen zu tun, denn einmal sind Gerechtigkeit und Frieden des verheißenen Reiches Verhältnisbegriffe und betreffen also auch die Verhältnisse der Menschen untereinander und zu den Dingen, zum anderen ist der Gedanke einer a-sozialen Personalität des Menschen eine Abstraktion. Die christliche Hoffnung wirft darum in einem institutionalisierten Leben die „Sinnfrage“ auf, weil sie sich mit diesen Verhältnissen in der Tat nicht abfinden kann und die „wohltätige Fraglosigkeit des Lebens“ in ihnen nur als eine neue Gestalt des Nichtigen und des Todes erkennt. Sie ist in der Tat auf „andere Institutionen“ aus, weil sie das wahre, ewige Leben, die wahre und ewige Würde des Menschen, die wahren und gerechten Verhältnisse von dem zukommenden Reich Gottes erwarten muß. Sie wird darum die modernen Institutionen aus ihren ihnen immanenten Stabilisierungstendenzen herausführen trachten, sie verunsichern, sie vergeschichtlichen und zu jener Elastizität öffnen, die der Offenheit auf jene Zukunft entspricht, die sie erhofft. Im praktischen Widerstand und in schöpferischer Neugestaltung stellt die christliche Hoffnung das Bestehende in Frage und dient so dem Kommenden. Sie überholt das Vorfindliche in Richtung auf das erwartete Neue und sucht nach Gelegenheiten, der verheißenen Zukunft in der Geschichte immer besser zu entsprechen.

(Jürgen Moltmann)

- *In welcher Weise bestimmt Moltmann den Zusammenhang von Sendung und Zukunft?*
- *Reflektieren und diskutieren Sie im Argumentationszusammenhang die Schluß-Folgerung des Autors: Christliche Hoffnung „überholt das Vorfindliche in Richtung auf das erwartete Neue und sucht nach Gelegenheiten, der verheißenen Zukunft in der Geschichte immer besser zu entsprechen“!*

Das Leitbild bei der Gestaltung der Gegenwart in Richtung auf die Zukunft ist für J. Moltmann die „Exodusgemeinde“, sie paßt sich nicht der bestehenden Gesellschaft an, sondern mobilisiert gerade umgekehrt die Gesellschaft und nimmt sie auf ihren Weg in die Zukunft mit:

49b

Wenn wir ... nach der konkreten Gestalt gelebter eschatologischer Hoffnung in der modernen Gesellschaft fragen, so soll mit dem Leitgedanken der „Exodusgemeinde“ die Wirklichkeit der Christenheit als die des „wandernden Gottesvolkes“ ins Auge gefaßt werden, wie sie der Hebräerbrief beschreibt: „So laßt uns nun zu ihm hinausgehen aus dem Lager und seine Schmach tragen, denn wir haben hier keine bleibende Stadt, sondern die zukünftige suchen wir“ (13, 13 f.). Was bedeutet das für die gesellschaftliche Gestalt und die sozialethische Aufgabe der Christenheit an der „modernen Gesellschaft“? ...
So muß die Christenheit den Exodus wagen und ihre gesellschaftlichen Rollen als neue babylonische Gefangenschaft ansehen. Nur wo sie gesellschaftlich als nicht voll anpassungsfähige Gruppe erscheint und die moderne Integration aller mit allen an ihr nicht gelingt, tritt sie in eine konfliktgeladene, aber fruchtbare Partnerschaft zu dieser Gesellschaft. Nur wo ihr Widerstand sie als eine nicht-assimilierbare und nicht-arrivierbare Gruppe

zeigt, kann sie dieser Gesellschaft ihre eigene Hoffnung vermitteln. Sie wird dann zu einer beständigen Unruhe in dieser Gesellschaft, die durch nichts beschwichtigt und zur Ruhe des Angepaßtseins gebracht werden kann. Es ist dabei heute weniger ihre Aufgabe, der ideologischen Glorifizierung der Verhältnisse, als vielmehr der institutionellen Stabilisierung der Verhältnisse zu widerstehen und durch das „Aufwerfen der Sinnfrage" diese zu verunsichern, sie beweglich und elastisch im Prozeß der Geschichte zu machen ... Allein die Hoffnung hält das Leben — auch das öffentliche, soziale Leben — in strömender Gelöstheit ...
Die ganze Christenheit steht im Apostolat der Hoffnung an der Welt und findet darin ihr Wesen; nämlich das, was sie zur Gemeinde Gottes macht. Sie ist nicht in sich selber das Heil der Welt, so daß die Verkirchlichung der Welt für diese das Heil bedeuten würde, sondern sie dient dem kommenden Heil der Welt und ist wie ein in die Welt hinausgesandter Pfeil ins Zukünftige.

(Jürgen Moltmann)

- *Moltmanns Buch wurde zum theologischen Bestseller (im Laufe von nur zweieinhalb Jahren sechs Auflagen und vier Übersetzungen). Wie ist dieses ungewöhnliche Interesse zu erklären?*
- *Neben einem weltweiten Echo hat die „Theologie der Hoffnung" auch Widerspruch ausgelöst (W.-D. Marsch: „kleine Blochmusik"; H. Zahrnt: „Kathedereschatologie"). Die beiden folgenden Voten sollten kritisch auf die Texte 49a und 49b zurückbezogen werden.*

50

Die Gegenwart bildet allemal den Boden, aus dem die Zukunft ihr Material bezieht. Darum ist es falsch, wenn Jürgen Moltmann das „Neue", von dem die Bibel im Zusammenhang mit der Eschatologie spricht, als ein „Novum ex nihilo", als ein Neues aus dem Nichts interpretiert. Die „neue Schöpfung" ist eben keine „Schöpfung aus dem Nichts", sondern vollzieht sich an der durch die Schöpfung aus dem Nichts entstandenen und also vorhandenen Welt. Bei Moltmann und seinesgleichen wird die Kontinuität der Geschichte beinahe bis zur Aufhebung ihrer Identität unterbrochen.

(Heinz Zahrnt)

51

Was kann eine theologische Didaktik mit einer Eschatologie anfangen, die empirische Strukturen — wie Generationsketten, soziokulturelle Überlieferungen und so weiter — pfingstlich ignoriert? ... Die totale Neuheit des Neuen wäre unmenschlich ... Kein Exodus ist erlaubt, der das Antiquum wie lästigen Staub von den Füßen schüttelte ... Die christliche Hoffnung hat nicht nur eine Beziehung auf Gottes Zukunft, sondern auch auf des alten Adam Leiblichkeit.

(Hans-Dieter Bastian)

Zukunft in universalgeschichtlicher Perspektive

Wolfhart Pannenberg fragt nach den Berührungspunkten zwischen neuzeitlich-säkularem und religiösem Zukunftsinteresse. Diesen sieht er in der Sinnfrage.
Sinn und Bedeutung individuellen wie gesellschaftlichen Lebens wird immer nur vom Ende (z. B. eines Lebens, einer Epoche) her sichtbar. Jedoch konstituiert auch das jeweilige Ende noch nicht letztlich einen umgreifenden Sinnzusammenhang. Erst vom Telos, vom Endziel der Universalgeschichte her erhalten die Einzelmomente jedes individuellen Lebens wie auch die partikularen Ereignisse der Menschheitsgeschichte ihren Sinn. Als sinnerschließendes Telos der Universalgeschichte bestimmte Pannenberg gemäß jüdisch-christlicher Überlieferung Auferstehung und Gericht am Ende der Menschheitsgeschichte und Vollendung der Menschheit in der Gemeinschaft des Gottesreiches.
Im Geschick Jesu Christi hat sich dieses Ende bereits vorwegereignet: seine Auferstehung von den Toten ist Vorwegnahme dessen, was allen anderen Menschen noch bevorsteht, nimmt in der Weltzeit den Anbruch des Neuen Äons und die vollgültige Offenbarung Gottes vorweg.

52

Die christliche Hoffnung richtet sich auf das Kommen der Gottesherrschaft und auf die Teilnahme an ihrem neuen Leben. Alle anderen „letzten Dinge" der christlichen Überlieferung stehen damit in

Zusammenhang, insbesondere Totenauferstehung und Weltgericht. Was für eine Zukunft ist das? Es geht hier überall, auch bei der Erwartung eines Endes der bisherigen Welt und einer neuen Schöpfung, um den Menschen, um die Zukunft des Menschen.

Das läßt sich in erster Linie am zentralen Begriff der Gottesherrschaft selbst zeigen. Es handelt sich dabei um eine Herrschaft des Friedens und der Gerechtigkeit, wie sie Jesaja *(Jesaja 2, 1—5)* von dem kommenden messianischen Königreich erwartete, das den im israelitischen Gottesrecht ausgedrückten Rechtswillen Gottes verwirklichen wird. Das Danielbuch hat die Erfüllung dieser politischen Heilshoffnung an die Erwartung einer unmittelbaren Herrschaft Gottes selbst im Unterschied zu den auf menschliche Herrschaft begründeten Weltreichen geknüpft. Daher wird im Danielbuch *(Daniel 7, 13)* das Gottesreich durch die Gestalt eines Menschen symbolisiert, während die Wesensart der Weltreiche durch Tiersymbole gekennzeichnet wird: Erst die Herrschaft Gottes wird eine wahrhaft menschliche Gesellschaft begründen. Gewiß handelt es sich bei Friede und Gerechtigkeit um die Ziele, die jede politische Ordnung zu verwirklichen sucht. Aber diese Ziele werden unter menschlichen Herrschaftsordnungen immer wieder in ihr Gegenteil verkehrt. Darum bedarf es der Herrschaft Gottes selbst, damit zugleich das Gottesrecht und mit ihm die gesellschaftliche Bestimmung des Menschen verwirklicht werde.

Die Verwirklichung des Gottesrechtes macht aber eine Revision der jetzigen ungerechten Verhältnisse unter den Menschen erforderlich, in denen Gewalt und Betrug so oft triumphieren, während das Recht unterliegt. Wenn das Gottesrecht nicht nur an einer künftigen Generation, sondern an allen Menschen verwirklicht werden soll, bedarf es also eines jenseitigen Ausgleichs, eines Gerichtes über die Toten, und dazu wieder ist eine Totenauferstehung erforderlich. Endlich aber bedarf die vollendete Gesellschaft des Gottesreiches auch veränderter natürlicher Daseinsbedingungen; sie erfordert einen neuen Himmel und eine neue Erde . . .

Die eschatologischen Zukunftsaussagen formulieren die Bedingungen einer endgültigen Realisierung der Humanität des Menschen als Folge der Durchsetzung der Gerechtigkeit Gottes, die für das Menschsein des Menschen konstituiv ist. Die Verwirklichung des Menschseins des Menschen erfordert eine Gemeinschaft, in der jeder einzelne den ihm zukommenden Platz findet, in der also die Gegensätze zwischen Individuum und Gesellschaft, zwischen den Interessen der Individuen und dem Interesse der Gesellschaft insgesamt, überwunden sind. Ist die Einheit von individueller und gesellschaftlicher Bestimmung unerläßliche Bedingung einer Verwirklichung der Humanität, so genügt es nicht, daß in einer künftigen Gesellschaftsordnung einmal jener Ausgleich zwischen Individuum und Gesellschaft hergestellt werden wird, selbst wenn damit unter den gegenwärtigen Bedingungen menschlicher Existenz zu rechnen wäre, unter denen das Gesamtinteresse auch seinerseits von Individuen wahrgenommen und durchgesetzt werden muß, die das immer wieder aus der Perspektive ihrer Sonderinteressen tun. Doch selbst wenn die Einheit von individuellem und gesellschaftlichem Interesse der Menschen in einer Gesellschaft der Zukunft herstellbar wäre, bliebe immer noch die Frage nach dem Anteil der Menschen früherer Generationen an der in solcher Zukunftsgesellschaft realisierten Bestimmung des Menschen offen. Daß aber allen Individuen der Menschheit die Möglichkeit offen steht, an der die Bestimmung der Menschheit verwirklichenden vollkommenen Gesellschaft teilzunehmen, ist ohne eine Auferstehung der Toten nicht denkbar, und daß ein jeder den ihm zukommenden Anteil an ihrem Leben erhält, ist nicht ohne den jenseitigen Ausgleich eines Weltgerichtes vorstellbar. Daß aber Gericht, Auferstehung der Toten und Verwirklichung der vollkommenen Gesellschaft miteinander verbunden werden in der Vorstellung eines Endes der bisherigen Welt und Geschichte, entspricht dem Gedanken einer Vollendung der menschlichen Bestimmung in der Einheit ihres individuellen und ihres gesellschaftlichen Aspektes.

Wenn es sich bei den Zukunftsaussagen der frühjüdischen Eschatologie um die Formulierung der Bedingungen einer Verwirklichung der menschlichen Bestimmungen in der Einheit ihres individuellen und ihres gesellschaftlichen Aspekts handelt, dann haben wir es bei der Zukunft der Gottesherrschaft mit der *Wesenszukunft* des Menschen zu tun. Die eschatologischen Zukunftsaussagen enthalten dann keine Mitteilung darüber, durch welche Ereignisse im materiellen Gang des Geschehens diese Wesenszukunft des Menschen realisiert werden wird. Solche Fragen läßt die eschatologische Hoffnung offen. Insbesondere bleibt offen, wie sich der Gedanke einer Neuschöpfung der Naturwelt als Bedingung der menschlichen Wesensverwirklichung zum Fortgang der uns bekannten physikalischen Prozesse verhält. Kommen diese Prozesse zu einem Ende, und tritt etwas ganz anderes an ihre

Stelle? Laufen die physikalischen Prozesse weiter, ohne aber über die erreichte Stufe menschlicher Wesensverwirklichung hinauszutreiben? Ist mit einer „Krümmung“ der Zeit zu rechnen analog der „Krümmung“ der Raumdimensionen in der Relativitätstheorie? Jede dieser Auffassungen ist diskutabel. Sie seien hier nur erwähnt, damit deutlich wird, daß die Auffassung der eschatologischen Aussagen über das Weltende im Sinne der Wesenszukunft des Menschen die Theologie von der Fixierung auf die eine oder andere Auffassung eines Weltendes entlastet, ohne daß die eschatologische Zukunft dadurch ihre Zeitlichkeit, insbesondere ihre Differenz zur Gegenwart und Vergangenheit einbüßte. . . .

Kann die anthropologische Interpretation der überlieferten eschatologischen Vorstellungen zum Verständnis ihrer religiösen Bedeutung beitragen? Und läßt sich daran die Relevanz der Zukunft überhaupt für die religiöse Thematik erkennen? . . .

Wie die Wörter im Satz, so haben einzelne Ereignisse ihre Bedeutung im Zusammenhang einer Lebenssituation. Sofern ein Ereignis nicht vereinzelt für sich genommen wird, sondern auf den Kontext einer Lebenssituation oder eines Lebensweges bezogen wird, heißt es bei Dilthey „Erlebnis“. Wir erleben die uns widerfahrenden Ereignisse, insofern wir sie immer in der einen oder anderen Weise auf das Ganze unseres Lebens, wie es uns in Erinnerung und Erwartung präsent ist, beziehen, auf unser Selbst. Nun ist aber das Ganze unseres persönlichen Lebens noch im Werden — solange unser Leben währt. Es befindet sich in einem noch unabgeschlossenen geschichtlichen Prozeß. Wir sind in jedem gegenwärtigen Moment wir selbst nur im Vorgriff auf das noch nicht vollendete Ganze unseres Lebensganges. Die Erfahrungen im Fortgang des Lebens werden diesen Vorgriff korrigieren, und es kann dann die Identität unseres Selbst im Prozeß unserer Lebensgeschichte problematisch werden. Zugleich ändert sich auch der Stellenwert, die Bedeutung der früheren Erlebnisse. Was zuerst als unbedeutend erschien, stellt sich vielleicht später als fundamental wichtig heraus, und umgekehrt. Die endgültige Bedeutung der Ereignisse unseres Lebens, so meinte Dilthey einmal, könnten wir erst am Ende des Lebens, in der Todesstunde ermessen. Wegen der Geschichtlichkeit der Sinnerfahrung, weil nämlich das Ganze des Lebens geschichtlicher Prozeß ist, fällt der Zukunft, und zwar besonders der letzten Zukunft, eine entscheidende Funktion für die Frage nach dem Sinn unseres Lebens im ganzen und nach der endgültigen Bedeutung der einzelnen Erlebnisse zu. Die endgültige Bedeutung, das eigentliche *Wesen* der einzelnen Widerfahrnisse, die wir erleben, aber auch unserer eigenen Handlungen, wird erst durch die letzte Zukunft unseres Lebens entschieden, weil erst mit ihr das Ganze des Lebens sich rundet, das den Horizont für Sinn und Bedeutung aller seiner Einzelmomente bildet.

Die das Ganze des Lebens konstituierende und über die endgültige Bedeutung, das wahre Wesen aller seiner Einzelmomente entscheidende letzte Zukunft kann nicht identisch mit dem Tode sein. Der Tod bricht das Leben ab, fragmentiert seine Sinnstruktur. Zwar kommt mit dem Tode des Individuums die Ganzheit seines Lebens in einer bis dahin nicht möglichen Abgeschlossenheit zum Vorschein, aber es ist nicht der Tod, der diese Ganzheit konstituiert. Hier wird wieder die früher getroffene Unterscheidung der Wesenszukunft von den äußeren Ereignissen, die ihre Realisierung auslösen, wichtig. Nur die Wesenszukunft bringt das Dasein in seine Ganzheit, wie sie in der Selbstgewißheit vorgreifend erfahren wird. Nur die Wesenszukunft wirkt befreiend auf die Gegenwart im Unterschied zu den unbekannten Gefahren der Zukunft, die das Leben bedrohen, in denen aber auch die noch verhüllte Wesenszukunft verborgen sein kann. . . .

Die Wesenszukunft des Individuums, die über den Sinn seines Lebens und über die Bedeutung der Einzelmomente dieses Lebens letztlich entscheidet, läßt sich daher nicht trennen von der Wesenszukunft der Menschheit insgesamt: Gerade dieser Zusammenhang wird in den eschatologischen Vorstellungen der jüdisch-christlichen Überlieferung zum Ausdruck gebracht, indem die Entscheidung über das Leben der Individuen mit Auferstehung und Gericht an das Ende der bisherigen Menschheitsgeschichte verwiesen und mit der Vollendung der Menschheit in der Gemeinschaft des Gottesreiches verbunden wird. . . .

Die Botschaft Jesu von der Liebe Gottes erschließt sich als Ausdruck der Gegenwart des kommenden Reiches in der Sendung Jesu selbst, die den Menschen trotz deren Gottesferne schon gegenwärtig Teilhabe am kommenden Reich gewährt, mitten in der Feindschaft der Welt und noch in ihrem eigenen Scheitern an dieser Feindschaft. Die zusammenfassende Charakteristik der christlichen Heilsgegenwart bei Paulus und Johannes als Freiheit gewinnt als Ausdruck der gegenwartsbestimmenden Macht der Zukunft neues Gewicht: Im Ereignis der Freiheit ist die Wesenszukunft des Menschen schon Gegenwart. Im Hinblick auf die konstitutive Bedeutung der Zukunft für die Freiheit ergibt sich endlich auch zwanglos ein Verständnis Gottes, der Macht der Zukunft, als des Ursprungs der Freiheit. Damit kommt eine bedeutsame Verbindung zur Freiheitsthematik der Neuzeit als Emanzipation von Herkunftsmächten zustande, und als Grund dieser neuzeitlichen Freiheit, der sie vor dem Abgleiten in ohnmächtigen Subjektivismus bewahrt, läßt sich der Gottesgedanke gegenüber der modernen atheistischen Kritik neu gewinnen.

(Wolfhart Pannenberg)

- *Worin ist nach Pannenberg „Hoffnung über den Tod hinaus“ begründet?*
- *Was meint der Autor mit „Wesenszukunft“?*
- *In welchem Verhältnis stehen Auferstehung Christi und Ende der Geschichte zueinander?*
- *Wie wird hier Gegenwart qualifiziert?*

Hoffnung aus der Tiefe des Seins

Wie kann — nachdem die Einheit von Gottes- und Weltwirklichkeit zerbrochen ist — entschlossen im Horizont der Welt von Gott gesprochen werden? Nach Tillich ist die Möglichkeit dazu in der Struktur der Wirklichkeit selbst angelegt: die endliche Welt weist in ihrer innersten Natur über sich selbst hinaus auf den Seins- und Sinngrund, in dem alle Dinge und Phänomene („Offenbarungen“) wurzeln.

53a

Alle sichtbaren Dinge haben eine Oberfläche. Die Oberfläche ist *die* Seite der Dinge, die uns zuerst erscheint. Wenn wir auf sie blicken, erkennen wir, was die Dinge zu sein *scheinen*. Jedoch, wenn wir unser Handeln nach dem richten, was die Dinge oder Menschen zu sein *scheinen*, werden wir enttäuscht. Unsere Hoffnungen werden vereitelt. Und so versuchen wir, unter die Oberfläche zu dringen, um die Dinge zu erkennen, wie sie wirklich sind. Warum haben die Menschen immer nach der Wahrheit gefragt? Sie fragen deshalb, weil sie von der Oberfläche enttäuscht waren und weil sie erkannten, daß die Wahrheit, die uns nicht enttäuscht, ganz in der Tiefe wohnt ...

Der Name dieser unendlichen Tiefe und dieses unerschöpflichen Grundes alles Seins ist *Gott* ... Und wenn das Wort für euch nicht viel Bedeutung besitzt, so übersetzt es und sprecht von der Tiefe in eurem Leben, vom Ursprung eures Seins, von dem, was euch unbedingt angeht, von dem, was ihr ohne irgendeinen Vorbehalt ernst nehmt ...
Wir sind ... in einer Welt nur durch die Gemeinschaft der Menschen. Und wir können unsere Seele nur durch den Spiegel derer entdecken, die uns betrachten. Es gibt keine Tiefe des Lebens ohne die Tiefe des gemeinschaftlichen Lebens ... Laßt uns ... immer tiefer hinabstoßen in den Grund unseres geschichtlichen Daseins, in die letzte Tiefe der Geschichte. Der Name dieses unendlichen und unerschöpflichen Grundes der Geschichte ist Gott. Das ist es, was das Wort Gott bedeutet und worauf die Worte *Reich Gottes* und *göttliche Vorsehung* hindeuten. Und wenn diese Worte euch nicht mehr viel bedeuten, so übersetzt sie und sprecht von der Tiefe der Geschichte, vom Grund und Ziel unseres sozialen Lebens und von allem, was ihr ohne Vorbehalt in eurem politischen und moralischen Handeln ernst nehmt. Vielleicht solltet ihr diese Tiefe Hoffnung — einfach Hoffnung — nennen.

(Paul Tillich)

53b

Die fragmentarischen Siege des Reiches Gottes in der Geschichte weisen durch diesen ihren fragmentarischen Charakter auf die nichtfragmentarische Seite des Reiches Gottes hin, die „über“ der Geschichte liegt. Aber selbst als „über“ der Geschichte stehend ist das Reich Gottes auf die Geschichte bezogen; es ist das Ende und Ziel der Geschichte.
Irgendwann in der Entwicklung des Kosmos werden die menschliche Geschichte, das Leben auf dieser Erde und die Erde selbst ein Ende nehmen; sie alle werden aufhören, in Raum und Zeit zu existieren ... Das Ziel der Geschichte geht weit über das Ende hinaus; es ist nicht eins mit dem Ende der Geschichte im physikalischen und biologischen Sinn. Es transzendiert jeden Moment des zeitlichen Prozesses; es ist das Ende der Zeit im Sinne des Ziels der Geschichte. Ende und Ziel der Geschichte in diesem Sinne ist „Ewiges Leben“ ...
Das Ewige Leben umfaßt ... den positiven Gehalt der Geschichte, von seinen negativen Verzerrungen befreit und in seinen Potentialitäten erfüllt ... Das

universale Leben bewegt sich auf ein Ende und Ziel zu und wird in das Ewige Leben erhoben, sein letztes und immer gegenwärtiges Ende und Ziel. Symbolisch gesprochen, könnte man sagen, daß das Leben in der gesamten Schöpfung ... in jedem Augenblick der Zeit zum Reich Gottes und zum Ewigen Leben beiträgt ... Die Schöpfung ist Schöpfung um des „Endes“ willen: in dem „Grund“ ist das „Ziel“ gegenwärtig. Aber zwischen Anfang und Ende wird das Neue geschaffen ...

Die Zeit ist nicht nur ein Spiegel der Ewigkeit, sie trägt in jedem Augenblick auch etwas zur Ewigkeit bei. Aber mit der geraden Linie (sc. die nach Augustin mit der Schöpfung des Zeitlichen beginnt und mit der Verwandlung alles Zeitlichen endet) ist die Zeit noch nicht als etwas beschrieben, was aus dem Ewigen kommt und zur Ewigkeit zurückkehrt. Weil dies Element fehlte, konnte das moderne Fortschrittsdenken, in seiner naturalistischen wie in seiner idealistischen Form, die Zeitlinie in beiden Richtungen ins Unbestimmte verlängern, einen Anfang und ein Ende leugnen und so den zeitlichen Prozeß radikal von der Ewigkeit trennen. Das führt zu der Frage, ob eine Linie denkbar ist, die zugleich das „Aus-etwas-Kommen“, das „Fortschreiten“ und das „Sich-zu-etwas-Erheben“ darstellt. Ich könnte mir eine Kurve denken, die von oben kommt, sich abwärts und vorwärts bewegt bis zu einem tiefsten Punkt, dem *nunc existentiale,* dem „existentiellen Jetzt“, und auf analogem Weg zu dem zurückkehrt, von dem sie herkommt, sich zugleich vorwärts und aufwärts bewegend. Diese Kurve beschreibt sowohl jeden Moment der erlebten Zeit wie die Zeitlichkeit als ganze. Sie schließt die Schöpfung des Zeitlichen, den Beginn der Zeit und die Rückkehr des Zeitlichen zum Ewigen, das Ende der Zeit, ein. Aber Anfang und Ende der Zeit sind nicht als bestimmte Momente in der Vergangenheit oder in der Zukunft gedacht. Das Ende der Zeit im Ewigen ist kein bestimmbarer Augenblick innerhalb der physikalischen Zeit, sondern ein Prozeß, der sich in jedem Augenblick vollzieht, ebenso wie der Prozeß der Schöpfung. Schöpfung und Vollendung, Anfang und Ende ereignen sich immerwährend.

(Paul Tillich)

- *Warum unterscheidet Tillich zwischen Ende und Ziel der Geschichte?*
- *Wie füllt der Autor den Begriff „Ewiges Leben“? Vergleichen Sie seine Ausführungen dazu mit anderen Interpretationen!*
- *Wie bestimmt sich nach Tillich die Dialektik von Zeit und Ewigkeit?*
- *Diskutieren Sie die graphische Figur, die der Verfasser im zweiten Teil seiner Ausführungen skizziert!*
- *Kritiker haben u. a. gegen Tillich geltend gemacht, daß er die Konturen zwischen christlicher Offenbarung einerseits und menschlichen Erfahrungen und Fragen andererseits verwische, so daß dem Evangelium lediglich die Rolle der antwortenden Bestätigung menschlicher Fragen und Hoffnungen zukomme. Wie beurteilen Sie diesen Einwand?*

Christus — das Ziel der Evolution

Orientierende Hinweise

Aus existentiellem Leiden an der Zwiespältigkeit, an dem tiefen Riß zwischen Gott und Welt, zwischen Transzendenz und Immanenz erwächst das gesamte Werk des Ordenspriesters und Naturwissenschaftlers P. Teilhard de Chardin. Sein Ziel: die Polarisierung insbesondere von Glaube und Naturwissenschaft in einer Synthese zur Einheit zu bringen.

Als Paläontologe deutet er die bisherige Geschichte der Natur, die viereinhalb Milliarden Jahre der Evolution des Lebens vom Einzeller bis zum homo sapiens „als *einen* in sich folgerichtigen und in die Zukunft weisenden Prozeß . . ., (in dem sich) nicht das Stärkere, sondern das Differenziertere und Komplexere durchgesetzt hat.“

Die Tendenz zum sich „zusammenfaltenden“, „komprimierenden“, „konvergierenden“ Leben erkennt Teilhard in fünf Stadien:

a) „corpusculation“: anorganische Materie zieht sich zusammen, vermehrt sich und läßt differenziertere Molekularverbindungen entstehen.
b) „vitalisation“: organische Verbindungen, Ein- und Mehrzeller mit zunehmender Komplexität entstehen.
c) „céphalisation“: Tendenz zu differenzierterer Nervensubstanz; das Gehirn wächst; das Leben beginnt, Bewußtsein seiner selbst zu erlangen.
d) „hominisation“: der ‚homo sapiens‘ tritt auf; die irreversible Menschheitsgeschichte beginnt.
e) „socialisation“: auf eine Phase der weiteren Differenzierung (Völker, Staaten, Individualitäten) folgt — seit Beginn der Neuzeit — unter dem Druck von Technik und Naturwissenschaft eine immer stärkere Konvergenz.

„Die technische Zivilisation . . . setzt gradlinig fort, was einst vor Jahrmillionen mit der Entstehung von Leben begonnen hat. Und *in* dieser Evolution sieht er (Teilhard) den Gott Jesu Christi — und *mit* ihm den Menschen — hinwirken auf ein ‚Ende der Geschichte‘, das er im Anschluß an Offenbarung 1, 8 (‚Ich bin das Alpha und das Omega‘) mit ‚Punkt Omega‘ bezeichnet hat . . . Er nennt Gott ‚Triebkraft, Sammelpunkt und Garant — das Haupt der Evolution‘ . . . Gott . . . ist das ‚Konvergenzzentrum der Kosmogenese', die ‚von vorn', vom ‚Ende der Geschichte' her ziehende und rückwirkende Kraft, die der Evolution ihre Richtung und damit dem Menschen Zukunftsgewißheit gibt."

(Wolf-Dieter Marsch)

54

Wenn die belebte Materie, soweit sie die Fähigkeit des Denkens erlangt hat, tatsächlich konvergiert, dann sehen wir uns zu der Vorstellung gezwungen, daß auch das Universum ... am Pol der uns alle wie ein Gewölbe umschließenden Hemisphäre einen absoluten Endpunkt haben muß. Die moderne Astronomie hält es bis auf weiteres für durchaus möglich, daß vor einigen Milliarden Jahren die gesamte Masse der Gestirne noch in einer Art Ur-Atom zusammengefaßt war. Ist es nun nicht sehr bemerkenswert, daß uns auch die Biologie, wenn wir sie bis zum Äußersten extrapolieren (und zwar diesmal in die Zukunft), zu einer ganz ähnlichen Hypothese führt, jedoch gewissermaßen zu einem Symmetriebild jener physikalischen Ur-Einheit? Ich meine damit die Hypothese eines letzten Brennpunktes des Universums (den ich *Omega* genannt habe); eines Brennpunktes, nicht mehr physischer Veräußerlichung und Ausweitung, sondern psychischer Verinnerlichung, in dem die irdische Noosphäre, die sich durch immer weitere Zunahme ihrer Komplexität mehr und mehr konzentriert, in einigen Millionen Jahren ihr Ende und Ziel finden wird. Gewiß, eine etwas ungewöhnliche Vorstellung, dieses Universum in Form einer Spindel, das am Anfang und am Ende in Spitzen ausläuft, die in entgegengesetzte Richtungen weisen! ...

Wenn „Omega" ... wirklich den Schlußstein im Gewölbe der Noosphäre bilden soll, dann kann es nur als der Punkt verstanden werden, in dem das zum Abschluß seiner Zentrierung gelangte Universum zusammentrifft mit einem *anderen,* noch unergründlicheren *Zentrum* – einem Zentrum, das aus sich selber existiert, einem absolut letzten Prinzip der Irreversibilität und der Personalisation: dem einzig wahren Omega ...

An diesem Punkt nun taucht, wie mir scheint, für die Wissenschaft von der Evolution das Problem Gott auf, denn nur so vermag diese Evolution auch in einem Rahmen, der vom Menschen her bestimmt ist, ihren Fortgang zu nehmen: Gott als Triebkraft, Sammelpunkt und Garant – das Haupt der Evolution.

(Pierre Teilhard de Chardin)

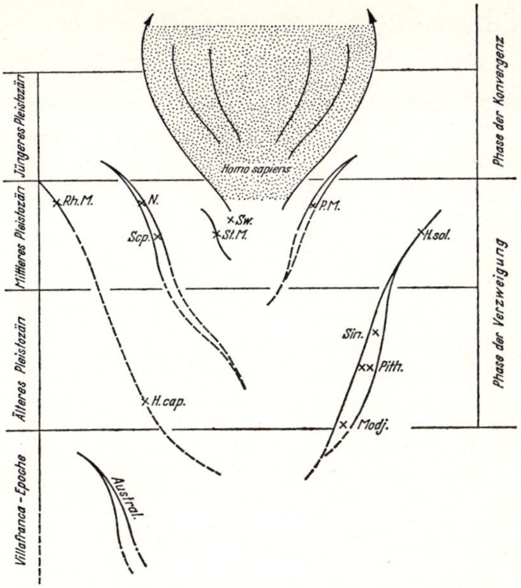

Die verschiedenen Zweige der Hominiden. Schematische Gliederung auf Grund der Hypothese des «schuppenförmigen» Aufbaus.
Rh. M., Rhodesia-Mensch; N., Neandertaler, St. M., Steinheim Mensch; Sw., Mensch von Swanscombe; P. M., Palästina-Mensch; Scp., Mensch von Saccopastore; H. Sol., Homo soloensis; Sin., Sinanthropus; Pith., Pithecanthropus; Modj., Mensch von Modjokerto; H. cap., Homo capensis (Broom, 1943); Austral., Australopithecus.
Man beachte: 1. die Anlage des Zweiges Pithecanthropus, der hier als Schlüssel für den Aufbau des gesamten Systems dient; 2. die Zusammenfaltung (oder Einrollung) der Gruppe Homo sapiens um sich selbst unter dem Einfluß der Gesellschaftsbildung: eine Art «Blütenstand»!

- *Vermag Teilhards „Theologie der Evolution" der christlichen Eschatologie neue Impulse zu geben? Welche?*
- *Ist Teilhards Begründung der Hoffnung theologisch akzeptabel?*
- *Ist es sachgemäß, Kosmogenese und Christogenese in eins zu setzen?*

Christliche Existenz in der Spannung zwischen Gegenwart und Zukunft des Reiches Gottes

Die Ausrichtung christlicher Hoffnung auf Gott als die absolute Zukunft des Menschen und der Menschheit provoziert einerseits die Wahrnehmung gesellschaftlicher Verantwortung zur humanen Umgestaltung der Welt auf die verheißene und nicht privatisierbare Zukunft hin, und hält andererseits das Bewußtsein wach, daß alle Zukunfts- und Hoffnungsentwürfe vorläufig sind und korrekturbedürftig bleiben.
Dieses dialektische Verhältnis von christlicher Zukunftshoffnung und gesellschaftlicher Gegenwart thematisieren in systematischem Ansatz und modellhafter Konkretion die folgenden ergänzenden und alternativen Bausteine.

Transzendenz und Immanenz des Reiches Gottes

In einer thesenartigen Auseinandersetzung mit der „Theologie der Revolution" schreibt Helmut Gollwitzer u. a.:

55

Gegen einen Messianismus, der das Reich Gottes in der Geschichte durch menschliche Anstrengung und Organisation verwirklichen will, richtet christliche Theologie den eschatologischen Vorbehalt auf: Das Reich Gottes ist Gottes Tat, nicht Ergebnis menschlicher Bemühung; denn zwischen der Geschichte und dem Reiche Gottes steht das Kreuz Jesu Christi. . . .

12. Göttliche Gnade und menschliche Arbeit stehen nicht im Gegensatz:

a) Im Empfang der Gnade sind wir passiv, aber die Gnade macht nicht passiv, sondern aktiv.

b) Gott wirkt in der Welt durch wirkende Menschen. Er schaltet unser Wirken nicht aus, sondern ein. Er beruft den Menschen zum cooperator Dei in dieser Welt. Er beauftragt zur Arbeit.

c) Der Erfolg unserer Arbeit steht nicht in unserer Hand, sondern hängt vom Segen Gottes ab. Darum ist von unserer Seite unsere Arbeit die tätige Form unseres Gebetes um seinen Segen: Ora et labora! . . .

14. Das Reich Gottes ist das Leben der neuen Menschheit, die glauben und lieben kann, befreit von Schuld und Tod. Dieses Leben ist gegenwärtig und zukünftig: gegenwärtig in Verborgenheit und Kampf, zukünftig in offenbarer und widerspruchsfreier Vollendung.

15. Weil das Reich Gottes in seiner gegenwärtigen und zukünftigen Gestalt nur durch die Kraft Gottes, nicht durch die Kraft des Menschen verwirklicht wird, ist es die absolute Utopie. Seine Transzendenz ist aber nicht Beziehungslosigkeit, sondern Mobilisierung zur Teilnahme an der Humanisierung der menschlichen Gesellschaft auf das Reich Gottes als der wirklich humanen Gesellschaft hin.

16. „Auf das Reich Gottes hin" meint nicht, daß die Verwirklichung des Reiches Gottes in der Verlängerungslinie unseres Wirkens läge, als Ziel auf unser Programm gesetzt werden könnte, so daß die Menschheitsgeschichte durch Fortschritt und Evolution approximativ auf das Reich Gottes zuginge. Das Reich Gottes ist nicht das Ergebnis des Produktionsprozesses der Geschichte. Seine Transzendenz ist nicht von uns aus zu überwinden.

17. Dies ist der „eschatologische Vorbehalt" für alle unsere Bemühungen. Aus seiner Wahrheit ist in der Christenheit oft die falsche Konsequenz eines christlichen Konservatismus gezogen worden, der im Namen der Unverbesserbarkeit der Welt die Verbesserbarkeit der Verhältnisse bestritt, den Auftrag zum cooperator Dei-Sein auf die Erhaltung des Bestehenden reduzierte, die Phantasie für die Zukunft lähmte und jede gesellschaftliche Utopie als „Schwärmertum" verwarf. Damit provozierte man gerade einen Messianismus, der die von der Christenheit verkündigte absolute Utopie zum Programm der menschlichen Aktion machte — eine ebenfalls falsche Konsequenz aus der richtigen Erkenntnis, daß die absolute Utopie nicht nur jenseitiger Trost, sondern die das Diesseits und die Gegenwart bestimmende Macht sein will. Aus dieser falschen Antithese gilt es herauszukommen. . . .

22. Der Unterschied zwischen dem, was allein Gott ohne unser Zutun verwirklichen kann, und dem, was wir verwirklichen können und sollen, schließt also eine aus der absoluten Utopie des Reiches Gottes geschöpfte relative Utopie nicht aus, sondern hat sie zur Folge. . . .

- *Wie deutet Gollwitzer das Verhältnis von Zukunftshoffnung und Engagement in dieser Welt, von absoluter und relativer Utopie?*
- *Was bedeutet „eschatologischer Vorbehalt"? Welche Funktion kommt ihm zu?*

- *Nehmen Sie in Anlehnung an Gollwitzers Argumentation zu dem Vorwurf Stellung, das Christentum sei eine „Jenseitsreligion"!*

Antirassismus-Programm des Ökumenischen Rates der Kirchen

Am 21. August 1969 billigt der Zentralausschuß des Ökumenischen Rates der Kirchen (ÖRK) in Canterbury den Plan eines ökumenischen Programms zur Bekämpfung des Rassismus. Neben der Einrichtung von Forschungsgruppen, der Durchführung von Studien- und Begegnungstagungen etc. wird die Bildung eines Sonderfonds in Höhe von 1770104,99$ (1470104,99$ aus Mitteln des ÖRK, 300000$ aus Spenden der Mitgliedskirchen) vorgeschlagen.

56a

Begründung eines Ökumenischen Programms zur Bekämpfung des Rassismus

1. Die wachsenden Spannungen und Konflikte zwischen den Rassen verlangen nach Taten: die Zeit drängt. . . .

2. Wir müssen betroffen erkennen, daß die Bedrohung durch den Rassismus — ungeachtet des Kampfes, den Kirchen, Missionsgesellschaften und Kirchenräte unter oft heroischem, persönlichen Einsatz gegen ihn geführt haben, — heute größer ist als je zuvor. Wir müssen weiter betroffen bekennen, daß sich Kirchen an der Rassendiskriminierung beteiligt haben. . . .

3. Unserer ökumenischen Gemeinschaft gehören Kirchen aus allen Teilen der Welt an; einige von ihnen haben von den rassenausbeuterischen Wirtschaftssystemen profitiert, andere haben unter ihnen gelitten. Es bedarf eines ökumenischen Solidaritätsbeweises, der dazu beitragen kann, der Verschlechterung der Beziehungen zwischen den Rassen Einhalt zu gebieten. . . .

5. Wir rufen die Kirchen auf, über Wohltätigkeit, Zuwendungen und die üblichen Programme hinaus zu sachgerechtem und opferbereitem Handeln zu finden, um damit menschenwürdige und gerechte Beziehungen der Menschen untereinander zu schaffen und einen radikalen Neuaufbau der Gesellschaft voranzutreiben. . . .

Wir kämpfen nicht gegen Fleisch und Blut. Gegen die „Mächte und Gewalten", die Mächte des Bösen, die tiefverwurzelten teuflischen Kräfte der Rassenvorurteile und des Hasses müssen wir ankämpfen. Es geht darum, den Teufel auszutreiben. Die Dämonen bedienen sich unserer sozialen, wirtschaftlichen und politischen Strukturen. Die Wurzel des Übels aber sitzt so tief wie die Sünde des Menschen, und nur Gottes Liebe und die gehorsame Antwort des Menschen können sie ausreißen.
Das Programm des Ökumenischen Rates der Kirchen ist jedoch nur ein Teil dieser Antwort. Gottes Liebe, und nicht der Haß der Menschen, muß letztlich triumphieren.

Auf der Grundlage der Beschlüsse von Canterbury empfiehlt der Exekutivausschuß des ÖRK auf seiner Tagung in Arnoldshain/Ts. am 2. September 1970, die Gelder des Sonderfonds nach folgenden Kriterien zu vergeben:

56b

1. Die Zuwendungen sollen nicht so sehr zur Unterstützung von Wohlfahrtseinrichtungen, die

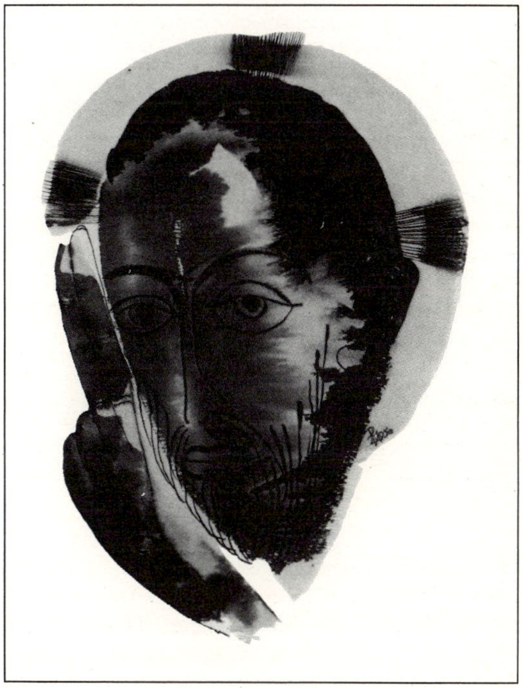

Roland P. Litzenburger, Kosmischer Christus

die Folgen des Rassismus zu mildern suchen und normalerweise in die Zuständigkeitsbereiche anderer ÖRK-Einheiten fallen, als vielmehr für Organisationen zur Bekämpfung des Rassismus eingesetzt werden.

2. a) Die Zuwendungen sollen mit Vorrang zur Bewußtseinsbildung und zur Stärkung der organisatorischen Fähigkeiten rassisch unterdrückter Völker dienen.

b) Zudem müssen zwangsläufig Organisationen unterstützt werden, die sich mit den Opfern der Rassendiskriminierung solidarisch erklären und identische Zielsetzungen verfolgen.

Diese Zuwendungen sind an keinerlei Kontrolle über den Verwendungszweck gebunden; gleichzeitig jedoch verpflichten sie das Programm zur Bekämpfung des Rassismus auf den Kampf dieser Organisationen für wirtschaftliche, soziale und politische Gerechtigkeit.

3. a) Vorrangige Bedeutung kommt den Verhältnissen in Südafrika zu, wo der weiße Rassismus offen und brutal vorgeht und die wachsende Bewußtwerdung der Unterdrückten in ihrem Kampf um Befreiung zu verzeichnen ist.

b) Bei der Auswahl der übrigen Gebiete wurden jene berücksichtigt, in denen intensiv gekämpft wird und eine Zuwendung den Befreiungskampf entscheidend unterstützt; dies gilt besonders, wo Rassengruppen von physischer oder kultureller Vernichtung bedroht sind.

c) Organisationen in Ländern, wo eine weiße, besitzende Mehrheit herrscht, werden nur dann berücksichtigt, wenn das politische Engagement andere Hilfsquellen verschließt.

Gemäß o. a. Gesichtspunkte wurde u. a. die Unterstützung folgender Gruppen und Projekte empfohlen:

56c

Mozambique

Mozambique Institute of Frelimo (Fronte de Libertaçao de Mozambique) 15 000 $

Frelimo kontrolliert nach eigenen Angaben mehr als ein Fünftel von Mozambique. Durch dieses Institut nimmt Frelimo Aufgaben auf dem Gebiet der Pädagogik und der sozialen Sicherheit wahr. Gegenwärtig wird ein erster Entwicklungsplan für das freie Mozambique entwickelt, der u. a. die Gründung landwirtschaftlicher Genossenschaften, den Export landwirtschaftlicher Produkte (Erdnüsse, Roggen, Acajounüsse, Tabak, Gummi) und die Organisation von Einrichtungen im Sozial-, Erziehungs- und Gesundheitswesen vorsieht.

Zimbabwe — Rhodesien

Zimbabwe African People's Union (ZAPU) 10 000 $

Die Bewegung ersucht um finanzielle Unterstützung, um mittellosen Familien und Unterhaltsberechtigten und mehreren tausend Müttern und Kindern in Zimbabwe, deren Familienoberhäupter entweder im Gefängnis oder in Konzentrationslagern sitzen oder umgebracht wurden oder aber an militärischen Aktionen für die Befreiung ihres Landes teilnehmen, zu helfen. Zu den Hilfsmaßnahmen gehören u. a. das Aufkommen für Schulgeld der Kinder (Primär- und Sekundärschulen), Unterbringung, Ernährung, Kleidung, Medikamente usw. Auch an Rechtshilfe für Gefangene ist gedacht.

- *Wie begründet der Zentralausschuß das ökonomische Programm zur Bekämpfung des Rassismus?*
- *Das Programm hat in den Mitgliedskirchen, insbesondere auch innerhalb der EKiD, heftige Kontroversen und leidenschaftliche Diskussionen ausgelöst. Erarbeiten Sie aus den Texten mögliche Argumente der Kritiker und der Befürworter!*

Was kann der Einzelne tun?

57

Der erste Schritt ist, sich einen Kreis von Menschen zu suchen, mit denen zusammen man nachdenkt und handelt. Das kann die eigene Familie sein, ein Kreis in einer Kirchengemeinde oder Freunde und Bekannte. Wer sich selbst und andere dazu bringen will, Lebensgewohnheiten wirklich zu verändern, kann das vermutlich nur in einer Gruppe. Ohne Bundesgenossen wird kaum jemand diese Anstrengung durchhalten, wird er nicht klug genug sein und politisch nichts erreichen.

Am Anfang der gemeinsamen Arbeit könnte die Frage stehen: Was von dem, was wir haben, brauchen wir wirklich? Wichtig ist, daß eine solche Überlegung nicht nur unter dem Gesichtspunkt des Verzichts erfolgt, sondern mehr noch unter dem der Befreiung. Denn dann kann uns aufgehen, wieviel von unseren Ansprüchen wir uns von Kollegen und Nachbarn, von der Werbung, von der Bequemlichkeit, von unserem Verlangen nach Anerkennung oder auch nur vom ungeprüften Herkommen aufnötigen lassen, und wie unsinnig es ist, ständig die äußeren Lebensverhältnisse zu perfektionieren. Statt dessen kommen ganz andere Lebenserfüllungen in den Blick: die Fähigkeit sich zu freuen, zu genießen, etwas Sinnvolles zu schaffen, Freunde zu haben, Menschen beizustehen.

Der zweite Schritt ist, solchen Einsichten einen sinnenfälligen Ausdruck zu geben. Gemeint sind Verhaltensweisen und Handlungen, mit denen wir uns selbst verpflichten, und die auch zu Lernmodellen für andere werden können. Mit heroischen Einzelleistungen ist gar nichts gewonnen. Franziskanische Erscheinungen erwecken ebenso viel Distanz wie Bewunderung. Es geht um exemplarische Veränderungen unter den Bedingungen des Alltags. Alles kommt auf die Vermehrbarkeit des Vorbildes an. Es muß anstecken, und das tut es nur, wenn andere dazu sagen: Das leuchtet mir ein, das könnte ich auch einmal versuchen.

Ein vermehrbares Beispiel einer solchen Selbstverpflichtung sehe ich in dem Aufruf der holländischen Kirchen zu einem wöchentlichen Fastentag. Da die Aktion gerade erst anläuft, läßt sich einstweilen nur etwas über ihre Ziele sagen, noch nichts über Ergebnisse. Der Fastentag hat gewissermaßen eine Verzichtseite und eine Gewinnseite. Verzichten sollen die Holländer einmal in der Woche an einem frei gewählten Tag auf Fleisch und auf Benzin (also auf den Gebrauch des Autos). Die Funktion dieser Schlüsselprodukte wird so erklärt: Europa führt allein für die Viehfütterung mehr pflanzliche Proteine ein als ganz Afrika oder Indien für die menschliche Ernährung zur Verfügung hat; Erdöl ist ein für die Weltentwicklung kritischer Rohstoff, u. a. als Hauptgrundstoff für Kunstdünger.

Der Fastentag hat einen doppelten Sinn: Er ist einmal eine Handlung mit hohem Symbolwert, an dem sich Zustimmung und Handlung entzünden können. Wenn nur jeder zehnte Holländer sich ihm anschließt, ist ein erheblicher öffentlicher Streit wahrscheinlich, in dem dann die offenen und die verborgenen Motive der Kontrahenten geklärt werden können. Der wöchentliche Fastentag verändert, zweitens, die Fastenden selbst. Er ist eine Einübung in neue Lebensgewohnheiten oder, um es mit dem neuen Fachwort zu sagen, in einen „alternativen Lebensstil". Wer einmal in der Woche den Wagen zuhause läßt und seine Essensgewohnheiten kontrolliert, beginnt nachzudenken und wird dabei vieles entdecken, was ihm bisher entgangen ist. Die Holländer haben dazu ein Merkblatt entworfen. Ein paar Sätze daraus: „Wählen Sie an einem Tag einen anderen Rhythmus als sonst. Wer z. B. immer auf Trab ist, der müßte sich an einem Tag die Zeit nehmen, einfach einmal bei sich selbst zu verharren." „Rationieren Sie sich selbst! Verbrauchen Sie einmal etwas weniger, genießen Sie das bewußter und prüfen Sie dann, ob Sie dabei nicht auch schöne Empfindungen haben." „Seien Sie mindestens einmal in der Woche offen gegenüber all dem Schönen, das die Natur zu bieten hat. Wieder einmal bewußt spüren, was Wind ist, wie sich der Boden anfühlt, einfach einmal einen einzelnen Baum betrachten . . ."

Der dritte Schritt ist die Verbreiterung der Basis. Dazu braucht man Geld, die Unterstützung durch gesellschaftliche Verbände und die öffentliche Aufmerksamkeit. Zum Geld: Aktionen, Flugblätter, Erfahrungsaustausch und Planung kosten Geld. Es läßt sich durch Selbstverpflichtung aufbringen, und zwar so, daß jener Betrag, der durch eine bescheidenere Lebensführung eingespart wird, nicht für Hilfsprojekte in der Dritten Welt verwendet wird, sondern für Bewußtseinsbildung im eigenen Land, also für die Arbeit der Gruppe. Dann bleiben zwar einige Hungernde ohne Hilfe, aber gegen den Hunger in der Welt wird mehr getan als durch einen noch so stolzen Spendenbetrag.

Zur Unterstützung durch gesellschaftliche Gruppen: Sie dient als Verstärker einer Sache, die sonst lange verschwiegen werden kann. Von den großen Organisationen kommen gegenwärtig nur die Kirchen in Betracht, weil alle andern, einschließlich der Gewerkschaften, sich bis heute ihren kurzfristigen Interessen ausliefern. Bei den Kirchen ist das jedenfalls anders. Zwar haben sie viel von ihrem Einfluß eingebüßt. Aber er ist auch heute groß genug, um eine öffentliche Diskussion unserer Lebensfragen zu erzwingen — wenn die Kirchen es wollen. Die Frage ist nur, ob sie es wollen, und ob sie es wollen können. Denn die Großkirchen in unserem Land sind Volkskirchen, auf die sich sehr unterschiedliche Erwartungen richten. Da niemand nur Kirchenmitglied ist, sondern auch Partei-Wähler, auch Unternehmer oder Arbeiter, können die Kirchen nur mit einer begrenzten Loyalität ihrer Mitglieder rechnen. Das heißt: In dem Maße, in dem die Kirchen Partei nehmen, werden die in der Gesellschaft vorhandenen Widersprüche in ihnen selbst virulent. Trotzdem: Alle Kirchenmitglieder kann man auf Glaube, Liebe und Hoffnung ansprechen, und zu einem Teil lassen sie sich auch davon verpflichten. . . . Der Weg dazu ist, daß sich örtliche Gruppen an ihre Kirchenvorstände wenden, daß Mitglieder von Synoden Eingaben machen, daß symbolische Aktionen in der kirchlichen Publizistik berichtet und diskutiert werden, daß Teilnehmer sich auf dem Kirchentag zu Wort melden usw. Zumindest die evangelische Kirche ist in einem verhältnismäßig hohen Maße das, was ihre aktiven Mitglieder aus ihr machen — sofern sie sich als gesprächsfähig, koalitionsfähig und ausdauernd erweisen.

(Manfred Linz)

58

Gesichtspunkte für einen einfacheren Lebensstil:

Viele Christen in den Industrieländern suchen heute nach einem neuen Lebensstil, der sich im Verbrauch einschränkt. Sie sagen, daß die Einzelnen, Gruppen und Institutionen einen einfacheren Lebensstil entwickeln müßten, weil die Güter der Erde begrenzt und zugleich drastisch ungerecht verteilt sind. Ein neuer Lebensstil bedeutet deshalb

- eine Tat des Glaubens und des persönlichen Engagements für eine gerechtere Verteilung der Güter der Erde;
- ein Ausdruck der Solidarität mit der benachteiligten Mehrheit der Menschen der Dritten Welt, welche für ihr Leben keine Wahl haben;
- ein Akt des Teilens mit den weniger Bevorzugten, z. B. durch Selbstbesteuerung zugunsten der Entwicklungsarbeit;
- ein Hinweis auf die Notwendigkeit gesetzgeberischer Änderungen in Richtung auf eine neue internationale Wirtschaftsordnung;
- eine Übung im Übergang von der Produktion für künstlich geschaffene Bedürfnisse zur Produktion für die Grundbedürfnisse aller;
- ein Zeichen des Reichtums, der in der Gemeinschaft mit anderen eher gefunden wird als im gesteigerten Verbrauch von Gütern;
- eine Herausforderung zum Gespräch über Armut, Überfluß, soziale Gerechtigkeit und die Zukunft der Erde.

Ethik der Selbstbegrenzung oder „es geht auch anders":

Zu welchen Einschränkungen wären Sie bereit?

Ja — Vielleicht — Schweren Herzens — Nie!

1. Verzicht auf das Rauchen
2. Verzicht auf das Privatauto
3. Ein Tag Fasten in der Woche
4. Täglich eine Stunde mehr Arbeit
5. Täglich nur sechs Stunden Strom
6. Urlaub nur alle zwei Jahre
7. Keine „Gehaltserhöhung"
8. Ein Tag ohne Fernsehen in der Woche
9. „Die Gastarbeiter nach Hause"
10. „Härtere Strafen bei Verbrechen"
11. „Weniger Stunden"
12. Totale Abrüstung
13. Weniger Menschen
14. Kleinere Wohnungen
15. Ein Tag im Monat Arbeitseinsatz für öffentliche Aufgaben

Welche Möglichkeiten haben Sie, um einen anderen Umgang

- mit den Dingen,
- mit der Natur,
- mit der Zeit,
- der Menschen miteinander

zu verwirklichen?

59

In Holland und Italien gibt es Gruppen junger Menschen, die beim Exodusmahl ihr Selbstverständnis zum Ausdruck bringen: „Hoffnung, Erwartung, Provokation und Lebensgefahr — bis der Exodus beginnen kann. Keine Zeit mehr für gemütliche Plaudereien miteinander ..., kein Festessen mehr, um zu gedenken, wie herrlich er früher war, sondern eine hastige Mahlzeit, schon im Mantel, und eingepackte Nahrung für unterwegs: Später haben wir Zeit zum Feiern, wenn jeder in Sicherheit, wenn die ganze Welt in Schalom ist. Aber jetzt heißt es, sich auf den Weg machen ... Go down, Mose. Immer wieder neu fängt es an. Exodus. Auf dem Weg zum Schalom." Wer wollte sich diesem Drängen widersetzen? „Gehe hin und verkünde, was du gesehen hast: Lahme gehen, Blinde sehen, Unterdrückten wird geholfen, Menschen versagen sich der Gewalt, Rotkreuzhelfer arbeiten auf beiden Seiten der Fronten, und Ärzte kämpfen für das menschliche Leben. Seht, das Neue bricht an. Seht ihr es nicht?"

(Hartwig Weber)

Wo es die örtlichen Gegebenheiten zulassen oder im Rahmen einer Klausurtagung kann ein Projekt „Exodusmahl" in folgender Weise gestaltet werden:

- *Orientierungsphase: Erfahrungserhellung*
- *Informationsphase: Analyse biblischer Tradition sowie politische und meditative Texte*
- *Aktionsphase: Planung („Liturgie") und Gestaltung eines „Exodusmahles" unter Einbeziehung von Bildern, Texten, Spiel, Pantomime*

Unser Verzicht Hoffnung für viele.

verzichten:
aufgeben,
abgeben,
abtreten,
aufopfern,
ablassen von,
ablegen,
abstreifen,
abschwören,
drangeben,
abschließen mit,
die Finger davon lassen,
opfern,
resignieren,
seine Ansprüche zurückschrauben,
ablassen von,
sich entgehen lassen,
sich trennen von,
sich abfinden,
sich zufriedengeben,

hoffen:
annehmen,
bauen auf,
erhoffen,
erträumen,
erharren
Hoffnung hegen,
den Mut nicht sinken lassen,
fürchten,
befürchten,
kommen sehen,
ausrechnen,
gewärtigen,
entgegensehen,
denken,
meinen,
für sich halten,
nicht bezweifeln,
Eisen im Feuer haben,
rechnen mit,

- *Setzen Sie die Assoziationsreihen zu den Stichworten „verzichten" und „hoffen" fort!*

Eine andere Art zu leben — das Modell „Wethen“

60

Als im Sommer und Herbst 1959 die ersten drei unverheirateten Männer in Falkenburg bei Bremen als Laurentiuskonvent eine Zelle gemeinsamen Lebens begannen, da waren einerseits kommunitäre Vorbilder (Kommunität Imshausen, Taizé) andererseits Erfahrungen aus der Studentengemeinde Heidelberg und der evangelischen Jugendarbeit präsent. ...

Suche nach „verbindlicher Gemeinde“

Außerdem ging es uns um „konkrete Gemeinde“, denn den üblichen protestantischen Individualismus hatten wir alle als lähmend erfahren. Gütergemeinschaft, gemeinsame Beschlußfassung (mit Vetorecht eines jeden), bestimmte geistliche Regeln (Tagesgebete) halfen uns, unsere Lebensgemeinschaft zu strukturieren. Nicht eine bestimmte Arbeit führte uns zusammen, sondern der Wunsch, durch eine ganzheitliche, verbindliche Gemeinschaft auf Dauer eine Basis zu gewinnen, die ebenso neue Erfahrungen des Christseins wie neue Möglichkeiten gesellschaftlicher Existenz erschließen würde. Anders als die Communauté von Taizé sollte darum der Laurentiuskonvent auch von Anfang an allen Ständen, Ehelosen wie Verheirateten und Familien, offenstehen. In der grundlegend neugefaßten Satzung von 1970 wurde das dann so formuliert:

Der ehemalige Schafstall wurde zu einem Gemeinschaftsraum umgestaltet.

„Der Laurentiuskonvent sammelt Christen, die bereit sind, Formen verbindlichen gemeinsamen Lebens und Dienens im Geist des Evangeliums Christi zu erproben und dadurch zur Erneuerung der Kirche und zur Veränderung der Welt beizutragen.“
Wichtig erschien uns neben dem Strukturelement „verbindliche Gruppe“ die Erkenntnis, daß alle Erneuerungen von unten, von der Basis oder — wie man damals sagte — von den Laien ausgehen müssen. ...
Im Herbst konstituierte sich die Gruppe aus zehn Erwachsenen, in der Mehrzahl Akademiker, davon 6 Anfang 30, 2 Mitte 20, 2 Anfang 40. Nur drei von ihnen waren Mitglieder des Laurentiuskonvents, die anderen gehörten teils zum langjährigen Freundeskreis, teils hörten sie über familiäre Kanäle von dem Vorhaben. Wir sind drei Familien mit zusammen 7 Kindern zwischen 4 und 8 Jahren, ein kinderloses Ehepaar und zwei Unverheiratete.

Die Organisation der Gruppe

Ende 1975 war damit die „Hausgemeinschaft Wethen im Laurentiuskonvent e. V.“ installiert und konnte ihren Versuch eines integrierten Gruppenlebens im Geist des Schalom beginnen. Obwohl, wie gesagt, zunächst nur drei von uns zugleich Mitglieder des Laurentiuskonvents sind, wurden doch wesentliche kommunitäre Strukturelemente von der ganzen Gruppe übernommen: Z. B. werden auch hier alle Einkünfte zusammengelegt, alle die Gemeinschaft betreffenden Ausgaben aus einer Kasse bestritten. Für persönliche Ausgaben, einschließlich Kleidung und Urlaub, erhält jeder z. Z. monatlich 200 DM (pro Kind 100). Damit ist zugleich die Frage: „Wer geht arbeiten? Wer bleibt im Haus? wesentlich entschärft. Sie ist für den einzelnen ohne finanzielle Komponente. Von den zehn Erwachsenen arbeiten die zwei Lehrer, der Arzt und die Optikerin außerhalb von Wethen; Pfarrer, Lohnbuchhalterin, ein Zivildienstleistender sind im Ort beschäftigt (z. T. Teilzeitanstellungen). Eine Mutter hält vormittags für die 6 Kinder, die noch nicht zur Schule gehen, eine Vorschule, die sich demnächst wahrscheinlich zur Spielstube für die vier- bis sechsjährigen Kinder des ganzen Dorfes erweitern wird. Der Jurist, bislang in der Friedensforschung beschäftigt, ist bewußt freigestellt für die Weiterentwicklung des Projekts. Die Hausarbeit (Kochen, Waschen usw.) ist reihum verteilt.

Auch die Gemeinsamkeit der Entscheidungen, samt Vetorecht, ist aus dem Brauchtum des Konvents übernommen. Eine wöchentliche „Technikbesprechung“ steht hierfür zur Verfügung. Dadurch ist der ebenfalls wöchentliche „Gruppenabend“ frei für Gespräche und Erfahrungen, die den Gruppenprozeß, vor allem im emotionalen Bereich, voranbringen. Schon nach diesen wenigen Monaten gemeinsamen Lebens in dieser Zusammensetzung hat sich die Gruppe wesentlich stabilisiert. Auch jene unter uns, für die diese Lebensform neu war, können sich eine Rückkehr in Strukturen der Kleinfamilie nicht mehr vorstellen.

Noch offen ist, in welchen Formen Glaube und christliches Selbstverständnis der Gruppe ihren angemessenen Ausdruck finden werden. In diesem Punkt ist die Hausgemeinschaft in Wethen weit weniger homogen zusammengesetzt als etwa die auf dem Malteserhof. Das Spektrum reicht vom Pfarrer bis zum aus der Kirche Ausgetretenen. Leidvolle Erfahrungen mit Amtskirche und Traditionen machen jedenfalls eine unbefangene, nicht hinterfragte Übernahme christlichen Brauchtums unmöglich. Die damit gegebene Spannung erweist sich jedoch zunehmend als fruchtbare Herausforderung an die „Frommen“ wie an die „Kirchengeschädigten“, dem eigentlichen Inhalt des Evangeliums auf die Spur zu kommen. Die ganzheitliche Integration unseres Alltags zeigt sich dabei als wichtige, heilsame Konstruktion. So müssen z. B. die großen Feste im Jahr irgendwie für Erwachsene wie Kinder gestaltet werden. Während das erste gemeinsame Weihnachtsfest uns ausgesprochen Mühe machte, gelang es uns, für die Feier von Karwoche und Ostern Formen zu finden, die allen zugänglich waren. Entscheidend ist die erklärte Bereitschaft aller, sich diesem Thema zu stellen, niemanden zu überfahren, aber auch keine billige Lösung durch einfaches „Ausklammern“ zuzulassen.

Kontakt zwischen Dorf und Hausgemeinschaft

Die Gespräche bei Geburtstagsbesuchen, Taufessen oder Leichenschmaus kommen fast alle früher oder später auf das Thema „Wethen“: Ist hier gut zu leben? Vielleicht besteht die wichtigste Wirkung unserer Gruppe darin, unsere Mitbürger zum Nachdenken und zur Diskussion über die Situation des Dorfes zu bringen. Man hatte sich schon angewöhnt, die Dinge laufen zu lassen, nur noch private Pläne und Anstrengungen zu machen. Für uns war

Ragnhild Hausmann betreut in der alten Schule einen Spielkreis.

es auffallend, wie wenig jeder einzelne jeweils „den Wethenern“ zutraute. Jetzt, nach den ersten gelungenen Aktionen, sind sie selbst überrascht. Ihr Selbstvertrauen wächst: „Vielleicht hat Wethen doch noch Zukunft.“

Das äußerst sich etwa darin, daß Räume und Häuser, die seit langem leergeworden waren und ungenutzt liegen blieben, ausgebaut, renoviert, mit Zentralheizung versehen werden; denn neuerdings sind ja Interessenten dafür zu erwarten. Oder kleine Betriebe im Ort — an sich durchaus rentabel —, die aus Alters- oder Krankheitsgründen aufgegeben

Aus dem früheren Backhaus wurde ein Andachtsraum.

wurden und die nun, gut eingerichtet und funktionsfähig, einen Dornröschenschlaf führen, werden uns angeboten: „Wenn ihr mit einsteigt, könnte man vielleicht wieder anfangen!" ...

Die „Schalom-Werkstatt"

Ein wichtiges Strukturelement des Gesamtprojekts war von Anfang an der große Kreis der Freunde oder befreundeter Gruppen. Sie wußten von den Plänen, erlebten den Entscheidungsprozeß mit und halfen in vielfacher Weise zum Gelingen (von praktischen Ausbauhilfen bis zu zinslosen Kleinkrediten). So war es nicht unerwartet, daß eigentlich von der ersten Woche unseres Hierseins an auch ständig Besuche in Wethen erfolgten. Durchschnittlich gab es 100—150 Übernachtungen pro Monat auf unserer „Baustelle". Auch heute ist die Zahl derer, die sich an Ort und Stelle ein Bild machen wollen, nicht geringer geworden. Oft sind es Gruppen, die sich selbst mit ähnlichen Überlegungen tragen und diese Fragen untereinander und mit uns diskutieren möchten. Seit April haben wir ein leerstehendes Bauernhaus samt Stallgebäude direkt neben dem Laurentius-Hof mieten können. Als „Schalom-Werkstatt" dient es nun dazu, Gruppen bis zu 18 Personen bei geringem Mietpreis die Möglichkeit zu geben, für Tage oder Wochen eigene Experimente gemeinsamen Lebens in freier Selbstorganisation zu unternehmen.

Schließlich muß noch die alte Schule erwähnt werden. Seit März '75 ungenutzt, stand sie zum Verkauf. Das höchste Gebot kam von einem Antiquitätenhändler aus dem Ruhrgebiet. Das Dorf fürchtete eine Nutzung dieses mit so vielen Erinnerungen besetzten Gebäudes als Lagerhalle und Schrottplatz. So sprach man sich nachdrücklich dafür aus, daß wir zu wesentlich geringerem Preis den Zuschlag erhielten. Die Schule wird nun das Zentrum unserer Sozialarbeit werden. Die ehemaligen Klassenräume bieten Platz für Büro und Seminare. In die frühere Lehrerwohnung wird eine kleine Gruppe von jungen Freiwilligen und Zivildienstleistenden einziehen.

Mit Schule, Schalom-Werkstatt, Laurentiushof, Pfarrhaus und zwei weiteren Wohnungen, die von Freunden bezogen wurden oder in den nächsten Wochen bezogen werden, zeichnet sich nun langsam ab, was mit „Projekt Wethen" gemeint sein kann: ein exemplarisches, spannungsreiches, vielfältiges Gefüge in übersehbarer Größenordnung. Es kann nicht darum gehen, diesen einen Ort beliebig auszuweiten. Die Zahl der „Einwanderer" ist begrenzt. Auch hier gelten bestimmte „ökologische" Gesetze. Finden sich weitere Interessenten, so sind neue Projekte zu konzipieren und dem schon bestehenden Netz der Niederlassungen des Laurentiuskonvents und der befreundeten Schalom-Gruppen zuzuordnen.

(Wolfgang Kelm)

- *Wie wird in den Texten 56a bis 60 christliche Existenz in der Spannung zwischen Gegenwart und Zukunft des Reiches Gottes ausgelegt?*
- *Welche Ansätze vermögen zu überzeugen? Wo ist Kritik angezeigt?*

61

Zuversicht gegen alle Angst: Es lohnt sich zu leben

Wir warten aber eines neuen Himmels und einer neuen Erde nach seiner Verheißung, in welchen Gerechtigkeit wohnt.

2. Petrus 3, 13

Wir warten darauf,
daß es besser wird mit Himmel und Erde,
besser mit uns und unseren Kindern.
Aber die Aussichten sind düster.
Furcht breitet sich aus.
Prognosen und Hochrechnungen werden gehandelt,
die Forschungsergebnisse für den Club of Rome.
Sie errechnen den Zusammenbruch
der Wirtschaft und der Politik.
Parteizentralen sind eifrig.
Bei Verhandlungen und Konferenzen
siegt die Unvernunft.
Die nächsten Krisen sind schon programmiert.

Wir warten aber eines neuen Himmels und einer
neuen Erde,
in welchen Gerechtigkeit wohnt ...

Das letzte Wort ist noch nicht gesprochen.
Nicht die Angstmacher werden es haben
und nicht die Beschwichtigungsakrobaten.
Gott wird sprechen.
Dann verstummen Propaganda und Lügen,
Irreführungen und billige Vertröstungen
und die Schreie der Verzweiflung.
Das letzte Wort gehört Gott.
Es heißt Gerechtigkeit.
Sie verwandelt Himmel und Erde
in eine neue Welt.
Es wird Regen geben über der Wüste
und Kühle in der sengenden Hitze,
daß Bäume aufwachsen und Felder
wie in einem neuen Garten Eden.

Wir warten aber eines neuen Himmels und einer neuen Erde,
in welchen Gerechtigkeit wohnt . . .

Es wird ein Himmel sein,
der Unrecht nicht mehr zuläßt,
der die Betrogenen beschenkt,
all die Verstümmelten,
die Nerven- und Hirngeschädigten,
die spastisch Gelähmten,
daß sie lachen und singen und tanzen.
Wir warten,
doch nicht mit den Händen im Schoß.
Wir bauen auf die Gerechtigkeit, die kommt — schon heute.
Wir fangen an und arbeiten
gegen den Hunger auf unserer Erde
für eine gerechte Verteilung der Güter,
gegen die sinnlose Verschwendung,
die Ausplünderung unseres Planeten,
für Bescheidung und Fähigkeit zum Verzicht,
gegen Egoismus und Abgrenzungsdenken
für das Zusammengehörigkeitsbewußtsein der Menschen,
gegen den Haß zwischen Gruppen und Völkern
für Anerkennung und Versöhnung,
gegen die unmenschlichen Strukturen
unserer Ausbildung und Arbeit
für die Gesundheit des Leibes und der Seele.
Denn Gott will die Erde
als Heimat einer neuen Menschheit
nach seinem Bilde.

(Manfred Fischer)

Literatur zur Weiterarbeit

Cox, H., *Stirb nicht im Warteraum der Zukunft.* Aufforderung zur Weltverantwortung, Kreuz-Verlag, Stuttgart/Berlin 1968
Cox, H., *Abschied vom bürgerlichen Leben.* Versuche mit einem neuen Lebensstil, Furche Verlag, Hamburg 1972
Dumas, A., *Planung und Verheißung.* Das Evangelium in der Industriegesellschaft, Patmos Verlag, Düsseldorf 1978
Gollwitzer, H., *Krummes Holz — aufrechter Gang.* Zur Frage nach dem Sinn des Lebens, Chr. Kaiser Verlag, München [6]1973
Marsch, W.-D., *Hoffen worauf?* Auseinandersetzung mit E. Bloch, Stundenbuch Nr. 23, Furche Verlag, Hamburg 1963
Metz, J. B., *Zur Theologie der Welt,* Topos-Taschenbücher Bd. 11, Matthias Grünewald-Verlag, Mainz 1973
Moltmann, J., *Neuer Lebensstil,* Chr. Kaiser Verlag, München
Müller, A. M. K., Hg., *Zukunftsperspektiven* zu einem integrierten Verständnis der Lebenswelt, J. F. Steinkopf Verlag, Stuttgart 1976

GOTT
IM HORIZONT DER WIRKLICHKEITS-ERFAHRUNG

5

Nach Gott fragen

Zugänge

Wenn es Gott gibt ...

1

„Gott sei Dank“, sagt die Bäuerin, „es kommt Regen.“ „Aber Genossin“, antwortet der Leiter der Kolchose , „du weißt doch, einen Gott gibt es, Gott sei Dank, nicht.“ „Sicher, Genosse, aber wenn es nun, was Gott verhüten möge, doch einen gibt?“

(Volksgut)

2

Das Kind wurde ins Hilfsspital gebracht; in einem ehemaligen Klassenzimmer standen nun sechs Betten. Nach etwa zwanzig Stunden betrachtete Rieux den Fall als hoffnungslos. Der kleine Körper ließ sich wehrlos vom Gift verzehren ... Eben zog sich das Kind mit einem Stöhnen wieder zusammen, als wäre es in den Magen gebissen worden. Während langer Sekunden blieb es so gekrümmt, von Schauern und krampfartigem Zittern geschüttelt, als würde sein zarter Leib von dem wütenden Pestwind geknickt und unter dem feurigen Atem des Fiebers zerbrochen. Wenn der Sturm vorüber war, entspannte es sich ein wenig, das Fieber schien sich zurückzuziehen und es schwer atmend auf einem feuchten und vergifteten Ufer liegen zu lassen, wo die Ruhe schon dem Tode glich. Als die glühende Flut das Kind zum dritten Mal erreichte und es ein wenig emporhob, kauerte es sich zusammen, kroch voll Entsetzen vor der sengenden Flamme tiefer ins Bett, bewegte den Kopf wie irrsinnig und warf die Decke von sich. Dicke Tränen drangen unter den entzündeten Lidern hervor und rollten über das bleifarbene Gesicht; als der Anfall vorüber war, nahm das erschöpfte Kind mit seinen verkrampften, knochigen Armen und Beinen, die in achtundvierzig Stunden völlig abgemagert waren, im zerwühlten Bett die groteske Stellung eines Gekreuzigten ein.

...

Paneloux schaute diesen von der Krankheit beschmutzten, vom Schrei aller Zeiten erfüllten Kindermund an. Und er ließ sich auf die Knie gleiten, und alle fanden es natürlich, als sie ihn mit etwas erstickter, aber trotz der namenlosen unaufhörlichen Klage deutlicher Stimme sagen hörten: „Mein Gott, rette dieses Kind!“ ...

Mit offenem, aber stummem Mund ruhte das Kind inmitten der durcheinandergeworfenen Decken; es war plötzlich klein geworden, und auf seinem Gesicht waren noch die Spuren der Tränen zu sehen ...

Rieux wandte sich Paneloux zu ... „(Und) es gibt Zeiten in dieser Stadt, da ich nur mehr meine Empörung spüre.“ „Ich verstehe“, murmelte Paneloux, „es ist empörend, weil es unser Maß übersteigt. Aber vielleicht sollten wir lieben, was wir nicht begreifen können.“ Rieux richtete sich mit einem Schlag auf. Mit der ganzen Kraft und Leidenschaft, deren er fähig war, schaute er Paneloux an und schüttelte den Kopf. „Nein, Pater“, sagte er. „Ich habe eine andere Vorstellung von der Liebe. Und ich werde mich bis in den Tod hinein weigern, die Schöpfung zu lieben, in der Kinder gemartert werden.“

(Albert Camus)

3

Ein Schüler kam zu einem Rabbi und fragte: „Früher gab es Menschen, die Gott von Angesicht gesehen haben. Warum gibt es die heute nicht mehr?“ Darauf antwortete der Rabbi: „Weil sich heute niemand mehr so tief bücken kann.“

. . . der HERR allein

4

4 Höre, Israel, der HERR ist unser Gott, der
HERR allein. 5 Und du sollst den HERRN,
deinen Gott, liebhaben von ganzem Herzen, von
ganzer Seele und mit aller deiner Kraft. 6 Und
diese Worte, die ich dir heute gebiete, sollst du zu
Herzen nehmen 7 und sollst sie deinen Kin-
dern einschärfen und davon reden, wenn du in dei-
nem Hause sitzt oder unterwegs bist, wenn du dich
niederlegst oder aufstehst. 8 Und du sollst sie
binden zum Zeichen auf deine Hand, und sie sollen
dir ein Merkzeichen zwischen deinen Augen sein,
9 und du sollst sie schreiben auf die Pfosten
deines Hauses und an die Tore.

(5. Mose 6, 4—9; Luther)

Orientierende Hinweise:

Diese Worte . . ., nach ihrem Anfang ‚Sch'ma Jišrael' (Höre Israel) genannt, sind das Bekenntnis des Judentums zum Monotheismus. Sie werden im täglichen Morgen- und Abendgebet gelesen und sind das letzte, was der fromme Jude in seiner Todesstunde sagt oder hört. In ihnen spricht sich der Glaube aus, der das Judentum jahrtausendelang aufrechterhalten hat, der es zu einer Einheit zusammenschweißte und der ihm in den Zeiten des Leidens und Duldens ein Trost gewesen ist.

(Helmuth v. Glasenapp)

- *Charakterisieren Sie das in diesem Text zur Sprache kommende Gottesverständnis, indem Sie das Verhältnis von Gott, Gebot und Mensch bestimmen!*
- *Wie sind glauben — lehren — leben — bekennen einander zuzuordnen (vgl. dazu auch 5. Mose 6, 20—25)?*
- *Begründen Sie von daher die Charakterisierung des Judentums als „ethischen Monotheismus"!*

Das Begräbnis

5

Liegt der Brief da; weiß mit schwarzem Rand.
Muß einer gestorben sein, denk ich.
Seh mich um.
„Riecht nach Weihrauch", sagt meine Nase.
„Hast recht", sag ich, „war doch vorher nich. Komisch."
Reiß den Brief auf, setz mich, putz mir die Brille. So.
Richtig, ne Traueranzeige.
Ich buchstabiere:
Von keinem geliebt, von keinem gehaßt, starb heute nach langem, mit himmlischer Geduld ertragenem Leiden: Gott.
Klein, darunter:
Die Beisetzung findet heute nacht in aller Stille auf dem St. Zebedäus-Friedhof statt. Siehste, denk ich, hat's ihn auch
geschnappt, den Alten; nu ja.
Steck die Brille ins Futteral und steh auf. „Frau!" ruf ich, „'n Mantel!"

„Wieso 'n?" brummelt sie oben.
„Frag nich so blöd", sag ich, „muß zur Beerdigung."
„Kenn ich", greint sie, „Skat kloppen willste."
„Quatsch", sag ich, „Gott ist gestorben."
„Na und —?" sagt sie, „vielleicht noch'n Kranz kaufen, hm?"
„Nee", sag ich, „aber Franzens Zylinder könntste rausrücken. Wer weiß, wer alles da ist."
„Ach nee", sagt sie, „auch noch 'n dicken Willem markieren? Nee, is nich. Außerdem is duster; sieht sowieso keiner, daß de 'n Zylinder aufhast."
Schön, denk ich, denn nicht, liebe Tante. Zieh mein Paletot an, klapp 'n Kragen hoch und geh runter zur Tür.
's pladdert.
Den Schirm, denk ich, aber den Schirm hat Emma.
„Nacht", sag ich und mach zu hinter mir.

Alles wie immer draußen. Glitschiger Asphalt, bißchen Laternenlicht; paar Autos, paar Fußgänger; auch die Straßenbahn fährt.
Frag ich einen: „Schon gehört — Gott ist gestorben."
Sagt der: „Nanu; heut erst?"
Der Regen nimmt zu. Vor mir taucht 'n Kiosk auf mit 'ner Karbidlampe drin.
Halt, denk ich, muß doch mal sehn.

Beug mich rein; blättere, such –
Heute: nichts. *Morgen:* nichts. *Neue Welt:* nichts. *Die Zukunft:* nichts. *Am Feierabend:* nichts. Keine Zeile; nicht mal unter Kurznachrichten.
Frag ich: „Sonst noch was?“
„Anzeigenblatt“, sagt der Zeitungsmann.
„Moment“, sag ich.
Such: find's: Letzte Seite; reiner Zufall. Unter Sonstiges, klitzeklein:
Von keinem geliebt, von keinem gehaßt, starb heute nach langem, mit himmlischer Geduld ertragenem Leiden: Gott.
Aus; alles.
Zeigs dem Zeitungsmann: „Na – ?“

Sagt der: „Armer Deubel. Kein Wunder.“
Auf 'm Paradeplatz, mitten im Nebel, steht 'n Schutzmann.
Frag ich: „Nich was durchs Radio gekommen?“
„Krieg“, sagt er.
„Nee“, sag ich; „was Besonderes.“
„Nee“, sagt er.
„Kein Todesfall? Gott soll gestorben sein.“
Zuckt er die Schultern: „Hat er davon.“
Wird dunkler. Die Straße verengt sich.
Ecke Kadettenweg renn ich einen an.
Sagt der: „Geht's 'n hier zum Zebedäus-Friedhof?“
„Pfarrer?“ frag ich; „Beerdigung?“
Er nickt.
„Wen denn?“
Sagt er: „'n gewissen Klott oder Gott oder so ähnlich.“
Gehn wir zusammen. An Mietskasernen vorbei, schorfigen Brandmauern, flackernden Gaslaternen.
Fragt der Pfarrer: „Verwandt mit dem Toten?“
„Nee“ sag ich; „bloß so.“

(Wolfdietrich Schnurre)

- *Welche Gotteserfahrungen werden in diesem Text angesprochen?*

Fragen angesichts des Wissens

6

Das kosmische Zeitalter hat begonnen. Wir schauen hinter die Schwelle unserer Erdenheimat in die unermeßlichen Räume. Was wird dort der Mensch sein? Wer ist er in den Abgründen des Kosmos? Er will das wissen, sonst verliert er die Hoffnung. Der Mensch hat das Atom zertrümmert und dringt in die Geheimnisse der Mikrostruktur der Materie ein. Was er dort an Energien erschlossen hat und noch erschließen wird, übersteigt alle unsere Vorstellungen von einer möglichen Vernichtung, aber auch von einer möglichen Bereicherung. Auch hier waltet technischer Optimismus, aber der Mensch gerät durch ihn in Verlegenheit. Werde ich – als Menschheit vernichtet, welche Folgen wird das haben? Werde ich maßlos reich, wer werde ich dann sein? Die gleichen Fragen tauchen angesichts der hoffnungsvollen Entfaltung der Kybernetik auf. Wenn mich die automatisierten Aggregate der Notwendigkeit entheben, den Großteil meines Lebens in der Entfremdung zu verbringen, was werde ich mit den Angeboten und den Verlockungen der Freiheit anfangen? Wo beginnen und wo enden ihre menschlichen Zusammenhänge? Ein ganz klein wenig hat sich auch das bisher verschlossene Tor zu den Geheimnissen des Lebens geöffnet. Was wir davon bisher mehr ahnen als wissen, führt uns auf einen Gipfel der Hoffnung, erweckt aber zugleich das Grauen vor möglichem Mißbrauch. Der Mensch wächst von innen heraus. Wenn man sein Wachstum ausrechnen will, bleibt immer ein ungewisser Rest.
Kosmisches Zeitalter, Atomzeitalter, kybernetisches Zeitalter, Zeitalter der Biologie ... Das sind die Wege, die im zwanzigsten Jahrhundert beschritten wurden. Den Wissenschaftlern ist nicht ganz klar, wie sie weitergehen werden. Sie wissen auch nicht, wo sie münden werden. Dahin sind die Zeiten des naiven Selbstbewußtseins der Naturwissenschaften, denen die Welt überschaubar und verhältnismäßig leicht beherrschbar erschien. Die Entwicklung der modernen Wissenschaft und Technik rollt sich immer deutlicher in die Gestalt eines Fragezeichens ein.

(Vítezslav Gardavský)

Gott erfahren

Entfaltung

Vorbemerkung:

In diesem Abschnitt werden recht unterschiedliche Motive des Gott-Suchens, des Gott-Bekennens und des Bedenkens der Gottesfrage angesprochen. Gemeinsam ist allen Texten die Radikalität des Betroffenseins, die zwischen Suche, Skepsis und Leugnung, Klage, Vertrauen und Hingabe schwankt. Die Art des Fragens nach Gott, die Auseinandersetzung mit diesem Fragen und die in Reflexion oder Bekenntnis gegebenen Antwortversuche sind dabei eng zusammenzusehen mit der konkreten Situation des Menschen, der fragt, sucht und Position bezieht.
Im folgenden soll von verschiedenen Aspekten aus die Frage nach Gott und der Gotteserfahrung thematisiert werden. Der Unterricht kann sich im Ablauf dabei einmal an der vorgegebenen Gliederung orientieren; er kann aber ebenso einzelne Punkte schwerpunktmäßig herausgreifen.

1. Gott bekennen — Gott leugnen

Der Mensch erfährt sich im Spannungsfeld von Glaube und Zweifel. Die ausgewählten Texte verbinden teilweise existentiell Biographisches mit weiterführender kritischer Reflexion; teilweise sind die zeitgeschichtlichen bzw. die gesellschaftlichen Zusammenhänge bedeutsame Faktoren.

2. Biblisches Reden von Gott

Christlicher Glaube beruft sich vor allem auf Erfahrungen, wie sie die biblische Tradition bereitstellt. Eine Hilfe zur Aufarbeitung bieten exemplarisch biblische Texte — verbunden mit orientierenden Hinweisen, die es erleichtern sollen, diese in ihrer jeweiligen Situation zu sehen.

3. Gott suchen

Im Verlauf der Kirchen- und Theologiegeschichte wurde das biblische Gottesverständnis aus gegebenem Anlaß oft infrage gestellt und neu entfaltet; etwa bedingt durch die geistes- und philosophiegeschichtliche Situation (Mittelalter — Thomas von Aquin), durch die stärkere Zuspitzung der Gottesfrage zur existentiellen Betroffenheit des Einzelnen (Reformation — M. Luther) oder durch neue naturwissenschaftlich-technische Entwicklungen und daraus erwachsende Fragen (Neuzeit).

4. Gott glauben und denken

Jede Zeit wird zu eigenen Antworten auf die Gottesfrage provoziert. Sie heben sich im kritischen Dialog mit der Tradition mehr oder weniger von einander ab. Dies soll anhand von exemplarischen Texten aus dem 20. Jahrhundert deutlich werden.

Gott bekennen — Gott leugnen

Unruhig ist mein Herz

7

„Groß bist du, Herr, und hoch zu preisen", „und groß ist Deine Macht und Deine Weisheit unermeßlich."
Und preisen will Dich der Mensch, ein kümmerlicher Abriß Deiner Schöpfung, ja der Mensch, der herumschleppt sein Sterbewesen, herumschleppt das Zeugnis seiner Sünde und das Zeugnis, daß Du „den Hochfährigen widerstehst".

Und dennoch preisen will Dich der Mensch, ein kümmerlicher Abriß Deiner Schöpfung.

Du selber reizest an, daß Dich zu preisen Freude ist; denn geschaffen hast Du uns zu Dir, und ruhelos ist unser Herz, bis daß es seine Ruhe hat in Dir.

Laß mich, Herr, es wissen und erkennen, was denn früher sei: ob Dich anrufen oder Dich preisen; ob Dich kennen oder Dich anrufen früher sei! Aber wer riefe Dich, ohne von Dir zu wissen? Er möchte ja, so Wissens ohne, ein andres für das Rechte rufen. Oder ruft man zu Dir, auf daß man Dich wisse? Aber „wie sollen sie ihn anrufen, an den sie nicht glauben? Oder wie sollen sie glauben, wenn keiner ihn verkündigt?“ „Und preisen werden den Herrn, die ihn auch nur suchen.“ Denn wer ihn sucht, wird ihn finden, und wer ihn findet, wird ihn preisen.

Ich will Dich suchen, Herr, mit meinem Rufen, und ich will Dich rufen, indem ich an Dich glaube; denn verkündigt worden bist Du uns. Herr, es ruft Dich mein Glaube, der Glaube, den Du mir gegeben, den Du mir eingegeben hast durch das Menschsein Deines Sohnes, durch das Amt Deines Predigers.

Wie aber soll ich meinen Gott anrufen, meinen Gott und meinen Herrn, da ich doch, wann ich ihn rufe, in mich herein ihn rufe? Und welches ist der Ort in mir, wohin er kommen soll, mein Gott? Wohin soll Gott in mir denn kommen, Gott, der „den Himmel gemacht hat und die Erde“? Ja ist denn, Herr, mein Gott, etwas in mir, das Dich fassen könnte? Aber Himmel und Erde, die Du gemacht, in denen Du mich gemacht hast, fassen die Dich denn? Oder — weil ohne Dich nicht wäre, was da immer nur ist: steht es so, daß alles, was ist, Dich faßt? Nun aber bin auch ich, was bitt ich also noch, daß Du kommest in mich, der ich nicht wäre, wenn Du nicht wärest in mir? Denn — noch hat mich nicht die Unterwelt, und wär's, Du bist auch dort. Denn „ob ich fahre auch zur Unterwelt, Du bist da“.

Nicht also wäre ich, mein Gott, ja gar nicht wäre ich, wenn Du nicht wärest in mir. Oder vielmehr, wär ich nicht, wenn ich nicht wär in Dir, „aus dem alles, durch den alles, in dem alles“? Auch so ist's, Herr, auch so. Wohin soll ich Dich rufen, da ich in Dir doch bin? Oder von wannen kämest Du in mich? Wohin sollt ich entwandern, hinaus über Himmel und Erde, daß von dannen in mich käme mein Gott, der da gesprochen: „Himmel und Erde erfülle Ich“?

Wer gibt mir, daß ich Ruhe finde in Dir? Wer gibt mir, daß Du kommest in mein Herz und es trunken machest; daß ich mein Schlechtes vergesse und mein einziges Gut umfange — Dich? Was bist Du mir? Erbarm Dich, daß ich reden kann! Und ich, was bin ich Dir, daß Du von mir geliebt sein willst und, tu ich's nicht, in Deinem Zorn mit Elend drohest ohne Maß? Als ob es dann nur kleines Elend wäre, wenn ich Dich nicht liebte! O, ich Armer! Bei Deinen Erbarmungen, Herr, mein Gott, sag es mir, was Du mir bist! „Sag meiner Seele: Dein Heil bin ich.“ Und also sag es, daß ich's höre. Siehe Herr, meines Herzens Ohr ist bei Dir; tu es auf und „sag meiner Seele: dein Heil bin Ich“. Ich will nachlaufen dieser Stimme, bis ich Dich fassen kann. Verbirg nicht Dein Angesicht vor mir: ja sterben will ich daran, um nicht zu sterben, — auf daß ich es schaue.

Eng ist das Haus meiner Seele, in das Du kommen sollst zu ihr: weit soll es werden, weit durch Dich! Baufällig ist es: setz es in Stand!

(Augustinus)

Von Gott nicht getrennt sein wollen

8

Im Jahre der Gnade 1654

Montag, 23. November, Tag des heiligen Clemens, Papstes und Märtyrers, und anderer im Martyrologium.

Vigil des heiligen Chrysogonus des Märtyrers und anderer.

Von ungefähr zehneinhalb Uhr am Abend bis ungefähr eine halbe Stunde nach Mitternacht,

Feuer.

„Gott Abrahams, Gott Isaaks, Gott Jakobs“

nicht der Philosophen und Gelehrten.

Gewißheit. Gewißheit. Empfindung. Freude. Friede.

Gott Jesu Christi.

Deum meum et Deum vestrum.[1]

„Dein Gott soll mein Gott sein.“

Vergessen der Welt und aller Dinge, ausgenommen Gott.

Er wird nur auf den Wegen gefunden, die im Evangelium gelehrt sind.

Größe der menschlichen Seele.

„Gerechter Vater, die Welt hat dich nicht erkannt, aber ich habe dich erkannt.“

Freude, Freude, Freude, Tränen der Freude.

---

1 Meinen Gott und euren Gott

Ich habe mich von ihm getrennt:
Dereliquerunt me fontem aquae vivae.[2]
„Mein Gott, wirst du mich verlassen?“
Möge ich nicht ewig von ihm getrennt werden.
„Dies ist das ewige Leben, daß sie dich erkennen, den einzigen, wahren Gott, und den du gesandt hast, Jesus Christus.“
Ich habe mich von ihm getrennt; ich bin vor ihm geflohen, ich habe ihn verleugnet, gekreuzigt.
Möge ich nie von ihm getrennt sein.
Er wird nur auf den Wegen bewahrt, die im Evangelium gelehrt sind.
Vollkommene, innige Entsagung.
Vollkommene Unterwerfung unter Jesus Christus und unter meinen geistlichen Führer.
Ewig in der Freude für einen Tag der Plage auf Erden.
Non obliviscar sermones tuos.[3]

(Blaise Pascal, Das Memorial)

- *Bei der Interpretation sollte der Zusammenhang zwischen der Persönlichkeit des Zeugnisses bzw. des Bekennenden und den im „Mémorial“ gemachten Aussagen von Gott besonders beachtet werden.*

„Wir haben uns Pascal ... weder als weltfremden Gelehrten noch als einen in der Isolierung von seiner Umwelt seinem Seelenheil nachlebenden Asketen vorzustellen. Er war und blieb Wissenschaftler. Um so bedeutungsvoller ist der Ernst und die Radikalität, mit der er das durchführte, wozu ihn sein Glaube nötigte.“ Pascal kam mit verschiedenen theologischen Strömungen in Berührung, deren eine, die die Betonung der Gnade Gottes besonders herausstellte, ihn am meisten prägte. Das Zisterzienserinnenkloster Port-Royal bildete das Zentrum dieses Denkens (nach seinem Gründer Cornelius Jansen — 1598 bis 1638 — Jansenismus genannt), dem sich als lockerer Freundeskreis auch eine Reihe von Männern anschlossen. „Pascal selbst schloß sich dem Kreis der ‚Herren von Port-Royal‘ an und zog sich für längere Zeit dorthin zurück, nachdem er seine entscheidende Lebenswende erlebt hatte. ... Das erschütternde Dokument seiner Bekehrung ist ... das sogenannte ‚Mémorial‘. Es ist eine in der Bekehrungsnacht niedergeschriebene Aufzeichnung, die ganz den Stempel dieses ihn völlig umwandelnden Erlebnisses trägt. Man fand den Zettel mit einem anderen, einer Abschrift auf Pergament, nach seinem Tod in seinem Rock eingenäht. Niemand hat davon etwas gewußt, und Pascal hat nie von dieser Bekehrung gesprochen. Er pflegte, wenn er sich einen neuen Rock machen ließ, selbst die Papiere einzunähen. Das Mémorial gehört mit seinen stammelnden, wie in höchster Erregung hervorgestoßenen Worten zu den echten Reliquien der christlichen Geschichte und bezeugt die Macht eines Geschehens, das als persönliches Eingreifen Gottes ins Leben gewertet werden will.“

(Hans Giesecke)

Ich las damals in Pascal's ‚Pensées‘. Liest einer, im Materialismus befangen, eines Tages die Betrachtungen dieses tiefgläubigen Denkers, so erlebt er Ähnliches wie ein Amateurastronom, der ohne Teleskop darangeht, die Sterne zu erforschen: mit den Füßen der Erde verhaftet, kann sein Auge die Gestirne nicht erreichen, halt- und ziellos wankt sein Geist eine Weile unruhig im Universum. Ist denn, was Pascal da sagt, wirklich wahr? Wie aber soll man es als Wirklichkeit mit Händen greifbar machen können? Die Seele, die Ewigkeit, Gott — an so etwas also haben unsere Vorfahren, hat der große Denker Pascal allen Ernstes geglaubt. Und mit ihm zahllose Philosophen der alten und der neueren Zeit. Jene katholische Lehre, an die der Mathematiker Pascal glaubte, weil er sie durchaus vereinbar fand mit seiner Wissenschaft — was war sie eigentlich? Mein Interesse, meine Neugier fühlten sich spontan vom Katholizismus angezogen.
Mit einem Schlag fand ich mein Gedankengefüge durch Pascal völlig erschüttert.

(T. Nagai)

---

2 Sie haben mich, die Quelle des lebendigen Wassers, verlassen (Jesaja 2, 13; 17, 13)
3 Ich werde deine Worte nicht vergessen.

Der Traum vom Tode Gottes

Rede des toten Christus, vom Weltgebäude herab, daß kein Gott sei

9

Ich lag einmal an einem Sommerabende vor der Sonne auf einem Berge und entschlief. Da träumte mir, ich erwachte auf dem Gottesacker. . . .
Alle Gräber waren aufgetan, und die eisernen Türen des Gebeinhauses gingen unter unsichtbaren Händen auf und zu. . . .
In den offenen Särgen schlief nichts mehr als die Kinder. . . .
Oben am Kirchengewölbe stand das Zifferblatt der *Ewigkeit*, auf dem keine Zahl erschien, und das sein eigener Zeiger war; nur ein schwarzer Finger zeigte darauf, und die Toten wollten die *Zeit* darauf sehen.
Jetzo sank eine hohe edle Gestalt mit einem unvergänglichen Schmerz aus der Höhe auf den Altar hernieder, und alle Toten riefen: „ Christus, ist kein Gott?“
Er antwortete: „Es ist keiner.“
Der Schatten jedes Toten erbebte, nicht bloß die Brust allein, und einer um den andern wurde durch das Zittern zertrennt.
Christus fuhr fort: „Ich ging durch die Welten, ich stieg in die Sonnen und flog mit den Milchstraßen durch die Wüsten des Himmels; aber es ist kein Gott. Ich stieg herab, so weit das Sein seine Schatten wirft und schauete in den Abgrund und rief: ‚Vater, wo bist du?‘. Aber ich hörte nur den ewigen Sturm, den niemand regiert, und der schimmernde Regenbogen aus Westen stand ohne eine Sonne, die ihn schuf, über dem Abgrunde und tropfte hinunter. Und als ich aufblickte zur unermeßlichen Welt nach dem göttlichen *Auge*, starrte sie mich mit einer leeren, bodenlosen *Augenhöhle* an, und die Ewigkeit lag auf dem Chaos und zernagte es und wiederkäuete sich. — Schreiet fort, Mißtöne, zerschreiet die Schatten; denn Er ist nicht!“ . . .
Da kamen, schrecklich für das Herz, die gestorbenen Kinder, die im Gottesacker erwacht waren, in den Tempel und warfen sich vor die hohe Gestalt am Altare und sagten: „Jesus, haben wir keinen Vater?“ — Und er antwortete mit strömenden Tränen: „Wir sind alle Waisen, ich und ihr, wir sind ohne Vater.“
Da kreischten die Mißtöne heftiger — die zitternden Tempelmauern rückten auseinander — und der Tempel und die Kinder sanken unter — und die ganze Erde und die Sonne sanken nach — und das ganze Weltgebäude sank mit seiner Unermeßlichkeit vor uns vorbei — und oben am Gipfel der unermeßlichen Natur stand Christus und schauete in das mit tausend Sonnen durchbrochene Weltgebäude herab, gleichsam in das um die ewige Nacht gewühlte Bergwerk, in dem die Sonnen wie Grubenlichter und die Milchstraßen wie Silberadern gehen.
Und als Christus . . . sah, wie eine Weltkugel um die andere ihre glimmenden Seelen auf das Totenmeer ausschüttete, wie eine Wasserkugel schwimmende Lichter auf die Wellen streuet, so hob er groß wie der höchste Endliche die Augen empor gegen das Nichts und gegen die leere Unermeßlichkeit und sagte: „Starres, stummes Nichts! Kalte, ewige Notwendigkeit! Wahnsinniger Zufall! Kennt ihr das unter euch? Wann zerschlagt ihr das Gebäude und mich? — . . . — Wie ist jeder so allein in der weiten Leichengruft des Alls! Ich bin nur neben mir. — O Vater, o Vater! Wo ist deine unendliche Brust, daß ich an ihr ruhe? — Ach, wenn jedes Ich sein eigner Vater und Schöpfer ist, warum kann es nicht auch sein eigner Würgengel sein? . . .“
Hier schaute Christus hinab, und sein Auge wurde voll Tränen, und er sagte: „Ach, ich war sonst auf ihr: da war ich noch glücklich, da hatt’ ich noch meinen unendlichen Vater und blickte noch froh von den Bergen in den unermeßlichen Himmel und drückte die durchstochne Brust an sein linderndes Bild und sagte noch im herben Tode: ‚Vater ziehe deinen Sohn aus der blutenden Hülle und heb’ ihn an dein Herz‘ . . . Ach, ihr überglücklichen Erdenbewohner, ihr glaubt *Ihn* noch. Vielleicht gehet jetzt euere Sonne unter, und ihr fallet unter Blüten, Glanz und Tränen auf die Knie und hebet die seligen Hände empor und rufet unter tausend Freudentränen zum aufgeschlossenen Himmel hinauf: ‚Auch mich kennst du, Unendlicher, und alle meine Wunden, und nach dem Tode empfängst du mich und schließest sie alle‘ . . . Ihr Unglücklichen, nach dem Tode werden sie nicht geschlossen . . .
es kommt kein Morgen und keine heilende Hand und kein unendlicher Vater! — Sterblicher neben mir, wenn du noch lebest, so bete Ihn an, sonst hast du Ihn auf ewig verloren.“
Und als ich niederfiel und ins leuchtende Weltgebäude blickte, sah ich die emporgehobenen Ringe der Riesenschlange der Ewigkeit, die sich um das Welten-All gelagert hatte . . .
und . . . zermalmend den unendlichen Tempel zu einer Gottesackerkirche zusammen [drückte] — und alles wurde eng, düster, bang — und ein unermeßlich ausgedehnter Glockenhammer sollte die

letzte Stunde der Zeit schlagen und das Weltgebäude zersplittern ... als ich erwachte.
Meine Seele weinte vor Freude, daß sie wieder Gott anbeten konnte — und die Freude und das Weinen und der Glaube an ihn waren das Gebet. Und als ich aufstand, glimmte die Sonne tief hinter den vollen, purpurnen Kornähren und warf friedlich den Widerschein ihres Abendrotes dem kleinen Monde zu, der ohne eine Aurora im Morgen aufstieg; und zwischen dem Himmel und der Erde streckte eine frohe, vergängliche Welt ihre kurzen Flügel aus und lebte, wie ich, vor dem unendlichen Vater; und von der ganzen Natur um mich flossen friedliche Töne aus, wie von fernen Abendglocken.

(Jean Paul)

- *Charakterisieren Sie aufgrund dieses Textes*
  — die Bedeutung des Todes Gottes für die Welt
  — die Bedeutung des Lebens Jesu angesichts des Todes Gottes!
- *Ziehen Sie zum Vergleich die Texte Nr. 54, S. 64 f.; 57 und 58, S. 269 ff. heran!*

Der tolle Mensch

10

Habt ihr nicht von jenem tollen Menschen gehört, der am hellen Vormittag eine Laterne anzündete, auf den Markt lief und unaufhörlich schrie: ‚Ich suche Gott! Ich suche Gott!' — Da dort gerade viele von denen zusammen standen, welche nicht an Gott glaubten, so erregte er ein großes Gelächter. Ist er denn verloren gegangen? sagte der eine. Hat er sich verlaufen wie ein Kind? sagte der andere. Oder hält er sich versteckt? Fürchtet er sich vor uns? Ist er zu Schiff gegangen? ausgewandert? — so schrien und lachten sie durcheinander. Der tolle Mensch sprang mitten unter sie und durchbohrte sie mit seinen Blicken. ‚Wohin ist Gott?' rief er, ‚ich will es euch sagen! *Wir haben ihn getötet* — ihr und ich. Wir alle sind seine Mörder! Aber wie haben wir das gemacht? Wie vermochten wir das Meer auszutrinken? Wer gab uns den Schwamm, um den ganzen Horizont wegzuwischen? Was taten wir, als wir diese Erde von ihrer Sonne losketteten? Wohin bewegt sie sich nun? Wohin bewegen wir uns? Fort von allen Sonnen? Stürzen wir nicht fortwährend? und rückwärts, seitwärts, vorwärts, nach allen Seiten? Gibt es noch ein Oben und Unten? Irren wir nicht durch ein unendliches Nichts? Haucht uns nicht der leere Raum an? Ist es nicht kälter geworden? Kommt nicht immerfort die Nacht und mehr Nacht? Müssen nicht Laternen am Vormittage angezündet werden? Hören wir noch nichts von dem Lärm der Totengräber, welche Gott begraben? Riechen wir noch nichts von der göttlichen Verwesung? — auch Götter verwesen! Gott ist tot! Gott bleibt tot! Und wir haben ihn getötet! Wie trösten wir uns, die Mörder aller Mörder? Das Heiligste und Mächtigste, was die Welt bisher besaß, ist unter unsern Messern verblutet — wer wischt dies Blut von uns ab? Mit welchem Wasser können wir uns reinigen? Welche Sühnefeiern, welche heiligen Spiele werden wir erfinden müssen? Ist nicht die Größe dieser Tat zu groß für uns? Müssen wir nicht selber zu Göttern werden, um nur ihrer würdig zu erscheinen? Es gab nie eine größere Tat — und wer nur immer nach uns geboren wird, gehört um dieser Tat willen in eine höhere Geschichte, als alle Geschichte bisher war!' — Hier schwieg der tolle Mensch und sah wieder seine Zuhörer an: auch sie schwiegen und blickten befremdet auf ihn. Endlich warf er seine Laterne auf den Boden, daß sie in Stücke sprang und erlosch. ‚Ich komme zu früh', sagte er dann, ‚ich bin noch nicht an der Zeit. Dies ungeheure Ereignis ist noch unterwegs und wandert — es ist noch nicht bis zu den Ohren der Menschen gedrungen. Blitz und Donner brauchen Zeit, das Licht der Gestirne braucht Zeit, Taten brauchen Zeit, auch nachdem sie getan sind, um gesehn und gehört zu werden. Diese Tat ist ihnen immer noch ferner als die fernsten Gestirne — *und doch haben sie dieselbe getan!*' Man erzählte noch, daß der tolle Mensch desselbigen Tages in verschiedene Kirchen eingedrungen sei und darin sein Requiem aeternam deo angestimmt habe. Hinausgeführt und zur Rede gesetzt, habe er immer nur dies entgegnet: ‚Was sind denn die Kirchen noch, wenn sie nicht die Grüfte und Grabmäler Gottes sind?'

(Friedrich Nietzsche)

Zum besseren Verständnis und zur Einordnung der Position Nietzsches können die folgenden Zitate aus seinen Werken dienen:

„Wenn es Götter gäbe, wie hielte ich's aus, kein Gott zu sein?"

„In jede Lücke hatten sie Ihren Wahn gestellt, ihren Lückenbüßer, den sie Gott nannten."
„Der Gott am Kreuz ist ein Fluch auf das Leben."
„Bleibt der Erde treu und glaubt denen nicht, welche euch von den überirdischen Hoffnungen reden! Giftmischer sind es . . ."
„Das Wesen des Lebens" ist der „Wille zur Macht".

- *Charakterisieren Sie die Wirkung, die der Tod Gottes und seine Proklamation auf den tollen Menschen wie auf seine Zuhörer hat!*
- *Fragen Sie nach Konsequenzen dieser Position für das Selbstverständnis des Menschen und sein Verhältnis zu anderen Menschen! Ziehen Sie zum Vergleich den Text 9, S. 235 f. von J. Paul heran!*

Bekenntnis zu Gott oder Leugnung Gottes sind nicht so sehr Sache einer rational distanzierten Reflexion; sie haben ihren Ort vielmehr oft im Erleben bzw. Beobachten der erfahrbaren Wirklichkeit und entscheiden sich nicht selten im Verhalten innerhalb dieser Wirklichkeit.
Die folgenden Texte 11, 12 formulieren von verschiedenen Ausgangspunkten aus Zweifel. Diskutieren Sie diese Positionen!

Gott oder die Güte ist relativ

11

Diese Geschichte ist sehr kurz und einfach; sie bietet nur einen Ausgangspunkt, eine Frage und die Moral.

Der Ausgangspunkt:
Der Psalmist sagt vom Herrn *(Psalm 136, 10 und 15):* er habe Ägypten an ihren Erstgeburten geschlagen — denn seine Güte währet ewiglich; er habe Pharao und sein Heer ins Schilfmeer gestoßen — denn seine Güte währet ewiglich.

Die Frage:
Was denken Ägypten und der Pharao über die Barmherzigkeit Gottes?

Die Moral:
Barmherzigkeit und Wohltätigkeit kann es nicht für alle zugleich geben. Wenn wir diese Worte in den Mund nehmen, so laßt uns immer hinzufügen: für wen. Und wenn wir den Völkern Wohltätigkeit erweisen, so laßt uns auch fragen, wie sie über dieses Thema denken.
Beispiel: Ägypten.

(Leszek Kolakowski)

Die Frage, ob es einen Gott gibt

12

Einer fragte Herrn K., ob es einen Gott gäbe. Herr K. sagte: „Ich rate dir, nachzudenken, ob dein Verhalten je nach der Antwort auf diese Frage sich ändern würde. Würde es sich nicht ändern, dann können wir die Frage fallenlassen. Würde es sich ändern, dann kann ich dir wenigstens noch so weit behilflich sein, daß ich dir sage, du hast dich schon entschieden: Du brauchst einen Gott."

(Bert Brecht)

Der Zweifel und der wahre Gott

13a

Wenn dir der Gedanke kommt, daß alles, was du über Gott gedacht hast, verkehrt ist, und daß es keinen Gott gibt, so gerate darüber nicht in Bestürzung. Es geht vielen so. Glaube aber nicht, daß dein Unglaube daher rühre, daß es keinen Gott gibt. Wenn du nicht mehr an den Gott glauben kannst, an den du früher geglaubt hast, so rührt das daher, daß in deinem Glauben etwas verkehrt war, und du mußt dich besser bemühen, zu begreifen, was du Gott nennst. Wenn ein Wilder an seinen hölzernen Gott zu glauben aufhört, heißt das nicht, daß es keinen Gott gibt, sondern nur, daß der wahre Gott nicht aus Holz ist.

(Leo Tolstoi)

13b

Der Zweifel, der in jedem Glaubensakt enthalten ist, ist weder der methodische noch der skeptische Zweifel. Er ist der Zweifel, der jedes Wagnis begleitet. Es handelt sich hier weder um den ständigen Zweifel des Wissenschaftlers noch um den flüchtigen des Skeptikers; es ist vielmehr der Zweifel eines Menschen, der von einer konkreten Sache mit letztem Ernst ergriffen ist. Man könnte einen solchen Zweifel im Gegensatz zu den oben beschriebenen Formen den existentiellen Zweifel nennen. Er fragt nicht danach, ob eine bestimmte These wahr oder falsch ist, er lehnt nicht jede konkrete Wahrheit ab, doch weiß er um das Element der Ungewißheit in jeder existentiellen Wahrheit. Der Zweifel, der zum Glauben gehört, weiß um diese Ungewißheit und nimmt sie in einem Akt des Mutes auf sich; Glaube schließt Mut ein. Darum vermag der Glaube, auch dem Zweifel an sich standzuhalten. Gewiß sind Glaube und Mut nicht dasselbe. Der Glaube enthält noch andere Elemente außer dem Mut, und der Mut hat noch andere Aufgaben als die, den Glauben zu stützen. Indes zum Glauben gehört der Mut, der bereit ist, ein Wagnis auf sich zu nehmen.

(Paul Tillich)

Sehnsucht — nach Gott?
Sehnsucht — nach Sinn

14

Auszug aus einem SPIEGEL-Gespräch mit dem Philosophen Max Horkheimer

SPIEGEL: Woher wissen die denkenden Menschen, was gut ist?

Horkheimer: Ich habe geschrieben, daß Politik, welche nicht Theologie oder Metaphysik, damit natürlich auch Moral, in sich bewahrt, letzten Endes Geschäft bleibe.

SPIEGEL: Gute, moralische Politik sei also, meinen Sie, nicht ohne Theologie möglich?

Horkheimer: Zumindest nicht ohne Gedanken an ein Transzendentes.

SPIEGEL: Was meinen Sie damit?

Horkheimer: Erst einmal möchte ich über die Kritiker der Theologie sprechen, die Positivisten also, und deutlich machen, daß sich aus der Position des Positivismus keine moralische Politik ableiten läßt. Wissenschaftlich betrachtet, ist Haß bei aller sozialfunktionellen Differenz nicht schlechter als Liebe. Es gibt keine wissenschaftliche Begründung, warum ich nicht hassen soll, wenn ich mir dadurch in der Gesellschaft keine Nachteile zuziehe. Alles was mit Moral zusammenhängt, geht logisch letzten Endes auf Theologie, jedenfalls nicht auf säkulare Gründe zurück, wie sehr man sich auch bemühen mag, die Theologie behutsam zu fassen.

SPIEGEL: Also auf Gott?

Horkheimer: Zumindest — darin gehe ich mit Kant und Schopenhauer einig — weiß ich, daß die Welt Erscheinung ist. Wie wir sie kennen, ist sie nicht absolut, sondern Ordnungsprodukt unserer intellektuellen Funktion. Jedenfalls ist sie nicht das Letzte.

SPIEGEL: Und was ist das Letzte?

Horkheimer: Religion lehrt, daß es einen allmächtigen und allgütigen Gott gibt. Ein kaum glaubhaftes Dogma angesichts des Grauens, das seit Jahrtausenden auf dieser Erde herrscht!

SPIEGEL: Und?

Horkheimer: Ich würde sagen, man solle Theologie erneuern. Es ist keine Gewißheit, daß es einen allmächtigen Gott gibt. Ja, wir können es nicht einmal glauben angesichts dieser Welt und ihres Grauens.

SPIEGEL: Was bleibt dann?

Horkheimer: Die Sehnsucht.

SPIEGEL: Wonach?

Horkheimer: Sehnsucht danach, daß es bei dem Unrecht, durch das die Welt gekennzeichnet ist, nicht bleiben soll. Daß das Unrecht nicht das letzte Wort sein möge. Diese Sehnsucht gehört zum wirklich denkenden Menschen.

SPIEGEL: Also eine neue Religion?

Horkheimer: Nein, wir können nicht eine neue Religion gründen. Mögen die alten Konfessionen weiter existieren und wirken in dem Eingeständnis, daß sie eine Sehnsucht ausdrücken und nicht ein Dogma.

...

Horkheimer: ... Im übrigen habe ich oft betont, daß richtige Aktivität nicht bloß in der Veränderung, sondern auch in der Erhaltung gewisser kultureller Momente besteht, ja, daß der wahre Konservative dem wahren Revolutionär verwandter ist als dem Faschisten ...

SPIEGEL: Können Sie ein Beispiel für solche erhaltenswerten Momente nennen?

Horkheimer: Wir sprachen schon darüber, daß Theologie, wenn auch in anderer Form, erhaltenswert sei, daß der Liberalismus positive Kräfte hervorgebracht hat, die man bewahren sollte — auch in einer verwalteten Welt ...

SPIEGEL: Warum glauben Sie eigentlich, daß diese Totalverwaltung des Menschen unumgehbar sei?

Horkheimer: Mit der Technik und Wissenschaft hat sich der Mensch die ungeheuren Kräfte der Natur unterworfen. Wenn diese Kräfte nicht zerstörerisch wirken sollen, müssen sie von einer wirklich rationalen Zentralverwaltung in Obhut genommen werden ...

SPIEGEL: Worin sehen Sie die Gefahr?

Horkheimer: ... Ich fürchte ..., daß die Menschen, wenn einmal die verwaltete Welt existiert, ihre Kräfte nicht frei entfalten werden, sondern sich soweit an rationalistische Regeln anpassen, daß sie den Regeln schließlich instinktiv gehorchen ...

SPIEGEL: In der verwalteten Welt wird es also keinen freien Willen geben?

Horkheimer: Eine verbindliche Antwort läßt sich darauf nicht geben. Ich meine nur, die immanente Logik der gegenwärtigen historischen Entwicklung, soweit sie durch Katastrophen nicht unterbrochen wird, weise auf eine solche Aufhebung hin.

...

Horkheimer: Man muß den jungen Menschen mehr als bloß Wissen vermitteln.

SPIEGEL: Sie meinen etwas, was ihm einen Ausweg aus der verwalteten Welt eröffnet?

Horkheimer: So könnte man es sagen.

SPIEGEL: Viele suchen heute schon einen Ausweg im pharmazeutisch produzierten Traum.

Horkheimer: Die Totalverwaltung der Welt wird Rauschmittel, soweit sie der Gesundheit schädlich werden können, abschaffen. Vielleicht wird sie ungefährlichere Mittel einführen, denn die Welt wird ja langweilig sein, und auch die Langeweile muß ja abgeschafft werden.

SPIEGEL: Warum soll die Zukunft langweilig sein?

Horkheimer: Man wird das Theologische abschaffen. Damit verschwindet das, was wir „Sinn" nennen, aus der Welt. Zwar wird Geschäftigkeit herrschen, aber eigentlich sinnlose. Eines Tages wird man auch Philosophie als eine Kinderangelegenheit der Menschheit betrachten. Man wird dem Positivismus sagen, es sei läppisch, über die Beziehungen von Relativem und Transzendenten zu spekulieren.

- *Worin sieht Horkheimer die Gefahr für unsere Zeit?*
- *Welchen Stellenwert hat die „Sehnsucht"?*
- *Beachten Sie den Zusammenhang zwischen dem freien Willen des Menschen und seiner Zukunft!*
- *Vergleichen Sie Text Nr. 45a, b, S. 207 f.; 51, S. 116 f.!*

Erfahrung Gottes — Erfahrung neuen Lebens

„Glauben" könne man nur, wenn man schon einmal „gestorben" sei — diesen Gedanken konkretisiert D. Sölle in einem Fernsehinterview an Erfahrungen im Zusammenhang einer eigenen Lebenskrise und ihrer Verarbeitung:

15

Es fiel mir nicht leicht, über meine Erfahrung „zu sterben" zu sprechen. Dieser Tod war für mich die vollständige Zerstörung eines ersten Lebensentwurfs. Alles, worauf ich gebaut hatte, was ich gehofft, geglaubt und gewollt hatte, war vernichtet. Es ist wahrscheinlich eine ähnliche Erfahrung wie beim Tod eines sehr geliebten Menschen, nur daß in der Geschichte einer Ehe und ihrer Trennung das Moment der Schuld notwendig eine größere Rolle spielt ... Ich habe über drei Jahre gebraucht, nicht um damit „fertigzuwerden", sondern nur, um die mich ständig begleitenden Wunschphantasien des Selbstmords zu überwinden. Sterbenwollen war die einzige Hoffnung, der einzige Gedanke. In dieser

Situation ging ich einmal auf einer Reise durch Belgien in eine dieser spätgotischen Kirchen. Der Ausdruck „beten" kommt mir jetzt falsch vor; ich war ein einziger Schrei. Ich schrie um Hilfe, und darunter konnte ich mir zweierlei vorstellen: daß mein Mann zu mir zurückkehrte oder daß ich stürbe und diese Dauerhinrichtung endlich aufhörte. In dieser Kirche fiel mir, in mein Schreien versunken, ein Wort aus der Bibel ein: „Laß dir an meiner Gnade genügen."

Ich haßte dieses Wort schon lange, es war für mich der Ausdruck einer durch nichts gemilderten Brutalität. Paulus hatte sich die Gesundheit gewünscht, die er für sein Leben und seine Arbeit brauchte, und Gott warf ihn, der mit aufgedecktem Gesicht vor ihm stand und flehte, mit dem Gesicht auf den steinernen Boden. Der über alles mächtige Gott, der für Tausende Gesundheit, langes Leben und Wohlergehen hatte, hatte für Paulus nichts übrig als einen Spruch, der die unerträgliche Realität nicht änderte, sondern festschrieb.

Ich muß damals in der Mitte des Tunnels angekommen gewesen sein. Ich wußte wirklich nicht, was das theologische Wort „Gnade" bedeuten könnte, wenn alle Realität meines Lebens nichts damit zu tun hätte. Aber „Gott" hatte mir gerade diesen Satz „gesagt". Ich kam aus der Kirche und betete von nun an nicht mehr darum, daß mein Mann zu mir zurückkäme. (Sterben zu können, darum habe ich noch lang gebetet.) Ich fing, in der Größe eines Stecknadelkopfes, an zu akzeptieren, daß mein Mann einen anderen, seinen eigenen Weg ging. Ich war am Ende, und Gott hatte den ersten Entwurf zerrissen. Er hatte mich nicht getröstet, wie ein Psychologe, der mir erklärte, daß dies vorauszusehen gewesen sei, er bot mir nicht die gesellschaftlich üblichen Beschwichtigungen an. Er warf mich mit dem Gesicht auf den Boden. Es war nicht einmal der Tod, den ich mir wünschte, geschweige denn das Leben. Es war ein anderer Tod.

Später habe ich gemerkt, daß alle, die glauben, ein wenig hinken, wie Jakob, nachdem er mit dem Engel gekämpft hat. Sie sind schon einmal gestorben. Man kann es niemandem wünschen, aber auch nicht versuchen, es ihm durch Belehrung zu ersparen. Die Erfahrung des Glaubens ist ebensowenig ersetzbar wie die Erfahrung der physischen Liebe. Daß die Gnade tatsächlich „genügt" zum Leben und daß „nichts" uns scheiden kann von der Liebe Gottes, auch der eigene Tod nicht, das sind Erfahrungen, die wir nacherzählen, aber nicht im Plan, im Konstrukt vorwegnehmen können.

(Dorothee Sölle)

16

Das religiöse Bedürfnis ist das Bedürfnis nach erfahrenem Sinn, die Sehnsucht nach versprochener und sichtbar werdender Wahrheit. Religion ist der Versuch, nichts in der Welt als fremd, menschenfeindlich, schicksalhaft, sinnlos anzunehmen, sondern alles, was begegnet, zu verwandeln, es einzubeziehen in die eigene menschliche Welt. Alles soll so gedeutet werden, daß es „für uns" wird. Alles Starre soll biegsam, alles Zufällige notwendig, alles sinnlos Scheinende als wahr und gut geglaubt und gedacht werden. Religion ist der Versuch, keinen Nihilismus zu dulden und eine unendliche (endlich nicht widerlegbare) Bejahung des Lebens zu leben.

In Variation eines Satzes von Freud: „Wo Es war, soll Ich werden" läßt sich sagen: Wo die Fremde, der Zufall und das Nichts waren, soll Heimat, Identität und Gott sein. Das Wort „Gott" bedeutet dann nicht mehr eine in einer zweiten Welt beheimatete Übermacht, die von außen in unsere Welt eingriffe. Es bedeutet nicht mehr einen zweiten Raum, den Himmel, eine zweite Zeit, nach dem Tode, eine zweite Art von einem unsterblichen allmächtigen Wesen, das uns als Person gegenübersteht. Wohl aber benötigen wir das Wort „Gott", um die noch nicht erreichte Totalität unserer Welt, die noch nicht erschienene Wahrheit unseres Lebens auszudrücken. In diesem Sinn läßt sich sagen, daß jeder Mensch die Frage, ob er an einen Gott oder an das Nichts, an den Sinn seines Lebens oder an die absolute Sinnlosigkeit glaubt, immer schon in seinem Leben entschieden hat.

(Dorothee Sölle)

Weiterführende Literatur:

Daecke, S. M., *Der Mythos vom Tode Gottes*, Furche TB 87, Hamburg 1969
Zahrnt, H., Gott kann nicht sterben, dtv 957
Pöhlmann, H. G., *Der Atheismus oder der Streit um Gott*, GTB 218, Gütersloh 1978
Horkheimer, M., *Die Sehnsucht nach dem ganz Anderen*, Ein Interview mit Kommentar von H. Gumnior, Furche TB 97, Hamburg ^{3}1975

Nach Markus 15, 34 bzw. Matthäus 27, 46 spricht Jesus am Kreuz kurz vor seinem Tod den Anfangsvers des 22. Psalms.
Damit deutet die christliche Gemeinde nicht nur ihre Verbundenheit und die Verbundenheit Jesu mit dem AT an, sondern verweist auch auf eine jüdische Praxis: Wenn der Anfang zitiert wird, ist das ganze gemeint, d. h. für Jesus wird der gesamte Psalm 22 am Kreuz in Anspruch genommen.

17

2 Mein
Gott,
mein
Gott,
warum[1]
hast
du
mich
verlassen?
Ich schreie, aber meine Hilfe ist ferne.
3 Mein Gott, des Tages rufe ich, doch antwortest du nicht, und des Nachts, doch ich finde keine Ruhe.
7 Ich aber bin ein Wurm und kein Mensch, ein Spott der Leute und verachtet vom Volke.
8 Alle, die mich sehen, verspotten mich, sperren das Maul auf und schütteln den Kopf:
9 „Er klage es dem Herrn, der helfe ihm heraus und rette ihn, hat er Gefallen an ihm."
15 Ich bin ausgeschüttet wie Wasser, alle meine Knochen haben sich voneinander gelöst; mein Herz ist in meinem Leibe wie zerschmolzenes Wachs.
16 Meine Kräfte sind vertrocknet wie eine Scherbe, und meine Zunge klebt mir am Gaumen, und du legst mich in des Todes Staub.
17 Denn Hunde haben mich umgeben, und der Bösen Rotte hat mich umringt; sie haben meine Hände und Füße durchgraben.
18 Ich kann alle meine Knochen zählen; sie aber schauen zu und sehen auf mich herab.
19 Sie teilen meine Kleider unter sich und werfen das Los um mein Gewand.
20 Aber du, Herr, sei nicht ferne; meine Stärke, eile mir zu helfen!
21 Errette meine Seele vom Schwert, mein Leben von den Hunden!
22 Hilf mir aus dem Rachen des Löwen und vor den Hörnern wilder Stiere –
du
hast
mich
erhört!
23 Ich will deinen Namen kundtun meinen Brüdern, ich will dich in der Gemeinde rühmen.
26 Dich will ich preisen in der großen Gemeinde, ich will meine Gelübde erfüllen vor denen, die ihn fürchten.
27 Die Elenden sollen essen, daß sie satt werden; und die nach dem Herrn fragen, werden ihn preisen; euer Herz soll ewiglich leben.
30 Ihn allein werden anbeten alle, die in der Erde schlafen; vor ihm werden die Knie beugen alle, die zum Staub hinabfuhren und ihr Leben nicht erhalten konnten.
31 Er wird Nachkommen haben, die ihm dienen; vom Herrn wird man verkündigen Kind und Kindeskind.
32 Sie werden kommen und seine Gerechtigkeit predigen dem Volk, das noch geboren wird. Denn er hat's getan.

(Aus Psalm 22; Luther)

1 genaue Übersetzung: Wozu hast du mich verlassen?

Welche Erfahrungen (Gottes) kommen in Psalm 22 und in seiner Aktualisierung durch E. Cardenal (Text 18) zur Sprache?

18

Mein Gott, mein Gott — warum hast du mich verlassen?
Ich bin zur Karikatur geworden,
das Volk verachtet mich.
Man spottet über mich in allen Zeitungen.

Panzerwagen umgeben mich,
Maschinengewehre zielen auf mich,
elektrisch geladener Stacheldraht schließt mich ein.
Jeden Tag werde ich aufgerufen,
man hat mir eine Nummer eingebrannt
und mich hinter Drahtverhauen fotografiert.
Meine Knochen kann man zählen wie auf einem Röntgenbild,
alle Papiere wurden mir weggenommen.

Nackt brachte man mich in die Gaskammer,
und man teilte meine Kleider und Schuhe unter sich.
Ich schreie nach Morphium, und niemand hört mich.
Ich schreie in den Fesseln der Zwangsjacke,
im Irrenhaus schreie ich die ganze Nacht,
im Saal der unheilbar Kranken,
in der Seuchenabteilung und im Altersheim.
In der psychiatrischen Klinik ringe ich schweißgebadet mit dem Tod.
Ich ersticke mitten im Sauerstoffzelt.
Ich weine auf der Polizeistation,
im Hof des Zuchthauses,
in der Folterkammer
und im Waisenhaus.
Ich bin radioaktiv verseucht,
man meidet mich aus Furcht vor Infektion.

Aber ich werde meinen Brüdern von Dir erzählen.
Auf unseren Versammlungen werde ich dich rühmen.
Inmitten eines großen Volkes werden meine Hymnen angestimmt.
Die Armen werden ein Festmahl halten.
Das Volk, das noch geboren wird,
unser Volk,
wird ein großes Fest feiern.

(Nach Psalm 22; Ernesto Cardenal)

Gott sieht in Gedanken den zu erschaffenden Menschen. Chartres, Kathedrale, 13. Jhd.

- *Welches anthropologische Verständnis dokumentiert sich in diesem Relief? Beachten Sie bei der Interpretation den Heiligenschein Gottes, der die Kreuzesform zeigt!*

19

Herr, du siehst in mein Herz
und kennst mich.
Ich sitze oder stehe – du weißt es.
Du kennst meine geheimsten Gedanken.
Ich gehe oder liege – du siehst es.
Mit allen meinen Wegen bist du vertraut.
Ich rede kein Wort,
ja ich denke es noch nicht einmal,
das du nicht hörtest.

Du hältst mich von allen Seiten umschlossen,
von ober her liegt deine Hand auf mir.
Das ist wunderbar, zu unbegreiflich,
zu hoch für meine Gedanken.

Wohin soll ich gehen, wenn du um mich bist?
Wohin soll ich fliehen, wenn du mich ansiehst?

Stiege ich hinauf in den Himmel,
so wärest du da.
Machte ich mir ein Bett in der Welt der Toten,
so wärest du auch dort.

Flöge ich über den Himmel,
wie die roten Schleier der Morgenröte
über den Himmel wehen –
und flüchtete mich hinter das letzte Meer,
wie die Morgenröte vor der Sonne flieht,
so würde mich deine Hand dort finden
und deine Rechte mich packen.

Sagte ich: Finsternis soll mich verhüllen,
und statt des Tages soll Nacht um mich sein –
so wäre auch die Finsternis nicht finster für dich.
Die Nacht würde leuchten,
hell wie der Tag.

(Ps. 139, 1–12; Zink)

20

Herr, ich werfe meine Freude wie Vögel an den Himmel.
Die Nacht ist verflattert, und ich freue mich am Licht.
So ein Tag, Herr, so ein Tag!

Deine Sonne hat den Tau weggebrannt
vom Gras und von unserem Herzen.
Was da aus uns kommt, was da um uns ist
an diesem Morgen, das ist Dank. ...

Herr, ich bin fröhlich heute am Morgen.
Die Vögel und die Engel singen, und ich jubiliere auch,
Das All und unsere Herzen sind offen für deine Gnade.
Ich fühle meinen Körper und danke.
Die Sonne brennt meine Haut, ich danke.
Das Meer rollt gegen den Strand, ich danke.
Die Gischt klatscht gegen unser Haus, ich danke.

Herr, ich freue mich an der Schöpfung,
und daß du dahinter bist und daneben
und davor und darüber und in uns. ...

Ich freue mich, Herr,
ich freue mich und freue mich.
Die Psalmen singen von deiner Liebe,
die Propheten verkündigen sie.
Und wir erfahren sie:
Weihnachten, Ostern, Pfingsten und Himmelfahrt,
ist jeder Tag in deiner Gnade.

Herr, ich werfe den Tag wie Vögel an den Himmel.
Ein neuer Tag, der glitzert und knistert,
knallt und jubiliert von deiner Liebe.
Jeden Tag machst du. Halleluja, Herr.
(aus Westafrika; Fritz Pawelzik)

21

Wenn wir die Zeiten in unserem Leben zusammenrechnen, von denen wir wirklich sagen können, daß wir in ihnen *gelebt* haben — wohlgemerkt: gelebt und nicht nur vegetiert —, dann kommen wir insgesamt wahrscheinlich nur auf eine kurze Zeitspanne, vielleicht nur auf einige Monate, Wochen oder gar nur Tage. Alles andere war nur Bereitstellung, Routine oder Alltag. Und wenn wir dann noch einmal nachfragen, was das für Zeiten waren, in denen wir so „gelebt" haben, dann werden wir feststellen, daß es meistens solche Zeiten gewesen sind, in denen wir gar nicht bewußt etwas geleistet haben, sondern in denen es gleichsam „über uns kam" und wir das Gefühl hatten: Nicht wir haben das jetzt getan, sondern es war eine Kraft da, die uns erfüllte. Wie wir diese Kraft nennen wollen, ob Gott, Geist oder Liebe, oder ob wir ihr zunächst auch gar keinen Namen geben wollen, das ist vorerst nicht wichtig. Wichtig allein ist die Erfahrung, daß diese Kraft da ist und wir uns ihr öffnen ...

Der Glaube an Gott den Schöpfer und Erhalter der Welt beginnt ... nicht mit der Nacherzählung des biblischen Schöpfungsberichtes, sondern mit Hinweis auf das eigene, unmittelbare Erleben einer „schlechthinnigen Abhängigkeit", mit der Aufdekkung der auf dem Grund allen Lebens ruhenden Erfahrung, daß der Mensch nicht „Macher", sondern „Empfänger" seines Lebens ist, daß er sich samt seiner Welt nicht selbst gesetzt hat, sondern sich einem anderen verdankt ... Der Mensch kann nur fragen, weil er schon Antworten erhalten hat; er kann nur sprechen, weil sich ihm die Welt in der Sprache darbietet; er kann nur denken, weil sich ihm in der Vernunft das Sein vernehmbar macht — und ... er kann nur leben, weil ihm Zeit „gereicht" wird ...

(Heinz Zahrnt)

- *„Der Mensch kann nur fragen, weil er schon Antworten erhalten hat; ..." Überprüfen Sie die These Zahrnts, daß derartige Antworten durch Erfahrung vermittelt sein können, indem Sie mögliche Erfahrungen nennen und die daraus entspringenden Antworten und Fragen formulieren!*

Biblisches Reden von Gott

Theologie als „Reden von Gott" hat kein ein für allemal „richtiges", vorformuliertes, abgeschlossenes Gottesverständnis. Ihr Gegenstand ist nicht objektivierbar, nicht verfügbar. Der Grund liegt in der „Sache" selbst: Theologie ist zum einen menschliches — d. h. in sich wandelnde, geschichtliche Situationen eingebundenes, be-dingtes — Reden von Gott. Als solches trägt es an dem Paradox, daß etwas dem Menschen Unverfügbares in Strukturen menschlichen Denkens nachgezeichnet und nacherzählt wird. — Andererseits: dem Reden des Menschen geht das „Sprechen" Gottes zum Menschen voraus. Der sich offenbarende, sich anredbar machende Gott geht als authentischer Partner in die Geschichte — eine Geschichte *zwischen* Partnern — ein, und wandelt sich in ihr.
So ist auch das Reden Gottes als Voraussetzung des Redens von Gott Grund für dessen Vielstimmigkeit und für das sich stets wandelnde Gespräch der Theologie über Gott.

- *Charakterisieren Sie die in den folgenden Texten alt- und neutestamentlicher Tradition erkennbaren Gottesvorstellungen.*
- *„Wandlungen Gottes" — Wie läßt sich diese Formulierung Ernst Barlachs aus einem Vergleich der Texte belegen und konkretisieren?*

Begegnungen mit Gott

22

Orientierende Hinweise:

Der in der Geschichte von der Berufung des Mose um seinen Namen gebetene Gott (nach antiker Anschauung enthält der Name eine Aussage über das Wesen seines Trägers) teilt nicht mit, wie er *ist*, sondern *wie er sich Israel erweisen wird:* „Ich werde (für euch) dasein, wirksam sein".
Der Hinweis auf die Vätergötter (V. 13.15) verknüpft die neue Offenbarung mit älteren Traditionen: Jahwe steht in der Kontinuität der Familien- und Sippengötter. Er ist nicht an einen bestimmten Ort oder an eine spezifische Funktion gebunden und geht ein personales Verhältnis zu einer Menschengruppe ein.

1 Mose aber hütete die Schafe seines Schwiegervaters Jethro, des Priesters der Midianiter. Einst trieb er die Schafe über die Steppe hinaus und kam

an den Gottesberg, den Horeb. 2 Und der
Engel des Herrn erschien ihm in einer Feuerflam-
me, die aus dem Dornbusch hervorschlug. Und als
er hinsah, siehe, da brannte der Busch im Feuer,
aber der Busch ward nicht verzehrt. 3 Da
dachte Mose: Ich will doch hinübergehen und diese
wunderbare Erscheinung ansehen, warum der
Dornbusch nicht verbrennt. 4 Und der Herr
sah, dass er herüberkam, um nachzusehen. Und
Gott rief ihm aus dem Dornbusch zu: Mose!
Mose! Er antwortete: Hier bin ich. 5 Da
sprach er: Tritt nicht heran! Ziehe die Schuhe von
den Füssen; denn die Stätte, darauf du stehst, ist
heiliges Land. 6 Dann sprach er: Ich bin der
Gott deines Vaters, der Gott Abrahams, der Gott
Isaaks und der Gott Jakobs. Da verhüllte Mose
sein Antlitz; denn er fürchtete sich, Gott anzu-
schauen. 7 Und der Herr sprach: Ich habe
das Elend meines Volkes in Aegypten wohl gese-
hen, und ihr Schreien über ihre Treiber habe ich ge-
hört; ja ich kenne ihre Leiden. 8 Darum bin
ich herniedergestiegen, sie aus der Gewalt der
Aegypter zu erretten und sie aus jenem Lande hin-
auszuführen in ein schönes, weites Land, in ein
Land, wo Milch und Honig fliesst, in das Gebiet der
Kanaaniter, Hethiter, Amoriter, Pheresiter, Hewiter
und Jebusiter. 9 Nun ist das Schreien der
Israeliten zu mir gedrungen, ich habe auch gesehen,
wie hart die Aegypter sie bedrücken. 10 Wohl-
an, so will ich dich denn zum Pharao senden, dass
du mein Volk, die Israeliten, aus Aegypten führest.
11 Mose aber sprach zu Gott: Wer bin ich,
dass ich zum Pharao gehen und die Israeliten aus
Aegypten führen sollte? 12 Er sprach: Ich
werde mit dir sein; und dies sei dir das Zeichen,
dass ich es bin, der dich gesandt hat: wenn du das
Volk aus Aegypten führst, werdet ihr an diesem
Berge Gott verehren. 13 Da sprach Mose zu
Gott: Siehe, wenn ich nun zu den Israeliten komme
und ihnen sage: „Der Gott eurer Väter hat mich zu
euch gesandt", und wenn sie mich fragen: „Welches
ist sein Name?" — was soll ich ihnen dann ant-
worten? 14 Gott sprach zu Mose: „Ich bin,
der ich bin." Und er fuhr fort: So sollst du zu den
Israeliten sagen: Der „Ich bin" hat mich zu euch
gesandt. 15 Und Gott sprach weiter zu Mose:
So sollst du zu den Israeliten sagen: „Jahwe, der
Gott eurer Väter, der Gott Abrahams, der Gott
Isaaks und der Gott Jakobs, hat mich zu euch
gesandt." Das ist mein Name ewiglich, und so will
ich angerufen sein von Geschlecht zu Geschlecht.

(2. Mose 3, 1—15; Zürcher)

- *Welche Wesenszüge Gottes werden in der Begegnung mit Mose sichtbar?*
- *Was folgt daraus für Israels Jahweglauben?*

23

Orientierende Hinweise:

Die vorliegende Geschichte ist vermutlich im 10. Jahrhundert v. Chr. entstanden. In ihr nimmt der Jahwist (Sammler und Redaktor älterer Einzelüberlieferungen, z. Z. Salomos; bevorzugt als Gottesnamen „Jahwe") — ältere Traditionen aktualisierend — zu einem Problem Stellung, das sich aus sich aus der Großreichbildung unter David und dann verschärft unter Salomo ergab: begünstigt durch die allgemeine politische Lage im vorderen Orient und aufgrund einer klugen Militärpolitik hatte David seine Stellung im Innern stabilisieren und durch Annexion einen Großteil Syrien-Palästinas in seine Gewalt bringen können. Salomos Zeit zeichnete sich durch eine kulturelle Blüte aus (Geschichtsschreibung, Bautätigkeit), aber ebenso durch eine Feudalherrschaft mit Tausenden von Fronsklaven und einer rigiden Tributpflicht der Israelstämme an den Königshof zur Unterhaltung der Flotten, Garnisonen, Erzbergwerke, Paläste und Tempel. — In diese spannungsreiche Situation spricht der Jahwist erinnernd und ein neues Kerygma verkündigend die Geschichte von der Berufung des Repräsentanten Israels.

1 Und der Herr sprach zu Abram: Ziehe hinweg
aus deinem Vaterlande und aus deiner Verwandt-
schaft und aus deines Vaters Hause in das Land,
das ich dir zeigen werde; 2 so will ich dich zu
einem grossen Volke machen und dich segnen und
deinen Namen berühmt machen, dass er zum
Segensworte wird. 3 Segnen will ich, die dich
segnen, und wer dir flucht, den will ich verfluchen;
und mit deinem Namen werden sich Segen wün-
schen alle Geschlechter der Erde. 4 Da zog
Abram hin, wie ihm der Herr geboten hatte, und
Lot zog mit ihm.

(1. Mose 12, 1—4a; Zürcher)

- *Analysieren Sie den Aufbau des Jahwewortes an Abraham!*
- *Welche Bedeutung kommt in diesem Zusammenhang dem Wort „Segen" zu?*
- *Welche kritischen Anfragen ergeben sich aus dem Text an die zeitgenössische Situation Israels?*

Gottes Verheißung an Abraham, Walter Habdank, 1960

24

22 Noch in der Nacht stand er dann auf, nahm
seine beiden Frauen und seine beiden Mägde und
seine elf Söhne und ging über die Furt des Jabbok.
23 Er nahm sie und führte sie über den Fluss;
auch all seine Habe brachte er hinüber.
24 Jakob aber blieb allein zurück. Da rang ein
Mann mit ihm, bis die Morgenröte anbrach.
25 Als der sah, dass er ihn nicht zu überwäl-
tigen vermochte, schlug er ihn auf das Hüft-
gelenk. Und Jakobs Hüftgelenk wurde verrenkt,
als er mit ihm rang. 26 Und er sprach: Lass
mich los; die Morgenröte bricht an. Aber er
antwortete: Ich lasse dich nicht, du segnest mich
denn. 27 Er sprach zu ihm: Wie heissest du?
Er antwortete: Jakob. 28 Da sprach er: Du
sollst nicht mehr Jakob heissen, sondern Israel
[d. i. Gottesstreiter]. Denn du hast mit Gott und
mit Menschen gestritten und hast obgesiegt.
29 Und Jakob fragte ihn: Sag an, wie heis-
sest du? Er aber sprach: Warum fragst du, wie ich
heisse? Und er segnete ihn daselbst. 30 Und
Jakob nannte die Stätte Pniel [d. i. Angesicht
Gottes]; denn [sagte er] ich habe Gott von Ange-
sicht zu Angesicht geschaut und bin am Leben
geblieben. 31 Und als er an Pniel vorüber war,
ging die Sonne auf; er hinkte aber an der Hüfte.
32 Daher essen die Israeliten bis auf den heuti-
gen Tag den Muskelstrang nicht, der auf dem Hüft-
gelenk liegt, weil er Jakob auf das Hüftgelenk
schlug, auf den Muskelstrang.

(1. Mose 32, 22—32; Zürcher)

Orientierende Hinweise:

In dieser Sage sind verschiedene Traditionsschichten ineinander verwoben:

a) Die älteste rekonstruierbare Überlieferung berichtet von einem Flußdämon, der in der Nacht an einer Furt einen Passanten überfällt; bis zum Morgengrauen aber muß der Geist in den Strom zurück, weil ihn sonst das Sonnenlicht tötet. Der Mensch gewinnt und überlebt, indem er das Ringen auf Leben und Tod bis zum Morgen aushält.

b) Wie der Name Pni-el („Angesicht Els") erkennen läßt, wird der Flußdämon mit dem Gott El identifiziert.

c) Im *israelitischen* Stadium wird Jakob anstelle des Unbekannten zum Helden der Geschichte; sein Name wird durch „Isra-el" (eigentlich „Gott streitet", hier: „Streiter mit Gott") ersetzt. — Durch die Übertragung der Handlung auf Jakob tritt der ehemalige Flußdämon bzw. die kanaanäische Gottheit El in Verhältnis zu Jahwe.

d) Eine nochmalige Aspektverschiebung ergibt sich durch den Einbau der Sage in den größeren Zusammenhang der Genesis: Jakob kehrt — an Familie, Hab und Gut reich gesegnet — aus der Fremde zurück und gerät unmittelbar vor der Heimkehr in eine Gefahr, die den erfahrenen Segen wieder zunichte zu machen droht. Das ist die uns vorliegende Traditionsschicht.

- *Charakterisieren Sie das Verhältnis zwischen Gott und Jakob!*
- *Welche menschlichen Erfahrungen spiegeln sich im Ergebnis des Ringens mit Gott?*

25

27 Und Gott schuf den Menschen nach seinem Bilde, nach dem Bilde Gottes schuf er ihn; als Mann und Weib schuf er sie.

(1. Mose 1, 27; Zürcher)

26

4 Du sollst dir kein Gottesbild machen, keinerlei Abbild, weder dessen, was oben im Himmel, noch dessen, was unten auf Erden, noch dessen, was in

den Wassern unter der Erde ist; 5 du sollst sie
nicht anbeten und ihnen nicht dienen; denn ich, der
Herr, dein Gott, bin ein eifersüchtiger Gott, der die
Schuld der Väter heimsucht bis ins dritte und vierte
Geschlecht an den Kindern derer, die mich hassen,
6 der aber Gnade übt bis ins tausendste Ge-
schlecht an den Kindern derer, die mich lieben und
meine Gebote halten.

(2. Mose 20, 4—6; Zürcher)

27

18 Er aber sprach: Lass mich doch deine Herr-
lichkeit schauen! 19 Und er antwortete: Ich
will all meine Pracht vor deinem Angesicht vor-
übergehen lassen und will den Namen des Herrn
vor dir ausrufen: wem ich gnädig bin, dem bin ich
gnädig, und wessen ich mich erbarme, dessen erbar-
me ich mich. 20 Dann sprach er: Du kannst
mein Angesicht nicht schauen, denn kein Mensch
bleibt am Leben, der mich schaut. 21 Und der
Herr sprach: Siehe, da ist Raum neben mir; tritt
auf den Felsen. 22 Wenn nun meine Herrlich-
keit vorübergeht, will ich dich in eine Kluft des Fel-
sens stellen und meine Hand schützend über dich
breiten, bis ich vorüber bin. 23 Und wenn ich
dann meine Hand weghebe, darfst du mir nach-
schauen, aber mein Angesicht kann niemand sehen.

(2. Mose 33, 18—23; Zürcher)

28

Orientierende Hinweise:

Dieses Gebet bei der Ablieferung der Erstlingsfrüchte des Feldes am Altar (vermutlich aus der Richterzeit — um 1100 v. Chr.) faßt — als wohl ältestes uns greifbares Bekenntnis — die Hauptdaten der Heilsgeschichte von der Väterzeit bis zur Landnahme zusammen. Herausführung aus Ägypten (Exodus) wird als Israels Glauben konstituierendes Grundthema immer wieder variiert und aktualisiert: der gesamte Pentateuch (die fünf Bücher Mose), aber ebenso Psalmen und Propheten interpretieren dieses Thema stets aufs Neue.

5 „Ein umherirrender Aramäer war mein Vater;
der zog hinab mit wenig Leuten nach Aegypten und
blieb daselbst als Fremdling und ward daselbst
zu einem grossen, starken und zahlreichen Volke.
6 Aber die Aegypter misshandelten uns und be-
drückten uns und legten uns harte Arbeit auf.
7 Da schrieen wir zu dem Herrn, dem Gott
unsrer Väter, und der Herr erhörte uns und sah
unser Elend, unsre Mühsal und Bedrückung;
8 und der Herr führte uns heraus aus Aegypten
mit starker Hand und ausgerecktem Arm, unter
grossen Schrecknissen, unter Zeichen und Wun-
dern, 9 und brachte uns an diesen Ort und gab
uns dieses Land, ein Land, das von Milch und
Honig fliesst.

(5. Mose 26, 5—9; Zürcher)

29

1 In dem Jahre, da der König Usia starb, sah
ich den Herrn auf einem hohen und erhabenen
Throne sitzen, und seine Säume füllten den Tempel.
2 Saraphe standen über ihm; ein jeder hatte
sechs Flügel: mit zweien bedeckte er sein Ange-
sicht, mit zweien bedeckte er seine Füsse, und mit
zweien flog er. 3 Und einer rief dem andern zu
und sprach: Heilig, heilig, heilig ist der Herr der
Heerscharen! Die ganze Erde ist seiner Herrlichkeit
voll! 4 Da erbebten die Grundlagen der
Schwellen von der Stimme des Rufenden, und das
Haus ward voll von Rauch. 5 Da sprach ich:
Wehe mir! ich bin verloren! denn ich bin ein
Mensch mit unreinen Lippen und wohne unter
einem Volke mit unreinen Lippen — und habe den
König, den Herrn der Heerscharen, mit meinen
Augen gesehen. 6 Da flog einer der Saraphe
zu mir her, einen glühenden Stein in der Hand, den
er mit der Zange vom Altar genommen. 7 Und
er berührte damit meinen Mund und sprach: Siehe,
das hat deine Lippen berührt, und deine Schuld ist
gewichen und deine Sünde gesühnt. 8 Da hörte
ich die Stimme des Herrn, der sprach: Wen soll ich
senden? wer wird uns gehen? Ich sprach: Ich will's,
sende mich! 9 Und er sprach: Gehe und sprich
zu diesem Volke: Höret immerfort, doch verstehet
nicht, und sehet immerfort, doch erkennet nicht!
10 Verstocke das Herz dieses Volkes, mache
taub seine Ohren und blind seine Augen, dass es
mit seinen Augen nicht sehe und mit seinen Ohren
nicht höre, dass nicht sein Herz einsichtig werde
und man es wieder heile. 11 Da sprach ich:
Wie lange, o Herr? Und er antwortete: Bis dass die
Städte öde liegen ohne Bewohner und die Häuser
ohne Menschen und das Fruchtland nur noch
Wüste ist 12 und der Herr die Menschen weit
hinwegführt und die Verödung gross wird inmitten
des Landes. 13 Und ist noch ein Zehntel darin,
so wird es wiederum vertilgt wie bei der Terebinthe

und der Eiche, von denen beim Fällen noch ein Stumpf bleibt. Ein heiliger Same ist sein Stumpf.

(Jesaja 6, 1—13; Zürcher)

- *Was wird vom Wesen Jahwes sichtbar?*
- *Wie wird die Beziehung zwischen Gott und Prophet charakterisiert?*
- *Welche Bedeutung hat die Begegnung mit Jahwes Heiligkeit für die Selbsterkenntnis des Menschen?*
- *Ziehen Sie vergleichend andere Berufungsgeschichten heran (2. Mose 3, 1 ff.; Galater 1, bes. V. 15 ff.; Apostelgeschichte 9, 1 ff.)!*

30

Orientierende Hinweise

Der vorliegende Text ist in der vergleichsweise ruhigen Zeit zwischen syrisch-ephraimitischem Krieg (735/734 v. Chr.) und der Eroberung Samarias durch die Assyrer (721 v. Chr. — Ende der Existenz des Staates Israel) anzusiedeln.
— er erinnert an die vergangene Geschichte Jahwes mit Israel: Exodus-, Wüsten- und Landnahmetraditionen
— er sagt — als Folge der Untreue Israels — das Gericht, Rückkehr in die Nullpunktsituation der Wüstenzeit, aber auch einen neuen Anfang (Landnahme) an, wobei er das neue Heilsgeschehen typologisch im alten vorgebildet sieht.

1 Als Israel jung war, gewann ich es lieb; aus
Aegypten rief ich meinen Sohn. 2 Je mehr ich
sie rief, desto mehr gingen sie von mir hinweg. Sie
opfern den Baalen und räuchern den Bildern;
3 und ich war es doch, der Ephraim gehen ge-
lehrt, der sie auf die Arme genommen. Aber sie
wollten nicht erkennen, dass ich sie heilte, 4 sie
an mich zog mit Banden der Huld, mit Seilen der
Liebe. Da wurde ich ihnen wie einer, der sie auf den
Backen schlug; ich wandte mich wider sie und über-
wältigte sie. 5 Sie müssen zurück ins Land
Aegypten, und Assur wird ihr König sein; denn sie
weigern sich umzukehren. 6 Das Schwert wird
wüten in ihren Städten und fressen in ihren Burgen.
7 . . .
8 Wie könnte ich dich preisgeben, Ephraim, dich
ausliefern, Israel? Wie könnte ich dich preisgeben
gleich Adma, dich machen wie Zeboim? Mein Herz
kehrt sich um in mir, all mein Mitleid ist entbrannt.
9 Ich will meinen glühenden Zorn nicht voll-
strecken, will Ephraim nicht wieder verderben.
Denn Gott bin ich, und nicht ein Mensch, heilig in
deiner Mitte, doch nicht ein Vertilger.
10 Dem Herrn werden sie folgen, wenn er brüllt
wie ein Löwe. Ja, er wird brüllen, und die Kinder
eilen zitternd herzu vom Meer her, 11 wie
Vögel eilen sie zitternd herzu aus Aegypten, wie
Tauben aus dem Lande Assyrien; und ich will sie
zurückbringen zu ihren Häusern, spricht der Herr.

(Hosea, 11, 1—11; Zürcher)

- *In welcher Weise verknüpft der Prophet das Geschehen seiner Zeit mit Ereignissen der Heilsgeschichte?*
- *Was verkündet er als neues Heilsgeschehen?*

Erfahrung Gottes im Leiden

Im fiktiven Lande Uz lebt ein frommer, gottesfürchtiger Mann mit Namen Hiob in Glück und märchenhaftem Reichtum. Als während eines himmlischen Audienztages Zweifel an der Uneigennützigkeit von Hiobs Frömmigkeit geäußert werden, läßt Jahwe zu, daß dessen Treueverhältnis auf die Probe gestellt und der unschuldige Mann durch Unglück und Krankheit bis aufs äußerste gequält wird.
In dieser Situation, deren himmlische Vorgeschichte Hiob nicht kennt, entwickelt sich zwischen ihm und den Freunden Eliphas, Bildad und Zophar, die kommen, um ihn zu trösten, ein Gespräch, das Hiobs Leiden auf dem Hintergrund eines unterschiedlichen Gottesverständnisses zu deuten versucht.

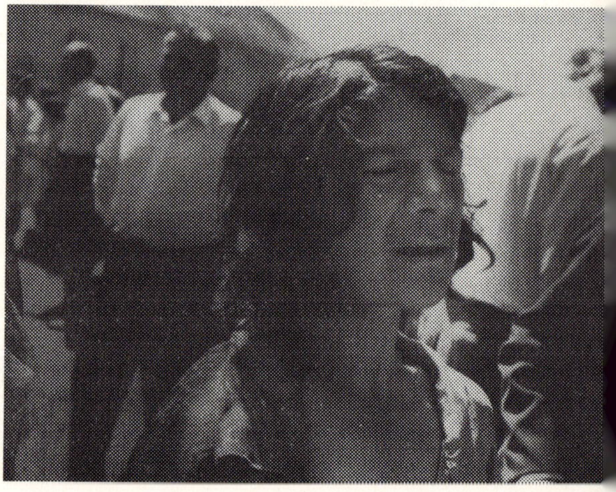

Hiob:

31

5 Oder wollt ihr wider mich grosstun
und mich zurechtweisen
durch Beschimpfung?
6 Erkennet doch,
daß Gott mein Recht gebeugt
und mich mit seinem Netz
umfangen hat.
7 Seht, ich schreie: Gewalt!
und bekomme nicht Antwort,
ich rufe um Hilfe und finde kein Recht.
8 Meinen Weg hat er verbaut,
ich kann nicht weiter,
auf meine Pfade legt er Finsternis.
9 Meiner Ehre hat er mich entkleidet
und die Krone mir
vom Haupt genommen.
10 Er brach mich nieder um und um,
und ich fahre dahin,
er riss meine Hoffnung aus
wie einen Baum.
11 Sein Zorn ist wider mich entbrannt,
und er achtete mich für seinen Feind.

(Hiob 19, 5—11; Zürcher)

32

1 Und wieder hob Hiob an mit
seinem Spruch und sprach:
2 So wahr Gott lebt,
der mir mein Recht genommen,
und der Allmächtige,
der meine Seele betrübt hat:
3 Fürwahr, solange noch
mein Odem in mir ist
und Gottes Hauch
in meiner Nase,
4 wird kein Unrecht
von meinen Lippen kommen,
und meine Zunge
wird nicht Trug reden.
5 Ferne sei es von mir,
dass ich euch Recht gebe;
bis ich verscheide,
beharre ich auf meiner Unschuld.
6 An meiner Gerechtigkeit halte ich fest
und lasse sie nicht;
mein Gewissen
schilt keinen meiner Tage.

(Hiob 27, 1—6; Zürcher)

- *Wie reagiert Hiob auf sein Leiden?*
- *Welche Gottesvorstellungen Hiobs lassen sich erkennen?*

Hiobs Freunde:

33

7 Besinne dich doch:
wer verdarb je unschuldig,
wo wurden Gerechte vernichtet?
8 Soviel ich gesehen:
Die Unrecht pflügen
und Unheil säen, die ernten es auch.
9 Durch Gottes Odem verderben sie,
vom Hauch seines Zornes
schwinden sie hin.

(Hiob 4, 7—9; Zürcher)

34

21 Befreunde dich doch mit ihm
und halte Frieden.
Dadurch kommt Segen über dich.
22 Nimm doch Belehrung an
aus seinem Munde,
und lege seine Worte in dein Herz.
23 Wenn du dich zum Allmächtigen
bekehrst in Demut,
das Unrecht fernhältst deinem Zelte,
24 wenn du das Golderz
in den Staub legst
und zum Gestein der Bäche
das Ophirgold,
25 wenn der Allmächtige
dein Golderz wird
und dir als Silber
seine Weisung gilt,
26 ja, dann wirst du dich
am Allmächtigen erfreuen
und dein Angesicht zu Gott erheben.
27 Du wirst ihn bitten,
er wird dich erhören,
und du wirst deine Gelübde bezahlen.

(Hiob 22, 21—27; Zürcher)

35

5 Siehe, Gott verwirft den Trotzigen,
6 er läßt den Gottlosen nicht am Leben,
aber dem Elenden schafft er Recht;
7 er wendet seine Augen nicht
von dem Gerechten,
und mit Königen auf dem Thron
läßt er sie immerdar sitzen,
und sie werden erhöht;
8 und wenn sie in Ketten gefesselt sind,
in Banden des Elends gefangen werden,
9 so hält er ihnen vor ihr Tun
und ihre Vergehen,
daß sie sich überhoben.
10 Er öffnet ihr Ohr der Zurechtweisung
und befiehlt ihnen,
vom Frevel zu lassen.
11 Gehorchen sie und unterwerfen sich,
so verbringen sie all ihre Tage in Glück
und ihre Jahre in Wonnen.
12 Gehorchen sie nicht,
so rafft sie das Geschoss dahin,
und sie scheiden ab in Unverstand.

(Hiob 36, 5—12; Zürcher)

- *Mit welchen Argumenten versuchen die Freunde, Hiob zu trösten?*
- *Welche Gottesvorstellungen liegen ihrer Argumentation zugrunde?*

Hiob

36

18 O Erde, decke mein Blut nicht zu,
mein Schreien finde keine Ruhstatt!
19 Schon jetzt, siehe,
lebt im Himmel mir ein Zeuge,
mir ein Mitwisser in der Höhe.
20 Es spotten meiner meine Freunde;
zu Gott blickt tränend auf mein Auge,
21 dass er Recht schaffe
dem Manne gegen Gott,
dem Menschen gegen seinen Freund!

(Hiob 16, 18—21; Zürcher)

37

25 Ich aber weiss: mein Anwalt lebt,
und ein Vertreter ersteht (mir)
über dem Staube.
26 Selbst wenn die Haut an mir zerschlagen ist,
mein Fleisch geschwunden,
werde ich Gott schauen,
27 ja ich, ich werde ihn schauen
mir zum Heil,
und meine Augen werden ihn sehen,
nicht als Feind.
Meine Nieren verzehren sich
in meinem Innern.

(Hiob 19, 25—27; Zürcher)

- *Vergleichen Sie die sich hier dokumentierende Gottesvorstellung Hiobs mit den o. a. Positionen!*

Der verlorene Sohn, H. Lehmann-Sinapius

Gott für uns

38

14 Alle aber, die sich durch Gottes Geist führen
lassen, sind Gottes Söhne. 15 Denn ihr habt

nicht einen Geist empfangen, der euch erneut zu
Knechten macht, die in Furcht leben müssen; son-
dern den Geist der Sohnschaft habt ihr empfangen.
Durch ihn rufen wir: Abba, Vater. 16 Und er
selbst, Gottes Geist, bezeugt unserem Geist, dass
wir Gottes Kinder sind. 17 Wenn wir aber
seine *Kinder* sind, so sind wir auch *Erben;* und
zwar Erben Gottes als Miterben Christi, die (jetzt)
mit ihm leiden, um (zukünftig) mit ihm Gottes
Herrlichkeit zu erleben.

(Römer 8, 12—17; Wilckens)

● *Vergleichen Sie dazu Lukas 15, 1—3, 11—32*

39

Orientierende Hinweise:

V. 1 vgl. 1. Mose 1, 1; Spr. 1, 20—32; 8, 1 ff. 22—30
V. 2 „Dieser“: der „logos“ (= Wort)
V. 9 „Er“: der „logos“, — nicht Johannes
V. 14 „nahm Wohnung unter uns“: wörtlich: „zeltete unter uns“, „wohnte unter uns wie in einer Hütte“ — in Anlehnung an das Wohnen Jahwes in der Stiftshütte während des Exodus (2. Mose 33, 7; 4. Mose 1, 1 ff.; vgl. Offenbarung 21, 3)

1 Im Anfang war das Wort, und das Wort war
bei Gott, und Gott war das Wort. 2 Dieser
war im Anfang bei Gott.
3 Alles ist durch Ihn entstanden, und ohne Ihn
entstanden ist nichts von dem, was besteht. 4
In ihm war das Leben, und das Leben war der Men-
schen Licht.
5 Und das Licht scheint in der Finsternis, doch
die Finsternis hat es nicht angenommen.
6 Es trat ein Mensch auf, von Gott gesandt, mit
Namen Johannes. 7 Der kam zum Zeugnis: er
sollte vom Licht Zeugnis ablegen, damit alle durch
ihn zum Glauben kämen. 8 Er war nicht selbst
das Licht, sondern wollte Zeugnis von dem Licht
ablegen.
9 *Er* war das wahre Licht, das jedermann
erleuchtet, gekommen in die Welt. 10 In der
Welt war Er, und die Welt ist durch Ihn entstanden,
doch die Welt hat Ihn nicht verstanden! 11 In
sein Eigentum ist Er gekommen, doch die Seinen
haben Ihn nicht angenommen. 12 Allen aber,
die Ihn angenommen haben, hat Er Vollmacht ge-
geben, Gottes Kinder zu werden; denen, die an
seinen Namen glauben, 13 die nicht aus dem
Geblüt, noch dem Willen des Fleisches, noch aus
dem Willen eines Mannes, sondern aus Gott ge-
zeugt sind. 14 Und das Wort ward Fleisch und
nahm Wohnung unter uns; und wir sahen seine
Herrlichkeit — eine Herrlichkeit, wie sie im einzig-
geborenen Sohn vom Vater widerstrahlt — voll von
Gnade und Wahrheit.

(Johannes 1, 1—14)

40

Orientierende Hinweise:

V. 32 Vgl. 1. Mose 22, 16 f.; Jesaja 53, 6
V. 34b Die rechte Seite neben dem Herrscher war im Altertum der Ort für den bevollmächtigten Mitregenten.
V. 36 Psalm 44, 23

31 Was soll nun unser letztes Wort sein? Wenn
Gott für uns ist, wer könnte dann gegen uns sein?
32 Hat er doch seinen eigenen Sohn nicht
geschont, sondern ihn für uns alle dahingegeben, —
wie sollte er uns mit ihm nicht zugleich alles schen-
ken? 33 Wer wird Gottes Auserwählte
beschuldigen? Gott, der Gerechtigkeit schenkt?
34 Wer verurteilt sie? Christus Jesus, der ge-
storben ist, vielmehr: der vom Tode auferweckt
worden ist? Er ist zur Rechten Gottes und tritt für
uns ein! 35 Wer wird uns trennen können von
der Liebe Christi? Bedrängnis oder Angst oder Ver-
folgung oder Entbehrung oder Gefahr oder
Schwert? 36 In der Schrift heißt es ja: UM
DEINETWILLEN WERDEN WIR DEN GANZEN TAG ZU
TODE GEBRACHT, WIE SCHLACHTSCHAFE SIND WIR
GEACHTET WORDEN. 37 Nein, in alldem tragen
wir den Sieg davon durch den, der uns seine Liebe
erwiesen hat. 38 Denn davon bin ich über-
zeugt: Nicht Tod und nicht Leben, nicht Engel,
nicht Mächte, nichts Gegenwärtiges und nichts
Zukünftiges, keine Gewalten 39 in der Höhe
oder in der Tiefe und keinerlei andere Kreaturen
werden die Macht haben, uns zu trennen von der
Liebe Gottes, die in Christus Jesus, unserem Herrn,
ist.

(Römer 8, 31—39; Wilckens)

Gott ist anders

41

Gott
Du bist anders
als wir denken
immer wieder anders
Du läßt Dich nicht
berechnen
einordnen
gebrauchen
unterbringen
aussuchen
vergleichen
wählen
beweisen
durch uns Menschen

Gott
Du bist anders
als wir denken
immer wieder anders
Du läßt Dich
verachten
verlachen
verleugnen
verfolgen
verdrängen
vergessen
verfluchen
verlassen
durch uns Menschen

Gott
Du bist anders
als wir denken
immer wieder anders
Du läßt Dich
hören
suchen
finden
fragen
rufen
loben
bitten
lieben
durch uns Menschen

(Nach Psalm 14, Johannes Hansen)

Gekreuzigt mit Jesus, Roland P. Litzenburger, 1965

- *Versuchen Sie, in Anlehnung an die oben vorgestellten Beispiele biblischer Tradition — oder in Abgrenzung dazu — einen „Psalm", eine Meditation oder einen Song zu schreiben, in denen Ihre „Bilder" von Gott, Ihre Erfahrungen, Ihre Biographie ihren Ausdruck finden können!*

Gott suchen

Sich Gottes vergewissern:

Die Gottesbeweise im philosophisch-theologischen Denken des Mittelalters

42

Es ist zu sagen, daß auf fünf Wegen bewiesen werden kann, daß Gott ist. Der erste und nächstliegende Weg aber ist der, der sich aus der Bewegung ergibt. Es ist nämlich gewiß und steht durch die sinnliche Wahrnehmung fest, daß sich manches in dieser Welt bewegt. Alles aber, was sich bewegt, wird durch anderes bewegt. Nichts nämlich wird bewegt außer dadurch, daß es in potentia [potentia = Möglichkeit] ist in bezug auf das, auf das hin es bewegt wird, es bewegt aber etwas dadurch, daß es in actu [actus = Wirklichkeit] ist. Bewegen nämlich ist nichts anderes, als etwas aus der potentia in den actus überführen. Aus der potentia aber kann nichts in den actus überführt werden, es sei denn durch ein in actu Seiendes. Wie die Hitze in actu, z. B. das Feuer, das Holz, das Hitze in potentia ist, zur Hitze in actu macht. Dadurch bewegt und ändert sie es. Es ist aber nicht möglich, daß ein und dasselbe gleichzeitig in bezug auf dasselbe in actu und in potentia ist, sondern nur in bezug auf Verschiedenes, was nämlich Hitze in actu ist, kann nicht zugleich Hitze in potentia sein, sondern es ist zugleich Kälte in potentia. Es ist also unmöglich, daß in bezug auf dasselbe und in derselben Weise etwas bewegt und bewegt wird, oder daß es sich selbst bewegt. Also muß alles, was bewegt wird, von etwas anderem bewegt werden. Wenn sich also das bewegt, von dem etwas anderes bewegt wird, so muß es selbst auch von etwas anderem bewegt werden, und das wiederum von etwas anderem. Hier aber kann man nicht in infinitum fortschreiten, weil dann nicht das erste Bewegende wäre, und demgemäß wäre nichts da, was etwas anderes bewegen würde, da die nachfolgenden Bewegenden nicht bewegen außer dadurch, daß sie durch das erste Bewegende bewegt werden. Wie der Stab sich nicht bewegt außer dadurch, daß er von der Hand bewegt wird. Daher ist es notwendig, zu einem ersten Bewegenden [primum movens] zu kommen, welches von nichts bewegt wird, und dieses erkennen alle als Gott.

Der zweite Weg ergibt sich aus dem Wesen der Wirkursache [causa efficiens]. Wir finden nämlich in jenen sinnlich wahrnehmbaren Dingen eine Ordnung von Wirkursachen. Es läßt sich jedoch nicht finden und ist nicht möglich, daß etwas die Wirkursache seiner selbst sei, weil es ja dann früher als es selbst wäre, was unmöglich ist. Es ist aber nicht möglich, bei den Wirkursachen in infinitum fortzuschreiten, denn bei jeder Reihe von Wirkursachen ist das Erste die Ursache des Mittleren, das Mittlere die Ursache des Letzten, seien die Mittleren viele oder eins. Mit der Ursache fällt aber auch die Wirkung. Wenn es also kein Erstes bei den Wirkursachen gäbe, gäbe es auch nichts Letztes noch Mittleres. Aber wenn man mit den Wirkursachen in infinitum fortschritte, gäbe es keine erste Wirkursachen und demgemäß weder eine letzte Wirkung noch mittlere Wirkursachen, was offensichtlich falsch ist. Also ist es notwendig, eine erste Wirkursache [prima causa efficiens] zu setzen, die alle Gott nennen.

...

(Thomas v. Aquin)

- *Beschreiben Sie die Argumentation der beiden ausgewählten Gottesbeweise!*
- *Erörtern Sie, ob man die Darlegungen des Thomas von Aquin „Gottesbeweise" nennen kann! (Berücksichtigen Sie bei Ihren Überlegungen die folgenden Informationen!)*

43

Die mittelalterliche Theologie, die Scholastik, übernahm die wichtigsten Elemente des altkirchlichen Gottesbegriffes. Sie suchte Gott zu beweisen. Thomas von Aquin (1225—1274), einer der bedeutendsten Theologen des Mittelalters, folgerte: Wenn man nach der Kraft der Bewegung, den Ursachen der Ursachen, der Notwendigkeit und dem Sein des Seienden, dem Ziel der Entwicklungen fragt, dann müßte das Denken immer weiter fortschreiten, bis es sich im Unendlichen verliert. Dadurch würde es grundlos, horizontlos, orientierungslos und also unvernünftig, wenn nicht ein alles tragender und bestimmender Grund da wäre, der zugleich das Ziel ist. Weil aber das menschliche Denken nicht sinnlos ist, sondern sich vernünftig in einer Wirklichkeit orientiert, die Sinn und Ordnung hat, ist ein solcher Grund da. Man nennt ihn Gott. Art, Willen und Sinn dieses Gottes kann man nur kennen, wenn er sich selbst zu erkennen gibt. Das hat er getan in der Offenbarung, die in der Heiligen Schrift bezeugt wird.

Das philosophische und theologische Denken hat im Laufe der Zeit verschiedene solche *Gottesbeweise* hervorgebracht. Die wichtigsten seien hier kurz skizziert:

a) Der *kosmologische* Gottesbeweis schließt aus der Welt auf einen Weltschöpfer. Das wird in zwei Beweisgängen begründet. Der erste Beweisgang argumentiert: Es gibt in der Welt Bewegung. Was bewegt wird, wird aber durch ein anderes bewegt, das seinerseits wieder von einem anderen bewegt wird und so fort. Da das aber nicht ins Unendliche fortgehen kann, muß es einen ersten unbewegten Beweger geben: Gott. Der zweite Beweisgang argumentiert: Man findet in der Welt Ursachen, die ihrerseits von anderen Ursachen abhängig sind und so fort. Eine unendliche Kette ist unmöglich, also muß es eine erste unverursachte Ursache geben: Gott.
b) Der *teleologische* Gottesbeweis folgert aus der Ordnung der Welt einen überweltlichen Ordner. Dieser Gottesbeweis wurde in der Aufklärung bis zur Absurdität weitergetrieben. Jedem Ding wurde sein Sinn zugeschrieben. Man bestaunte die wunderbare Ordnung des Kosmos, betrachtete aber alles auch unter dem Gesichtspunkt der Nützlichkeit. Es gab eine Stern-Stein-Insekten-Heuschrecken-Theologie.
c) Der *ethnologische* Gottesbeweis schließt aus der Überzeugung aller Völker, es gebe einen Gott, auf die Existenz Gottes.
d) Der *ontologische* Gottesbeweis leitet aus dem Begriff Gottes das Dasein Gottes ab.
e) Der *moralische* Gottesbeweis kommt von der Erfahrung des Gewissens und der Erkenntnis eines Sittengesetzes zu einem außermenschlichen Gesetzgeber. Immanuel Kant (1724 – 1804) ließ nur diesen moralischen Gottesbeweis gelten. Alle anderen hielt er für nicht stichhaltig.

(Evangelischer Erwachsenenkatechismus)

44

Philosophen unserer Zeit scheinen die Frage, ob Gott sei, gern zu umgehen. Weder behaupten sie sein Dasein, noch leugnen sie es. Aber wer philosophiert, hat Rede zu stehen. Wird Gott bezweifelt, hat der Philosoph eine Antwort zu geben, oder er verläßt nicht die skeptische Philosophie, in der überhaupt nichts behauptet, nichts bejaht und nichts verneint wird. Oder unter Beschränkung auf gegenständlich bestimmtes Wissen, d. h. auf wissenschaftliches Erkennen hört er auf zu philosophieren mit dem Satze: was man nicht wissen kann, davon soll man schweigen.
Die Frage nach Gott wird erörtert auf Grund von sich widersprechenden Sätzen, die wir nacheinander durchgehen:
Der theologische Satz ist: Von Gott können wir nur wissen, weil er sich geoffenbart hat von den Propheten bis zu Jesus. Ohne Offenbarung ist keine Wirklichkeit Gottes für den Menschen. Nicht im Denken, sondern im Glaubensgehorsam ist Gott zugänglich.
Aber längst vor und außerhalb der Welt biblischer Offenbarung gab es Gewißheit von der Wirklichkeit der Gottheit. Und innerhalb der christlich-abendländischen Welt haben viele Menschen eine Gottesgewißheit ohne die Garantie der Offenbarung vollzogen.
Gegen den theologischen steht ein alter philosophischer Satz: Von Gott wissen wir, weil sein Dasein bewiesen werden kann. Die Gottesbeweise seit dem Altertum sind in ihrer Gesamtheit ein großartiges Dokument.
Wenn aber die Gottesbeweise aufgefaßt werden als wissenschaftlich zwingende Beweise im Sinne der Mathematik oder der empirischen Wissenschaften, so sind sie falsch. In der radikalsten Weise hat sie Kant in ihrer zwingenden Gültigkeit widerlegt.
Nun folgt die Umkehrung: Die Widerlegung aller Gottesbeweise bedeutet, daß es keinen Gott gibt.
Diese Folgerung ist falsch. Denn sowenig Gottes Dasein bewiesen werden kann, ebensowenig sein Nichtdasein. Die Beweise und ihre Widerlegungen zeigen nur: ein bewiesener Gott ist kein Gott, sondern wäre bloß eine Sache in der Welt.
Gegen vermeintliche Beweise und Widerlegungen des Daseins Gottes scheint die Wahrheit diese zu sein: Die sogenannten Gottesbeweise sind ursprünglich nicht Beweise, sondern Wege denkenden Sichvergewisserns. Die in Jahrtausenden erdachten und in Abwandlungen wiederholten Gottesbeweise haben in der Tat einen anderen Sinn als wissenschaftliche Beweise. Sie sind Vergewisserungen des Denkens in der Erfahrung des Aufschwungs des Menschen zu Gott. Es lassen sich Wege des Gedankens gehen, durch die wir an Grenzen kommen, wo im Sprung das Gottesbewußtsein zur natürlichen Gegenwart wird. ...
Alle diese sogenannten Beweise beweisen nicht nur nicht das Dasein Gottes, sondern verführen auch, Gott in eine Weltrealität zu verwandeln, die sozusagen an den Weltgrenzen festgestellt werde, als eine dort anzutreffende zweite Welt. Dann trüben sie den Gottesgedanken.
Sie werden aber um so eindrucksvoller, je mehr sie durch die konkreten Welterscheinungen hindurch vor das Nichts und vor die Unvollendbarkeit führen. Dann lassen sie gleichsam den Abstoß gewinnen, uns nicht in der Welt als einzigem Sein mit ihr zufrieden zu geben.
Es zeigt sich immer wieder: Gott ist kein Gegenstand des Wissens, er ist nicht zwingend erschließbar. Gott ist auch kein Gegenstand der sinnlichen Erfahrung. Er ist unsichtbar, kann nicht geschaut, sondern nur geglaubt werden.

Woher aber dieser Glaube? Er kommt nicht ursprünglich aus den Grenzen der Welterfahrung, sondern aus der Freiheit des Menschen. Der Mensch, der sich wirklich seiner Freiheit bewußt wird, wird sich zugleich Gottes gewiß. Freiheit und Gott sind untrennbar. Warum?

Ich bin mir gewiß: In meiner Freiheit bin ich nicht durch mich selbst, sondern werde mir in ihr geschenkt, denn ich kann mir ausbleiben und mein Freisein nicht erzwingen. Wo ich eigentlich ich selbst bin, bin ich gewiß, daß ich es nicht durch mich selbst bin. Die höchste Freiheit weiß sich in der Freiheit von der Welt zugleich als tiefste Gebundenheit an Transzendenz.

Das Freisein des Menschen nennen wir auch seine Existenz. Gott ist für mich gewiß mit der Entschiedenheit, in der ich existiere. Er ist gewiß nicht als Wissensinhalt, sondern als Gegenwärtigkeit für die Existenz ...

In keinem Gottesbeweis kann der Gedanke, wenn er zwingende Gewißheit bringen soll, sein Ziel erreichen. Aber das Scheitern des Gedankens hinterläßt nicht nichts. Er weist hin auf das, was im unerschöpflichen, ständig in Frage stellenden umgreifenden Gottesbewußtsein aufgeht.

Daß Gott keine Greifbarkeit in der Welt wird, das bedeutet zugleich, daß der Mensch seiner Freiheit sich nicht entäußern soll zugunsten der in der Welt vorkommenden Faßlichkeiten, Autoritäten, Gewalten, daß er vielmehr die Verantwortung hat für sich selbst, der er nicht entlaufen darf, indem er, vermeintlich aus Freiheit, auf Freiheit verzichtet. Er soll sich selber verdanken, wie er sich entscheidet und den Weg findet. Daher sagt Kant: Die unerforschliche Weisheit sei so bewunderungswürdig in dem, was sie uns gebe, wie in dem, was sie uns versage. Denn wenn sie in ihrer Majestät uns ständig vor Augen stände, als zwingende Autorität in der Welt eindeutig spräche, so würden wir Marionetten ihres Willens. Sie aber wollte uns frei.

(Karl Jaspers)

- *Welche Argumente sprechen nach der Meinung K. Jaspers für, welche gegen die sogenannten Gottesbeweise?*
- *Welche eigene Vorstellung von Gotteserfahrung entwickelt der Verfasser?*

Gottes gewiß werden:

Die Neuentdeckung des gnädigen Gottes als Reformatorische Grunderfahrung

45

Man muß wissen, daß ich damals ein Mönch und ein ganz unsinniger Papist war, ..., so berauscht, ja so versunken in die Glaubenslehren des Papsttums, daß ich imstande gewesen wäre, jeden womöglich zu ermorden, zu solcher Tat Beihilfe zu leisten oder wenigstens sie gutzuheißen, der dem Papste auch nur mit einem Worte den Gehorsam verweigert hätte. Ein solcher Saulus war ich damals, wie es heute noch viele gibt. Im Vergleich mit mir waren Dr. Eck und seinesgleichen frostig, ja wie Eiszapfen in ihrer Verteidigung des Papsttums, denn sie pflegten dieses Geschäft nur um ihres Bauches willen zu betreiben und mit so wenig Ernst zu Werke zu gehen, daß sie mir heute noch vielmehr des Papstes zu spotten scheinen ... Ich aber meinte es ernst, da ich eine furchtbare Angst vor der Todesstunde hatte und dabei aus tiefstem Herzen mich danach sehnte, selig zu werden. ...

Inzwischen hatte ich mich in jenem Jahre 1519 schon wieder der Auslegung des Psalters zugewandt, im Vertrauen darauf, daß ich durch die schulmäßige Behandlung der Briefe S. Pauli an die Römer und Galater und des Hebräerbriefs größere Übung erlangt hätte. Ich war von einer unglaublichen Sehnsucht befangen, den Verfasser des Römerbriefs kennen zu lernen. Nicht als ob es mir an dem herzhaften Entschluß zu eindringender Forschung gefehlt hätte; ich stutzte einzig vor dem Worte (Kap. 1, 17) von der „Gerechtigkeit Gottes, die im Evangelium offenbart wird".

Denn dieser Begriff der „Gerechtigkeit Gottes" war mir geradezu verhaßt, weil ich gewohnt war, ihn nach dem Vorgang aller Theologen ... zu verstehen als die „formale oder aktive" Gerechtigkeit, vermöge deren sich Gott gerecht erweist, indem er die Sünder als die Ungerechten bestraft. Ich aber fühlte mich, obwohl ich als Mönch ein untadeliges Leben führte, vor Gott als einen von Gewissensqualen verfolgten Sünder, und da ich nicht darauf vertrauen konnte, Gott durch meine Genugtuung versöhnt zu haben, liebte ich nicht, sondern ich haßte förmlich jene gerechte, die Sünder bestrafende Gottheit ...

Bis nach tage- und nächtelangem Nachsinnen sich Gott meiner erbarmte, daß ich den inneren Zusammenhang der beiden Stellen wahrnahm: „Die Gerechtigkeit Gottes wird im Evangelium offenbar“ und wiederum: „Der Gerechte lebt durch seinen Glauben“. Da fing ich an, die Gerechtigkeit Gottes zu begreifen, kraft deren der Gerechte aus Gottes Gnade selig wird, nämlich durch den Glauben: daß die Gerechtigkeit Gottes, die durch das Evangelium offenbart werde, in dem passiven Sinne zu verstehen ist, daß Gott in seiner Barmherzigkeit uns durch den Glauben rechtfertigt, wie geschrieben steht: „Der Gerechte lebt aus Glauben“. Nun fühlte ich mich geradezu wie neugeboren und glaubte, durch weit geöffnete Tore in das Paradies eingetreten zu sein. Ich ging dann die Heilige Schrift durch, soweit ich sie im Gedächtnis hatte, und fand in anderen Wendungen den entsprechenden Sinn: so ist das „Werk Gottes“ dasjenige, was Gott in uns wirkt, die „Stärke Gottes“, das, wodurch er uns stark macht, die „Weisheit Gottes“, durch die er uns weise macht, und so ist auch die „Kraft Gottes“, das „Heil Gottes“, die „Ehre Gottes“ aufzufassen ...

(Martin Luther)

- *Welche Gotteserfahrung spiegelt sich im Selbstzeugnis Luthers wider? Beziehen Sie in Ihre Überlegungen auch die Aussagen aus dem folgenden Luther-Text ein!*
- *Einer weitverbreiteten Meinung zufolge hat Luthers Entdeckung eines „gnädigen Gottes“ für die heutigen Christen keine existentielle, sondern nur noch eine kirchengeschichtliche Bedeutung: Setzen Sie sich mit dieser Meinung kritisch auseinander!*

46

... Aber wir reden nicht also / Sondern sagen / Das Gott nicht ein solch ausgereckt / lang / breit / dick / hoch / tieff wesen sey / sondern ein vbernatuͤrlich vnerforschlich wesen / das zu gleich ynn eym iglichen koͤrnlig gantz und gar / vnd dennoch ynn allen vnd vber allen vnd ausser allen Creaturn sey / drumb darffs keines vmbzeunens hie / wie der geist trewmet / denn ein leib ist der Gottheit viel viel zu weit / vnd kondten viel tausent Gottheit drynnen sein / Widderumb auch viel viel zu enge / das nicht eine Gottheit drynnen sein kan, Nichts ist so klein / Gott ist noch kleiner / Nichts ist so gros / Gott ist noch groͤsser / Nichts ist so kurtz / Gott ist noch kuͤrtzer / Nichts ist so lang / Gott ist noch lenger / Nichts ist so breit / Gott ist noch breiter / Nichts ist so schmal / Gott ist noch schmeler / vnd so fort an / Ists ein vnaussprechlich wesen vber und ausser allem das man nennen oder dencken kan.

(Martin Luther)

Sich Gottes neu bewußt werden:

Die Gottesfrage im Horizont naturwissenschaftlich-technischer Weltbemächtigung

In der Mythologie der alten Völker hat die Entstehung unseres Kosmos eine besondere religiöse Rolle gespielt. Ein wesentliches Merkmal der altorientalischen Schöpfungsmythen (bekannt ist vor allem die babylonische Dichtung „Enuma elish“ [„Als droben“]) ist darin zu sehen, daß die Entstehung der Welt mit einem Kampf von Göttern, welche die Naturgewalten verkörpern (Urgewässer, Sonne, Gewitter usw.), erklärt wird (sog. „Kosmogonie“). Für das Alte Testament existiert diese Mythologie nicht mehr; die Erde wird hier als ein Planet verstanden, das Urmeer hat keine „göttliche“ Eigenschaft mehr, die Gestirne sind nicht mehr Gottheiten, sondern Beleuchtungskörper. Bereits der erste Schöpfungsbericht (1. Mose 1, 1—2, 4; der zweite schließt sich unmittelbar an: 1. Mose 2,4—25), der nach der modernen theologischen Wissenschaft der sogenannten „Priesterschrift“ (eine der schriftlichen Quellen der fünf Bücher Mose, die vor allem an kultischen Fragen interessiert ist und von Priestern verfaßt worden sein soll; Zeichen: „P“) zugeschrieben wird, zeigt diesen Vorgang der „Entmythologisierung“ der Schöpfungsmythen deutlich. Die im Alten Testament erkennbare neue Sicht der Weltentstehung hat weitreichende Folgen.

47

Brauchte das Leben vielleicht doch einen Schöpfer?

Vor drei Milliarden Jahren war die langsam erkaltende Erde noch tot und leer. Es gab weder Baum noch Strauch, nur kahle Felsen und Wasser, das sich in weiten Tälern zu Ozeanen gesammelt hatte. Doch dann geschieht es: Irgendwo in der Ursuppe jener Meere bildet sich das erste Fünkchen Leben, ein Virus vielleicht, ein Einzeller. War es Zufall, war es Schöpfung? Die meisten Biologen sagen heute: Zufall. „Unsere Losnummer kam beim Glücksspiel (der Naturkräfte) heraus", wie der französische Nobelpreisträger Jacques Monod in seinem Buch „Zufall und Notwendigkeit" formuliert. Die Forscher können heute im Reagenzglas weitgehend jene Verhältnisse nachahmen, die vor drei Milliarden Jahren auf der Erde herrschten. Sie können in der künstlichen „Ursuppe" erste Vorstrukturen des Lebens erreichen. Sie werden eines Tages Leben künstlich nacherschaffen können. Dennoch, es gibt etwas, das die Biologen irritiert: Die Entstehung von Leben aus toter Materie war auf der Erde ein absolut einmaliges Ereignis. Es passierte nur an einer einzigen Stelle in der Ursuppe der Meere — und es geschah danach nie wieder. Das läßt sich nachweisen. Warum passierte es nicht öfter? Vielleicht deshalb, weil es so unwahrscheinlich war? Experimente sollen es erst noch ergründen. Wenn die Chance ungeheuer gering war, spräche das nach Ansicht des britischen Physikers Prof. Dirac für einen Schöpfer. Auf der letzten Nobelpreisträgertagung argumentierte er: War die Chance kleiner als $1:10^{100}$ (wobei die 100 für hundert Nullen steht, die eigentlich hinter der 1 folgen müßten), dann sei es „unwahrscheinlich, daß das Leben nicht (durch einen Gott) gestartet wurde".

48

... Für P gibt es einen Gegensatz zwischen naturwissenschaftlicher und theologischer Erklärung der Entstehung von Welt und Mensch noch nicht. Das gilt zugleich für die gesamte hinter ihm stehende Traditionsgeschichte. Die entmythisierende Tendenz bei P bewirkt, daß das Weltall, daß Himmel und Erde radikal entgöttert werden. Himmel und Erde werden darin für das menschliche Forschen und Fragen zugänglich, daß ihnen jeder mythisch-göttliche Charakter abgesprochen wird. So zeigt sich denn bei P schon deutlich eine Richtung auf naturwissenschaftliches Denken hin dort, wo er kategoriale Scheidungen wertet, wo er die Gestirne auf ihre bloße Funktion reduziert, wo er die Entstehung der Pflanzen und Tiere in Gattungen begreift, und schließlich auch, wo er die Entstehung der Welt in Perioden sieht. Diese Schöpfungsdarstellung kann nicht auf einen absoluten Gegensatz zu wissenschaftlichem Forschen festgelegt werden. Gen 1 schließt eine wissenschaftliche Erklärung der Entstehung der Welt und der Entstehung der Menschen nicht aus, sofern solche wissenschaftliche Erklärung für die gleiche ehrfürchtige Anerkennung des Schöpfers frei bleibt, die den Schöpfungsbericht des P bestimmt.

(Claus Westermann)

49

1, 1 Am Anfang schuf Gott Himmel und Erde. 2 Und die
Erde war wüst und leer, und es war finster auf der Tiefe; und der
Geist Gottes schwebte auf dem Wasser.
3 Und Gott sprach: Es werde Licht! Und es ward Licht.
4 Und Gott sah, daß das Licht gut war. Da schied Gott das
Licht von der Finsternis 5 und nannte das Licht Tag und
die Finsternis Nacht. Da ward aus dem Abend und Morgen der
erste Tag.
6 Und Gott sprach: Es werde eine Feste zwischen den Wassern, die da scheide zwischen den Wassern. 7 Da machte
Gott die Feste und schied das Wasser unter der Feste von dem
Wasser über der Feste. Und es geschah so. 8 Und Gott
nannte die Feste Himmel. Da ward aus Abend und Morgen der
zweite Tag.
9 Und Gott sprach: Es sammele sich das Wasser unter dem
Himmel an besondere Orte, daß man das Trockene sehe. Und es
geschah so. 10 Und Gott nannte das Trockene Erde, und
die Sammlung der Wasser nannte er Meer. Und Gott sah, daß es
gut war. 11 Und Gott sprach: Es lasse die Erde aufgehen
Gras und Kraut, das Samen bringe, und fruchtbare Bäume auf
Erden, die ein jeder nach seiner Art Früchte tragen, in denen ihr
Same ist. Und es geschah so. 12 Und die Erde ließ aufgehen
Gras und Kraut, das Samen bringt, ein jedes nach seiner Art,
und Bäume, die da Früchte tragen, in denen ihr Same ist, ein
jeder nach seiner Art. Und Gott sah, daß es gut war. 13 Da
ward aus Abend und Morgen der dritte Tag.
14 Und Gott sprach: Es werden Lichter an der Feste des
Himmels, die da scheiden Tag und Nacht und geben Zeichen,
Zeiten, Tage und Jahre 15 und seien Lichter an der Feste
des Himmels, daß sie scheinen auf die Erde. Und es geschah so.
16 Und Gott machte zwei große Lichter: ein großes Licht,
das den Tag regiere, und ein kleines Licht, das die Nacht regiere,
dazu auch die Sterne. 17 Und Gott setzte sie an die Feste
des Himmels, daß sie schienen auf die Erde 18 und den Tag

und die Nacht regierten und schieden Licht und Finsternis. Und Gott sah, daß es gut war. 19 Da ward aus Abend und Morgen der vierte Tag.

20 Und Gott sprach: Es wimmle das Wasser von lebendigem Getier, und Vögel sollen fliegen auf Erden unter der Feste des Himmels. 21 Und Gott schuf große Walfische und alles Getier, das da lebt und webt, davon das Wasser wimmelt, ein jedes nach seiner Art, und alle gefiederten Vögel, einen jeden nach seiner Art. Und Gott sah, daß es gut war. 22 Und Gott segnete sie und sprach: Seid fruchtbar und mehret euch und erfüllet das Wasser im Meer, und die Vögel sollen sich mehren auf Erden. 23 Da ward aus Abend und Morgen der fünfte Tag.

24 Und Gott sprach: Die Erde bringe hervor lebendiges Getier, ein jedes nach seiner Art: Vieh, Gewürm und Tiere des Feldes, ein jedes nach seiner Art. Und es geschah so. 25 Und Gott machte die Tiere des Feldes, ein jedes nach seiner Art, und das Vieh nach seiner Art und alles Gewürm des Erdbodens nach seiner Art. Und Gott sah, daß es gut war. 26 Und Gott sprach: Lasset uns Menschen machen, ein Bild, das uns gleich sei, die da herrschen über die Fische im Meer und über die Vögel unter dem Himmel und über das Vieh und über alle Tiere des Feldes und über alles Gewürm, das auf Erden kriecht. 27 Und Gott schuf den Menschen zu seinem Bilde, zum Bilde Gottes schuf er ihn; und schuf sie als Mann und Weib. 28 Und Gott segnete sie und sprach zu ihnen: Seid fruchtbar und mehret euch und füllet die Erde und machet sie euch untertan und herrschet über die Fische im Meer und über die Vögel unter dem Himmel und über das Vieh und über alles Getier, das auf Erden kriecht. 29 Und Gott sprach: Sehet da, ich habe euch gegeben alle Pflanzen, die Samen bringen, auf der ganzen Erde, und alle Bäume mit Früchten, die Samen bringen, zu eurer Speise. 30 Aber allen Tieren auf Erden und allen Vögeln unter dem Himmel und allem Gewürm, das auf Erden lebt, habe ich alles grüne Kraut zur Nahrung gegeben. Und es geschah so. 31 Und Gott sah an alles, was er gemacht hatte, und siehe, es war sehr gut. Da ward aus Abend und Morgen der sechste Tag.

2, 1 So wurden vollendet Himmel und Erde mit ihrem ganzen Heer. 2 Und so vollendete Gott am siebenten Tage seine Werke, die er machte, und ruhte am siebenten Tage von allen seinen Werken, die er gemacht hatte. 3 Und Gott segnete den siebenten Tag und heiligte ihn, weil er an ihm ruhte von allen seinen Werken, die Gott geschaffen und gemacht hatte.

4 So sind Himmel und Erde geworden, als sie geschaffen wurden.

(1. Mose 1, 1—2, 4a; Luther)

- *Die Erzählung läßt einen klaren Aufbau erkennen: Bestimmen Sie ihre Struktur (vgl. dazu die stereotypen Wendungen) und die Abfolge der einzelnen Schöpfungswerke (vgl. deren sachliche Gewichtung)! Zum Ganzen s. auch die Graphik S. 15 mit Text 11.*
- *Wie soll der Mensch mit der Schöpfung umgehen? Beziehen Sie die folgenden Auszüge aus dem Buch H. Gruhls, das unter dem Titel „Ein Planet wird geplündert" für Schlagzeilen sorgte, in Ihre Überlegungen ein!*

50

Frühere religiösere Generationen hätten sich über die Fülle gewundert, die ein gnädiger Gott ihnen darbot. Auf Knien hätten sie ihm dafür gedankt. Die heutige Generation dankt niemandem — sie ist voller Arroganz auf ihre Errungenschaften. Sie verdächtigt alles, was nicht ihren „Errungenschaften" entspricht. Und sie ist absolut sicher — eben weil sie so vieles geschaffen hat, was es früher nicht gab —, daß sie noch viel mehr schaffen werde, Dinge, die es heute noch nicht gibt, die sich noch nicht einmal absehen lassen. Woher das alles kommen soll? Der menschliche Erfindergeist wird es erschaffen!

Zwar hat der Mensch noch nie aus dem Nichts etwas geschaffen, doch wurde bis heute nicht gründlich darüber nachgedacht, woher unser Reichtum eigentlich kommt. Woher stammt das, was wir heute unser eigen nennen? Wo wurde es weggenommen? Wem wurde entwendet, was wir uns angeeignet haben? Und das ist fürwahr nicht wenig . . .

Als der biblische Gott nach der Sintflut die Verheißung verkündete: „Solange die Erde steht, soll nicht aufhören Saat und Ernte, Frost und Hitze, Sommer und Winter, Tag und Nacht" [1. Mose 8, 22], da hatte er offensichtlich nur an die Versorgung der Menschen gedacht. Er rechnete wohl nicht damit, daß es diesen von ihm bevorzugten Menschenwesen gelingen könnte, Verfahren ausfindig zu machen, mit denen sie die ihm anvertraute Erde in ihrer Substanz vernichten würden. Heute „beruht unsere Wirtschaft auf der Annahme, daß die Quellen unserer Güter praktisch so unendlich sind wie unser Bild von Gott". Auf dieser falschen Annahme beruhen die letzten 200 Jahre Weltgeschichte . . .

Im Osten wie im Westen herrscht ein „Fetischismus der Institutionen", der alles für machbar hält und sogar davon überzeugt ist, daß auch Glück nur eine Frage der Organisation sei. Auch die Vorstellungen internationaler Gremien und die gesamte Entwicklungshilfe basieren auf diesem Glauben in die technische Machbarkeit der Weltordnung. Die wirtschaftlichen Methoden der Industrieländer werden mit Hilfe des Kapitals auf die Entwicklungsländer übertragen. Die Einführung westlicher Arbeits- und Verwaltungsmethoden sowie schnellster Verkehrsmittel soll dafür sorgen, daß diese Länder den gleichen hohen materiellen Standard erreichen. Man wundert sich dann sehr, wenn das nicht funktioniert.

All diesem Tun liegt der kapitale Irrtum zugrunde, die natürlichen Voraussetzungen des Wirtschaftens könnten unberücksichtigt bleiben. Man hat schlicht vergessen, daß die lebendige Natur und die Bodenschätze die Grundlage jeder Produktion, aller Kapital- und Arbeitseinsätze sind und bleiben werden. Dies ist das naturwissenschaftliche Grundgesetz, das heute ebenso gilt wie in alle Ewigkeit. Gerade auch für Christen. Denn: „Gott tut keine Wunder. Gott verletzt das Naturgesetz nicht", heißt es bei Phylip Wylie. . . .

Bei näherem Hinsehen ist die Situation eindeutig und absolut einmalig:

1. Noch nie zuvor gab es mehrere Milliarden Menschen auf dem Planeten wie seit diesem Jahrhundert.
2. Noch nie zuvor verlangte jeder einzelne soviel von dieser Erde wie in den letzten dreißig Jahren.
3. Noch nie zuvor gab es eine wirtschaftliche Totalausbeutung bis in die fernsten Winkel dieser Erde, wie sie zur Zeit im Gange ist.
4. Noch zu keiner Zeit der Weltgeschichte wußten die Regierungen der Völker so wenig, wie es weitergehen soll, wie heute.

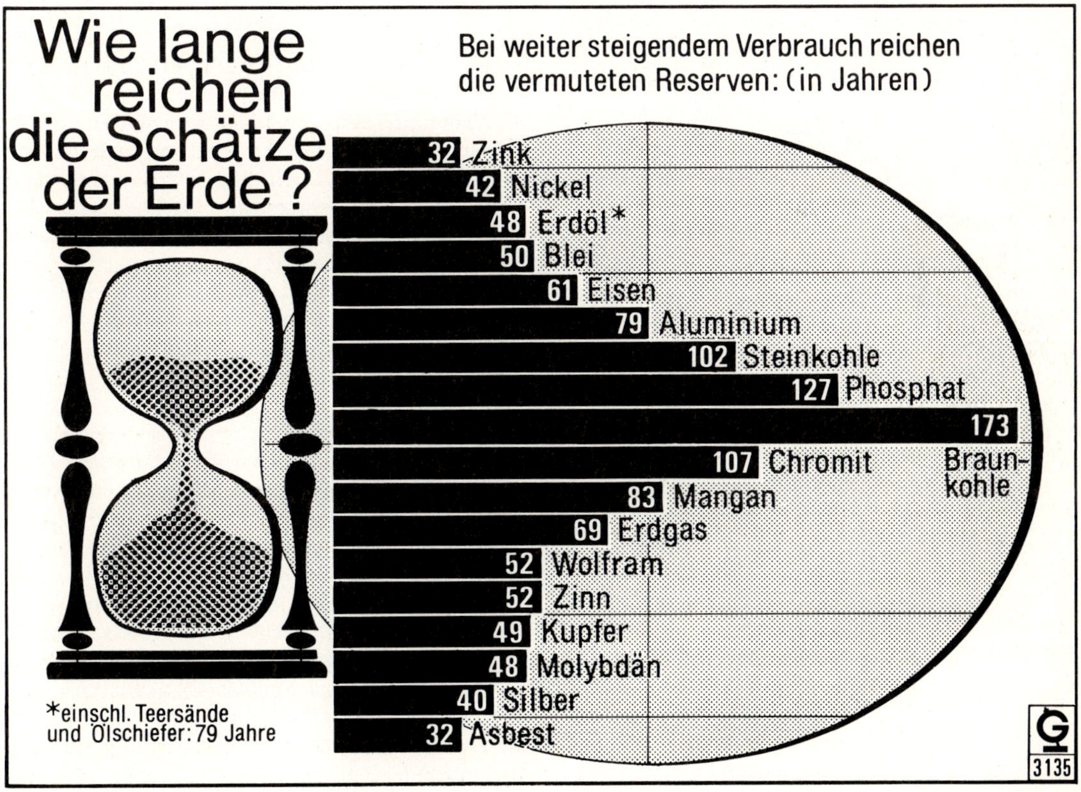

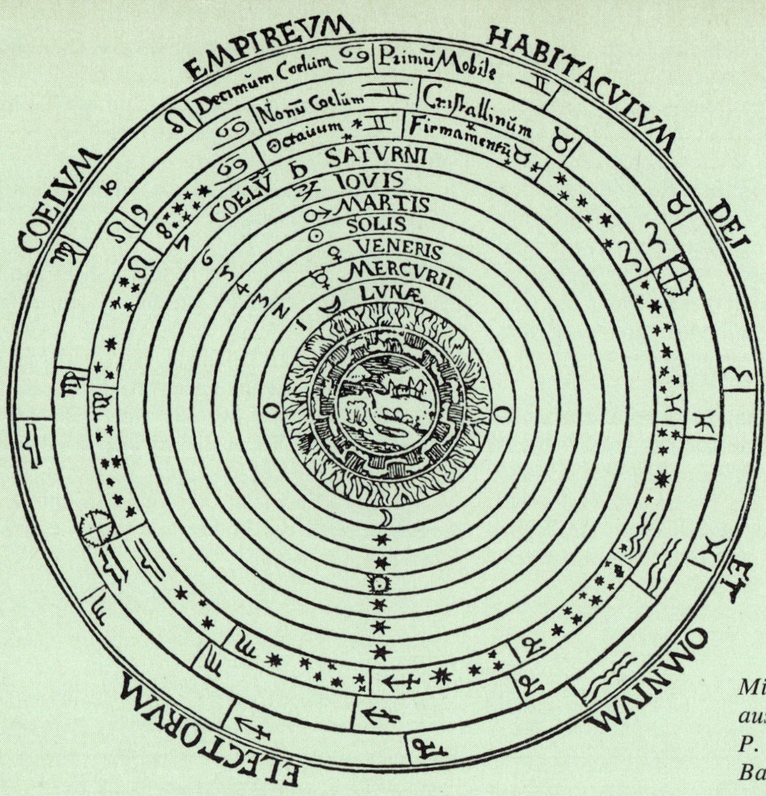

Mittelalterliches Weltbild, aus: P. Apian, Cosmographia, Basel 1544

Gewiß, angesichts des zunehmenden Tempos und der unendlich vielen Möglichkeiten der Entwicklung ist jede Voraussage, jede Prognose immer fragwürdiger geworden. Viele Voraussagen haben sich gerade in allerjüngster Zeit als lächerlich erwiesen. Doch das bleibt nicht so. Von nun an können Prognosen mit zunehmendem Grad an Treffsicherheit gemacht werden. Wieso? Weil die Grenzen des Planeten bereits sichtbar geworden sind! Die Voraussagen brauchen darum nicht mehr mühsam die bisherigen Entwicklungen fortzuschreiben und hochzurechnen, sie können von der Gegenposition, von der letzten Begrenzung her vorgenommen werden! Damit sind wieder Daten gegeben, die unumstößlich sind. Wenn schon keine Positivbestimmung getroffen werden kann, so läßt sich heute doch eine negative Bestimmung all dessen ausmachen, was alles nicht mehr geht. Diese Feststellungen bilden hinfort einen festen Rahmen, innerhalb dessen sich die Menschheitsgeschichte bewegen muß . . .

(Herbert Gruhl)

Wo ist Gott?

Sosehr die biblische Schöpfungsgeschichte die Verantwortlichkeit des Menschen für diese Welt heraushebt, so sehr gehört zu ihren fundamentalen Aussagen gerade auch das Bekenntnis zu Gott als dem Schöpfer: „Und Gott sprach . . . Und es geschah so". Das Geheimnis um die Weltentstehung hat nicht nur die alten Völker, sondern auch die Menschen späterer Zeiten, Theologen, Philosophen und Naturwissenschaftler, fasziniert. In besonderer Weise versuchte man mit dem aufkommenden wissenschaftlichen Zeitalter, das große Rätsel des Weltalls und seiner Entstehung zu lösen.

Der Astronom Nikolaus Kopernikus (1473 bis 1543) *stellte die für die damalige Kirche und Gesellschaft revolutionäre These auf, daß nicht die Erde im Mittelpunkt des Weltalls stehe (wie im sogenannten geozentrischen oder — nach dessen Begründer — ptolemäischen Weltbild), sondern die Sonne (daher heliozentrisches oder kopernikanisches Weltbild genannt), um die sich die anderen Gestirne (von innen nach außen:*

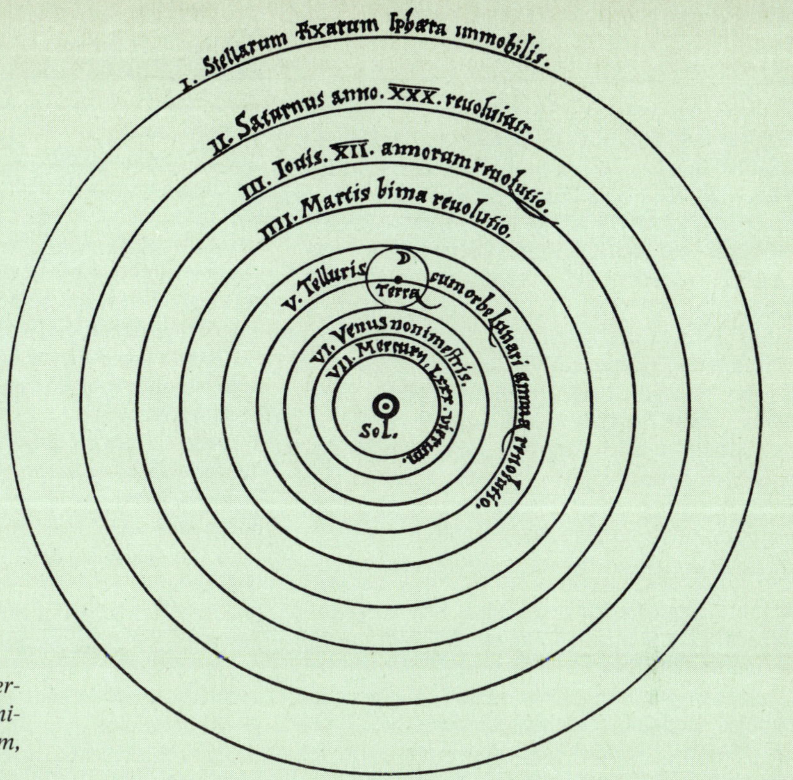

Das Weltbild des Kopernikus, aus: De revolutionibus orbium Coelistium, Nürnberg 1543

Merkur, Venus, Erde, Mars, Jupiter und Saturn) bewegen. Mit diesem Weltbild konnte vor allem das für das ptolemäische System unerklärbare Phänomen auf recht einfache Weise verständlich gemacht werden, daß nämlich einige Planeten (z. B. der Mars) auf ihrer Bahn Schleifen zeigen: da die Erde sich um ihre eigene Achse dreht und gleichzeitig den Mars (um an diesem Planeten den Sachverhalt zu verdeutlichen), der sich in einer weiter von der Sonne entfernten Umlaufbahn bewegt, sozusagen innen überholt, sieht der Beobachter in der Planetenbahn des Mars eine Schleife, die in Wirklichkeit nicht existiert, sondern wegen der ständigen Veränderung des Beobachtungsstandpunktes auf einer perspektivischen (gleichsam parallaktischen) Verschiebung beruht. Johannes Kepler *(1571 – 1630) errechnete die* mathematische *Gesetzmäßigkeit der Planetenbahnen (Ellipsenbahnen), während Isaac* Newton *(1643 – 1727) mit Hilfe des Gravitationsgesetzes (Anziehung von Massen) die* physikalische *Frage beantwortete, warum sich die Planeten in bestimmten Bahnen bewegen. Schließlich konnte Galileo* Galilei *(1564 – 1642) im Jahre 1610 das kopernikanische System* astronomisch *beweisen: durch teleskopische Beobachtungen stellte er u. a. fest, daß die Venus ihre Lichtgestalt wie der Mond ändert — die Venus sich also auch um die Sonne bewegt.*

Das Zusammenspiel von moderner Naturwissenschaft und einer sich immer schneller entwickelnden Technik hat es in unserer Zeit ermöglicht, sowohl im Makrokosmos bisher nicht gekannte Galaxien hinsichtlich Größe, Anzahl, Alter usw. zu bestimmen, als auch im Mikrokosmos bis in kleinste Bereiche der Materie und des Lebens vorzustoßen.

Hier melden sich, sei es zu Zeiten eines Kopernikus oder Galilei, sei es zu unserer Gegenwart, die Fragen nach der Existenz Gottes, nach dem Grund alles Existierenden, nach dem Verhältnis zwischen Naturwissenschaft und Glauben. Die folgenden Texte sollen dazu anregen, diese Fragen weiterzudenken.

51

10. JANUAR 1610: VERMITTELS DES FERNROHRS ENTDECKT GALILEI AM HIMMEL ERSCHEINUNGEN, WELCHE DAS KOPERNIKANISCHE SYSTEM BEWEISEN. VON SEINEM FREUND VOR DEN MÖGLICHEN FOLGEN SEINER FORSCHUNGEN GEWARNT, BEZEUGT GALILEI SEINEN GLAUBEN AN DIE MENSCHLICHE VERNUNFT.

Sechzehnhundertzehn, zehnter Januar:
Galileo Galilei sah, daß kein Himmel war.

Studierzimmer des Galilei in Padua

Nacht. Galilei und Sagredo, in dicke Mäntel gehüllt, am Fernrohr.

...

GALILEI Sagredo, ich frage mich. Seit vorgestern frage ich mich. Da ist der Jupiter. *Er stellt ihn ein.* Da sind nämlich vier kleinere Sterne nahe bei ihm, die man nur durch das Rohr sieht. Ich sah sie am Montag, nahm aber nicht besondere Notiz von ihrer Position. Gestern sah ich wieder nach. Ich hätte schwören können, alle vier hatten ihre Position geändert. Ich merkte sie mir an. Sie stehen wieder anders. Was ist das? Ich sah doch vier. *In Bewegung:* Sieh du durch!

SAGREDO Ich sehe drei.

GALILEI Wo ist der vierte? Da sind die Tabellen. Wir müssen ausrechnen, was für Bewegungen sie gemacht haben können.

Sie setzen sich erregt zur Arbeit. Es wird dunkel auf der Bühne, jedoch sieht man weiter am Rundhorizont den Jupiter und seine Begleitsterne. Wenn es wieder hell wird, sitzen sie immer noch, mit Wintermänteln an.

GALILEI Es ist bewiesen. Der vierte kann nur hinter den Jupiter gegangen sein, wo man ihn nicht sieht. Da hast du ein Gestirn, um das ein anderes sich dreht.

SAGREDO Aber die Kristallschale, an die der Jupiter angeheftet ist?

GALILEI Ja, wo ist sie jetzt? Wie kann der Jupiter angeheftet sein, wenn andere Sterne um ihn kreisen? Da ist keine Stütze im Himmel, da ist kein Halt im Weltall! Da ist eine andere Sonne!

SAGREDO Beruhige dich! Du denkst zu schnell.

GALILEI Was, schnell! Mensch, reg dich auf! Was du siehst, hat noch keiner gesehen. Sie hatten recht!

SAGREDO Wer? Die Kopernikaner?

GALILEI Und der andere! Die ganze Welt war gegen sie, und sie hatten recht. Das ist was für Andrea! *Er läuft außer sich zur Tür und ruft hinaus:* Frau Sarti! Frau Sarti!

SAGREDO Galilei, du sollst dich beruhigen!

GALILEI Sagredo, du sollst dich aufregen! Frau Sarti!

SAGREDO *dreht das Fernrohr weg:* Willst du aufhören, wie ein Narr herumzubrüllen?

GALILEI Willst du aufhören, wie ein Stockfisch dazustehen, wenn die Wahrheit entdeckt ist?

SAGREDO Ich stehe nicht wie ein Stockfisch, sondern ich zittere, es könnte die Wahrheit sein.

GALILEI Was?

SAGREDO Hast du allen Verstand verloren? Weißt du wirklich nicht mehr, in was für eine Sache du kommst, wenn das wahr ist, was du da siehst? Und du es auf allen Märkten herumschreist: daß die Erde ein Stern ist und nicht der Mittelpunkt des Universums.

GALILEI Ja, und daß nicht das ganze riesige Weltall mit allen Gestirnen sich um unsere winzige Erde dreht, wie jeder sich denken konnte!

SAGREDO Daß da also nur Gestirne sind! — Und wo ist dann Gott?

GALILEI Was meinst du damit?

SAGREDO Gott! Wo ist Gott?

GALILEI *zornig:* Dort nicht! So wenig wie er hier auf der Erde zu finden ist, wenn dort Wesen sind und ihn hier suchen sollten!

SAGREDO Und wo ist also Gott?

GALILEI Bin ich Theologe? Ich bin Mathematiker.

SAGREDO Vor allem bist du ein Mensch. Und ich frage dich, wo ist Gott in deinem Weltsystem?

GALILEI In uns oder nirgends!

SAGREDO *schreiend:* Wie der Verbrannte gesagt hat?

GALILEI Wie der Verbrannte gesagt hat!

SAGREDO Darum ist er verbrannt worden! Vor noch nicht zehn Jahren!

GALILEI Weil er nichts beweisen konnte! Weil er es nur behauptet hat! Frau Sarti!

SAGREDO Galilei, ich habe dich immer als einen schlauen Mann gekannt. Siebzehn Jahre in Padua und drei Jahre in Pisa hast du Hunderte von Schülern geduldig das Ptolemäische System gelehrt, das die Kirche verkündet und die Schrift bestätigt, auf der die Kirche beruht. Du hast es für falsch gehalten mit dem Kopernikus, aber du hast es gelehrt.

GALILEI Weil ich nichts beweisen konnte.

SAGREDO *ungläubig:* Und du glaubst, das macht einen Unterschied?

GALILEI Allen Unterschied! Sieh her, Sagredo! Ich

glaube an den Menschen, und das heißt, ich glaube an seine Vernunft! Ohne diesen Glauben würde ich nicht die Kraft haben, am Morgen aus meinem Bett aufzustehen.

SAGREDO Dann will ich dir etwas sagen: ich glaube nicht an sie. Vierzig Jahre unter den Menschen haben mich ständig gelehrt, daß sie der Vernunft nicht zugänglich sind. Zeige ihnen einen roten Kometenschweif, jage ihnen eine dumpfe Angst ein, und sie werden aus ihren Häusern laufen und sich die Beine brechen. Aber sage ihnen einen vernünftigen Satz und beweise ihn mit sieben Gründen, und sie werden dich einfach auslachen.

GALILEI Das ist ganz falsch und eine Verleumdung. Ich begreife nicht, wie du, so etwas glaubend, die Wissenschaft lieben kannst. Nur die Toten lassen sich nicht mehr von Gründen bewegen!

SAGREDO Wie kannst du ihre erbärmliche Schlauheit mit Vernunft verwechseln!

GALILEI Ich rede nicht von ihrer Schlauheit. Ich weiß, sie nennen den Esel ein Pferd, wenn sie ihn verkaufen, und das Pferd einen Esel, wenn sie es einkaufen wollen. Das ist ihre Schlauheit. Die Alte, die am Abend vor der Reise dem Maulesel mit der harten Hand ein Extrabüschel Heu vorlegt, der Schiffer, der beim Einkaufen der Vorräte des Sturmes und der Windstille gedenkt, das Kind, das die Mütze aufstülpt, wenn ihm bewiesen wurde, daß es regnen kann, sie alle sind meine Hoffnung, sie alle lassen Gründe gelten. Ja, ich glaube an die sanfte Gewalt der Vernunft über die Menschen. Sie können ihr auf die Dauer nicht widerstehen. Kein Mensch kann lange zusehen, wie ich — *er läßt aus der Hand einen Stein auf den Boden fallen* — einen Stein fallen lasse und dazu sage: er fällt nicht. Dazu ist kein Mensch imstande. Die Verführung, die von einem Beweis ausgeht, ist zu groß. Ihr erliegen die meisten, auf die Dauer alle. Das Denken gehört zu den größten Vergnügungen der menschlichen Rasse.

(Bert Brecht)

52

Riesenanlagen sollen klären: Was ist eigentlich die Materie und wo kommt sie her?

Man stelle sich einen dunklen Kasten vor, in dem absolut nichts ist, keine Luft, keine Flüssigkeit, kein Staubkörnchen. Und nun käme jemand und würde behaupten, er könne in diesen Kasten ein Stückchen Materie hineinzaubern, beispielsweise Eisen. Wo eben noch nichts sei, da werde plötzlich ein Bällchen fester Masse entstehen, anfaßbar, fühlbar, erkennbar. Die Sache käme „gesundem Menschenverstand" abwegig vor. Tatsächlich aber weiß heute die Wissenschaft, daß sich aus eben solchem stofflichen Nichts die ganze Materie des Universums gebildet hat. Sie entstand aus Energie, aus etwas, das als Masse ebensowenig existiert wie etwa ein Gedanke. Energie war und ist das Baumaterial für die stoffliche Materie, aus der die Welt besteht. Dafür gibt es Beweise. In ihren „Synchrotrons" können die Wissenschaftler heute Materieteilchen im Nichts verschwinden lassen oder aus dem Nichts heraus neu erschaffen, ganz nach Belieben. Der Ursprung der Materie, so sagt denn auch der Münchener Physiker und Nobelpreisträger Werner Heisenberg, „sind Formen, Strukturen oder — im Sinne Platos — Ideen". — Was bedeutet das? Und woher kommt diese „Idee", die wir Energie nennen? Hat sie vielleicht doch so etwas in sich wie ein göttliches Prinzip? Der Nobelpreisträger Prof. Dirac hält das für möglich. So verändern die Elektronen, die den Atomkern umkreisen, auf rätselhafte Weise ihre Bahnen. Diese „Quantensprünge" beeinflussen beispielsweise die Form von Kristallen und von Riesenmolekülen wie etwa den Genen, den Erbträgern. Könnte Gott, fragt Prof. Dirac, vielleicht derjenige sein, der die „Quantensprünge" regelt und so Einfluß nimmt auf das gesamte Dasein der Materie?

53

Die durchschnittliche Haltung heutiger Physiker zur Religion scheint mir agnostisch, aber offen zu sein. Meinem Eindruck nach sind bewußt antireligiöse Überzeugungen bei Physikern seltener als bei

Biologen und viel seltener als bei Soziologen. Dies mag daran liegen, daß die Zeit des Streits mit der Kirche bei der Physik historisch schon am weitesten zurückliegt. Es fragt sich, was diese geschichtliche Abfolge bedeuten mag.

Freud spricht („Eine Schwierigkeit der Analyse", 1917) von den drei Kränkungen des menschlichen Selbstbewußtseins durch Kopernikus, Darwin und die Psychoanalyse. Wir hatten zu lernen, daß unser Ort in der Welt nicht deren Mitte ist, daß die anderen Geschöpfe unsere Brüder sind, und daß „das Ich nicht Herr im Hause" ist. Die dritte Kränkung ist die tiefste. Lösen wir diese Beobachtungen aus dem besonderen Zusammenhang mit der Psychoanalyse, so ließe sich sagen: die ernüchternde Selbsterkenntnis durch die Wissenschaft rückt immer näher auf den Personkern des Menschen vor.

Daß diese fortschreitende Ernüchterung einen fortschreitenden Konflikt mit der Religion bedeute, muß aber nur dann folgern, wenn man in der Religion von vorneherein einen Repräsentanten der Selbstherrlichkeit des menschlichen Ich sieht. Man könnte umgekehrt in der Ernüchterung über das Ich eine Annäherung an den Kern religiöser Erfahrung sehen. Sollte Religion uns nicht demütig machen? Aber die wissenschaftliche Ernüchterung ist bisher inhaltlich nicht religiös, und das Ich findet die Kompensation der Kränkung darin, sich selbst als Träger der Erkenntnis zu fühlen.

Die Physik hat aber einen doppelt positiven Zugang, zum mindesten zur religiösen Frage. Der eine Zugang mag an Gestalten wie Kepler verdeutlicht werden. In den mathematischen Gesetzen der Natur enthüllt sich eine ungeahnte Herrlichkeit. Kepler interpretierte diese vielen Physikern gemeinsame Erfahrung in christlichem Platonismus. Die Welt ist nach Gottes Schöpfungsgedanken, d. h. in mathematischer Harmonie, gebaut. Der Mensch, nach Gottes Bilde geschaffen, vermag diese Gedanken nachzudenken. Naturwissenschaft ist Gottesdienst.

Den anderen Zugang hat die Physik des ersten Drittels unseres Jahrhunderts eröffnet. Das Weltbild der klassischen Physik war objektivistisch, deterministisch; das Bewußtsein stand außerhalb der so beschriebenen Natur. Die Quantentheorie ist nur interpretierbar, wenn man die Bezogenheit der objektivierenden Naturbeschreibung auf den Beobachter explizit berücksichtigt. So wurde die primitive Ontologie der klassischen Naturwissenschaft erschüttert. Philosophische Fragen wurden eröffnet, die noch nicht beantwortet sind.

Die Beendigung des Streits zwischen Physik und Kirche (die „Revision des Galilei-Prozesses") scheint mir nicht das Wichtigste der heutigen Situation. Naturwissenschaftler und Christen können einander einen wichtigeren Dienst tun, wenn sie einander kritische Fragen stellen.

Christen müssen die Naturwissenschaftler fragen, ob das, was sie der Welt antun, nicht vielleicht objektiv verbrecherisch ist (Weltzerstörung durch Folgen objektivierender Erkenntnis). Fragen, nicht anklagen. Nur die Selbstanklage eröffnet die Quellen der Gnade; gegen eine fremde Anklage kann und darf man sich verteidigen. Objektiv, nicht subjektiv verbrecherisch; die erlösende Erfahrung der Sünde beginnt, wo wir uns mit unserem Handeln identifizieren lernen, obwohl die subjektive Intention nicht böse war. Eine durch diese Erfahrung hindurchgegangene Wissenschaft könnte zu sich selbst finden; eine gegen diese Erfahrung abgeschirmte Wissenschaft wird objektiv böse.

Naturwissenschaftler müssen die Christen fragen, ob sie das moderne Bewußtsein vollzogen haben. In der protestantischen Theologie der letzten zwanzig Jahre ist sehr viel von diesem Vollzug nachgeholt worden. Hier wurde zum Teil das moderne Bewußtsein zu simpel als Wahrheit akzeptiert. Aber als Abbau einer unhaltbaren (und durch Angst bedingten) kirchlichen Selbstbehauptung war der Vorgang notwendig. Vielleicht gilt für die notwendige Erfahrung der Kirche mutatis mutandis* dasselbe wie für die notwendige Erfahrung der Wissenschaft. Es ist keine Schande und keine Gefährdung, zuzugeben, daß die gedanklichen Probleme zwischen religiöser Wahrheit und modernem Bewußtsein ungelöst sind ...

(Carl Friedrich von Weizsäcker)

* lat. = mit den nötigen Abänderungen

Gott glauben und denken

Welchen Sinn hat es, von Gott zu reden?

54

Versteht man unter „von Gott" reden *„über Gott" reden,* so hat solches Reden überhaupt keinen Sinn; denn in dem Moment, wo es geschieht, hat es seinen Gegenstand, Gott, verloren. Denn wo überhaupt der Gedanke „Gott" gedacht ist, besagt er, daß Gott der Allmächtige, d. h. die Alles bestimmende Wirklichkeit sei. Dieser Gedanke ist aber überhaupt nicht gedacht, wenn ich *über* Gott rede, d. h. wenn ich Gott als ein Objekt des Denkens ansehe, über das ich mich orientieren kann, wenn ich einen Standpunkt einnehme, von dem aus ich neutral zur Gottesfrage stehe, über Gottes Wirklichkeit und sein Wesen Erwägungen anstelle, die ich ablehnen oder, wenn sie einleuchtend sind, akzeptieren kann. Wer durch Gründe bewogen wird, Gottes *Wirklichkeit* zu glauben, der kann sicher sein, daß er von der Wirklichkeit *Gottes* nichts erfaßt hat; und wer mit Gottesbeweisen etwas über Gottes Wirklichkeit auszusagen meint, disputiert über ein Phantom. Denn jedes „Reden *über*" setzt einen Standpunkt außerhalb dessen, worüber geredet wird, voraus. Einen Standpunkt außerhalb Gottes aber kann es nicht geben, und von Gott läßt sich deshalb auch nicht in allgemeinen Sätzen, allgemeinen Wahrheiten reden, die wahr sind ohne Beziehung auf die konkrete existentielle Situation des Redenden. ... Denn in wissenschaftlichen Sätzen, d. h. in allgemeinen Wahrheiten von Gott reden, bedeutet eben, in Sätzen reden, die gerade darin ihren Sinn haben, daß sie allgemeingültig sind, daß sie von der konkreten Situation des Redenden absehen. Aber gerade indem der Redende das tut, stellt er sich außerhalb der tatsächlichen Wirklichkeit seiner Existenz, mithin außerhalb Gottes, und redet von allem andern als von Gott. ...

Der Gedanke von *Gott als dem ganz Anderen* kann also, wenn von Gott dem Allmächtigen die Rede sein soll, nicht bedeuten, daß Gott etwas außerhalb meiner wäre, das ich erst suchen müßte, und um das zu finden ich erst mir selbst entfliehen müßte. Daß Gott, der meine Existenz bestimmt, gleichwohl der Ganz Andere ist, kann also nur den Sinn haben, daß er mir als dem Sünder gegenübersteht als *der* Ganz Andere; daß er, sofern ich *Welt* bin, mir gegenübersteht als *der* Ganz Andere. Von Gott als dem ganz Anderen zu reden hat dann Sinn, wenn ich gesehen habe, daß die tatsächliche Situation des Menschen die des Sünders ist, der von Gott reden möchte und es nicht kann; der von seiner Existenz reden möchte und es auch nicht kann. Er müßte von ihr reden als der durch Gott bestimmten und kann von ihr als solcher nur reden als sündiger, d. h. als einer solchen, in der *er* Gott nicht sehen kann, der Gott als der ganz Andere gegenübersteht.

... Das Wirken Gottes kann eben nicht als ein allgemeines Geschehen angesehen werden, das wir anschauen könnten (etwa in der Betrachtung jener Gesetze) unter Absehung von unserer eigenen Existenz, und in das wir nachträglich unsere Existenz eingliedern könnten, um sie uns so verständlich zu machen. Denn wir hätten damit ja den primären Gedanken von Gott als der unsere Existenz bestimmenden Wirklichkeit preisgegeben. Wir geben das auch unfreiwillig oder unbewußt zu, indem wir uns in unserem eigentümlichen Sein ganz klar von den Weltgesetzen unterscheiden ... Nur wenn man sich in seiner eigenen Existenz von Gott angesprochen weiß, hat es Sinn von Gott als dem Herrn der Wirklichkeit zu reden. Denn jedes Reden über die Wirklichkeit, das absieht von dem Moment, in dem wir allein das Wirkliche haben können, nämlich von unserer eigenen Existenz, ist Selbsttäuschung. Gott ist nie ein von außen zu Sehendes, ein Verfügbares, ein „Woraufhin".

Ist es so, daß die Welt von außen gesehen gottlos ist, und daß wir, sofern wir uns als ein Stück Welt sehen, gottlos sind, so ist wiederum klar, daß Gott der Ganz Andere nicht ist, sofern er sich außerhalb der Welt irgendwo befindet, sondern sofern diese Welt als gottlose sündig ist. Diese von außen gesehene Welt, in der wir uns als Subjekte bewegen, das ist unsere Welt, die wir ernst nehmen und damit als sündig qualifizieren.

Es ist uns also von unserer Existenz nur ein Doppeltes klar: 1. daß wir die Sorge und Verantwortung für sie haben; denn sie bedeutet ja: tua res agitur; 2. daß sie absolut unsicher ist und wir sie nicht sichern können; denn dazu müßten wir außerhalb ihrer stehen und Gott selbst sein. Wir können nicht über unsere Existenz reden, da wir nicht über Gott reden können; und wir können nicht über Gott reden, da wir nicht über unsere Existenz reden können. Wir könnten nur eins mit dem andern. Könnten wir *aus* Gott von Gott reden, so könnten wir auch von unserer Existenz reden, und umgekehrt. Jedenfalls müßte ein Reden von Gott, *wenn* es möglich wäre, zugleich ein Reden von uns sein. ...

Was könnten wir je tun und reden, das *nicht*

menschlich wäre! Aber *dies* hat sich ereignet, daß all unser Tun und Reden von dem Fluche erlöst ist, uns von Gott zu trennen. Es bleibt immer sündig, sofern es immer ein von uns unternommenes ist. Aber eben als *sündiges* ist es gerechtfertigt, d. h. es ist gerechtfertigt aus *Gnade*. Wir *wissen* nie von Gott; wir *wissen* nie von unserer eigenen Wirklichkeit; wir haben beides nur im Glauben an Gottes Gnade.

So wäre also der Glaube der archimedische Punkt, von dem aus die Welt aus den Angeln gehoben würde und aus einer Welt der Sünde zur Welt Gottes würde? Ja, das ist die Botschaft des Glaubens. Wer aber weiter fragen wollte nach der Notwendigkeit, nach dem Recht, nach dem Grund des Glaubens, — er erhielte nur eine Antwort, indem er hingewiesen würde auf die Botschaft des Glaubens, die mit dem Anspruch, geglaubt zu werden, an ihn herantritt. Er erhielte keine Antwort, die vor irgend einer Instanz das Recht des Glaubens rechtfertigte. Sonst wäre ja das Wort nicht *Gottes* Wort; sonst würde ja Gott zur Rechenschaft gezogen; sonst wäre ja Glaube nicht Gehorsam. Völlig zufällig, völlig kontingent, völlig als ein Ereignis tritt das Wort in unsere Welt hinein. Keine Garantie ist da, auf die hin geglaubt werden könnte. Keine Berufung hat Platz auf den Glauben anderer, sei es Paulus, sei es Luther. Ja, für uns selbst kann der Glaube nie ein Standpunkt sein, woraufhin wir uns einrichten, sondern stets neue Tat, neuer Gehorsam. Stets wieder unsicher, sobald wir als Menschen uns umsehen und fragen; stets unsicher, sobald wir über ihn reflektieren, sobald wir über ihn reden; nur sicher als Tat. Stets sicher nur als der Glaube an die Sünden vergebende Gnade Gottes, die mich, der ich nicht aus Gott zu reden, sondern nur über Gott zu reden mir vornehmen kann, rechtfertigt, wenn es ihm gefällt. All unser Tun und Reden hat nur Sinn unter der Gnade der Sündenvergebung, und über sie verfügen wir nicht; wir können nur an sie glauben.

Auch dies Reden ist ein Reden über Gott und als solches, wenn es Gott gibt, Sünde, und wenn es keinen Gott gibt, sinnlos. Ob es sinnvoll und ob es gerechtfertigt ist, steht bei keinem von uns.

(Rudolf Bultmann)

● *Worin liegt nach Bultmann der Unterschied zwischen dem Reden „von Gott" und dem Reden „über Gott"?*

Der Mensch — zwischen Himmel und Erde zwischen Tod und Leben

55

Der Sinn der Religion ist der Erweis der Macht, mit der die Sünde diesen Menschen in dieser Welt beherrscht: auch der religiöse Mensch ist Sünder, gerade er, gerade er als solcher! Damit „überfließt" die Sünde, und es wird deutlich, was es mit dem „Überströmen" der Gnade (Römer 5, 20), mit dem Trotzdem! des göttlichen Erbarmens auf sich haben muß. . . .

Mag romantische Psychologie es immer wieder versuchen, sich diesen Tatbestand zu verbergen, Religion zu feiern als die Fähigkeit, „alle Begebenheiten in der Welt als Handlungen eines Gottes vorzustellen", sie „wie eine heilige Musik alles Tun des Menschen begleiten" zu lassen (Schleiermacher), Religion selbst, aktive, kombattante, scharf geladene, nicht-ästhetische, nicht-rhetorische, nicht-fromme Religion, die Religion des 39. Psalms, Hiobs, Luthers und Kierkegaards, die Religion des Paulus wird sich gegen diese Verharmlosung ihres Ernstes mit nicht minderer Zähigkeit immer wieder zur Wehr setzen: sie weiß sich selbst durchaus nicht als Krönung und Erfüllung wahrer Menschlichkeit, sondern als den bedenklichen, störenden, gefährlichen, als den schließenden und eben darum heimlich offenen Punkt im Kreise der Humanität, als das allen Begebenheiten in der Welt, allem Tun des Menschen gegenüber Unbegreifliche, Unerträgliche, Unannehmbare, als den Ort, wo nicht die Gesundheit, sondern die Krankheit des Menschen erkennbar wird, wo nicht die Harmonie, sondern die Disharmonie aller Dinge zum Klingen kommt, wo Kultur nicht sowohl begründet, als vielmehr samt ihrer Partnerin Unkultur gründlichst in Frage gestellt wird.

Die Parole: *Suchet* Gott! wird immer wieder aufmerksame Ohren finden, gerade weil sie das Letzte ist, was Menschenohren eben noch zu hören vermögen, und sicher war und ist die Zahl aufrichtig Wollender, aufrichtiger Gottsucher unendlich viel größer, als es bei oberflächlicher Betrachtung erscheinen möchte. *Wer* darf denn *wem* das ehrliche Wollen absprechen? Vielleicht bin auch ich ein Gottsucher. „Das Wollen gelingt mir." Es kann ja sein. Aber der religiöse Schlupfwinkel, in den ich mich mit dieser Feststellung vielleicht flüchten möchte, ist so ungenügend wie der andere, über dem geschrieben steht, daß ich „nicht will das ich tue“ (Römer 7, 16). Denn wie dort auf das *Nicht-Tun*, so käme hier für das Sein des Guten in mir, dessen ich mich so gern versichern würde, alles auf das *Tun an*, auf das „Vollbringen des Rechten“. Und nun kann kein Zweifel bestehen, daß auch das ehrlichste, tiefste, gründlichste Wollen durchaus nicht mit dem „Vollbringen des Rechten“ gekrönt zu werden pflegt. Wir denken noch einmal an die Gräberfelder der christlichen Kirchen- und Geistesgeschichte, in der es wahrhaftig an jenem ehrlichen Wollen nicht gefehlt hat. Durch was unterscheidet sich etwa das „Tun“ des Jeremia vom „Tun“ der ihm gegenüberstehenden falschen Propheten? . . .

Römer 7, 24–25 a Ich unglückseliger Mensch! Wer wird mich herausreißen aus diesem Leibe des Todes? – Gott sei Dank durch Jesus Christus unseren Herrn!

Wir stehen wieder dort, von wo wir am Anfang des Kapitels ausgingen: Der religiöse Mensch ist „der Mensch solange er lebt“ (Römer 7, 1): *dieser* Mensch in *dieser* Welt, der menschenmögliche Mensch, den wir allein kennen. *Der* Mensch, der nie sein soll, was er ist, und nie ist, was er sein soll. *Der* Mensch, der in seinem sterblichen Leibe, mit dem er unzerreißbar und unabgrenzbar eins ist, die Erinnerung mit sich herumträgt, daß er (kein anderer, *er!)* des Todes ist. Wohin können uns alle Feststellungen über die Wirklichkeit der Religion führen als zu dem gründlichsten Zweifel an der Möglichkeit *dieses* Menschen? Er kann ja wirklich nicht leben und nicht sterben! Er hängt ja wirklich, gerade mit seiner Frömmigkeit, zwischen Himmel und Erde! Aber was hilft mir der gründlichste Zweifel an der Möglichkeit dieses Menschen, wenn ich nun einmal dieser Mensch *bin*, wenn alle psychischen Verrenkungen und alle dialektischen Umkehrungen mir nicht hinweghelfen über die brutale Gegebenheit dieses „Ich bin“, wenn ich, gerade durch die religiöse Möglichkeit sehend gemacht, keine andere Möglichkeit sehe als die Möglichkeit, dieser Mensch zu sein! „Ich unglückseliger Mensch!“ Wissen wir jetzt, jetzt endlich, was der Mensch ist? Und was die Wirklichkeit der Religion? Und *wie* weit weg von der Wirklichkeit der Religion jene Triumphatorenstimmung, die an der Wiege dessen stand, was die Wortführer des 19. Jahrhunderts Religion zu nennen beliebten? Die Wirklichkeit der Religion ist das Entsetzen des Menschen vor sich selbst. – *Jesus Christus* aber ist der neue Mensch jenseits des menschenmöglichen Menschen, jenseits vor allem des frommen Menschen. Er ist die Aufhebung *dieses* Menschen in seiner Totalität. Er ist der Mensch, der aus dem *Tode* zum Leben gekommen ist. Er ist – nicht ich, mein existentielles Ich, ich, der ich in Gott, in der Freiheit Gottes bin. Gott sei Dank: durch Jesus Christus unseren Herrn bin ich *nicht* der unglückselige Mensch, der ich bin.

Römer 7, 25b Also so steht's: Ich als derselbe eine Mensch diene mit der Vernunft dem Gesetze Gottes, mit dem Fleische aber dem Gesetz der Sünde.

Der unglückselige Mensch, der *ich bin*. Wir müssen dem ganzen Gewicht dieses „Ich bin“ standhalten. Man wirft dieses Gewicht *nicht* ab. Wahrhaftig nicht seine Geschichte „*vor* seiner Bekehrung“ hat Paulus hier erzählt. Was heißt „vor“, wenn es sich bei der Bekehrung um die Aufhebung dieses Menschen in seiner Totalität handelt? Sondern festgestellt hat Paulus, kongenial verstanden von den Reformatoren, *nicht* verstanden von der mit pietistischer Brille lesenden neuern Theologie, sein *Sein* in Vergangenheit, Gegenwart und Zukunft. Die Wirklichkeit seines *Seins* „vor“ und „nach“ Damaskus ist *diese* Wirklichkeit. Derselbe eine Mensch kraft des Gesetzes Gottes gespalten in zwei, die kraft des Gesetzes Gottes nicht zwei sein können. Gestürzt in einen Dualismus, der seine eigene Widerlegung ist. Zerschellt an Gott, ohne doch Gottes vergessen zu können. Wissen wir jetzt, was die Freiheit Gottes, was seine Gnade ist!?

(Karl Barth)

- *Stellen Sie die theologische Grundeinstellung des Verfassers dar.*
- *Wie sieht er das Verhältnis zwischen Gott und Mensch*
- *Gegen welche theologischen Strömungen wendet sich K. Barth?*
- *Vergleichen Sie Text Nr. 57, S. 269!*

Was uns unbedingt angeht

56

Glaube ist das Ergriffensein von dem, was uns unbedingt angeht. Der Mensch ist wie jedes andere Lebewesen von der Sorge um viele Dinge betroffen, besonders von der Sorge um Dinge, die sein Leben bedingen, wie Nahrung und Obdach. Und der Mensch hat im Unterschied von anderen Lebewesen auch soziale und politische Anliegen. Manche von ihnen sind dringlich, einige äußerst dringlich, und jedes von ihnen kann ebenso wie die Dinge des täglichen Lebens unbedingtes Gewicht für das

Leben eines einzelnen Menschen wie das einer Gemeinschaft gewinnen. Wenn das geschieht, so fordert es die vollkommene Hingabe dessen, der diesen Anspruch bejaht; und es verheißt vollkommene Erfüllung, selbst wenn alle anderen Ansprüche ihm unterworfen oder um seinetwillen aufgegeben werden müßten. Wenn eine nationale Partei oder Gruppe das Gedeihen und die Macht der Nation zu ihrem letzten Anliegen macht, zu dem, was sie unbedingt angeht, so fordert sie, daß ihm alle anderen Anliegen geopfert werden, sowohl wirtschaftlicher Wohlstand, Gesundheit, Leben und Familie, ästhetische und Erkenntniswerte als auch Gerechtigkeit und Humanität. Der extreme Nationalismus unseres Jahrhunderts in all seinen Schattierungen ist geradezu ein Laboratoriumsfall für eine Untersuchung dessen, was „letztes Anliegen" in allen Bereichen menschlichen Daseins bedeutet. Alles wird ausgerichtet auf den einzigen Gott: die Nation — ein Gott, der dämonischen Charakter hat, an dessen Beispiel aber die Unbedingtheit eines unbedingten Anliegens aufgezeigt werden kann.
Das unbedingte Anliegen enthält nicht nur eine unbedingte Forderung, sondern in ihm wird auch eine letzte Erfüllung verheißen, die man gläubig akzeptiert. Was verheißen wird, ist dabei nicht genau bestimmt. Es kann in allgemeinen, aber auch in konkreten Symbolen ausgedrückt werden. Letztere dürfen nicht wörtlich genommen werden, wie etwa die „Größe" einer Nation, an der man sogar dann teilhat, wenn man für sie gestorben ist, oder die Eroberung der gesamten Menschheit durch eine „heilbringende Herrenrasse" usw. In jedem solchen Fall wird eine „letzte Erfüllung" verheißen, und jeder, der der unbedingten Forderung nicht gehorcht, steht unter der Drohung, von der Erfüllung ausgeschlossen zu sein.
Ein Beispiel — und mehr als ein Beispiel — ist der Glaube, der in der Religion des Alten Testaments offenbar wird. Auch er hat unbedingten Charakter in Forderung, Drohung und Verheißung. Doch das, was unbedingt angeht, ist nicht die Nation — wenn auch der jüdische Nationalismus versucht hat, ihm diesen verzerrten Sinn zu geben —, sondern das, was unbedingt angeht, ist der Gott der Gerechtigkeit, der der allmächtige Gott, der Gott der gesamten Schöpfung, genannt wird, weil er für jeden Menschen und für jedes Volk die Verkörperung der Gerechtigkeit ist. Er ist das unbedingte Anliegen jedes frommen Juden, und deshalb wird in seinem Namen das Große Gebot verkündet: „Du sollst lieben Gott deinen Herrn mit deinem ganzen Herzen, mit deiner ganzen Seele und mit deinem ganzen Gemüt" (5. Mose 6,5). Damit ist gesagt, was letztes Anliegen, letztes Ergriffensein bedeutet, und es ist das Große Gebot, von dem der Begriff „letztes Anliegen" oder „das, was uns unbedingt angeht", abgeleitet ist. In der Forderung totaler Hingabe an den Gegenstand des unbedingten Anliegens offenbart das Große Gebot unzweideutig das Wesen echten Glaubens. Das Alte Testament ist voller Gebote, die den Inhalt dieser Hingabe verdeutlichen, und voller damit verbundener Verheißungen und Drohungen. Die Verheißungen haben immer eine symbolische Unbestimmtheit, obwohl ihr zentraler Inhalt die Vollendung und Erfüllung des nationalen und individuellen Lebens ist. Als Drohung steht der Ausschluß von solcher Erfüllung in der Form des nationalen Untergangs und individueller Katastrophen. Glaube ist für die Menschen des Alten Testaments letztes und unbedingtes Ergriffensein von Jahwe und von all dem, was er verkörpert in Forderung, Drohung und Verheißung.
Ein anderes Beispiel — das heißt ein nicht weniger aufschlußreiches Gegenbeispiel — ist das unbedingte Anliegen des „Erfolgs", des sozialen Prestiges und der wirtschaftlichen Macht. Es ist der Gott vieler Menschen in der hochentwickelten, vom Konkurrenzkampf beherrschten Zivilisation des Westens. Es ist ein Gott, der wie jedes „letzte Anliegen" unbedingte Hingabe an seine Gesetze fordert, selbst wenn der Preis im Opfer echter menschlicher Beziehungen, persönlicher Überzeugungen und des schöpferischen Eros besteht. Seine Drohung besteht in sozialem und wirtschaftlichem Untergang, seine Verheißung — so unbestimmt wie alle solche Verheißungen — ist die Erfüllung des eigenen Seins.
Glaube ist das Ergriffensein von etwas, das uns unbedingt angeht. Dabei ist der jeweilige Inhalt des Glaubens zwar für den Gläubigen und sein Leben von unendlicher Bedeutung; aber er ist für die formale Definition dessen, was Glaube ist, nicht bestimmend.

(Paul Tillich)

- *Wie beschreibt Tillich das Ergriffensein von dem, was uns unbedingt angeht?*
- *Formulieren Sie Fragen von der Position Bultmanns Text 54, S. 265 f. oder Barths Text 55, S. 266 f. aus an Tillich und umgekehrt!*

Etsi deus non daretur – Als ob es Gott nicht gäbe

57

Gott als moralische, politische, naturwissenschaftliche Arbeitshypothese ist abgeschafft, überwunden; ebenso aber als philosophische und religiöse Arbeitshypothese (Feuerbach!). Es gehört zur intellektuellen Redlichkeit, diese Arbeitshypothese fallen zu lassen bzw. sie so weitgehend wie irgend möglich auszuschalten. Ein erbaulicher Naturwissenschaftler, Mediziner etc. ist ein Zwitter.

Wo behält nun Gott noch Raum?, fragen ängstliche Gemüter und weil sie darauf keine Antwort wissen, verdammen sie die ganze Entwicklung, die sie in solche Notlage gebracht hat. Über die verschiedenen Notausgänge aus dem zu eng gewordenen Raum habe ich Dir schon geschrieben. Hinzuzufügen wäre noch der salto mortale zurück ins Mittelalter. Das Prinzip des Mittelalters aber ist die Heteronomie in der Form des Klerikalismus. Die Rückkehr dazu aber kann nur ein Verzweiflungsschritt sein, der nur mit dem Opfer der intellektuellen Redlichkeit erkauft werden kann. Er ist ein Traum nach der Melodie: „O wüßt ich doch den Weg zurück, den weiten Weg ins Kinderland". Diesen Weg gibt es nicht, – jedenfalls nicht durch den willkürlichen Verzicht auf innere Redlichkeit, sondern nur im Sinne von Matth. 18, 3, d. h. durch Buße, d. h. durch *letzte* Redlichkeit.

Und wir können nicht redlich sein, ohne zu erkennen, daß wir in der Welt leben müssen – „etsi deus non daretur". Und eben dies erkennen wir – vor Gott! Gott selbst zwingt uns zu dieser Erkenntnis. So führt uns unser Mündigwerden zu einer wahrhaftigen Erkenntnis unserer Lage vor Gott. Gott gibt uns zu wissen, daß wir leben müssen als solche, die mit dem Leben ohne Gott fertig werden. Der Gott, der mit uns ist, ist der Gott, der uns verläßt (Markus 15, 34)! Der Gott, der uns in der Welt leben läßt ohne die Arbeitshypothese Gott, ist der Gott, vor dem wir dauernd stehen. Vor und mit Gott leben wir ohne Gott. Gott läßt sich aus der Welt herausdrängen ans Kreuz, Gott ist ohnmächtig und schwach in der Welt, und gerade und nur so ist er bei uns und hilft uns. Es ist Matth. 8, 17 ganz deutlich, daß Christus nicht hilft kraft seiner Allmacht, sondern kraft seiner Schwachheit, seines Leidens!

Hier liegt der entscheidende Unterschied zu allen Religionen. Die Religiosität des Menschen weist ihn in seiner Not an die Macht Gottes in der Welt, Gott ist der deus ex machina. Die Bibel weist den Menschen an die Ohnmacht und das Leiden Gottes; nur der leidende Gott kann helfen. Insofern kann man sagen, daß die beschriebene Entwicklung zur Mündigkeit der Welt, durch die mit einer falschen Gottesvorstellung aufgeräumt wird, den Blick freimacht für den Gott der Bibel, der durch seine Ohnmacht in der Welt Macht und Raum gewinnt. Hier wird wohl die „weltliche Interpretation" einzusetzen haben.

(Dietrich Bonhoeffer)

- *Welche Vorstellung von Religion wird hier zurückgewiesen? (Vgl. Text 56, S. 267 f.)*
- *Setzen Sie sich mit der Absicht des Verfassers auseinander!*
- *Welche Konsequenzen sind angesichts der Forderung nach „intellektueller Redlichkeit" für das Reden von Gott zu ziehen?*

Auszug Gottes aus dem Himmel?

58

Alles, was wir bislang über die Möglichkeit gegenwärtiger Gotteserfahrung und ein entsprechendes glaubwürdiges Reden der Theologie davon gesagt haben, war von einem Doppelten bestimmt:

Einerseits haben wir dabei keinen Augenblick den Boden dieser Welt verlassen und uns in eine jenseitige Welt hinaufgeschwungen. Vielmehr haben wir strikt daran festgehalten, daß der Erfahrungshorizont der Wirklichkeit Gottes die Wirklichkeit der Welt ist; entweder erfahren wir Gott hier in der Welt, oder wir erfahren ihn überhaupt nicht.

Andererseits haben wir nicht einfach die Wirklichkeit der Welt mit der Wirklichkeit Gottes gleichgesetzt. Vielmehr haben wir streng daran festgehalten, daß alle Gotteserfahrung immer nur indirekte Erfahrung Gottes und darum wider den Augenschein der Welt ist und mithin immer ein Dennoch, ein Trotzdem enthält. Ein Gott, der nur die Besiegelung der krausen und grausen Weltfaktizität wäre, bildete nur eine überflüssige Zutat zu dieser, wie der wohlschmeckende Zuckerguß auf einem sonst ziemlich mißratenen Kuchen. Wenn das Wort „Gott" überhaupt einen Sinn haben soll, dann muß es einen Sinn bezeichnen, der nicht schon mit den Tatsachen selbst gegeben ist. Aber dieser Sinn darf nicht *über* den Tatsachen schweben, sondern er muß *in* ihnen verborgen liegen.

Mit alldem haben wir dem *Supranaturalismus* den Abschied gegeben. Der Supranaturalismus gehört nicht wesentlich zum christlichen Glauben, sondern ist eine antike Weltanschauung, als solche freilich eine Denkform, in die sich der christliche Glaube jahrhundertelang gekleidet hat. Aber dieses weltanschauliche Kleid ist heute endgültig zerschlissen, die Denkform zerbrochen. Seit der Vollendung der Aufklärung gibt es für uns nicht mehr zwei geteilte, gegensätzliche Welten, eine jenseitige, übernatürliche und eine diesseitige, natürliche, sondern nur noch *eine* ungeteilte, nicht übersteigbare Welt.

Die Überwindung des Supranaturalismus bedeutet jedoch keine Preisgabe der Transzendenz. Mögen wir auch den Supranaturalismus als ein vergangenes menschliches Denkschema hinter uns gelassen haben, so halten wir doch um so strenger an der Transzendenz fest. Freilich hat sich nach seiner Loslösung vom Supranaturalismus auch der Transzendenzbegriff gewandelt. Um diese Wandlung auszudrücken, sprechen wir von *„immanenter Transzendenz“*.

Immanente Transzendenz zeigt den Ort und die Art der Erfahrung von Transzendenz an. Der Ausdruck soll besagen, daß es sich um eine Transzendenz handelt, die wir in der Immanenz, das heißt innerhalb unserer Welt erfahren. . . .

Vor uns liegt die Wirklichkeit der Welt mit ihren der wissenschaftlichen Forschung und technischen Planung zugänglichen natürlichen Gegebenheiten und geschichtlichen Tatsachen; für unsere Augen und Ohren ist „öffentlich“ daran nichts Göttliches wahrzunehmen. Der Glaubende aber erkennt in ihnen die verborgene Gegenwart Gottes, jedoch immer nur so, daß er sich selbst, seine eigene Existenz in der Welt, dadurch neu, als eine von Gott gegebene und bestimmte versteht.

Die Ersetzung des Denkschemas des Supranaturalismus durch den Begriff der „immanenten Transzendenz“ wird sowohl der Offenbarung Gottes als auch der Vollendung der Aufklärung gerecht: der Offenbarung Gottes, insofern Gott selbst aus dem Himmel auszieht und in die Immanenz eingeht; der Vollendung der Aufklärung, insofern sich in ihr jener „Durchgang“ Gottes vollzieht, welcher den „Tod Gottes“ nicht als ein ihm von den Menschen bereitetes Ende, sondern als ein Moment der Gottheit selbst faßt und also mit seiner „Wandlung“ rechnet. Diese Wandlung besteht darin, daß Gott seine Transzendenz nicht verliert, daß er aber als der Transzendente fortan nur noch in der Immanenz begegnet.

Statt von immanenter Transzendenz können wir auch von *„Transparenz“* sprechen. Immanenz heißt: Gott begegnet uns nicht in einer „Hinterwelt“, sondern allein in der Wirklichkeit dieser Welt. Transzendenz heißt: Gott ist nicht mit dieser Welt identisch, er ist nicht einfach nur ein Stück Weltwirklichkeit. Beides schließt sich zusammen im Begriff der Transparenz: Die Wirklichkeit des jenseitigen Gottes erscheint uns nur in der Wirklichkeit dieser Welt.

Aber wie und wo können wir nun Transzendenz in der Immanenz erfahren? Transzendenz in der Immanenz erfahren wir darin:

— daß der Mensch ein Verlangen nach dem Offenen und Ganzen hat und er es darum nicht lassen kann, über sich hinauszufragen;

— daß der Mensch nur zu sich selbst kommt, indem er von sich weg- und über sich hinauskommt, daß er darum um so weniger Mensch ist, je mehr er in sich selbst verschlossen bleibt, und um so mehr Mensch wird, je mehr er über sich selbst hinausgelangt;

— daß der Mensch die Erfüllung seines Lebens von der Begegnung mit einem Du erwartet, daß er diese Erfüllung aber nur findet, indem er in der Hinwendung zum Du sich selber losläßt;

— daß es für den Menschen nicht genügt, nur Vernunft zu besitzen, um vernünftig zu handeln, sondern daß er, wenn er vernünftig handeln will, dabei immer den Weg durchs eigene Herz gehen muß;

— daß zum Wesen des Menschen die Freiheit gehört, daß es Freiheit aber immer nur in der Lösung von schlechten Bindungen gibt;

— daß wir nichts besitzen, was wir nicht empfangen haben, am wenigsten uns selbst;

— daß wir immer neu in die Zukunft aufbrechen müssen und daß nicht nur unser Leben, sondern die ganze Menschheitsgeschichte ein ständiger Exodus ist und daß, wer nicht zur rechten Zeit aufbricht, für immer sitzen bleibt;

— daß unser Glaube an Gott wider den Augenschein der Welt ist und in allem Vertrauen immer ein Dennoch und Trotzdem steckt;

— daß wir selbst aus unserem Glauben an Gott immer wieder ausziehen und unsere eigenen Gottesbilder stürmen müssen.

In allen diesen Beispielen vollzieht sich dieselbe Bewegung: eine „immanente Übertriebenheit“, ein Übersteigen unseres derzeitigen Ichs, ein Hinausgeführtwerden über uns selbst, ein Gezogensein nach vorn, ein Überschreiten des gegenwärtigen Stadiums, die Eröffnung von etwas Neuem. Das zeigt, daß Erfahrung von Transzendenz in unmittelbarer

Nachbarschaft zu dem steht, was die Bibel Metanoia, Umbesinnung, Sinnesänderung nennt. Erfahrung von Transzendenz ist keine Sache des Verstandes und verlangt daher auch kein Verstandesopfer, sondern ist und fordert mehr — sie schließt die Wandlung der Person ein. Mit anderen Worten: Transzendenz will nicht intellektuell gedacht, sondern existentiell erfahren, ja erlitten sein.

(Heinz Zahrnt)

- *Arbeiten Sie die wesentlichen Punkte des Gedankenganges heraus und erläutern Sie die zentralen Begriffe!*
- *An welchen Stellen nimmt Zahrnt Anliegen von Bultmann, Barth, Tillich oder Bonhoeffer (Texte 54—57) auf? Inwieweit führt er über sie hinaus?*

Bekennen

59a

Ich glaube,
daß Gott aus allem, auch aus dem Bösesten,
Gutes entstehen lassen kann und will.
Dafür braucht er Menschen,
die sich alle Dinge zum Besten dienen lassen.

Ich glaube,
daß Gott uns in jeder Notlage
soviel Widerstandskraft geben will,
wie wir brauchen.
Aber er gibt sie nicht im voraus,
damit wir uns nicht auf uns selbst,
sondern allein auf ihn verlassen.
In solchem Glauben müßte alle Angst
vor der Zukunft überwunden sein.

Ich glaube,
daß Gott kein zeitloses Fatum ist,
sondern daß er auf aufrichtige Gebete
und verantwortliche Taten wartet und antwortet.

(Dietrich Bonhoeffer)

59b

Ich glaube an Gott,
der nicht der ist, den ich gerne aus ihm machen möchte;
der sich uns völlig entzieht
und der sich uns in Jesus Christus völlig zuwendet.
Gott schuf die Welt,
die wir mit unserm Verstande begreifen und auf sein Geheiß verändern.
Ich halte mich an Jesus Christus,
der Gottes Willen aufs neue unter die Menschen brachte:
Gott will unser Ich.
Gott will unsere Hingabe für den andern.
Gott will jedenfalls etwas ganz anderes
als die peinlich genaue Beachtung einer
geheiligten Tradition.
Das erschien den Frommen unerträglich,
und so schlugen sie Christus ans Kreuz.
Doch Gott bekannte sich zu ihm.
Darum halte ich mich an Jesus Christus,
der im Gehorsam gegen Gott und im Dienst an uns Menschen sein Ich preisgab.
Ich weiß, daß wir zu Mitarbeitern Gottes bestimmt sind
und an der Realisierung seiner Herrschaft teilhaben,

daß wir aber dem andern und uns den Weg dahin versperren
durch unsere Weigerung, uns stets zu erneuern.
Ich weiß von der Macht der Schuld
und der befreienden Kraft der Vergebung,
die neues Leben schafft.
Durch Gottes Willen und unsere Hingabe für den andern
wird die Welt sich wandeln.

(Evgl. Studentengemeinde Hamburg)

Weiterführende Literatur:

Ruhbach, G., (Hrsg.), Glaubensbekenntnisse für unsere Zeit, Gütersloher Verlagshaus Gerd Mohn, Gütersloh 1971

Zahrnt, H., Die Sache mit Gott. Die protestantische Theologie im 20. Jahrhundert; R. Piper & Co Verlag, München, 1967, dtv 846

Zahrnt, H., Gespräch über Gott — Die protestantische Theologie im 20. Jahrhundert — Ein Textbuch, R. Piper & Co. Verlag, München 1968

Zahrnt, H., Wozu ist das Christentum gut? R. Piper & Co. Verlag München 1972, dtv 2520

Reblin, K., Wer aber Gott finden will . . . GTB Siebenstern 314, Gütersloher Verlagshaus Gerd Mohn, Gütersloh 1979

Ansätze der Religionskritik

Perspektiven

Der Vorwurf Sigmund Freuds: Religion — Ausdruck „kollektiver Zwangsneurose“

Der Fall Evelyne

60

Evelyne, 35 Jahre alt, empfindet einen nahezu körperlichen Abscheu vor allem, was auch nur im entferntesten an Religion erinnert. Jedesmal, wenn sie auf der Straße einem Priester begegnet, wendet sie sich ab und spuckt aus — vor Ekel, wie sie sagt. Sie wohnt in unmittelbarer Nähe einer Kirche; mehrmals täglich macht sie einen ziemlich komplizierten Umweg, um nicht an ihr vorbeigehen zu müssen. Trifft sie am Sonntagmorgen auf Kirchgänger, so lacht sie in einer bewußt beleidigenden Weise. Eine einzige Ausnahme läßt sie gelten, die krankenpflegenden Ordensschwestern, aber auch nur deshalb, weil eine von ihnen ihre alte gelähmte Mutter jahrelang aufopfernd gepflegt hat. Sie grüßt sie auf der Straße und schenkt ihnen sogar zuweilen etwas. Der Taufe ihrer Kinder hat sie sich entschieden widersetzt; ihr Mann, ein frommer Protestant, hat sie ohne ihr Wissen taufen lassen. Will er am Sonntag zum Gottesdienst gehen, dann kann er das nur unter dem Vorwand, etwas besorgen oder kranke Freunde besuchen zu müssen. Sie durchschaut diese Ausrede wohl, gibt aber vor, sie zu glauben. Sagt ihr Mann, daß er zur Kirche gehen möchte, dann ist sie ihm noch tagelang nachher böse, lästert, erzählt vor den Kindern Schauergeschichten über die Religion und ihre Diener. Den Angehörigen und Nachbarn ist völlig unbegreiflich, wie diese sonst nette und friedliche Frau dermaßen grob und aggressiv werden kann, wenn es um religiöse Dinge geht.

Gleichzeitig ist Evelyne sehr abergläubisch. Obgleich gebildet, klopft sie dreimal auf Holz, wenn sie etwas Optimistisches äußert, sie glaubt an das böse Omen der Zahl 13, sie besucht regelmäßig Kartenleger und Astrologen. Nur um nicht 13 Personen bei Tisch zu haben, lädt sie einfach irgendwen dazu, und an einem Freitag würde sie um keinen Preis etwas unternehmen. Aus allem liest sie Zeichen und Vorbedeutungen, meist unheilvoller Art, für sich und die ihren heraus. Überdies hat sie schreckliche Angst vor dem Tod, die so weit geht, daß ihr jedesmal der kalte Schweiß ausbricht und ihr die Zähne klappern, wenn sie doch einmal an ihn denken muß.

Diese Panik ist allmählich so heftig geworden, daß Evelyne nicht mehr wagt einzuschlafen ...

(Ignace Lepp)

Die nachfolgende Vorgeschichte des Falls — verbunden mit psychoanalytischen Erkenntnissen — kann Ihnen helfen, Ursachen für Evelynes Verhalten zu erarbeiten, das in der Fachsprache als „Neurose" bezeichnet wird.

- *Versuchen Sie, konstitutive Elemente dieses Phänomens zusammenzustellen!*
- *Inwieweit handelt es sich bei Evelyne um ein religiöses Problem?*

61

Wie der Psychotherapeut aufgrund der dargelegten Fakten schon vermutete, hatte Evelyne nicht nur sehr fromme, sondern streng puritanische Eltern. Ihre Kindheitserinnerungen bestehen fast ausschließlich aus Verboten und Tabus, für die der liebe Gott als Schutzmann herhalten mußte. Die Mutter Evelynes war sehr aufbrausend und charakterschwach. Heute gab es Schläge und Schimpfe, morgen Zärtlichkeiten und Leckereien, ganz nach ihrer Laune. Der Vater war die kalte Gerechtigkeit in Person. Er strafte häufig. Belohnte er die Kinder einmal, was selten genug vorkam, so verband er das mit soviel Ermahnungen, daß die Belohnung eigentlich gar keine Freude mehr machte. Als Kind hatte Evelyne an Gott geglaubt, fast in derselben Weise, wie sie an ihre Eltern glaubte. In ihrer Vorstellung glich Gott in allen Stücken dem Vater, das heißt, er war Richter und Polizist. Man sagte ihr, daß sie Gott und ihre Eltern lieben müsse, aber sie wußte recht gut, daß dieser wie jene vor allem zu fürchten waren. Die Träume der jungen Frau sind nun voll grauenhafter Ereignisse und Erlebnisse, die sich in der Analyse als dumpfe Erinnerungen an Bibellesungen herausstellen, die der Vater jeden Sonn- und Feiertag vor versammelter Familie gehalten hat. Seine deutliche Vorliebe galt dem alten Testament. Das kleine Mädchen begriff kaum etwas von diesen Geschichten von Schuld und Strafe, von diesem Gott, der eine böse Lust daran zu haben schien, sein Volk zu quälen. Sie sagte sich, daß der Vater wahrhaftig dem Bild Gottes glich, oder Gott dem Bild des Vaters, da Gott ja mit ein wenig „Wohlwollen" das Unglück von Israel hätte abwenden können, so wie auch der Vater das häusliche Leben um vieles erträglicher hätte gestalten können, wenn er sich weniger streng an seine „Grundsätze" gehalten hätte. Aufgrund dieser Bibellesungen gewann Evelyne sehr bald eine heftige Abneigung gegen alle christlichen Feste. Sonst recht ausgelassen, wurde das kleine Mädchen vom Samstagabend oder vom Vorabend eines Festtages an nervös und trübselig, weinte ohne ersichtlichen Grund, hatte Alpträume ...

Der familiäre Puritanismus hielt natürlich den Leib für etwas Unreines; besonders trug alles, was irgendwie mit dem Geschlechtlichen zu tun hatte, das Mal von Sünde und Schande. Wie das in solchen Fällen häufig und psychologisch normal ist, gewann Evelyne sehr früh eine übertriebene Neugierde für ihren „unreinen" Körper und entdeckte bald seine Lustquellen ...

Mit 15 Jahren war sie schon nicht mehr unberührt. Das nachfolgende Schuldgefühl war stechend, aber doch nicht ohne angenehmen Beigeschmack, und zwar deshalb, weil sie meinte, sich auf diese Weise an ihrem Vater und an Gott zu rächen ...

In der Schule war sie sehr begabt ...

Die große „Offenbarung" wurde für sie der Philosophieunterricht. Es bedurfte gar keines fremden Einflusses, sie mit ihrer ganzen hochherzigen Natur dem radikalsten und negativsten Atheismus zuzuführen. Eifrig las sie Voltaire, Nietzsche und alle die anderen Gottesverächter. Mit triumphierend böser Freude teilte sie ihrer Familie mit, daß sie nun endlich frei sei, daß sie „nicht mehr an Gott noch an den Teufel" glaube.

Zu ihrem eigenen Erstaunen und zu dem ihrer Freunde hatte der Verlust des Glaubens für Evelyne einen fast radikalen Wechsel in der Lebensführung zur Folge, und zwar keineswegs in Richtung auf die Unmoral, wie das fromme Leute gewöhnlich von denen vermuten, die nicht an Gott glauben. Sie hatte nun keine Lust mehr zu flirten, machte Schluß mit ihren Liebhabern, und das Studium der Philosophie wurde zu ihrer einzigen Leidenschaft. Das brachte ihr jedoch keinerlei wahre Freude, kein wirkliches inneres Wachstum. Das ganze neu errungene Wissen verhalf nur dazu, ihren Atheismus immer aggressiver zu machen ... Die familiären Streitigkeiten wurden unerträglich; kaum großjährig, verließ Evelyne das väterliche Haus und brach endgültig mit der Familie. Die Gottesleugnung konnte bei ihr nur insoweit zu einem gewichtigen existentiellen Akt werden, als sie die Verleugnung des Vaters vorbereitete, dessen Bild Evelyne auf Gott projiziert hatte.

Einige Jahre später lernte Evelyne, nun schon Studienrätin, einen jungen Ingenieur kennen und glaubte, ihn zu lieben. Sie heirateten. Es klingt unwahrscheinlich, aber sie versicherte, erst nach der Hochzeit erfahren zu haben, daß auch ihr Ehemann ein frommer Protestant war, wenn sich seine Religion von dem starren Puritanismus ihres Vaters auch stark unterschied. Da auch der Ehemann sich an mich wandte, konnte ich in Erfahrung bringen, daß er sich vor der Eheschließung wiederholt bemüht hatte, mit seiner Braut von seinen religiösen Überzeugungen zu sprechen, daß sie jedoch beharrlich jedes Gespräch dieser Art vereitelt hatte. Gleich in den ersten Monaten ihrer Ehe begann Evelyne einen heftigen Kampf gegen den Glauben ihres Mannes. Die Festigkeit und Reinheit dieses Glaubens brachte ihren antireligiösen Fanatismus zur Weißglut. Eines Tages beging die feine und intelligente Frau eine gemeine und sehr willkürliche Kirchenschändung, einzig und allein, um gegen die „Bigotterie" ihres Mannes zu protestieren. Um sie den gerichtlichen Folgen zu entziehen, konnten ihre Freunde sie nun endlich überreden, sich psychotherapeutisch behandeln zu lassen.
Im Laufe der Behandlung stellte sich heraus, daß Evelyne niemals aufgehört hat, sich mit den religiösen Problemen zu beschäftigen. Ihr Über-Ich ist ebenso starr puritanisch, wie ihre Eltern es waren. Andere, ebenso tiefe Neigungen ihrer Psyche aber haben sie gegen die Tyrannei des Vaters aufbegehren lassen. Sie hatte immer ein starkes Gefühl der Unsicherheit. Um darüber hinwegzukommen, empfand sie das intensive Bedürfnis, vom Vater zärtlich geliebt und beschützt zu werden. Doch dieser sprach nur von Prinzipien und Pflichten, was ihre Schwierigkeiten noch vertiefte ...

Doch die Analyse ihrer Träume sollte erweisen, daß Evelyne unbewußt ihren Vater weiterliebte, und daß die Verachtung, die sie ihm gegenüber zeigte, nichts war als Trotz. Mindestens ebenso tief im Unbewußten vergraben war ihre Sehnsucht nach Gott. Mit Staunen entdeckte sie, daß sie sich trotz ihres Atheismus immer nur in tiefreligiöse Männer verliebt hat ... Es erweist sich nun außerdem, daß das, was sie an dem jungen Mann, dessen Frau sie werden wollte, am meisten angezogen hatte, seine tiefe Religiosität war, die sie sogleich wahrgenommen, aber sich natürlich nicht eingestanden hatte. Andrerseits jedoch hatte sie unbewußt den echten evangelischen Glauben ihres Mannes als eine ernste Verurteilung des Puritanismus und der Bigotterie ihrer Eltern empfunden. Daher die Heftigkeit ihrer Reaktionen gegen die Religion ihres Mannes: Sie nahm hier Partei für ihre Eltern.
Die Psychotherapie brachte Evelyne zunächst einmal dahin, ihre Eltern zu verstehen. Sie waren ja selbst wieder Opfer der Vorurteile ihrer Umwelt und ihrer eigenen inneren Konflikte; das erklärte ihren Puritanismus, der mit echtem christlichem Geist nicht viel gemein hatte. Das Verständnis ermöglichte die Vergebung des in der Kindheit erlittenen Unrechts und brachte so die Aussöhnung mit den Eltern. Daraufhin hatte Evelyne gar keine Mühe mehr, das wahre Christentum ihres Mannes bewundernswert zu finden. Ganz von selbst willigte sie ein, ihre Kinder religiös unterweisen zu lassen, achtete nur darauf, sie hierfür einem Pastor zuzuführen, der für die Weite seines Horizontes bekannt war. Kurze Zeit später schickte sie sich immer häufiger an, ihren Mann und die Kinder zum Gottesdienst zu begleiten. Ich erfuhr schließlich, daß Evelyne eine eifrige und fröhliche Protestantin geworden war. Ihr Atheismus war tatsächlich nur die neurotische Reaktion eines Menschen, der nach einer Religion der Liebe dürstete.

(Ignace Lepp)

- *Wie beurteilen Sie die Aussage Sigmund Freuds, dem Begründer der Psychoanalyse, die Religion sei in Analogie zu einer „kollektiven Zwangsneurose" zu sehen, die die Gläubigen zu gewissen Zwangshandlungen veranlaßt, die sie selbst nicht durchschauen?*

Die Entstehung von Neurosen und Zwangsneurosen in der menschlichen Psyche

Um zu verstehen, wie Sigmund Freud zu seiner die Religion negierenden Behauptung gekommen ist, bietet es sich an, zunächst einmal seine grundlegenden psychoanalytischen Methoden und Ergebnisse zu erarbeiten.

- *Versuchen Sie, Freuds Modell des sog. Psychischen Apparates graphisch umzusetzen!*
- *Erklären Sie anhand dieses Modells die Entstehung von Neurosen!*

Welche Möglichkeiten bieten sich dem Psychoanalytiker, um einen Neurotiker zu heilen?

62

Die Psychoanalyse macht eine Grundvoraussetzung, deren Diskussion philosophischem Denken vorbehalten bleibt, deren Rechtfertigung in ihren Resultaten liegt. Von dem, was wir unsere Psyche (Seelenleben) nennen, ist uns zweierlei bekannt, erstens das körperliche Organ und Schauplatz desselben, das Gehirn (Nervensystem), andererseits unsere Bewußtseinsakte, die unmittelbar gegeben sind und uns durch keinerlei Beschreibung nähergebracht werden können. Alles dazwischen ist uns unbekannt, eine direkte Beziehung zwischen beiden Endpunkten unseres Wissens ist nicht gegeben ... Wir nehmen an, daß das Seelenleben die Funktion eines Apparates ist, dem wir räumliche Ausdehnung und Zusammensetzung aus mehreren Stücken zuschreiben, den wir uns also ähnlich vorstellen wie ein Fernrohr, ein Mikroskop u. dgl. ...
Zur Kenntnis dieses psychischen Apparates sind wir durch das Studium der individuellen Entwicklung des menschlichen Wesens gekommen. Die älteste dieser psychischen Provinzen oder Instanzen nennen wir das Es; sein Inhalt ist alles, was ererbt, bei Geburt mitgebracht, konstitutionell festgelegt ist, vor allem also die aus der Körperorganisation stammenden Triebe, die hier einen ersten, uns in seinen Formen unbekannten psychischen Ausdruck finden. Unter dem Einfluß der uns umgebenden realen Außenwelt hat ein Teil des Es eine besondere Entwicklung erfahren. Ursprünglich als Rindenschicht mit den Organen zur Reizaufnahme und den Einrichtungen zum Reizschutz ausgestattet, hat sich eine besondere Organisation hergestellt, die von nun an zwischen Es und Außenwelt vermittelt. Diesem Bezirk unseres Seelenlebens lassen wir den Namen des Ichs. Die hauptsächlichen Charaktere des Ich. Infolge der vorgebildeten Beziehung zwischen Sinneswahrnehmung und Muskelaktion hat das Ich die Verfügung über die willkürlichen Bewegungen. Es hat die Aufgabe der Selbstbehauptung, erfüllt sie, indem es nach außen Reize kennenlernt, Erfahrungen über sie aufspeichert (im Gedächtnis), überstarke Reize vermeidet (durch Flucht), mäßigen Reizen begegnet (durch Anpassung) und endlich lernt, die Außenwelt in zweckmäßiger Weise zu seinem Vorteil zu verändern (Aktivität); nach innen gegen das Es, indem es die Herrschaft über die Triebansprüche gewinnt, entscheidet, ob sie zur Befriedigung zugelassen werden sollen, diese Befriedigung auf die in der Außenwelt günstigen Zeiten und Umstände verschiebt oder ihre Erregungen überhaupt unterdrückt. In seiner Tätigkeit wird es durch die Beachtungen der in ihm vorhandenen oder in dasselbe eingetragenen Reizspannungen geleitet. Deren Erhöhung wird allgemein als Unlust, deren Herabsetzung als Lust empfunden ... Das Ich strebt nach Lust, will der Unlust ausweichen. Eine erwartete, vorausgesehene Unluststeigerung wird mit dem Angstsignal beantwortet, ihr Anlaß, ob er von außen oder innen droht, heißt Gefahr ...
Als Niederschlag der langen Kindheitsperiode, während der werdende Mensch in Abhängigkeit von seinen Eltern lebt, bildet sich in seinem Ich eine besondere Instanz heraus, in der sich dieser elterliche Einfluß fortsetzt. Sie hat den Namen des Über-Ichs erhalten. Insoweit dieses Über-Ich sich vom Ich sondert und sich ihm entgegenstellt, ist es eine dritte Macht, der das Ich Rechnung tragen muß.
Eine Handlung des Ichs ist dann korrekt, wenn sie gleichzeitig den Anforderungen des Es, des Über-Ichs und der Realität genügt, also deren Ansprüche miteinander zu versöhnen weiß. Die Einzelheiten der Beziehung zwischen Ich und Über-Ich werden durchwegs aus der Zurückführung auf das Verhältnis des Kindes zu seinen Eltern verständlich. Im Elterneinfluß wirkt natürlich nicht nur das persönliche Wesen der Eltern, sondern auch der durch sie fortgepflanzte Einfluß von Familien-, Rassen- und Volkstradition sowie die von ihnen vertretenen Anforderungen des jeweils sozialen Milieus. Ebenso nimmt das Über-Ich im Laufe der individuellen Entwicklung Beiträge von seiten späterer Fortsetzer und Ersatzpersonen der Eltern auf, wie Erzieher, öffentliche Vorbilder, in der Gesellschaft verehrter Ideale. Man sieht, daß Es und Über-Ich bei all ihrer fundamentalen Verschiedenheit die eine Übereinstimmung zeigen, daß sie die Einflüsse der Vergangenheit repräsentieren, das Es den der ererbten, das Über-Ich im wesentlichen den der von anderen übernommenen, während das Ich hauptsächlich durch das selbst Erlebte, also Akzidentelle und Aktuelle bestimmt wird ...
Das Unbewußte ist die allein herrschende Qualität im Es. Es und Unbewußtes gehören ebenso innig zusammen wie Ich und Vorbewußtes ... Ein Rückblick auf die Entwicklungsgeschichte der Person und ihres psychischen Apparates läßt uns eine bedeutsame Unterscheidung im Es feststellen.

Ursprünglich war ja alles Es, das Ich ist aus dem fortgesetzten Einfluß der Außenwelt aus dem Es entwickelt worden. Während dieser langsamen Entwicklung sind gewisse Inhalte des Es in den vorbewußten Zustand gewandelt und so ins Ich aufgenommen worden. Andere sind unverändert im Es als dessen schwer zugänglicher Kern geblieben ... Diesen letzten Anteil des Es heißen wir mit Rücksicht auf seine Entstehung das Verdrängte ... Überblicken wir jetzt ... die Situation, in die wir uns mit unserem Versuch, dem neurotischen Ich Hilfe zu bringen, begeben haben. Dieses Ich kann die Aufgabe, welche ihm die Außenwelt einschließlich der menschlichen Gesellschaft stellt, nicht mehr erfüllen. Es verfügt nicht über all seine Erfahrungen, ein großer Teil seines Erinnerungsschatzes ist ihm abhanden gekommen. Seine Aktivität wird durch strenge Verbote des Über-Ichs gehemmt, seine Energie verzehrt sich in vergeblichen Versuchen zur Abwehr der Ansprüche des Es. Überdies ist es infolge der fortgesetzten Einbrüche des Es in seiner Organisation geschädigt, in sich gespalten, bringt keine ordentliche Synthese zustande, wird von einander widerstrebenden Strebungen, unerledigten Konflikten, ungelösten Zweifeln zerrissen.

(Sigmund Freud)

Wie die meisten Neurosen, so hängt auch die Zwangsneurose nach Freud ursächlich mit dem Ödipuskomplex zusammen, eine Bezeichnung, die sich aus der griechischen Mythologie herleitet: Ohne von den verwandtschaftlichen Beziehungen zu wissen, tötete Ödipus seinen Vater und heiratete daraufhin seine Mutter, die ihm drei Kinder gebar.

- *Erläutern Sie mit Hilfe des folgenden Textes, welche Bedeutung dem Ödipuskomplex bei der Entstehung einer Neurose zukommt!*
- *Erklären Sie die Zwangshandlungen im Krankheitsbild des Zwangsneurotikers anhand der Darstellung in Text 64!*

63

Schon in den ersten Kinderjahren (etwa von 2 bis 5 Jahren) stellt sich eine Zusammenfassung der Sexualstrebungen her, deren Objekt beim Knaben die Mutter ist. Diese Objektwahl nebst der dazugehörigen Einstellung von Rivalität und Feindseligkeit gegen den Vater ist der Inhalt des sogenannten Ödipuskomplexes, dem bei allen Menschen die größte Bedeutung für die Endgestaltung des Liebeslebens zukommt. Man hat es als charakteristisch für den Normalen hingestellt, daß er den Ödipuskomplex bewältigen lernt, während der Neurotiker an ihm haften bleibt.

(Sigmund Freud)

64

Zwangsneurose. Seelische Störung, bei der bestimmte, zwanghaft wiederkehrende Gedanken oder Handlungen nicht abgewiesen werden können. Es gibt dabei vielgestaltige Zwänge, die meistens eine Übersteigerung bestimmter gesellschaftlicher Normen darstellen: Waschzwang, wenn die Reinlichkeit bis zu stundenlangem Waschen übersteigert ist, Kontrollzwang, wenn Fenster oder Türschlösser, Gashähne, Wasserhähne immer wieder überprüft werden müssen, zwanghafte Ordnungsliebe, wenn der Betroffene in unerträgliche Unruhe gerät, sobald nicht sein Haus oder sein Zimmer in einer ganz bestimmten Weise aufgeräumt sind. Die Zwangshandlungen dienen dazu, Angst abzuwehren, die sonst übermächtig wird. Zwangsgedanken sind oft ausgesprochen aggressiv, wobei die aggressive Grundlage häufig durch verschiedene Abwehrmechanismen entstellt wird: Nicht der Todeswunsch gegen Kinder, die eine Frau hindern, einen ungeliebten Mann zu verlassen, wird bewußt, sondern die quälende Zwangsvorstellung, im Essen oder im Bettchen der Kinder könnten Nadeln versteckt sein. Nicht der Wunsch, der Vater möge sterben, wird bewußt, sondern der Zwangsgedanke, die Leute auf der Straße könnten tot umfallen, wenn man sie auf eine bestimmte Weise ansehe. In der Psychoanalyse wird die Zwangsneurose auf Reaktionsbildungen gegen Fixierungen in der analen Phase zurückgeführt und mit dem „Zwangscharakter" in Verbindung gebracht, der zu Ordnungsliebe, Geiz, Pedanterie, kontrollierender Herrschsucht ... neigt und entsteht, wenn in der Kindheit während der Erziehung zur Sauberkeit, Ordnung und Muskelkontrolle die Neugieraktivität des Kindes lieblos eingeschränkt wird.

(W. Schmidbauer)

Freuds Kritik des religiösen Ritus

65

Es ist leicht einzusehen, worin die Ähnlichkeit des neurotischen Zeremoniells mit den heiligen Handlungen des religiösen Ritus gelegen ist, in der Gewissensangst bei der Unterlassung, in der vollen Isolierung von allem anderen Tun (Verbot der Störung) und in der Gewissenhaftigkeit der Ausführung im kleinen. Aber ebenso auffällig sind die Unterscheidungen, von denen einige so grell sind, daß sie den Vergleich zu einem sakrilegischen werden lassen. Die größere individuelle Mannigfaltigkeit der Zeremoniellhandlungen im Gegensatz zur Stereotypie des Ritus (Gebet, Proskinisis usw.), der Privatcharakter derselben im Gegensatz zur Öffentlichkeit und Gemeinsamkeit der Religionsübung; vor allem aber der eine Unterschied, daß die kleinen Zutaten des religiösen Zeremoniells sinnvoll und symbolisch gemeint sind, während die des neurotischen läppisch und sinnlos erscheinen. Die Zwangsneurose liefert hier ein halb komisches, halb trauriges Zerrbild einer Privatreligion. Indes wird gerade dieser entscheidendste Unterschied zwischen neurotischem und religiösem Zeremoniell beseitigt, wenn man mit Hilfe der psychoanalytischen Untersuchungstechnik zum Verständnis der Zwangshandlungen durchdringt. Bei diesen Untersuchungen wird der Anschein, als ob Zwangshandlungen läppisch und sinnlos wären, gründlich zerstört und die Begründung dieses Scheins aufgedeckt. Man erfährt, daß die Zwangshandlungen durchwegs und in all ihren Einzelheiten sinnvoll sind, im Dienste von bedeutsamen Interessen der Persönlichkeit stehen und fortwirkende Erlebnisse sowie affektbesetzte Gedanken derselben zum Ausdruck bringen ...

Es gehört zu den Bedingungen des Krankseins, daß die dem Zwange folgende Person ihn ausübe, ohne seine Bedeutung — wenigstens seine Hauptbedeutung — zu kennen ... Aber man muß daran denken, daß auch der einzelne Fromme in der Regel das religiöse Zeremoniell ausübt, ohne nach dessen Bedeutung zu fragen, während allerdings der Priester und der Forscher mit dem meist symbolischen Sinn des Ritus bekannt sein mögen. Die Motive, die zur Religionsausübung drängen, sind aber allen Gläubigen unbekannt oder werden in ihrem Bewußtsein durch vorgeschobene Motive vertreten ...

Dem Schuldbewußtsein der Zwangsneurotiker entspricht die Beteuerung der Frommen, sie wüßten, daß sie im Herzen arge Sünder seien; den Wert von Abwehr- und Schutzmaßnahmen scheinen die frommen Übungen (Gebete, Anrufungen usw.) zu haben, mit denen sie jede Tätigkeit des Tages ... einleiten ...

Nach diesen Übereinstimmungen und Analogien könnte man sich getrauen, die Zwangsneurose als pathologisches Gegenstück zur Religionsbildung aufzufassen, die Neurose als eine individuelle Religiosität, die Religion als eine universelle Zwangsneurose zu bezeichnen. Die wesentlichste Übereinstimmung läge in dem zugrunde liegenden Verzicht auf die Betätigung von konstitutionell gegebenen Trieben; der entscheidendste Unterschied in der Natur der Triebe, die bei der Neurose ausschließlicher sexueller, bei der Religion egoistischer Herkunft sind.

(Sigmund Freud)

- *Worin sieht Freud Gemeinsamkeiten und Unterschiede zwischen der Erscheinungsform einer zwangsneurotischen Erkrankung und der Ausübung des religiösen Zeremoniells?*
- *Wie ist zu erklären, daß die Zwangsneurose nach Freud als „pathologisches Gegenstück zur Religionsbildung" aufgefaßt wird?*
- *Halten Sie Freuds These für vertretbar, die Religionsausübung sei grundlegend durch den Verzicht auf die Betätigung von Trieben „egoistischer Herkunft" zu erklären? Beachten Sie in diesem Zusammenhang sein methodisches Vorgehen.*

Freuds menschheitsgeschichtlicher Exkurs

66

Die Rolle der Vaterfigur

In gewisser Anknüpfung an Darwin geht Freud von der Annahme einer einst bestehenden menschlichen Urhorde aus, die unter der Herrschaft eines gewalttätigen und eifersüchtigen Urvaters stand, der alle Weibchen für sich beanspruchte und die heranwachsenden Söhne vertrieb — vergleichbar den Gepflogenheiten in einer Herde von Hirschen. Die Macht des Ödipuskomplexes war jedoch stärker: Eines Tages brachten die Söhne den Vater um und verzehrten ihn. Nach alten magischen Vorstellungen verleibte man sich durch das Auffressen die

Kräfte des Umgebrachten ein und setzte sich buchstäblich an seine Stelle. Diese Tat bedeutet einen derart gewaltigen Einschnitt in der Menschheitsentwicklung, daß sie nicht in einem einmaligen Vollzug Genugtuung verschaffen konnte. Sie mußte und muß immer wieder vollzogen werden, ursprünglich in Form der Tieropfer und Totemmahlzeiten, fortgeführt in den noch heute üblichen Riten des Abendmahls und der Eucharistie. Freud schreibt: „Das Opfer war ein Sakrament, das Opfertier selbst ein Stammesgenosse. Es war in Wirklichkeit das alte Totemtier, der primitive Gott selbst, durch dessen Tötung und Verzehrung die Clangenossen ihre Gottähnlichkeit auffrischten und versicherten."

Tieropfer und Abendmahl versichern die Teilnehmer immer wieder neu ihrer Erhöhung zur Gottähnlichkeit und ihrer Zusammengehörigkeit, wie sie sich dereinst bei der Vatertötung zusammenrotteten. Gleichzeitig sind es Sühne- und Reue-Opfer, die von der Urschuld und „Erbsünde" dem umgebrachten Gott-Vater gegenüber reinwaschen sollen, denn mit der Erhöhung zum Gott muß seine Rache, seine Strafe, weiter gefürchtet werden. Es ist, als sei diese Schuld nie ganz zu tilgen, und deshalb müssen in zwanghafter Form die religiösen Riten immer wieder durchgeführt werden, genauso wie der Zwangsneurotiker seine ständigen Angst- und Schuldgefühle dadurch zu besänftigen versucht, daß er ein Zwangsritual — z. B. einen Waschzwang — ununterbrochen ausübt ...

Auch in das Christentum sind nach Freud die Wurzeln des Totemismus eingegangen, vor allem in Form der Sühne- und Strafvorstellungen, der Annahme eines allgewaltigen Gottes, der Erbsünde (des umgebrachten Urvaters), und damit des Gebotes „Du sollst nicht töten" (ursprünglich nämlich nicht den Urvater), und der Sexualeinschränkungen, die einst der Vater gegenüber den Weibchen des Clans verhängte und welche als fortgeführte Sühne sich die Söhne gegenüber dem Totemgenossen weiter auferlegten. Auch der christliche Vater wird — wie der Urvater — geliebt und gefürchtet. Nur traten Vaterbindung und Sohnestrotz nun in eine neue Phase der Verarbeitung. Nach Freud setzte sich in Paulus die Erkenntnis durch, daß wir so unglücklich sind, weil wir Gott-Vater getötet haben. Erst als einer von uns sein Leben hingab, wurden wir von dieser Schuld erlöst. Aber indem der Sohn die Sühne auf sich nahm, trat er neben Gott, eigentlich sogar an seine Stelle. Das Christentum unterscheidet sich vom Judentum dadurch, daß es den Mord am Vater zugab und seitdem entsühnt ist. Freud schreibt: „Aus einer Vaterreligion hervorgegangen, wurde das Christentum eine Sohnesreligion. Dem Verhängnis, den Vater beseitigen zu müssen, ist es nicht entgangen."

Nach Freud hat die Angst vor dem allmächtigen zwanghaft regierenden Urvater im Christentum recht spezifische Formen angenommen. Mit großem äußeren Zwang schmiedeten die Kirchen künstliche Massen, vergleichbar dem Heer, besiegelten diese Massen aber durch die Einprägung fester seelischer Bilder über Gewissenszwänge und den Aufbau eines sogenannten Über-Ich im Inneren der Gläubigen. Wie in der hypnotischen Massenbildung wird die Illusion eines Oberhirten, Christus, geweckt und wachgehalten, der sogar einen ständig sichtbaren Vertreter im Papst erhält. Der „Vaterersatz" liebt angeblich alle Mitglieder der Masse mit der gleichen Liebe. So sind vor Christus alle gleich. Diese Gleichmachung vor Christus und die damit gleiche Bindung an ihn ist die Vorbedingung der Bindung aller Christen untereinander. Aber: Wer sich nicht zum Christentum bekennt, steht nicht in dieser Bindung. Deshalb ist das Kehrbild der autoritativ an sich bindenden und über die Erzeugung von Gewissensängsten herrschenden Kirchen, daß (!) gerade das Christentum, die angebliche Religion der Liebe, sich besonders hart und lieblos gegen alle diejenigen zeigt, die sich ihm nicht unterwerfen. Freud schreibt: „Im Grund ist ja jede Religion eine solche Religion der Liebe für alle, die sie umfaßt, und jede legt Grausamkeit und Intoleranz gegen die nicht Dazugehörigen nahe. Man darf, so schwer es einem auch persönlich fällt, den Gläubigen daraus keinen zu argen Vorwurf machen."

(Eckart Wiesenhütter)

- *Wie erklärt Freud die Entstehung des Totemismus?*
  Der nachfolgende Text liefert Ihnen weitere Einzelheiten über dieses religiöse Phänomen.
- *Erscheinen Ihnen Freuds Aussagen über die Funktion Christi, das Abendmahl und das Gebot der christlichen Liebe vertretbar?*
- *J. Scharfenberg hat in Text 68 dargelegt, wie Freud zu einer derartigen Erklärung der Religionsgenese gelangt ist. Nehmen Sie kritisch zu Freuds Interpretationsverfahren Stellung!*

67

Der Totemismus

Der Totemismus ist sowohl ein religiöses wie ein soziales System. Nach seiner religiösen Seite besteht er in den Beziehungen gegenseitiger Achtung und Schonung zwischen einem Menschen und einem Totem, nach seiner sozialen Seite in der Verpflichtung der Clanmitglieder gegeneinander und gegen andere Stämme ...

In der speziellen Beschreibung des Totemismus als eines religiösen Systems stellt Frazer voran, daß die Mitglieder eines Stammes sich nach ihrem Totem nennen und in der Regel auch glauben, daß sie von ihm abstammen. Die Folge dieses Glaubens ist es, daß sie das Totemtier nicht jagen, nicht töten und nicht essen und sich jeden anderen Gebrauch des Totems versagen, wenn er etwas anderes als ein Tier ist. Die Verbote, den Totem nicht zu töten und nicht zu essen, sind nicht die einzigen Tabu, die ihn betreffen; manchmal ist es auch verboten, ihn zu berühren, ja, ihn anzuschauen; in einer Anzahl von Fällen darf der Totem nicht bei seinem richtigen Namen genannt werden. Die Übertretung dieser den Totem schützenden Tabugebote straft sich automatisch durch schwere Erkrankungen oder Tod.

Exemplare des Totemtieres werden gelegentlich von dem Clan aufgezogen und in der Gefangenschaft gehegt. Ein tot aufgefundenes Totemtier wird betrauert und bestattet wie ein Clangenosse. Mußte man ein Totemtier töten, so geschah es unter einem vorgeschriebenen Rituale von Entschuldigungen und Sühnezeremonien.

Von seinem Totem erwartete der Stamm Schutz und Schonung. Wenn er ein gefährliches Tier war (Raubtier, Giftschlange), so setzte man voraus, daß er seinen Genossen nichts zuleide tun würde, und wo sich diese Voraussetzung nicht bestätigte, wurde der Beschädigte aus dem Stamme ausgestoßen.

(Sigmund Freud)

68

Auch hier lieferte ihm eine Beobachtung aus der Kindertherapie den Schlüssel zum Verständnis. Er gewann ihn in der Analyse des „kleinen Hans“, deren Erkenntnisse er als exemplarisch für die Kindheit überhaupt ansah. Es zeigte sich hier nämlich, daß das Angstobjekt einer Tierphobie als Ersatz für den gefürchteten Vater genommen wurde, und daß offenbar die meisten kindlichen Tierphobien so verfahren. Damit war für Freud eines der Hauptrātsel der Totemreligion aufgeklärt: warum nämlich ein Tier für einen bestimmten Clan der primitiven Gesellschaft als heilig galt, höchste Verehrung genoß, einmal im Jahr jedoch geschlachtet und von den Kultgenossen in feierlicher Mahlzeit verspeist wurde.

(Joachim Scharfenberg)

Religion — eine Illusion

69

Das vielleicht bedeutsamste Stück des psychischen Inventars einer Kultur hat noch keine Erwähnung gefunden. Es sind ihre im weitesten Sinn religiösen Vorstellungen, mit anderen später zu rechtfertigenden Worten, ihre Illusionen.

Worin liegt der besondere Wert der religiösen Vorstellungen? Wir haben von Kulturfeindseligkeit gesprochen, erzeugt durch den Druck, den die Kultur ausübt, die Triebverzichte, die sie verlangt. Denkt man sich ihre Verbote aufgehoben, man darf also jetzt zum Sexualobjekt jedes Weib wählen, das einem gefällt, darf seinen Rivalen beim Weib, oder wer einem sonst im Weg steht, ohne Bedenken erschlagen ..., wie schön, welch eine Kette von Befriedigungen wäre dann das Leben! Zwar findet man bald die nächste Schwierigkeit. Jeder andere hat genau dieselben Wünsche wie ich und wird mich nicht schonender behandeln als ich ihn. Im Grunde kann also nur ein Einziger durch solche Aufhebungen der Kultureinschränkungen uneingeschränkt glücklich werden, ein Tyrann, ein Diktator, der alle Machtmittel an sich gerissen hat, und auch der hat allen Grund zu wünschen, daß die anderen wenigstens dies eine Kulturgebot einhalten: du sollst nicht töten.

Aber wie undankbar, wie kurzsichtig überhaupt, eine Aufhebung der Kultur anzustreben! Was dann übrig bleibt, ist der Naturzustand, und der ist weit schwerer zu ertragen ... Es ist ja die Hauptaufgabe der Kultur, ihr eigentlicher Daseinsgrund, uns gegen die Natur zu verteidigen ...

Wie für die Menschheit im ganzen, so ist für den einzelnen das Leben schwer zu ertragen. Ein Stück Entbehrung legt ihm die Kultur auf, an der er teilhat, ein Maß Leiden bereiten ihm die anderen Menschen, entweder trotz der Kulturvorschriften oder infolge der Unvollkommenheit dieser Kultur. Dazu kommt, was ihm die unbezwungene Natur — er nennt es Schicksal — an Schädigung zufügt.

. . . Wie der einzelne gegen die Schädigungen durch die Kultur und die anderen reagiert, wissen wir bereits, er entwickelt ein entsprechendes Maß von Widerstand gegen die Einrichtungen dieser Kultur, von Kulturfeindschaft. Aber wie setzt er sich gegen die Übermächte der Natur, des Schicksals, zur Wehr, die ihm wie allen anderen drohen?

Die Kultur nimmt ihm diese Leistung ab, sie besorgt sie für alle in gleicher Weise, es ist auch bemerkenswert, daß so ziemlich alle Kulturen hierin das gleiche tun. Sie macht nicht etwa halt in der Erledigung ihrer Aufgabe, den Menschen gegen die Natur zu verteidigen, sie setzt sie nur mit anderen Mitteln fort. Die Aufgabe ist hier eine mehrfache, das schwer bedrohte Selbstgefühl des Menschen verlangt nach Trost, der Welt und dem Leben sollen ihre Schrecken genommen werden, nebenbei will auch die Wißbegierde der Menschen, die freilich von dem stärksten praktischen Interesse angetrieben wird, eine Antwort haben.

Mit dem ersten Schritt ist bereits sehr viel gewonnen. Und dieser ist, die Natur zu vermenschlichen. An die unpersönlichen Kräfte und Schicksale kann man nicht heran, sie bleiben ewig fremd. Aber wenn in den Elementen Leidenschaften toben wie in der eigenen Seele, wenn selbst der Tod nichts Spontanes ist, sondern die Gewalttat eines bösen Willens, wenn man überall in der Natur Wesen um sich hat, wie man sie aus der eigenen Gesellschaft kennt, dann atmet man auf, fühlt sich heimisch im Unheimlichen, kann seine sinnlose Angst psychisch bearbeiten. Man ist vielleicht noch wehrlos, aber nicht mehr hilflos gelähmt, man kann zum mindesten reagieren, ja vielleicht ist man nicht einmal wehrlos, man kann gegen diese gewalttätigen Übermenschen draußen dieselben Mittel in Anwendung bringen, deren man sich in seiner Gesellschaft bedient, kann versuchen, sie zu beschwören, beschwichtigen, bestechen, raubt ihnen durch solche Beeinflussung einen Teil ihrer Macht. Solch ein Ersatz einer Naturwissenschaft durch Psychologie schafft nicht bloß sofortige Erleichterung, er zeigt auch den Weg zu einer weiteren Bewältigung der Situation.

Denn diese Situation ist nichts Neues, sie hat ein infantiles Vorbild, ist eigentlich nur die Fortsetzung des früheren, denn in solcher Hilflosigkeit hatte man sich schon einmal befunden, als kleines Kind einem Elternpaar gegenüber, das man Grund hatte zu fürchten, zumal den Vater, dessen Schutzes man aber auch sicher war gegen die Gefahren, die man damals kannte. So lang es nahe, die beiden Situationen einander anzugleichen . . .

(Der Mensch macht) die Naturkräfte nicht einfach zu Menschen, mit denen er wie mit seinesgleichen verkehren kann, das würde auch dem überwältigenden Eindruck nicht gerecht werden, den er von ihnen hat, sondern er gibt ihnen Vatercharakter, macht sie zu Göttern, folgt dabei nicht nur einem infantilen, sondern auch, wie ich versucht habe zu zeigen, einem phylogenetischen Vorbild.

Mit der Zeit werden die ersten Beobachtungen von Regel- und Gesetzesmäßigkeit an den Naturerscheinungen gemacht, die Naturkräfte verlieren damit ihre menschlichen Züge. Aber die Hilflosigkeit der Menschen bleibt und damit ihre Vatersehnsucht und die Götter. Die Götter behalten ihre dreifache Aufgabe, die Schrecken der Natur zu bannen, mit der Grausamkeit des Schicksals, besonders wie es sich im Tode zeigt, zu versöhnen und für die Leiden und Entbehrungen zu entschädigen, die dem Menschen durch das kulturelle Zusammenleben auferlegt werden.

Aber allmählich verschiebt sich innerhalb dieser Leistungen der Akzent. Man merkt, daß die Naturerscheinungen sich nach inneren Notwendigkeiten von selbst entwickeln; gewiß sind die Götter die Herren der Natur, sie haben sie so eingerichtet und können sie nun sich selbst überlassen. Nur gelegentlich greifen sie in den sogenannten Wundern in ihren Lauf ein, wie um zu versichern, daß sie von ihrer ursprünglichen Machtsphäre nichts aufgegeben haben. Was die Austeilung der Schicksale betrifft, so bleibt eine unbehagliche Ahnung bestehen, daß der Rat- und Hilflosigkeit des Menschengeschlechts nicht abgeholfen werden kann. Hier versagen die Götter am ehesten; wenn sie selbst das Schicksal machen, so muß man ihren Ratschluß unerforschlich heißen; dem begabtesten Volk des Altertums dämmert die Einsicht, daß die Moira über den Göttern steht und daß die Götter selbst ihre Schicksale haben. Und je mehr die Natur selbständig wird, die Götter sich von ihr zurückziehen, desto ernsthafter drängen alle Erwartungen auf die dritte Leistung, die ihnen zugewiesen ist, desto mehr wird das Moralische ihre eigentliche Domäne. Göttliche Aufgabe wird es nun, die Mängel und Schäden der Kultur auszugleichen, die Leiden in acht zu nehmen, die die Menschen im Zusammenleben einander zufügen, über die Ausführung der Kulturvorschriften zu wachen, die die Menschen so schlecht befolgen. Den Kulturvorschriften selbst wird göttlicher Ursprung zugesprochen, sie werden über die menschliche Gesellschaft hinausgehoben, auf Natur und Weltgeschehen ausgedehnt.

So wird ein Schatz von Vorstellungen geschaffen, geboren aus dem Bedürfnis, die menschliche Hilflosigkeit erträglich zu machen, erbaut aus dem Material der Erinnerungen an die Hilflosigkeit der eigenen und der Kindheit des Menschengeschlechts. Es ist deutlich erkennbar, daß dieser Besitz den Menschen nach zwei Richtungen beschützt, gegen die Gefahren der Natur und des Schicksals und gegen die Schädigungen aus der menschlichen Gesellschaft selbst. Im Zusammenhang lautet es: Das Leben in dieser Welt dient einem höheren Zweck, der zwar nicht leicht zu erraten ist, aber gewiß eine Vervollkommnung des menschlichen Wesens bedeutet ... Alles Gute findet endlich seinen Lohn, alles Böse seine Strafe, wenn nicht schon in dieser Form des Lebens, so in den späteren Existenzen, die nach dem Tod beginnen. Somit sind alle Schrekken, Leiden und Härten des Lebens zur Austilgung bestimmt; das Leben nach dem Tode, das unser irdisches Leben fortsetzt, wie das unsichtbare Stück des Spektrums dem sichtbaren angefügt ist, bringt all die Vollendung, die wir hier vielleicht vermißt haben. Und die überlegene Weisheit, die diesen Ablauf lenkt, die Allgüte, die sich in ihm äußert, die Gerechtigkeit, die sich in ihm durchsetzt, das sind die Eigenschaften der göttlichen Wesen, die auch uns und die Welt im ganzen geschaffen haben. Oder vielmehr des einen göttlichen Wesens, zu dem sich in unserer Kultur alle Götter der Vorzeiten verdichtet haben ...

In vergangenen Zeiten haben die religiösen Vorstellungen trotz ihres unbestreitbaren Mangels an Beglaubigung den allerstärksten Einfluß auf die Menschheit geübt. Das ist ein neues psychologisches Problem. Man muß fragen, worin besteht die innere Kraft dieser Lehren, welchem Umstand verdanken sie ihre von der vernünftigen Anerkennung unabhängige Wirksamkeit?

Ich meine, wir haben die Antwort auf beide Fragen genügend vorbereitet. Sie ergibt sich, wenn wir die psychische Genese der religiösen Vorstellungen ins Auge fassen. Diese, die sich als Lehrsätze ausgeben, sind nicht Niederschläge der Erfahrung oder Endresultate des Denkens, es sind Illusionen, Erfüllungen der ältesten, stärksten, dringendsten Wünsche der Menschheit; das Geheimnis ihrer Stärke ist die Stärke dieser Wünsche. Wir wissen schon, der schreckende Eindruck der kindlichen Hilflosigkeit hat das Bedürfnis nach Schutz — Schutz durch Liebe — erweckt, dem der Vater abgeholfen hat, die Erkenntnis von der Fortdauer dieser Hilflosigkeit durchs ganze Leben hat das Festhalten an der Existenz eines — aber nun mächtigeren — Vaters verursacht. Durch das gütige Walten der göttlichen Vorsehung wird die Angst vor den Gefahren des Lebens beschwichtigt, die Einsetzung einer sittlichen Weltordnung versichert die Erfüllung der Gerechtigkeitsforderung, die innerhalb der menschlichen Kultur so oft unerfüllt geblieben ist, die Verlängerung der irdischen Existenz durch ein zukünftiges Leben stellt den örtlichen und zeitlichen Rahmen bei, in dem sich diese Wunscherfüllungen vollziehen sollen. Antworten auf Rätselfragen der menschlichen Wißbegierde, wie nach der Entstehung der Welt und der Beziehung zwischen Körperlichem und Seelischem, werden unter den Voraussetzungen dieses Systems entwickelt; es bedeutet eine großartige Erleichterung für die Einzelpsyche, wenn die nie ganz überwundenen Konflikte der Kinderzeit aus dem Vaterkomplex ihr abgenommen und einer von allen angenommenen Lösung zugeführt werden.

Wenn ich sage, das alles sind Illusionen, muß ich die Bedeutung des Wortes abgrenzen. Eine Illusion ist nicht dasselbe wie ein Irrtum, sie ist auch nicht notwendig ein Irrtum. Die Meinung des Aristoteles, daß sich Ungeziefer aus Unrat entwickle, an der das unwissende Volk noch heute festhält, war ein Irrtum ...

Ein Bürgermädchen kann sich z. B. die Illusion machen, daß ein Prinz kommen wird, um sie heimzuholen. Es ist möglich, einige dieser Fälle haben sich ereignet. Daß der Messias kommen und ein goldenes Zeitalter begründen wird, ist weit weniger wahrscheinlich ...

Wir heißen also einen Glauben eine Illusion, wenn sich in seiner Motivierung die Wunscherfüllung vordrängt, und sehen dabei von seinem Verhältnis zur Wirklichkeit ab, ebenso wie die Illusion selbst auf ihre Beglaubigungen verzichtet.

Wenden wir uns nach dieser Orientierung wieder zu den religiösen Lehren, so dürfen wir wiederholend sagen: Sie sind sämtlich Illusionen, unbeweisbar, niemand darf gezwungen werden, sie für wahr zu halten, sie zu glauben. Einige von ihnen sind so unwahrscheinlich, so sehr im Widerspruch zu allem, was wir mühselig über die Realität der Welt erfahren haben, daß man sie — mit entsprechender Berücksichtigung der psychologischen Unterschiede — den Wahnideen vergleichen kann. Über den Realitätswert der meisten von ihnen kann man nicht urteilen. So wie sie unbeweisbar sind, sind sie auch unwiderlegbar. Man weiß noch zuwenig, um ihnen kritisch näherzurücken. Die Rätsel der Welt entschleiern sich unserer Forschung nur langsam, die Wissenschaft kann auf viele Fragen heute noch keine Antwort geben. Die wissenschaftliche Arbeit ist aber für uns der einzige Weg, der zur Kenntnis der Realität außer uns führen kann.

(Sigmund Freud)

- *Erarbeiten Sie Freuds Erklärung der Religionsgenese, wie er sie in dem vorliegenden Auszug aus seiner religionskritischen Hauptschrift „Die Zukunft einer Illusion“ darlegt!*
- *Inwiefern spricht Freud von der Religion als Illusion?*
- *Welche Unterschiede sehen Sie zu Freuds vorausgehenden Erklärungen des Phänomens der Religion?*
- *Beurteilen Sie Freuds Äußerung: „Die wissenschaftliche Arbeit ist aber für uns der einzige Weg, der zur Kenntnis der Realität außer uns führen kann!“*
- *Freud hat über sich selbst geschrieben, er wolle der Menschheit nach Kopernikus und Darwin durch seine wissenschaftliche Forschung auf psychoanalytischem Gebiet die dritte große Kränkung zufügen. Stimmen Sie seiner Selbsteinschätzung zu?*

Kritik an Freud

70

Daß ein religiöser Glaube und die auf die Weltanschauung der Wissenschaft gegründete Psychoanalyse sich miteinander vertragen könnten, hielt Freud selbst bis an sein Lebensende für eine reine Unmöglichkeit. Zu den „Widersprüchen, die das Leben so interessant machen“, zählt er die Existenz- und Denkweise eines Mannes, dem er sich über 30 Jahre freundschaftlich verbunden wußte und der „ein überzeugter Analytiker und dabei doch ein geistlicher Herr sein konnte“, des Züricher Pfarrers Oskar Pfister ...
Pfister weigerte sich mit aller Entschiedenheit zu akzeptieren, daß die Religionskritik der Psychoanalyse den christlichen Glauben in seinem Kern zu zerstören vermöchte. Im Gegenteil, er sah in ihr „ein prachtvolles Mittel, die Religion zu läutern und zu fördern“. Er sah Freuds Lebenswerk im wesentlichen als das Zerschlagen von Götzenbildern an. Er glaubte, ihn besser zu verstehen, als er sich selbst verstand, indem er ihm unterstellte, daß er letztlich die Religion aus Religion bekämpfe. Nach evangelischem Maßstab müsse er deshalb als ein „treuer Diener Gottes“ angesehen werden, der nicht ferne vom Reich Gottes sei und jenem Sohne ähnlich sei, der des Vaters Zumutung widerspenstig ablehne, aber dennoch das Gebot ausführe, dem Jesus im Gleichnis *(Matthäus 21, 28)* so eindeutig den Vorzug gebe. Wenn Freud sein Selbstmißverständnis korrigiere, so könne man nur von ihm sagen: „Ein besserer Christ war nie“ ...
(Pfister) meldet seinen Protest dagegen an, daß in dem schicksalhaften Antagonismus von Trieb und Kultur, den Freud als die Grundverlegenheit menschlicher Existenz überhaupt ansah, die Religion mit Notwendigkeit auf die Seite der Kultur geraten müsse. Für ihn hat die Religion grundsätzlich kulturkritisch zu sein, denn sie hat sich in der Rolle der „Kulturpolizei“, die Freud ihr zuweisen möchte, in der Vergangenheit keineswegs vorzüglich bewährt. Sie hat außerdem Wichtigeres zu tun, „als das Gemisch von Hoheit und Abscheulichkeit, die man heute Kultur nennt, zu beschirmen“. Sie hat wahrlich keine Veranlassung, „sich für die Erhaltung des Bestehenden, wie es ist, einzusetzen. Krieg, Mammonsgeist, Genußsucht, Massenelend, Ausbeutung, Unterdrückung und unzählige andere Schäden deuten auf die Notwendigkeit, in dem, was man Kultur nennt, zwischen Gutem und des Schutzes Würdigem und Bösem, das bekämpft werden muß, zu unterscheiden“. In der Religion wird also bei Pfister ... die Möglichkeit zu einem kritischen Prinzip für bestehende gesellschaftliche Verhältnisse gesehen, das sich in der Gegenwart vor allem wissenschaftskritisch artikulieren muß. Denn so fragt Pfister: „Ist es so sicher ausgemacht, daß der Fortschritt der Wissenschaften die Totalsumme menschlicher Lebensfreude bisher vermehrte? ... Fühlen sich die Arbeiter dank der Segnungen der Wissenschaft zufriedener als vor ein paar Menschenaltern? ... Was wird aus den schönen Errungenschaften der Technik, wenn sie in den Dienst menschlichen Geldhungers, menschlicher Grausamkeit, unmenschlicher Genußsucht gezwungen werden?“
So soll die Religion „die höchsten Leistungen in Kunst und Wissenschaft hervortreiben, das Leben aller, auch der Ärmsten mit maximalen Gütern der Wahrheit, Schönheit und Liebe füllen, die realen Lebensnöte überwinden helfen, neue gehaltvollere und echtere Formen des Gesellschaftslebens anbahnen und so ein höheres, innerlich reicheres Men-

schentum ins Leben rufen". Hier ist also nicht mehr die Rede von einem „Eia popeia vom Himmel", das Freud an der Religion so konsternierte. Hier wird im Namen christlicher Liebe zu konkreter Veränderung aufgerufen, wie sie von christlicher Hoffnung her konzeptualisiert werden kann.

(Joachim Scharfenberg)

- *Stellen Sie die Argumente zusammen, die Pfister Freuds Religionskritik entgegenhält! Wie beurteilen Sie Pfisters Stellungnahme?*
- *Wie beurteilen Sie Pfisters Aussage, Freud habe „letztlich die Religion aus Religion" bekämpft?*

Weiterführende Literatur:

Lepp, I., *Hygiene der Seele.* Psychische Konflikte und ihre Überwindung, Freiburg/Basel/Wien (Herder-TB) 1973
Lohse, J. M., (Hrsg.), *Menschlich sein — mit oder ohne Gott?* Stuttgart/Berlin/Köln/Mainz (W. Kohlhammer Verlag), 1969
Scharfenberg, S., *Sigmund Freud und seine Religionskritik,* 2. Aufl., Göttingen (Verlag Vandenhoeck & Ruprecht) 1970
Zahrnt, H., (Hrsg.), *Jesus und Freud* — Ein Symposion von Psychoanalytikern und Theologen, München (R. Pieper & Co. Verlag) 1972

RELIGION IST OPIUM

für das Volk	**des Volkes**
(W. I. Lenin)	*(K. Marx)*

- *Dokumentiert sich Ihrer Meinung nach in K. Marx' und W. I. Lenins Zentralsätzen zur Religionskritik eine unterschiedliche Auffassung? Begründen Sie Ihre Meinung!*

Der religionskritische Ansatz W. I. Lenins

71

Die moderne Gesellschaft beruht ganz auf der Ausbeutung der riesigen Massen der Arbeiterklasse durch eine verschwindend kleine Bevölkerungsminderheit, die zur Grundbesitzer- und Kapitalistenklasse gehört. Das ist eine auf Sklaverei begründete Gesellschaft, haben doch die „freien" Arbeiter, die ihr Leben lang für das Kapital schuften, das „Recht" lediglich auf die Existenzmittel, die zum Lebensunterhalt der Profit schaffenden Sklaven, zur Sicherung und Verewigung der kapitalistischen Sklaverei nötig sind.
Die ökonomische Unterdrückung der Arbeiter verursacht und erzeugt unvermeidlich die verschiedensten Formen politischer Unterdrückung und sozialer Erniedrigung, führt zu Verrohung und Verkümmerung des geistigen und sittlichen Lebens der Massen. Die Arbeiter können sich größere oder geringere politische Freiheit für den Kampf um ihre ökonomische Befreiung verschaffen, aber keine Freiheit wird sie von Armut, Erwerbslosigkeit und Unterdrückung erlösen, solange die Macht des Kapitals nicht gestürzt ist. Die Religion ist eine Form des geistigen Jochs, das überall und allenthalben auf den durch ewige Arbeit für andere, durch ein Leben in Elend und Verlassenheit niedergedrückten Volksmassen lastet. Die Ohnmacht der ausgebeuteten Klassen im Kampf gegen die Ausbeuter läßt ebenso unvermeidlich den Glauben an ein besseres Leben im Jenseits aufkommen, wie die Ohnmacht des Wilden im Kampf gegen die Naturgewalten den Götter-, Teufel-, Wunderglauben usw. aufkommen läßt. Wer sein Leben lang schafft und

darbt, den lehrt die Religion Demut und Geduld im irdischen Leben und vertröstet ihn auf den himmlischen Lohn. Wer aber von fremder Hände Arbeit lebt, den lehrt die Religion Wohltätigkeit hienieden; sie bietet ihm eine wohlfeile Rechtfertigung für sein Ausbeuterdasein und verkauft zu billigen Preisen Eintrittskarten zur himmlischen Seligkeit. Die Religion ist Opium für das Volk. Die Religion ist eine Art geistigen Fusels, in dem die Sklaven des Kapitals ihr Menschenantlitz, ihren Anspruch auf ein auch nur halbwegs menschenwürdiges Dasein ersäufen.

Ist sich aber ein Sklave seines Sklavendaseins bewußt geworden und hat er sich zum Kampf um seine Befreiung erhoben, so ist er schon zur Hälfte nicht mehr Sklave. Erzogen in den Fabriken der Großindustrie, aufgeklärt durch das Stadtleben, entledigt sich der heutige klassenbewußte Arbeiter voller Verachtung der religiösen Vorurteile, überläßt das Himmelreich den Pfaffen und den bürgerlichen Muckern und erkämpft sich ein besseres Leben hier auf Erden. Das moderne Proletariat schlägt sich auf die Seite des Sozialismus, der die Wissenschaft heranzieht zum Kampf gegen die religiöse Vernebelung und die Arbeiter erlöst vom Glauben an ein Leben im Jenseits, indem er sie zum wirklichen Kampf für ein besseres Dasein auf Erden zusammenschließt . . .

Das revolutionäre Proletariat wird es durchsetzen, daß die Religion für den Staat tatsächlich Privatsache wird, und unter diesem, vom mittelalterlichen Moder gesäuberten politischen Regime wird das Proletariat offen einen unumschränkten Kampf führen für die Abschaffung der ökonomischen Sklaverei, dieser wahren Quelle der religiösen Verdummung der Menschheit.

(Wladimir I. Lenin)

- *Welche Voraussetzungen sind nach Lenin für die Entstehung der Religion verantwortlich?*
- *Wie stellt sich Lenin zur Religion?*
- *Worin liegen Unterschiede und Übereinstimmungen zwischen W. I. Lenin und S. Freud hinsichtlich ihrer Religionskritik?*

Die Kritik der Religion nach Karl Marx

K. Marx' Vorwurf, die Religion sei „Opium des Volkes", ist ohne seine sich im sog. Historischen Materialismus dokumentierende Geschichtsauffassung nicht zu verstehen.

Die historisch-materialistische Geschichtsauffassung

72

Die Hauptleistung von Marx und Engels ist die Darstellung des sog. Historischen Materialismus (Histomat). Was ist das?

Die denkenden Köpfe unter den Menschen haben immer wieder gefragt, was denn eigentlich Geschichte sei, was die Geschichte zuinnerst bewege; weiter: *Wie* eigentlich Geschichte entstehe und *wer* eigentlich die Geschichte mache.

Es hat viele Antworten auf diese Grundfragen nach dem Wesen und Kern der Geschichte gegeben. In der abendländischen Tradition hat man zumeist gesagt: Es sind die Ideen, die Gedanken und der Glaube der Menschen, die die Entwicklung vorwärts treiben. Das Denken ist das Ausschlaggebende. Die ganze Menschheitsgeschichte ist eine Geschichte des Denkens der Menschen, eine Ideengeschichte. Der Motor der Geschichte ist das immer in Bewegung befindliche Denken der Menschen. So wie die Menschen denken, so richten sie ihre Lebensweise ein. Die Staatsverfassungen und die gesellschaftlichen Zustände sind nur ein Spiegelbild des Denkens, des Bewußtseins der Menschen. Primär in der Geschichte ist das Denken. Alles andere ist sekundär. Vor allen Dingen kommt dem ganzen Gebiet des Wirtschaftlichen, des Ökonomischen nur eine ganz unwesentliche Bedeutung zu. Der marxistische Denker nennt diese Anschauungen kurz Idealismus. Unter Idealismus versteht er alles Denken, das als Beweger der Geschichte die menschliche Idee oder eine göttliche Wirklichkeit bezeichnet.

Der Histomat ist nun die Antwort von Marx und Engels auf die alte Menschheitsfrage nach der Hauptkraft und Hauptmacht, die alles historische Geschehen in Gang hält und vorwärts treibt. Der Histomat will Antwort geben auf die Frage nach den Entwicklungsgesetzen der menschlichen Gemeinschaft.

Man lasse sich nicht täuschen durch das Wort Materialismus. Mit Materie im üblichen Sinne hat es nichts zu tun. Was dieser Materialismus in diesem Zusammenhang bedeutet, soll nun systematisch entfaltet werden.

Das Wort Materialismus ist von den Gestaltern dieser Anschauung gewählt worden als Gegensatz, als Protest gegen die damals übliche idealistische Sicht der Geschichte und ihrer Bewegungsgesetze. Es soll den schärfsten Gegensatz, das radikale Nein zum idealistischen Denken ausdrücken. Marx und Engels stellen diesem die These entgegen, daß die entscheidenden Beweger der Geschichte die realen, wirtschaftlichen, ökonomischen Verhältnisse sind, unter denen die Menschen leben und arbeiten. Primär sind die realen ökonomischen Verhältnisse. Die Ideen, der Glaube, die politischen und juristischen Vorstellungen sind alle sekundär. Noch mehr, sie haben überhaupt keine Eigenständigkeit. Sie sind nur Abbilder, Spiegelbilder, Widerspiegelungen der faktischen ökonomischen Lage. Marx drückt das kurz in dem Satz aus: „Nicht das Bewußtsein (= das Denken) bestimmt das Sein (= das Leben, die Verhältnisse der Menschen), sondern das gesellschaftliche Sein bestimmt das Bewußtsein." Wie der Mensch denkt und handelt, bestimmt seine ökonomische Lage, seine ökonomische Verflochtenheit, seine Stellung im ökonomischen Prozeß.

Es wäre also besser, wenn man statt von Materialismus von Ökonomismus spräche, von Historischem Ökonomismus. Doch hat sich nun einmal Materialismus eingebürgert. Histomat besagt also: die wirtschaftlichen Verhältnisse, das ökonomische Dasein der Menschen sind die Bewegkräfte der Geschichte. Mit Hilfe des historisch-materialistischen Denkens will der Marxist Geschichte deuten und verstehen.

Der Histomat will aber nun nicht eine unbewiesene These sein, sondern erhebt den Anspruch, der Wirklichkeit und Praxis des historischen Geschehens gerecht zu werden. Er will Realismus sein. Insofern könnten wir auch von ökonomischem Realismus sprechen. Also: Historischer Materialismus = ökonomischer Materialismus = ökonomischer Realismus.

(Günther Brakelmann)

● *Klären Sie den Begriff „Historischer Materialismus", und nehmen Sie kritisch zu der marxistischen Geschichtstheorie Stellung!*

In seinem 1859 verfaßten „Vorwort zur Kritik der politischen Ökonomie" stellt K. Marx selbst die Prinzipien seiner Geschichtsauffassung dar, wobei er auch auf den Stellenwert der Religion eingeht.

73

Meine Untersuchung mündete in dem Ergebnis, daß Rechtsverhältnisse wie Staatsformen weder aus sich selbst zu begreifen sind, noch aus der sogenannten allgemeinen Entwicklung des menschlichen Geistes, sondern vielmehr in den materiellen Lebensverhältnissen wurzeln, deren Gesamtheit Hegel, nach dem Vorgang der Engländer und Franzosen des 18. Jahrhunderts, unter dem Namen „bürgerliche Gesellschaft" zusammenfaßt, daß aber die Anatomie der bürgerlichen Gesellschaft in der politischen Ökonomie zu suchen sei. Die Erforschung der letzteren, die ich in Paris begann, setzte ich fort zu Brüssel ... Das allgemeine Resultat, das sich mir ergab, und, einmal gewonnen, meinen Studien zum Leitfaden diente, kann kurz so formuliert werden: In der gesellschaftlichen Produktion ihres Lebens gehen die Menschen bestimmte, notwendige, von ihrem Willen unabhängige Verhältnisse ein, Produktionsverhältnisse, die einer bestimmten Entwicklungsstufe ihrer materiellen Produktivkräfte entsprechen. Die Gesamtheit dieser Produktionsverhältnisse bildet die ökonomische Struktur der Gesellschaft, die reale Basis, worauf sich ein juristischer und politischer Überbau erhebt, und welcher bestimmte gesellschaftliche Bewußtseinsformen entsprechen. Die Produktionsweise des materiellen Lebens bedingt den sozialen, politischen und geistigen Lebensprozeß überhaupt. Es ist nicht das Bewußtsein der Menschen, das ihr Sein, sondern umgekehrt ihr gesellschaftliches Sein, das ihr Bewußtsein bestimmt. Auf einer gewissen Stufe ihrer Entwicklung geraten die materiellen Produktivkräfte der Gesellschaft in Widerspruch mit den vorhandenen Produktionsverhältnissen oder, was nur ein juristischer Ausdruck dafür ist, mit den Eigentumsverhältnissen, innerhalb deren sie sich bisher bewegt hatten. Aus Entwicklungsformen der Produktivkräfte schlagen diese Verhältnisse in Fesseln derselben um. Es tritt dann eine Epoche sozialer Revolution ein. Mit der Veränderung der ökonomischen Grundlage wälzt sich der ganze ungeheure Überbau langsamer oder rascher um. In der Betrachtung solcher Umwälzungen muß man stets unterscheiden zwischen der materiellen naturwissenschaftlich treu zu konstatierenden Umwälzung in den ökonomischen Produktionsbedingungen und den juristischen, politischen, religiösen, künstlerischen oder philosophischen, kurz, ideologischen Formen, worin sich die Menschen dieses Konflikts bewußt werden und ihn ausfechten. Sowenig man das, was ein Individuum ist, nach dem beurteilt, was es sich selbst dünkt, ebensowenig kann man eine solche Umwälzungsepoche aus ihrem Bewußtsein beurteilen, sondern muß vielmehr dies Bewußtsein aus den Widersprüchen des materiellen Lebens, aus dem vorhandenen Konflikt zwischen gesellschaftlichen Produktivkräften und Produktionsverhältnissen erklären. Eine Gesellschaftsformation geht nie unter, bevor alle Produktivkräfte entwickelt sind, für die sie weit genug ist, und neue höhere Produktionsverhältnisse treten nie an die Stelle, bevor die materiellen Existenzbedingungen derselben im Schoß der alten Gesellschaft selbst ausgebrütet worden sind. Daher stellt sich die Menschheit immer nur Aufgaben, die sie lösen kann, denn genauer betrachtet wird sich stets finden, daß die Aufgabe selbst nur entspringt, wo die materiellen Bedingungen ihrer Lösung schon vorhanden oder wenigstens im Prozeß ihres Werdens begriffen sind. In großen Umrissen können asiatische, antike, feudale und modern bürgerliche Produktionsweisen als progressive Epochen der ökonomischen Gesellschaftsformation bezeichnet werden. Die bürgerlichen Produktionsverhältnisse sind die letzte antagonistische Form des gesellschaftlichen Produktionsprozesses, antagonistisch nicht im Sinne von individuellem Antagonismus, sondern eines aus den gesellschaftlichen Lebensbedingungen der Individuen hervorwachsenden Antagonismus, aber die im Schoß der bürgerlichen Gesellschaft sich entwickelnden Produktivkräfte schaffen zugleich die materiellen Bedingungen zur Lösung dieses Antagonismus. Mit dieser Gesellschaftsform schließt daher die Vorgeschichte der menschlichen Gesellschaft ab.

(Karl Marx)

- *Versuchen Sie, die Prinzipien der marxistischen Geschichtsauffassung auf das Schaubild zu übertragen!*
- *Welche Bedeutung kommt der Religion innerhalb seines Systems zu?*
- *Was versteht K. Marx unter der „Vorgeschichte der menschlichen Gesellschaft"?*

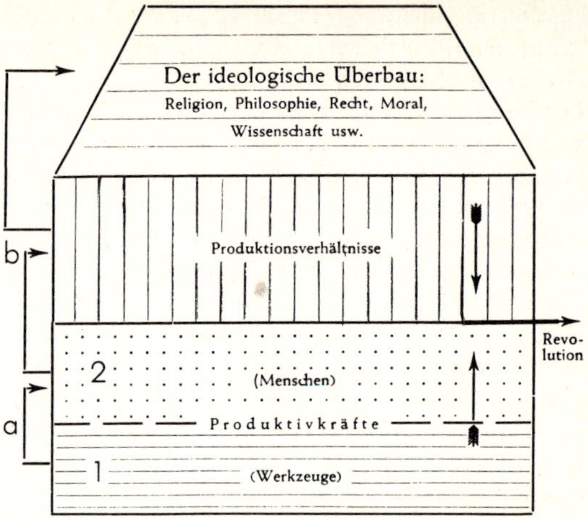

Die Religion — eine Illusion

74

Für Deutschland ist die Kritik der Religion im wesentlichen beendigt, und die Kritik der Religion ist die Voraussetzung aller Kritik.

Die profane Existenz des Irrtums ist kompromittiert, nachdem seine himmlische oratio pro aris et focis widerlegt ist. Der Mensch, der in der phantastischen Wirklichkeit des Himmels, wo er einen Übermenschen sucht, nur den Widerschein seiner selbst gefunden hat, wird nicht mehr geneigt sein, nur den Schein seiner selbst, nur den Unmenschen zu finden, wo er seine wahre Wirklichkeit sucht und suchen muß.

Das Fundament der irreligiösen Kritik ist: Der Mensch macht die Religion, die Religion macht nicht den Menschen. Und zwar ist die Religion das Selbstbewußtsein und das Selbstgefühl des Menschen, der sich selbst entweder noch nicht erworben oder schon wieder verloren hat. Aber der Mensch, das ist kein abstraktes, außer der Welt hockendes Wesen. Der Mensch, das ist die Welt des Menschen, Staat, Sozietät. Dieser Staat, diese Sozietät produzieren die Religion, ein verkehrtes Weltbewußtsein, weil sie eine verkehrte Welt sind. Die Religion ist die allgemeine Theorie dieser Welt, ihr enzyklopädisches Kompendium, ihre Logik in populärer Form, ihr spiritualistischer point-d'honneur, ihr Enthusiasmus, ihre moralische Sanktion, ihre feierliche Ergänzung, ihr allgemeiner Trost- und Rechtfertigungsgrund. Sie ist die phantastische Verwirklichung des menschlichen Wesens, weil das menschliche Wesen keine wahre Wirklichkeit besitzt. Der Kampf gegen die Religion ist also mittelbar der Kampf gegen jene Welt, deren geistiges Aroma die Religion ist.

Das religiöse Elend ist in einem der Ausdruck des wirklichen Elendes und in einem die Protestation gegen das wirkliche Elend. Die Religion ist der Seufzer der bedrängten Kreatur, das Gemüt einer herzlosen Welt, wie sie der Geist geistloser Zustände ist. Sie ist das Opium des Volkes.

Die Aufhebung der Religion als des illusorischen Glücks des Volkes ist die Forderung seines wirklichen Glücks. Die Forderung, die Illusionen über seinen Zustand aufzugeben, ist die Forderung, einen Zustand aufzugeben, der der Illusion bedarf. Die Kritik der Religion ist also im Keim die Kritik des Jammertales, dessen Heiligenschein die Religion ist.

Die Kritik hat die imaginären Blumen an der Kette zerpflückt, nicht damit der Mensch die phantasielose, trostlose Kette trage, sondern damit er die Kette abwerfe und die lebendige Blume breche. Die Kritik der Religion enttäuscht den Menschen, damit er denke, handle, seine Wirklichkeit gestalte wie ein enttäuschter, zu Verstand gekommener Mensch, damit er sich um sich selbst und damit um seine wirkliche Sonne bewege. Die Religion ist nur die illusorische Sonne, die sich um den Menschen bewegt, solange er sich nicht um sich selbst bewegt.

Es ist also die Aufgabe der Geschichte, nachdem das Jenseits der Wahrheit verschwunden ist, die Wahrheit des Diesseits zu etablieren. Es ist zunächst die Aufgabe der Philosophie, die im Dienste der Geschichte steht, nachdem die Heiligengestalt der menschlichen Selbstentfremdung entlarvt ist, die Selbstentfremdung in ihren unheiligen Gestalten zu entlarven. Die Kritik des Himmels verwandelt sich damit in die Kritik der Erde, die Kritik der Religion in die Kritik des Rechts, die Kritik der Theologie in die Kritik der Politik.

(Karl Marx)

- *Erklären Sie K. Marx' Aussage: „Das religiöse Elend ist in einem der Ausdruck des wirklichen Elendes und in einem die Protestation gegen das wirkliche Elend!"*
- *Worin sehen Sie den entscheidenden Unterschied zwischen den religionskritischen Ansätzen von K. Marx und W. I. Lenin?*
- *Entwerfen Sie eine kritische Stellungnahme zu beiden Theorien! (Vgl. Texte 22, 23, 24; S. 135 ff.)*

Bildquellen

Jesus der Christus – Begegnung und Deutung

Manfred Vollmer, Essen, S. 9 – Misereor, Aktionsplakat 1972, S. 9. – Altarkreuz aus St. Ludgeri, Münster, S. 10. – F. D. Rothacker, aus: Christa Weiß, reden wie mit einem Freund, Jugenddienst, Wuppertal 1962, S. 13. – Moderne Naturwissenschaft und Schöpfung/Religion Studienstufe Heft 6, Calwer, Stuttgart, S. 15. – Ivan Steiger, München, S. 20. – Sieger Köder, aus: Alfons Weiser, Was die Bibel Wunder nennt, Katholisches Bibelwerk, Stuttgart ³1977, S. 22. – W. R. Deusch, Malerei der deutschen Romantiker, Kurt Wolff, Berlin 1937; A. Lehmann, Afroasiatische christliche Kunst, Friedr. Bahn, Konstanz 1967; R. Huyghie, Delacroix, Beck, München 1967; A. Henze, Das christliche Thema in der modernen Malerei, a. a. O.; H.-M. Rothermund, Rembrandts Handzeichnungen und Radierungen zur Bibel, Kaufmann/Württembergische Bibelanstalt, Lahr/Stuttgart 1963, S. 24. – Josef Scharbert, Das Sachbuch zur Bibel, Pattloch, Aschaffenburg 1965, S. 25. – Rosemarie, Clausen, Hamburg. S. 43. – Anton Henze, Das christliche Thema in der modernen Malerei, F. H. Kerle, Heidelberg 1965, S. 45. – Gerard Du Ry van Beest Holle, Vom Mittelalter bis zur Gegenwart, Parkland, Stuttgart 1975, S. 45. – Robert Berger, Kunstverlag, Köln, S. 45. – Josef Scharbert, Das Sachbuch zur Bibel, a. a. O., S. 48. – Hans Lachmann, Düsseldorf, S. 50. – Lothar Schreyer, Das Christusbild und die Kunst des 20. Jahrhunderts, Otto Müller, Salzburg 1960, S. 52. – Rothermund/Gollwitzer, Grafik zur Bibel, Kaufmann/Christopherus, Lahr/ Freiburg 1966, S. 54 – Newton/Neill, 2000 Jahre christliche Kunst, Callwey, München, S. 56. – Anton Henze, Das christliche Thema in der modernen Malerei, a. a. O., S. 57.

Mut zum Leben

Hans Lachmann, Düsseldorf, S. 71. – Ivan Steiger, München, S. 72. – D. Schubert, aus: Dietrich, Exemplarische Bilder I, Burckhardthaus/Christopherus, Gelnhausen/Freiburg 1973, S. 73. – Vincent Böckstiegel, Werther b. Bielefeld, S. 73. – Hans Lachmann, Düsseldorf, S. 74. – Oskar Schlemmer, aus: Exemplarische Bilder I, a. a. O., S. 75. – Paul Klee, Cosmopress, Genf, S. 76. – Saul Steinberg, Der Inspektor, Rowohlt, Reinbek 1973, S. 76. – Saul Steinberg, Der Inspektor, Rowohlt, Reinbek 1973, S. 79. – Manfred Vollmer, Essen, S. 81. – Anton Henze, Das christliche Thema in der modernen Malerei, a. a. O., S. 87, 179. – H. T. Flemming, Ewald Mataré, Prestel, München 1955, S. 87. – Všetečka/Schaller, Comenius, Kamp, Bochum 1972, S. 91. – foto-present, Essen (Kluyver), S. 94. – Eberhard Jüngel, Tod, Themen der Theologie, Band 8, Kreuz, Stuttgart, S. 100. – Pat Mallet, aus: W. Dietrich, Exemplarische Bilder II, a. a. O., S. 101. – Frans Masereel, Krieg und Gewalt, Schustek, Hanau 1968, S. 105. – Ivan Steiger, München, S. 106. – foto-present, Essen (Vollmer), S. 108. – Ivan Steiger, München, S. 109. – P. Meinhold, Reformation im Bild, Lutherisches Verlagshaus, Berlin/Hamburg 1967, S. 116.

Kirche im Spannungsfeld der Gesellschaft

Zeiten und Menschen, C 3, Schöningh/Schroedel, Paderborn/Hannover, S. 123. – Archiv Weineck, Heidelberg, S. 124. – Deutsches Bergbaumuseum, Bochum, S. 126. – Robert Berger, Kunstverlag, Köln, S. 126. – Kirchliches Archiv, Hamburg, S. 127. – Estudios oecumenicos, S. 140. – Hermann Degkwitz, Hohenfelde, S. 143. – Jupp Wolter, Lohmar, S. 151. – Philippe Jullian, Mythen und Phantasmen, Rembrandt, Berlin 1971, S. 160. – Bausteine zu einem Gottesdienst, EAGWM, Hamburg 1974, S. 161. – P. du Bourget, Die frühe christliche Kunst, Kohlhammer, Stuttgart 1973; A. Toynbee, Auf diesen Felsen, Anton Schroll, Wien/München 1970, S. 165. – Müller/Vogel, dtv-Atlas zur Baukunst, München 1974, S. 165. – F. Gerke, Spätantike und frühes Christentum, in: Kunst der Welt, Serie 5, Holle, Baden-Baden 1976, S. 165. – G. Pisani-Sartori / R. Calza, La villa di Massenzio sulla via Apoia, Instituto di Studi Romani, Rom 1976, S. 166. – Ann Münchow, Aachen, S. 166. – Felix Kreusch, Kirche, Atrium und Portikus der Aachener Pfalz, Schwann, Düsseldorf 1965, S. 166. – Kurt Martin, Kunst des Abendlandes, Band 2, Crüwell-Konkordia, Dortmund/Bühl-Baden 1975, S. 166. – Sagebiel/Wiesemeyer/Brüning, Corvey – ein Wegweiser, Julius Henze, Höxter 1977, S. 167. – Helmut Striffler, Mannheim (Foto: R. Häusser, Mannheim), S. 169. – Helmut Striffler, Mannheim (Foto: R. Häusser, Mannheim), S. 170. – Hans Lachmann, Düsseldorf, S. 171. – Siegfried Giedion (Grundriß Ronchamp), S. 171. – Karl Karrenberg, Velbert (2), S. 171.

Zukunft deuten und gestalten

Günter von Voithenberg, München, S. 173. – evangelische jugendinformation 1, 1978 Stuttgart, S. 174. – Benedikt W. Traut, Christbruderschaft Selbitz, S. 176. – Hans Stapperfenne (Hrsg.), Alles in schönster Ordnung, Jugenddienst, Wuppertal 1970, S. 177. – Missio, Aachen, S. 180. – Verlagsarchiv, S. 182. – Benedikt W. Traut, Christbruderschaft Selbitz, S. 185. – Honest Schempp, Lindau, S. 187. – Pontis-Photo/ Moses, S. 194. – Erika Sulzer-Kleinemeier, S. 195. –

Hans Lachmann, Düsseldorf (2), S. 195. – Marianne Tosetti, Der Grafiker Herbert Seidel, Evangelische Verlagsanstalt, Berlin 1970, S. 198.

Pontis-Foto, S. 200. – Norddeutsche Landesbank, Hannover, S. 201. – Max Scheler/STERN; G. von Voithenberg, München; Erika Sulzer-Kleinemeier, Düsseldorf; Hubert Distler, Grafrath; K. H. Melters / Missio; Rocco Morabito; Hannes Kilian, Stuttgart, S. 202. – Die Wiedertäufer in Münster, Westfälische Vereinsdruckerei, Münster 1963, S. 205/206. – Misereor-Plakat 1973, KNA, S. 207. – foto-present / Christoph, S. 211. – P. Teilhard de Chardin, Die Entstehung des Menschen, Beck, München 1976, S. 217. – Roland Peter Litzenburger, Markdorf-Leimbach, S. 219. – Ivan Steiger, München, S. 221. – Jürgen Volkmann, Bielefeld, S. 224/225.

Gott im Horizont der Wirklichkeitserfahrung

foto present / Gelpke, S. 239. – foto-present/Christoph, S. 240. – O. Thulin, Gestalt und Aussage, Evangelische Verlagsanstalt, Berlin 1971, S. 243. – H.-M. Rothermund, Graphik zur Bibel, Ernst Kaufmann, Lahr 1966, S. 246. – H. Lehmann-Sinapius, in: A. Stock, Textentfaltungen, Patmos, Düsseldorf 1978, S. 250. – Roland Peter Litzenburger, Markdorf-Leimbach, S. 252. – Globus-Kartendienst, Hamburg, S. 259. – Van Leeuwen / Schilder / Veltmann, Entdecker und Entdekkungen, Büchergilde Gutenberg, Zürich 1946, S. 260/261. – Kunstverlag Maria Laach, S. 271. – G. Brakelmann, Die soziale Frage des 19. Jahrhunderts, Luther, Bielefeld, S. 286.

Textquellenverzeichnis

Jesus der Christus – Begegnung und Deutung

1 W. Harenberg, *Jesus und die Kirchen,* in: DER SPIEGEL 1966, Nr. 14 – 16; hier Nr. 16, S. 74, 97.

2 S. Kierkegaard, *Philosophische Brocken,* suhrkamp taschenbuch wissenschaft 147, Berlin 1975, S. 102 f. Übstg. von Emanuel Hirsch, © Eugen Diederichs Verlag, Köln u. Düsseldorf.

3 H. Zahrnt, *Es begann mit Jesus von Nazareth.* Die Frage nach dem historischen Jesus, Kreuz-Verlag, Stuttgart [4]1960, S. 10 f., 158 f.

4 Sch. Ben-Chorin, *Bruder Jesus.* Der Nazarener in jüdischer Sicht, List Taschenbücher 394, München 1972, S. 12.

6 G. Bornkamm, *Jesus von Nazareth,* Urban Bücher 19, Verlag W. Kohlhammer, Stuttgart [6]1963, S. 12 – 15.

7 Reproduktion bei P. Schreckenbach u. Fr. Neubert, *Martin Luther.* Ein Bild seines Lebens und Wirkens, Verlagsbuchhandlung von J. J. Weber, Leipzig 1916, S. 114.

8 Text: A. Frostenson 1968, aus dem Schwedischen übertragen von E. Hansen 1970. Melodie: L. Å. Lundberg 1968, aus: Gemeindelieder, Oncken Verlag, Wuppertal/Kassel 1978.

G. Ruhbach, *Glaubensbekenntnisse für unsere Zeit,* Gütersloher Verlagshaus G. Mohn, Gütersloh 1971, Nr. 28.

11 R. Bultmann, Neues Testament und Mythologie. *Das Problem der Entmythologisierung der neutestamentlichen Verkündigung,* in: Kerygma und Mythos. Ein theologisches Gespräch, H. Reich Evangelischer Verlag, Hamburg-Bergstedt [4]1960, S. 15 – 48; hier S. 15, 21 – 23, 26.

12 R. Bultmann, *Predigt über Lukas 5, 1 – 11.* 13. Juli 1941, in: R. Bultmann, Marburger Predigten, J. C.B. Mohr, Tübingen 1956, S. 137 – 147; hier S. 138 – 141, 145 f.

13 Text aus Philostratos, *Das Leben des Apollonius von Tyana IV, 45;* abgedruckt bei A. Weiser, Was die Bibel Wunder nennt. Ein Sachbuch zu den Berichten der Evangelien, KBW Verlag, Stuttgart [3]1977, S. 127.

14 R. Bultmann, *Die Erforschung der synoptischen Evangelien,* (Aus der Welt der Religionen, N.F. 1), Verlag A. Töpelmann, Berlin [4]1961, S. 7 – 9.

15 Wolfgang Schulte, *Einführung in das Neue Testament,* in: Gott kommt, Oberstufe Teil 2, hrsg. von H.-J. Kraus, G. Schneider, Neukirchner Verlag des Erziehungsvereins, Neukirchen 1969, S. 35.

21 M. Dibelius, *Die Formgeschichte des Evangeliums,* Verlag J. C. B. Mohr, Tübingen [4]1961, S. 1 – 4.

22 R. Bultmann, *Die Geschichte der synoptischen Tradition* (Forschungen zur Religion und Literatur des Alten und Neuen Testaments N.F. 12), Verlag Vandenhoeck & Ruprecht, Göttingen [6]1964, S. 4 f.

23 a) R. Bultmann, *Die Geschichte der synoptischen Tradition,* (s. Nr. 22), S. 40 – 42.

b) M. Dibelius, *Die Formgeschichte des Evangeliums* (s. Nr. 21), S. 41 – 56; Zitate S. 55, 41.

25 G. Bergmann, *Alarm um die Bibel.* Warum die Bibelkritik der modernen Theologie falsch ist, Schriftenmissions-Verlag, Gladbeck 1963, S. 101 bis 103.

26 W. Kreck, *Die Gemeinde braucht die Kritik der Bibel,* in: Bibelkritik und Gemeindefrömmigkeit. Vorträge auf dem 12. Deutschen Evangelischen Kirchentag, Gütersloher Verlagshaus G. Mohn, Gütersloh 1966, S. 53 bis 55.

27 In Anlehnung (geringfügige Änderungen in Übersetzung und Zusammenstellung) an C. H. Peisker, Zürcher Evangelien-Synopse, J.G. Onken Verlag, Kassel [2]1962, S. 23 f., 51.

28 D. von Oppen, *Der sachliche Mensch.* Frömmigkeit am Ende des 20. Jahrhunderts, Kreuz-Verlag, Stuttgart/Berlin 1968, S. 155 – 161.

29 *epd-Dokumentation 17/1972;* abgedruckt in: Kursbuch für Konfirmanden (hrsg. von V. Herbert), Claudius-Verlag, München [2]1976, S. 16 f.

30 *Große fremde Religionen* (Grundlagen für einen Dialog), W. Crüwell Verlag, Dortmund 1977, S. 8 f.

32 G. Bornkamm, *Jesus von Nazareth* (s. Nr. 6), S. 92 – 96.

33 W. Jens (Hrsg.), *Der barmherzige Samariter,* Kreuz-Verlag, Stuttgart 1973, S. 7 f. Das im Anschlußtext angeführte Zitat ebd., S. 18.

34 B. Brecht, *Die heilige Johanna der Schlachthöfe,* edition suhrkamp 113, Berlin 1965, S. 51 – 53.

35 *Freiherr von Bodelschwingh,* in: Lebensunwert? Blätterverlag der Anstalt Bethel bei Bielefeld, 1967, S. 23 – 26; abgedruckt bei R. Engelbert, Euthanasie (Göttinger Quellenhefte 22), Verlag Vandenhoeck & Ruprecht, Göttingen [2]1975, S. 19 f.

38 M. Dibelius, *Die Formgeschichte des Evangeliums* (s. Nr. 21), S. 192 f.

39 K. H. Rengstorf, *Artikel Jesus Christus* (. . .), in: Theologisches Begriffslexikon zum Neuen Testament, Bd. II/1 (hrsg. von L. Coenen, E. Beyreuther und H. Bietenhard), Verlag R. Brockhaus, Wuppertal 1969, S. 757 – 768; hier S. 765 f.

40 O. Betz, *Was wissen wir von Jesus?* Kreuz-Verlag Stuttgart 1965, S. 56 – 58, 63.

41 H. Conzelmann, *Historie und Theologie in den synoptischen Passionsberichten,* in: Zur Bedeutung des Todes Jesu. Exegetische Beiträge (Schriftenreihe des Theologischen Ausschusses der Evangelischen Kirche der Union, hrsg. von Fr. Viering), Gütersloher Verlagshaus G. Mohn, Gütersloh [3]1968, S. 35 – 53; hier S. 37 f., 47, 53.

42 *Strophen 1, 2 und 9 des gleichnamigen Chorals* von P. Gerhardt, 1656.

43 In: Helmut Gollwitzer

(Hrsg.), *Du hast mich heimgesucht bei Nacht,* Chr. Kaiser Verlag, München, © Verlag Die Arche, Zürich.
44 K. Marti, *Leichenreden,* Luchterhand-Verlag, Neuwied [4]1969, S. 25.
45 Text: 12. Jhdt.; Str. 1 übersetzt Medingen um 1380, Str. 2 – 4 bei C. Spangenberg 1568. Melodie: 15. Jhdt./Wittenberg 1573.
48 R. Bultmann, *Neues Testament und Mythologie* (s. Nr. 11), S. 46 f.
49 W. Künneth, *Glauben an Jesus?* Die Begegnung der Christologie mit der modernen Existenz, Siebenstern Taschenbuch Verlag, München und Hamburg [3]1969, S. 132 – 135.
50 W. Marxsen, *Die Auferstehung Jesu als historisches und als theologisches Problem,* Gütersloher Verlagshaus G. Mohn, Gütersloh [2]1965, S. 19 f., 27 – 30, 25 f.
51 Katholische Bischöfe Deutschlands, Auszug aus einem Schreiben vom 22. September 1967, Sonderdruck des Sekretatiats der Deutschen Bischofskonferenz; abgedruckt in: Der Anspruch Jesu, Theologisches Forum 3, Patmos-Verlag, Düsseldorf [3]1972, S. 43 – 46; hier S. 45 f.
52 H. Zahrnt, *Es begann mit Jesus von Nazareth* (s. Nr. 3), S. 134 – 137, 150 – 153.
53 Sch. Ben-Chorin, *Jüdische Fragen um Jesus Christus,* in: Juden – Christen – Deutsche, hrsg. von H. J. Schultz, Kreuz-Verlag, Stuttgart 1961, S. 140 – 150.
54 D. Sölle, *Stellvertretung,* Kreuz-Verlag, Stuttgart 1965, S. 135 – 139, 175 – 179.
55 H. Braun, *Jesus.* Der Mann aus Nazareth und seine Zeit, Themen der Theologie 1, Kreuz-Verlag, Stuttgart/Berlin [2]1969, S. 146 – 149.
56 H. Zahrnt, *Es begann mit Jesus von Nazareth* (s. Nr. 3), S. 158 – 165.
57 J. Heubach, *Wahrer Gott und wahrer Mensch,* in: Streit um Jesus, Kreuz Verlag, Stuttgart u. Berlin 1969, S. 38 – 49; hier S. 47 f. Der Textauszug gibt die Schlußüberlegungen des Verfassers wieder.

Mut zum Leben

1 A. Camus, *Der Fall,* Rowohlt-Verlag, Hamburg 1961, 74 – 76.
2 F. Dostojewskij, *Die Brüder Karamasoff,* (hrsg. von K. Nötzel) Sigbert Mohn Verlag, Gütersloh o.J. 324 f.
3 W. Jentsch / H. Jetter / M. Kießig / H. Reller (Hrsg.), *Evangelischer Erwachsenenkatechismus,* Gütersloher Verlagshaus Gerd Mohn, Gütersloh 1975, 325.
5 V. E. Frankl, *Der Mensch auf der Suche nach Sinn,* Herder TB 430 Freiburg [4]1975, 13, Copyright by Hippokrates-Verlag GmbH, Stuttgart 1959.
6 Sokrates, zit, nach: K. Jaspers, *Die maßgebenden Menschen, Piper, München* [4]1971, 91,
Augustus, Huss, zit. nach: *Herausforderungen 1,* Crüwell Verlag, Dortmund 1970, 189.
M. Luther, zit. nach: K. Aland (Hrsg.), *Luther – Deutsch, Bd. 10, Die Briefe,* Ehrenfried Klotz Verlag, Stuttgart 1959, 341.
Th. Hobbes, zit. nach: *Herausforderungen* ebd.
9 a Bertolt Brecht, *Der Nachgeborene,* aus: B. Brecht, Gesamtausgabe, Suhrkamp Verlag, Frankfurt a. M. 1967.
9 d N. Kazantzakis, *Inschrift auf dem Grab von N. Kazantzakis in Iraklion / Kreta* – in eigener Schrift.
10 H. M. Enzensberger, *edition text und kritik,* München 1977, Heft 49.
11 S. Lenz, *Das Feuerschiff – Erzählungen,* Rowohlt-Verlag, Hamburg 1960, 116.
12 F. Riemann, Die Bedeutung der Angst im menschlichen Leben, in: H. J. Schultz (Hrsg.), *Was weiß man von der Seele?,* Gütersloher Verlagshaus Gerd Mohn, Gütersloh 1972, GTB 68/69, 86 – 95 (in Auszügen), Copyright: Kreuz-Verlag, Stuttgart/Berlin.
13 W. Jentsch u. a., *Evangelischer Erwachsenenkatechismus,* Gütersloher Verlagshaus Gerd Mohn, Gütersloh 1975, 264 f.
14 D. Bonhoeffer, *Widerstand und Ergebung,* Chr. Kaiser-Verlag, München 1970, S. 381.
16 P. Weiss, *Abschied von den Eltern,* edition suhrkamp Bd. 85, Frankfurt/Main 1961, 82 f.
17 L. Pongratz, *Kinderdelinquenz – Hintergründe und Entwicklungen,* Juventa-Verlag, München 1975, 122 – 124.
Die Zusammenstellung der Texte 17 – 20 erfolgt in Anlehnung an H. Anselm – R. Kitzmann (Hrsg.), Schuld und Schicksal Teil 1, Schülerheft, Arbeitshilfe für den evangelischen Religionsunterricht an Gymnasien, hrsg. im Auftrag der Arbeitsgemeinschaft evangelischer Religionslehrer an den Gymnasien in Bayern, Themenfolge 27/1 (Manuskript) Erlangen 1977, 58 – 66.
18 B. Hassenstein, *Das biologisch-psychologische Menschenbild,* in: Im Lichte der Reformation, Jahrbuch XV/1972, Vandenhoeck & Ruprecht, Göttingen, 112.
19 M. Horkheimer, *Zur Kritik der instrumentellen Vernunft,* Oxford University Press Inc. New York, Dt. Ausgabe: S. Fischer Verlag GmbH, Frankfurt 1967.
20 F. Hacker, *Aggression – Die Brutalisierung der modernen Welt,* Verlag Fritz Molden, Wien/München/Zürich, 1971, 142.
21 E. Lange, *Die zehn großen Freiheiten,* Burckhardthaus Verlag, Gelnhausen u. Berlin [9]1971, S. 4 – 8.
27 J. Moltmann, *Mensch, Themen der Theologie* Bd. 11, Kreuz-Verlag, Stuttgart/Berlin, 1971, 164 – 167.
28 Chr. Schütze, *Die Privatsache Tod,* Süddeutsche Zeitung, Stuttgart 252/1976.
Epikur, zit nach: E. Jüngel, Tod, *Themen der Theologie Bd. 8,* Kreuz-Verlag, Stuttgart/Berlin, 1971, 18.
E. Kübler-Ross, *Was können wir noch tun?,* Kreuz-Verlag, Stuttgart/Berlin, 1974, 149.
G. Bally, *Todeserwartung, Sterben und Trauer heute,* in: H. J. Schultz (Hrsg.), *Was weiß man von der Seele?,* Gütersloher Verlagshaus Gerd Mohn Gütersloh 1972, GTB 68/69, 97, Copyright: Kreuz-Verlag, Stuttgart/Berlin.

29 R. Kirste, in: H. Nitschke (Hrsg.), *Am Grabe,* Gütersloher Verlagshaus, Gütersloh 1975, 115 f.

30 E. Kübler-Ross, *Interviews mit Sterbenden,* Kreuz-Verlag, Stuttgart/Berlin, 1969, 18–23 (gekürzt).

31 P. Moor, *Die Freiheit zum Tode,* rororo TB 7079, Hamburg 1977, 226 f.

32 Schweizerische Akademie der medizinischen Wissenschaften, Richtlinien für die Sterbehilfe, zit. nach: *Deutsches Allgemeines Sonntagsblatt,* Hamburg, 1. 5. 1977.

33 zit. nach: *Evangelische Kommentare,* Kreuz-Verlag, Stuttgart/Berlin 1977, 744.

34 J. Klepper, *Unter dem Schatten deiner Flügel,* Aus den Tagebüchern der Jahre 1932–1942, Deutsche Verlagsanstalt Stuttgart 1956, 76 f., 105, 225, 993, 1019, 1133
Das Flugblatt (1927) ist zitiert nach R. Thalmann, Jochen Klepper – *Ein Leben zwischen Idyllen und Katastrophen,* Chr. Kaiser Verlag, München 1977, 47.

38 E. Käsemann, *Zum Thema der urchristlichen Apokalyptik,* in: *Exegetische Versuche und Besinnungen Bd. 2,* Vandenhoeck & Ruprecht, Göttingen, ^{3}1968, 127. 129.

39 E. Jüngel, *Tod, Themen der Theologie, Bd. 8,* Kreuz-Verlag, Stuttgart/Berlin, 1971, 75 f.

40 W. Pannenberg, *Grundzüge der Christologie,* Gütersloher Verlagshaus, Gütersloh 1964, 81 f.

41 K. Marti, *Leichenrede,* Luchterhand Verlag, Neuwied, 1969, 63.

42 R. O. Wiemer, *Ernstfall,* J. F. Steinkopf Verlag, Stuttgart, ^{2}1973, 7.

44 H. Gollwitzer, *Und führen wohin du nicht willst,* GTB/Siebenstern 44, München/Hamburg 1965, 9–11, (gekürzt), Copyright: Chr. Kaiser Verlag, München 1951.

45 W. Scheel, zit. nach: *Rheinischer Merkur Nr. 15/78* vom 14. 4.1978.

46 W. Scheel, *Der Friedensdienst der Christen,* Eine Thesenreihe zur christlichen Friedensethik in der gegenwärtigen Weltsituation, erarbeitet von der Kammer der EKD für öffentliche Verantwortung, Gütersloher Verlagshaus Gerd Mohn, ^{3}1970, 14–15.

47 Friedenspreisrede von L. Kolakowski, Verlag d. Buchhändlervereinigung, Frankfurt 1977, i. A.

48 H. Zahrnt, *Warum ich glaube,* R. Piper & Co. Verlag, München/Zürich, 1977, 229.

49 H. Gollwitzer, *Ich frage nach dem Sinn des Lebens, Kaiser Traktate Heft 11,* Chr. Kaiser Verlag, München, 1974, 16, 25 (gekürzt).

50 H. Zahrnt, *Gott kann nicht sterben,* R. Piper & Co. Verlag, München, ^{2}1970, 253.

51 M. Luther, *Von der Freiheit eines Christenmenschen, 1520,* zit. nach: W. Metzger (Hrsg.), *Calwer Luther-Ausgabe Bd. 2,* Siebenstern Taschenbuchverlag, München und Hamburg, Bd. 24, 1964, 162, 166 f., 167, 168, 169, 178, 183, 187.

52 P. Tillich, *Systematische Theologie, Bd. III,* Evangelisches Verlagswerk, Stuttgart 1966, 260.

Kirche im Spannungsfeld der Gesellschaft

1 F. Prinz, *Kirche und Arbeiterschaft. Gestern – heute – morgen,* Günter Olzog Verlag, München 1974, S. 297 ff.

2 W. Heisenberg, *Das Naturbild der heutigen Physik,* Rowohlt Verlag, Reinbek b. Hamburg 1955, S. 15 f.

3 G. Guzman, *Camillo Torres – Persönlichkeit und Entscheidung,* Deutsche Verlagsanstalt, München 1970, S. 326 ff.

4 E. Feil / R. Weth (Hrsg.), *Diskussion der Theologie der Revolution,* Chr. Kaiser Verlag/Matthias Grünewald Verlag, München/Mainz ^{2}1970, S. 330.

5 E. Müller / A. Wolf, *Geleitwort zu der Dokumentation „Der Protestantismus vor der sozialen Frage",* bearbeitet von H.-J. Weineck u. G. Brakelmann, o. O., o.J., S. 2 (Bestellung: Geschäftsführung der Ev. Aktionsgemeinschaft für Arbeitnehmerfragen, 7323 Bad Boll, Blumenstraße 1)

6 Franz Rehbein, *Das Leben eines Landarbeiters,* hrsg. v. Paul Göhre, Jena 1911, Eugen Diederichs Verlag Düsseldorf/Köln.

7 G. Brakelmann, *Die soziale Frage des 19. Jahrhunderts,* Luther Verlag, Witten ^{5}1975, S. 27 f.

8 G. Brakelmann, *Die soziale Frage des 19. Jahrhunderts,* a. a. O., S. 28.

9 H. M. Enzensberger u. a. (Hrsg.), *Klassenbuch 1. Ein Lesebuch zu den Klassenkämpfen in Deutschland 1756–1850,* Luchterhand Verlag, Darmstadt/Neuwied 1972, S. 193 ff.

10 F. Engels, *Die Frage der arbeitenden Klasse in England,* in: *Marx-Engels Werke, Bd. 2,* Dietz Verlag, Berlin (Ost) 1974, S. 379 f.

11 Brakelmann, *Die soziale Frage des 19. Jahrhunderts* a. a. O., S. 34, 39 ff.

12 J.H. Wichern, *Die innere Mission der deutschen evangelischen Kirche. Eine Denkschrift an die deutsche Nation (1849),* in: J. H. Wichern, *Sämtliche Werke, Bd. 1,* hrsg. von P. Meinhold, Lutherisches Verlagshaus, Berlin 1962, S. 180 f.

13 J. H. Wichern, *Standpunkt der inneren Mission gegenüber dem kirchlichen, politischen und nationalen Interesse* (1848), in: J. H. Wichern, *Sämtliche Werke.* a. a. O. S. 112.

14 J. H. Wichern, *Die innere Mission der deutschen evangelischen Kirche,* a. a. O. S. 183 ff.

15 H. Thielicke, *Die geheime Frage nach Gott,* Herder Verlag, Freiburg ^{3}1976, S. 85 f.

16 J.H. Wichern, *Die innere Mission der deutschen evangelischen Kirche,* a. a. O., S. 199 ff.

17 G. Brakelmann, *Die soziale Frage des 19. Jahrhunderts,* a. a. O., S. 111 f.

18 F. J. Stahl, *Die Philosophie des Rechts, Bd. 2: Recht und Staatslehre, Heidelberg 1846,* S. 219 f.

19 F. Mahling, *Kirchliche Stimmen zur Arbeiterbewegung von 1839–1862,* in: *Neue kirchliche Zeitschrift 33, 1922,* S. 133 f.

21 G. Bornkamm, *Paulus,* W. Kohlhammer Ver-

lag GmbH, Stuttgart/Berlin/Köln/Mainz ^{2}1970.
22 J. H. Wichern, *Die innere Mission der deutschen evangelischen Kirche,* a. a. O., S. 252 ff.
23 G. Brakelmann, *Kirche und Sozialismus im 19. Jahrhundert,* Luther Verlag, Witten 1966, S. 26 ff.
24 G. Brakelmann, *Kirche und Sozialismus im 19. Jahrhundert,* a. a. O., S. 60 – 63, 98 – 100.
25 A. Stöcker, *„Christlich-sozial", Reden und Aufsätze 1890.*
26 P. Göhre, *Die evangelisch-soziale Bewegung, Leipzig 1896, S. 50.*
27 *A. Stöcker, a. a. O.*
28 *W. Schweitzer, Freiheit zum Leben — Grundfragen der Ethik, Handbücherei des Christen in der Welt, Bd. 5,* Verlagsgemeinschaft Burckhardthaus- und Kreuz-Verlag, Stuttgart/Berlin ^{2}1961, S. 140 ff.
29 H. Symanowski / F. Vilmar, *Die Welt des Arbeiters — Junge Pfarrer berichten aus der Fabrik,* Stimme-Verlag, Frankfurt/M. ^{4}1964, (Geleitwort).
30 H. Symanowski / F. Vilmar, *Die Welt des Arbeiters — Junge Arbeiter berichten aus der Fabrik,* Stimme-Verlag, Frankfurt/M. ^{4}1964, S. 20 – 90.
31 H. D. Metzger / H. Symanowski, in: H. Symanowski / F. Vilmar, *Die Welt des Arbeiters — Junge Pfarrer berichten aus der Fabrik,* a. a. O., S. 75 – 77.
32 *Die Denkschriften der EKD, Texte und Kommentare* von K.-A. Odin, Neukirchener Verlag des Erziehungsvereins, Neukirchen-Vluyn 1966, S. 25 – 28; einleitender Kommentar: S. 109.
33 *Die Zukunft der Kirche und die Zukunft der Welt, Die Synode der EKD 1968 zur Weltverantwortung der Kirche in einem revolutionären Zeitalter,* hrsg. von E. Wilkens, Chr. Kaiser Verlag, München 1968, S. 13.
34 *Chr. Berg, Brot für die Welt. Bemerkungen zur Entstehung und Bedeutung einer ökumenischen Aktion der evangelischen Christenheit in Deutschland,* in: ders., Brot für die Welt — Dokumente — Berichte — Rufe, Lettner Verlag, Berlin/Stuttgart 1962, S. 19 – 23.
35 *Brot für die Welt,* Materialsammlung Nr. 10, Stuttgart 1971, unpaginiert.
36 *„Brot für die Welt" — Jahresbericht 1976,* hrsg. von der Hauptgeschäftsstelle des Diakonischen Werkes der EKD, Stuttgart.
37 K. Lefringhausen, *Kirche und Entwicklungspolitik,* in: Sozialer Fortschritt durch Entwicklungshilfe?, München 1972, S. 137 – 140.
38 H.-W. Gensichen, *Mission heute,* in: Der evangelische Erzieher, Heft 2/1978, M. Diesterweg Verlag, Frankfurt/M. 1978, S. 68 f.
39 H.-W. Gensichen, a. a. O., S. 72 – 74.
40 H.-W. Gensichen, a. a. O., S. 75 – 85.
41 J. Höffner, *Unbehagen an der Kirche?* Sechzehn Fragen und sechzehn Antworten, in: *Themen und Thesen 4,* hrsg. vom Presseamt des Erzbistums Köln, 4. Auflage 1976, S. 23 – 26.
42 H. Gollwitzer, *Die Revolution des Reiches Gottes und die Gesellschaft,* in: *Diskussion zur „Theologie der Revolution",* hrsg. von E. Feil / R. Weth, Chr. Kaiser / Matthias Grünewald Verlag, Mainz/München 1969, S. 59 – 64.
43 L. Zenetti, *Sieben Farben hat das Licht,* Pfeiffer Verlag, München 1975, S. 115.
44 W. Dirks / E. Stammler (Hrsg.), *Warum bleibe ich in der Kirche?* Manz Verlag, München ^{2}1971, S. 95.
45 W. Dirks / E. Stammler a. a. O., S. 155 – 157.
46 E. Stammler, Protestanten ohne Kirche, Stundenbuch 75 (Sonderband), Furche-Verlag, Hamburg 1967, S. 174 f., 178 f.
47 *Widukind von Corvey, cap. 1,2,* nach: *Geschichte in Quellen, Bd. 2,* hrsg. von W. Lautemann / M. Schlenke, Bayerischer Schulbuch-Verlag, München 1975, S. 146 f.
48 *Schreiben Kaiser Heinrichs IV., Mai 1076,* nach: *Geschichtsschreiber der deutschen Vorzeit, Bd. 98,* S. 52 f.
49 S. Nagel / S. Linke (Bearb.), *Kirchliches Bauen,* hrsg. von der Deutschen Bauzeitschrift, DBZ-Baufachbuch, Bertelsmann Fachverlag, Gütersloh 1968, S. 5.
50 a. a. O., S. 17.
51 a. a. O., S. 67.

Zukunft deuten und gestalten

1 *Meister Martin in Biberach, 1498,* zitiert nach: K. E. P. Wackernagel, Hrsg., *Deutsches Lesebuch, Dritter Teil,* Verlag S. G. Liesching, Leipzig 1843, S. 58.
2 M. Luther, in: *D. Martin Luthers Werke, Kritische Gesamtausgabe, 34. Band.* Zweite Abteilung, Verlag H. Böhaus Nachf., Weimar 1908, S. 275.
3 F. L. Polak, *An der Grenze zum Unbekannten,* in: Alvin Toffler (Hrsg.), *Kursbuch ins dritte Jahrtausend,* Scherz Verlag, Bern u. München 1973, Übstzg. von Gerta Geyer.
4 D. Sölle, *Der Wunsch, ganz zu sein,* in: I. Riedel (Hrsg.) *Der unverbrauchte Gott. Neue Wege der Religiosität,* Scherz-Verlag, Bern/München: Wien 1976, S. 8 – 15 i. A.
5 *Aus PZ 16/1978.* PZ ist kostenlos zu beziehen von der Bundeszentrale für Politische Bildung, Bonn, Berliner Freiheit Nr. 7.
6 G. Picht, *Prognose — Utopie — Planung,* Klett Verlag, Stuttgart ^{2}1968, S. 61 f.
7 E. Fromm, *Haben oder Sein. Die seelischen Grundlagen einer neuen Gesellschaft,* Deutsche Verlagsanstalt, Stuttgart 1976, S. 197 f.
8 J. Moltmann, *Theologie der Hoffnung,* Kaiser Verlag, München ^{9}1973, S. 321, 304 f. i. A.
9 E. Bloch, *Das Prinzip Hoffnung, Suhrkamp-Verlag,* Frankfurt/M. 1968, S. 285, 1625 – 1628 i. A.
10 A. Neusüss (Hrsg.) *Begriff und Phantomen des Utopischen, Soziologische Texte. Bd. 44,* Luchterhand Verlag, Neuwied-Berlin 1968, S. 31, 33, 18 f.
11 K. R. Popper: *Utopie und Gewalt,* in: A. Neusüss a. a. O. S. 323, 325.
12 G. Picht, *Prognose, Utopie, Planung — Die*

Situation des Menschen in der Zukunft der technischen Welt. Klett, Stuttgart 1967, S. 41, 45.

13 J. Hofmeier, *Hoffnung, Instinkt, Leidenschaft, Verstehen.* in: Concilium 6 (1970), Verlage M. Grünewald / Benziger, 614 f.

15 Thomas Morus (1478 – 1535), *Utopia,* in: K. J. Heinisch (Hrsg.), *Der utopische Staat,* (rororo Klassiker Nr. 68/69), Reinbek 1960, S. 53 f., 108 i. A.

16 R. Havemann, *Dialektik ohne Dogma?,* rororo aktuell Nr. 683 Rowohlt Taschenbuch-Verlag, Reinbek 1964, S. 119 f.

18 F. Kerstiens, *Die zeitgenössische Theologie der Hoffnung in Deutschland. Eine kritische Bibliographie,* in: Concilium 6/1970, H. 11 (s. 13), S. 646.

19 + 20 G. Klein, *„Reich Gottes" als biblischer Zentralbegriff,* in: A. Hertz u. a., *Gottesreich und Menschenreich,* Verlag F. Pustet, Regensburg 1971, S. 18 f.

21 H. Tommek, *Lernprogramm Gottesreich,* Patmos Verlag, Düsseldorf 1972, S. 34 – 36 i. A.

22 (Seneca) *Briefe an Lucilius,* dt. von E. Glaser-Gerhard, Rowohlts Klassiker Bd. 185/186, S. 153.

24 Karl Löwith, *Weltgeschichte und Heilsgeschehen. Die theologischen Voraussetzungen der Geschichtsphilosophie,* Kohlhammer, Stuttgart ^{1}1953, S. 13 – 14 i. A.

25a Talmud; Ketubbot 111b, zitiert nach: *Der Babylonische Talmund;* ausgewählt, übersetzt und erklärt von Reinhold Mayer, Goldmann TB, Nr. 1330 – 32, München 1963, S. 555.

25b Talmud; Sanhedrin 98a, zitiert nach: *Der Babylonische Talmud,* a. a. O. S. 562.

25c Äthiopischer Henoch, 45, 3 – 6; aus: *Umwelt des Urchristentums,* Bd. 2; hrsg. von Johannes Leipoldt und Walter Grundmann, Evangelische Verlagsanstalt, Berlin 1967, S. 194.

Orientierender Hinweis S. 190: S. Safrai, *Das jüdische Volk im Zeitalter des Zweiten Tempels,* Neukirchner Verlag, Neukirchen 1978, S. 43 f., 47.

26 Rudolf Bultmann, *Das Urchristentum im Rahmen der antiken Religionen,* rde. 157/158, Rowohlt Taschenbuchverlag, Reinbek 1963, S. 78 – 82 i. A.

27 *„Siehe! Ich mache alle Dinge neu",* veröff. v.d. Watch Tower Bible and Tract Society of Pennsylvania, Brooklyn (N.Y. – USA) 1959, S. 6, 8, 12 f. 17, 22 – 26 i. A. Zitiert nach: H.-U. Thelemann / H. Aschermann (Hrsg.) *Horizonte des Glaubens,* Diesterweg, Frankfurt a. M. ^{3}1969, S. 281 – 284 i. A.

28 Thomas von Celano (ca. 1190 – 1260) zugeschrieben, zitiert nach: *Das vollständige Römische Meßbuch lateinisch und deutsch,* hrsg. von Benediktinern der Erzabtei Beuron, Verlag Herder, Freiburg 1956, Messen für die Verstorbenen, S. 178 f.

29 Ernesto Cardenal, *Gebet für Marilyn Monroe und andere Gedichte,* Peter Hammer Verlag, Wuppertal ^{2}1973, S. 114 – 119.

30 Martin Luther King, zitiert nach: C. Scott King, *Mein Leben mit Martin Luther King,* Deutsche Verlagsanstalt, Stuttgart 1970, S. 142, Übstzg. v. Christa Wegen.

33 Orientierender Hinweis S. 199: H. Strack und P. Billerbeck, *Kommentar zum Neuen Teshament aus Talmund und Midrasch, Bd. I,* C. H. Beck'sche Verlagsbuchhandlung, München ^{3}1926, S. 593.

38b W. Erl, F. Gaiser, *Neue Methoden der Bibelarbeit,* Katzmann Verlag, Tübingen 1969, S. 88.

39b F. Mahr, *Die satanischen Seligpreisungen,* in: *Bibel verfremdet,* Verlag Katholisches Bibelwerk, Stuttgart 1972, S. 14 – 16 i. A.

42a Augustin, *Gottesstaat, Buch XIV, 28,* hrsg. von J. Bernhardt, zitiert nach: H. Schuster, Hrsg. *Quellenbuch zur Kirchengeschichte, Band I/II,* Verlag M. Diesterweg, Frankfurt/Berlin/München ^{9}1976, S. 42.

42b Augustin, *Gottesstaat, Buch XV,* 1 f, a. a. O., S. 42 f.

43a R. van Dülmen, Hrsg., *Das Täuferreich zu Münster 1534 – 1535. Dokumente,* dtv. WR 4150, Deutscher Taschenbuch Verlag, München 1974, S. 78 f.

43b R. van Dülmen, a. a. O., S. 201.

44a Leonhard Ragaz, *Der Kampf um das Reich Gottes,* in: Blumhardt, *Vater und Sohn, — und weiter,* ^{2}1925, *S. 24 – 26,* zitiert nach: H. Schuster, Hrsg., Quellenbuch zur Kirchengeschichte III, Verlag Moritz Diesterweg, Frankfurt/Berlin/München 1971, S. 91 f.

44b Leonhard Ragaz (1868 – 1945); *Was ist religiöser Sozialismus?;* in: *Der Glaube der religiösen Sozialisten/* Ausgewählte Texte; hrsg. und eingeleitet von Wolfgang Deresch, Furche-Verlag, Hamburg 1972, S. 75.

45a G. Gutiérrez, *Theologie der Befreiung,* Chr. Kaiser Verlag/Matthias Grünewald Verlag, München/Mainz ^{3}1978, S. 171.

45b G. Gutiérrez, a. a. O., S. 111 f.

In der AA: H.-D. Wendland, *Botschaft an die soziale Welt,* Studien zur evangelischen Sozialtheologie und Sozialethik, Band 5, Furche, Hamburg 1959, S. 191

46 J. Moltmann, *Theologie der Hoffnung. Untersuchungen zur Begründung und zu den Konsequenzen einer christlichen Eschatologie?* Chr. Kaiser Verlag, München ^{9}1973, S. 12.

47a Paul Althaus, *Eschatologie VI. Religionsphilosophisch und dogmatisch,* in: RGG 3, Bd. II, Sp. 680, Verlag J. C. B. Mohr, Tübingen.

47b Paul Althaus, *Grundriss der Dogmatik,* C. Bertelsmann Verlag, Gütersloh 1958, S. 6 – 8.

48 Rudolf Bultmann, *Geschichte und Eschatologie,* Verlag J.C.B. Mohr (Paul Siebeck), Tübingen ^{2}1964, S 184.

49a Jürgen Moltmann, a. a. O., S. 299 – 305 i. A.

49b Jürgen Moltmann, a. a. O., S. 280, 302 f.

50 Heinz Zahrnt, *Gott kann nicht sterben. Wider die falschen Alternativen in Theologie und Gesellschaft,* R. Piper & Co. Verlag, München ^{3}1970, S. 289.

51 Hans-Dieter Bastian, *Theologie der Frage,* Chr. Kaiser Verlag, München 1970, S. 144 f.
52 Wolfgang Pannenberg, *Eschatologie und Sinnerfahrung,* Kerygma und Dogma 19/1973, S. 42 – 47, 52 i. A.
53a Paul Tillich, *In der Tiefe ist Wahrheit,* Evangelisches Verlagswerk, Stuttgart ^{4}1964, S. 59 ff. i. A.
53b Paul Tillich, *Systematische Theologie, Bd. III,* Evangelisches Verlagswerk, Stuttgart 1966, S. 446, 450, 474.
Orientierungshinweis S. 216: Wolf-Dieter Marsch *Zukunft, Themen der Theologie, Bd. 2,* Kreuz Verlag, Stuttgart 1969, S. 70 f., 73.
54 Pierre Teilhard de Chardin, *Die Entstehung des Menschen,* Verlag C. H. Beck, München ^{3}1963, S. 123, 128 f. i. A.
55 H. Gollwitzer, *Die Revolution des Reiches Gottes und die Gesellschaft,* in: E. Feil/R. Weth, Hrsg., *Diskussion zur Theologie der Revolution,* Chr. Kaiser Verlag,/Matthias Grünewald Verlag, München/Mainz 1969, S. 53 – 56 i. A.
56a H.-W. Heßler, Hrsg., *Anti-Rassismus Programm der Ökumene. Dokumentation einer Auseinandersetzung, epd. dokumentation, Bd. 5,* Eckart Verlag, Witten/Frankfurt/Berlin 1971, S. 26 – 32 i. A.
56b H.-W. Heßler, a. a. O., S. 53 f.
56c H.-W. Heßler, a. a. O., S. 57, 59.
57 Manfred Linz, *Was kann der einzelne tun?* in: *Radius 2/1975,* S. 34 f., Radius Verlag, Stuttgart.
58 (Ökumene heute) *Arbeitsmaterial für Gruppengespräche in kleinen Gruppen,* hrsg. von Evangelische Landeskirche in Baden und Evangelische Landeskirche in Württemberg, Evangelisches Missionswerk in Südwestdeutschland, Vogelsangstraße 62, 7000 Stuttgart ^{2}1977, S. 38.
59 H. Weber, in: R. Renner/R. Immig, *Grundbegriffe der Bibel in Didaktik und Literatur,* Hermann Schroedel Verlag, Hannover 1978, S. 40.
60 W. Kelm, Laurentiuskonvent: *Bericht und Zwischenbilanz nach 17 Jahren,* in: *Radius 3/2979,* S. 53 – 56 i. A.
61 Manfred Fischer, *Niedergefahren zur Erde. Biblische Texte zum Glaubensbekenntnis* — weitergeschrieben in unsere Zeit, Quell-Verlag, Stuttgart 1976, S. 117 – 119.

Gott im Horizont der Wirklichkeitserfahrung

1 Zit. bei D. Sölle, *Ist Gott von gestern?* in: D. Sölle, *Die Wahrheit ist konkret,* Walter-Verlag, Olten/Freiburg ^{3}1967, 13.
2 A. Camus, *Die Pest,* rororo TB 15, Hamburg 1950, 125 – 129 (gekürzt).
3 Zit. in *Radius 4/1971,* 18.
4 H. von Glasenapp, *Die nichtchristlichen Religionen,* Fischer Lexikon Band 1, Frankfurt/M. ^{10}1966, 217.
5 W. Schnurre, *Die Erzählungen,* Walter-Verlag, Olten/Freiburg 1966.
6 V. Gardavsky, *Gott ist nicht ganz tot. Betrachtungen eines Marxisten über Bibel, Religionen und Atheismus,* Chr. Kaiser Verlag, München 1968, 18 f.
7 A. Augustinus, *Confessiones — Bekenntnisse Lateinisch — deutsch, eingeleitet,* übersetzt und erläutert von J. Bernhart, Kösel-Verlag, München ^{2}1960, 13 – 15, 18 f. (gekürzt).
8 B. Pascal, *Geist und Herz,* Union-Verlag, Berlin 1962, 119 f., herausgegeben von H. Giesecke, a. a. O. 31 f.
9 J. Paul, *Der Siebenkäs.* Zit. nach: G. Bornkamm, *Studien zu Antike und Urchristentum, Ges. Aufsätze, Bd. 2,* Chr. Kaiser Verlag, München 1959, 245 ff. (gekürzt).
10 Fr. Nietzsche, *Die fröhliche Wissenschaft,* 3. Buch, Wissenschaftliche Buchgesellschaft; Darmstadt 1966, S. 155 ff.
11 L. Kolakowski, *Der Himmelsschlüssel,* Bibliothek Suhrkamp Bd. 207, 1969, 36. Alle deutschen Rechte: R. Piper – Co. Verlag, München 1965.
12 Bertolt Brecht, *Geschichten vom Herrn Keuner,* Suhrkamp Verlag, Frankfurt/M. 1967, 20.
13a Leo Tolstoi, zit. nach: H. Mayer (Hrsg.), *Karikatur-Handzettel für Diskussion und Meditation,* Löwensteiner Materialdienst — September 1975, 43 f.
13b P. Tillich, Offenbarung und Glaube, Gesammelte Werke Bd. 8, Evangelisches Verlagswerk Stuttgart 1970, 125.
14 M. Horkheimer: *Auszug aus einem Spiegel-Gespräch,* Spiegel 1 – 2/1970, 79 – 84 (gekürzt).
15 D. Sölle, *Die Hinreise,* Kreuz-Verlag, Stuttgart/Berlin 1975, 42 – 22.
16 D. Sölle, a. a. O., 172.
18 E. Cardenal, *Zerschneide den Stacheldraht,* Jugenddienst-Verlag, Wuppertal ^{2}1968.
20 F. Pawelzik, *Herr ich werfe . . .,* in: F. Pawelzik, *Ich werfe meine Freude an den Himmel,* Gesammelte Gebete aus Afrika, Aussaat Verlag, Wuppertal 1977.
21 H. Zahrnt, *Gott kann nicht sterben — Wider die falschen Alternativen in Theologie und Gesellschaft,* R. Piper – Co. Verlag, München ^{3}1970, 136 f.
41 J. Hansen, *Nach dem Dunkel kommt ein neuer Morgen — Psalm Meditationen —,* Verlag Reinhard Kawohl, Wesel 1978.
42 Abgedruckt bei: H.-D. Matschke, *Gottesbeweise und ihre Kritik (Göttinger Quellenhefte 1).* Verlag Vandenhoeck & Ruprecht, Göttingen ^{3}1973, S. 4.
43 *Evangelischer Erwachsenenkatechismus. Kursbuch des Glaubens,* Gütersloher Verlagshaus Gerd Mohn, Gütersloh 1975, S. 55 – 57.
44 Karl Jaspers, *Der philosophische Glaube angesichts der Offenbarung . . .,* zit. nach: *Theologisches Forum 2 (Reden von Gott),* Patmos-Verlag, Düsseldorf ^{3}1972, S. 18 – 20.
45 *Martin Luther Studienausgabe,* hrsg. von K. G. Steck, Fischer Bücherei 6007, Frankfurt/M. 1970, S. 30 – 32.
46 Martin Luther, *Vom Abendmahl Christi, Bekenntnis.* 1528, in: O. Clemen, *Luthers Werke in Auswahl, Dritter Band, Schriften von 1524 bis 1528,* Verlag W. de Gruyter – Co., Berlin ^{5}1959, S. 352 – 516, hier S. 404.
47 *Stern-Magazin, Heft*

52, 1971, Verlag Gruner + Jahr, Hamburg 1971, S. 32 – 35.

48 C. Westermann, *Genesis, Biblischer Kommentar 1,* Neukirchener Verlag, Neukirchen-Vluyn 1967, S. 234 (?) Abgedruckt bei: K. Dessecker u. P. H. A. Neumann, *Moderne Naturwissenschaft und Schöpfung, Religion — Studienstufe 6,* Calwer Verlag, Stuttgart ²1974, S. 22.

50 H. Gruhl, *Ein Planet wird geplündert. Die Schreckensbilanz unserer Politik,* S. Fischer Verlag / Bertelsmann Reinhard Mohn, Gütersloh o. J. (1975), S. 14 – 17, 21 f., 342.

51 Bertolt Brecht, *Leben des Galilei. Schauspiel.* Suhrkamp Verlag, 1955, S. 27, 31 – 35.

52 *Stern-Magazin, Heft 52,* 1971, Verlag Gruner + Jahr, Hamburg 1971, S. 32 – 35.

53 C. F. Weizsäcker, *Der Garten des Menschlichen,* Carl Hanser Verlag, München/Wien ⁵1978, S. 441 – 443, 445 f.

54 R. Bultmann, *Welchen Sinn hat es, von Gott zu reden?* (1925), in: *Glauben und Verstehen I,* J. C. B. Mohr (Paul Siebeck), Tübingen ⁴1961, S. 26, 30, 33, 37 (gekürzt).

55 K. Barth, *Der Römerbrief,* Chr. Kaiser Verlag, München ⁴1926, S. 240, 247, 252 f. (zu Römer 7, 14 – 25).

56 Paul Tillich, *Systematische Theologie, Bd. 1,* Evangelisches Verlagswerk Stuttgart ⁴1973, S. 75, 79, 81 (gekürzt).

57 Dietrich Bonhoeffer, *Widerstand und Ergebung,* Chr. Kaiser Verlag, München 1970, Neuausgabe, S. 393 f. (L. Feuerbach, *Das Wesen der Religion,* 1851 zit. nach: H. G. Pöhlmann, *Der Atheismus oder der Streit um Gott, GTB-Siebenstern 218,* Gütersloher Verlagshaus Gerd Mohn, Gütersloh ²1978, S. 60).

58 H. Zahrnt, *Gott kann nicht sterben,* Piper Verlag, München 1970, S. 161 – 165 i. A.

59a Dietrich Bonhoeffer, *Widerstand und Ergebung,* Chr. Kaiser Verlag, München 1970.

59b *Mitten unter uns — Gottesdienstordnungen und Gebete,* hrsg. von der Evangelischen Studentengemeinde in Deutschland und der Evgl. Jugend Deutschlands, Schülerbibelkreise, Jugenddienstverlag, Wuppertal ²1965, S. 14.

60 Lepp, I., *Psychoanalyse des modernen Atheismus,* Arena-Verlag, Georg Popp, Würzburg 1963, S. 48 f.

61 Lepp, I., *Psychoanalyse des modernen Atheismus* a. a. O., S. 49 – 54.

62 S. Freud, *Abriß der Psychoanalyse* (Fischer-Taschenbuch), Frankfurt/M./Hamburg 1965, S. 9 – 11, 23, 39.

63 S. Freud, *Gesammelte Werke, Bd. XIII* (S. Fischer Verlag) Frankfurt/M., S. 221.

64 W. Schmidbauer, *Jugendlexikon Psychologie. Einfache Antworten auf schwierige Fragen,* Rowohlt Verlag, Reinbek b. Hamburg 1976, S. 183.

65 S. Freud, *Gesammelte Werke, Bd. VII,* S. Fischer Verlag, Frankfurt/M., S. 131 – 138.

66 E. Wiesenhütter, *Verdrängter Glaube — Freuds Ende einer Illusion,* in: H. Zahrnt (Hrsg.), Jesus und Freud, R. Piper – Co. Verlag, München 1972, S. 64 – 66.

67 S. Freud, *Totem und Tabu, Gesammelte Werke IX,* S. Fischer Verlag, Frankfurt/M. S. 124 ff.

68 J. Scharfenberg, *Sigmund Freud und seine Religionskritik,* Verlag Vandenhoeck – Ruprecht, Göttingen ²1970, S. 143.

69 S. Freud, *Die Zukunft einer Illusion,* in: ders., *Massenpsychologie und Ich-Analyse,* Fischer-Taschenbuch, Frankfurt/M. 1970, S. 94 – 100, 109 – 112.

70 J. Scharfenberg, *Die Begegnung von Psychoanalyse und Theologie — Eine Zwischenbilanz,* in: H. Zahrnt (Hrsg.), *Jesus und Freud,* R. Piper & Co. Verlag, München 1972, S. 95 f., 99.

71 W. I. Lenin, *Über die Religion,* Verlag für fremdsprachige Literatur, Moskau 1959, S. 6 – 12.

72 G. Brakelmann, *Die soziale Frage des 19. Jahrhunderts,* Luther Verlag, Witten ⁵1975, S. 70 f.

73 Karl Marx, zitiert nach: I. Fetscher, *Von Marx zur Sowjetideologie,* Moritz Diesterweg Verlag, Frankfurt/M. ¹⁹1975, S. 51 f.

74 Karl Marx, *Einleitung zur Kritik der Hegelschen Rechtsphilosophie (1843/44),* in: Karl Marx — Friedrich Engels, *Über Religion.* Dietz-Verlag, Berlin (Ost) 1958, S. 30 f.

Register (Namen und Sachen)

* Bei den Namen vgl. auch die Literaturangaben in den jeweiligen Kapiteln

---

* **Zur Verwendung des Registers:** Die fettgedruckten Zahlen zeigen die Kapitelnummern an:
I Jesus, der Christus – Begegnung und Deutung – S. 7 – 68 **II** Mut zum Leben S. 69 – 118 **III** Kirche im Spannungsfeld der Gesellschaft S. 119 – 171 **IV** Zukunft deuten und gestalten S. 172 – 227 **V** Gott im Horizont der Wirklichkeitserfahrung S. 228 – 287 Nach den Kapitelnummern folgen die Textnummern des jeweiligen Kapitels.

* **Zur Verwendung des Registers:** Die fettgedruckten Zahlen zeigen die Kapitelnummern an:
I Jesus, der Christus – Begegnung und Deutung – S. 7 – 68 **II** Mut zum Leben S. 69 – 118 **III** Kirche im Spannungsfeld der Gesellschaft S. 119 – 171 **IV** Zukunft deuten und gestalten S. 172 – 227 **V** Gott im Horizont der Wirklichkeitserfahrung S. 228 – 287 Nach den Kapitelnummern folgen die Textnummern des jeweiligen Kapitels.

*** Zur Verwendung des Registers:** Die fettgedruckten Zahlen zeigen die Kapitelnummern an: **I** Jesus, der Christus – Begegnung und Deutung – S. 7–68 **II** Mut zum Leben S. 69–118 **III** Kirche im Spannungsfeld der Gesellschaft S. 119–171 **IV** Zukunft deuten und gestalten S. 172–227 **V** Gott im Horizont der Wirklichkeitserfahrung S. 228–287 Nach den Kapitelnummern folgen die Textnummern des jeweiligen Kapitels.

---

* **Zur Verwendung des Registers:** Die fettgedruckten Zahlen zeigen die Kapitelnummern an:
I Jesus, der Christus – Begegnung und Deutung – S. 7 – 68 **II** Mut zum Leben S. 69 – 118 **III** Kirche im Spannungsfeld der Gesellschaft S. 119 – 171 **IV** Zukunft deuten und gestalten S. 172 – 227 **V** Gott im Horizont der Wirklichkeitserfahrung S. 228 – 287 Nach den Kapitelnummern folgen die Textnummern des jeweiligen Kapitels.

T

U

V

W

Z

---

* **Zur Verwendung des Registers:** Die fettgedruckten Zahlen zeigen die Kapitelnummern an:
I Jesus, der Christus – Begegnung und Deutung – S. 7–68 **II** Mut zum Leben S. 69–118 **III** Kirche im Spannungsfeld der Gesellschaft S. 119–171 **IV** Zukunft deuten und gestalten S. 172–227 **V** Gott im Horizont der Wirklichkeitserfahrung S. 228–287 Nach den Kapitelnummern folgen die Textnummern des jeweiligen Kapitels.

Inhaltsverzeichnis